유원총보역주 1
類苑叢寶譯注

서울대학교 규장각한국학연구원 한국학자료총서 14-1

유원총보역주 1

펴낸곳 서울대학교출판문화원
펴낸이 이장무
지은이 김육
역주자 허성도 김창환 강성위

초판 1쇄 인쇄 2009년 12월 26일
초판 1쇄 발행 2009년 12월 30일
출판등록 제15-3호

주소 서울 관악구 599 우편번호 151-742
대표전화 02-880-5252 팩스 02-888-4148
마케팅팀(주문상담) 02-889-4424, 02-880-7995
이메일 snubook@snu.ac.kr
홈페이지 www.snupress.com
영문홈페이지 eng.snupress.com

ISBN 978-89-521-1004-6 94000
978-89-521-1026-8(세트)

서울대학교 규장각한국학연구원 한국학자료총서 14–1

유원총보역주 1

類苑叢寶譯注

김육 지음
허성도 김창환 강성위 역주

서울대학교출판문화원

Yuwonchongbo

Translated and Annotated by

Seong-Do Heo
Chang-Hwan Kim
Sung-Wee Kang

Seoul National University Press

머리말

인류(人類)는 문자를 발명한 이후, 접하는 대상이나 현상에 대해 사고하고 분석한 것들을 기록으로 남겼다. 이것이 우리에게 전승된 문화이다. 유서(類書)는 이런 기록들을 대상으로, 그 내용을 항목별로 분류하고 해당 사항들을 발췌하여 '부류별로 정리한 책'이다.

중국에서 당대(唐代)에 《예문유취(藝文類聚)》가 나오면서 그 형식이 확립된 유서는, 송대(宋代) 이후로 양적으로나 질적으로 발전을 거듭하면서 동양적 백과사전으로서의 위상을 확고히 하였다. 송대에 나온 《사문유취(事文類聚)》는 유서의 전범(典範)으로 자리잡게 되었다.

우리나라의 경우, 고려 때 처음으로 유서를 수입하였고 조선시대에 이르러 마침내 독자적으로 제작하기 시작하였다. 현재까지 확인된 유서 가운데 가장 오래된 것으로 1554년[명종(明宗) 9년]에 어숙권(魚叔權)이 편찬한 《고사촬요(攷事撮要)》를 들 수 있다. 그러나 이 책은 사대교린(事大交隣)에 관한 문제와 일상생활에 필요한 제반사항을 모아 2권 2책의 분량으로 간략하게 엮은 것으로, 비망록의 범주를 벗어나지 않는다.

조선(朝鮮) 인조(仁祖) 때의 문신이자 학자인 김육(金堉: 1580-1658)이 엮은 《유원총보(類苑叢寶)》는 내용이나 분량 면에서 우리나라 최초의 본격적인 유서라고 할 만하다. 김육은 《유원총보》 자서(自序)에서 이 책을 엮게 된 경위와 그 명칭을 붙이게 된 내력을 다음과 같이 말하였다.

> 지난날의 자취를 두루 살피는 데에는 송(宋) 축목(祝穆)이 편찬한 《사문유취》만한 것이 없는데, 학사(學士)와 대부(大夫) 가운데 이 책을 가지고 있는 사람이 적으니 하물며 먼 지방의 선비들이겠는가.
>
> 작년 여름에 내가 한가한 부서(府署)에 있으면서 비로소 이 책을 초록(抄錄)하면서 번잡스럽고 쓸데없는 것들을 빼버리고 그 요지(要旨)만을 남긴 뒤, 아울러 《예문유취》, 《당유함(唐類函)》, 《천중기(天中記)》, 《산당사고(山堂肆考)》, 《운부군옥(韻府群玉)》 등의 여러 책을 가져다 표제(標題)에 따라 더하거나 빼고, 빠진 것을 보충하여 문장을 다듬었다. 한 질(帙)의 책 안에 수백 권의 정수(精粹)를 포괄하여, 책 이름을 《유원총보》라고 하였다.

잦은 전란으로 인하여 도서의 구득은 물론 보관조차 여의치 못하던 때에, 편자의 식견과 판단에 따라 중국의 주요 유서에서 정수를 취사선택하여 편찬한 이 책은, 글쓰기를 위한 참고서로뿐 아니라 교학(敎學)의 텍스트로도 중요한 역할을 담당하였다.

이《유원총보》는 우리나라 최초의 본격적인 유서라는 역사적 의의뿐만이 아니라, 형식이나 내용 면에서도 대표성을 지니고 있다. 따라서 이 책은 오늘날의 국학 연구자들에게 요긴한 공구서로서의 역할을 할 수 있을 것이다. 동일한 주제어 아래에 다양한 층차의 유사어 및 관련어의 실례를 모았기 때문에, 일차적으로는 한자(漢字)로 씌어진 텍스트를 해석할 때 수시로 부딪히게 되는 의미 변별의 문제를 해결할 수 있어 보다 정확하고 심도 있는 번역을 가능하게 한다. 다음으로, 이 책은 그 자체로서 문화학(文化學) 텍스트로서의 기능을 지니고 있어 국학 관련 연구에 종사하는 연구자들에게 한문(漢文)에 대한 소양을 심화시킬 수 있는 텍스트로 활용될 수도 있을 것이다.

이 책은 규장각한국학연구원 한국학연구사업위원회의 지원을 받았다. 방대하면서도 시장성을 확보할 수 없는 학술공구서의 번역과 출판에 전폭적인 지원과 관심을 아끼지 않은 규장각한국학연구원과 편집과 조판의 어려움을 무릅쓰고 좋은 책으로 펴낸 서울대학교출판문화원에 대하여 이 자리를 빌려 깊은 감사를 드린다.

2009년 12월

역주자 일동

유원총보서

우리 동방은 본디 문헌(文獻)이 증거하기에 충분한 나라로 칭해졌으며, 또 대대로 중국과 교통(交通)하여 문장(文章)의 성대함이 중국과 어깨를 견줄 만하였다. 그러나 불행하게도 수십 년 이래로 전란이 계속해서 일어나, 서책은 실어 나르는 소를 땀나게 하지 못하고 재주는 말에 기대어 글을 짓는 이가 없게 되었으니, 어찌 깊이 개탄하지 않을 수 있겠는가.

지난날의 자취를 두루 살피는 데에는 송(宋) 축목(祝穆)이 편찬한《사문유취》만한 것이 없는데, 학사(學士)와 대부(大夫) 가운데 이 책을 가지고 있는 사람이 적으니 하물며 먼 지방의 선비들이겠는가.

작년 여름에 내가 한가한 부서(府署)에 있으면서 비로소 이 책을 초록(抄錄)하면서 번잡스럽고 쓸데없는 것들을 빼버리고 그 요지(要旨)만을 남긴 뒤, 아울러《예문유취》,《당유함(唐類函)》,《천중기(天中記)》,《산당사고(山堂肆考)》,《운부군옥(韻府群玉)》 등의 여러 책을 가져다 표제(標題)에 따라 더하거나 빼고, 빠진 것을 보충하여 문장을 다듬었다. 한 질(帙)의 책 안에 수백 권의 정수(精粹)를 포괄하여, 책 이름을《유원총보》라 하였으니 모두 46편(篇)이다. 금년 가을에 이르러 책이 완성되었는데, 호남(湖南) 감사인 남선(南銑)이 나와 뜻을 같이 하는 선비로서 나를 위해 이 책을 간행하였다.

아아, 내가 어찌 좋아서 이 일을 하였겠는가. 사고(四庫)의 서책이 병란의 재로 타서 다 없어졌고, 천금(千金)을 주고 사오던 일도 연경(燕京)의 시장에서 길이 끊겼다. 내가 참람스러움도 잊고 감히 찾아 모은 것은, 그 뜻이 있는 곳이 있으니 마음이 진실로 슬프다.

취하고 버림과 더하고 빼는 데에 반드시 잘못된 것이 많을 것이고, 또 판(板)을 새기는 데 다급하여 정밀하게 교정하지 못하였으니, 안목을 갖춘 노숙한 이들에게 비웃음 받기를 면치 못할 것을 잘 알고 있지만, 나는 정말 그런 것을 돌아볼 겨를이 없고 또 감히 사양할 수도 없었다. 이것이 진실로 공자(孔子)께서 이른바, '나를 알아주는 것과 나를 죄주는 것'*의 뜻이니, 훗날의 여러 군자들이 나를 혹 조금은 용서해 줄 수 있을 것이다.

계미년(1643, 인조 21) 만추(晩秋) 하순(下旬)에, 청풍 김육이 서문(序文)을 쓴다.

---

*《맹자(孟子)·등문공하(滕文公下)》, "春秋, 天子之事也. 是故孔子曰, 知我者, 其惟春秋乎, 罪我者, 其惟春秋乎."

類苑叢寶序

吾東素稱文獻之足徵, 且歷世通中國, 文章之盛, 方駕於華夏. 不幸數十年來, 兵火繼起, 書不汗牛, 才無倚馬, 安得不爲之深嘅也.

博攷往蹟, 無過於祝氏事文, 而學士大夫有此書者尙少, 況遐遠之縫掖乎.

去年夏, 餘在閑局, 始抄此書, 刻去繁冗, 存其旨要, 兼取藝文類聚, 唐類函, 天中記, 山堂肆考, 韻府群玉等諸書, 因其標題而增損之, 補其闕漏而潤色之. 一帙之中, 包括數百卷之精粹, 名之曰類苑叢寶, 凡四十六篇. 迄今秋而書成, 湖南伯南公銑, 同志之士也, 爲餘刊而行之.

嗚呼, 餘豈樂爲此哉. 四庫之書, 燒盡於秦灰, 千金之易, 路絶於燕市. 余所以忘其僭越, 敢爲捜輯者, 其意有在, 其情誠可悲也.

其取舍增減, 必多謬戾, 又急於剞劂, 未及精校, 固知未免爲具眼老所嗤, 而余固不暇恤也, 亦不敢辭也. 此誠夫子所謂知我罪我之意也, 後來諸君子, 倘肯少恕乎我哉.

時昭陽協洽杪秋下浣, 淸風金堉序.

범례

一. 이 책은 전적으로《사문유취(事文類聚)》를 본떠, 대제목(大題目)의 아래에 먼저 여러 책들의 중요한 말을 쓰고 다음으로 고금(古今)의 사실(事實)을 언급하였다. 시대의 전후는 한결같이 순서대로 할 수가 없어서 혹은 위에, 혹은 아래에 기술하였다.

一. 此書, 專倣事文類聚, 大題目之下, 先以群書要語書之, 次及古今事實. 世代前後, 不能一依次序, 或上或下書之.

一. 고금의 사실 또한 제목으로 삼았는데 매 제목마다 행(行)을 달리하면 책의 분량이 많아지기 때문에, 제목을 음각자(陰刻字)로 새기고 다음에 한 글자를 띄우고 이어 적어, 열람에 편리하도록 하였다.

一. 古今事實, 亦爲題目, 而每題別行, 則簡秩積多, 故題目以陰字刻之, 仍爲間一字連書, 以便閱覽.

一. 고금의 문집(文集)에는 혹 대가의 전집(全集)도 있고, 혹 긴요하게 감상하지 않아도 될 것도 있는데 모두 수록하지 않았다. 다만 드물게 보이는 기문(奇文)은 취했는데, 동약(僮約)·축빈(逐貧)·풍우대(風雨對)·취향기(醉鄕記)와 같은 것들이 그것이다.

一. 古今文集, 或有大家全集, 或有不緊吟味者, 竝不錄. 只取罕見奇文, 如僮約·逐貧·風雨對·醉鄕記之類, 是也.

一. 한 가지 일이 혹 다른 제목에도 보이는 것은 두 군데에 적었다. 간혹 "아무개 문에 보인다(見於某題門)"라고 적어 서로 참고하도록 하였다.

一. 一事或見於他題者, 兩書之. 或以見於某題門書, 互相備也.

一. 공허하고 황당한 말은 이치에 맞지 않아 의당 취하지 말아야 하지만, 월계(月桂)·기석(機石)·선가(仙家)·석가(釋家)·도가(道家)와 같은 것들은 예로부터 유전되어 시인들이 시로 읊는 자료가 되었기 때문에 모두 그대로 보존하였다.

一. 浮虛誕妄之說, 不近於理, 所當不取, 而如月桂·機石·仙·釋·道家之類, 自古流傳, 以爲詩人吟詠之資, 故竝仍存之.

차례

유원총보 전체 차례

※( )를 친 항목은 판본에 따라 異同이 있거나 出入이 있는 항목임.

【第十九卷 吏部】: 入仕 遷除 濫官 同官 交承 薦擧 閑退 致仕 休假 貶謫 科擧 主試 登第 狀元 下第 同年
【第二十卷 戶部】: 戶口 田制 賦稅 役民 勸課 復除 賑卹 興利 鹽鐵 貢獻 漕運
【第二十一卷 禮部】: 禮 冠 昏 祭 喪 居喪 起復 弔慰 祭奠 賻贈 壽藏 碑銘 挽歌 制謚
【第二十二卷 禮部】: 樂 歌 舞 琴 瑟 琵琶 笙 簫 等 笛 鍾 磬 鼓 箜篌 笳 角
【第二十三卷 兵部】: 將帥 女將 兵 謀策 征伐 號令 講武 火攻 水戰 守城 器械 間諜 戍卒 烽燧 斥候 糧餉 陣 從軍
發兵 勝捷 受降 救援 敗軍 馬政
【第二十四卷 刑部】: 刑法 酷刑 獄囚 聽訟 赦 治盜
【第二十五卷 人倫門】: 君臣 父子 母子 (乳母) 孝子 祖父母 外祖孫女
【第二十六卷 人倫門】: 子婦 女壻 伯叔父母 姑 姨 姊妹 兄弟 內外兄弟 夫妻 嫂叔 舅甥 宗族 世家 姓(氏)名(諱)
稱呼
【第二十七卷 人倫門】: 師 交友 父執 門客 賓主 姬妾 奴婢
【第二十八卷 人道門】: 始生 生日 同庚 幼悟 老壽 年齒 肖貌 眠睡 夢 言語 疾病 魂魄 喜怒 笑 哭
【第二十九卷 人事門】: 聖 賢 德量 志氣 公正 剛直 恭敬 淸廉 儉約 名譽 知人 義士 俠客 勇士
【第三十卷 人事門】: 隱逸 神仙 道士 釋敎
【第三十一卷 人事門】: 農 蠶 商賈 工匠 漁(釣) 獵 醫 卜(筮) 相(人) 談命 巫 畵 射 投壺 棋 博塞 射覆 算數 倡優
【第三十二卷 人事門】: 富貴 貧賤 禍福 謁見 餞別 報恩 報讎 陰報 奸邪 讒毁 奢侈 貪濁 吝嗇 僭踰
【第三十三卷 文學門】: 御製 宸翰 學術 著書 藏書 博識 不學
【第三十四卷 文學門】: 文章 詩 書簡 書法
【第三十四卷 筆墨門】: 筆 墨 紙 硯
【第三十四卷 璽印門】: 玉璽 印 符 節
【第三十五卷 珍寶門】: 金 銀 銅鐵 錢 珠 玉 琉璃 珊瑚 瑪瑙 水精 貝 玳瑁 琥珀 雜寶
【第三十五卷 布帛門】: 帛 布 絲 綿絮 錦繡 綾羅
【第三十六卷 器用門】: 舟 車 蓋 弓 弩 矢 劍 旌旗 甲 盾 几杖 扇 鏡 屛 簾 床榻 枕 釵釧 針 麈尾 囊 酒器 香爐 香
燈檠 燭
【第三十七卷 飮食門】: 飯 粥 羹 餠 食物 鹽醬 油 蜜 酒 茶
【第三十八卷 冠服門】: 冕 冠 巾帽 笏 帶 衣服 靴履
【第三十八卷 米穀門】: 穀 禾 黍 粟 稷 豆麥 米 麻 蔬菜
【第三十九卷 草木門】: 芝 蘭 菊 瓜 蔗 葛蒲 萍 芋 芭蕉 芙蕖 菱 苔 雜草 藥草
【第四十卷 草木門】: 松 桂 栢 桑 槐 柿楓 檜 梧桐 楊柳 竹 梅 櫻桃 桃 李柰 石榴 枸杞 海棠 棗 梨 杏 栗 橘柑 荔
支 葡萄 牧丹 芍藥 衆木
【第四十一卷 鳥獸門】: 鳥 鳳 翡翠 鷺 鶴 孔雀 鴻雁 鵝 鴨 鷄 雉 鷗
【第四十二卷 鳥獸門】: 杜鵑 燕 雀 鷹 鵭 鸚鵡 鸜鵒 烏 鵲 鴿 鳩 鶯 鳶鴦 秦吉了 (布穀) 諸禽
【第四十三卷 鳥獸門】: 麒麟 騶虞 獅(子) 犀 象 (兕) 虎 熊 鹿 猿猴 狐狸 豺狼 獺 馬
【第四十四卷 鳥獸門】: 牛 羊 狗 豕 驢騾 猫 鼠 駱駝 免 貂 群獸
【第四十五卷 蟲魚門】: 龍 龜 魚 (黿) 鱉 蟹 蚌蛤 螺 鰕

일러두기

一. 원문 검토:

1. 경서류(經書類)나 자서류(子書類)에서 인용한 원문은 해당 원서와의 이동(異同)을 살핀다. 다만 원서에서 확인되지 않는 부득이한 경우에는 글자의 출입이 비교적 적은 유서류와 비교하도록 한다.
2. 출처를 명시하지 않은 항목에 대해서는 [사고전서]본의 원서를 참고하여 비교한다. 이 경우에도 원서에서 확인되지 않는 내용은 유서류와 비교하도록 한다.

二. 출처 표시:

1. [사고전서]에 수록된 해당 원서의 서명(書名)과 편명(篇名)을 제시한다. 편명이 없고 권수(卷數)만 있는 경우는 서명과 권수를 제시한다.
2. [사고전서]의 원서에서 확인되지 않고 유서류에 문장이 보이는 경우에는, 글자의 출입이 적은 유서류를 우선적으로 제시한다.

三. 주석 표시:

1. 원서의 원문 소개: 《유원총보》의 원문이 원서의 원문과 일치하거나 편자가 편집 목적에 따라 의도적으로 문장을 재구성한 경우에는 원서의 원문을 소개하지 않는 것을 원칙으로 하나, 문장의 이해에 필요한 경우에는 소개한다.
2. 글자의 출입 표시: 원서의 원문과 글자의 출입이 있을 경우, 《유원총보》의 명백한 오류인 경우에는 원서의 원문에 있는 글자를 소개하고, 재구성 과정에서 의도적으로 바꾼 글자는 필요에 따라 소개한다. 통용되는 글자[예: 於와 于 등]나 어조사는 그대로 둔다.
3. 인명(人名), 지명(地名), 도서명(圖書名)의 소개: 문장의 이해에 필요하다고 판단되는 경우에 주를 달고, 세인(世人)이 주지(周知)하는 명칭이나, 반대로 편벽되어 소개의 필요성이 없는 명칭은 설명을 생략한다.

四. 교감 문제:

1. 《유원총보》의 각종 판본에 따른 글자의 출입을 정밀하게 검토해본 결과 판본간의 출입이 극히 적으며, 그 출입도 애초에 《유원총보》가 저본으로 삼은 원문의 출입 범위 안에 있는 것들이다. 이는 판각을 위한 원고를 검토하던 이가 자신의 기억에 따라 몇몇 글자를 수정한 때문으로 풀이된다. 본 연구 작업에서는 이에 굳이 판본을 명시하지 않고 '甲'자가 '乙'로 된 판본도 있다는 식으로만 밝힌다.

五. 역주의 참여자들이 책임지고 분담한 업무는 다음과 같다.

1. 전체 교열 : 허성도
2. 권 01, 03 책임 번역 : 김창환
3. 권 02, 04 책임 번역 : 김성위

【유원총보 권 01】

천도문(天道門)

하늘 天

• 하늘은 꼭대기이다. 지극히 높아 위가 없다. '일(一)'과 '대(大)'에서 유래하였다.《설문해자(說文解字)》

天, 顚也. 至高無上. 從一大也.〈說文〉[1]

• 위대하다! 건원(乾元)이여! 만물이 (그것에) 의지하여 시작되니 이에 하늘의 이치를 대표한다. 구름이 지나고 비가 내려 만물이 유동하여 형성된다.《주역(周易)》

大哉乾元. 萬物資始, 乃統天. 雲行雨施, 品物流形.〈易〉[2]

• 하늘의 운행은 건실하다.〈상동〉

天行健.〈同〉[3]

• 지금 저 하늘은 밝은 것들이 많이 모인 것인데, 그 무궁함에 이르러서는 일월성신(日月星辰)이 거기에 매어있고 만물이 거기에 덮여 있다.《중용(中庸)》

今夫天, 斯昭昭之多, 及其無窮也, 日月星辰繫焉, 萬物覆焉.〈中〉[4]

• 하늘의 일은 소리도 없고 냄새도 없다.《시경(詩經)》

上天之載, 無聲無臭.〈詩〉[5]

• 하늘이 무슨 말을 하는가. 사시(四時)가 운행되고 만물이 생겨난다.《논어(論語)》

天何言哉. 四時行焉, 百物生焉.〈論〉[6]

• 〈물리론(物理論)〉의 기록이다. 천지(天地)를 세우는 것은 물[수(水)]이고, 천지를 완성하는 것은 기(氣)이다.

物理論. 所以立天地者, 水也, 成天地者, 氣也.[7]

• 맑은 것과 흐린 것이 나뉜 뒤에, (위에서) 엎드린 것이 하늘이 되었고, (아래에서) 누운 것이 땅이 되었다.《하도괄지상도(河圖括地象圖)》

淸濁旣分, 伏者爲天, 偃者爲地.〈河圖〉[8]

• 동중서(董仲舒)[9]가 말하였다. 하늘이란 것은 만물의 시조이다.

董仲舒曰. 天者, 群物之祖.[10]

• 《춘추설제사(春秋說題辭)》[11]의 기록이다. 하늘이란 것은 모든 양(陽)의 으뜸이다. 합하여 태을(太乙)이 되고, 나뉘어 이름을 달리한다.

春秋說題. 天者, 群陽之宗. 合爲太乙, 分爲殊名.[12]

• 《노자(老子)》에서 말하였다. 하늘의 도는 아마도 활을 메우는 것과 같으리라. 높은 것은 누르고 낮은 것은 올린다. 많은 것은 덜고 부족한 것은 채운다.

老子曰. 天之道, 其猶張弓乎. 高者抑之, 下者擧之. 有餘者損之, 不足者補之.[13]

• 혼천의(渾天儀)[14]에서, 하늘의 모양은 구슬과 같

1. 《설문해자(說文解字)·제1편》
2. 《주역(周易)·건괘(乾卦)》
3. 《주역(周易)·건괘(乾卦)》
4. 《중용(中庸)·제26장》
5. 《시경(詩經)·대아(大雅)·문왕(文王)》
6. 《논어(論語)·양화(陽貨)》
7. 명(明) 손곡(孫穀), 《고미서(古微書)》 권1.
8. 《고미서(古微書)》 권31.
9. 동중서(董仲舒): 서한(西漢)의 금문경학가(今文經學家)로, 한무제(漢武帝)에게 건의하여 유학(儒學)을 통치이념으로 채택하도록 하였다. 저술이 많은데, 그 가운데 가장 유명한 것이 《춘추번로(春秋繁露)》이다.
10. 《한서(漢書)·동중서전(董仲舒傳)》
11. 《춘추설제사(春秋說題辭)》: 《춘추(春秋)》의 위서(緯書) 가운데 하나이다.
12. 명(明) 팽대익(彭大翼), 《산당사고(山堂肆考)·천문(天文)》
13. 《노자(老子)·제77장》

다. 땅은 하늘의 중앙에 있고 하늘은 땅의 바깥을 싸고 있어, 마치 계란의 흰자가 노른자를 감싸고 있는 것과 같다.

渾天儀, 天形如丸.[15] 地在天中, 天包地外, 如鷄卵白之繞黃.[16]

- 《석명(釋名)》의 기록이다. 하늘은 드넓음이다. 드넓게 높고 멀다. 또 일컫기를, 하늘은 드러남이다. 위에서 높게 드러난다.

釋名. 天, 坦也. 坦然高而遠也. 又曰, 天, 顯也. 在上高顯也.[17]

- 《백호통(白虎通)》에서 말하였다. 하늘의 말뜻은 진정(鎭定)함이다. 높은 곳에서 아래를 다스리니 사람을 진정시키는 것이다.

白虎通曰. 天之爲言, 鎭也. 居高理下, 爲人鎭也.[18]

- 《춘추번로(春秋繁露)》에서 말하였다. 하늘도 기뻐하고 화내는 기질과 슬퍼하고 즐거워하는 마음을 가지고 있어, 사람과 서로 부합하여 부류별로 합치되니 하늘과 사람은 한가지이다.

春秋繁露曰. 天亦有喜怒之氣, 哀樂之心, 與人相副, 以類合之, 天人一也.[19]

- 《춘추원명포(春秋元命苞)》에서 말하였다. 양은 구(九)에서 극에 이른다. 그러므로 하늘의 둘레는 구(九) 곱하기 구(九)로, 81만 리이다.

春秋元命苞曰. 陽極於九. 故天用[20]九九, 八十一萬里.[21]

- 하늘이 푸른 것이 그 정색(正色)인가?《장자(莊子)》

天之蒼蒼, 其正色耶.〈莊〉[22]

- 우주 안에 네 가지 큰 것[사대(四大)[23]]이 있다. 그 하나가 하늘이 큰 것이다.《노자(老子)》

域中有四大. 一曰, 天大.〈老〉[24]

- 하늘은 하나[도(道)]를 얻어 맑다.〈상동〉

天得一以淸.〈同〉[25]

- 하늘의 모습은 계란과 같다. 하늘은 크고 땅은 작으며 안팎에 물이 있다. 땅은 기를 타고 서 있으며 물에 실려 떠 있다. 하늘의 운행은 수레바퀴가 구르는 것과 같다.〈혼천의〉

天形如鷄子. 天大地小, 表裏有水. 地乘氣而立, 載水而浮. 天運如車轂之運.〈渾天儀〉[26]

- 하늘의 모습은 둥글어 삿갓과 같으며, 땅의 표면을 덮고 원기의 위에 떠 있다.〈궁천론〉[27]

天形穹窿如笠, 而冒地之表, 浮元氣之上.〈穹天論〉[28]

- 하늘이 둥근 것은 기울어진 일산(日傘)과 같고, 땅

14. 혼천의(渾天儀): 고대에 천체(天體)의 운행과 위치를 관측하던 장치(裝置)로, 구형(球形)의 겉면에 해·달·별 등의 천상(天像)을 그려 사각(四脚)의 틀 위에 올려놓고 돌리면서 관측하였다.
15. '丸'은,《산당사고(山堂肆考)·천문(天文)》에는 '彈丸'으로 되어 있다.
16. 《산당사고(山堂肆考)·천문(天文)》
17. 《석명(釋名)·석천(釋天)》
18. 《백호통(白虎通)·천지(天地)》
19. 《춘추번로(春秋繁露)·음양의(陰陽義)》
20. '天用'은,《고미서(古微書)》 권7에는 '周天'으로 되어 있다.
21. 《고미서(古微書)》 권7.
22. 《장자(莊子)·소요유(逍遙遊)》
23. 사대(四大): 노자(老子)는 도(道)·천(天)·지(地)·왕(王)을 우주의 사대(四大)라 하였다.
24. 《노자(老子)·제25장》의 "故道大, 天大, 地大, 王亦大. 域中有四大, 而王居其一焉"을 재구성한 것이다.
25. 《노자(老子)·제39장》에, "昔之得一者, 天得一以淸, 地得一以寧. …"이라 하였다.
26. 《진서(晉書)·천문지(天文志)》에, "渾天儀注云, 天如雞子, 地如雞中黃, 孤居於天內. 天大而地小, 天表裏有水. 天地各乘氣而立, 載水而行. 周天, 三百六十五度四分度之一. 又中分之, 則半覆地上, 半繞地下. 故二十八宿, 半見半隱. 天轉, 如車轂之運也"로 되어 있는 내용을 재구성한 것이다.
27. 〈궁천론(穹天論)〉: 우병(虞昺)의 글이라 하는데, 저자의 내력은 자세하지 않다.
28. 《산당사고(山堂肆考)·천문(天文)》

이 네모난 것은 바둑판과 같다. 하늘은 옆으로 도는데, 반은 땅의 위에 있고 반은 땅의 아래에 있다. 해와 달은 원래 동쪽으로 도는데, 하늘을 운행할 때에는 서쪽으로 돌아 바다로 들어간다. 그것을 끌어 서쪽으로 가게 하는 것은 개미가 맷돌 위를 가는 것과 같다. 맷돌이 좌측으로 돌고 개미가 우측으로 간다면, 맷돌은 빠르고 개미는 느리기 때문에 서쪽으로 가지 않을 수 없다.《진서(晉書)·천문지(天文志)》

天圓如倚蓋, 地方如棋局. 天旁轉, 半在地上, 半在地下. 日月本東, 行天西旋, 入於海. 牽之以西, 如蟻行磨上. 磨左旋, 蟻右行, 磨疾蟻遲, 不得不西.〈晉書·天文志〉29

• 하늘은 서북쪽이 부족하기 때문에, 서북방이 음이다. 사람은 우측 귀와 눈이 좌측만큼 밝지 못하다. 땅은 동남쪽이 덜 찼기 때문에, 동남방이 양이다. 사람은 좌측 손과 발이 우측만큼 강하지 못하다. 또 이르기를, 하늘은 서북쪽이 부족하기 때문에, 좌측이 차고 우측이 서늘하다. 땅은 동남쪽이 덜 찼기 때문에, 우측이 뜨겁고 좌측이 따뜻하다.《황제내경소문(黃帝內經素問)》30

天不足西北, 故西北方陰也. 人右耳目, 不如左明. 地不滿東南, 故東南方陽也. 人左手足, 不如右強.31 又曰, 天不足西北, 故左寒而右涼. 地不滿東南, 故右熱而左溫.〈素問〉32

• 봄은 창천(蒼天)이고, 여름은 호천(昊天)이며, 가을은 민천(旻天)이고, 겨울은 상천(上天)이다. 봄에 대해서는 색깔을 말한 것이고, 여름에 대해서는 기운을 말한 것이고, 가을에 대해서는 감정을 말한 것이고, 겨울에 대해서는 자리를 말한 것이니 서로에 맞게 갖춘 것이다.《이아(爾雅)》

春爲蒼天, 夏爲昊天, 秋爲旻天, 冬爲上天. 於春言色, 於夏言氣, 於秋言情, 於冬言位, 相備也.〈爾雅〉33

• 동방은 호천(皞天)이고, 동남은 양천(陽天)이고, 남방은 적천(赤天)이고, 서남은 주천(朱天)이고, 서방은 성천(成天)이고, 서북은 유천(幽天)이고, 북방은 현천(玄天)이고, 동북은 변천(變天)이고, 중앙은 균천(鈞天)이다.《초사(楚辭)》주

東方皞天, 東南陽天, 南方赤天, 西南朱天, 西方成天, 西北幽天, 北方玄天, 東北變天, 中央鈞天.〈楚辭註〉34

• 천신(天神) 가운데 위대한 존재가 호천상제(昊天上帝), 즉 요백보(耀魄寶)이다. 또한 천황대제(天皇大帝)라고도 하고 태을(太乙)이라고도 한다. 그 보좌를 오제(五帝)라 하는데, 동방의 청제(青帝)인 위령앙(威靈仰), 남방의 적제(赤帝)인 적표노(赤熛怒), 서방의 백제(白帝)인 백초거(白招拒), 북방의 흑제(黑帝)인 섭광기(葉光紀), 중앙의 황제(黃帝)인 함추뉴(含樞紐)이다.《오경통의(五經通義)》

天神之大者, 昊天上帝, 卽耀魄寶也. 亦曰, 天皇大帝, 亦曰, 太乙. 其佐曰, 五帝, 東方青帝, 威靈仰, 南方赤帝, 赤熛怒, 西方白帝, 白招拒, 北方黑帝, 葉光紀, 中央黃帝, 含樞紐.〈五經通義〉35

• 《신자(申子)》에서 말하였다. 천도는 사사로움이

29. 《진서(晉書)·천문지(天文志)》에는, "天圓如張蓋, 地方如棊局. 天旁轉, 如推磨而左行. 日月右行, 隨天左轉. 故日月實東行, 而天牽之以西沒. 譬之於蟻行磨石之上, 磨左旋而蟻右去, 磨疾而蟻遲. 故不得不隨磨以左廻焉"으로 되어 있다.

30. 《황제내경소문(黃帝內經素問)》: 진한대(秦漢代)에 지어진 의서(醫書)이다. 황제(黃帝)가 그의 신하이자 명의(名醫)인 기백(岐伯)과 문답하는 형식으로 내용을 기술하였다.

31. 《황제내경소문(黃帝內經素問)·음양응상대론(陰陽應象大論)》

32. 《황제내경소문(黃帝內經素問)·오상정대론(五常政大論)》

33. 《이아(爾雅)·석천(釋天)》

34. 위(魏) 장읍(張揖), 《광아(廣雅)·연기(年紀)》

35. 송(宋) 축목(祝穆), 《고금사문유취(古今事文類聚)·천도부(天道部)》

없기 때문에 한결같고 바르다. 천도가 한결같고 바르기 때문에 맑고 밝다.

申子曰, 天道無私, 是以恒正. 天道恒正,[36] 是以淸明.[37]

• 만물을 덮어 주면서 사사로움이 없다. 아래를 굽어봄에 밝음이 있다.

覆物無私,[38] 臨下有赫.[39]

• 소리도 없고 냄새도 없다. 따뜻하게 해 주기도 하고 불어 주기도 한다.

無聲無臭.[40] 或煦或吹.[41]

• 대개 높지만 반드시 굽혀야 하니 그 부류가 빛나리라.

蓋高必跼, 厥類惟章.[42]

• 크고 큰 원기이며 푸르고 푸른 정색이다.

浩浩元氣,[43] 蒼蒼正色.[44]

• 기(氣)는 풀무와 같고 만물을 추구(芻狗)[45]로 여긴다.

氣如橐籥, 物爲芻狗.[46]

• 계단으로 올라가 이를 수 없고 대롱으로 헤아려 엿보기 어렵다.

階升莫致, 管測難窺.[47]

• 《태현경(太玄經)》에서 말하였다. 구천(九天)이 있는데, 하나가 중천(中天), 둘이 이천(羨天), 셋이 종천(從天), 넷이 경천(更天), 다섯이 수천(晬天), 여섯이 곽천(廓天), 일곱이 함천(鹹天), 여덟이 침천(沈天), 아홉이 성천(成天)이다.

太玄經曰. 有九天, 一中天, 二羨天, 三從天, 四更天, 五晬天, 六廓天, 七鹹天, 八沈天, 九成天.[48]

• 〈관상부(觀象賦)〉[49]의 주(註)이다. 구소(九霄)는 신소(神霄), 청소(靑霄), 벽소(碧霄), 단소(丹霄), 경소(景霄), 옥소(玉霄), 낭소(琅霄), 자소(紫霄), 태소(太霄)이다. 또 다음과 같은 이름이 있으니, 호궁(顥穹), 창궁(蒼穹), 층궁(層穹), 청궁(淸穹), 태궁(太穹), 청공(靑空), 상현(上玄), 중현(重玄), 궁창(穹蒼), 태원(太圓), 상령(上靈), 상고(上高), 청현(淸玄), 태원(泰元), 원령(圓靈), 창령(蒼靈), 현의(玄儀), 상창(上蒼), 청창(靑蒼), 옥우(玉宇), 벽락(碧落), 궁호(穹昊), 창민(蒼旻), 자락(紫落), 태호(太皓), 구창(九蒼), 호창(顥蒼)이다.

觀象賦註. 九霄, 神霄, 靑霄, 碧霄, 丹霄, 景霄, 玉霄, 琅霄, 紫霄, 太霄.[50] 又名, 顥穹, 蒼穹, 層穹, 淸穹, 太穹, 靑空, 上玄, 重玄, 穹蒼, 太圓, 上靈, 上高, 淸玄, 泰元, 圓靈, 蒼靈, 玄儀, 上蒼, 靑蒼, 玉宇, 碧落, 穹昊, 蒼旻, 紫落, 太皓, 九蒼, 顥蒼.[51]

---

36. 당(唐) 구양순(歐陽詢)의 《예문유취(藝文類聚) · 천부(天部)》에, '天道恒正'은 '天常正'으로 되어 있다.
37. 《예문유취(藝文類聚) · 천부(天部)》
38. 《어정연감유함(御定淵鑑類函) · 천부(天部)》
39. 《시경(詩經) · 대아(大雅) · 황의(皇矣)》, "皇矣上帝, 臨下有赫."
40. 《시경(詩經) · 대아(大雅) · 문왕(文王)》, "上天之載, 無聲無臭."
41. 《어정연감유함(御定淵鑑類函) · 천부(天部)》
42. 《어정연감유함(御定淵鑑類函) · 천부(天部)》
43. 송(宋) 조여매(趙汝楳), 《역아(易雅) · 도서석(圖書釋)》
44. 《장자(莊子) · 소요유(逍遙遊)》의 내용을 재구성한 것이다.
45. 추구(芻狗): 풀로 만든 개의 형상이다. 하늘은 만물에 사사로운 정을 두지 않음을 일컫는다.
46. 《노자(老子) · 제5장》의 내용을 재구성한 것이다.
47. 출전이 자세하지 않다.
48. 《고미서(古微書)》 권3.
49. 〈관상부(觀象賦)〉: 후위(後魏) 장연(張淵)의 글이다.
50. 명(明) 서응추(徐應秋), 《옥지당담회(玉芝堂談薈)》
51. 출전이 자세하지 않다.

여와씨(女媧氏)가 하늘을 보수하다[여와보천(女媧補天)] 여와씨가 오색의 돌을 달구어 하늘을 보수하였다.[52]《열자(列子)·탕문(湯問)》

女媧氏, 錬五色石, 以補天.〈湯問〉[53]

기(杞)나라 사람이 하늘이 무너질 것을 근심하다[기우천추(杞憂天墜)] 기(杞)나라에 어떤 사람이 하늘이 무너져 몸을 둘 곳이 없을까를 염려하여 잠도 자지 못하고 먹지도 못하였다. 그를 깨우쳐주는 이가 말하기를, "하늘이란 기(氣)가 쌓인 것일 뿐으로, 처소도 없고 형체도 없는데 어떻게 무너져 내리겠는가? 해와 달, 별들 또한 쌓인 기(氣)의 안에서 빛을 가지고 있는 것들이다. 정말로 또한 무너진다고 하더라도, 역시 맞아서 다치는 일은 없을 것이다"라고 하였다.《열자(列子)》

杞國有人, 憂天崩墜, 身無所寄, 廢於寢食. 曉之者曰, 天積氣耳, 無處無形, 奈何崩而墜乎? 日月星宿, 亦積氣中之有光耀者. 正復使墜, 亦不能有中傷也.〈列子〉[54]

꿈에서 균천(鈞天)에 이르다[몽지균천(夢至鈞天)] 진(秦) 목공(穆公)이 꿈에 상제(上帝)가 있는 곳에 이르러 천상의 음악을 관람하였다. 상제가 그에게 지팡이를 주었는데 진나라는 곧 크게 번창하였다.《사기(史記)》

秦穆公夢至帝所, 觀鈞天廣樂. 帝錫之以策, 秦遂大昌.〈史記〉[55]

목공(木公)과 금모(金母)[목공금모(木公金母)] 목공(木公)은 또한 동왕공(東王公)이라고도 하는데, 청양(靑陽)의 기운이고 온갖 신 가운데 으뜸이다. 한(漢)나라 초엽에 어린아이가 길에서 노래하는데, "푸른 치마를 입고 하늘 문에 들어가, 금모(金母)에게 읍하고 목공(木公)에게 절한다"라고 하였다. 사람들은 모두 알아보지 못했지만, 장자방(張子房)만이 그를 알아보고 가서 절을 하고는, "이 아이는 동왕공(東王公)의 선동(仙童)입니다"라고 하였다.《태평광기(太平廣記)》

木公亦云東王公, 蓋靑陽之氣, 萬神之先也. 漢初, 小兒歌於道曰, 著靑裙, 入天門, 揖金母, 拜木公. 人皆不識, 惟張子房知之, 乃往拜之曰, 此東王公之玉童也.〈廣記〉[56]

장온이 하늘에 대해 묻다[장온문천(張溫問天)] 오(吳)의 사신인 장온(張溫)이 진복(秦宓)에게 묻기를, "하늘은 머리가 있습니까?"라고 하자 진복이 대답하기를, "《시경(詩經)》에서, '이에 서쪽으로 돌아본다'[57]라고 하였으니 이로 미루어 보건대 머리는 서쪽에 있습니다." "하늘은 귀가 있습니까?"라고 하자 대답하기를, "하늘은 높은 곳에 있으면서 낮은 곳을 들으니, 《시경(詩經)》에서, '학이 깊은 언덕에서 우는데, 소리가 하늘에까지 들린다'[58]라고 하였습니다." "하늘은 발이 있습니까?"라고 하자 대답하기를, "《시경(詩經)》에서, '하늘의 걸음걸이는 힘들다'[59]고 하였는데, 만약 발이 없다면 어떻게 걸을 수가 있겠습니까?" "하늘은 성(姓)이 있습니까?"라고 하자 대답하기를, "성이 유(劉)씨입니다." 어째서 그런지를 묻자 대답하기를, "천자께서 성이 유(劉)씨이니, 이것으로 알 수 있습니다"라고 하였다.《삼국지(三國

---

52. 공공씨(共工氏)가 축융(祝融)과 싸워 패하자 하늘을 받치고 있던 부주산(不周山)을 들이받아 하늘이 무너졌다. 여와가 돌로 하늘을 메우고, 거북의 다리로 기둥을 세웠다고 한다.
53. 《열자(列子)·탕문(湯問)》에는 "昔者, 女媧氏, 煉五色石, 以補其闕"로 되어 있다.
54. 《열자(列子)·천서(天瑞)》의 내용을 재구성한 것이다.
55. 《사기(史記)》에는 보이지 않는 기록으로, 《고금사문유취(古今事文類聚)·천도부(天道部)》, 《산당사고(山堂肆考)·천문(天文)》 등의 유서(類書)에 보인다.
56. 《태평광기(太平廣記)·신선(神仙)》의 내용을 재구성한 것이다.
57. 《시경(詩經)·대아(大雅)·황의(皇矣)》
58. 《시경(詩經)·소아(小雅)·학명(鶴鳴)》
59. 《시경(詩經)·소아(小雅)·백화(白華)》

志)·촉서(蜀書)》

吳使張溫, 問秦宓曰, 天有頭乎? 宓曰, 詩云, 乃眷西顧. 以此推之, 頭在西方. 天有耳乎? 曰, 天處高而聽卑, 詩云, 鶴鳴九皐, 聲聞於天. 天有足乎? 曰, 詩云, 天步艱難. 若其無足, 何以步之? 天有姓乎? 曰, 姓劉. 問何以然? 曰, 天子姓劉, 以此知之.〈蜀志〉60

꿈에서 손으로 하늘을 받들다[몽수봉천(夢手捧天)]

한위공(韓魏公)61이 진주(秦州)를 다스릴 때, 병으로 누워서 며칠을 앓았는데 갑자기 말하기를, "마침 손으로 하늘을 받드는 꿈을 꾼 것이 두 번이었다"라고 하였다. 그 후에 영종(英宗)62을 번왕(藩王)일 때에 도왔고, 신종(神宗)63을 동궁(東宮)일 때에 도왔다.

韓魏公, 知秦州, 臥疾數日, 忽曰, 適夢以手捧天者再. 其後援英宗於藩邸, 翼神宗於東宮.64

천문(天門)에 방(榜)이 걸리다[천문방방(天門放榜)]

범문정공(範文正公)65이 진주(陳州)에서 부관(副官)으로 근무할 때, 군수의 모친이 병이 심해 도사를 불렀다. 장(章)을 올리는 도사가 죽간을 들고 제단에 엎드린 채 밤을 새우고서 군수에게 말하기를, "부인의 수명은 6년이 남았으니 염려하지 마십시오"라고 하였다. 군수가, "장(章)을 올리는데 어째서 그렇게 오래 걸렸는가?"하고 묻자 대답하기를, "막 천문(天門)을 나서다가 내년의 진사(進士) 합격자 방문을 거는 것을 보았습니다. 그래서 지체하였습니다"라고 하였다. 공이 장원(壯元)한 자가 성씨가 무엇인지를 묻자, "왕(王)씨인데 두 이름자 아래의 한 글자가 검게 칠해져 있었습니다"라고 하였다. 다음 해 봄에, 장원을 한 것은 왕공수(王拱壽)였는데 임금이 붓을 대어 공신(拱辰)으로 고쳤다. 공은 도사가 신(神)과 통했다고 감탄하였다.〈괄이지(括異志)〉

範文正, 倅陳州時, 郡守母病, 召道士. 奏章道士, 秉簡伏壇終夜, 謂守曰, 夫人壽有六年, 勿慮. 守問, 奏章何久也? 曰, 方出天門, 遇放明年進士榜. 以故稽留. 公問狀元何姓, 曰, 姓王, 二名下, 一字黑塗. 明春, 狀元乃王拱壽, 御筆改爲拱辰. 公嘆道士通神.〈括異志〉66

송(宋) 휘종(徽宗)이 하루는 초례(醮禮)67를 열었다. 도사가 장(章)을 받들어 올리는데 땅에 엎드려 한참을 있다가 겨우 일어났다. 황제가 그 까닭을 묻자 대답하기를, "마침 상제(上帝)가 계신 곳에 이르렀는데, 규성(奎星)[규수(奎宿)68]이 일을 아뢰고 있었습니다. 한참이 지나서야 끝나, 비로소 장을 올릴 수 있었기 때문입니다"라고 하였다. 황제가, "규성은 어느 신이 맡아 하던가?"라고 묻자 대답하기를, "바로 본조(本朝)의 신하였던 소식(蘇軾)이었습니

---

60. 《삼국지(三國志)·촉서(蜀書)·진복전(秦宓傳)》에, "吳遣使張溫來聘, 百官皆往餞焉. 衆人皆集而宓未往, 亮累遣使促之, 溫曰, 彼何人也? 亮曰, 益州學士也. 及至, 溫問曰, 君學乎? 宓曰, 五尺童子皆學, 何必小人? 溫復問曰, 天有頭乎? 宓曰, 有之. 溫曰, 在何方也? 宓曰, 在西方. 詩曰, 乃眷西顧. 以此推之, 頭在西方. 溫曰, 天有耳乎? 宓曰, 天處高而聽卑, 詩云, 鶴鳴於九皐, 聲聞於天. 若其無耳, 何以聽之? 溫曰, 天有足乎? 宓曰, 有. 詩云, 天步艱難, 之子不猶. 若其無足, 何以步之? 溫曰, 天有姓乎? 宓曰, 有. 溫曰, 何姓? 宓曰, 姓劉. 溫曰, 何以知之? 答曰, 天子姓劉, 故以此知之"로 되어 있는 내용을 재구성한 것이다.
61. 한위공(韓魏公): 북송(北宋)의 정치가인 한기(韓琦)로, 자가 치규(稚圭)이다. 사마광(司馬光)과 함께 왕안석(王安石)의 신법(新法)을 반대하였고, 추밀사(樞密使)와 재상을 역임하였다.
62. 영종(英宗): 북송(北宋) 제5대 황제로, 재위 기간은 1063-1067이다.
63. 신종(神宗): 북송(北宋) 제6대 황제로, 재위 기간은 1068-1085이다.
64. 《고금사문유취(古今事文類聚)·천도부(天道部)》
65. 범문정공(範文正公): 북송(北宋)의 정치가이자 문학가인 범중엄(範仲淹)이다. 자가 희문(希文)이며 문정(文正)은 시호이다. 참지정사(參知政事), 섬서사로안무사(陝西四路按撫使) 등을 역임하였고, 구양수(歐陽修) 등과 함께 개혁 정책을 추진하였다.
66. 《고금사문유취(古今事文類聚)·천도부(天道部)》
67. 초례(醮禮): 승려나 도사를 불러 신불(神佛)에게 기도하는 의식이다.
68. 규수(奎宿): 28수 가운데 하나로, 문운(文運)과 문장(文章)을 담당한다고 한다.

다"라고 하였다.《당계시화(唐溪詩話)》

宋徽宗, 一日啓醮. 道士拜章, 伏地良久, 方起. 上問故, 對曰, 適至上帝所, 値奎宿奏事. 良久方畢, 始能達其章故也. 上問, 奎宿是何神爲之? 對曰, 乃本朝臣蘇軾也.〈唐溪詩話〉[69]

등후(鄧后)가 하늘을 만지다[등후문천(鄧后捫天)] 한(漢) 화희(和熹) 등황후(鄧皇后)[70]가 일찍이 하늘을 만지는 꿈을 꾸었는데, 천체(天體)는 드넓고 아주 푸르며 미끄럽기가 엿과 같았다. 또 종유석(鍾乳石)의 모양과 같아서 고개를 들고 그것을 빨아 마셨다. 해몽가에게 그것을 물으니 말하기를, "요(堯)임금은 하늘을 잡고 오르는 꿈을 꾸었고, 탕(湯)임금은 하늘에 이르러 그것을 핥는 꿈을 꾸었으니, 이는 모두 성왕(聖王)들의 이전 징조로, 길함을 이루 말할 수 없습니다"라고 하였다.

漢和熹鄧皇后, 嘗夢捫天, 天體, 蕩蕩正靑, 滑如饘飴. 又如鍾乳狀, 乃仰漱飮之. 以訊諸占夢, 言堯夢攀天而上, 湯夢及天而舐之, 此皆聖主之前占, 吉不可言也.[71]

옥화전(玉華殿) 포전현(莆田縣)[72] 사람이 막 조회가 파한 뒤 병으로 쓰러졌다. 3일 만에 다시 깨어나서 말하기를, "옥화전(玉華殿)에 이르러 한 도사(道士)를 만났는데, '선생은 옛날에, 남모르게 쌓은 공덕이 있어 상제(上帝)께서 불러 만났었다. 〈백옥루(白玉樓)〉라는 고시 문장 한 편을 상제(上帝)께서 보고 크게 기뻐하시어 옥화시랑(玉華侍郞)에 제수하시었다. 잘못이 있어 인간 세상에 귀양간 것이니, 머지않아 돌아올 것이다'라고 하였다"고 말하였다.

莆田人, 方朝散, 病躄. 三日復蘇云, 至玉華殿, 遇一道士, 謂曰, 先生, 昔有陰功, 上帝召見. 白玉樓試文一篇, 帝覽之, 大喜, 拜爲玉華侍郞. 因有過, 謫墮人世, 不久當返也.[73]

운정궁(雲亭宮) 수(隋) 만보상(萬寶常)[74]은 태어나면서부터 총명하였다. 일찍이 10여 명의 이인(異人)을 만났는데, 그에게 음률(音律)을 전수해 주었다. 어느 날 저녁 다시 그의 집으로 내려와, "운정궁(雲亭宮)의 만남을 기억하는가?"라고 물었다. 만보상이 멍한 채로 한참을 있다가 정신이 들어 이웃 사람에게 말하기를, "나는 선계(仙界)에서 인간 세상에 귀양온 것이니, 장차 떠날 것이다"라고 하였다. 10일이 지나자 간 곳을 알 수 없었다.

隋, 萬寶常, 生而聰穎. 嘗遇十許異人, 授以音律. 一夕又降其家曰, 記得雲亭宮之會乎. 寶常懵然, 良久乃悟, 謂隣人曰, 吾自仙宮謫於人世, 卽將去矣. 旬日, 不知所之.[75]

백요궁(白瑤宮) 《선실지(宣室志)》의 기록이다. 당(唐) 이하(李賀)[76]가 죽었다. 그의 어머니가 꿈을 꾸었는데 이하가 말하기를, "상제(上帝)께서 요즈음에 단포(丹圃)로 천도하여 백요궁(白瑤宮)을 짓고, 저를 불러 새로 지은 궁전의 기문(記文)을 짓도록 하였습니다"라고 하였다. 또 꿈을 꾸었는데, 응허전(凝虛殿)을 짓고 자신들로 하여금 악장(樂章)을 짓도록 하였다고 하였다.

宣室志. 唐李賀卒. 其母夢, 賀曰, 上帝近遷都丹圃, 建白瑤宮, 召某爲新宮記. 又夢, 作凝虛殿, 使某輩,

---

69. 《산당사고(山堂肆考)·천문(天文)》
70. 등황후(鄧皇后): 후한(後漢) 화제(和帝)의 황후로 시호(諡號)가 희(熹)이다. 상제(殤帝), 안제(安帝) 때에 태후(太后)로 정사에 참여하여 덕정을 베풀었다.
71. 《후한서(後漢書)·후기(後紀)》
72. 포전현(莆田縣): 수당(隋唐) 시기에 두었던 현의 이름으로, 지금의 복건성(福建省) 선유현(仙遊縣) 동쪽 지역이다.
73. 《산당사고(山堂肆考)·천문(天文)》
74. 만보상(萬寶常): 수대(隋代)의 음악가. 스스로 율척(律尺)을 만들어 각종 악기(樂記)를 제조하고 음악 이론을 수립하였다.
75. 명(明) 진요문(陳耀文), 《천중기(天中記)·천(天)》
76. 이하(李賀): 당대(唐代) 시인으로 자가 장길(長吉)이다. 악부(樂府)시에 뛰어났는데 우수와 격정을 표현한 것들이 많다.

纂集樂章.[77]

황금색 대궐[황금성(黃金城)] 《고금시화(古今詩話)》의 기록이다. 송(宋)나라 대제(待制)[78] 왕소(王素)가 일찍이 꿈을 꾸었는데, 옥경(玉京)[79]의 황금색 대궐에 이르렀다. 감청색의 관을 쓴 자가 말하기를, "나는 동문시랑(東門侍郎)이고, 그대는 서문시랑(西門侍郎)이었다. 옛날에 상소한 글이 잘못되어 인간 세상에 귀양갔다"라고 하였다. 공이 만년에, 옥경(玉京)의 꿈을 생각하고 다음과 같은 시를 지었다. "푸른 하늘에 백옥경(白玉京)이 있으니, 꿈속의 혼이 황금색 대궐에 날아들었네. 어느 때 다시 노을 밖을 거닐어 볼 것인가, 흰 치아의 선동(仙童)[청동(靑童)[80]]은 벌써 대청을 쓸어놓았을 텐데."

古今詩話. 宋待制王素, 嘗夢至玉京黃闕. 有紺翠冠者曰, 吾東門侍郎, 公則西門侍郎. 昔因奏牘誤, 謫墮人世. 公晩歲, 思玉京之夢, 作詩. 虛碧中藏白玉京, 夢魂飛入黃金城. 何時再步煙霞外, 皓齒靑童已掃廳.[81]

성제(成帝)가 하늘을 꿈꾸다[성제몽천(成帝夢天)] 피거문(陂渠門)[82]에 보인다.

見陂渠門.

왕돈(王敦)이 하늘을 꿈꾸다[왕돈몽천(王敦夢天)] 몽문(夢門)[83]에 보인다.

見夢門.

하늘의 모습이 무늬를 이루다[천상성문(天象成文)] 작상문(作相門)[84]에 보인다.

見作相門.

은하수 天河

• 《이아(爾雅)》의 기록이다. 석목(析木)[85]을 '나루[진(津)]'라고 하는데, 나루는 기수(箕宿)와 두수(斗宿)의 사이에 있다. 기수의 북쪽과 두수의 남쪽은 은하수가 지나는 곳이고, 해와 달 그리고 5성(五星)이 이곳으로 오고간다. 그래서 나루라고 한다. 또 《위서(緯書)》의 기록이다. 왕천하(王天下)하는 자는 도리가 있으니, 그 곧기가 먹줄[승(繩)]과 같은 은하수이다.

爾雅. 析木謂之天津, 津在箕斗之間.[86] 箕北斗南, 天河所經, 日月五星, 於此往來. 故謂之津. 又緯書.

---

77. 《산당사고(山堂肆考)·천문(天文)》
78. 대제(待制): 당대(唐代)에 둔 관명으로, 야간에 있을 왕명을 받들기 위해 숙직하는 임무를 맡았다.
79. 옥경(玉京): 도가(道家)에서 상제(上帝)가 머무는 곳을 일컫는다.
80. 청동(靑童): 고대(古代)의 신화(神話)나 전설(傳說)에 등장하는 어린 신선을 일컫는다.
81. 《산당사고(山堂肆考)·천문(天文)》
82. 피거문(陂渠門): 《유원총보》 권6 〈지도문(地道門)〉에 속해 있다.
83. 몽문(夢門): 《유원총보》 권28 〈인도문(人道門)〉에 속해 있다.
84. 작상문(作相門): 《유원총보》 권31 〈인사문(人事門)〉에 '상문(相門)'으로 되어 있는 곳에 속해 있다.
85. 석목(析木): 별자리의 이름으로, 12개 별자리 가운데 하나이다. 지상에서 이에 상응하는 지역인 유주(幽州), 연주(燕州)를 가리키기도 한다. 12개 별자리는 '십이분성(十二分星)'이라 하는데, 고대 중국의 점성학에서 지상의 12지역[이를 '십이분야(十二分野)'라고 한다]에 상응시켜 별자리의 변화에 따라 그 지역의 길흉을 점쳤다. '십이분성(十二分星)'과, 그에 상응하는 '십이분야(十二分野)'는 다음과 같다.
    성기(星紀): 양주(揚州: 吳·越), 현효(玄枵): 청주(靑州: 齊),
    추자(娵訾): 병주(並州: 衛), 강루(降婁): 서주(徐州: 魯),
    대량(大梁): 기주(冀州: 趙), 실침(實沈): 익주(益州: 晉),
    순수(鶉首): 옹주(雍州: 秦), 순화(鶉火): 삼하(三河: 周),
    순미(鶉尾): 형주(荊州: 楚), 수성(壽星): 연주(兗州: 鄭),
    대화(大火): 예주(豫州: 宋), 석목(析木): 유주(幽州: 燕)
    석목(析木)은 28수의 별자리와 맞추면 미(尾)와 기(箕)의 양 수(宿)에 해당한다.

王者有道, 天河其直如繩.[87]

- 황하(黃河)의 정령(精靈)이 위로 올라가 은하수가 되었다.

河精, 上爲天漢.[88]

- 또 말하였다. 물의 기운이 하늘에 있는 것이 구름이고, 물의 형상이 하늘에 있는 것이 은하수이다. 《비아(埤雅)》[89]

又云. 水氣之在天, 爲雲, 水象之在天, 爲漢.〈埤雅〉[90]

- 살핀다. 은하수는 다른 이름으로, 강하(絳河), 명하(明河), 은하(銀河), 운한(雲漢), 은한(銀漢), 천한(天漢), 은황(銀潢), 은만(銀灣), 사한(斜漢), 금한(金漢), 성하(星河), 경하(傾河)라고 하는데, (경하라고 한 것은) 은하수가 기울면서 새벽이 되는 것을 일컬은 것이다. 승하(繩河)라고도 하는데, 곧은 먹줄과 같음을 일컬은 것이다.

按. 天河, 一曰絳河, 曰明河, 曰銀河, 曰雲漢, 曰銀漢, 曰天漢, 曰銀潢, 曰銀灣, 曰斜漢, 曰金漢, 曰星河, 曰傾河, 言天漢將斜, 而曉也. 曰繩河, 言如繩之直也.[91]

해 日

- 대황(大荒)[92] 가운데의 양곡(暘谷)[93]가에는 부상(扶桑)[94]이 있는데, 10개의 해가 목욕하는 곳이다. 9개의 해는 아래 가지에 있고 한 개의 해가 윗가지에 있는데 모두 까마귀를 이고 있다.《산해경(山海經)》

大荒之中暘谷上, 有扶桑, 十日所浴. 九日居下枝, 一日居上枝, 皆戴烏.〈山海經〉[95]

- 해는 꽉 찬 것이다. 빛이 밝고 성대하게 차 있다. 《석명(釋名)》

日, 實也. 大[96]明盛實.〈釋名〉[97]

- 《설문해자(說文解字)》의 기록이다. 일(日)은 꽉 찬 것이다. 태양(太陽)의 정기이고 군주(君主)의 상징이다.

說文. 日者, 實也. 太陽之精,[98] 又君象也.[99]

- 《회남자(淮南子)》의 기록이다. 양기의 뜨거운 기운이 쌓여 불을 내는데, 불기운의 정기가 해이다.

---

86. 《이아(爾雅) · 석악(釋樂)》에는, "析木謂之津, 箕鬥之間, 漢津也"로 되어 있다.
87. 《산당사고(山堂肆考) · 천문(天文)》
88. 《비아(埤雅) · 석천(釋天)》
89. 《비아(埤雅)》: 송(宋) 육전(陸佃)이 지은 책으로, 여러 사물의 명의(名義)를 밝혔는데 특히 이름을 얻게 된 연유를 추구한 것이 많다. 책명은 《이아(爾雅)》를 보충한다는 뜻이다.
90. 《비아(埤雅) · 석천(釋天)》
91. 《산당사고(山堂肆考) · 천문(天文)》
92. 대황(大荒): 황량하고 먼 지역이란 뜻으로 해가 솟는 곳이다. 《산해경(山海經) · 대황동경(大荒東經)》에, "동해(東海)의 밖, 아주 황량한 곳에 산이 있는데, 이름이 대언(大言)으로. 해와 달이 솟는 곳이다(東海之外, 大荒之中, 有山, 名曰大言, 日月所出.)"라고 하였다.
93. 양곡(暘谷): 해가 솟아오르는 골짜기이다. 《서경(書經) · 요전(堯典)》에, "희중(羲仲)에게 나누어 명하여 우이(嵎夷)에 머물게 하니, 양곡(暘谷)이라 한다(分命羲仲, 宅嵎夷, 曰暘谷)"라고 하였다.
94. 부상(扶桑): 해가 걸려 있다가 솟아오르는 나무이다. 뽕나무와 비슷하게 생겼고 두 그루가 한 뿌리에서 나와 서로 의지하는 듯하여 붙여진 이름이다.《해내십주기(海內十洲記) · 대주(帶洲)》
95. 《산해경(山海經) · 해외동경(海外東經)》의 내용을 재구성한 것이다.
96. '大'는, 《석명(釋名) · 석천(釋天)》에는 '光'으로 되어 있다.
97. 《석명(釋名) · 석천(釋天)》
98. 《설문해자(說文解字) · 제7편》에는, "日者, 實也. 太陽之精不虧, 字從○一, 象形也"로 되어 있다.
99. 《태평어람(太平御覽) · 천부(天部)》에, "日者, 實也. 君主之象也. 凡天象, 以日爲主"라고 하였다.

淮南子. 積陽之熱氣, 生火, 火氣之精者, 爲日.[100]

• 황보밀(皇甫謐)[101]의 《장력(長曆)》의 기록이다. 양(陽)의 정기가 밖으로 발산하기 때문에 해는 낮에 밝다. '요령(曜靈)'이라고도 한다.

皇甫謐長曆. 陽精外發, 故日以晝明. 曰曜靈.[102]

• 《진고(眞誥)》의 기록이다. 방저산(方諸山)의 진인(眞人)은 해를 '원라요(圓羅耀)'라 부르고, 외국인은 '탁라요(濯羅耀)라 부른다.

眞誥. 方諸山眞人, 呼日爲圓羅耀, 外國人呼爲濯羅耀.[103]

• 해 안에는 준오(踆烏)[104]가 있는데, '세 발 달린 까마귀[삼족오(三足烏)]'라 한다.《회남자(淮南子)》

日中有踆烏,[105] 謂三足烏也.〈淮〉[106]

• 햇빛을 '경(景)'이라 하고, 해의 그림자[영(景)]를 '구(晷)'라 한다. 그 기운을 '현(晛)'이라 하고, 해가 처음 나오는 것을 '욱(旭)'이라 한다. 해가 돋아 나오는 것을 '희(晞)'라 하고, 해가 따뜻해지는 것을 '후(煦)'라 한다. 오향(午向)에 있는 것을 '정오(亭午)'라 하고, 미향(未向)에 있는 것을 '영(映)'이라 한다. 해가 저무는 것을 '간(旰)'이라 하고, 해가 장차 지려 하는 것을 '박모(薄暮)'라 한다. 해가 서쪽으로 지면서 빛이 동쪽을 되비치는 것을 '반경(返景)'이라 하고, 아래에 있는 것을 '도경(倒景)'이라 한다.《찬요(簒要)》

日光曰景, 日景曰晷. 其氣曰晛, 日初出曰旭. 日昕曰晞, 日溫曰煦, 在午曰亭午, 在未曰映. 日晚曰旰, 日將落曰薄暮. 日西落, 光返照於東, 謂之返景, 在下曰倒景.〈簒要〉[107]

• 해는 양곡(暘谷)에서 나와 함지(鹹池)에서 목욕하고 부상(扶桑)을 스치는데, 이를 일러 '신명(晨明)'이라 한다. 부상(扶桑)으로 올라 비로소 길을 떠나려 하는데, 이를 일러 '비명(朏明)'이라 한다. 곡아(曲阿)에 이르면 이를 일러 '단명(旦明)'이라 한다. 증상(曾桑)에 이르면 이를 일러 '조식(早食)'이라 한다. 상야(桑野)에 이르면 이를 일러 '안식(晏食)'이라 한다. 형양(衡陽)에 이르면 이를 일러 '우중(隅中)'이라 한다. 곤오(昆吾)에 이르면 이를 일러 '정중(正中)'이라 한다. 조차(鳥次)에 이르면 이를 일러 '소환(小還)'이라 한다. 비곡(悲谷)에 이르면 이를 일러 '포치(晡跱)'라 한다. 여기(女紀)에 이르면 이를 일러 '대환(大還)'이라 한다. 연우(淵隅)에 이르면 이를 일러 '고용(高舂)'이라 한다. 연석(連石)에 이르면 이를 일러 '하용(下舂)'이라 한다. 비천(悲泉)에 이르러 그 말을 쉬게 하는데 이를 일러 '현거(懸車)'라 한다. 우연(虞淵)에 다다르면 이를 일러 '황혼(黃昏)'이라 한다. 몽곡(蒙谷)에 빠지면 이를 일러 '정혼(定昏)'이라 한다. 해는 우연(虞淵)의 땅으로 들어가고 몽곡(蒙谷)의 물가에서 새벽이 된다. 구주(九州)[108]와 칠사(七舍)[109]를 지나는데, 5억(億) 1만 7,309리(里)가 된다.《회남자(淮南子)》

---

100. 《회남자(淮南子)·천문훈(天文訓)》
101. 황보밀(皇甫謐): 위진(魏晉) 시대의 역사가이자 의학자이다. 《제왕세기(帝王世紀)》, 《고사전(高士傳)》, 《열녀전(列女傳)》, 《침구갑을경(鍼灸甲乙經)》 등의 저서가 있다.
102. 《어정연감유함(御定淵鑑類函)·천부(天部)》
103. 《산당사고(山堂肆考)·천문(天文)》
104. 준오(踆烏): 해 속에 산다는 세 발 달린 까마귀이다.
105. 《회남자(淮南子)·정신훈(精神訓)》
106. 한(漢) 고유(高誘) 주(注), 《회남홍렬해(淮南鴻烈解)·정신훈(精神訓)》
107. 《고금사문유취(古今事文類聚)·천도부(天道部)》
108. 구주(九州): 두 가지 설이 있다. 첫째는, 옛날에 중국을 기(冀), 곤(兗), 청(靑), 서(徐), 양(揚), 형(荊), 예(豫), 양(梁), 옹(雍)의 아홉 지역으로 나눈 것이다(《서경(書經)·우공(禹貢)》). 둘째는, 중국이 하나의 주가 되는 큰 단위로, 전국(戰國) 시대에 추연(鄒衍)이 구분하였는데, 그는 중국을 적현신주(赤縣神州)라 하였다(《사기(史記)·맹자순경열전(孟子荀卿列

日出於暘谷, 浴於鹹池, 拂於扶桑, 是謂晨明. 登於扶桑, 爰始將行, 是謂朏明. 至於曲阿, 是謂旦明. 至於曾桑, 是謂早食. 至於桑野, 是謂晏食. 至於衡陽, 是謂隅中. 至於昆吾, 是謂正中. 至於鳥次, 是謂小還. 至於悲谷, 是謂晡時. 至於女紀, 是謂大還. 至於淵隅, 是謂高舂. 至於連石, 是謂下舂. 至於悲泉, 爰息其馬, 是謂懸車. 薄於虞淵, 是謂黃昏. 淪於蒙谷, 是謂定昏. 日入於虞淵之地, 曙於蒙谷之浦. 行九州七舍, 有五億萬七千三百九里.〈淮〉[110]

• 회야산(灰野山)에 나무가 있는데, 푸른 잎에 붉은 꽃이며 이름이 약목(若木)이다. 해가 들어가는 곳으로, 곤륜산(崑崙山)의 서쪽 조서산(鳥鼠山)의 동굴에서 난다. 산의 서남쪽이 엄자(崦嵫)인데, (해가) 가는 버들을 지난다. 서방(西方)의 땅인 엄자(崦嵫)는 해가 드는 산이다.《산해경(山海經)》

灰野之山有樹, 青葉赤華, 名曰若木.[111] 日所入處, 生崑崙西鳥鼠山同穴. 山西南曰崦嵫, 經細柳. 西方之地崦嵫, 日所入山也.〈山海經〉[112]

• 서쪽으로 지는 해가 나무 끝에 빛을 드리우는데, 이를 상유(桑榆)라 한다.《회남자(淮南子)》

西日垂景在樹端, 謂之桑榆.〈淮〉[113]

• 부상(扶桑)은 푸른 바다 가운데에 있는데, 나무의 길이는 수천 장(丈)이고 천여 위(圍)[114]의 둘레이다. 두 개의 줄기가 뿌리를 함께하고 있는데, 서로 의지하고 있어 이 때문에 부상(扶桑)이라고 하였다.《해내십주기(海內十州記)》

扶桑在碧海中, 樹長數千丈, 一千餘圍. 兩幹同根, 更相依倚, 是以名扶桑.〈十州記〉[115]

• 태산(太山)의 동남쪽을 '일관(日觀)'[116]이라 하는데, 닭이 처음 울 때 해가 나오는 것이 보인다. 길이는 3장(丈) 남짓이다.《한관의(漢官儀)》

太山東南, 名曰日觀, 鷄一鳴時, 見日出. 長三丈許.〈漢官〉[117]

• 해는 모든 양의 으뜸으로, 빛이 비추는 곳은 만 리가 빛을 함께한다. 그러므로 해가 장차 솟아오르려 하면, 맑은 바람이 일고 모든 음(陰)이 잠복(潛伏)한다.《한서(漢書)·이심전(李尋傳)》

日者, 衆陽之宗, 輝光所燭, 萬里同晷. 故日將旦, 淸風起, 群陰伏.〈李尋傳〉[118]

• 해라는 것은 태양(太陽)의 정기로, 쌓여서 새의 형상을 이룬다. 까마귀는 양(陽)의 부류로, 그 수(數)는 홀수이다. 달이라는 것은 음(陰)의 정기 가운데

傳)》). 여기에서 말하는 구주(九州)는 후자를 가킨다.《회남자(淮南子)·지형훈(地形訓)》에서는 구주(九州)를, 동남신주(東南神州)인 농토(農土), 정남차주(正南次州)인 옥토(沃土), 서남융주(西南戎州)인 도토(滔土), 정서엄주(正西弇州)인 병토(並土), 정중기주(正中冀州)인 중토(中土), 서북대주(西北臺州)인 비토(肥土), 정북제주(正北泲州)인 성토(成土), 동북박주(東北薄州)인 은토(隱土), 정동양주(正東陽州)인 신토(申土)의 아홉으로 구분하였다.

109. 칠사(七舍): 해가 일주하면서 지나는 곳으로, 실(室), 당(堂), 정(庭), 문(門), 항(巷), 술(術), 야(野)의 일곱 곳을 가리킨다(《회남자(淮南子)·천문훈(天文訓)》).

110.《회남자(淮南子)·천문훈(天文訓)》

111.《산해경(山海經)·대황북경(大荒北經)》에, "大荒之中, 有衡石山·九陰山·泂野之山. 上有赤樹, 青葉, 赤華, 名曰若木"으로 되어 있는 내용을 재구성한 것이다.

112.《고금사문유취(古今事文類聚)·천도부(天道部)》

113.《고금사문유취(古今事文類聚)·천도부(天道部)》.(《회남자(淮南子)》에는 위의 기록이 보이지 않는다.)

114. 위(圍): 길이의 척도로, 의미하는 바가 두 가지이다. 하나는, 두 손의 엄지와 검지를 모은 길이이다. 다른 하나는, 두 팔을 모은 길이이다.

115.《해내십주기(海內十州記)》

116. 일관(日觀): 태산(泰山)의 한 봉우리 이름으로, 일출을 보는 곳이다.

117. 한(漢) 응소(應劭)《한관의(漢官儀)》에, "泰山東南山頂, 名曰日觀. 日觀者, 雞一鳴時, 見日始欲出. 長三丈許, 故以名焉"으로 되어 있는 내용을 재구성한 것이다.

118.《한서(漢書)·이심전(李尋傳)》에는, "夫日者, 衆陽之長, 煇光所燭, 萬里同晷, 人君之表也. 故日將旦, 清風發, 群陰伏"으로 되어 있다.

으뜸으로, 쌓여서 짐승의 형상을 이룬다. 토끼는 음(陰)의 부류로, 그 수(數)는 짝수이다.[장형(張衡)〈영헌(靈憲)〉]

日者, 太陽之精, 積而成鳥象. 烏, 陽之類, 其數奇. 月者, 陰精之宗, 積而成獸象. 兎, 陰之類, 其數耦. 〈張衡靈憲〉[119]

- 달은 음(陰)의 정기이고, 해는 양(陽)의 정기이다. 그래서 《주비산경(周髀算經)》[120]에서, "해는 불과 같고, 달은 물과 같다. 붉은 빛을 내고 물은 그림자를 머금는다. 달빛은 해가 비치는 것에서 나오고, 백(魄)은 해에 가려지는 데에서 생긴다. 해를 마주하면 빛이 가득하고, 해에 가까워지면 빛이 사라진다"라고 하였다.《고령요(考靈曜)》[121]

月爲陰精, 日爲陽精. 故周髀云, 日猶火, 月猶水. 火則施光, 水則含影. 月光生於日所照, 魄生於日所蔽. 當日則光盈, 近日則明盡.〈考靈曜〉[122]

- 양수(陽燧)[123]는 해를 만나면 부시가 되어 불을 만들고, 방제(方諸)[124]는 달을 만나면 진액이 생겨 물을 만든다. 주(注)의 기록이다. 방제(方諸)는 음(陰)의 양수(陽燧)로, 대합조개이다. 〈다른 말로 '방석제주(方石諸珠)'라고도 한다.〉 한참을 비벼 열이 나게 하고, 달이 찼을 때 달을 향해 내려놓으면 물이 생긴다.

陽燧見日, 則燧而爲火, 方諸見月, 則津而爲水.[125] 注. 方諸陰燧, 大蛤也. 〈一云, 方石諸珠也.〉 熟磨拭令熱, 月盛時以向月下, 則水生.[126]

- 해의 이름이다. 주명(朱明), 영요(靈耀), 양오(陽烏), 상양(翔陽), 대명(大明), 요령(曜靈), 주광(朱光), 주희(朱羲), 부광(扶光), 이광(離光), 영휘(靈暉), 태휘(太暉)

日名. 朱明, 靈耀, 陽烏, 翔陽, 大明, 曜靈, 朱光, 朱羲, 扶光, 離光, 靈暉, 太暉.[127]

예(羿)가 아홉 마리의 까마귀를 쏘다[예사구오(羿射九烏)] 요(堯)임금 시절에 열 개의 해가 동시에 나오자, 예(羿)에게 명하여 화살로 쏘도록 하였다. 열 개의 해 가운데에서 아홉 마리의 까마귀가 모두 죽어 날개를 늘어뜨린 채 추락하였다.《회남자(淮南子)》

堯時, 十日竝出, 命羿仰射. 十日中, 其九烏皆死墮羽翼.〈淮〉[128]

과보가 해를 좇다[과보축일(誇父逐日)] 과보가 힘을 헤아리지 못하고 햇빛을 되돌리고자 하였다. 양곡(暘谷)으로 해를 쫓아갈 때, 갈증으로 물을 마시고 싶어 황하에 가서 물을 마시자 물이 말라버렸다. (물이) 부족하여 북쪽으로 대택의 물을 마시러 가다가 도착하기 전에 길에서 목이 말라 죽었다. 지팡이를

---

119. 《고금사문유취(古今事文類聚)·천도부(天道部)》
120. 《주비산경(周髀算經)》: '산경십서(算經十書)'의 하나로 중국 최고(最高)의 산서(算書)이자 역서(曆書)이다. 주대(周代)에 그 원형(原形)이 이루어졌다고 하는데 지은이의 내력은 자세하지 않다.
121. 《고령요(考靈曜)》: 《상서(尙書)》 위서(緯書) 가운데 하나로 지금은 일실되었고, 집본이 《고미서(古微書)》에 전한다.
122. 《고금사문유취(古今事文類聚)·천도부(天道部)》
123. 양수(陽燧): 햇빛을 모아 불을 지피던 요면(凹面)의 동경(銅鏡)이다. 《주례(周禮)·추관(秋官)·사훤씨(司烜氏)》에, "사훤씨(司烜氏)는 해에서 밝은 불을 취하는 일을 맡았다(司烜氏掌以夫遂取明火於日)"라고 하였다.
124. 방제(方諸): 달빛 아래 놓아 이슬을 받던 그릇이다. 《회남자(淮南子)·남명훈(覽冥訓)》에, "양수(陽燧)는 해에서 불을 취하고, 방제(方諸)는 달에서 이슬을 취한다(夫陽燧取火於日, 方諸取露於月)"라고 하였다.
125. 《회남자(淮南子)·천문훈(天文訓)》
126. 《구당서(舊唐書)·예의지(禮儀志)》
127. 《예문유취(藝文類聚)·천부(天部)》의, "廣雅曰, 日名, 朱明, 一名耀靈, 一名東君, 一名大明, 亦名陽烏"라고 되어 있는 기록과 《어정연감유함(御定淵鑑類函)·천부(天部)》의, "增陽靈·晨光·朱炎·陽景·扶光·炎暉·朱羲·夕霏·傾羲·藻景·景炎·靈景·皓日·玄烏·陽旭·南羲·靈烏·東旭·丹曦·瑞景·華晷·熹微·元英·朝暾…"라고 되어 있는 기록을 조합하여 재구성한 것이다.
128. 《회남자(淮南子)·본경훈(本經訓)》의 내용을 재구성한 것이다.

버렸는데, 기름과 살에 적셔져 등림(鄧林)이 생겨나서, 퍼진 넓이가 수천 리나 되었다.《열자(列子)》

誇父不量力, 欲返日景. 逐之於暘谷之際, 渴欲得飮, 赴河飮渴. 不足, 將走北飮大澤, 未至, 道渴而死. 棄其杖, 膏肉所浸, 生鄧林, 彌廣數千里.〈列〉[129]

아이들이 해에 대해 언쟁하다[소아론일(小兒論日)] 공자(孔子)가 어린아이 둘이 말싸움하는 것을 보고 그 까닭을 물었다. 한 아이가 말하기를, "저는 해가 막 나왔을 때 사람과 거리가 가깝고, 해가 중천에 있을 때 멀다고 생각합니다. 해가 막 하늘에 나왔을 때에는 수레바퀴만 하고, 그것이 중천에 있을 때에는 쟁반 뚜껑만 하니, 먼 것은 작고 가까운 것은 큰 때문이 아닙니까"라고 하였다. 다른 아이가 말하기를, "해가 막 나왔을 때는 쌀쌀하고, 그것이 중천에 있을 때는 끓는 물에 손을 넣듯이 뜨거우니, 가까운 것은 뜨겁고 먼 것은 찬 때문이 아닙니까"라고 하였다. 공자가 해결하지 못하자 두 아이가 웃으면서 말하기를, "누가 당신더러 지혜가 많다고 하였습니까"라고 하였다.《열자(列子)》

孔子見兩兒鬪辯, 問其故. 一兒曰, 我以日始出, 去人近, 日中時遠. 日初出天時, 如車輪,[130] 其中時, 如盤蓋,[131] 不爲遠者小, 而近者大乎. 一兒曰, 日初出, 蒼蒼涼涼, 其中時, 如探湯, 不爲近者熱, 而遠者涼乎. 孔子不能決, 兩兒笑曰, 孰謂汝多智乎.〈列〉[132]

칼로 해를 가리키다[이검지일(以劍指日)] 우공(虞公)이 하(夏)와 전쟁을 하는데 해가 지려 하였다. 공이 칼로 해를 가리키자 해가 되돌아와 지지 않았다.《회남자(淮南子)》

虞公與夏戰, 日欲落. 公以劍指日, 日還不落.〈淮〉[133]

창을 휘둘러 해를 멈추게 하다[휘과지일(揮戈止日)] 노양공(魯陽公)[134]이 한(韓)나라와 전쟁을 벌려 전투가 한창인데 해가 저물자, 창을 당겨 휘두르니 해가 3사(舍)[135]를 물러났다.《회남자(淮南子)》

魯陽公與韓構難, 戰酣日暮, 援戈而撝之, 日反三舍〈淮〉[136]

등에 해의 따사로움을 쬐는 것을 임금에게 바치다[부훤헌군(負暄獻君)] 송(宋)나라에 농부가 있었는데, 스스로 햇볕을 쬐면서 천하에 솜옷이나 여우·담비의 갖옷이 있는 줄을 모르고 그의 아내에게 말하기를, "등에 햇볕의 따사로움을 쬐는 것을 사람 중에 아는 이가 없으니, 우리 임금에게 바치면 장차 큰 상이 있을 것이다"라고 하였다.《열자(列子)》

宋國有田夫, 自曝於日, 不知天下之有綿纊狐狢, 謂其妻曰, 負日之暄, 人莫知者, 以獻吾君, 將有重賞.〈列〉[137]

울의(鬱儀)가 해로 달아났다[울의분일(鬱儀奔日)] 《계척집(鷄蹠集)》의 기록이다. 울의(鬱儀)는 다른 이름으로 울화(鬱華)라고도 하는데, 해로 달아난 신선이다. 그래서 "울의(鬱儀)와 적문(赤文)[138]은 해와 함께 산다"라고 하였다. 결린(結隣)은 달로 달아난 신선이다. 그래서 "결린(結隣)과 황문(黃文)[139]은 달

129. 《열자(列子)·탕문(湯問)》
130. '如車輪'은, 《열자(列子)·탕문(湯問)》에는 '大如車蓋'로 되어 있다.
131. '盤蓋'는, 《열자(列子)·탕문(湯問)》에는 '盤盂'로 되어 있다.
132. 《열자(列子)·탕문(湯問)》의 내용을 재구성한 것이다.
133. 《고금사문유취(古今事文類聚)·천도부(天道部)》(《회남자(淮南子)》에는 위의 기록이 보이지 않는다.)
134. 노양공(魯陽公): 초(楚) 평왕(平王)의 손자로, 노양(魯陽)의 책임자였다.
135. 사(舍): 거리의 단위로, 1사(舍)는 30리(里)이다.
136. 《회남자(淮南子)·남명훈(覽冥訓)》
137. 《열자(列子)·양주(楊朱)》
138. 울의(鬱儀)와 적문(赤文): 전설에 보이는 태양신의 이름이다. 송(宋) 섭정규(葉庭珪)의 《해록쇄사(海錄碎事)·천부(天部)》에, "七聖記, 鬱華·赤文, 與日同居, 結鄰·黃文, 與月同居, 皆日月之神名"이라고 하였다.
139. 결린(結隣)과 황문(黃文): 전설에 보이는 달신의 이름이다. 결린(結隣)은 '결린(結璘)', '결린(結鱗)'으로도 쓴다.

과 함께 산다"라고 하였다.

鷄蹠集. 鬱儀, 又名鬱華, 奔日之仙. 故曰, 鬱儀·赤文, 與日同居. 結隣, 奔月之仙, 故曰, 結隣·黃文, 與月同居.[140]

해가 세 개로 나누어지는 꿈을 꾸다[몽일분삼(夢日分三)] 위(魏) 문제(文帝)가 제후왕일 때, 해가 땅으로 떨어져 세 조각으로 나누어졌는데 자기가 그 중의 하나를 가지고 품안에 넣는 꿈을 꾸었다.

魏文帝爲王時, 夢日墜地, 分爲三, 己得其一, 內之懷中.[141]

해 가운데에 글자가 있다[일중유자(日中有字)] 한(漢) 문제(文帝) 때에, 해의 중앙에 '왕(王)'자가 있었다. 임금과 신하 사이의 화합이 도리를 얻어 해가 '왕(王)'자를 지니게 된 것이다.

漢文帝時, 日中有王字. 君臣和得道, 日含王字.[142]

김량봉(金梁鳳)이 말한 세 개의 해[양봉삼일(梁鳳三日)] 당(唐) 김량봉(金梁鳳)이 낭중(郎中)인 배면(裴冕)[143]에게 말하기를, "천상(天象)에 변화가 있으니 반 년 사이에 병란이 일어날 것입니다. 그대는 이때 재상이 될 것입니다"라고 하였다. 배면이 말하기를, "그대는 말을 함부로 하십니다. 제가 어떻게 그렇게 되겠습니까"라고 하였다. 김량봉이 말하기를, "한 개의 해는 동경(東京)으로 향하였고, 한 개의 해는 서촉으로 들어갔으며, 한 개의 해는 북쪽으로 향하였습니다. 동경의 해는 곧 저절로 없어질 것이고, 서촉의 해도 오래 가지 못할 것입니다. 북쪽의 해는 갈수록 밝아집니다"라고 하였다. 그 후에 숙종(肅宗)이 즉위하였고, 배면은 평장사(平章事)가 되었다.《당서속설(唐書續說)》

唐金梁鳳, 謂郎中裴冕曰, 玄象有變, 半年間有兵起. 公此時, 當爲宰相. 冕曰, 公乃狂言. 冕何至此. 梁鳳曰, 有一日向東京, 一日入川蜀, 一日向朔方. 東京日, 即自滅, 川蜀日, 亦不能久. 朔方日, 轉分明. 其後, 肅宗即位, 冕爲平章事.〈唐書續說〉[144]

북쪽 방향으로 해가 있다[향북유일(向北有日)] 장중(張重)은 일남군(日南郡) 사람이다. 명제(明帝)가 말하기를, "일남(日南) 사람들은 응당 북쪽을 향해서 해를 보겠군요"라고 하자, 장중이 말하기를, "신이 듣기에, 안문(鴈門)은 기러기를 쌓아 문을 만든 것이 아니고, 금성(金城)은 금이 쌓여 성이 된 것이 아니라고 합니다. 신이 비록 일남(日南)에 살지만 일찍이 북쪽을 향하여 해를 본 적이 없습니다"라고 하였다.《후한서(後漢書)》

張重, 日南郡人. 明帝曰, 日南人, 應向北看日. 重曰, 臣聞, 鴈門不壘鴈爲門, 金城不見積金爲城. 臣雖居日南, 未曾向北看日.〈後漢書〉[145]

임금이 지은, 해에 관한 시[어제일시(御製日詩)] 당(唐)의 사신 서현(徐鉉)이 와서 조회하는데, 자기 임금의 〈추월(秋月)〉이라는 시를 매우 칭송하였다. 태조(太祖)가 웃으면서, "한심한 선비의 말입니다. 내가 말을 하지 않아서 그렇지, 내가 한미했을 때 진중(秦中)에서 돌아오는 길에 화산(華山) 아래에서 취하여 밭 가운데에 누워 있다가 깨어보니 해가 솟아, 지은 시구가 있소. '바다 밑을 떠나지 않았을 때에는 모든 산이 어둡더니, 막 하늘 가운데로 오르니 만방의 나라가 밝구나'가 그것이오"라고 하였다. 서현이 크게 놀라 대전 위에서 축수하였다.《송사(宋史)》

唐使徐鉉來朝, 盛稱其主秋月之篇. 太祖笑曰, 寒士語

140.《산당사고(山堂肆考)·천문(天文)》

141.《산당사고(山堂肆考)·천문(天文)》

142.《고미서(古微書)·춘추잠담파(春秋潛潭巴)》의 내용을 재구성한 것이다.

143. 배면(裴冕): 당대(唐代) 정치가로 자는 장보(章甫)이다. 현종(玄宗) 시절에 어사중승(御史中丞)을 역임하였고, 숙종(肅宗) 시절에 재상인 동중서문하평장사(同中書門下平章事)가 되었다.

144.《구당서(舊唐書)·김량봉전(金梁鳳傳)》의 내용을 재구성한 것이다.

145.《태평어람(太平御覽)·천부(天部)》

爾. 吾不道也, 吾微時, 自秦中歸道, 華山下, 醉臥田間, 覺而日出, 有句云. 未離海底千山暗, 纔到天中萬國明. 鉉大驚, 殿上稱壽.〈宋史〉146

일식(日食) 춘추(春秋) 시대 242년 동안, 일식(日食)이 36차례 있었다.

春秋二百四十二年, 日食三十有六.147

한(漢) 혜제(惠帝) 7년 정월 초하루에 일식이 있었고, 애제(哀帝) 원수(元壽)148 원년(元年), 진(晉) 효무제(孝武帝), 유송(劉宋) 문제(文帝) 때에 모두 정월 초하루[삼조(三朝)149]에 일식이 있었다. 송(宋) 인종(仁宗) 강정(康定)150 원년(元年), 황우(皇祐)151 원년(元年), 가우(嘉祐)152 4년, 신종(神宗) 희령(熙寧)153 원년(元年), 이종(理宗) 순우(淳祐)154 6년에도 모두 정월 초하루에 일식이 있었다.

漢惠帝七年正朝, 日食, 哀帝元壽元年, 晉孝武帝, 劉宋文帝時, 皆三朝, 日食. 宋仁宗康定元年, 皇祐元年, 嘉祐四年, 神宗熙寧元年, 理宗淳祐六年, 皆正朝, 日食.155

남자에 대한 가르침이 닦아지지 않아 양사(陽事)가 제대로 되지 않으면, 징벌[적(謫)156]이 하늘에 나타나 해가 이 때문에 일식이 된다. 그래서 일식이 있으면 천자는 흰 옷을 입고 육관(六官)의 직분을 닦게 하며, 천하의 양사(陽事)를 쇄신(刷新)한다.《예기(禮記)》

男教不脩, 陽事不得, 謫見於天,157 日爲之食. 故日食, 則天子素服, 而脩六官之職, 蕩天下之陽事.〈禮記〉158

해라는 것은 모든 양(陽)의 으뜸이고 인군(人君)의 표상이며 지존(至尊)의 상징입니다. 임금의 덕이 쇠약하고 음도(陰道)가 강성하여, 양(陽)의 밝음을 침범하고 가리면 일식이 있고, 거기에 반응하여 여섯 가지의 나쁜 기운이 일어납니다. 한 해의 첫날 아침을 '삼조(三朝)'라 하는데 그 반응은 지극히 중요합니다. 만약 그런 일이 없다면 변고가 괜히 생기지 않습니다. 하늘은 천자를 돕기 때문에 재이(災異)가 자주 나타남으로써 그에게 경고하여 고치기를 바랍니다. 만약 두려워하지 않고 (하늘의 뜻을) 막고 무시함이 있거나 소홀히 하고 잘못하면, 심한 벌이 가해집니다. 두려워하지 않으면 흉하고 두려워하면 길합니다.《한서(漢書)·공광전(孔光傳)》

日者, 衆陽之宗, 人君之表, 至尊之象. 君德衰微, 陰道盛強, 侵蔽陽明, 則日蝕, 應之六沴之作. 歲之朝, 曰三朝, 其應至重. 苟無其事, 變不虛生. 天右159與王者, 故災異數見, 以譴告之, 欲其改更. 若不畏懼, 有以塞除, 而輕忽簡誣, 則凶罰加焉. 不懼者凶, 懼之則

---

146. 송(宋) 진사도(陳師道), 《후산시화(後山詩話)》의 내용을 재구성한 것이다.
147. 《고금사문유취(古今事文類聚)·천도부(天道部)》
148. 원수(元壽): 한(漢) 애제(哀帝)의 연호(BC 2-BC 1)이다.
149. 삼조(三朝): 정월 초하루 아침은 한 해, 한 달, 하루가 시작되는 때이다. 그래서 '삼조(三朝)'라 한다. 《한서(漢書)·공광전(孔光傳)》 안사고(顔師古) 주에, "한 해의 아침이고 한 달의 아침이며 하루의 아침이라서 삼조(三朝)라 한다(歲之朝, 月之朝, 日之朝, 故曰三朝)"라고 하였다.
150. 강정(康定): 북송(北宋) 인종(仁宗)의 연호(1040)이다.
151. 황우(皇祐): 북송(北宋) 인종(仁宗)의 연호(1049-1053)이다.
152. 가우(嘉祐): 북송(北宋) 인종(仁宗)의 연호(1056-1063)이다.
153. 희령(熙寧): 북송(北宋) 신종(神宗)의 연호(1068-1077)이다.
154. 순우(淳祐): 남송(南宋) 이종(理宗)의 연호(1241-1256)이다.
155. 명(明) 형운로(邢雲路), 《고금율력고(古今律曆考)·역대일식(歷代日食)》 등의 기록을 정리한 것이다.
156. 적(謫): 견책, 징벌의 뜻이다.
157. '謫'은, 《예기(禮記)·혼의(昏義)》에는 '適'으로 되어 있다.
158. 《예기(禮記)·혼의(昏義)》에, "是故, 男教不脩, 陽事不得, 適見於天, 日爲之食. 婦順不脩, 陰事不得, 適見於天, 月爲之食. 是故, 日食, 則天子素服, 而脩六官之職, 蕩天下之陽事. 月食, 則后素服, 而脩六宮之職. 蕩天下之陰事"로 되어 있다.
159. '右'는, 《한서(漢書)·공광전(孔光傳)》에는 '左'로 되어 있다.

吉也.〈孔光對〉160

《관자(管子)》의 기록이다. 해는 양(陽)을 관장하고 달은 음(陰)을 관장하며 별은 조화를 관장한다. 양(陽)은 덕(德)이 되고 음(陰)은 형벌이 되고 화(和)는 일[사(事)]이 된다. 이 때문에 일식이 있으면 덕을 잃은 나라가 싫어하고, 월식이 있으면 형벌을 잘못하는 나라가 싫어하고, 혜성(彗星)이 나타나면 조화를 잃은 나라가 싫어한다. 이 때문에 성왕(聖王)은 일식이 있게 되면 덕을 닦고, 월식이 있게 되면 형벌을 닦고, 혜성(彗星)이 나타나면 조화를 닦는다.

管子. 日掌陽, 月掌陰, 星掌和. 陽爲德, 陰爲刑, 和爲事. 是故, 日食, 則失德之國, 惡之, 月食, 則失刑之國, 惡之, 彗161見, 則失和之國, 惡之. 是故, 聖王, 日食則修德, 月食則修刑, 彗162見則修和.163

《배자(裴子)》의 기록이다. 해는 임금이고 달은 신하이다. 한 해에 열두 번 만나는 것은 임금과 신하가 서로 만나는 상징이다. 임금이 덕을 잃고 신하가 전횡을 하기 때문에 일식의 허물이 있는 것이다.

裴子. 日者君也, 月者臣也. 一歲十二會, 君臣相見之象. 君有失德, 臣下專之, 故有日食之咎.164

《회남자(淮南子)》의 기록이다. 기린(麒麟)이 싸워 일식이 생긴다. 허신(許愼)의 주(注)에서 일컫기를, "기린은 큰 뿔을 가진 짐승이다. 그러므로 해와 함께 움직인다"라고 하였다.

淮南子. 麒麟鬪, 而日食.165 許愼注曰, 麒麟, 大角之獸. 故與日相動.166

《곡량전(穀梁傳)》의 기록이다. 천자가 일식을 구제할 때에는 다섯 개의 기[휘(麾)]와 다섯 개의 무기와 다섯 개의 북을 진설한다. 제후(諸侯)는 세 개의 기와 세 개의 무기와 세 개의 북을 진설한다. 대부(大夫)는 문을 두드리고, 사(士)는 딱따기를 치는데, 양(陽)을 보충한다는 말이다.

穀梁傳. 天子救日, 陳五麾五兵五鼓. 諸侯, 三麾三兵三鼓. 大夫擊門, 士擊柝, 言充其陽也.167

《시경(詩經)·시월지교(十月之交)》의 기록이다. "일식이 있었다." 시월은 순음(純陰)의 달이니, 양이 없는 것으로 여긴다. 그러므로 그것을 '양월(陽月)'이라 한 것이다. 순음(純陰)인데 해를 가렸으니 음(陰)이 성한 것이다. 그래서 '변(變)'이라 하였다.

詩十月之交. 日有食之.168 十月純陰, 疑其无陽. 故謂之陽月. 純陰而食, 陰壯之盛也. 故以爲變.169

《춘추정의(春秋正義)》의 기록이다. 매번 173일 남짓하여 해와 달이 운행하는 길이 한 번 만나니, 일식과 월식이 반드시 일어난다.

春秋正義. 每一百七十三日有餘, 日月之道, 一交, 則日月必食.170

《공양전(公羊傳)》의 기록이다. 일식이 있으면 붉은 실을 사수(社樹)에 묶는다.

公羊傳. 日有食之, 以朱絲縈社.171

일식을 구제하는 사람들은, 모두 붉은색의 모자를

160.《한서(漢書)·공광전(孔光傳)》의 내용을 재구성한 것이다.
161. '彗'는,《관자(管子)·사시(四時)》에는 '彗星'으로 되어 있다.
162. '彗'도,《관자(管子)·사시(四時)》에 '彗星'으로 되어 있다.
163.《관자(管子)·사시(四時)》의 내용을 재구성한 것이다.
164.《천중기(天中記)·천(天)》
165.《회남자(淮南子)·천문훈(天文訓)》
166.《천중기(天中記)·천(天)》
167.《곡량전(穀梁傳)·장공(莊公)·25년》
168.《시경(詩經)·소아(小雅)·시월지교(十月之交)》, "十月之交, 朔日辛卯, 日有食之, 亦孔之醜."
169. 명(明) 호광(胡廣) 등,《시전대전(詩傳大全)》
170.《산당사고(山堂肆考)·천문(天文)》
171.《공양전(公羊傳)·장공(莊公)·25년》

써서 양(陽)의 기운을 돕는다.《결의요법(決疑要法)》

救日食者, 皆著赤幘, 以助陽也.〈決疑要法〉[172]

달 月

• 《석명(釋名)》의 기록이다. 달은 이지러짐[궐(闕)]이다. 가득 차면 이지러진다. 그믐[회(晦)]은 즉 재[회(灰)]이다. 달이 죽어 재가 되는 것이다. 달빛이 없어져 재와 비슷해진다. 초하루[삭(朔)]는 소생함[소(蘇)]이다. 달이 죽었다가 다시 소생하는 것이다. 현월(弦月)은 반달의 이름이다. 그 모습이 한 쪽은 둥그렇고 한 쪽은 곧아 마치 활을 메운 모양과 같다. 망월(望月)은 가득 찬 달의 이름이다. 해와 달이 멀리서 서로 바라보는 것이다.

釋名. 月, 闕也. 滿則缺也. 晦則灰也. 月死爲灰. 月光盡似之也. 朔, 蘇也. 月死復蘇生也. 弦月, 半之名也. 其形, 一旁曲, 一旁直, 若張弓形也. 望月, 滿之名也. 日月, 遙相望者也.[173]

• 《예기(禮記)》의 기록이다. 천자는 해를 형으로 섬기고 달을 누나로 섬긴다.

禮記. 王者, 兄事日, 姊事月.[174]

• 《양자(楊子)》의 기록이다. 달은 보름이 되기 전[14일]에는 서쪽으로 백(魄)이 생기고, 기망(旣望)[16일]에는 동쪽에서 백(魄)이 끝나니 아마 해를 따르는 것이리라.

楊子. 月未望, 則載魄於西, 旣望, 則終魄於東, 其遡於日乎.[175]

• 《회남자(淮南子)》의 기록이다. 달의 수레잡이를 '망서(望舒)'라 하는데, 또 '섬아(纖阿)'라고도 한다.

淮南子. 月御曰望舒, 亦曰纖阿.[176]

• 달은 밤에 빛나기 때문에 이름을 '야광(夜光)'이라 한다. 그믐이 되어 달이 서쪽에 나타나는 것을 '그믐달[조(朓)]'이라 하고, 초하루가 되어 달이 동쪽에 나타나는 것을 '초승달[비(朏)]'이라 한다. 갈대의 재가 달을 감싸 한 쪽을 이지러트리면 달무리도 이지러진다.

月以宵耀, 名曰夜光. 晦而月見西方, 謂之朓, 朔而月見東方, 謂之朏. 以蘆灰環月, 缺其一面, 則月暈亦缺.[177]

• 달은 하늘의 심부름꾼이다. 음(陰)의 한기(寒氣)가 모여 큰 것이 물이 되는데, 물 기운의 정수가 달이 된다.

月, 天之使也. 積陰之寒氣, 大[178]者爲水, 水氣之精者, 爲月.[179]

• 달이라는 것은 음(陰)의 으뜸이다. 이 때문에 달이 이지러지면 물고기가 살이 빠진다.

月者, 陰之宗. 是以月毁而魚腦減.[180]

• 달 속에는 '파사(婆娑)'라고 하는 것이 있는데, 바로 산과 강의 그림자이다. 그 중의 빈 곳은 바닷물의 그림자이다.

---

172. 《산당사고(山堂肆考)·의복(衣服)》
173. 《석명(釋名)·석천(釋天)》
174. 한(漢) 채옹(蔡邕)의 《독단(獨斷)》에, "천자는 하늘을 아버지로 섬기고 땅을 어머니로 섬기며, 해를 형으로 섬기고 달을 누나로 섬긴다(天子, 父事天, 母事地, 兄事日, 姊事月)"라고 하였다. 《예기(禮記)》에는 위의 기록이 보이지 않는다.
175. 《양자법언(揚子法言)·오백(五百)》
176. 《회남자(淮南子)》에는 위의 기록이 보이지 않고, 《초학기(初學記)·천부(天部)》에 보인다.
177. 《고금사문유취(古今事文類聚)·천도부(天道部)》
178. '大'는, 《고금사문유취(古今事文類聚)·천도부(天道部)》에는 '久'로 되어 있다.
179. 《고금사문유취(古今事文類聚)·천도부(天道部)》
180. 《고금사문유취(古今事文類聚)·천도부(天道部)》

月中有物，婆娑者，乃山河影也。其空處，海水影也。[181]

- 《여씨춘추(呂氏春秋)》의 기록이다. 달은 모든 음(陰)의 근본이다. 달이 보름이 되면 방합(蚌蛤)이 살이 찌고, 모든 음물(陰物)이 가득 찬다. 달이 그믐이 되면 방합(蚌蛤)이 살이 빠지고, 모든 음물(陰物)이 위축된다.

 呂氏春秋. 月，群陰之本. 月望，則蚌蛤實，群陰盈. 月晦，則蚌蛤虛，群陰擊.[182]

- 《영헌(靈憲)》의 기록이다. 달이라는 것은 음(陰)의 정기 가운데 으뜸으로, (음의 정기가) 쌓여서 짐승이 되니 두꺼비와 토끼를 닮았다.

 靈憲. 月者，陰精之宗，積而成獸，象蟾兔.[183]

- 《건착도(乾鑿度)》[184]의 기록이다. 달은 3일이면 백(魄)을 이루고, 8일이면 빛을 이룬다. 두꺼비는 몸이 이루지고, 토끼가 비로소 밝게 나타난다. '혈(穴)'은 '결(決)'이니 코가 뚫린 것은 토끼이다.

 乾鑿度. 月三日成魄，八日成光. 蟾蜍體就，穴鼻始明. 穴決也，決鼻兔也.[185]

- 《경방역전(京房易傳)》[186]의 기록이다. 달과 별들은 음(陰)에 속하는 것이라서 형체는 있지만 빛이 없고, 해가 그것을 비춰야 빛이 생긴다. 선사(先師)가 말씀하시기를, "해는 탄환(彈丸)과 같고, 달은 거울과 같다"라고 하였다. 어떤 이는 말하기를, "달도 역시 탄환과 같아, 해가 비추는 곳은 밝고 비추지 않는 곳은 어둡다"라고 하였다.

 京房易傳. 月與星辰，陰者也，有形無光，日照之，乃有光. 先師以爲，日似彈丸，月似鏡體，或以爲，月亦似彈丸，日照處，則明，不照處，則闇.[187]

- 《문자(文子)》의 기록이다. 별 100개의 밝음이 달 하나의 밝음만 못하다.

 文子. 百星之明，不如一月之光.[188]

- 《유양잡조(酉陽雜俎)》의 기록이다. 부처가 말하기를, "달 속에 있는 것들은 바로 천지(天地)와 산하(山河)의 그림자이다"라고 하였다. 어떤 이는 말하기를, "달 속의 두꺼비와 계수나무는 땅의 그림자이고 빈 곳은 물의 그림자이다. 달 속에 토끼와 두꺼비가 있는 것은 어째서인가? 달은 음(陰)이고, 두꺼비는 양(陽)인데 토끼와 함께 밝은 것으로, 음(陰)이 양(陽)을 매고 있는 것이다"라고 하였다.

 酉陽雜俎. 佛氏言，月中所有，乃天地山河影. 或言，月中蟾桂，地影，空處，水影也. 月中有兔與蟾蜍，何. 月陰也，蟾蜍陽也，而與兔幷明，陰係於陽也.[189]

- 오(吳)나라의 소는 햇볕 아래에서 고생하였기 때문에, 달을 보고도 헐떡거린다.《풍속통(風俗通)》

 吳牛苦於日，故望月而喘.〈風俗通〉[190]

- 심약(沈約)의 시(詩)이다. 네모난 빛은 문짝 전체로 들어오고, 둥그런 빛은 틈 사이로 들어온다.

 沈約詩. 方暉竟戶入，圓影隙中來.[191]

- 달의 이름이다. 옥토(玉兔), 금토(金兔), 음토(陰

---

181. 《산당사고(山堂肆考)·천문(天文)》
182. 《여씨춘추(呂氏春秋)·정통(精通)》
183. 《산당사고(山堂肆考)·천문(天文)》
184. 《건착도(乾鑿度)》: 《주역(周易)》의 위서(緯書) 가운데 하나인 《주역건착도(周易乾鑿度)》이다.
185. 《천중기(天中記)·천(天)》의 내용을 재구성한 것이다.
186. 서한(西漢)의 경방(京房)이 《역(易)》을 풀이한 《경씨역전(京氏易傳)》을 가리킨다.
187. 《고금사문유취(古今事文類聚)·천도부(天道部)》
188. 《문자(文子)·도원(道原)》
189. 《유양잡조(酉陽雜俎)·천지(天咫)》의 내용을 재구성한 것이다.
190. 《고금사문유취(古今事文類聚)·천도부(天道部)》
191. 시의 제목(題目)은 〈응왕중승사원영월(應王中丞思遠詠月)〉이다. 《회남자(淮南子)·설산훈(說山訓)》에, "틈으로 빛을 받으면 한 구석을 비추고, 문짝으로 빛을 받으면 방안을 비춰 빼놓는 것이 없다. 하물며 우주로 빛을 받는 경우임에랴(受光於隙，照一隅，受光於戶，照室中，無遺物. 況受光於宇宙乎)"라는 기록이 있다.

兔), 현토(玄兔), 소아(素娥), 섬광(蟾光), 섬휘(蟾輝), 원백(圓魄), 금백(金魄).

月名. 玉兔, 金兔, 陰兔, 玄兔, 素娥, 蟾光, 蟾輝, 圓魄, 金魄.[192]

오강(吳剛)이 계수나무를 베다[오강작수(吳剛斫樹)] 달 속에는 계수나무가 있다. 오강(吳剛)이 신선술을 배우다가 잘못이 있어 (달에) 귀양을 가서 나무를 베도록 명을 받았다.《유양잡조(酉陽雜俎)》

月中有桂樹. 吳剛, 學仙有過, 謫令伐樹.〈酉陽〉[193]

항아(嫦娥)가 달로 달아나다[항아분월(嫦娥奔月)] 예(羿)가 서왕모(西王母)에게서 불사약을 구했는데, 항아(嫦娥)가 그것을 훔쳐 달로 달아났다. 장차 떠나려 할 때에 유황(有黃)에게 점을 쳤다. 유황이 점을 치고 말하기를, "길합니다. 훨훨 날아 시집가는 소녀(少女)[귀매(歸妹)[194]]여! 홀로 장차 서쪽으로 가리라. 큰 어두움을 만날 것이나 놀라거나 두려워하지 말라. 훗날에 크게 창성하리라"라고 하였다. 항아(嫦娥)가 드디어 달에 몸을 의탁하니 이것이 섬여(蟾蜍)이다.

羿請不死之藥於西王母, 嫦娥竊之, 以奔月. 將往, 枚筮之於有黃. 有黃占之曰, 吉. 翩翩歸妹, 獨將西行. 逢大晦芒, 毋驚毋恐. 後且大昌. 嫦娥遂託身於月, 是爲蟾蜍.[195]

여기(呂錡)가 달을 쏘다[여기사월(呂錡射月)] 몽문(夢門)[196]에 보인다.

見夢門.

달무리가 일곱 겹으로 지다[월훈칠중(月暈七重)] 고조(高祖) 7년에 달무리가 삼성(參星)과 필성(畢星)을 일곱 겹으로 둘러쌌다. 점을 치니, "필성과 묘성(昴星)의 사이는 천가(天街)이며, 천가의 북쪽은 오랑캐이고 천가의 남쪽은 중국이다. 묘성(昴星)은 흉노(凶奴)이고 삼성(參星)은 조(趙)나라이고 필성(畢星)은 변방의 군사이다"라고 나왔다. 이 해에 평성(平城)의 포위[평성지위(平城之圍)[197]]가 있었다.

高祖七年, 月暈圍參畢七重. 占曰, 畢昴之間, 天街也, 街北胡也, 街南中國也. 昴爲凶奴, 參爲趙, 畢爲邊兵. 是歲, 有平城之圍.[198]

달은 눈동자와 같다[월여안동(月如眼瞳)] 유자(孺子) 서치(徐穉)[199]가 아홉 살일 때, 달 아래에서 노는데 어떤 사람이 그에게 말하기를, "만약 달 속에 아무 것도 없다면 아마 가장 밝을 것이다"라고 하였다. 서치가 말하기를, "비유컨대 사람의 눈에 눈동자가 없다면, 꼭 어둡지 않은 것은 아닐 것입니다"라고 하였다.

徐孺子九歲, 戱月下, 人語之曰, 若令月中無物, 當極明. 徐曰, 譬人眼中瞳子無之, 未必不暗也.[200]

달 속에 사람이 있다[월중유인(月中有人)] 군사(君思)라는 사람은 자가 소룡(少龍)으로 안정(安定) 사람이다. 진(晉)나라 원강(元康)[201] 5년 정월 15일 밤

192. 《어정연감유함(御定淵鑑)類函 · 천부(天部)》

193. 《유양잡조(酉陽雜俎) · 천지(天咫)》의 내용을 재구성한 것이다.

194. 《주역(周易) · 귀매(歸妹)》의 정전(程傳)에서, "귀매(歸妹)라는 것은 여자가 시집가는 것이다. 매(妹)는 소녀(少女)의 칭호이다(歸妹者, 女之歸也. 妹, 少女之稱)"라고 하였다.

195. 《천중기(天中記) · 천(天)》의 내용을 재구성한 것이다.

196. 몽문(夢門): 《유원총보》 권28 〈인도문(人道門)〉에 속해 있다.

197. 평성지위(平城之圍): 한(漢) 고조(高祖)가 평성(平城)에서 흉노에게 7일 동안 포위된 일을 가리킨다.

198. 《전한서(前漢書) · 천문지(天文志)》의 내용을 재구성한 것이다.

199. 서치(徐穉): 동한(東漢) 사람으로, 자가 유자(孺子)이다.

200. 《세설신어(世說新語) · 언어(言語)》에, "徐孺子年九歲, 嘗月下戱, 人語之曰, 若令月中無物, 當極明邪. 徐曰, 不然. 譬如人眼中有瞳子, 無此, 必不明㮊也"로 되어 있다.

201. 원강(元康): 진(晉) 혜제(惠帝)의 연호(291-299)이다.

에, 집에 앉아서 아이를 시켜 달 속에 다른 것이 있는지를 보도록 하였다. 아이가 말하기를, "올해에는 홍수가 나겠습니다. 달 속에 사람이 있는데, 도롱이를 걸치고 칼을 차고 있습니다"라고 하였다. 군사가 직접 보고 말하기를, "장차 난리가 갑자기 이를 것이다. 달 속의 사람이 칼을 차고 창을 잡고 있으니 장차 크게 어지러워졌다가 30년 후에 조금 가라앉을 것이다"라고 하였다. 과연 그의 말과 같았다.

君思者, 字少龍, 安定人. 晉元康五年正月十五夜, 坐屋中, 遣兒視月中有異物否. 兒曰, 今年, 當大水. 月中有人, 披蓑帶劍. 思自視之曰, 將有亂卒至. 月中人, 乃帶劍仗矛, 當大亂, 三十年後, 少淸耳. 果如其言.[202]

남쪽 누대에서 달을 감상하다[남루완월(南樓翫月)]

유량(庾亮)이 무창(武昌)을 다스릴 때, 은호(殷浩) 등의 여러 보좌관들이 달빛을 받고 남쪽 누대에 올랐다. 얼마 후 모르는 사이에, 유량이 이르자 일어나 피하려 하였다. 유량이 말하기를, "그대들은 그대로 있어라. 나도 여기에서 흥취가 또한 얕지 않구나"라고 하고서 곧 호상(胡床)에 기대어 은호 등과 이야기를 나누고 시를 읊었다.

庾亮鎭武昌, 諸佐史殷浩之徒, 乘月登南樓. 俄而不覺亮至, 將起避. 亮曰, 諸君且住. 老子於此, 興復不淺. 便據胡床, 與浩等談詠.[203]

누대에 올라 맑은 소리로 휘파람을 불다[등루청소(登樓淸嘯)] 유곤(劉琨)이 진양(晉陽)에서 오랑캐의 기병에 포위되었다. 유곤이 달빛을 받고 누대에 올라 맑은 소리로 휘파람을 부니, 적들이 듣고 모두 슬퍼져서 퇴각하였다.

劉琨在晉陽, 爲胡騎所圍. 琨乃乘月, 登樓淸嘯, 賊聞之, 皆悽然而退.[204]

우저(牛渚)에 배를 띄우다[우저범월(牛渚泛舟)]

사상(謝尙)이 우저(牛渚)를 다스릴 때, 가을밤에 달빛을 받고 갑자기 측근들과 미복으로 강에 배를 띄웠다. 마침 원굉(袁宏)이 방주(舫舟)에서 시를 읊조리고 있었는데, 소리가 맑아 가사를 알 수 있었고 또 가락이 길었다. 사람을 시켜 물으니 대답하기를, 이 사람은 원림여(袁臨汝)의 아들〈부친이 임여령(臨汝令)이었다.〉이고, 읊은 시는 자신의 〈영사(詠史)〉라는 작품이라고 하였다. 사상이 즉시 자기의 배로 맞이하여 오르게 하고, 그와 이야기하느라 아침이 되도록 자지 않았다.

謝尙鎭牛渚, 秋夜乘月, 率爾與左右, 微服泛江. 會袁宏在舫中諷誦, 聲旣淸會辭, 又藻拔久之. 遣問, 答云, 是袁臨汝郞〈父爲臨汝令〉, 誦詩, 卽其詠史之作也. 尙卽迎升舟, 與之談論, 申旦不寐.[205]

약한 구름이 흩어져 있다[미운점철(微雲點綴)] 사중(謝重)이 회계(會稽)의 왕도자(王道子)를 모시고 앉아 있는데, 달밤이 밝고도 맑았다. 사중이 말하기를, "약한 구름이 흩어져 있는 것이 더 낫겠습니다"라고 하자 왕도자가 사중을 놀리면서 말하기를, "그대의 마음가짐이 깨끗하지 못한가 보군. 다시 억지로 하늘을 더럽히려 하다니"라고 하였다.

王重[206]侍會稽王道子坐, 月夜明淨. 重曰, 不如微雲點綴. 道子因戲重曰, 君居心不淨. 乃復強欲滓穢太淸耶.[207]

옥도끼로 달에 집을 짓다[옥부수월(玉斧修月)] 태

202. 《태평광기(太平廣記)·신선(神仙)》의 내용을 재구성한 것이다.
203. 《고금사문유취(古今事文類聚)·천도부(天道部)》
204. 《진서(晉書)·유곤전(劉琨傳)》의 내용을 재구성한 것이다.
205. 《진서(晉書)·원굉전(袁宏傳)》의 내용을 재구성한 것이다.
206. '王重'은 '子重'의 오류이다. '子重'은 '사랑(謝朗)의 아들인 사중(謝重)'의 뜻이다.
207. 《진서(晉書)·사중전(謝重傳)》에, "子重, 字景重, 明秀有才名, 爲會稽王道子驃騎長史. 嘗因侍坐, 於時月夜明淨, 道子歎以爲佳. 重率爾曰, 意謂乃不如微雲點綴. 道子因戲重曰, 卿居心不淨, 乃復強欲滓穢太淸邪"로 되어 있는 내용을 재구성한 것이다.

화(太和)[208] 연간에 정인본(鄭仁本)의 사촌 동생이 일찍이 왕수재(王秀才)와 함께 숭산(嵩山)을 유람하다가 갑자기 길을 잃었다. 어떤 사람을 만났는데 한참 깊이 잠들어 있었다. 부르니 그 사람이 두건을 베고 자다가 앉으면서 말하기를, "그대들은 달이 일곱 가지 보석이 합해져 이루어진 것을 아는가? 달의 모양은 탄환과 같은데 그 그림자는 해가 그 오목한 부분을 녹인 것이다. (거기에는) 항상 8만 3천 호의 집이 세워져 있는데 나의 것이 한 개이다"라고 하였다. 두건을 여니 도끼니 끌 등 여러 가지가 있었다. 옥가루로 만든 밥 두 봉지를 두 사람에게 주면서 말하기를, "나눠 먹어라. 이것이 비록 길이 살게 할 수는 없지만 그러나 일생 동안 병이 없을 것이다"라고 하였다. 일어나 두 사람과 작별할 때 길을 하나 가리키면서, 이 길로 가기만 하면 자연 큰 길과 만날 것이라고 하였다. 말이 끝나자 보이지 않았다.

太和中, 鄭仁本表弟, 嘗與王秀才, 遊嵩山, 忽迷路. 見一人, 方眠熟. 呼之, 其人枕襆, 而坐曰, 君知月乃七寶合成乎. 月勢如丸, 其影則日爍其凹處也. 常有八萬三千戶修之, 予則一數. 因開襆, 有斤鑿數事. 玉屑飯兩裹, 授二人曰, 分食. 此雖不足長生, 可一生無疾耳. 乃起與二人別, 指一支徑, 但由此自合官道矣. 言已不見.[209]

따라서 달 속에 이르다[수지월중(隨至月中)] 현주(玄州)의 남쪽에서는 수정(水精)으로 달을 만들고 옥을 조각하여 토끼와 꿩을 만든다. 건우(乾祐)가 10여 명과 더불어 달을 감상하는데 어떤 이가 달 속에 무엇이 있는지를 물었다. 건우가 말하기를, "내 손을 따라 보시오. 달의 둥그런 반원에는 구슬로 지은 누각과 옥으로 지은 집이 가득합니다"라고 하였다.《습유기(拾遺記)》

玄州之南, 以水精爲月, 刻瑤爲兎翟. 乾祐, 與十許人玩月, 或問, 月中何所有. 乾祐曰, 隨我手看之. 月規半圓, 瓊樓玉宇滿焉.〈拾遺記〉[210]

월궁(月宮)에 나들이하다[유월궁(遊月宮)] 명황(明皇)[211]이 신천사(申天師)와 더불어 8월 15일 밤에 월궁(月宮)에 나들이했다. 방(牓)을 보니 '광한청허지부(廣寒淸虛之府)'라고 되어 있는데, 푸른색과 찬 빛이 서로 비추고 매우 추워서 머물 수가 없었다.

明皇與申天師, 八月十五夜遊月宮. 見牓曰, 廣寒淸虛之府, 翠色冷光相射, 極寒不可留.[212]

구름에 사다리를 놓고 달을 가져오다[제운취월(梯雲取月)] 당(唐) 주생(周生)은 도술이 있었는데, 중추절에 손님에게 일러 말하기를, "나는 달을 가져올 수 있다"라고 하고서 젓가락 수백 개를 묶어서 타고는, "나는 이것을 사다리로 하여 달을 가져오겠다"라고 하였다. 잠시 후 손으로 옷을 들추어 품속에서 달을 꺼내는데 한 치 남짓하고 빛이 비치며 한기가 뼈에 스몄다.

唐周生, 有道術, 中秋謂客曰, 我能取月. 以筯數百條, 繩而駕之曰, 我梯此取月. 俄以手擧衣, 懷中出月, 寸許, 光色照爛, 寒氣入骨.[213]

종이 달[지월(紙月)] 양회(楊晦)가 8월 12일 밤에 왕(王)선생을 찾아뵈었다. 선생이 종이를 새겨 달처럼 만들고 벽 위의 구멍에 놓으니 방을 비췄다.〈선실지(宣室志)〉

楊晦, 八月十二夜, 謁王先生. 先生刻紙如月, 施垣上洞, 照室.〈宣室志〉[214]

---

208. 태화(太和): 진(晉) 해서공(海西公)의 연호(366-371)이다.
209. 《유양잡조(酉陽雜俎)·천지(天咫)》의 내용을 재구성한 것이다.
210. 진(晉) 왕가(王嘉), 《습유기(拾遺記)》 권10의 내용을 재구성한 것이다.
211. 명황(明皇): 당(唐) 현종(玄宗)의 시호인 '지도대성대명효황제(至道大聖大明孝皇帝)'의 약칭(略稱)이다.
212. 송(宋) 증조(曾慥), 《유설(類說)·이인록(異人錄)》의 내용을 재구성한 것이다.
213. 《고금사문유취(古今事文類聚)·천시부(天時部)》
214. 《유설(類說)·선실지(宣室志)》의 내용을 재구성한 것이다.

달빛을 따라가며 책을 읽다[수월독서(隨月讀書)] 남조(南朝) 제(齊) 강필(江泌)은 달빛을 따라가며 책을 읽었다. 달빛이 기울면 책을 잡고 지붕으로 올라갔다.《남제서(南齊書)》

齊江泌, 隨月讀書. 月光斜, 則握書升屋.〈史〉215

달을 마주하고 홀로 술을 마시다[대월독작(對月獨酌)] 남조(南朝) 송(宋) 사혜(謝譓)는 함부로 사람을 사귀지 않아 문 앞에 잡스런 손님이 없었다. 때로 홀로 술을 마시면서 말하기를, "나의 방에 들어오는 것은 단지 맑은 바람이 있을 뿐이고, 내가 술마시는 것을 상대하는 것은 오직 밝은 달이 있을 뿐이다"라고 하였다.《남사(南史)》

宋謝譓, 不妄交接, 門無雜賓. 有時獨酌216曰, 入吾室者, 但有淸風, 對吾飮者, 惟有明月.〈史〉217

영아지(影娥池) 당(唐) 상관의(上官儀)218가 〈응조시(應詔詩)〉에 '영아지(影娥池)'를 (전고로) 썼는데, 학사(學士) 중에 그 일을 아는 자가 없었다. 좨주(祭酒) 영호덕분(令狐德棻)219이 장간지(張柬之)220 등 10여 인을 불러 출처(出處)를 묻자 장간지가 대답하기를, "동명기(洞冥記)에 의하면, 한(漢) 무제(武帝)가 망학대(望鶴臺) 서쪽에 부월대(俯月臺)를 세우고, 대 아래에 영아지를 팠습니다. 매번 누대에 올라 달을 바라봤는데, 그림자가 연못 속에 비쳐 마치 신선이 배를 타고 달그림자를 희롱하는 것과 같아 '영아지(影娥池)'라 이름을 붙이게 되었고, '조섬대(眺蟾臺)'라고도 하였습니다"라고 하였다. 영호덕분이 그의 박식함을 감탄하였다.

唐上官儀, 應詔詩中, 用影娥池, 學士無解其事. 祭酒令狐德棻, 召張柬之等十餘人, 求出處, 柬之對曰, 洞冥記, 漢武於望鶴臺西, 起俯月臺, 臺下穿影娥池. 每登臺眺月, 影入池中, 如仙人乘舟, 笑弄月影, 因名影娥池, 亦曰眺蟾臺. 德棻嘆其博.221

사자아운(些子兒韻) 후산(後山)222이 일컬었다. 송(宋) 태조(太祖)가 후원의 연못에 거동하여 초승달을 마주하고 술자리를 마련한 뒤, 당직하던 학사(學士) 노다손(盧多遜)을 불러 시를 짓게 하였다. 노다손이 운자(韻字)를 청하자, '아(兒)'자를 쓰라고 하였다. 그가 지은 시는 다음과 같다.223 "태액지(太液池) 가에서 달을 감상할 때에, 상쾌한 바람이 불어 오래된 나뭇가지를 움직인다. 누구의 집에서 옥 경대의 거울을 막 열어, 맑은 빛을 조금 노출시켰나 보다." 태조가 매우 기뻐하며 자리에 있던 음식 그릇을 모두 그에게 하사하였다.

《동강시화(桐江詩話)》의 기록이다. 조희온(曹希蘊)은 시(詩)를 팔았는데, 도성의 어떤 사람이 '고(敲)', '초(梢)', '교(交)'를 운으로 하여 초승달에 관한 시

---

215. 《남제서(南齊書)·강필전(江泌傳)》에, "江泌, 字士清, 濟陽考城人也. 父亮之, 員外郎. 泌少貧, 晝日斫屧, 夜讀書, 隨月光, 握卷升屋"으로 되어 있는 내용을 재구성한 것이다.
216. '酌'은, 《남사(南史)·사혜전(謝譓傳)》에는 '醉'로 되어 있다.
217. 《남사(南史)·사혜전(謝譓傳)》
218. 상관의(上官儀): 당(唐) 초기의 정치가이자 시인으로, 자는 유소(遊韶)이다. 무칙천(武則天)의 폐위를 주장하다가 옥사하였다. 육조(六朝) 시가의 형식미를 계승하여 상관체(上官體)를 이루었고, 대장(對仗) 방법을 정리하여 율시 형성에 영향을 끼쳤다.
219. 영호덕분(令狐德棻): 당(唐) 정관(貞觀) 연간에 예부시랑(禮部侍郎), 영휘(永徽) 연간에 태상경(太常卿)을 역임했으며, 《주서(周書)》를 편찬하였다.
220. 장간지(張柬之): 자는 맹장(孟將)이고 양주(襄州) 양양(襄陽) 출신이다. 무칙천(武則天)이 건국한 주(周)에서 재상을 역임하였다. 705년 무칙천의 병이 심해지자 환언범(桓彦範), 경휘(敬暉) 등과 정변을 일으켜 무칙천을 몰아내고 중종(中宗)을 복위시켰다.
221. 《고금사문유취(古今事文類聚)·천도부(天道部)》
222. 후산(後山): 북송(北宋)의 정치가이자 문학가인 진사도(陳師道)의 호이다. 강서시파(江西詩派)의 대표적인 시인으로, 자는 무기(無己)이다.
223. 시의 제목은 〈후지대신월응제운한사자아(後池對新月應制韻限些子兒)〉이다.

를 짓도록 요구하였다. 조희온의 시는 다음과 같다.[224] "고루가 막 열려 첫 소리를 내는데, 얼핏 보니 초승달이 나무 끝에서 솟는다. 누구의 집에서 보석 거울을 새로 갈았는데, 경대가 작고 어긋나 닫지를 못했나보다." 이는 노다손의 시구를 모방한 것이다.

後山云. 宋祖, 幸後池, 對新月, 置酒, 召當直學士盧多遜, 使賦詩. 多孫請韻, 曰, 用兒字. 其詩云. 太液池邊看月時, 好風吹動萬年枝. 誰家玉匣新開鏡, 露出淸光些子兒. 太祖大喜, 盡以坐間飮食器, 賜之.[225]

桐江詩話. 曹希蘊貨詩, 都下有人, 以敲·梢·交爲韻, 索賦新月詩. 曹云. 禁鼓初開第一敲, 乍看新月出林梢. 誰家寶鏡新磨出, 匣小參差蓋不交. 蓋模多遜之句.[226]

월식(月食) 월식(月食)이 있으면 황후가 소복(素服)을 입는다. 일식(日食)은 드물고 월식이 많은 이유는, 해와 달이 운행함에는 일정한 도수가 있어 한 달에 반드시 한 번씩 만나는데, 다만 달의 크기는 작고 해의 크기는 커서 만약 서로 가리는 것이 너무 많지 않으면, 태양은 항상 먹히지 않고, 달은 서로 비출 때 반드시 먹히기 때문이다.

月食, 則后素服.[227] 日食少而月食多者, 蓋日月行有常度, 一月必一會, 但月體小, 日體大, 苟非相掩太多, 則日常不食. 月則相射必食.[228]

《개원유사(開元遺事)》의 기록이다. 매번 월식이 있을 때마다 남녀들이 거울을 가지고 그것을 쳐서 월식을 구한다.

開元遺事. 每月食, 士女取鑑, 擊之以救食.[229]

월식이 있으면 황후가 직접 북을 치고, 궁녀(宮女)들은 모두 딱딱이를 쳐서 월식을 구한다. 월식이 끝난 뒤, 황후는 3일 동안 흰옷을 입고 음악을 연주하지 않는다. 이것은 선왕(先王)들이 하늘과 땅의 벌을 피하고 사방의 환난을 푸는 방법이었다.

月食, 后自擊鼓, 宮人皆擊柝救之. 月已食, 后縞素三日, 不從樂. 此先王之所以免天地之誅, 而解四境之患也.[230]

별 星

• 만물(萬物)의 정기가 위로 올라 뭇 별이 되었다.《설문해자(說文解字)》

萬物之精, 上爲列星.〈說文〉[231]

• 별[성(星)]의 말뜻은 정(精)으로, 양(陽)의 꽃이다. 양(陽)의 정기가 해가 되고, 해가 나뉘어 별이 된다. 그래서 그 글자가 '해가 낳는 것[일생(日生)]'으로, 별이 된다.《춘추설제사(春秋說題辭)》

星之爲言, 精也, 陽之榮也. 陽精爲日, 日分爲星. 故其字, 日生爲星.〈春秋說〉[232]

• 뭇 별들은 허공 가운데에 떠서 생겨난다. 그 운행과 그 멈춤은 모두 기(氣)를 필요로 한다.《진서(晉書)·천문지(天文志)》

衆星, 浮生虛空之中. 其行其止, 皆須氣焉.〈晉天文〉[233]

224. 시의 제목은 〈신월(新月)〉이다.
225. 《후산시화(後山詩話)》의 내용을 재구성한 것이다.
226. 송(宋) 호자(胡仔), 《어은총화(漁隱叢話)》 권25.
227. 《예기(禮記)·혼의(昏義)》에, "月食, 則后素服, 而脩六宮之職, 蕩天下之陰事"라고 하였다.
228. 《산당사고(山堂肆考)·천문(天文)》의 내용을 재구성한 것이다.
229. 《천중기(天中記)·천(天)》에, "長安城中, 每月蝕時節, 士女取鑑, 向月擊之, 滿郭如是. 盖云, 救月蝕也"로 되어 있는 내용을 재구성한 것이다.
230. 《태평어람(太平御覽)·천부(天部)》의 내용을 재구성한 것이다.
231. 《설문해자(說文解字)·제7편》
232. 《고미서(古微書)·춘추설제사(春秋說題辭)》

• 산천(山川)의 정기가 위로 올라 뭇별이 되었다.《당서(唐書)》

山川精氣, 上爲列星.〈唐書〉234

• 별이라는 것은 '흩어짐'이다. 여러 위치에 흩어져 있음을 말한다.《초사(楚辭)》

星者, 散也. 言列位布散也.〈楚辭〉235

• 여러 별들은 하늘에 걸려 있으며 빛은 차고 색은 바르다.〈유우석(劉禹錫) 문장〉

繁星麗天, 芒寒色正.〈柳文〉236

• 서민(庶民)은 별이다. 별에는 좋은 바람이 있고, 별에는 좋은 비가 있다. 달이 별을 따르면 바람이 불고 비가 온다.《서경(書經)》

庶民惟星. 星有好風, 星有好雨. 月之從星, 則以風雨.〈書〉237

• 보장씨(保章氏)는 하늘의 별을 관장하여 해와 달, 별들의 변동(變動)을 기록하고 천하의 변화를 관찰하여 그 길흉을 구별한다. 별의 구역으로 구주(九州)의 땅을 구분하는데, 경계로 삼은 지역은 모두 분류된 별이 있고, 이것으로 재앙과 상서를 관찰한다.《주례(周禮)》

保章氏, 掌天星, 以志日月星辰之變動, 以觀天下之遷, 辨其吉凶. 以星土, 辨九州之地, 所封之域, 皆有分星, 以觀妖祥.〈周禮〉238

• 노인성(老人星)은 항상 추분(秋分)일 아침에 병향(丙向)에서 나타나고, 춘분(春分)일 저녁에 정향(丁向)에서 사라지는데, 나타나면 다스림이 잘 되고 군주의 수명이 창성한다.《송사(宋史) · 천문지(天文志)》

老人星, 常以秋分之朝, 見于丙, 春分之夕, 沒于丁, 見則治平, 主壽昌.〈天文志〉239

• 경성(景星)은 모양이 반달과 같다. 그믐과 초하루에 나타나는데, 달을 도와 밝음을 낸다. 천자가 감히 사람들에게 사사로이 하지 않으면 나타난다.

景星, 狀如半月. 生於晦朔, 助月爲明.240 王者, 不敢私人, 則見.241

• 황제(黃帝)가 별의 차례를 정하여 이름 붙일 수 있었던 것이 320개였고, 작은 별은 1만 1,500개였다.

黃帝定星次, 可名者, 三百二十, 微星, 一萬一千五百.242

•《영헌(靈憲)》의 기록이다. 별[성(星)]이란 것은 본체는 땅에서 생기고, 정기는 하늘에서 이루어진다. 들에서는 만물을 상징하고, 조정에서는 관직을 상징하고, 사람에게서는 일을 상징한다.

靈憲. 星者, 體生於地, 精成于天.243 在野象物, 在朝象官, 在人象事.244

• '삼태(三能)'는 삼태성(三台星)이다. '태(能)'는 음이 '태(台)'이다.

三能, 三台. 能, 音台.245

233.《진서(晉書) · 천문지(天文志)》에는, "日月衆星, 自然浮生虛空之中. 其行其止, 皆須氣焉"으로 되어 있다.

234.《신당서(新唐書) · 방기열전(方技列傳)》

235.《고금사문유취(古今事文類聚) · 천도부(天道部)》

236. 유우석(劉禹錫), 〈당상서예부원외랑유종원문집서(唐尚書禮部員外郎柳宗元文集序)〉

237.《서경(書經) · 홍범(洪範)》

238.《주례(周禮) · 보장씨(保章氏)》

239.《송사(宋史) · 천문지(天文志)》에, "老人一星, 在弧矢南, 一名南極. 常以秋分之旦, 見于丙候之南郊, 春分之夕, 沒于丁. 見則治平, 天子壽昌"으로 되어 있는 내용을 재구성한 것이다.

240. 원(元) 조우흠(趙友欽), 《혁상신서(革象新書) · 오위거합(五緯距合)》

241.《금수만화곡(錦繡萬花谷) · 천(天)》

242.《산당사고(山堂肆考) · 천문(天文)》

243. 당(唐) 우세남(虞世南), 《북당서초(北堂書鈔) · 천부(天部)》

244. 명(明) 진우모(陳禹謨) 보주(補註), 《북당서초(北堂書鈔) · 천부(天部)》

245. 청(淸) 오옥진(吳玉搢), 《별아(別雅)》 권1의 내용을 재구성한 것이다.

• 큰 별은 지름이 100리이고, 중간의 별은 50리이고, 작은 별은 30리이다. 북두칠성(北斗七星)은 거리가 9,000리이다.

大星, 徑百里, 中星, 五十里, 小星, 三十里. 北斗七星, 相去九千里.[246]

형혹성(熒惑星)이 심성(心星)을 지키다[형혹수심(熒惑守心)] 송(宋) 경공(景公) 시절에 형혹성(熒惑星)[247]이 심성(心星)의 자리에 있었다. 자위(子韋)가 말하기를, "화가 전하에게 해당합니다. 그러나 재상에게 옮길 수 있습니다"라고 하였다. 공이 말하기를, "재상은 함께 나라를 다스리는 사람이다"라고 하자, "백성에게 옮길 수 있습니다"라고 하였다. 공이 말하기를, "백성들이 죽으면 장차 누구를 위하여 임금 노릇하겠는가"라고 하였다. "한 해의 작황에 옮길 수 있습니다"라고 하였다. 공이 말하기를, "해가 흉년이 들어 백성들이 굶주리면 누가 나를 임금으로 삼을 것인가"라고 하자, "전하께서 지극히 덕스런 말씀을 하신 것이 세 가지가 있으니, 형혹성은 반드시 옮겨갈 것입니다"라고 하였다. 과연 3사(舍)[248]를 옮겨갔다.

宋, 景公時, 熒惑在心. 子韋曰, 禍當君. 然可移於相. 公曰, 相, 所與治國. 曰, 移於民. 公曰, 民死, 將誰爲君. 曰, 移於歲. 公曰, 歲饑, 民餓, 誰以我爲君. 曰, 君有至德之言三, 熒惑必徙. 果徙三舍.[249]

오성(五星)이 정성(井星) 자리에 모이다[오성취정(五星聚井)] 한(漢) [고조(高祖)] 원년(元年) 겨울 10월에, 오성(五星)이 동쪽의 정성(井星) 자리에 모였다. 오성(五星)이 있는 곳에는 장차 성인(聖人)이 나와 의(義)로써 천하를 차지한다.

漢, 元年, 冬, 十月, 五星聚東井. 五星所在, 當有聖人, 以義取天下.[250]

협마성(筴馬星)이 움직이지 않다[협마부동(筴馬不動)] 주등(周騰)이 시어사(侍御史)일 때, 환제(桓帝)가 남쪽에 교제(郊祭)를 지내고자 하여 다음날 아침에 나가게 되었다. 주등이 머리를 들어 말하기를, "천자는 별을 상징합니다. 지금 궁중(宮中)에 협마성(筴馬星)이 머물러 있으면서 움직이지 않습니다. 폐하께서는 어찌 나가시려고 하십니까?"라고 하였다. 4경(更)에 왕자가 죽자, 결국 그만두었다.

周騰爲侍御史, 桓帝欲南郊, 平明應出. 騰仰首曰, 王者象星. 今宮中, 宿筴馬星不動. 帝何出焉. 四更, 皇子卒, 遂止.[251]

오성(五星)이 규성(奎星)에 모이다[오성취규(五星聚奎)] 전에 후주(後周)의 현덕(顯德)[252] 연간에 두엄(竇儼)이 말하기를, "정묘(丁卯)년에 오성(五星)

---

246. 《천중기(天中記)·성(星)》
247. 형혹성(熒惑星): 화성(火星)을 가리킨다. 사라졌다가 나타났다 하는 것이 일정하지 않아 사람들을 미혹하게 한다 하여 붙여진 이름이다.
248. 사(舍): 거리의 단위로, 30리(里)가 1사(舍)이다.
249. 《여씨춘추(呂氏春秋)·계하기(季夏紀)·제악(制樂)》에, "宋景公之時, 熒惑在心, 公懼, 召子韋而問焉, 曰, 熒惑在心, 何也? 子韋曰, 熒惑者, 天罰也, 心者, 宋之分野也, 禍當於君. 雖然, 可移於宰相. 公曰, 宰相所與治國家也, 而移死焉, 不祥. 子韋曰, 可移於民. 公曰, 民死, 寡人將誰爲君乎? 寧獨死. 子韋曰, 可移於歲. 公曰, 歲害則民饑, 民饑必死. 爲人君而殺其民以自活也, 其誰以我爲君乎? 是寡人之命固盡已, 子無復言矣. 子韋還走, 北面載拜曰, 臣敢賀君. 天之處高而聽卑. 君有至德之言三, 天必三賞君. 今夕熒惑其徙三舍, 君延年二十一歲. 公曰, 子何以知之? 對曰, 有三善言, 必有三賞. 熒惑有三徙舍, 舍行七星, 星一徙當一年, 三七二十一, 臣故曰君延年二十一歲矣. 臣請伏於陛下以伺候之. 熒惑不徙, 臣請死. 公曰, 可. 是夕熒惑果徙三舍"로 되어 있는 내용을 재구성한 것이다.
250. 《산당사고(山堂肆考)·천문(天文)》에, "漢高祖元年冬十月, 五星聚東井. 注云, 東井, 秦之分野. 五星所在, 當有聖人, 以義取天下"로 되어 있는 내용을 재구성한 것이다.
251. 《천중기(天中記)·성(星)》에는, "周騰, 字叔達, 爲侍御史. 桓帝當南郊, 平明應出. 騰仰觀曰, 夫王者, 象星. 今宮中星, 及策馬星, 悉不動. 明日必不出. 至四更, 皇太子卒, 遂止"로 되어 있다.
252. 현덕(顯德): 후주(後周) 세종(世宗)의 연호(955-959)이다.

이 규성(奎星)에 모였다. 그 뒤로 천하가 태평하였다"라고 하였다. 송(宋) 태조(太祖) 건덕(乾德)[253] 5년에 이르러, 오성이 이어진 구슬처럼 강루(降婁)[254]의 위치에 있었다.

初, 周顯德中, 竇儼曰, 丁卯歲, 五星聚奎. 自此, 天下太平.[255] 至宋太祖乾德五年, 五星如連珠, 在降婁之次.[256]

사성(使星)이 촉(蜀)으로 들어가다[사성입촉(使星入蜀)] 이합(李郃)은 천문술(天文術)을 좋아하였다. 화제(和帝)가 사신을 파견하여 풍속을 살피도록 하여, 두 사신이 익주(益州)로 향하게 되었다. 여름 밤에 이합이 밖에 앉아 있다가 두 사람에게, "그대들이 경사(京師)를 출발하는데, 두 분은 언제 떠나십니까?"라고 물었다. 두 사람이 놀라서, "어떻게 그것을 알게 되었소?"라고 묻자 공이 별을 가리키며 말하기를, "두 개의 사성(使星)이 익부(益部)를 향해 오고 있습니다"라고 하였다.

李郃好天文之術. 和帝遣使者觀風俗, 有二使向益州. 夏夕, 郃露坐, 問二人曰, 君發京師, 寧知二使何時發. 二人驚問曰, 何以知之. 公指星曰, 有二使星, 來向益部.[257]

특이한 아이[이아(異兒)] 손휴(孫休)가 영안(永安)[258] 2년에 인질로 있는 아이들을 데리고 지켰다. 여럿이 모여 노는데 특이한 아이가 있었다. 홀연히 와서 말하기를, "나는 사람이 아니고 형혹성(熒惑星)입니다"라고 하였다. 말이 끝나자 위로 솟아오르는데, 올려다보니 마치 한 필의 비단을 끄는 것과 같았는데, 얼마 후에 없어졌다.《송서(宋書)》

孫休, 永安二年, 將守質子. 群聚嬉戲, 有異小兒. 忽來曰, 我非人, 熒惑星也. 言訖上昇, 仰觀之, 若曳一匹練, 有頃而沒.〈宋書〉[259]

달이 소미성(少微星)을 침범하다[월범소미(月犯少微)] 진(晉) 사부(謝敷)는 자가 경서(慶緖)이다. 약야산(若耶山)에서 은거하는데, 달이 소미성(少微星)을 침범하였다. 소미성은 다른 이름으로 처사성(處士星)이라고도 한다. 당시에 대규(戴逵)는 자가 안도(安道)로, 사부보다 이름이 나 있었다. 당시 사람들은 대규에 대해 걱정을 하는데, 갑자기 사부가 죽었다. 그래서 회계(會稽)의 인사들이 대규를 만나, "오(吳) 땅의 고사(高士)는 죽으려 해도 죽을 수가 없군요"라고 말하였다.

晉, 謝敷, 字慶緖. 隱居若耶山, 月犯少微星. 少微星, 一名處士星. 時戴逵, 字安道, 名著於敷. 時人, 爲逵憂之, 俄而敷死. 故會稽人士, 朝逵曰, 吳中高士, 求死不得.[260]

오교성(伍喬星) 《남당서(南唐書)》의 기록이다. 오교(伍喬)는 여강(廬江) 사람으로, 천성이 학문을 좋아하였다. 강을 건너 여산(廬山)에 들어가 있었는데, 시의 격조가 청고(淸苦)했다. 산중의 승려가 밤에 꿈을 꾸는데, 올려다보니 한 커다란 별 옆에 사람이 있는데, 그를 가리키면서 말하기를, "이것은 오교성(伍喬星)이다"라고 하였다. 오교는 여산에 있을 때 굳은 절조로 스스로 힘썼는데, 어느날 밤에 사람의 손바닥이 창문을 통해 들어오는 것을 보았다. 손바닥 가운데에는 "《주역(周易)》을 읽어라.[독역(讀易).]"라는 두 글자가 있었다. 오교가 이로 인해《주

253. 건덕(乾德): 북송(北宋) 태조(太祖)의 연호(963-967)이다.
254. 강루(降婁): 별자리 이름으로 12성차(星次)의 하나이다. 28수로는 규(奎)와 루(婁)의 두 별자리에 해당한다.
255.《송사(宋史)·두엄전(竇儼傳)》의 내용을 재구성한 것이다.
256.《송사(宋史)·천문지(天文志)》의 내용을 재구성한 것이다.
257.《예문유취(藝文類聚)·천부(天部)》
258. 영안(永安): 진(晉) 혜제(惠帝)의 연호(304)이다.
259.《송서(宋書)·오행지(五行志)》
260.《예문유취(藝文類聚)·인부(人部)》

역(周易)》을 가져다 읽었다. 훗날 제1위로 진사(進士)에 급제하였다.

南唐書. 伍喬, 廬江人, 性嗜學. 渡江, 入廬山, 詩調淸苦. 山中浮屠夜夢, 仰視一大星旁有人, 指之曰, 此伍喬星也. 喬在廬山時, 苦節自勵, 一夕見人掌自牖入. 掌中有讀易二字. 喬因取易讀之. 後擧進士第一.[261]

소하(蕭何)는 묘성(昴星)의 정기를 받았다[소하품묘(蕭何稟昴)] 소하(蕭何)는 키가 7척(尺) 8촌(寸)이었는데, 묘성(昴星)의 정기를 받고 태어났다.

蕭何, 長七尺八寸, 稟昴星精而生.[262]

세성(歲星) 서왕모(西王母)의 사자가 동방삭(東方朔)의 죽음에 (조문을) 왔다. 황제가 사자에게 물으니 대답하기를, "동방삭은 목제(木帝)의 정령(精靈)으로, 바로 세성(歲星)입니다. 아래로 인간 세상에 내려와 천하를 살핀 것이지, 폐하의 신하가 아닙니다"라고 하였다.

西王母使者, 至東方朔死. 上問使者, 對曰, 朔木帝之精, 是爲歲星. 下遊人中. 以觀天下, 非陛下臣也.[263]

천동사(天童寺) 진(晉)나라 승려 의흥(義興)이 영파부(寧波府)에 집을 짓고 사는데, 한 동자(童子)가 매일 땔나무와 물을 가져왔다. 뒤에 작별하고 떠나면서, "나는 태백성(太白星)입니다"라고 하였다. 말이 끝나자마자 보이지 않았다. 절이 이로 인해 이름을 얻게 되었다.

晉僧義興, 結屋於寧波府, 有一童子, 日給薪水. 後辭去曰, 吾太白星也. 言訖不見. 寺因此得名.[264]

중성(中星)이 지키지 않다[중성불수(中星不守)] 수(隋) 오교(吳嶠)는 삽계(霅溪) 사람이다. 천문(天文)에 정통하였는데, 원천강(袁天綱)이 그를 사사(師事)하였다. 양제(煬帝) 시절에 일찍이 업(鄴)땅에 들렀는데 그 수령에게 일컫기를, "중성(中星)이 태미성(太微星)을 지키지 않으니 황제에게 문제가 있습니다. 왕기(王氣)가 흘러 진(秦) 지역으로 모이는데, 그대는 그것을 아십니까?"라고 하였다. 수령이 그것을 믿지 않았는데, 당(唐) 고조(高祖)가 즉위하게 되자 비로소 그 말이 거짓되지 않았음을 믿었다.

隋吳嶠, 霅溪人. 精天文, 袁天綱師事之. 煬帝時, 嘗過鄴中, 告其令曰, 中星不守太微, 主君有嫌. 王氣流萃於秦地, 子知之乎. 令不之信, 及唐高祖卽位, 始知其言不誣.[265]

객성(客星) 주창(周敞)은 경방(京房)[266]을 스승으로 모셨다. 경방이 석현(石顯)에게 참소를 당하여 옥에 갇히게 되자, 주창에게 말하기를, "내가 죽은 뒤 40일 만에 객성(客星)이 반드시 저자에 들어올 텐데, 바로 내가 무고(無辜)하다는 증거이다"라고 하였다. 경방이 죽은 뒤 과연 그의 말과 같았다.

周敞師事京房. 房爲石顯所譖, 繫獄, 謂敞曰, 吾死後四十日, 客星必入市, 卽吾無辜之驗也. 房死, 果如其言.[267]

당(唐) 태종(太宗) 시절에, 이순풍(李淳風)이 아뢰기를, "북두의 일곱 별이 장차 사람으로 화하여 내일 서쪽 시장에 이르러 술을 마실 것입니다"라고 하였다. 사람을 시켜 살피게 하니, 승려 일곱 사람이 함께 2석(石)의 술을 마시고 있었다. 태종이 사람을 시켜 부르니, 일곱 사람이 웃으며 말하기를, "이는 필시 이순풍이란 작자가 그쪽에서 우리에 대해 말한

261. 《남당서(南唐書)·오교전(伍喬傳)》
262. 《산당사고(山堂肆考)·천문(天文)》
263. 《태평어람(太平御覽)·천부(天部)》
264. 《절강통지(浙江通志)·사관(寺觀)·영파부(寧波府)》의 내용을 재구성한 것이다.
265. 《산당사고(山堂肆考)·천문(天文)》
266. 경방(京房): 서한(西漢)의 유학자로, 자는 군명(君明)이다. 초연수(焦延壽)에게서 《역(易)》을 배웠고 제자들이 많아 경씨학파(京氏學派)를 이루었다. 정치를 비방하였다는 죄목으로 갇혀 옥사하였다. 저술로 《경씨역전(京氏易傳)》 3권이 전한다.
267. 《태평어람(太平御覽)·천부(天部)》

것이다"라고 하고는 홀연 보이지 않았다.

唐太宗時, 李淳風奏, 北斗七星, 當化爲人, 明日至西市飮酒. 使人候之, 有僧七人, 共飮酒二石. 太宗使人召之, 七人笑曰, 此必李淳風小兒, 在彼言我也. 忽不見.[268]

《박물지(博物志)》의 기록이다. 근세에 바닷가에 사는 사람이 있었는데, 매년 8월이면 뗏목이 오고가며 때를 잃지 않자, 그 사람이 특이한 뜻을 가지고 뗏목 위에 비각(飛閣)을 세우고 양식을 많이 실은 채 뗏목을 타고 떠났다. 10여 달 만에 한 곳에 이르렀는데, 성곽(城郭)과 집들이 있고 멀리 바라보니 궁궐 안에 베를 짜는 여인이 있고, 한 사나이가 소를 끌고 물가에서 물을 먹이는 것이 보였다. (소를 끄는 사나이가) 놀라면서, "어떻게 이곳에 이르게 되었소?"라고 물었다. 그 사람이, "여기는 어디입니까?"라고 물으니, "그대가 돌아간 뒤 촉도(蜀都)에 가서 엄군평(嚴君平)을 찾아가면 알게 될 것이오"라고 대답하였다. 후에 촉(蜀)에 이르러 엄군평에게 물으니, 말하기를, "어느 해 어느 달에 객성(客星)이 견우성(牽牛星)을 침범하였는데, 바로 이 사람이 은하수에 도달했던 때였구나"라고 하였다.

博物志. 近世有人居海渚者, 年年八月, 有槎去來, 不失期, 人有奇志, 立飛閣於槎上, 多齎糧, 乘槎而去. 十餘月, 至一處, 有城郭屋舍. 遙望宮中有織婦, 見一丈夫牽牛, 渚次飮之. 驚問曰, 何由至此. 人問, 此是何處. 答曰, 君還, 至蜀都, 訪嚴君平, 則知之. 後至蜀, 問君平, 曰, 某年某月, 客星犯牽牛, 正此人, 到天河時也.[269]

엄광(嚴光)이 한(漢) 광무제(光武帝)와 함께 잠을 자다가, 발을 광무제의 배에 올렸다. 태사(太史)가 아뢰기를, "객성(客星)이 어좌(御座)를 침범하였으니, 매우 다급합니다"라고 하였다.

嚴光, 與漢光武共臥, 以足加帝腹. 太史奏, 客星犯御座, 甚急.[270]

덕성(德星)이 모이다[덕성취(德星聚)] 중궁(仲弓) 진식(陳寔)[271]이 여러 자질(子姪)들과 함께 계화(季和) 순숙(荀淑)[272] 부자(父子)를 찾아갔다. 태사(太史)가 아뢰기를, "덕성(德星)이 500리(里) 안에 모였으니 현인(賢人)들이 모인 것입니다"라고 하였다.

陳仲弓, 從諸子姪, 造荀季和父子. 太史奏, 德星聚五百里內, 有賢人聚.[273]

바람 風

- 하늘과 땅의 기운이 숨을 쉬면서 바람이 이루어진다.《비아(埤雅)》

  天地之氣, 噫而成風.〈埤雅〉[274]

- 네 계절의 기운이 조화로운 것이 통정(通正)이고, 이를 일러 '경풍(景風)'이라고 한다. 남풍(南風)을 '개풍(凱風)'이라고 하고, 동풍(東風)을 '곡풍(谷風)'이라고 하고, 북풍(北風)을 '양풍(涼風)'이라고 하고, 서풍(西風)을 '태풍(泰風)'이라고 한다.《이아(爾雅)》

268.《유설(類說)·국사찬이(國史纂異)》

269. 진(晉) 장화(張華),《박물지(博物志)·잡설하(雜說下)》

270.《후한서(後漢書)·일민열전(逸民列傳)》의 내용을 재구성한 것이다.

271. 진식(陳寔): 동한(東漢) 영천인(潁川人)으로, 자가 중궁(仲弓)이다. 호학(好學)으로 이름이 높았다.

272. 순숙(荀淑): 동한(東漢) 영천인(潁川人)으로, 자가 계화(季和)이다. 박학(博學)하여 당시 명사인 이고(李固), 이응(李膺) 등이 그를 사사하였다.

273.《예문유취(藝文類聚)·천부(天部)》

274.《비아(埤雅)·석천(釋天)》에, "天地之氣, 噓而成雲, 噫而成風. 雲陽而出於陰, 風陰而出於陽"이라고 하였다.

四氣和, 爲通正, 謂之景風. 南風曰凱風, 東風曰谷風, 北風曰涼, 西風曰泰.〈爾雅〉275

• 사나운 바람을 '렬(颲)'이라 하고, 찬바람을 '류(飀)'라고 하고, 미풍을 '표(飆)'라고 하고, 적은 바람을 '수(颼)'라고 한다.《풍속통(風俗通)》

猛風曰颲, 涼風曰飀, 微風曰飆, 小風曰颼.〈風俗通〉276

• 폭풍(暴風)이 위에서 아래로 내려오는 것을 '퇴풍(頹風)'이라고 하고, 아래에서 위로 올라가는 것을 '표(飆)'라 하는데, 또한 '부요(扶搖)'라고도 한다. 회오리바람을 '표(飄)'라 하고, 해가 나왔을 때 부는 바람을 '폭(暴)'이라 하고, 흐릴 때 부는 바람을 '에(曀)'라 하고, 바람이 불면서 흙비가 오는 것을 '매(霾)'라고 한다.《이아(爾雅)》

暴風, 從上下曰頹風, 從下上曰飆, 亦曰扶搖. 迴風曰飄, 日出而風曰暴, 陰而風曰曀, 風而雨土曰霾.〈爾雅〉277

• 봄에 비가 개고 해가 나왔을 때 부는 바람을 '광풍(光風)'이라고 하고, 가을과 겨울의 나머지 바람을 '서풍(緖風)'이라 하고, 만물에 불어 소리가 나는 것을 '뇌(籟)'라고 하고, 종일토록 부는 바람을 '종풍(終風)'이라고 한다.《이아(爾雅)》

春晴, 日出而風曰光風, 秋冬餘風曰緖風, 吹萬物有聲曰籟, 終日風謂之終風.〈同〉278

• 대자연이 기운을 불어대는데, 그 이름이 바람이다. (바람이) 일면 모든 구멍이 소리를 낸다.《장자(莊子)》

大塊噫氣, 其名爲風. 作則萬竅怒號.〈莊〉279

• 바람은 한 번은 서쪽으로 한 번은 동쪽으로 부는데, 누가 호흡하는 것인가? 누가 스치는 것인가?《장자(莊子)》

風, 一西一東, 孰噓吸是, 孰披拂是.〈同〉280

• 나는 성대하게 남해(南海)에서 일어나 북해(北海)로 들어간다. 큰 나무를 부러뜨리고 큰 집을 날리는 것은 오직 나만이 할 수 있다.《장자(莊子)》

予蓬蓬然起於南海, 而入於北海. 折大木, 蜚大屋者, 唯我能也.〈同〉281

• 비렴(飛廉)은 바람의 신[풍백(風伯)]이며, 풍사(風師)는 기성(箕星)이다.《풍속통(風俗通)》

飛廉, 風伯也, 風師, 箕星也.〈風俗通〉282

• 비렴(飛廉)은 신령스런 짐승으로, 사슴의 몸에 머리는 참새와 같고 뿔이 있으며, 뱀의 꼬리에 표범무늬이다. 바람을 일으킬 수 있다.《진작주(晉灼注)》

飛廉神禽, 鹿身, 頭如雀, 有角, 而蛇尾豹文. 能致風氣.〈晉灼注〉283

• 태평한 시대에는 5일에 한 번 바람이 부는데, 바람이 나뭇가지를 울리지 않는다.《논형(論衡)》

太平之世, 五日一風, 風不鳴條.〈論衡〉284

• 바람이 움직이면 벌레가 생긴다. 그래서 벌레는 8일이 되면 변화한다. 정씨(鄭氏)가 말하기를, "풍충(風虫)의 '풍(風)'은 빈 곳에 부는 바람으로, 가차(假借)이다"라고 하였다.

275.《이아(爾雅)·석천(釋天)》에는, "四時和爲通正, 謂之景風. … 南風謂之凱風, 東風謂之谷風, 北風謂之涼風, 西風謂之泰風"으로 되어 있다.

276.《고금사문유취(古今事文類聚)·천도부(天道部)》

277.《이아(爾雅)·석천(釋天)》에는, "廻風爲飄, 日出而風爲暴, 風而雨土爲霾, 陰而風爲曀"로 되어 있다.

278.《초학기(初學記)·천부(天部)》

279.《장자(莊子)·제물론(齊物論)》에, "夫大塊噫氣, 其名爲風. 是唯無作, 作則萬竅怒呺"로 되어 있다.

280.《장자(莊子)·천운(天運)》에, " 風起北方, 一西一東, 在上彷徨, 孰噓吸是? 孰居无事而披拂是? 敢問何故?"로 되어 있다.

281.《장자(莊子)·추수(秋水)》에는, "予蓬蓬然起於北海, 而入於南海也, 然而指我則勝我, 鰌我亦勝我. 雖然, 夫折大木, 蜚大屋者, 唯我能也"로 되어 있다.

282.《풍속통의(風俗通義)》 권8.

283.《고금사문유취(古今事文類聚)·천도부(天道部)》

284.《논형(論衡)·시응(是應)》

風動虫生. 故虫八日而化.[285] 鄭氏曰, 風虫之風, 爲吹虛之風, 假借也.[286]

- 동쪽은 '명서(明庶)'이고, 동남쪽은 '청명(淸明)'이고, 남쪽은 '경(景)'이고, 서남쪽은 '량(涼)'이고, 서쪽은 '창합(閶闔)'이고, 서북쪽은 '부주(不周)'이고, 북쪽은 '광막(廣莫)'이고, 동북쪽은 '조(條)'이니, 이것이 8풍(八風)이다.

東明庶, 東南淸明, 南景, 西南涼, 西閶闔, 西北不周, 北廣莫, 東北條, 此八風也.[287]

- 바람은 하늘과 땅의 사자(使者)이고, 대자연이 숨쉬는 기운이며, 천자의 덕화(德化)이다.

風, 天地之使也, 大塊之噫氣也, 王者之聲敎也.[288]

- 바람은 땅에서 생겨 푸른 개구리밥풀의 끝에서 일어나고, 계곡에서 점차 세어져 동굴의 입구에서 아주 강해집니다. 태산(太山)의 언덕을 따라 송백(松栢)의 아래에서 춤을 춥니다. 바람소리가 홀연 '빙방(淜滂)'하고 세차게 불어 포효하며, '굉굉(耾耾)'하는 우레 소리로 돌면서 변화무쌍하며, 돌을 흔들고 나무를 끊으며 숲에 휘몰아칩니다.〈풍부(風賦)〉

夫風, 生於地, 起於靑蘋之末, 浸淫溪谷, 盛怒於土囊之口. 緣於太山之阿, 舞於松栢之下. 飄忽淜滂, 激揚熛怒, 耾耾雷聲, 迴穴錯迕, 蹷石伐木, 梢殺林莽.〈風賦〉[289]

- 맑고 시원하여 병을 낫게 하고 술기운을 풀어주며, 귀와 눈을 밝게 하고 몸과 사람을 편안하게 해줍니다. 이것이 이른바 대왕(大王)의 웅대한 바람입니다.〈풍부(風賦)〉

淸淸泠泠, 愈病析酲, 發明耳目, 寧體便人. 此所謂大王之雄風.〈同〉[290]

- 처음에는 매화(梅花)이고, 마지막에는 연화(楝花)이니, 24차례의 '꽃소식을 전하는 바람[화신풍(花信風)[291]]'이다. 황하의 북쪽은 봄철이 되면 빠른 바람이 며칠씩 부는데, 한 번 일어나면 3일이 되어야 그친다. 그렇지 않으면 해를 넘기는데 '꽃에 불고 버들을 가르는 바람[취화벽류풍(吹花擘柳風)]'이라 한다.《세시기(歲時記)》

始梅花, 終楝花, 二十四番花信風. 河朔, 春時疾風數日, 一作三日乃止. 否則經年, 曰吹花擘柳風.〈歲時記〉[292]

- 오(吳) 지역에서는 매우(梅雨)가 지나간 뒤, 상쾌하게 맑은 바람이 10일 동안 계속되는데 해마다 이와 같다. 조주(潮州) 사람들은 이것을 일러 '박간풍(舶趕風)'이라고 하는데, 이때에 바닷배가 처음으로 돌아오고, 이 바람도 해상으로부터 배와 함께 이른다.

吳中, 梅雨旣過, 颯然淸風彌旬, 歲歲如此. 潮人謂之舶趕風, 是時, 海舶初回, 此風, 自海上與舶俱至爾.[293]

- 《풍토기(風土記)》의 기록이다. 5월에 바람이 일어 6월이 되어 그치는 것을 세속에서 '황작풍(黃雀風)'이라고 부른다. 이때 바닷고기가 황작(黃雀)으로 변하기 때문에 그렇게 이름 붙인 것이다.

---

285. 《설문해자(說文解字)·제13편》
286. 송(宋) 정초(鄭樵), 《협제유고(夾漈遺稿)》 권2.
287. 《광아(廣雅)·석천(釋天)》
288. 원(元) 허유임(許有壬), 《지정집(至正集)》 권45.
289. 전국(戰國) 초(楚) 송옥(宋玉), 〈풍부(風賦)〉
290. 전국(戰國) 초(楚) 송옥(宋玉), 〈풍부(風賦)〉
291. 화신풍(花信風): 아아(鵞兒), 목란(木蘭), 이화(李花), 양화(楊花), 기화(榿花), 동화(桐花), 금앵(金櫻), 황초(黃芀), 연화(楝花), 하화(荷花), 빈랑(檳榔), 만라(蔓羅), 능화(菱花), 목근(木槿), 계화(桂花), 노화(蘆花), 난화(蘭花), 요화(蓼花), 도화(桃花), 비파(枇杷), 매화(梅花), 수선(水仙), 산다(山茶). 양(梁) 원제(元帝) 《찬요화신(纂要花信)》
292. 《옥지당담회(玉芝堂談薈)·화신풍(花信風)》
293. 송(宋) 소식(蘇軾), 《동파전집(東坡全集)》 권11.

風土記. 五月風發, 六月乃止, 俗號黃雀風. 是時, 海魚變爲黃雀, 因以名之.[294]

- 《회남자(淮南子)》의 기록이다. 마치 바람개비가 바람을 기다리는 것과 같다. 주(註)의 기록이다. '환(綄)'은 바람을 기다리는 부채이다. 초(楚)나라 사람들은 그것을 '오량(五兩)'이라 하였는데, 닭의 깃으로 만든다.

  淮南子. 若綄之候風也.[295] 註. 綄候風扇也. 楚人謂之五兩, 以鷄羽爲之.[296]

순(舜)임금이 남풍(南風)을 노래하다[순가남풍(舜歌南風)] 순(舜)임금이 5현(絃)의 거문고를 만들어 남풍(南風)이란 시(詩)를 노래하였다.

舜作五絃之琴, 歌南風之詩.[297]

우레와 번개가 치고 바람이 불다[뇌전이풍(雷電以風)] 주공(周公)이 동쪽에 있은 지 2년 만에, 하늘에서 크게 우레와 번개가 치고 바람이 불었다.

周公居東二年, 天大雷電以風.[298]

여섯 마리의 익조(鷁鳥)가 거꾸로 날다[육익퇴비(六鷁退飛)] 《춘추좌전(春秋左傳)》의 기록이다. 여섯 마리의 익조(鷁鳥)가 거꾸로 날아 송(宋)나라 도성(都城)을 지났다고 하였는데, 바람 때문이다.

左傳. 六鷁退飛, 過宋都, 風也.[299]

무우(舞雩)에서 바람을 쐬다[풍호무우(風乎舞雩)] 증점(曾點)이 말하기를, "늦봄에 무우(舞雩)에서 바람 쐬고, 시를 읊으면서 돌아오겠습니다"라고 하였다.

曾點曰, 暮春者, 風乎舞雩, 詠而歸.[300]

바람을 타고 다니다[어풍이행(御風而行)] 열자(列子)는 바람을 타고 다녔는데, 시원하게 15일 만에 돌아왔다.《장자(莊子)》

列子, 御風而行, 冷然, 旬有五日而返.〈莊〉[301]

원거(爰居)가 바람을 점치다[원거점풍(爰居占風)] 바닷새인 원거(爰居)가 노(魯)나라 동문(東門) 밖에 3일을 머물렀다. 전금(展禽)이 말하기를, "이제 아마 재앙이 있을 것이다"라고 하였다. 이 해에 바다에 큰 바람이 자주 일었다.《국어(國語)》

海鳥爰居, 止於魯國東門之外三日. 展禽曰, 今其有災乎. 是歲也, 海多大風.〈國語〉[302]

큰 바람이 모래를 날리다[대풍양사(大風揚沙)] 항우(項羽)가 유방(劉邦)을 세 겹으로 포위하였는데, 큰 바람이 나무를 부러뜨리고 돌을 날렸다.

項王圍漢王三匝, 大風折木揚石.[303]

바람을 두려워하고 추위를 겁내다[외풍겁한(畏風怯寒)] 만분(滿奮)은 바람을 두려워하였다. 진(晉)나라 무제(武帝)의 자리에 있을 때, 북쪽 창이 유리 병풍으로 되어 있어 사실은 막혔는데 뚫린 것 같았다. 만분이 추운 기색을 하면서 말하기를, "저는 오(吳) 지방의 소가 달을 보고도 헐떡거리는 것과 같습니다"라고 하였다.

滿奮畏風. 在晉武帝坐, 北牕作琉璃屛, 實密似疏. 奮有寒[304]色曰, 臣猶吳牛見月而喘.[305]

---

294. 《산당사고(山堂肆考)·천문(天文)》의 내용을 재구성한 것이다.
295. 《회남자(淮南子)》에는 위의 기록이 보이지 않는다.
296. 《산당사고(山堂肆考)·천문(天文)》
297. 《예기(禮記)·악기(樂記)》
298. 《고금사문유취(古今事文類聚)·천도부(天道部)》에, "周公居東二年, 天大雷電以風, 禾盡偃, 大木斯拔. 成王啓金縢之書, 迎周公, 天乃反風, 禾盡起"라고 하였다.
299. 《춘추좌전(春秋左傳)·희공(僖公)·16년》
300. 《논어(論語)·선진(先進)》의 내용을 재구성한 것이다.
301. 《장자(莊子)·소요유(逍遙遊)》에는, "夫列子御風而行, 冷然善也, 旬有五日而後反"으로 되어 있다.
302. 《국어(國語)·노어상(魯語上)》의 내용을 재구성한 것이다.
303. 《사기(史記)·항우본기(項羽本紀)》에, "圍漢王三匝, 於是, 大風從西北而起, 折木, 發屋, 揚沙石, 窈冥晝晦"라고 하였다.

까치로 바람을 점치다[작점풍(鵲占風)] 효무제(孝武帝)가 미앙궁(未央宮)의 앞 궁전에 앉아 있었는데, 새로이 비가 많이 왔다. 동방삭(東方朔)이 손가락을 굽히면서 혼잣말을 하였다. 왕이 그에게 물으니 대답하기를, "궁전 뒤 측백나무 위에 까치가 있는데, 마른 가지 위에 앉아 동쪽을 향해 울고 있습니다"라고 하였다. 살펴보니 과연 그러하였다. 동방삭에게 어떻게 그것을 알았는지를 묻자, 말하기를, "바람이 동쪽에서 불어오고 있습니다. 까치는 꼬리가 길어, 바람 방향과 나란하면 순조롭고 바람을 등지면 넘어집니다. 반드시 바람 방향과 나란히 하여 앉아 있을 것이니, 이 때문에 알게 되었습니다"라고 하였다.《본전(本傳)》

孝武坐未央前殿, 大新雨. 東方朔, 屈指獨語. 上問之, 對曰, 殿後栢上有鵲, 立枯枝上, 東向而鳴. 視之, 果然. 問朔何以知之, 曰, 風從東方來. 鵲尾長, 傍風則順, 背風則蹶. 必當順風而立, 是以知也.〈本傳〉[306]

소녀풍(少女風)[307]을 점치다[점소녀풍(占少女風)] 〈관공명[308]전(管公明傳)〉의 기록이다. 당시에 크게 가물었다. 어떤 이가 어떻게 해야 장차 비가 올 것인가를 묻자, 오늘 밤에 큰비가 올 것이라고 하였다. 해가 저물어 가는데도 아예 구름 기운이 없자, 여러 사람들이 모두 관공명(管公明) 을 비웃으려고 하였다. 관공명이 말하기를, "나무 위에 이미 약한 서풍(西風)이 있고 나무 사이에는 음조(陰鳥)가 화합하여 우는 것이, 마치 소녀가 바람 방향을 바꾸고 음조(陰鳥)가 어지러이 나는 것 같으니 아마 비가 내릴 것입니다"라고 하였다. 잠시 후에 검은 구름이 사방에서 모이더니 큰비가 강물처럼 쏟아졌다.

管公明傳. 時大旱. 有問, 何當雨, 言今夜, 當大雨. 至日向暮, 了無雲氣, 衆人竝欲嗤公. 明言, 樹上, 已有少女微風, 樹間, 陰鳥和鳴, 若少女反風, 陰鳥亂翔, 其雨至矣. 須臾, 玄雲四集, 大雨河傾.[309]

손이(巽二)[310]가 바람을 일으키다[손이기풍(巽二起風)] 소지충(蕭至忠)이 진주자사(晉州刺史)일 때, 사냥을 나가려고 하였다. 어떤 나무꾼이 곽산(霍山)에서 한 노인을 보았는데, 갑자기 호랑이, 무소, 사슴, 돼지, 여우, 토끼 등이 어지러이 이르자, 노인이 말하기를, "나는 구명사자(九冥使者)로 북제(北帝)의 명을 받든다. 소지충이 너희들을 사냥하려 하니, 몇 마리는 매에 잡혀 죽고, 몇 마리는 화살에 맞아 죽을 것이다"라고 하였다. 늙은 큰 사슴이 무릎을 굽히고 구해 주기를 빌자, 사자가 말하기를, "동쪽 계곡에서 사선(四善)의 수업을 엄숙히 하는 것으로, 시험 삼아 구조의 계책으로 삼아보자"라고 하자, 뭇짐승들이 따라갔다. 나무꾼이 몰래 보니 걸음이 깊은 바위에 이르자 띠풀집에 황색의 관을 쓴 사람이 있었다. 늙은 큰 사슴이 간절히 빌자 황색의 관을 쓴 사람이 말하기를, "만약 등륙(縢六)[311]으로 눈을 내리게 하고, 손이(巽二)로 바람을 불게 한다면, 소(蕭)자사가 나오지 않을 것이다"라고 하니 뭇짐승들이 흩어졌다. 다음날 밝기 전에 바람과 눈이 크게 일어

---

304. '褰'은,《세설신어(世說新語)·언어(言語)》에는 '難'으로 되어 있다.
305.《세설신어(世說新語)·언어(言語)》
306.《태평어람(太平御覽)·우족부(羽族部)》의 내용을 재구성한 것이다.《태평어람(太平御覽)·우족부(羽族部)》에는 "東方朔別傳曰, …"이라고 하였다.
307. 소녀풍(少女風): 서풍(西風)의 다른 이름이다.
308. 관공명(管公明): 삼국(三國) 시대 위(魏) 사람인 관로(管輅)로, 자가 공명(公明)이다.《주역(周易)》에 밝았고 점을 잘 쳤다. 소부승(少府丞)을 역임하였다.
309.《삼국지(三國志)·위서(魏書)·방기전(方技傳)》에, "過淸河倪太守. 時天旱, 倪問輅雨期, 輅曰, 今夕當雨. 是日暘燥, 晝無形似, 府丞及令在坐, 咸謂不然. 到鼓一中, 星月皆沒, 風雲並起, 竟成快雨. 於是倪盛脩主人禮, 共爲歡樂"이라고 하였다.
310. 손이(巽二): 전설에 나오는 '바람의 신[풍신(風神)]'의 이름이다.
311. 등륙(縢六): 전설에 나오는 '눈의 신[설신(雪神)]'의 이름이다.

하루 종일 계속되었고, 소지충은 결국 나오지 않았다.《유괴록(幽怪錄)》

蕭至忠爲晉州刺史, 欲獵. 有樵者, 於霍山, 見一長人, 俄有虎兕鹿豕狐兔雜至, 而長人曰, 余九冥使者, 奉北帝命. 蕭君畋汝輩, 若干合鷹死, 若干合箭死. 有老麋, 屈膝求救, 使者曰, 東谷, 嚴四善課, 試爲求計. 群獸從行. 樵者覘之, 行至深岩, 有茅堂黃冠一人. 老麋哀請, 黃冠曰, 若令滕六降雪, 巽二起風, 卽蕭使君不出矣. 群獸散去. 翌日未明, 風雪大作, 竟日, 蕭果不出. 〈幽怪錄〉[312]

봉십팔이(封十八姨)[313] 최원미(崔元微)가 달밤에 푸른 옷을 입은 여성의 무리를 만났는데, 양씨(楊氏), 이씨(李氏), 도씨(陶氏)라 하였다. 또 붉은 옷을 입은 소녀는 석초(石醋)라 하였는데, 봉가십팔이(封家十八姨)에게 오도록 알렸다. 말 하는 것이 서늘하게 숲속 바람이 일었다. 얼굴은 모두 빼어났고 좋은 향기가 사람에게 엄습하였다. 석초가 말하기를, "여성 동료들이 동산에 있으면서 매번 나쁜 바람에 흔들려, 항상 십팔이(十八姨)에게 보호해 줄 것을 청합니다. 처사(處士)께서 매년 초하루에 깃발을 하나 만들어 위에 해와 달, 오성(五星)을 그려 동산의 동쪽에 세워 주신다면 어려움을 벗어날 것입니다. 올해는 이미 (정월 초하루가) 지나갔으니, 오는 달 2월 초하루에 세워 주십시오"라고 하였다. 그날 기를 세우니, 동풍이 땅을 휩쓸어 나무를 부러뜨리고 꽃을 날렸지만 동산의 여러 꽃들은 흔들리지 않았다. 최원미는 그래서 여성의 무리는 뭇 꽃들의 정령이고 봉가이(封家姨)는 바람의 신임을 깨달았다. 후에 양씨(楊氏) 등이 와서 사례하는데, 각자 복숭아꽃과 오얏꽃 여러 말을 싸가지고 와서 말하기를, "이것을 복용하면 늙는 것을 물리칠 수 있습니다. 우리들도 그래서 장생(長生)하는 것입니다"라고 하였다. 원화(元和)[314] 연간에 이르렀어도 최원미는 오히려 모습이 소년 같았으니, 또한 하나의 특이한 일이다.《전이기(傳異記)》

崔元微月夜見青衣女伴, 曰楊氏·李氏·陶氏. 又緋衣小女, 曰石醋, 報封家十八姨來. 言辭冷冷, 有林木風. 色皆殊絶, 芳香襲人. 醋曰, 女伴在苑中, 每被惡風相撓, 常求十八姨相庇. 處士, 每歲旦, 作一幡, 上圖日月五星, 立苑東, 則免難矣. 今歲已過, 此月二月一日, 立之. 其日立幡, 東風刮地, 折木飛花, 而苑中繁花不動. 崔乃悟女伴, 卽衆花之精, 封家姨, 乃風神也. 後楊氏輩來謝, 各裹桃李花數斗, 云服之可以却老. 某等亦長生. 至元和中, 元微猶貌若少年, 亦一異也.〈傳異記〉[315]

풍경[풍탁(風鐸)] 당(唐) 기왕궁(岐王宮)에서는, 대나무숲 속에 깨진 옥 조각을 걸어 놓았다. 매일 밤 서로 부딪치는 소리가 들리면 바람이 있음을 즉시 알 수 있어, '바람을 점치는 풍경[점풍탁(占風鐸)]'이라고 불렀다.《개원유사(開元遺事)》

唐, 岐王宮, 於竹林內, 懸碎玉片. 每夜聞相觸之聲, 卽知有風, 號占風鐸.〈開元遺事〉[316]

풍정(風旌) 오왕궁(五王宮) 안에서는, 각각 긴 대나무를 세우고 대나무 끝에 5색의 기를 걸고, 기의 사방 끝에 쇠방울을 달아 놓았다. 소리가 나면 가서 기가 향한 곳을 보고, 사방의 바람 상태를 알 수 있었다.《개원유사(開元遺事)》

五王宮中, 各立長竿, 挂五色旌於竿頭, 候之四垂, 綴以金鈴. 有聲卽往視旌之所向, 可以知四方風候.〈開元遺事〉[317]

---

312. 당(唐) 우승유(牛僧孺), 《유괴록(幽怪錄)·등륙강설손이기풍(滕六降雪巽二起風)》

313. 봉십팔이(封十八姨): 고대(古代)의 신화(神話)에 나오는 '바람의 신[풍신(風神)]'을 일컫는다. '봉이(封姨)', '봉이(封夷)', '봉가이(封家姨)', '십팔이(十八姨)'라고도 부른다.

314. 원화(元和): 당(唐) 헌종(憲宗)의 연호(806-820)이다.

315. 《고금사문유취(古今事文類聚)·천도부(天道部)》

316. 촉(蜀) 왕인유(王仁裕), 《개원천보유사(開元天寶遺事)》 권3.

양각풍(羊角風) 희령(熙寧)[318] 9년에 은주(恩州) 무성현(武成縣)에서, 회오리바람이 동남(東南)쪽에서 불어왔다. 멀리서 바라보면 하늘에 꽂혀 있는 모양이 양의 뿔과 같았는데 큰 나무가 다 뽑혔다. 잠시 후 바람이 말리면서 하늘로 들어갔다. 얼마 후 가까이 다가가니 바람이 지나간 현성(縣城)의 관사(官舍)와 민가는 거의 사라져 모두 구름 속으로 말려 올라갔다. 현령(縣令)의 아이들과 노비들도 말려 올라갔다가 다시 땅에 떨어져 사상자가 여러 명이었다. 민간의 사상자나 실종자는 헤아릴 수도 없었다. 현성(縣城)은 모두 폐허가 되어, 결국 지금의 현(縣)으로 이주하였다.《몽계필담(夢溪筆談)》

熙寧九年, 恩州武成縣, 有旋風, 自東南來. 望之, 插天如羊角, 大木盡拔. 俄頃, 風卷入雲霄中. 旣而漸近, 乃經縣城官舍民居, 略盡, 悉卷入雲中. 縣令兒女奴婢, 卷去, 復墜地, 死傷者, 數人. 民間死傷亡失者, 不可勝計. 縣城悉爲丘墟, 遂移今縣.〈筆談〉[319]

석우풍(石尤風) 석씨(石氏)의 딸이 시집을 가서 우랑(尤郎)의 아내가 되었다. 우랑이 장사를 하려고 멀리 떠나는데, 아내가 그를 말렸으나 듣지 않았다. 우랑이 떠나서 돌아오지 못하자 아내는 병이 들었다. 죽음에 이르러 말하기를, "나는 그가 떠나는 것을 막지 못했던 것이 한스럽다. 나는 장차 큰 바람이 되어 천하의 아내들을 위하여 그들을 막을 것이다"라고 하였다. 이후로 장사꾼들이 배를 띄우면 머리를 치는 역풍(逆風)을 만나게 되었고, 말하기를, "이것은 '석우풍(石尤風)'이다"라 하고 결국 멈추어 떠나지 않았다.《강호기문(江湖記聞)》

石氏女, 嫁爲尤郎婦. 尤爲商遠行, 妻阻之, 不從. 尤出不歸, 妻病. 臨亡曰, 吾恨不能阻其行. 吾當作大風, 爲天下婦人, 阻之. 自後商旅發船, 値打頭逆風, 則曰此石尤風也. 遂止不行.〈江湖記聞〉[320]

차라풍(車騾風) 수(隋) 인수(仁壽)[321] 2년에 호인(胡人)이 노새를 타고 가다가 길에서 갑자기 회오리바람에 휩쓸렸다. 수레 전체가 함께 공중에 떠올라, 곧바로 천여 척 높이로 솟구쳤다가 잠시 후 땅에 떨어졌는데, 수레와 노새 모두 가루가 되었다.

隋, 仁壽二年, 有胡人乘騾, 在道上, 忽爲回風所飄. 又幷一車升空, 直上千餘尺, 少頃墮地, 車騾皆碎.[322]

소나무 바람을 사랑하다[애송풍(愛松風)] 도홍경(陶弘景)[323]은 소나무 바람을 사랑하여 정원이 모두 소나무였다. 매번 그 소리를 듣고 흔연히 즐거워하였다.《남사(南史)》

陶弘景愛松風, 庭院皆松. 每聞之, 欣然而樂〈史〉[324]

정공풍(鄭公風) 〈정홍전(鄭弘傳)〉의 기록이다. 사적산(射的山)의 남쪽에 흰 학이 있는데, 항상 선인(仙人)을 위하여 화살을 가져다 주었다. 정홍이 한 번은 길에 떨어진 화살 하나를 주웠는데 어떤 사람이 와서 찾았다. 정홍이 그것을 돌려주자, 그 사람이 정홍에게 바라는 바가 무엇인지를 물었다. 정홍이 말하기를, "약야계(若耶溪)에서 땔나무를 싣고 다니기 어려운 것이 항상 근심스러웠습니다. 바라건대

317. 《개원천보유사(開元天寶遺事)》 권3의 내용을 재구성한 것이다.
318. 희령(熙寧): 북송(北宋) 신종(神宗)의 연호(1068-1077)이다.
319. 송(宋) 심괄(沈括), 《몽계필담(夢溪筆談)·이사(異事)》
320. 《어정연감유함(御定淵鑑類函)·천부(天部)·풍(風)》의 내용을 재구성한 것이다.
321. 인수(仁壽): 수(隋) 문제(文帝)의 연호(601-603)이다.
322. 《수서(隋書)·오행지(五行志)》에는, "仁壽二年, 西河有胡人乘騾, 在道, 忽爲回風所飄. 並一車上千餘尺, 乃墜, 皆碎焉"으로 되어 있다.
323. 도홍경(陶弘景): 남조(南朝) 시대 제(齊)·양(梁)간 사람으로, 자가 통명(通明)이다. 은거하면서 도술(道術)을 익혔고 본초학(本草學)에 관심을 가져 《본초경집주(本草經集注)》를 펴냈다. 양(梁) 소연(蕭淵)의 자문에 응해 주어 '산중재상(山中宰相)'의 칭호를 얻었다.
324. 《남사(南史)·은일열전(隱逸列傳)》에는, "特愛松風, 庭院皆植松. 每聞其響, 欣然爲樂"으로 되어 있다.

아침에는 남풍이 불고 저녁에는 북풍이 불었으면 합니다"라고 하였다. 지금까지도 그러하니, '정공풍(鄭公風)'이라 부른다. 송지문(宋之問)의 시에, "돌아가는 배는 어찌 길이 먼 것을 염려하리오. 해가 저물면 나무꾼의 바람이 있을 텐데"라고 하였다.[325]

鄭弘傳. 射的山南有白鶴, 嘗爲仙人取箭. 弘嘗得一遺箭, 有人來覓. 弘還之, 其人問弘何所欲. 弘曰, 嘗患若耶溪, 載薪爲難. 願旦南風, 暮北風. 至今爲然, 號鄭公風. 宋之問詩, 歸舟何慮遠, 日暮有樵風.[326]

비거풍(飛車風) 기굉국(奇肱國)의 사람은 '나는 수레[비거(飛車)]'를 만들 수 있었으니, 바람을 따라 멀리 가곤 하였다.

奇肱國人, 能爲飛車, 從風遠行.[327]

풍모(風母)[328] 원숭이처럼 생겼다. 때려 죽여도 바람을 얻으면 다시 살아난다.

似猿. 打殺, 得風還活.[329]

남해(南海)의 염주(炎洲)에 '풍생수(風生獸)'[330]가 있는데, 표범처럼 생겼고 푸른색이다. 쇠몽둥이로 그 머리를 수십 대 치면 바로 죽는데, 그 입을 벌리고 바람을 향하게 하면 금방 일어난다.

南海炎洲, 有風生獸, 似豹靑色. 以鐵椎鍛其頭數十, 乃死, 張其口, 向風, 須臾而起.[331]

장막을 건드리는 바람[촉위풍(觸幃風)] 손권(孫權)이 관우(關羽)와 전투를 하는데, 관우가 항복할 것을 청했다. 손권이 조달(趙達)에게 물으니, 조달이 말하기를, "그는 달아날 기세가 있으니 항복을 말하는 것은 거짓입니다. 비록 달아나더라도 벗어나지는 못할 것입니다"라고 하였다. 오시(午時)에 바람이 불어 장막을 건드리자 조달이 손을 어루만지면서, 관우가 올 것이라고 말하였다. 결국 관우를 잡게 되었다.《건강실록(建康實錄)》

孫權, 與關羽戰, 羽乞降. 孫權問趙達,[332] 達曰, 彼有走氣, 言降詐也. 雖走, 必不脫. 午時, 有風觸幃, 達撫手曰, 羽至矣. 果獲羽.〈建康錄〉[333]

궁전을 친 바람[습전풍(襲殿風)] 서녀(庶女)라는 사람은 제(齊)나라의 과부로, 시어머니를 봉양하는데 효성스러웠다, 시어머니의 딸이 자기 어머니의 재산을 탐내어 어머니를 죽이고서 과부를 비난하였다. 과부가 원통함을 하늘에 고하자 큰 바람이 제나라 궁전을 쳤다.

庶女者, 齊之寡婦, 養姑孝. 姑女, 利母財, 而殺母, 以誣寡婦. 婦以冤告天, 大風襲齊殿.[334]

황죽풍(黃竹風) 황죽산(黃竹山)의 서북쪽 한 곳에 항상 우수수하고 부는 바람이 있는데, 이름을 '풍문(風門)'이라고 하였다.

黃竹山, 西北一處, 常肅肅有風, 名曰風門.[335]

바람 샘[풍정(風井)] 흔산현(佷山縣)의 산 위에 바람구멍이 있는데, 입구의 크기가 몇 자가 되었다. 이름을 '풍정(風井)'이라 하는데, 여름에는 바람이 나오고 겨울에는 바람이 들어갔다. 들어가고 나갈 때,

---

325. 송지문(宋之問)의 〈유우혈회출약야(游禹穴回出若邪)〉에는 "歸舟何慮晩, 日暮使樵風"으로 되어 있다.
326. 《태평어람(太平御覽) · 우족부(羽族部)》
327. 《태평광기(太平廣記) · 만이(蠻夷)》
328. 풍모(風母): 전설에 나오는 신령스런 짐승의 이름이다.
329. 《태평어람(太平御覽) · 천부(天部)》의 내용을 재구성한 것이다.
330. 풍생수(風生獸): 전설에 나오는 신령스런 짐승의 이름이다.
331. 《해내십주기(海內十洲记) · 염주(炎洲)》
332. '趙達'은, 《건강실록(建康實錄) · 오(吳) · 태조(太祖)》와 《삼국지(三國志) · 오지(吳志) · 오범전(吳範傳)》 등에는 '吳範'으로 되어 있다.
333. 《건강실록(建康實錄) · 오(吳) · 태조(太祖)》, 《삼국지(三國志) · 오지(吳志) · 오범전(吳範傳)》의 내용을 재구성한 것이다.
334. 《천중기(天中記) · 풍(風)》
335. 《태평어람(太平御覽) · 천부(天部)》

좌우를 쓸어 항상 깨끗하였다고 한다.

佷山縣山上有風穴, 口大數尺. 名曰風井, 夏風出, 冬風入. 出入之時, 吹拂左右, 常淨云.336

산 아래에 석상(石床)이 있고 그 옆에 야생의 염교가 자란다. 사람들이 가서 (염교를) 요구할 때, 신이 허락하면 바람이 불어 그 분량을 정해준다. 사람들은 쓰러진 양에 따라 베고, (양을) 초과할 수 없었다.《형산도(荆山圖)》

山下有石床, 傍生野薤. 人往乞, 神許, 風順制其分. 人隨偃而剪, 不得過越.〈荆山圖〉337

항산(恒山)의 '바람 우물[풍정(風井)]'은 입구가 항아리 같은데, 춘분(春分) 뒤에 (바람이) 나오고 추분(秋分) 뒤에 (바람이) 들어간다.

恒山風井, 口如甕, 春分後出, 秋分後入.338

동(銅)으로 만든 까마귀[동오(銅烏)] 장안성(長安城) 남쪽의 영대(靈臺) 위에는 동(銅)으로 만든 혼천의(渾天儀)가 있다. 또 바람을 살피는 동(銅)으로 만든 까마귀가 있는데, 천리풍(千里風)을 만나면 움직인다.

長安宮南靈臺上, 有銅渾天儀. 又有相風銅烏, 遇千里風乃動.339

돌로 된 제비[석연(石燕)] 영릉산(零陵山)에는 돌로 된 제비가 있는데, 비바람을 만나면 날고, (비바람이) 그치면 다시 돌이 된다.

零陵山, 有石燕, 遇風雨則飛, 止則還爲石.340

구풍(颶風) 네 방위(方位)를 갖춘 바람이다. 다른 이름으로 구풍(懼風)이라 하는데 두렵다는 말이다.341

具四方之風也. 一曰懼風, 言怖懼也.342

네 계절의 바람[사시풍(四時風)] 춘풍(春風)은 아래에서 위로 불어, 종이연이 이것을 따라 솟아오른다. 하풍(夏風)은 공중에서 옆으로 불어, 나무 끝에 바람소리가 많다. 추풍(秋風)은 위에서 아래로 불어, 나뭇잎이 이것을 만나 떨어진다. 동풍(冬風)은 땅에 붙어서 부니, 땅을 울리며 추워진다.《장환(張奐)》

春風, 自下而上, 紙鳶, 因之而起. 夏風, 橫行空中, 樹杪多風聲. 秋風, 自上而下, 木葉著之而隕. 冬風, 著土而行, 吼地而生寒.〈張奐〉343

돌쇠뇌 수레를 피하다[피포거(避砲車)] 뱃사람들은 구름을 살펴 돌쇠뇌 수레처럼 생겼으면 성급히 피신하였다. 바로 큰 바람이 불 징후이기 때문이다.

舟人占雲, 若砲車, 起急避之. 乃大風候也.344

손을 들어 바람을 멈추다[거수지풍(擧手止風)] 갈현(葛玄)345이 길을 가다 신을 모신 사당을 만났는데, 수레에 탄 채 내리지 않았다. 잠시 후에 큰 바람이 일어 갈현을 따라오는데, 먼지가 하늘에 가득하였다. 갈현이 크게 화를 내면서 말하기를, "작은 사악한 것이 감히 이럴 수 있는가"라고 하면서, 즉시 손을 들어 바람을 가리키니 바람이 바로 멈췄다.《신선전(神仙傳)》346

葛玄, 行遇神廟, 乘車不下. 須臾有大風, 逐玄, 埃塵

---

336. 《천중기(天中記)·풍(風)》
337. 《산당사고(山堂肆考)·천문(天文)》
338. 《북당서초(北堂書鈔)·천부(天部)》
339. 《산당사고(山堂肆考)·천문(天文)》의 내용을 재구성한 것이다.
340. 《산당사고(山堂肆考)·천문(天文)》
341. 구풍(颶風): 바다에서 일어나는 회오리바람이다. 사방으로 뻗기 때문에 네 방위(方位)를 갖추었다고 풀이한 것이다.[당(唐) 이조(李肇)《당국사보(唐国史补)》]
342. 《태평어람(太平御覽)·천부(天部)》
343. 《옥지당담회(玉芝堂談薈)》 권20.
344. 《천중기(天中記)·운(雲)》
345. 갈현(葛玄): 삼국(三國) 오(吳) 단양(丹陽) 사람으로, 자는 효선(孝先)이다. 강서(江西) 합조산(閤皀山)에서 수도하였고 여러 가지 도술을 부릴 수 있었다. 송대(宋代)에 충응진인(冲應眞人)에 봉해졌다.
346. 진(晉) 갈홍(葛洪)의《신선전(神仙傳)》에는 위의 기록이 보이지 않는다.

漲天. 玄大怒曰, 小邪敢爾. 卽擧手指風, 風便止.〈神仙傳〉347

푸른 새가 바람을 멈추다[청조지풍(靑鳥止風)]

《속선전(續仙傳)》의 기록이다. 오진군(吳眞君)이 일찍이 큰 바람을 만나자, 부적을 써서 지붕 위에 두었다. 푸른 새가 물고 갔는데 바람이 즉시 멈췄다.348

續仙傳. 吳眞君, 嘗遇大風, 書符置屋上. 有靑鳥銜去, 風卽止.349

은병(銀甁)이 바람을 멈추다[은병지풍(銀甁止風)]

《고승전(高僧傳)》의 기록이다. 천보(天寶)350 시절에, 어느 날 큰 바람이 갑자기 일었다. 불공(不空)에게 명하여 바람이 그치도록 빌게 하자, 은병(銀甁) 하나를 청하여 본으로 삼아 들고 있었다. 잠시 후에 고요해졌는데, 홀연 연못의 거위가 잘못하여 병을 건드려 기울자 그 바람이 다시 일어나는데, 빠르고 거칠기가 이전보다 더했다. 어명을 내려 다시 그치게 하도록 하자, 바로 그치면서 바로 효험을 보였다.

高僧傳. 天寶時, 一日大風卒起. 詔不空禳止, 請銀甁一枚, 作法加持. 須臾戢靜, 忽因池鵝悞觸甁傾, 其風又作, 急暴過前. 勅令再止, 隨止隨效.351

바람을 꿈꾸고 재상을 얻다[몽풍득상(夢風得相)]

《제왕세기(帝王世紀)》의 기록이다. 황제(黃帝)가 꿈을 꾸었는데, 큰 바람이 불어 온 세상의 먼지가 다 날아갔다. 깨어나 탄식하기를, "바람은 호령(號令)하는 것으로 정사(政事)를 집행하는 자이다. '구(垢)'에서 '토(土)'가 떨어지면 '후(后)'가 남는다. 천하에 혹시 성(姓)이 풍(風)이고 이름이 후(后)인 자가 있는가?"라고 하였다. 이에 점괘에 따라 찾아 바닷가에서 풍후(風后)를 얻었고 등용하여 재상으로 삼았다.

帝王世紀. 黃帝夢, 大風吹, 天下之塵垢皆去. 寤而嘆曰, 風爲號令, 執政者也. 垢去土, 后在也. 天下豈有姓風名后者哉. 於是, 依占而求之, 得風后於海隅, 登以爲相.352

포삽(脯翣) 《제왕세기(帝王世紀)》의 기록이다. 요(堯)임금 시절에 부엌에서 육포(肉脯)가 저절로 생겼는데, 그 얇기가 부채와 같았다. 흔들면 바람이 이는데, 음식물을 차게 하여 썩지 않게 하였다. 이름을 '포삽(脯翣)'이라 하였다.

世紀. 堯時, 廚中自生肉脯, 其薄如箑. 搖動則風生, 使食物寒而不臭. 名曰脯翣.353

바람을 피하는 누대[피풍대(避風臺)] 《습유기(拾遺記)》에서 말하였다. 한(漢)나라 성제(成帝)가 조비연(趙飛燕)과 태액지(太液池)에서 놀 적에, 매번 가벼운 바람이 간간이 불어오면 비연이 바람에 따라 거의 물에 빠질 것 같자, 성제는 푸른 갓끈으로 비연의 치마를 묶어 놓았다. 지금 태액지에는 아직도 피풍대가 있으니 비연의 치마를 묶어 놓았던 곳이다. 《양비외전(楊妃外傳)》에서 말하였다. 명황(明皇)이 《한성제외전(漢成帝外傳)》을 보고, 조비연의 몸이 가벼워 칠보(七寶)로 장식한 피풍대(避風臺)를 세웠다는 것을 가지고, 양귀비(楊貴妃)에게 말하기를, "너는 바람결에 얼마나 불려가겠는가?"라고 물었다. 양귀비가 대답하기를, "예상우의곡(霓裳羽衣曲) 하나가 이전 시대를 훨씬 능가할 수 있습니다"라고 하였다.

拾遺記云. 漢成帝, 與趙飛燕戲于太液池, 每輕風時至, 飛燕殆欲隨風入水, 帝以翠纓結飛燕之裙. 今太液

347. 《예문유취(藝文類聚)·천부(天部)》
348. 당(唐) 심분(沈汾)의 《속선전(續仙傳)》에는 위의 기록이 보이지 않는다.
349. 《태평광기(太平廣記)·신선(神仙)》
350. 천보(天寶): 당(唐) 현종(玄宗)의 연호(742-756)이다.
351. 《송고승전(宋高僧傳)·당경조대흥선사불공전(唐京兆大興善寺不空傳)》
352. 《태평어람(太平御覽)·지부(地部)》의 내용을 재구성한 것이다.
353. 《송서(宋書)·부서지(符瑞志)》

池, 尙有避風臺, 卽飛燕結裙之處.[354] 楊妃外傳云, 明皇覽漢成帝外傳, 以趙飛燕身輕, 置七寶避風臺, 謂妃子曰, 爾則任吹多少. 妃子對曰, 霓裳一曲, 足以高掩前世.[355]

항상 좋은 바람을 얻다[상득승풍(常得勝風)] 《유양잡조(酉陽雜俎)》의 기록이다. 산인(山人) 포초(包超)에게 명황(明皇)이 가서한(哥舒翰)을 따라 서쪽 정벌에 나서게 하였는데, 진을 칠 때마다 항상 좋은 바람을 얻었다.

雜俎. 山人包超, 明皇令隨哥舒翰西征, 每陣, 常得勝風.[356]

먼지를 제거해 주는 바람[거진풍(袪塵風)] 곤륜산(崑崙山)에 사면풍(四面風)이라는 바람이 있는데, 동서남북에서 동시에 함께 일어나는 것을 말한다. 또 먼지를 제거해 주는 바람이 있는데, 만약 옷이 더러워진 경우에 바람이 일어 옷에 불면 세탁한 듯이 깨끗해졌다.

崑崙山, 有四面風者, 言東南西北, 一時俱起也. 又有袪塵之風, 若衣服塵汚者, 風至, 吹之衣, 則淨如浣濯.[357]

바람굴[풍혈(風穴)] 용산(龍山)의 돌 위에는 왕왕 선인(仙人)과 용(龍)의 자취가 있어 이것으로 이름을 지었다. 사방의 산기슭에 각각 큰 굴이 하나씩 있는데 크기가 수레바퀴만 하였다. 봄에는 바람이 동쪽에서 생기고 가을에는 서쪽에서 나오며, 여름에는 남쪽에서 나오고 겨울에는 북쪽에서 나오는데 순서를 어그러뜨리지 않았다. 법맹(法猛)이라는 승려가 여름날에 그 동쪽의 구멍으로 들어가니 돌로 지은 집과 돌로 된 사람이 보였다. 모든 구멍을 다 보려고 하는데 갑자기 어떤 사람이 나타나 날카로운 소리로 말하기를, "법사(法師)님! 나머지도 모두 동쪽의 것과 같습니다. 와서 더럽히면 안 됩니다"라고 하였다. 법맹은 깜짝 놀라, 자기도 모르는 사이에 몸이 굴 밖으로 나와 있었다.

龍山石上, 往往有仙人, 及龍迹, 故以爲名. 四麓, 各有一大穴, 大如車輪. 春則風生東, 秋出西, 夏出南, 冬出北, 不相奪倫. 有沙門法猛, 於夏日, 入其東穴, 見石屋石人. 欲窮諸穴, 便見有人, 厲聲云, 法師, 其餘皆如東者. 不宜來見穢. 猛乃愕然, 不覺身在穴外.[358]

견혈풍(犬穴風) 여남(汝南)의 임여현(臨汝縣)에 공동산(崆峒山)이라는 작은 산이 있는데, 그 꼭대기에 있는 굴이 동이와 같았다. 장차 큰 비바람이 일어나려 하면 흰 개가 굴에서 나왔고 농부들은 (큰 비바람이 일어날) 조짐으로 여겼다. 또 다른 이름으로 옥촉봉(玉燭峯)이라고도 한다.

汝南, 臨汝縣, 有小山, 曰崆峒, 其顚洞穴, 如盎. 將有大風雨, 則白犬, 自穴出, 田夫以爲候. 亦名曰, 玉燭峯.[359]

고사동(高沙洞) 조선(朝鮮)의 경상도(慶尙道) 청도군(淸道郡) 남쪽 2리(里)에 오산(鰲山)이 있다. 그 동쪽에 고사동(高沙洞)이라는 골짜기가 있는데, 날씨가 장차 비바람치려 하면 때에 앞서 소리를 내면서 구름을 뿜어낸다. 구름이 골짜기 안으로 들어가면 비가 오고, 구름이 골짜기 밖으로 나오면 바람이 분다. 크게 소리를 내면 그날 징험이 있고, 작게 소리를 내면 이삼일 뒤에 징험이 있었다.

朝鮮, 慶尙道淸道郡南二里, 有鰲山. 東有一谷, 名曰高沙洞, 天將風雨, 先期而鳴, 噴出雲氣. 雲入洞內, 則雨, 雲出洞外, 則風. 大鳴, 則卽日有驗, 小鳴, 則三二日乃驗.[360]

---

354. 《습유기(拾遺記)》 권6의 내용을 재구성한 것이다.
355. 《천중기(天中記) · 풍(風)》
356. 당(唐) 단성식(段成式), 《유양잡조(酉陽雜俎) · 뢰(雷)》
357. 《습유기(拾遺記)》 권10의 내용을 재구성한 것이다.
358. 《천중기(天中記) · 풍(風)》
359. 《천중기(天中記) · 풍(風)》

고래가 바람으로 보답한다[경어보풍(鯨魚報風)]
〈부남전(扶南傳)〉의 기록이다. 부남(扶南)의 서쪽 바다에 산이 있는데, 둘레가 천리이다. 이름이 해팽(海彭)이라는 큰 바위가 있는데, 넓이가 백 리나 된다. 바다신이 바람을 일으켜 거칠게 흔들려고 할 때에는, 먼저 이 돌을 열어 우레처럼 소리를 내면, 고래가 바로 일어나면서 바람이 분다.

扶南傳. 扶南之西海裏有山, 週迴千里. 有大石, 名爲海彭, 闊可百里. 海神欲爲風暴動, 但先開此石, 震響如雷, 則鯨便起而風也.361

발호장군(跋扈將軍) 《청이록(淸異錄)》의 기록이다. 수(隋)나라 양제(煬帝)가 배를 띄웠는데 갑자기 구름이 끼면서 풍파가 일자 탄식하며 말하기를, "이 바람은 발호장군(跋扈將軍)이라 일컬을 만하다"라고 하였다.

淸異錄. 隋煬帝泛舟, 忽陰風波, 嘆曰, 此風, 可謂跋扈將軍.362

군자(君子)의 바람[군자풍(君子風)] 《풍속통(風俗通)》의 기록이다. 바람이 만약 청명절에 불어오면 오래 지나도 나무를 흔들지 않는다. 지엽(枝葉)이 땅에서 두세 장(丈) 떨어진 것은 아랫바람에 용덕(龍德)이 있는 것이다. 만약 청명절에 (지엽이 땅에서) 두세 척(尺)에 미치지 못하는 것은 군자(君子)의 바람이다.

風俗通. 風或淸明來, 久長不搖樹木. 枝葉離地三二丈者, 此有龍德在于下風. 或淸明, 不及二三尺者, 此君子之風也.363

소인풍(小人風) 《북사(北史)》의 기록이다. 북제(北齊) 신무제(神武帝) 시절에, 망산(芒山)의 전투에서 바람이 서쪽에서 군영으로 불어들자, 이업흥(李業興)이 말하기를, "소인풍(小人風)이 불어오니 장차 대승할 것입니다"라고 하였다. 신무(神武)가 말하기를, "만약 승리한다면 그대를 이 주(州)의 자사(刺史)로 삼겠다"라고 하였다. 뒤에 과연 그대로 되었다.

北史. 齊神武時, 芒山之役, 風從西來入營, 李業興曰, 小人風來, 當大勝. 神武曰, 若勝, 以爾爲本州刺史. 後果驗.364

영아풍(嬰兒風) 《병서(兵書)》의 기록이다. 바람이 진방(震方)에서 불어오는 것을 '영아풍(嬰兒風)'365이라 한다.

兵書. 風從震來, 名嬰兒風.366

구름 雲

- 《춘추원명포(春秋元命苞)》의 기록이다. 음(陰)과 양(陽)이 모여 구름이 된다.

  元命苞. 陰陽聚爲雲.367

- 역사(歷史)의 기록이다. 한(韓)나라의 구름은 베[포(布)]와 같고, 조(趙)나라의 구름은 소[우(牛)]와 같고, 초(楚)나라의 구름은 해[일(日)]와 같고, 송(宋)나라의 구름은 수레[거(車)]와 같고, 노(魯)

360. 《천중기(天中記)·풍(風)》
361. 《천중기(天中記)·풍(風)》
362. 송(宋) 도곡(陶穀), 《청이록(淸異錄)·천문(天文)》
363. 《예문유취(藝文類聚)·천부(天部)》
364. 《북사(北史)·이업흥전(李業興傳)》의 내용을 재구성한 것이다.
365. 영아풍(嬰兒風): 동풍(東風)을 일컫는다. 《영추경(靈樞經)·구궁팔풍(九宮八風)》에서는, "바람이 동방(東方)에서 불어오는 것을 '영아풍(嬰兒風)'이라 한다"고 하였다.
366. 《옥지당담회(玉芝堂談薈)》 권19.
367. 《태평어람(太平御覽)·천부(天部)》

나라의 구름은 말[마(馬)]과 같고, 위(衛)나라의 구름은 불[화(火)]과 같고, 주(周)나라의 구름은 수레바퀴[륜(輪)]와 같고, 진(秦)나라의 구름은 미인(美人)과 같고, 위(魏)나라의 구름은 쥐[서(鼠)]와 같고, 제(齊)나라의 구름은 붉은 옷[강의(絳衣)]과 같고, 월(越)나라의 구름은 용(龍)과 같고, 촉(蜀)나라의 구름은 창고[균창(囷倉)]와 같다.[368]
史記. 韓雲如布, 趙雲如牛, 楚雲如日, 宋雲如車, 魯雲如馬, 衛雲如火, 周雲如輪, 秦雲如美人, 魏雲如鼠, 齊雲如絳衣, 越雲如龍, 蜀雲如囷倉.[369]

- 《회남자(淮南子)》의 기록이다. 산에서 생기는 구름은 풀[초망(草莽)] 모양이고, 물에서 생기는 구름은 물고기의 비늘[어린(魚鱗)] 모양이고, 가뭄 때의 구름은 불꽃[연화(烟火)] 모양이고, 우기(雨氣)를 머금은 구름은 물결[수파(水波)] 모양으로, 부류에 따르지 않는 것이 없으니 이로써 살아 있는 사람들에게 보인다.
淮南子. 山雲草莽, 水雲魚鱗, 旱雲烟火, 涔雲水波, 無不比類, 所以示生人.[370]
- 《설문해자(說文解字)》의 기록이다. 구름은 산천(山川)의 기운이다. 또 말하기를, 큰 연못의 윤기(潤氣)라 하였다.
說文. 雲, 山川氣也. 又曰, 大澤之潤氣也.[371]
- 구름의 말뜻은 운행함[운(運)]이다. 구름이란 것은 비의 도구이다.
雲之爲言, 運也. 雲者, 雨之具也.[372]
- 《예기(禮記)》의 기록이다. 하늘이 제때의 비를 내릴 때에는, 산천(山川)에서 구름이 오른다.
禮記. 天降時雨, 山川出雲.[373]
- 《시경(詩經)》의 기록이다. 빛나는 흰 구름이로다.
詩. 英英白雲.[374]
- 《주역(周易)》의 기록이다. 빽빽히 구름이 끼었으나 비가 내리지 않는다.
易. 密雲不雨.[375]
- 《순자(荀子)》의 기록이다. 땅에 의지하고 우주에서 노닐며, 바람을 벗하고 비를 자식으로 한다.
荀子. 託地而游宇, 友風而子雨.[376]
- 《사기(史記)》의 기록이다. 연기 같기도 하고 연기가 아닌 것 같기도 하며, 구름 같기도 하고 구름이 아닌 것 같기도 하며, 성대하고 엉켰으며, 스산하고 울퉁불퉁하니, 이것을 '경운(卿雲)'이라 하는데 좋은 기운이다. 경운(慶雲)은 '경운(景雲)', 혹은 '경운(卿雲)'이라 한다. 구름이 밖은 붉고 안은 푸른 것을 '율운(矞雲)'이라 하고, 비가 될 구름을 '유운(油雲)'이라 하고, 눈이 될 구름을 '동운(同雲)'이라 한다.
史記. 若烟非煙, 若雲非雲, 郁郁紛紛, 蕭索輪囷, 是謂卿雲, 喜氣也.[377] 慶雲曰景雲, 或曰卿雲. 雲外赤內靑, 謂之矞雲, 雨雲曰油雲, 雪雲曰同雲.[378]
- 《공양전(公羊傳)》의 기록이다. 돌을 스치며 나와 작은 조각들이 모여, 하루아침에 천하에 두루 비를 내리게 하는 것이 태산(泰山)의 구름이다. 주(注)

368. 이를 '12지역의 구름[십이지운(十二地雲)]'이라 하여, 지기(地氣)의 차이에 따라 구름의 모양도 다르다고 본 것이다.
369. 《진서(晉書)·천문지(天文志)》
370. 《회남자(淮南子)·남명훈(覽冥訓)》
371. 《설문해자(說文解字)》 권11.
372. 《고미서(古微書)·춘추설제사(春秋說題辭)》
373. 《예기(禮記)·공자한거(孔子閒居)》
374. 《시경(詩經)·소아(小雅)·백화(白華)》, "英英白雲, 露彼菅茅."
375. 《주역(周易)·소축(小畜)》, "小畜, 亨, 密雲不雨, 自我西郊."
376. 《순자(荀子)·부(賦)》
377. 《사기(史記)·천관서(天官書)》
378. 《태평어람(太平御覽)·천부(天部)》

의 기록이다. 손을 옆으로 한 길이가 '부(膚)'이고, 한 손가락의 길이가 '촌(寸)'이다.

公羊傳. 觸石而出, 膚寸而合, 不崇朝, 而徧雨乎天下者, 惟泰山之雲耳. 注. 側手爲膚, 按指爲寸.379

- 《논형(論衡)》의 기록이다. 처음에 나오는 것이 '운(雲)'이고, 구름이 무성한 것이 '예(翳)'이다.

  論衡. 初出爲雲, 繁雲爲翳.380

- 《여산기(廬山記)》의 기록이다. 흰 구름이 산의 중간에 걸치는 것을 세속에서 '산대(山帶)'라 한다.

  廬山記. 白雲, 或亘中嶺, 俗謂山帶.381

- 《여씨춘추(呂氏春秋)》의 기록이다. 구름이 서쪽으로 가는데, 무성하게 겨울이나 여름이나 그치지 않는다.

  呂氏春秋. 雲氣西行, 云云然, 冬夏不輟.382

다섯 가지 색깔의 구름[오색운(五色雲)] 《주례(周禮)·보장씨(保章氏)》의 기록이다. 다섯 가지 구름의 물색(物色)으로 길(吉), 흉(凶), 수재(水災), 한재(旱災), 풍(豐), 흉(凶)을 분별한다. 주(注)의 기록이다. 춘분과 추분, 하지와 동지에 구름을 살피는데, 푸른색은 충재(蟲災)가 되고 흰색은 상란(喪亂)이 되며, 붉은색은 병란(兵亂)과 흉년이 되고 검은색은 수재(水災)가 되며, 누런색은 풍년이 된다.

周保章氏. 以五雲之物, 辨吉凶水旱豐荒.383 注. 二分二至, 觀雲氣, 靑爲蟲, 白爲喪, 赤爲兵荒, 黑爲水, 黃爲豐.384

당(唐) 정원(貞元)385 임오(壬午)년에 오색(五色)의 구름이 장안(長安)에 나타났다. 태사(太史) 장선(張璇)이 말하기를, "송(宋)으로 나누어진 후 160년이면 성인(聖人)이 그 땅에서 일어날 것입니다"라고 하였다. 천성(天成)386 정해(丁亥)년에 이르러 송(宋) 태조(太祖)가 낙양(洛陽)에서 태어났다.

唐, 正387元, 壬午, 有五色雲見長安. 太史張璇曰, 在宋分後, 一百六十年, 有聖人興其地. 至天成, 丁亥, 宋祖生洛陽.388

습유(拾遺) 최희교(崔希喬)가 풍익령(馮翊令)으로 옮겨 가자, 수레덮개와 같은 구름이 청사(廳事)의 앞에 나타나더니 잠시 후 오색(五色)이 뒤섞이며 주(州)의 외곽을 두루 덮었다.

拾遺崔希喬, 轉馮翊令, 有雲如蓋, 當其廳事前, 須更五色錯雜, 徧于州郭.389

정기(鄭垍)의 아들들인 인규(仁規)와 인표(仁表)는 모두 호탕하면서도 문아한 외모가 있었다. 일찍이 문벌(門閥)과 문장(文章)으로 자부하면서 말하기를, "하늘의 상서로움으로는 오색(五色)의 구름이 있고, 사람의 상서로움으로는 정인표(鄭仁表)가 있다"라고 하였다.

鄭垍390子仁規·仁表, 皆豪爽有文表. 嘗以門閥文章自高, 曰, 天瑞有五色雲, 人瑞有鄭仁表.391

천성(天聖)392 5년, 인종(仁宗) 초엽에, '황제가 직

379. 《공양전(公羊傳)·희공(僖公)·31년》
380. 《논형(論衡)·설일(說日)》
381. 송(宋) 진순유(陳舜俞), 《여산기(廬山記)》 권1에는 '天將雨, 則有白雲, 冠峯巖. 或亘中嶺, 俗謂之山帶'로 되어 있다.
382. 《여씨춘추(呂氏春秋)·계춘기(季春紀)》
383. '吉凶水旱豐荒'은, 《주례(周禮)·춘관(春官)·보장씨(保章氏)》에는 '吉凶水旱降豐荒之祲象'으로 되어 있다.
384. 《주례(周禮)·춘관(春官)·보장씨(保章氏)》의 〈십삼경주소(十三經注疏)〉
385. 정원(貞元): 당(唐) 덕종(德宗)의 연호(785-805)이다.
386. 천성(天成): 후당(後唐) 명종(明宗)의 연호(926-929)이다.
387. '正'은 '貞'의 오자이다.
388. 《천중기(天中記)·운(雲)》
389. 《산당사고(山堂肆考)·천문(天文)》
390. '垍'는, 《신당서(新唐書)·이정열전(二鄭列傳)》에는 '洎'로 되어 있다.

접 임한 시험[임헌시(臨軒試)]'에서, 진사(進士) 한기(韓琦)가 이름이 두 번째에 있었다. 일등급(一等級)의 합격자 이름을 부르고 막 끝나려는데, 태사(太史)가 아뢰기를, 태양 아래에 오색(五色)의 구름이 나타났다고 하였다. 좌우의 따르던 관리들이 모두 전각 위에서 치하하였다.

天聖五年, 仁宗初, 臨軒試, 進士韓琦, 名在第二. 唱名第一甲方終, 太史奏, 日下五色雲見. 左右從官, 皆賀於殿上.[393]

망탕산(芒碭山)의 구름[망탕운(芒碭雲)] 《한서(漢書)》의 기록이다. 고조(高祖)가 망탕산(芒碭山)의 수택(水澤) 사이에 숨으면, 여후(呂后)가 사람들과 함께 찾는데 항상 그를 찾아냈다. 고조가 이상하게 여겨 물으니 여후가 말하기를, "계(季)[394]가 계신 곳에는 위에 항상 구름 기운이 있습니다. 그래서 따라가면 항상 그대를 찾을 수 있습니다"라고 하였다.

漢書. 高祖隱于芒碭山澤間, 呂后與人俱求, 常得之. 高祖怪問之, 呂后曰, 季所居, 上常有雲氣. 故從往常得季.[395]

태행산(太行山)의 구름[태행운(太行雲)] 《당신어(唐新語)》의 기록이다. 적인걸(狄仁傑)이 병주(并州)의 법조(法曹)가 되었는데, 그의 양친은 하양(河陽)의 별장에 있었다. 병주로 부임하는 길에 태행산(太行山)에 올랐는데, 흰구름이 외로이 흘러가는 것을 보고 말하기를, "우리 양친의 집이 있는 곳이 이 구름 아래에서 가깝다"라 하고 슬피 울면서 우두커니 서 있었다. 한참이 지나 구름이 옮겨가기를 기다려 길을 떠났다.

唐新語. 狄仁傑爲并州法曹, 其親在河陽別業. 赴任于并, 登太行, 見白雲孤飛曰, 吾親舍所居, 近此雲下. 悲泣佇立. 久之, 候雲移, 乃行.[396]

바치는 구름[공운(貢雲)] 《제동야어(齊東野語)》의 기록이다. 선화(宣和)[397] 연간에 간악(艮嶽)[398]을 막 완성하고 나서, 명을 내려 인근 산에 기름 먹인 비단 주머니를 많이 만들어서 물로 적신 채, 새벽에 높은 산과 깎아지른 봉우리 사이에 펼쳐놓도록 하였다. 이윽고 구름이 모두 들어가면 마침내 주머니를 묶어 바쳤는데, 이름을 '공운(貢雲)'이라 하였다. (황제의) 수레가 이를 때마다 다 풀어놓으면 금새 뭉게뭉게 피어올라 가득해져, 마치 천암만학(千巖萬壑) 사이에 있는 것 같았다. 또 동파(東坡)는 길가는 중에 흰 구름을 거두어 조롱에 넣었다가 그것을 풀어놓고 〈건운편(攓雲篇)〉을 지었다.

齊東野語. 宣和中, 艮嶽初成, 令近山, 多造油絹囊, 以水濕之, 曉張於危巒絶巘之間. 旣而雲盡入, 遂括囊以獻, 名曰貢雲. 每車駕所臨, 則盡縱之, 須臾滃然充塞, 如在千巖萬壑間. 又東坡, 道中收白雲入籠, 放之作攓雲篇.[399]

석량산(石梁山)의 구름[석량운(石梁雲)] 양양(襄陽)의 석량산(石梁山)에서 구름이 나오면, 징험에 따라 잘 맞아 마을사람들이 점을 쳤다. 만약 흰 구름이 일어나면 반드시 비가 오고, 누런 구름이면 바람이 불고, 검은 구름이면 병이 많이 생겼다.

襄陽石梁山出雲, 應驗符合, 鄕人候之. 若白雲起, 定

---

391. 《신당서(新唐書) · 이정열전(二鄭列傳)》
392. 천성(天聖): 북송(北宋) 인종(仁宗)의 연호(1023-1031)이다.
393. 《어정연감유함(御定淵鑑類函) · 천부(天部)》
394. 계(季): 한(漢) 고조(高祖) 유방(劉邦)의 자(字)이다.
395. 《한서(漢書) · 고제기(高帝紀)》
396. 《구당서(舊唐書) · 적인걸전(狄仁傑傳)》의 내용을 재구성한 것이다.
397. 선화(宣和): 북송(北宋) 휘종(徽宗)의 연호(1119-1125)이다.
398. 간악(艮嶽): 개봉성(開封城) 안의 동북쪽에 조성한 산으로, 방위가 간방(艮方)이라서 붙인 이름이다. 후에 '수봉(壽峰)'으로 이름을 바꿨다.
399. 《제동야어(齊東野語)》 권7.

雨, 黃雲則風, 黑雲則多病.[400]

향기로운 구름[향운(香雲)] 《습유기(拾遺記)》의 기록이다. 원교산(員嶠山)은 일명 '환구(環丘)'라고도 하는데 '구름 돌[운석(雲石)]'이 있어 알록달록한 것이 금강(錦江)과 같았다. 그것을 두드리면 조각조각마다 뭉게뭉게 구름이 나와 갑자기 온 천하를 두루 적신다. 서쪽으로 성지(星池)가 있는데, 난석(爛石)이 항상 물가에 떠 있다. 그 색깔은 붉고 재질은 비어 마치 허파와 같다. 그것을 태우면 연기가 나는데, 향이 수백 리까지 이른다. 연기가 하늘로 올라가면 향기로운 구름이 되고, 두루 적시면 향기로운 비가 된다.

拾遺記. 員嶠山, 一名環丘, 有雲石, 駁駱如錦川. 扣之, 則片片蓊蓊然雲出, 俄而遍潤天下. 西有星池, 有爛石常浮于水邊. 其色紅質虛, 似肺. 燒之有烟, 香聞數百里. 烟氣升天, 則成香雲, 遍潤則成香雨.[401]

상서로운 구름[길운(吉雲)] 《동명기(洞冥記)》의 기록이다. 동방삭이 동쪽 끝에 이르러 길운(吉雲)이라는 연못을 지나는데, 구름이 오색으로 일자 초목에도 모두 오색 이슬이 맺혔다. 황제가 그것을 얻어 여러 신하들에게 두루 나눠 주었다.

洞冥記. 東方朔至東極, 過吉雲之澤, 雲起五色, 草木皆成五色露. 帝得之, 徧賜群臣.[402]

무지(無知)한 구름[무지운(無知雲)] 《당서(唐書)》의 기록이다. 건중(建中)[403] 3년 겨울 10월 경신(庚申)일에, 주도(朱滔), 왕무준(王武俊), 전열(田悅), 이납(李納)이 제단을 쌓고 위현(魏縣)의 서쪽에서 하늘에 제사를 지낸 뒤 각자 참칭하여 왕이 되었다. 주도 등은 세 번 사양하고 나서 제위에 올랐다. 이날 세 반군(叛軍)의 위에 구름이 자못 이채로웠다. 봉수꾼이 보고 웃으면서 말하기를, "이 구름은 무지하구나. 반역자를 위해 상서를 내다니"라고 하였다.

唐書. 建中三年冬十月庚申, 朱滔・王武俊・田悅・李納爲壇, 魏西祀天, 各僭爲王. 滔等三讓, 乃就位. 是日, 三叛軍上, 有雲氣頗異. 燧望笑曰, 是雲無知. 乃爲賊瑞耶.[404]

여름 구름에 관한 시[하운시(夏雲詩)] 송(宋)나라 장돈(章惇)[405]이 뇌주(雷州)로 귀양을 가다가 소귀주(小貴州)에 있는 남산사(南山寺)를 들렀다. 승(僧) 봉서(奉恕)와 난간에 기대어 구름을 보면서 말하기를, "'여름 구름에는 기이한 봉우리가 많다(夏雲多奇峯)'라는 구절은 참으로 비유를 잘 한 것입니다"라고 하였다. 봉서가 말하기를, "상공(相公)께서는 일찍이 〈하운시(夏雲詩)〉를 보셨는지요? 시는 다음과 같습니다. "봉우리 같기도 하고 불 같기도 하고 또 비단 같기도 한데, 날아와 옅은 그늘을 지우며 난간 앞에 떨어지네. 대지(大地)의 생명들이 말라 죽으려 하는데, 장맛비를 만들지 못하고 부질없이 하늘만 가리누나." 이것은 장돈을 기롱한 것이다.

宋章惇, 謫雷州, 過小貴州南山寺. 與僧奉恕, 倚檻看雲曰, 夏雲多奇峯, 眞善比類. 恕曰, 相公曾見夏雲詩否. 詩云. 如峯如火復如綿, 飛過微陰落檻前. 大地生靈乾欲死, 不成霖雨漫遮天. 蓋譏惇也.[406]

---

400. 《어정연감유함(御定淵鑑類函)・천부(天部)》
401. 《천중기(天中記)・운(雲)》
402. 한(漢) 곽헌(郭憲), 《동명기(洞冥記)》 권2의 내용을 재구성한 것이다.
403. 건중(建中): 당(唐) 덕종(德宗)의 연호(780-783)이다.
404. 《구당서(舊唐書)・주도(朱滔)・왕무준(王武俊)・전열(田悅)・이납(李納)열전》
405. 장돈(章惇): 북송(北宋) 사람으로 자가 자후(子厚)이다. 왕안석(王安石)에게 발탁되어 참지정사(參知政事) 등을 역임하였다.
406. 《산당사고(山堂肆考)・천문(天文)》

우레와 번개 雷電

• 《곡량전(穀梁傳)》[407]의 기록이다. 음(陰)과 양(陽)이 서로 접근하면서, 감응하여 우레[뇌(雷)]가 되고 부딪쳐 천둥[정(霆)]이 된다.
穀梁傳. 陰陽相薄, 感而爲雷, 激而爲霆.[408]

• 《하도제통기(河圖帝通紀)》의 기록이다. 우레는 천지의 북이다.
河圖帝紀通.[409] 雷, 天地之鼓也.[410]

• 〈월령(月令)〉의 기록이다. 중춘(仲春)의 달[2월]에 낮과 밤이 같게 나뉘고 우레가 소리를 낸다. 중추(仲秋)의 달[8월]에는 우레가 소리를 거둔다.
月令. 仲春之月, 日夜分, 雷乃發聲. 仲秋之月, 雷乃收聲.[411]

• 《이아(爾雅)》의 기록이다. 빠른 우레를 '정(霆)'이라 한다.
爾雅. 疾雷, 謂之霆.[412]

• 《공양전(公羊傳)》 주(注)의 기록이다. 우레가 빠르고 심한 것이 '진(震)'이다. 진(震)과 정(霆)을 모두 '벽력(霹靂)'이라 한다.
公羊傳注. 雷疾而甚者, 爲震. 震與霆, 皆謂之霹靂.[413]

• 《역전(易傳)》의 기록이다. 우레가 쳐야 할 때에 치지 않는 것은 양(陽)의 덕이 약하기 때문이다.
易傳. 當雷不雷, 陽德弱也.[414]

• 《주역(周易)》의 기록이다. 진동(震動)이 올 때에 돌아보고 돌아본다. 진동이 백 리를 놀라게 한다.
易. 震來虩虩. 震驚百里.[415]

• 하늘과 땅이 풀어지면서 우레와 비가 일어나고, 우레와 비가 일어나면서 온갖 과일과 초목들이 모두 껍질이 터진다.
天地解, 而雷雨作, 雷雨作, 而百果草木, 皆甲拆.[416]

• 만물(萬物)을 움직이게 하는 것 중에 우레만큼 빠른 것이 없다.
動萬物者, 莫疾於雷.[417]

• 우레와 천둥으로 고무시킨다.
鼓之以雷霆.[418]

• 우레와 바람이 서로 접근한다.
雷風相薄.[419]

• 《시경(詩經)》의 기록이다. 우렁우렁 울리는 우레가 남산의 남쪽에 있다. 우렁우렁하는 그 우레 소리로다.
詩. 殷其雷, 在南山之陽.[420] 虺虺其雷.[421]

• 《홍범(洪範)·오행전(五行傳)》의 기록이다.[422] 우레는 천지(天地)에서 장자(長子)가 되어 만물(萬

407. 《곡량전(穀梁傳)》은 《회남자(淮南子)》의 오류이다.
408. 《회남자(淮南子)·천문훈(天文訓)》
409. 《하도제기통(河圖帝紀通)》은 《하도제통기(河圖帝通紀)》의 오류이다.
410. 《고미서(古微書)·하도제통기(河圖帝通紀)》
411. 《예기(禮記)·월령(月令)》의 내용을 재구성한 것이다.
412. 《이아(爾雅)·석천(釋天)》에는 '疾雷爲霆霓'로 되어 있다.
413. 《예문유취(藝文類聚)·천부(天部)》
414. 《태평어람(太平御覽)·천부(天部)》
415. 《주역(周易)·진괘(震卦)》, "震來虩虩, 笑言啞啞, 震驚百里, 不喪匕鬯"의 내용을 재구성한 것이다.
416. 《주역(周易)·해괘(解卦)》
417. 《주역(周易)·설괘전(說卦傳)》
418. 《주역(周易)·계사상(繫辭上)》
419. 《주역(周易)·설괘전(說卦傳)》
420. 《시경(詩經)·소남(召南)·은기뢰(殷其雷)》
421. 《시경(詩經)·패풍(邶風)·종풍(終風)》, "曀曀其陰, 虺虺其雷."

物)의 수장(首長) 노릇을 함으로써 출입(出入)(의 기본)이 된다. 우레는 2월에 땅에서 나와 180일 동안 있는데, 우레가 나오면 만물이 나온다. 8월에 땅으로 들어가 180일 동안 있는데, 우레가 들어가면 만물이 들어간다. 들어가면 해로움이 없어지고 나오면 이익이 일어나니 임금의 상징이다.

洪範五行傳. 雷於天地爲長子, 以其首長萬物爲出入也. 雷二月出地, 百八十日, 雷出則萬物出. 八月入地, 百八十日, 雷入則萬物入. 入則除害, 出則興利, 人君之象也.423

- 《장자(莊子)》의 기록이다. 음(陰)과 양(陽)이 엇섞여 운행되면서 천지(天地)가 크게 놀라게 된다. 이에 우레가 생기고 번개가 생긴다.

莊子. 陰陽錯行, 天地大駭. 於是, 有雷有電.424

- 《하도괄지상도(河圖括地象圖)》의 기록이다. 옥호(玉虎)가 새벽에 운다. 주(注)에 '우레 소리이다" 라고 하였다.

河圖. 玉虎晨鳴. 注, 雷聲也.425

- 봄과 여름에 우레와 천둥이 생기는데 어떤 것들은 시작되면서 울린다. 거대한 돌을 깨뜨리고 큰 나무를 갈라 죽인다. 초목(草木)이 어찌 특별한 잘못이 있겠는가. 그것은 아마도 만물에 징계를 주는 것이다.[유종원(柳宗元) 문장]

春夏之有雷霆也, 或發而震. 破巨石, 裂大木而殘之. 草木豈有非常之罪哉. 彼豈有懲於物也.〈柳文〉426

- 태평한 시대에는 우레가 사람을 놀라게 하지 않고, 호령하여 깨우쳐 줄 뿐이다. 번개는 눈을 어지럽게 하지 않고, 빛을 보여줄 뿐이다.[동중서(董仲舒)]

太平之時, 雷不驚人, 號令啓發而已矣. 電不眩目, 宣示光耀而已矣.〈董子〉427

- 《비아(埤雅)》의 기록이다. 음(陰)과 양(陽)이 거칠게 부딪히고, 나뉘어 싸우면서 격렬하게 뿜어대면 불이 생겨난다. 그 빛이 번개이고 그 소리가 우레이다. 지금 쇠와 돌이 서로 부딪치면 불이 생기고, 타는 돌을 우물에 던지면 우레가 일어난다. 더구나 하물며 천지의 큰 화로가 충돌하며 진짜 불이 격렬하게 뿜어대는 경우이랴.

埤雅. 陰陽暴格, 分爭激射, 有火生焉. 其光爲電, 其聲爲雷. 今鐵石相擊, 則生火, 燒石投井, 則起雷. 又況天地大爐之所薄動, 眞火之所激射乎.428

- 번개를 '우레의 빛[뇌광(雷光)]'이라고 한다.《오경통의(五經通義)》

電, 謂之雷光.〈五經通義〉429

- 음(陰)의 기운은 황천(黃泉)에 엎드려 있고, 양(陽)의 기운은 위로 하늘에 통한다. 음(陰)과 양(陽)이 나뉘어 싸우기 때문에 번개가 된다.《장자(莊子)》

陰氣伏於黃泉, 陽氣上通於天. 陰陽分爭, 故爲電.〈莊〉430

- 《회남자(淮南子)》의 기록이다. 번개는 부딪치는 기운이고, 우레는 채찍이 된다.《장자(莊子)》

---

422. 《서경(書經)·홍범(洪範)》에, "天乃錫禹洪範九疇, 彝倫攸敍. 初一曰五行, … 五行, 一曰水, 二曰火, 三曰木, 四曰金, 五曰土. 水曰潤下, 火曰炎上, 木曰曲直, 金曰從革, 土爰稼穡"이라고 하였다.
423. 《태평어람(太平御覽)·천부(天部)》
424. 《장자(莊子)·외물(外物)》
425. 《고미서(古微書)·하도괄지상도(河圖括地象圖)》
426. 당(唐) 유종원(柳宗元), 〈단형론하(斷刑論下)〉
427. 한(漢) 동중서(董仲舒), 〈우박대(雨雹對)〉
428. 《비아(埤雅)·석천(釋天)》
429. 《고금사문유취(古今事文類聚)·천도부(天道部)》
430. 《장자(莊子)》에는 위의 기록이 보이지 않는다. 《회남자(淮南子)·천문훈(天文訓)》에, "陰氣極, 則北至北極, 下至黃泉. 故不可以鑿地穿井. 萬物閉藏, 蟄蟲首穴. 故曰, 德在室. 陽氣極, 則南至南極, 上至朱天. 故不可以夷丘上屋. 萬物蕃息, 五穀兆長. 故曰,德在野"로 되어 있는 내용을 재구성한 것으로 보인다.

淮南子. 電激氣也. 雷以爲鞭策.〈同〉431

• 번개를 칠 때에는 멈춰 있는 빛이 없다.《공손자(公孫子)》

擊電, 無停光.〈公孫子〉432

• 번쩍번쩍하면서 천둥 치고 번개 친다.《시경(詩經)》

爗爗震電.〈詩〉433

• 소리가 있는 것을 '우레'라 하고, 소리가 없는 것을 '번개'라 한다.《공양전(公羊傳)》

有聲曰雷, 無聲曰電.〈公羊〉434

• 오무릉(吳武陵)이 말하기를, "우레 치고 번개 치는 것은 하늘이 노한 것이지만, 아침나절을 다 가지 못한다"라고 하였다.

吳武陵曰, 雷砰電射, 天怒也, 不能終朝.435

우레 소리를 듣고 슬퍼하다[문뢰측연(聞雷惻然)] 《논형(論衡)》의 기록이다. 자로(子路)는 우레의 정기(精氣)에 감응하여 강직함을 숭상하는 기상이 생겼고, 위(衛)나라에서 용감하게 죽었다. 공자(孔子)는 우레 소리를 들을 때마다 마음속으로 슬퍼하였다.

論衡. 子路感雷精, 而生尙剛, 勇死於衛. 孔子, 每聞雷鳴, 中心惻然.436

아향(阿香)437의 수레[아향거(阿香車)] 의흥(義興) 사람으로 주(周)씨 성을 가진 이가, 영화(永和)438 연간에 도성을 나섰는데 해가 저물었다. 길가에 새로 지은 초가집이 보이고, 한 여인이 문을 나와 멀리 바라보고 있자, 주씨가 머물 것을 청했다. 일경(一更)을 향해 갈 때 밖에서 어린 아이가 아향(阿香)을 부르면서, "관인(官人)이 당신을 불러 수레를 밀도록 하였습니다"라고 하는 소리가 들렸다. 여인이 인사하고 떠나니 갑자기 천둥이 치면서 비가 왔다. 다음날 아침에, 머문 곳을 살펴보니 바로 새로 만든 무덤이었다.《수신기(搜神記)》

義興人姓周, 永和中出都, 日暮. 道邊見新草屋, 有一女子, 出門望見, 周求寄宿. 向一更中, 聞外有小兒喚阿香, 官人喚汝推車. 女子辭去, 忽驟雷雨. 明朝視宿處, 乃一新塚.〈搜神記〉439

사선(謝仙)의 불[사선화(謝仙火)] 대중상부(大中祥符)440 연간에 악주(岳州)의 옥진관(玉眞觀)이 번갯불에 탔다. 오직 기둥 하나만 남았는데, '사선화(謝仙火)' 세 글자가 거꾸로 써서 새겨 있었다. 경력(慶曆)441 연간에 어떤 사람이 이 글자를 가지고 물으니, 하선고(何仙姑)라는 사람이 즉시 말하기를, "사선(謝仙)이란 자는 뇌부(雷部) 중의 귀신입니다. 부부(夫婦)가 모두 키가 2척이고 그 얼굴색은 옥과 같습니다. 세상에서 불을 다루는 것을 맡고 있습니다"라고 하였다. 후에 도장(道藏)442 가운데에서 찾아보니 실제로 '사선(謝仙)'이란 글자가 있었다. 이로부터 더욱 선고(仙姑)를 진짜 신선으로 생각하게 되었다.

---

431. 《회남자(淮南子)·원도훈(原道訓)》의 "電以爲鞭策, 雷以爲車輪"을 재구성한 것이다.
432. 《고금사문유취(古今事文類聚)·천도부(天道部)》
433. 《시경(詩經)·소아(小雅)·시월지교(十月之交)》, "爗爗震電, 不寧不令."
434. 《공양전(公羊傳)》에는 위의 기록이 보이지 않는다. 송(宋) 반자목(潘自牧)의 《기찬연해(記纂淵海)·천문부(天文部)》에 보인다.
435. 《신당서(新唐書)·오무릉전(吳武陵傳)》
436. 《논형(論衡)》에는 위의 기록이 보이지 않는다. 《고미서(古微書)·논어위(論語緯)》에, "子路感雷精, 而生尙剛好勇, 親涉衛難, 結纓而死. 孔子聞而覆醢, 每聞雷鳴, 乃中心惻怛"로 되어 있는 내용을 재구성한 것이다.
437. 아향(阿香): 신화에 나오는, 우레 신[뇌신(雷神)]의 수레를 미는 여신의 이름이다.
438. 영화(永和): 후한(後漢) 순제(順帝)의 연호(136-141)이다.
439. 《예문유취(藝文類聚)·천부(天部)》
440. 대중상부(大中祥符): 북송(北宋) 진종(眞宗)의 연호(1008-1016)이다.
441. 경력(慶曆): 북송(北宋) 인종(仁宗)의 연호(1041-1048)이다.

大中祥符間, 岳州玉眞觀, 爲天火所焚. 惟留一柱, 有謝仙火三字, 倒書而刻之. 慶曆中, 有以此字問, 何仙姑者, 輒曰, 謝仙者, 雷部中鬼. 夫婦皆長二尺, 其色如玉. 掌行火於世間. 後於道藏中檢之, 實有謝仙字. 由是, 益以仙姑爲眞仙.[443]

우레의 모습[뇌형(雷形)] 뇌주(雷州)는 봄과 여름에 우레가 많고, 가을날에는 땅속으로 숨는다. 그 형상은 돼지와 같은데, 사람들이 잡아서 먹는다.《국사보(國史補)》

雷州, 春夏多雷, 秋日則伏地中. 其狀如彘, 人取而食之.〈國史補〉[444]

우레 북[뇌고(雷鼓)] 우레를 그린 모습은, 중첩된 것이 연결된 북의 모습과 같다. 또한 역사(力士) 같은 한 사람이 그려져 있는데, 이를 '뇌공(雷公)'이라 하였다. 그로 하여금 왼손으로는 연결된 북을 당기고 오른손으로는 그것을 두드리게 하였다. 따져 보면 허황된 모습이다.《논형(論衡)》

圖雷之狀, 纍纍如連鼓形. 又圖一人若力士, 謂之雷公. 使之左手引連鼓, 右手椎之. 原之, 虛妄之象.〈論衡〉[445]

우레 수레[뇌거(雷車)] 유공권(柳公權)이 원화(元和)[446] 말기에 건주(建州)의 산사(山寺)에 머무는데, 한밤중에 잠이 깨니 문밖이 시끄러웠다. 살며시 창문 사이로 보니 몇 사람이 도끼를 놀려 우레 수레를 만드는 것이 보이는데 그림에서 본 것과 같았다. 한참 후에 한 바탕의 삼키는 기운이 홀연 일더니 어둠 속에 그들이 없어졌고 두 눈이 마침내 캄캄해졌다.《유양잡조(酉陽雜俎)》

柳公權, 元和末, 止建州山寺中, 夜半覺門外喧鬨. 因潛於窓中觀之, 見數人運斤造雷車, 如畵圖者. 久之, 一嚏氣忽斗, 暗失其人, 兩目遂昏焉.〈酉陽雜俎〉[447]

우레 도끼[뇌부(雷斧)] 세상사람 중에 우레 도끼와 우레 쐐기를 얻은 이가 있었다. 말하기를, "우레의 신이 떨어뜨린 것으로, 대개 우레가 치는 아래에서 얻는데 일찍이 (우레 신을) 직접 본 적은 없었다"라고 하였다. 원풍(元豐)[448] 연간에 내가 수주(隨州)에 머무는데, 여름철에 큰 우레가 쳐서 나무 하나가 부러졌다. 그 아래에서 쐐기 하나를 얻었는데 정말로 전해지는 말과 같았다. 대개 우레 도끼는 구리와 쇠로 만든다. 쐐기는 그저 돌이고 도끼와 비슷하지만 구멍이 없다.《몽계필담(夢溪筆談)》

世人有得雷斧·雷楔者. 云雷神所墜, 多於震雷之下得之, 而未嘗親見. 元豐中, 予居隨州, 夏月大雷震, 一木折. 其下乃得一楔, 信如所傳. 凡雷斧, 多以銅鐵爲之. 楔乃石耳, 似斧而無孔.〈筆談〉[449]

우레 신[뇌신(雷神)] 양도화(楊道和)가 여름날 밭 가운데에서 천둥치며 내리는 비를 만났다. 뽕나무 아래로 갔는데 벼락이 그를 내리쳤다. 양도화가 호미로 그[뇌신(雷神)]의 팔뚝을 가격하자 결국 땅에 떨어져 도망가지 못했다. 얼굴색은 단사(丹沙) 같고 눈은 거울 같았으며, 털과 뿔이 길이가 3척 남짓 되었다. 모습은 여섯 가지 짐승의 머리인데 원숭이와 비슷하였다.《수신기(搜神記)》

楊道和, 夏於田中値雷雨. 至桑下, 霹靂下擊之. 道和

---

442. 도장(道藏): 도교(道敎)의 경전류를 모은 책으로, 중국 명(明)나라의 정통(正統)연간(1436-1449)에 편찬한《정통도장(正統道藏)》(50권)과, 만력(萬歷)연간(1573-1619)에 편찬한《속장(續藏)》(180권)이 있다.
443.《고금사문유취(古今事文類聚)·천도부(天道部)》
444.《천중기(天中記)·뇌(雷)》
445.《논형(論衡)·뇌허(雷虛)》
446. 원화(元和): 당(唐) 헌종(憲宗)의 연호(806-820)이다.
447.《유양잡조(酉陽雜俎)》권8.
448. 원풍(元豐): 북송(北宋) 신종(神宗)의 연호(1078-1085)이다.
449.《몽계필담(夢溪筆談)·신기(神奇)》

以鋤格其肱, 遂落地, 不得去. 色如丹, 目如鏡, 毛角長三尺餘. 狀如六畜頭, 似獼猴.〈搜神記〉450

우레 불[뇌화(雷火)] 내시(內侍) 이순거(李舜擧)의 집이 일찍이 센 우레에 맞았다. 그 집의 서쪽 방에서 우레로 일어난 불이 창문 사이로 나와 왕성하게 처마까지 뻗쳤다. 사람들은 집이 다 탔으리라고 여기면서 모두 나가 피하였다. 우레가 그치자 그 집은 완전하게 벽이나 창문 종이가 모두 까맣게 탔다. 나무 시렁이 하나 있는데, 그 안에는 여러 가지 그릇이 보관되어 있었다. 그중의 칠기(漆器)에 은(銀)과 납[연(鉛)]이 있는 것은, 은이 모두 녹아 바닥에 흘러 있었지만 칠기는 아예 그을리지도 않았다. 보배 하나는 매우 견고한 강철로 만든 칼인데, 용기 안에서 녹아 액체가 되었지만 그 용기도 그대로였다. 사람들은 반드시 불은 마땅히 초목(草木)을 먼저 태우고 나서 금석(金石)을 녹아 흐르게 한다고 여기는데, 지금 금석은 모두 녹았는데 초목은 탄 것이 하나도 없으니 사람의 정서로 헤아릴 바가 아니다.《몽계필담(夢溪筆談)》

內侍李舜擧家, 曾爲暴雷所震. 其堂之西屋, 雷火, 自窓間出, 赫然出簷. 人以爲堂屋已焚, 皆出避之. 及雷止, 其舍宛然墻壁牕紙皆黔. 有一木格, 其中雜貯諸器. 其漆器銀鉛者, 銀悉鎔流在地, 漆器曾不燋灼. 有一寶, 乃極堅鋼就刀, 室中鎔爲汁, 而室亦儼然. 人必謂火當先焚草木, 然後流金石, 今乃金石皆鑠, 而草木無一燬者, 非人情所測也.〈筆談〉451

우레가 이백(夷伯)의 사당을 치다[진이백묘(震夷伯廟)] 우레가 이백(夷伯)452의 사당을 친 것은 그를 죄준 것인데, 이에 전씨(展氏)가 사악함을 숨김이 있었다.《춘추좌전(春秋左傳)》

雷震夷伯之廟, 罪之也, 於是, 展氏有隱慝焉.〈左〉453

우레가 헌릉(憲陵)의 침실(寢室)을 치다[뇌진릉침(雷震陵寢)] 후한(後漢) 건화(建和)454 연간에 우레가 헌릉(憲陵)의 침실(寢室)을 쳤다. 이때 양기(梁冀)가 정권을 제멋대로 하였다.

後漢, 建和中, 雷震憲陵寢室. 是時, 梁冀用事.455

무덤에서 울다[읍총(泣塚)] 채순(蔡順)의 어머니는 평소에 우레를 두려워하였다. 죽은 뒤로 우레가 칠 때마다 채순은 번번이 무덤을 돌며 울면서 말하기를, "제가 여기에 있습니다"라고 하였다.

蔡順母, 平生畏雷. 自亡後, 每有雷震, 順輒環塚, 泣曰, 順在此.456

《진서(晉書)》의 기록이다. 왕부(王裒)의 어머니는 우레를 두려워하였다. 세상을 뜨자 우레가 칠 때마다 왕부는 무덤을 돌며 말하기를, "제가 여기에 있습니다"라고 하였다.

晉書. 王裒母, 畏雷. 及終, 每大雷, 裒繞墓曰, 裒在此.457

《효자전(孝子傳)》의 기록이다. 축미(笙彌)는 자가 도륜(道綸)이다. 아버지가 우레를 두려워하였는데 세상을 뜨자 날씨가 궂을 때마다 무덤에 달려가서 엎드려 울었다.

孝子傳. 笙彌, 字道綸. 父畏雷, 及終, 每至天陰, 馳至墓, 伏泣.458

450.《수신기(搜神記)》권12.
451.《몽계필담(夢溪筆談)·신기(神奇)》
452. 이백(夷伯): 노(魯)대부로 전씨(展氏)의 조부(祖父)이다.
453.《춘추좌전(春秋左傳)·희공(僖公)·15년》
454. 건화(建和): 후한(後漢) 환제(桓帝)의 연호(147-149)이다.
455.《후한서(後漢書)·환제기(桓帝紀)》의 내용을 재구성한 것이다.
456.《후한서(後漢書)·채순전(蔡順傳)》
457.《진서(晉書)·왕부전(王裒傳)》
458.《태평어람(太平御覽)·천부(天部)》

번중(樊重)의 식읍(食邑)에 있는 석실(石室)[번읍석실(樊邑石室)] 《형주기(荊州記)》의 기록이다. 호양현(湖陽縣)은 춘추(春秋) 시대 요국(蓼國) 번중(樊重)의 식읍(食邑)이었다. 번중의 어머니가 우레를 두려워하자, 석실(石室)을 만들어 피하게 하였다. 모두 무늬가 있는 돌로 계단을 만들었는데 지금도 남아 있다.

荊州記. 湖陽縣, 春秋蓼國樊重之邑也. 重母畏雷, 爲石室避之. 悉以文石爲階砌, 今猶在.[459]

《북정기(北征記)》의 기록이다. 능운대(凌雲臺)의 동남쪽 모서리에서 100보(步)의 거리에 흰 돌로 지은 집이 있는데, 이름을 '우레를 피하는 집[피뢰실(避雷室)]'이라 하였다.

北征記. 凌雲臺東南角一百步, 有白石室, 名爲避雷室.[460]

기둥에 기대어 있다가 벼락을 만나다[의주조진(倚柱遭震)] 하후현(夏候玄)은 자가 태초(泰初)이다. 기둥에 기대어 글을 쓰는데, 마침 벼락이 쳐서 기둥을 부수었다. 옷이 탔는데도 안색에 변화가 없고 글쓰기 또한 여전하게 하였다.

夏候玄, 字泰初. 倚柱作書, 時霹靂破柱. 衣服焦, 然神色無變, 書亦如故.[461]

또 제갈탄(諸葛誕)[462]도 기둥에 기대어 있다가 벼락을 만났는데 태연자약하였다.

又諸葛誕, 亦倚柱遭震, 而自若.[463]

막 밥을 먹다가 숟가락을 놓치다[방식실비(方食失匕)] 선주[先主: 유비(劉備)]가 조공[曹公: 조조(曹操)]과 이야기를 하는데 마침 우레가 크게 쳤다. 선주는 막 밥을 먹다가 수저를 놓치고서 말하기를, "한 번 우레 치는 위력이 이러하다니"라고 하였다.

先主與曹公語, 會雷大震. 先主方食, 失匕箸曰, 一震之威, 乃至此.[464]

수레를 빌려 보리를 거두다[차거수맥(借車收麥)] 이용(李鄘)이 북도(北都)의 개휴현(介休縣)에 있을 때, 백성들이 해첩(解牒)[465]을 보내 사당집에 머물게 하였다. 밤중에 어떤 사람이 문을 두드리며 말하기를, "개휴왕(介休王)이 잠시 벼락 수레[벽력거(霹靂車)]를 빌려 개휴(介休)에 이르러 보리를 거두려고 합니다"라고 하였다. 한참 후에 몇 사람이 함께 물건 하나를 들고 있는데, 당(幢)과 같이 생겼고 둘레에 기가 매어져 있었다. 그 기는 모두 18개였고 번개와 같은 빛이 있는데, 그에게 주었다. 다음날 개휴에 크게 우레가 치면서 비가 내려, 보리를 해친 것이 1,000여 경(頃)이 되었다.《유양잡조(酉陽雜俎)》

李鄘在北都介休縣, 百姓送解牒, 止宿祠宇下. 夜有人扣門云, 介休王暫借霹靂車, 至介休收麥. 良久, 數人共持一物, 如幢, 環綴旛旗. 其幡凡十八葉, 有光如電, 以授之. 次日介休大雷雨, 損麥千餘頃.〈酉陽〉[466]

빠른 우레가 나무를 치다[신뇌진수(迅雷震樹)] 유요(劉曜)가 유원해(劉元海)를 따라 사산(四山)에 사냥을 나갔다. 비를 만나 나무 아래에 머무는데 빠른 우레가 나무를 쳤다. 옆에 있던 사람들은 넘어지고 엎어지지 않는 이가 없었는데 유요는 안색이 그대로였다. 유원해가 특이하게 여겼다.

459. 《예문유취(藝文類聚)·천부(天部)》
460. 《예문유취(藝文類聚)·천부(天部)》
461. 《세설신어(世說新語)·아량(雅量)》의 내용을 재구성한 것이다.
462. 제갈탄(諸葛誕): 삼국(三國) 시대 위(魏) 사람으로, 자가 공휴(公休)이다. 고평후(高平侯)에 봉해지고 정동대장군(征東大將軍)을 제수받았으나 사마소(司馬昭)에 반기를 들었다가 피살되었다.
463. 《삼국지(三國志)·위서(魏書)·제갈탄전(諸葛誕傳)》에는 위의 기록이 보이지 않는다.
464. 진(晉) 상거(常璩), 《화양국지(華陽國志)·유선주지(劉先主志)》의 내용을 재구성한 것이다.
465. 해첩(解牒): 향시(鄕試)의 형편을 알리는 문서이다.
466. 《유양잡조(酉陽雜俎)》 권8의 내용을 재구성한 것이다.

劉曜從劉元海, 獵于四山. 遇雨止樹下, 迅雷震樹. 傍人莫不顚仆, 曜神色自若. 元海異之.[467]

베개를 부수다[쇄침(碎枕)] 《이원(異苑)》의 기록이다. 등방(滕放)이 여름에 무늬가 있는 돌베개를 베고 누워 있었는데, 우레가 그의 베개를 때려 사방으로 흩어졌으나 등방은 태연자약하였다.

異苑. 滕放夏枕文石枕臥, 雷震其枕, 四解, 放自若.[468]

측백나무를 부수다[쇄백(碎栢)] 《세설신어(世說新語)》의 기록이다. 곽박(郭璞)이 왕도(王導)에게 말하기를, "그대에게 벼락의 액운이 있습니다. 수레를 메우게 하여 서쪽으로 몇 리를 가면 측백나무 하나를 얻게 될 것입니다. 공의 키만하게 잘라서 자는 곳에 놔둔다면 재앙을 없앨 수 있을 것입니다"라고 하였다. 며칠 만에 과연 측백나무에 벼락이 쳐서 부숴뜨렸다.

世說. 郭璞謂王導曰, 公有震厄. 可命駕, 西出數里, 當得一栢樹. 截如公長, 置寢處, 災可消. 數日中, 果震栢樹粉碎.[469]

고매석(高禖石)을 깨뜨리다[파고매석(破高禖石)] 진(晉)나라 원강(元康)[470] 7년에 우레가 성 남쪽에 있는 고매석(高禖石)을 쳤다. 고매석(高禖石)은 중궁(中宮)[471]이 아들을 빌던 곳이다. 가후(賈后)[472]가 질투를 하여 민회(愍懷)를 죽이려 하자 하늘이 노하여 그것을 쳐서 깨뜨린 것이다.

晉元康七年, 雷破城南高禖石. 高禖石, 中宮求子祠也. 賈后妬忌, 將殺愍懷, 天怒擊破之.[473]

혜주(惠州)의 여인[혜주녀(惠州女)] 원화(元和)[474] 원년(元年) 6월에, 혜주(惠州)의 기생이 시장에서 벼락에 맞아 죽었다. 겨드랑이 아래에 붉은 글씨가 있었는데, "이림보(李林甫)가 포악하게 정권을 농단하니 상제(上帝)가 벼락을 쳐서 죽이도록 한다"라고 써 있었다.《용성록(龍城錄)》

元和元年六月, 惠州娼女, 震死於市. 脅下有朱字云, 李林甫毒虐弄權, 帝命震死.〈龍城錄〉[475]

단주(澶州)의 남자[단주남(澶州男)] 흠종(欽宗)[476]이 북쪽으로 사냥을 나가 단주(澶州)에 이르렀는데 우레가 쳐서 한 남자를 때렸다. 등에 붉은 글씨로 '적신(賊臣) 장돈(章惇)'이라 씌어 있었다.《남신록(南燼錄)》

欽宗北狩至澶州, 雷擊一男子. 背上朱書賊臣章惇.〈南燼錄〉[477]

사람에게 벼락을 쳐 등에 글을 쓰다[진인서배(震人書背)] 장경(長慶)[478] 연간에 어떤 사람이 벼락에 맞아 죽었다. 등에 가루로 글씨가 씌어 있는데, "시장에서 소두(小斗)를 썼다"라고 되어 있었다.《지전록(芝田錄)》

長慶中, 有人雷震而死. 背上粉書云, 市中用小斗.〈芝田錄〉[479]

---

467. 《진서(晉書)·유요재기(劉曜載記)》
468. 《이원(異苑)》 권10의 내용을 재구성한 것이다.
469. 《세설신어(世說新語)·술해(術解)》의 내용을 재구성한 것이다.
470. 원강(元康): 진(晉) 혜제(惠帝)의 연호(291-299)이다.
471. 중궁(中宮): 황후(皇后)가 거처하는 궁전을 가리킨다. 또한 황후(皇后)를 가리킨다.
472. 가후(賈后): 진(晉) 혜제(惠帝)의 황후인 가남풍(賈南風)이다.
473. 《산당사고(山堂肆考)·천문(天文)》
474. 원화(元和): 당(唐) 헌종(憲宗)의 연호(806-820)이다.
475. 《천중기(天中記)·뇌(雷)》
476. 흠종(欽宗): 북송(北宋) 9대 황제로, 재위 기간은 1125-1127년이다.
477. 《천중기(天中記)·뇌(雷)》
478. 장경(長慶): 당(唐) 목종(穆宗)의 연호(821-824)이다.
479. 《고금사문유취(古今事文類聚)·천도부(天道部)》

우레와 번개가 책을 가져가다[뇌전취서(雷電取書)] 상원(上元)[480] 연간에 태주(台州)의 도사(道士) 왕원지(王遠知)는《주역(周易)》에 뛰어나 사람의 생사(生死)와 화복(禍福)을 알았으며《역총(易總)》15권(卷)을 지었다. 하루는 폭풍과 우레가 치고 비가 내려, 희미하고 안개 낀 가운데, 노인이 꾸짖으며 말하기를, "(천기를) 누설한 금서(禁書)는 어디에 있는가? 상제(上帝)께서 나로 하여금 여섯 장정[육정(六丁)[481]]과 우레, 번개를 데리고 가서 그 문서를 가져오도록 하셨다"라고 하였다.

上元中, 台州, 一道士王遠知, 善易, 知人生死禍福, 作易總十五卷. 一日, 暴風雷雨, 暝霧中, 老人叱曰, 所泄禁書, 何在. 上帝令吾攝六丁雷電, 取將文書.[482]

집에 벼락이 때리니 용이 나오다[진옥용출(震屋龍出)] 오(吳)나라의 시재용(柴再用)이 광주(光州)를 다스릴 때에, 하루는 크게 벼락이 쳐 집을 때렸다. 사람들이 모두 엎드리고 숨는데 재용은 문을 향해 앉은 채 움직이지 않았다. 잠시 후에 저고리와 바지를 입은 네 사람이 보이는데, 재용을 들어 부서진 침상에 앉히고 들고 나갔다. 뜰에 다시 크게 벼락이 쳐 집이 무너지자 용(龍)이 나왔다.《구국지(九國志)》

吳柴再用, 爲光州, 一日大震雷家. 人皆伏匿, 再用當戶坐, 不動. 俄見有襦袴四人, 舁再用坐敗床出. 庭中復大震, 屋折, 有龍出.〈九國志〉[483]

간당비(姦黨碑)를 치다[격간당비(擊姦黨碑)] 선화전(宣和殿)에 세워져 있는 원우간당비(元祐姦黨碑)가 어느 날 밤에 크게 비바람이 쳐 벼락에 맞아 부서졌다.《보리객담(步里客談)》

宣和殿所立, 元祐姦黨碑, 一夕大風雨, 爲震雷擊碎.〈步里客談〉[484]

복을 추천하는 비(碑)[천복비(薦福碑)] 명문(命門)[485]에 보인다.

見命門.

우레가 일어나는 곳을 묻다[문뇌기처(問雷起處)] 소자(邵子)가 정자(程子)에게, "그대는 우레가 일어나는 곳을 아는가?"라고 묻자, "일어나는 곳에서 일어난다"라고 하였다.《어록(語錄)》

邵子謂程子曰, 子知雷起處乎. 曰, 起於起處.〈語錄〉[486]

비 雨

- 《석명(釋名)》의 기록이다. 비는 물이 구름에서 떨어지는 것이다. 비[우(雨)]라는 것은 '돕는 것[보(輔)]'이니, 때를 도와 낳고 기르는 것을 이른다.
  釋名. 雨, 水從雲下也. 雨者, 輔也, 言輔時生養.[487]
- 《이아(爾雅)》의 기록이다. 폭우를 '동(涷)'이라 하고, 보슬비를 '맥목(霡霂)'이라 하고, 제때에 오는 비를 '주(澍)'라 하고, 비가 3일 이상 오는 것을 '림(霖)'이라 하고, 오랫동안 오는 비를 '음우(霪雨)'라 하고, 눈과 섞여 내리는 것을 '산(霰)'이라 한다.
  爾雅. 暴雨謂之涷, 小雨謂之霡霂, 時雨曰澍, 雨三

480. 상원(上元): 당(唐) 고종(高宗)의 연호(674-676)이다.
481. 육정(六丁): 도교에서 말하는 여섯 음신(陰神)으로, 천제가 부리는 신들이다.
482. 《산당사고(山堂肆考)·천문(天文)》
483. 《고금사문유취(古今事文類聚)·천도부(天道部)》
484. 송(宋) 진장방(陳長方),《보리객담(步里客談)》권상(卷上)의 내용을 재구성한 것이다.
485. 명문(命門):《유원총보》권31〈인사문(人事門)〉에, '담명문(談命門)'으로 되어 있다.
486. 송(宋) 이유무(李幼武),《송명신언행록(宋名臣言行錄)·외집(外集)》권5의 내용을 재구성한 것이다.
487. 《석명(釋名)》에는 위의 기록이 보이지 않고,《태평어람(太平御覽)·천부(天部)》,《고금사문유취(古今事文類聚)·천도부(天道部)》등에 보인다.《석명(釋名)·석천(釋天)》에서, "雨, 羽也. 如鳥羽動則散也"라고 하였다.

日以往爲霖, 久雨曰霪雨, 與雪雜下曰霰.[488]

- 《찬요(纂要)》의 기록이다. 빠르게 오는 비를 '취우(驟雨)'라 하고, 천천히 오는 비를 '영우(零雨)'라 하고, 오랫동안 오는 비를 '고우(苦雨)'라 하고, 또한 '수림(愁霖)'이라고도 한다. 빗물을 '료(潦)'라 하고, 제때에 오는 비를 '주(澍)'라 한다.
  纂要. 疾雨曰驟雨, 徐雨曰零雨, 久雨曰苦雨, 亦曰愁霖, 雨水曰潦, 時雨曰澍.[489]
- 《시경(詩經)》의 기록이다. 아침 동안만 비가 온다.
  詩. 崇朝其雨.[490]
- 구름이 뭉게뭉게 일어나더니 서서히 비가 내린다.
  有渰凄凄, 興雨祁祁.[491]
- 달이 필성(畢星)에 걸려 있으니, 비가 주룩주룩 내리겠다.
  月離于畢, 俾滂沱矣.[492]
- 우리 공전(公田)에 비를 내리고 마침내 우리 사전(私田)에 이른다.
  雨我公田, 遂及我私.[493]
- 단비가 이미 내렸다.
  靈雨旣零.[494]
- 천천히 내리는 비가 자욱하다.
  零雨其濛.[495]
- 무성히 자라는 기장 싹을 음우(陰雨)가 적셔 준다.
  芃芃黍苗, 陰雨膏之.[496]
- 보슬비로써 더해 준다.
  益之以霢霂.[497]
- 《서경(書經)》의 기록이다. 아름다운 징조(徵兆)는 엄숙하여, 제때에 비가 내린다. 나쁜 징조는 거칠어, 항상 비가 내린다.
  書. 休徵曰肅, 時雨若, 咎徵曰狂, 恒雨若.[498]
- 만약 해가 큰 가뭄이 든다면, 너를 써서 장맛비로 삼을 것이다.
  若歲大旱, 用汝, 作霖雨.[499]
- 《예기(禮記)》의 기록이다. 하늘이 제때의 비를 내리니, 산천(山川)에서 구름이 솟는다.
  禮記. 天降時雨, 山川出雲.[500]
- 《춘추설제사(春秋說題辭)》의 기록이다. 한 해에 36차례 비가 온다. 천지(天地)의 기운이 펴지면, 10일마다 작은 비가 오고 15일마다 큰비가 온다.
  春秋說題辭. 一歲三十六雨. 天地之氣宣, 十日小雨. 十五日大雨.[501]
- 《염철론(鹽鐵論)》의 기록이다. 주공(周公) 시대의 태평했던 때에는, 바람이 나뭇가지를 울리지 않았고 비가 흙덩이를 부수지 않았으며, 열흘마다 한 번 비가 왔는데 비는 반드시 밤에 왔다.
  鹽鐵論. 周公太平之時, 風不鳴條, 雨不破塊, 旬而一雨, 雨必以夜.[502]
- 《하도제통기(河圖帝通紀)》의 기록이다. 비라는 것

---

488. 《이아(爾雅) · 석천(釋天)》
489. 《태평어람(太平御覽) · 천부(天部)》의 내용을 재구성한 것이다.
490. 《시경(詩經) · 국풍(國風) · 체동(蝃蝀)》, "朝隮于西, 崇朝其雨."
491. 《시경(詩經) · 소아(小雅) · 대전(大田)》
492. 《시경(詩經) · 소아(小雅) · 삼삼지석(漸漸之石)》
493. 《시경(詩經) · 소아(小雅) · 대전(大田)》
494. 《시경(詩經) · 국풍(國風) · 정지방중(定之方中)》, "靈雨旣零, 命彼倌人."
495. 《시경(詩經) · 국풍(國風) · 동산(東山)》, "我來自東, 零雨其濛."
496. 《시경(詩經) · 국풍(國風) · 하천(下泉)》
497. 《시경(詩經) · 소아(小雅) · 신남산(信南山)》, "益之以霢霂, 旣優旣渥."
498. 《서경(書經) · 홍범(洪範)》의 내용을 재구성한 것이다.
499. 《서경(書經) · 열명상(說命上)》
500. 《예기(禮記) · 공자한거(孔子閒居)》
501. 《고미서(古微書) · 춘추설제사(春秋說題辭)》

은 하늘과 땅이 베풀어 주는 것이다.

河圖. 雨者, 天地之施也.[503]

- 우사(雨師)는 병예(屛翳)[504]와 현명(玄冥)[505]이다. 신농(神農) 시대에는 적송자(赤松子)가 우사(雨師)가 되었다.

雨師, 屛翳及玄冥. 神農時, 赤松子爲雨師.[506]

- 《회남자(淮南子)》의 기록이다. 붉은 자라가 물결 위로 떠오르면 반드시 큰비가 온다.

淮南子. 朱鼈浮于波上, 必有大雨.[507]

- 날씨가 장차 비 내리려고 하면, 어두운 구름이 모이기도 전에 물고기들이 먼저 입을 벌름거린다.

天將雨, 陰曀未集, 而魚已噞矣.[508]

- 검은 뱀과 신묘한 뱀은 샘에 잠겨 있다가 장차 비가 오려하면 뛰어오른다.

黑蝂神蛇, 潛泉而居, 將雨則躍.[509]

- 《술이지(述異志)》의 기록이다. 한밤중에 은하수 안에 이상한 기운이 연결되면, 세속에서 이르기를, "검은 돼지가 은하를 건넌다"라고 하는데, 비가 내릴 징조이다.

述異志. 夜半, 天漢中有異氣相連, 俗謂, 黑猪渡河, 雨候也.[510]

- 《금루자(金樓子)》의 기록이다. 초하루에 비가 오는 것을 '월액우(月額雨)'라고 한다.

金樓子. 以旦日雨, 爲月額雨.[511]

- 당대(唐代) 속담에 이르기를, "봄비가 오는 갑자(甲子)일에는 땅이 천 리까지 붉고, 여름비가 오는 갑자(甲子)일에는 배를 타고 시장에 가며, 가을비가 오는 갑자(甲子)일에는 벼에서 귀가 생기고, 겨울비가 오는 갑자(甲子)일에는 소와 양이 얼어 죽는다"라고 하였다.《조야첨재(朝野僉載)》

唐俚語云, 春雨甲子, 赤地千里, 夏雨甲子, 乘船入市, 秋雨甲子, 禾頭生耳, 冬雨甲子, 牛羊凍死.〈朝野僉載〉[512]

- 초명(焦明)[513]이 오면, 비에 대해 대비한다. 수조(水鳥)이기 때문이다.

焦明至, 爲雨備. 水鳥也.[514]

- 개미가 구멍의 입구를 막으면, 큰비가 장차 올 것이다.《역림(易林)》

蟻封穴戶, 大雨將至.〈易林〉[515]

- 소나기는 하루 종일 내리지 않는다.《노자(老子)》

驟雨不終日.〈老〉[516]

- 도(道)가 하늘에 이르게 되면 상서로운 바람이 일고 단비가 내린다.《논형(論衡)》

道至天者, 祥風起, 甘雨降.〈論衡〉[517]

---

502. 《염철론(鹽鐵論)·수한(水旱)》의 내용을 재구성한 것이다.
503. 《예문유취(藝文類聚)·천부(天部)》
504. 병예(屛翳): 비의 신[우신(雨神)] 이름이다. 일설에는 바람 신의 이름이라고도 한다.
505. 현명(玄冥): 물의 신[수신(水神)] 이름, 혹은 겨울 신[동신(冬神)]의 이름이다.
506. 《산당사고(山堂肆考)·천문(天文)》에, "廣雅, 雨師, 屛翳. 風俗通, 雨師, 玄冥. 列仙傳, 赤松子, 神農時雨師"로 되어 있는 내용을 재구성한 것이다.
507. 《회남자(淮南子)》에는 위의 기록이 보이지 않고, 《산당사고(山堂肆考)·천문(天文)》에 보인다.
508. 《회남자(淮南子)·태족훈(泰族訓)》에, "天之且風, 草木未動, 而鳥已翔矣. 其且雨也, 陰曀未集, 而魚已噞矣"라고 하였다.
509. 《천중기(天中記)·우(雨)》
510. 《유설(類說)·조야첨재(朝野僉載)》
511. 《산당사고(山堂肆考)·천문(天文)》
512. 《고금사문유취(古今事文類聚)·천도부(天道部)》
513. 초명(焦明): 새 이름이다.
514. 《천중기(天中記)·우(雨)》
515. 한(漢) 초연수(焦延壽)《역림(易林)》
516. 《노자(老子)·23장》
517. 《논형(論衡)·시응(是應)》

• 6월에 큰비가 내리는 것을 '탁지우(濯枝雨)'라 하고, 하지(夏至) 이전의 비를 '황매우(黃梅雨)'라 한다. 봄비는 '유협우(楡莢雨)'라 하고 3월의 비를 '영매(迎梅)'라 하며, 5월의 비를 '송매(送梅)'라 하고 8월의 비를 '두화우(豆花雨)'라 한다.《풍토기(風土記)》

六月有大雨, 名濯枝雨, 夏至前雨, 爲黃梅雨. 春雨, 謂楡莢雨, 三月雨, 謂迎梅, 五月雨, 謂送梅, 八月雨, 謂豆花雨.〈風土記〉518

• 온갖 곡식이 기름진 비를 고대한다.《춘추좌전(春秋左傳)》

百穀仰膏雨.〈左〉519

• 동주(同州) 사람들은 비가 발을 적시는 것을, '난우(爛雨)'라 한다.《잡지(雜誌)》

同州人謂, 雨沾足, 爲爛雨.〈雜志〉520

• 민(閩) 지방의 속담에 이르기를, "액우(液雨)521가 낙엽에 흐르지 않으면, 지세가 높은 곳의 밭은 일구지 말라"라고 하였다. 액우(液雨)는 또한 '약우(藥雨)'라고도 하는데, 온갖 벌레들이 이 비를 마시면 숨게 된다.

閩俗諺云, 液雨不流蘀, 高田不要作. 液雨亦曰藥雨, 百蟲飮此雨, 則蟄.522

• 《곡량전(穀梁傳)》의 기록이다. 비를 근심하였다. 주(注)의 기록이다. 비를 얻고자 하여 뜻이 근심스러운 것이다.

穀梁傳. 勤雨. 注. 欲得雨, 志勤.523

무기를 씻어 주는 비[세병우(洗兵雨)] 《설원(說苑)》의 기록이다. 무왕(武王)이 주(紂)를 정벌하고자 유융(有戎)의 교외에 이르렀는데, 센 바람이 대장기를 부러뜨렸다. 산의생(散宜生)이 간하기를, "이것은 나쁜 징조가 아닐까요?"라고 하자, 무왕이 말하기를, "하늘이 무기를 내려주는 것이다"라고 하였다. 바람이 그치고 이어서 비가 내리자 또 간하기를, "이것은 나쁜 징조가 아닐까요?"라고 하자, "하늘이 무기를 씻어 주는 것이다"라고 하였다.

說苑. 武王伐紂, 至有戎之隧, 大風折旆. 散宜生諫曰, 此非妖歟. 武王曰, 天落兵也. 風止而乘之以雨, 又諫曰, 此非妖歟. 曰洗兵也.524

《포박자(抱朴子)》의 기록이다. 군대를 출동시켰는데 비가 내려 옷을 적시는 것은 무기를 윤택하게 하는 것이다. 그 군대에는 좋은 일이 있다.

抱朴子. 出軍, 雨霑衣, 是潤兵也. 其軍有喜.525

하백(河伯)이 비를 뿌리다[하백행우(河伯行雨)] 서해(西海) 가에서 어떤 사람이 흰 말을 타고 있는데, 붉은 수염에 흰 옷을 입고 검은 관을 쓰고 있었으며, 따르는 열두 명의 동자(童子)들이 말을 달리는 것이 나는 듯하였다. 이름을 '하백(河伯)의 사자(使者)'라 하였는데, 그들이 이르는 나라에는 빗물이 퍼부었다.《신이기(神異記)》

西海上, 有人乘白馬, 朱鬣·白衣·玄冠, 從十二童子, 馳馬如飛. 名曰河伯使者, 其所至之國, 雨水滂沱.〈神異記〉526

상양(商羊)새의 춤[상양무(商羊舞)] 제(齊)나라에

518. 《산당사고(山堂肆考)·천문(天文)》의 내용을 재구성한 것이다.
519. 《춘추좌전(春秋左傳)·양공(襄公)·19년》
520. 송(宋) 공평중(孔平仲), 《담원(談苑)》 권2.
521. 액우(液雨): 세속에서 입동(立冬)이 지난 임일(壬日)에 '액(液)'에 들고[입액(入液)] 소설(小雪)에 '액(液)'에서 벗어난다[출액(出液)]고 하였고, 이 기간에 오는 비를 '액우(液雨)'라 하였다.
522. 송(宋) 진원정(陳元靚), 《세시광기(歲時廣記)·동(冬)》
523. 《곡량전(穀梁傳)·희공(僖公)·2년》
524. 《설원(說苑)·권모(權謀)》
525. 《포박자(抱朴子)》에는 위의 기록이 보이지 않고, 《산당사고(山堂肆考)·천문(天文)》에 보인다.
526. 《신이기(神異記)》에는 위의 기록이 보이지 않고, 《고금사문유취(古今事文類聚)·천도부(天道部)》에 보인다.

다리가 하나인 새가 조정에 날아들어 궁전 앞에 내려와 날개를 펴고 뛰었다. 제나라 임금이 사자를 보내 공자(孔子)를 찾아가 물어보도록 하였다. 공자(孔子)가 말하기를, "이 새는 이름이 상양(商羊)입니다. 옛날에 어린아이가 한쪽 다리를 구부리고 양팔을 빠르게 펄럭이며 뛰면서 노래하기를, '날씨가 장차 크게 비오려 하면, 상양(商羊)이 춤을 춘다'라고 하였습니다. 지금 제나라에 그 새가 왔으니, 그 감응이 이른 것으로 장차 비가 내려 재앙이 될 것입니다"라고 하였다.《공자가어(孔子家語)》

齊有一足之鳥, 飛公朝, 下于殿前, 舒翅而跳. 齊候遣使訪孔子. 孔子曰, 此鳥, 名商羊. 昔童兒有屈其一足, 振迅兩臂而跳, 且謠曰, 天將大雨, 商羊鼓舞. 今齊有之, 其應至, 將有水爲災.〈家語〉[527]

하늘이 울다[천읍(天泣)] 중화(中和)[528] 3년에, 절서(浙西) 지역에서 하늘이 소리를 내는데, 소리가 맷돌을 돌리는 것과 같았으며, 구름이 없는데도 비가 내렸다. 점을 치니, "구름이 없는데도 비가 내리는 것은 하늘이 운 것이다"라고 하였다.《오행지(五行志)》

中和二年,[529] 浙西天鳴, 聲如轉磨, 無雲而雨. 占曰, 無雲而雨, 是謂天泣.〈五行志〉[530]

새는 하늘[누천(漏天)] 아주(雅州)는 촉(蜀)의 서쪽에 있는데, 그 땅이 음기(陰氣)가 강해 항상 비가 온다. 마치 하늘이 새는 것과 같아 이름을 '새는 하늘[누천(漏天)]'이라고 하였다.

雅州, 在蜀之西, 其地陰盛常雨. 如天之漏, 名曰, 漏天.[531]

비 구슬[우주(雨珠)] 양(梁)나라 대동(大同)[532] 연간에, 일찍이 소나기가 궁전 앞에 내렸는데 간간이 여러 색의 진귀한 구슬이 있었다. 양(梁) 무제(武帝)가 그것을 보고 기뻐하는 모습이 있자, 우기(虞奇)가 〈서우송(瑞雨頌)〉을 바쳤는데, "감로를 날려 윤택함을 뿌려 주며, 옥이 흩어지고 구슬이 이어지네"라고 하였다.

梁大同中, 嘗驟雨殿前, 往往有雜色寶珠. 梁武帝觀之, 有喜象, 虞奇因上瑞雨頌云, 飛甘洒潤, 玉散珠聯.[533]

햇볕을 쬐고 노숙하자 큰비가 내리다[폭로대우(暴露大雨)] 제(齊) 경공(景公) 때에 크게 가뭄이 들자, 뭇 신하들을 불러 묻기를, "하늘이 오랫동안 비를 내리지 않아 백성들이 주린 기색이 있습니다. 과인은 세금을 줄이고 영산(靈山)에 제사를 지내고 싶은데 괜찮겠습니까?"라고 물었다. 여러 신하들 중에 대답하는 이가 없었는데, 안자(晏子)가 나서서 말하기를, "이것은 아니되옵니다. 제사를 지내는 것은 무익합니다. 저 영산(靈山)은 진실로 돌을 몸으로 하고 초목을 머리카락으로 하였으니, 하늘이 오랫동안 비를 내리지 않으면 머리카락은 그을릴 것이고 몸은 불탈 것인데, 그만 유독 비오기를 바라지 않겠습니까. 거기에 제사를 지내는 것은 무익합니다"라고 하였다. 경공(景公)이 말하기를, "내가 하백(河伯)에게 제사를 지내고 싶은데 괜찮겠습니까?"라고 물었다. 안자가 말하기를, "저 하백은 물을 나라로 삼고, 물고기와 자라를 백성으로 삼고 있습니다. 하늘이 오

527.《공자가어(孔子家語)·변정(辨政)》에, "齊有一足之鳥, 飛集於公朝, 下止於殿前, 舒翅而跳. 齊侯大怪之, 使使聘魯, 問孔子. 孔子曰, 此鳥, 名曰商羊, 水祥也. 昔童兒有屈其一脚, 振訊兩眉而跳, 且謠曰, 天將大雨, 商羊鼓儛. 今齊有之, 其應至矣. 急告民趨治溝渠修隄防, 將有大水爲災"로 되어 있는 내용을 재구성한 것이다.

528. 중화(中和): 당(唐) 희종(僖宗)의 연호(881-884)이다.

529. '二年'은,《신당서(新唐書)·오행지(五行志)》에는 '三年'으로 되어 있다.

530.《신당서(新唐書)·오행지(五行志)》의 내용을 재구성한 것이다.

531.《고금사문유취(古今事文類聚)·천도부(天道部)》

532. 대동(大同): 양(梁) 무제(武帝)의 연호(535-545)이다.

533.《남사(南史)·우기전(虞寄傳)》의 내용을 재구성한 것이다.

랫동안 비를 내리지 않으면, 모든 강이 마르고 나라와 백성도 망할 것입니다. 누가 유독 비를 필요로 하지 않겠습니까? 그에게 제사를 지내는 것은 무익합니다"라고 하였다. 경공이 묻기를, "그럼 어떻게 해야 하나요?"라고 하자, "궁전을 벗어나 햇볕을 쬐고 노숙하며, 영산·하백과 그 근심을 함께한다면, 혹시 다행스럽게 비가 내릴 수도 있습니다"라고 하였다. 그리하여 경공이 들에 나가 햇볕을 쬐고 노숙한 지 사흘 만에, 하늘에서 과연 큰비가 내렸다.《안자춘추(晏子春秋)》

齊景公時, 大旱, 乃召群臣, 而問曰, 天久不雨, 民有饑色. 寡人欲少賦斂, 以祠靈山, 可乎. 群臣莫對, 晏子進曰, 此不可. 祠無益也. 夫靈山, 固以石爲身, 草爲髮, 天久不雨, 髮將燋, 身將爇, 彼獨不欲雨乎. 祠之無益. 景公曰, 吾欲祠河伯, 可乎. 晏子曰, 夫河伯, 以水爲國, 以魚鱉爲民. 天久不雨, 百川將竭, 國民將亡矣. 誰獨不用雨乎. 祠之無益. 景公曰, 奈何. 曰, 避宮殿暴露, 與山靈[534]·河伯, 共其憂, 其幸而雨乎. 景公乃出野, 暴露三日, 天果大雨.〈晏子春秋〉[535]

먼 길을 떠나면서 우산을 지니다[원행지개(遠行持蓋)] 공자(孔子)가 먼 길을 떠나려 할 때, 따르는 이들에게 명하여 모두 우산을 지니도록 하였다. 얼마 후 과연 비가 내렸다. 무마기(巫馬期)가 묻기를, "아침에 구름이 없었고 이미 해가 나왔는데 선생님께서 우산을 지니도록 명하셨습니다. 어떻게 아셨습니까?"라고 하자, 공자가 말하기를, "어제 저녁에 달이 필성(畢星)에 머물렀다. 이 때문에 그것을 알았다"라고 하였다.

孔子將遠行, 命從者, 皆持蓋. 已而果雨. 巫馬期問曰, 旦無雲, 旣日出, 而夫子命持雨具. 何以知之. 子曰, 昨暮月宿畢. 以此知之.[536]

모서리가 주저앉은 두건[점각건(墊角巾)] 임종(林宗) 곽태(郭泰)[537]가 비를 맞아, 두건이 한 모서리가 주저앉았다. 그래서 당시 사람들이 일부러 두건의 모서리를 접어 (쓰면서) '임종(林宗)의 두건[임종건(林宗巾)]'이라고 하였다.

郭林宗遇雨, 巾墊一角. 時人乃故折巾角, 以爲林宗巾.[538]

섶나무를 쌓다[적신(積薪)] 후한(後漢)의 대봉(戴封)은 자가 평중(平仲)이다. 서화령(西華令)으로 옮겨갔는데, 그해에 크게 가뭄이 들어 비를 빌어도 소득이 없었다. 그러자 섶나무를 쌓아 놓고 그 위에 앉아 스스로 불을 붙였다. 불길이 오르자 큰비가 내렸고, 원근에서 탄복하였다.

後漢戴封, 字平仲. 遷西華令, 其年大旱, 禱請無獲. 乃積薪, 坐其上以自焚. 火起而大雨, 遠邇嘆服.[539]

쑥을 두르다[환애(環艾)] 범엽(范曄)이 지은《후한서(後漢書)》의 기록이다. 양보(諒輔)가 군(郡)에서 벼슬하여 오관연(五官掾)이 되었다. 당시에 여름이 크게 가물자, 태수(太守)가 직접 비를 빌면서 양보에게 청하기를, "만약 정오에도 비가 오지 않으면 몸으로 공 없는 것을 때우겠다"라고 하고는, 이에 섶나무를 쌓고 쑥을 모아 자신을 에워쌓은 뒤 불을 당기도록 하였다. 막 불이 붙으려 하는데 정오가 되었고, 하늘에 구름이 어둡게 모이더니 잠시 후 제때의 비가 내렸다.

范曄後漢書. 諒輔仕郡, 爲五官掾. 時夏大旱, 太守自祈, 請輔曰, 若日中不雨, 請以身塞無狀. 于是, 積薪

---

534. '산령(山靈)'은 '영산(靈山)'의 오류이다.
535. 《안자춘추(晏子春秋)·내편간상(內篇諫上)》의 내용을 재구성한 것이다.
536. 《공자가어(孔子家語)·칠십이제자해(七十二弟子解)》의 내용을 재구성한 것이다.
537. 곽태(郭泰): 동한(東漢) 사람으로 자가 임종(林宗)이다. 덕행(德行)으로 이름이 높아 당시에 팔고(八顧)의 한 사람으로 칭송되었다. 조정에서 자주 불렀으나 나가지 않고 많은 제자들을 길렀다.
538. 진(晉) 황보밀(皇甫謐),《고사전(高士傳)·곽태(郭泰)》
539. 《후한서(後漢書)·대봉전(戴封傳)》

聚艾, 以自環搆火. 將自焚, 及中時, 而天雲晦合, 須臾澍雨.540

격문(檄文)으로 오성(五星)을 부르다[격오성(檄五星)]　위(魏) 관로(管輅)는 자가 공명(公明)이다. 청하(淸河)의 예태수(倪太守)를 방문하였는데, 당시에 날씨가 가물었다. 예(倪)가 비 올 때를 묻자 관로가 말하기를, "오늘 밤에 장차 비가 올 것입니다. 나무 위에 이미 소녀풍(少女風)이 있고 나무 사이에 또한 음조(陰鳥)가 서로 울어댑니다. 또 소남풍(少男風)이 일고 뭇 새들이 어지러이 날고 있습니다. 그 감응이 이르렀습니다"라고 하였다. 예(倪)가 그 말을 믿지 않자 관로가 말하기를, "16일 임자(壬子)일에 필성(畢星) 가운데에 이미 물 기운이 있었습니다. 또 격문(檄文)을 지어 오성(五星)을 불러 별의 부응(符應)을 선포하였으며, 동쪽의 정성(井星)에 기별을 보내고 남쪽의 기성(箕星)에 알려, 뇌공(雷公)과 전부(電父)와 풍백(風伯)과 우사(雨師)를 부르게 하였습니다"라고 하였다. 잠시 후 바람과 구름이 함께 일면서 검은 구름이 사방에서 모이더니 큰비가 강물처럼 쏟아졌다.

魏管輅, 字公明. 過淸河倪太守, 時天旱. 倪問雨期, 輅曰, 今夕當雨. 樹上, 已有少女風, 樹間, 又有陰鳥和鳴. 又少男風起, 衆鳥亂翔. 其應至矣. 倪不之信, 輅曰, 十六日壬子, 畢星中, 已有水氣. 又作檄, 召五星, 宣布星符, 刺下東井, 告南箕, 使召雷公·電父·風伯·雨師. 須臾, 風雲竝興, 玄雲四合, 大雨河傾.541

흰 옷을 입은 사람을 꿈꾸다[몽백의(夢白衣)]　후주(後周)의 달해무(達奚武)는 태보(太保)로서 동주(同州)자사가 되었다. 당시에 가뭄이 들자 달해무는 화산(華山)의 사당에 비를 빌었다. 산은 너무 높고 험하며 인적은 드문데다 달해무는 나이가 60을 넘었지만, 등(藤)나무를 잡아가며 올랐다. 날이 늦어 돌아갈 수 없자 산 위에서 풀을 깔고 잤다. 꿈을 꾸는데 흰 옷을 입은 한 사람이 달해무의 손을 잡고 말하기를, "고생이 심합니다. 갸륵한 일입니다"라고 하였다. 달해무가 놀라 깨었는데 아침이 되자 제때의 비가 내렸다.

後周達奚武, 以太保, 爲同州刺史. 時旱, 武祀華山廟. 岳旣高峻, 人跡罕通, 武年逾六十, 攀藤而上. 晩不得還, 於岳上, 藉草而宿. 夢一白衣執武手, 曰辛苦甚. 相嘉尙. 武驚覺, 旦而澍雨.542

말의 갈기에 뿌린 비[적종우(滴鬃雨)]　이정(李靖)이 한미했을 때에, 일찍이 산중에서 사냥을 하는데 마침 날이 저물었다. 붉은 대문이 달린 집에 이르러 머물게 되었는데, 한밤중에 문을 두드리는 소리가 매우 급했다. 한 부인이 보이는데 이정에게 말하기를, "이곳은 인간세상이 아니고 바로 용궁입니다. 지금 하늘에서 비를 내리도록 명을 내렸는데, 두 아들이 모두 부재중입니다. 잠시 동안 번거로움을 끼쳐드릴 텐데 어떠신지요"라고 하였다. 이윽고 동복(童僕)에게 명하여 청총마(靑驄馬)를 채비하도록 하고, 또 빗물 그릇[우기(雨器)]을 챙기도록 하는데 하나의 작은 병이었다. 경계하여 말하기를, "말이 땅을 차고 오르며 울거든 바로 병 속의 물을 가지고 말의 갈기 위에 한 방울씩 뿌리시오. 이 한 방울의 물은 바로 지상에서의 3척(尺)이니, 절대 많이 뿌리지 마시오"라고 하였다. 얼마 후에 번개가 구름 사이에서 쳤고, 다만 30여 방울을 이어서 뿌렸는데, 이날 밤중에 평지에는 물이 3장(丈)이나 되었다.《현괴록(玄怪錄)》

李靖微時, 嘗射獵山中, 會暮. 抵宿一朱門家, 夜半叩門甚急. 見一婦人, 謂靖曰, 此非人世, 乃龍宮也. 今天符命行雨, 二子皆不在. 欲奉煩頃刻間, 如何. 遂命黃頭, 鞴靑驄馬, 又命取雨器, 乃一小缾. 戒曰, 馬躩

540.《후한서(後漢書)·양보전(諒輔傳)》의 내용을 재구성한 것이다.
541.《삼국지(三國志)·위서(魏書)·방기전(方技傳)》
542.《북사(北史)·달해무전(達奚武傳)》의 내용을 재구성한 것이다.

地嘶鳴, 卽取缾中水, 一滴[543]馬鬃上. 此一滴水, 乃地上三尺, 愼勿多也. 旣而, 電掣雲間, 特連下三十餘滴, 此夜半, 平地水三丈.〈玄怪錄〉[544]

기도하면 반드시 비가 오다[도필우(禱必雨)] 당(唐)나라 단문창(段文昌)이 형남(荊南)을 다스릴 때에, 간혹 가뭄이 들어도 재를 지내면 반드시 비가 오고, 간혹 오랫동안 비가 내리다가도 외출하게 되면 반드시 갰다. 백성들이 말을 지어 이르기를, "가뭄에 힘써 기도하지 않아도 비가 오고, 비가 내려도 공이 외출하는 것을 염려하지 않게 한다"라고 하였다.

唐段文昌, 帥荊南, 或旱, 禬解必雨, 或久雨, 出遊必霽. 民爲語曰, 旱不苦禱而雨, 雨不愁公出遊.[545]

속절(束晳)은 소광(疏廣)의 후손이다. 태강(太康)[546] 연간에 크게 가뭄이 들자, 백성들이 속절에게 비를 빌어 줄 것을 청하였다. 3일 동안 큰비가 내리자, 백성들이 그를 가송하였다.

束晳, 疏廣之後. 太康中, 大旱, 百姓請晳禱雨. 三日大雨, 民歌之.[547]

《익부기구전(益部耆舊傳)》[548]의 기록이다. 조요(趙瑤)가 낭중령(閬中令)일 때 가뭄을 만나 영성(靈星)[549]에서 비를 청하니, 때에 맞춰 큰비가 내렸다.

益部耆舊傳, 趙瑤爲閬中令, 遭旱, 請雨於靈星, 應時大雨.[550]

사의우[蛇醫[551]雨] 당(唐)나라 왕언위(王彦威)가 변(汴) 지역을 다스릴 때 여름에 가뭄이 들었다. 이기(李杞)가 변(汴) 지역을 방문하자 주연을 베풀게 되었는데, 왕언위가 가뭄을 화제로 삼았다. 이기가 취하여 말하기를, "비를 바란다면 매우 쉽습니다. 사의(蛇醫) 네 마리와 돌 단지 두 개를 구하면 됩니다. 단지마다 물을 채우고 사의를 두 마리씩 띄운 뒤, 나무 뚜껑으로 밀봉합니다. 사람이 많이 다니는 곳에 두고, 단지의 앞뒤에 자리를 펴고 향을 사릅니다. 10살 이하의 어린아이 10여 명을 선발하여 작고 푸른 대나무를 잡고 밤낮으로 교대하면서 그 단지를 치게 하는데 잠시라도 멈추면 안 됩니다"라고 하였다. 왕언위가 말한 대로 해 보니, 하루 낮과 이틀 밤 동안 비가 크게 쏟아졌다.《유양잡조(酉陽雜俎)》

唐王彦威, 鎭汴, 夏旱. 李杞[552]過汴, 因宴, 王以旱爲言. 李醉曰, 欲雨甚易爾. 可求蛇醫四頭, 石甕二枚. 每甕實以水, 浮二蛇醫, 以木蓋密泥之. 置於鬧處, 甕前後, 設席燒香. 選小兒十歲以下者十餘, 令執小靑竹, 晝夜更擊其甕, 不得少輟. 王如言試之, 一日兩夜, 雨大注.〈酉陽雜俎〉[553]

벼룻물 비[연수우(硯水雨)] 어떤 스님이 산사에서 불경을 강론하는데, 항상 한 노인이 와서 들었다. 그의 성씨를 묻자 말하기를, "저는 산 아래에 있는 연못의 용입니다. 다행히 날이 가물어 한가해져 이곳에 와서 법문을 듣습니다"라고 하였다. 스님이 묻기를, "그대는 가뭄을 구제할 수 있습니까?"라고 하자 말하기를, "상제(上帝)께서 강과 호수를 막아, 물이

543. '一滴'은, 《고금사문유취(古今事文類聚)·천도부(天道部)》, 《산당사고(山堂肆考)·천문(天文)》 등에는 '一滴滴'으로 되어 있다.
544. 《고금사문유취(古今事文類聚)·천도부(天道部)》
545. 《신당서(新唐書)·단문창전(段文昌傳)》
546. 태강(太康): 진(晉) 무제(武帝)의 연호(281-289)이다.
547. 《진서(晉書)·속절전(束晳傳)》의 내용을 재구성한 것이다.
548. 《익부기구전(益部耆舊傳)》: 삼국(三國)시기 촉(蜀) 사람인 진수(陳壽)의 저작으로, 촉나라 인물들에 대해 기록한 책이다.
549. 영성(靈星): 촉(蜀)의 서북쪽에 있는 연못 이름으로, 영성지(靈星池)라고도 한다.
550. 《예문유취(藝文類聚)·천부(天部)》
551. 사의(蛇醫): 수궁(守宮, 도마뱀류의 양서류)의 다른 이름이다.
552. '李杞'는, 《유양잡조(酉陽雜俎)·광지(廣知)》에는 '季杞'로 되어 있다.
553. 《유양잡조(酉陽雜俎)·광지(廣知)》의 내용을 재구성한 것이다.

있어도 바로 이용할 수 없습니다"라고 하였다. 스님이 묻기를, "이 벼루에 있는 물을 사용할 수 있습니까?"라고 하자, 바로 벼루에 다가가서 물을 들이킨 뒤 그대로 떠났다. 이날 밤 천둥과 비가 크게 일었는데, 새벽이 되어 살펴보니 비가 모두 검은 물이었다. 《막부연한(幕府燕閑)》

有僧, 講經山寺, 常有一叟來聽. 問其姓氏曰, 某乃山下潭中龍也. 幸歲旱得閑, 來此聽法. 僧曰, 公能救旱乎. 曰, 上帝封江湖, 有水不得輒用. 僧曰, 此硯中水, 可用乎. 乃就硯, 吸水徑去. 是夕雷雨大作, 逮曉視之, 雨悉黑水.〈幕府燕閑〉554

상림(桑林)의 비[상림우(桑林雨)] 7년 동안 크게 가뭄이 들자 탕(湯)임금이 상림(桑林)의 들에서 비를 비는데, 세 발 달린 솥을 들고 여섯 가지 일을 스스로 책망하니 큰비가 천 리에 걸쳐 내렸다.

大旱七年, 湯禱于桑林之野, 持三足鼎, 六事自責, 大雨千里.555

서궁(西宮)의 비[서궁우(西宮雨)] 경력(慶曆)556 연간 여름에 가뭄이 들었다. 간관(諫官) 왕소(王素)가 (황제에게) 직접 기우제를 지낼 것을 청하였다. 황제가 말하기를, "태사(太史)의 말에, 다음달 2일에 비가 올 것이라고 하니, 1일에 나가서 기우제를 지내리다"라고 하였다. 왕소가 말하기를, "신은 태사가 아니지만 그날[2일]은 비가 오지 않을 것입니다"라고 하였다. 황제가 그 까닭을 묻자 왕소가 말하기를, "폐하께서는 장차 비가 올 것에 의뢰하여 기우제를 지내려 하니 정성스럽지 못합니다. 정성스럽지 못하면 하늘을 감동시킬 수 없습니다. 그래서 신은 비가 오지 않을 것을 압니다"라고 하였다. 황제가 말하기를, "내일 예천관(醴泉觀)에서 기우제를 지내겠다"라고 하자 공이 말하기를, "예천관(醴泉觀)은 가까워서 외조(外朝)나 마찬가지입니다. 어찌 더위를 꺼리어 멀리 나가시지 않는 것입니까"라고 하였다. 황제는 매번 뜻이 움직일 때마다 귀가 빨개졌는데, 귀가 빨개지면서 날카로운 소리로 말하기를, "장차 서태을궁(西太乙宮)에서 기우제를 지내겠다"라고 하자 왕소가 (황제의) 뜻을 전할 것을 청하였다. 황제가 말하기를, "수레가 교외로 나갈 때에는 미리 알리지 않소. 그대는 전례(前例)를 모르시오"라고 하였다. 공이 말하기를, "나라의 초창기에 비상사태를 염려한 것입니다. 지금 오랫동안 태평하니, 미리 알려 백성들로 하여금 용안[청광(淸光)557]을 뵙는 이들이 많게 하는 것도 염려할 것이 없겠사옵니다"라고 하였다. 간관(諫官)은 예로부터 호종(扈從)하지 않았는데, 다음날 특별히 왕공을 불러 따르게 하였다. 햇빛이 너무 세고 먼지가 공중에 가득하자 황제의 안색이 펴지지 않았다. 경림원(瓊林苑)에 이르러 멀리 서태을궁(西太乙宮)을 돌아보니 상공에 구름 기운이 있어 향기로운 연기가 오르는 듯하였다. 잠시 후에 우레와 비가 이르렀다. 황제는 소요련(逍遙輦)558을 물리치고 평련(平輦)559을 타고 수레 덮개가 없는 채로 (비를 맞으며) 궁으로 돌아왔다. 다음날 불러서 대하고 황제가 말하기를, "짐은 그대로 인하여 비를 얻었구려"라고 하였다.《문견록(聞見錄)》

慶曆間, 夏旱. 諫官王素, 乞親行禱雨. 帝曰, 太史言月二日當雨, 一日欲出禱. 公曰, 臣非太史, 是日不雨. 帝問故, 公曰, 陛下幸其當雨以禱, 不誠. 不誠, 不可動天. 臣故知不雨. 帝曰, 明日, 禱雨醴泉觀. 公曰, 醴

554. 《천중기(天中記) · 우(雨)》
555. 《고금사문유취(古今事文類聚) · 천도부(天道部)》의 내용을 재구성한 것이다.
556. 경력(慶曆): 북송(北宋) 인종(仁宗)의 연호(1041-1048)이다.
557. 청광(淸光): 황제의 얼굴을 비유한다.
558. 소요련(逍遙輦): 송대(宋代)에 천자가 타던 수레의 이름이다.
559. 평련(平輦): 천자가 타는 수레의 일종이다.《송사(宋史) · 여복지(輿服志)》에, "平輦, 又名平頭輦, 亦曰太平輦, 飾如逍遥輦而無屋"이라고 하였다.

泉之近, 猶外朝也. 豈憚暑, 不遠出邪. 帝每意動, 則耳赤. 耳已赤, 厲聲曰, 當禱西太乙宮. 公乞傳旨. 帝曰, 車駕出郊, 不預告. 卿不知典故. 公曰, 國初, 以虞非常. 今久太平, 預告, 使百姓望淸光者衆耳, 無虞也. 諫官故不扈從, 明日, 特召王公以從. 日色甚熾, 埃霧漲天, 帝玉色不怡. 至瓊林苑, 回望西太乙宮, 上有雲氣, 如香烟以起. 少時, 雷雨至. 帝却逍遙輦, 御平輦, 徹蓋還宮. 明日召對, 帝曰, 朕自卿得雨.〈聞見錄〉560

군대가 일어나자 내린 비[사흥우(師興雨)] 위(衛)나라가 크게 가뭄이 들어 점을 치니, 산천(山川)에 일이 있어 불길하다고 하였다. 영장자(甯莊子)가 말하기를, "옛날에 주(周)나라에 흉년이 들었는데, 은(殷)나라를 쳐서 이기자 풍년이 들었습니다. 지금 형(邢)나라가 무도하고 제후 가운데에는 패자가 없습니다. 하늘이 아마도 위나라로 하여금 형나라를 토벌하도록 하려는 것이 아닐까요"라고 하였다. 그의 말을 따라 군대가 일어나니 비가 내렸다.《춘추좌전(春秋左傳)》

衛大旱, 卜, 有事於山川, 不吉. 甯莊子曰, 昔周饑, 克殷而年豐. 今邢無道, 諸侯無伯. 天其或者欲使衛討邢乎. 從之, 師興而雨.〈左氏傳〉561

수레를 따라오며 내린 비[수거우(隨車雨)] 후한(後漢)의 정홍(鄭弘)이 회음(淮陰)태수로 옮겨 가게 되었다. 가던 봄에 크게 가뭄이 있었는데 수레를 따라오며 비가 내렸다.

後漢鄭弘, 遷淮陰太守. 行春大旱, 隨車致雨.562

한(漢)나라의 백리숭(百里嵩)은 자가 경산(景山)이다. 서주(徐州)자사가 되었는데, 경내에 가뭄을 만났지만, 백리숭의 행차가 이르는 곳은 단비가 바로 내렸다. 동해(東海)의 축기현(祝其縣), 금향현(金鄕縣) 등의 어른들이 하소연하기를, "사람들이 이분을 기다리는데, (우리) 백성들에게만 유독 먼저 (비를) 내려 주지 않습니까"라고 하였다. 이에 수레를 돌려서 가니 비가 수레를 따라 내렸다.

漢百里嵩, 字景山. 爲徐州刺史, 境遭旱, 嵩行部所至, 甘雨輒降. 東海祝其·金鄕等縣, 父老訴曰, 人等是公, 百姓獨不先降. 乃迴車赴之, 雨隨車而下.563

송(宋)의 진전(陳戩)이 처주(處州)를 다스릴 때에 가뭄이 들었는데, 공이 수레에서 내리자 비가 발을 적셨다. 사람들은 '수레를 따라 오며 내린 비[수거우(隨車雨)]'라 하였다. 정홍(鄭弘)의 일과 같다.

宋陳戩, 知處州時旱, 公下車, 雨沾足. 人以爲隨車雨. 與鄭弘事同.564

옥사(獄事)를 결단하여 내린 비[결옥우(決獄雨)] 원안(袁安)이 초(楚)나라 재상이 되었는데, 마침 초왕(楚王) 영(英)이 일에 연루시켜 잡아들이고 구속한 자가 천여 명이었다. 3년이 되어도 옥사가 처리되지 않아, 매질을 당하고 갇힌 채 죽은 자가 100여 명이 되자, 하늘이 타는 가뭄을 내려 벌겋게 드러난 땅이 천 리나 되었다. 원안이 옥사(獄事)를 결단하는데, 사람마다 그의 말한 내용을 구체적으로 기록하고, 본래 주모자로 왕에게 끌려온 자가 아니면 바로 처리하여 보냈다. 열흘 동안에 천 명의 목숨을 연장시켜주니, 그때 단비가 쏟아지고 해가 크게 풍년이 들었다.《선현전(先賢傳)》

袁安爲楚相, 會楚王英, 事互牽引拘繫者, 千餘人. 三年而獄不決, 坐掠幽死者, 百餘人, 天用炎旱, 赤地千里. 安決獄事, 人人具錄其辭狀, 本非首謀, 爲王所引, 應時理遣. 一旬之中, 延千人之命, 其時甘雨滂沛, 歲大豐稔.〈先賢傳〉565

---

560. 송(宋) 소박(邵博),《문견후록(聞見後錄)》 권1의 내용을 재구성한 것이다.
561.《춘추좌전(春秋左傳)·희공(僖公)·19년》
562.《고금사문유취(古今事文類聚)·천도부(天道部)》
563.《산당사고(山堂肆考)·천문(天文)》
564. 원(元) 부대용(富大用),《고금사문유취외집(古今事文類聚外集)》 권10.
565.《고금사문유취(古今事文類聚)·천도부(天道部)》

당(唐) 안진경(顏眞卿)566이 감찰어사(監察御史)가 되어 하롱(河隴)을 살피게 되었다. 이때 오원(五原)에 억울한 옥사가 있었는데, 오랫동안 해결되지 않았고 날씨도 또한 가뭄이 들었다. 안진경이 옥사를 해결하고 비가 오자, 군민(郡民)들이 '어사우(御史雨)'라 불렀다.

唐顏眞卿, 爲監察御史, 使河隴. 時五原有冤獄, 久不決, 天且旱. 眞卿辨獄而雨, 郡人呼御史雨.567

이덕우(李德雨) 도성(都城)이 오랫동안 가물었는데 이덕유(李德裕)가 재상에 임명되자 그날로 큰비가 왔다. 도성 안 사람들이 기뻐하면서 말하기를, '재상, 즉 이덕(李德)의 비[이덕우(李德雨)]'라 하였다.

京師久旱, 李德裕拜相, 卽日大雨. 京中喜曰, 相公, 乃李德雨也.568

술을 뿜어 비를 만들다[손주위우(噀酒爲雨)] 난파(欒巴)가 술을 마시다가 서남쪽으로 뿜으면서 말하기를, "신의 고을인 성도(成都)가 불이 나서 술을 뿜어 비를 만들어 불을 껐습니다"라고 하였다. 역마(驛馬)로 글을 보내 물으니, 과연 비가 왔는데 모두가 술 냄새가 났다고 하였다.《본전(本傳)》

欒巴飮酒, 西南噀之曰, 臣本縣成都失火, 故噀酒爲雨, 以滅火. 驛書馳問, 果然雨, 皆酒臭.〈本〉569

용(龍)을 그려 비를 만들다[화룡작우(畵龍作雨)] 개원(開元)570 연간에 크게 가뭄이 들자, 풍소정(馮紹正)이 궁전의 벽에 흰 용 한 마리를 그렸다. 잠시 후 백룡(白龍) 한 마리가 연못 속에서 구름을 타고 솟아올랐고, 비바람이 크게 일었다.《명황잡록(明皇雜錄)》

開元中, 大旱, 馮紹正於殿壁, 畵一素龍. 俄頃有一白龍, 自池中乘雲而起, 風雨大作.〈明皇雜錄〉571

집이 이루어지자 비가 오다[옥성치우(屋成致雨)] 동봉(董奉)이 예장(豫章)에 머물 때 크게 가뭄이 들었다. 현령 정사언(丁士彦)이 비를 불러오도록 청하자 동봉이 말하기를, "빈도(貧道)572의 집은 하늘이 다 보이니, 비가 오면 어떻게 감당하겠습니까"라고 하였다. 현령이 말하기를, "그저 비를 오게만 한다면 장차 좋은 집을 지어 주겠소"라고 하였다. 다음날 집이 완성되자 저녁에 큰비가 내렸다.《열선전(列仙傳)》

董奉居豫章時, 大旱. 縣令丁士彦, 請致雨, 奉曰, 貧道屋皆見天, 雨至何堪. 令曰, 但致雨, 當爲架好屋. 明日屋成, 暮大雨.〈列仙傳〉573

울림(鬱林)의 돌로 된 소[울림석우(鬱林石牛)] 군산(郡山)에 연못이 있는데, 연못에는 돌로 된 소[석우(石牛)]가 있다. 해가 가뭄이 들자 백성들이 소를 잡아 기우제를 지내는데 소의 피를 진흙과 섞어 석우의 등에 발랐다. 제사가 끝나자 하늘에서 비가 크게 쏟아지는데, 석우의 등에 바른 진흙이 다 없어지자 날이 갰다.

郡山有池, 池有石牛. 歲旱, 百姓殺牛祈雨, 以牛血和泥, 泥石牛背. 祠畢, 天雨洪注, 石牛背泥盡, 卽晴.574

무덤에 표창을 하니 크게 비가 내리다[표묘대우(表墓大雨)] 동해(東海)에 효성스러운 부인이 있었는

566. 안진경(顏眞卿): 당(唐)대의 정치가이자 서예가로 자가 청신(淸臣)이다. 해서(楷書)에 능통하여 안진경체(顏眞卿體)를 이루었다.
567. 《구당서(舊唐書) · 안진경전(顏眞卿傳)》의 내용을 재구성한 것이다.
568. 송(宋) 증조(曾慥), 《유설(類說) · 헌체기(獻替記)》
569. 《신선전(神仙傳) · 난파(欒巴)》
570. 개원(開元): 당(唐) 현종(玄宗)의 연호(713-741)이다.
571. 《유설(類說) · 명황잡록(明皇雜錄)》
572. 빈도(貧道): 남북조(南北朝) 시대에 승려(僧侶)들이 스스로를 칭하던 겸사이다. 당(唐) 이후에는 승(僧)의 경우는 '빈승(贫僧)'이라 하고, 도사(道士)의 경우에 '빈도(貧道)'라 하였다.
573. 《신선전(神仙傳) · 동봉(董奉)》
574. 《고금사문유취(古今事文類聚) · 천도부(天道部)》

데, 젊어서 과부가 되었고 자식이 없었다. 시어머니를 모시는데 매우 정성스럽자, 시어머니가 이웃 사람들에게 말하기를, "효성스러운 며느리가 나를 봉양하느라 힘들고 고생한다. 자식도 없이 과부로 지내는 것이 안타깝다"라고 하고는 마침내 목을 매어 죽었다. 시어머니의 딸이 관원에게 고발하기를, 며느리가 자기 어머니를 죽였다고 하였다. 관원은 효성스러운 부인을 잡아들였고 며느리는 강요에 의해 죄를 인정하니, 군(郡)의 경내가 3년 동안 가물었다. 뒤에 태수가 이르러 효성스러운 부인의 무덤에 제사를 지내고 이어 무덤에 표창을 하니, 하늘에서 크게 비가 내렸고 풍년이 들었다.

東海有孝婦, 少寡無子. 養姑甚謹, 姑告隣人曰, 孝婦養我勤苦, 哀其無子守寡, 遂自經死. 姑女告吏, 婦殺我母. 吏捕孝婦, 婦誣服, 郡中枯旱三年. 後大守至, 祭孝婦冢, 因表墓, 天大雨, 歲熟.[575]

푸른 옷을 입은 자가 일을 말하다[녹의언사(綠衣言事)] 영희(永熙)[576] 연간에 황제가 기우제를 지내려고 천경(天慶)에 이르렀다. 수레를 멈추고 묻기를, "하늘이 오랫동안 비를 내리지 않으니 어찌 할 것인가?"라고 하였다. 어떤 이는 하늘의 운수라 하고, 어떤 이는 지성(至誠)이면 반드시 응답이 있을 것이라고 하였다. 푸른 옷을 입은 한 소년이 차례를 건너뛰어 대답하기를, "형벌(刑罰)과 정사(政事)가 닦여지지 않은 까닭입니다"라고 하였다. 황제가 고개를 끄덕이고 길을 나섰다가 돌아오면서 다시 수레를 멈추고, 푸른 옷을 입은 자를 불러 정황을 물으니 대답하기를, "어느 곳의 지방관은 뇌물을 받은 잘못을 저질러 법으로 마땅히 유배를 보내야 하는데, 재상이 가깝다는 이유로 유배를 보내지 않았습니다. 어느 곳의 지방관은 뇌물을 받은 잘못을 저질렀지만 사형에 해당되지는 않는데도, 재상이 미워하는 이유로 결국 그를 죽였습니다"라고 하였다. 다음날 왕이 재상을 파면시키니 하늘에서 즉시 큰비가 내렸다. 푸른 옷을 입은 자는 구래공(寇萊公)이었다.《주사(麈史)》

永熙中, 上禱雨, 至天慶. 駐輦問曰, 天久不雨, 奈何. 或對天數, 或對至誠必有應. 一綠衣少年, 越次對曰, 刑政不修故也. 上頷之而行, 歸復駐輦, 召綠衣者, 問狀, 對曰, 某所守臣犯贓, 法當配, 宰相以親, 則不配. 某所守臣犯贓, 不當死, 宰相以嫌, 卒死之. 翌日, 上爲罷宰相, 天卽大雨. 綠衣者, 寇萊公也.〈麈史〉[577]

예연(穢淵) 나부산(羅浮山)에 거북 연못이 있는데, 만약 어떤 사람이 이 연못을 더럽히면 거북이가 곧 떠오르고 바로 비가 내린다.

羅浮山有龜淵, 若有人穢此淵, 龜便浮出, 卽雨.[578]

이금백(理禁伯)[579] 장원빈(張元賓)이 신선이 된 뒤에, 화양동(華陽洞)에 들어가 이금백(理禁伯)이 되었다. 그 직책은 물을 담당하니, 우관(雨官)이다.《진고(眞誥)》

張元賓得仙, 入華陽洞, 爲理禁伯. 其職主水, 蓋雨官也.〈眞誥〉[580]

선녀가 옷을 걸치다[옥녀피의(玉女披衣)] 평향(萍鄕) 서성(西城)의 나루에 옥녀강(玉女岡)이 있는데, 하늘이 비를 내리려 하면 번번이 돌 사이에서 오색의 구름이 먼저 솟아올랐다. 세속에서 이를 일러, '선녀가 옷을 걸친다'라고 하였다.《안성기(安城記)》

萍鄕西城津, 有玉女岡, 天當雨, 輒先湧五色雲氣于石間. 俗謂之玉女披衣.〈安城記〉[581]

575.《전한서(前漢書)·우정국전(于定國傳)》의 내용을 재구성한 것이다.
576. 영희(永熙): 진(晉) 혜제(惠帝)의 연호(291)이다.
577. 송(宋) 왕득신(王得臣),《주사(麈史)·충당(忠讜)》
578.《산당사고(山堂肆考)·천문(天文)》
579. 이금백(理禁伯): 선계(仙界)의 관직명(官職名)으로, 물과 비를 담당한다.
580. 양(梁) 도홍경(陶弘景),《진고(眞誥)·계신추(稽神樞)》
581.《산당사고(山堂肆考)·천문(天文)》

산 위에서 북이 울리다[산상명고(山上鳴鼓)] 《무창기(武昌記)》의 기록이다. 성의 서쪽에 돌 북이 있고, 산 위에는 세 개의 돌 북이 있는데, 북이 울리면 하늘에서 반드시 비가 내렸다.

武昌記. 城西有石鼓, 山上有三石鼓, 鼓鳴, 天必雨.[582]

밤이 변하다[율화(栗化)] 형주(荊州)에 오랫동안 비가 내리자 밤[률(栗)]이 변하여 벌레가 되었다. 영가(永嘉)[583] 연간에는 양주(梁州)에 100일 동안 비가 내리자 보리가 변하여 나방이 되어 날아갔다.《술이기(述異記)》

荊州久雨, 栗化爲蟲. 永嘉中, 梁州雨十旬, 麥化爲蛾飛.〈述異記〉[584]

유성(劉城)의 퉁소와 북[유성소고(劉城簫鼓)] 여산(廬山)에 강왕곡(康王谷)이 있고, 북쪽 산마루에는 유성(劉城)이라 불리는 성이 하나 있다. 하늘에서 비가 내리려 하면 번번이 퉁소와 북, 피리 소리가 들려와 마을 사람들은 (비가 내릴) 조짐으로 여겼다.

廬山有康王谷, 北嶺上有一城號爲劉城. 天欲雨, 輒聞簫鼓笳角之聲, 村人以爲候.[585]

무창(武昌)에 용산(龍山)이 있는데, 비가 오려 하면 그 위에서 소리가 나는데 뿔피리를 부는 것 같았다.

武昌有龍山, 欲雨, 則其上有聲, 如吹角.[586]

현산의 수레 덮개[현산개(峴山蓋)] 안정군(安定郡)에 현양봉(峴陽峯)이 있고, 봉우리 위에 연못이 있다. 비가 오려 하면 구름이 연못 가운데서 일어나는데 마치 수레 덮개 같았다. 속담에서, "현산(峴山)에 덮개가 펼쳐지면, 주룩주룩 비가 내린다"고 하였다.

安定郡有峴陽峯, 峯上有池. 將雨, 則雲起池中, 若車蓋然. 諺曰, 峴山張蓋, 雨滂沱.[587]

무늬석에서 진액이 나오다[문석출진(紋石出津)] 당(唐) 소정(蘇頲)이 아름다운 무늬의 화려한 돌을 가지고 있었다. 새겨서 붓꽂이를 만들어 벼루와 자리 사이에 두었는데, 매번 하늘에서 비가 내리려 하면 진액이 나와 땀처럼 천천히 흘러내렸다. 소정은 이것을 가지고 (비가 내릴) 조짐으로 삼았다.

唐蘇頲, 有一錦紋花石. 鏤爲筆架, 置硯席間, 每天欲雨, 卽津出如汗, 逡巡而雨. 頲以此爲候.[588]

산을 태우다[소산(燒山)] 태원군(太原郡)의 동쪽에 애산(崖山)이 있는데, 날이 가물면 그 곳 사람들은 항상 이 산에 불을 놓아 비를 빌었다. 세속에 전해지기를, 애산(崖山)의 신이 하백(河伯)의 딸을 아내로 맞이하였기 때문에 하백(河伯)은 큰 불이 난 것을 보면 반드시 비를 내려 불을 껐다고 한다.《유양잡조(酉陽雜俎)》

太原郡東, 有崖山, 天旱, 土人常燒此山, 以求雨. 俗傳, 崖山神娶河伯女, 故河伯見大火, 必下雨救之.〈雜俎〉[589]

(손을) 드는 돌[거석(擧石)] 형주(荊州)의 영풍현(永豐縣)에 와석(臥石)이 있는데, 길이가 9척 6촌이다. 그 모습은 사람의 몸과 같았고, 푸르고 붉은 모습이 새긴 것 같았다. 만약 해가 가뭄이 들면 손을 나란히 하여 들어 올리는데, 조금 들면 비가 조금 오고 많이 들면 비가 많이 온다.

荊州永豐縣, 有臥石, 長九尺六寸. 其形似人體, 靑黃狀, 若雕刻. 若歲旱, 便齊手而擧之, 小擧小雨, 大擧

582. 《태평어람(太平御覽) · 천부(天部)》
583. 영가(永嘉): 진(晉) 회제(懷帝)의 연호(307-313)이다.
584. 《어정연감유함(御定淵鑑類函) · 천부(天部)》
585. 《산당사고(山堂肆考) · 천문(天文)》
586. 《태평어람(太平御覽) · 천부(天部)》
587. 《산당사고(山堂肆考) · 천문(天文)》
588. 촉(蜀) 왕인유(王仁裕), 《개원천보유사(開元天寶遺事)》 권3.
589. 《유양잡조(酉陽雜俎) · 낙고기(諾皐記)》

大雨.[590]

돌을 채찍질하다[편석(鞭石)] 성홍지(盛弘之)가 지은 〈형산기(荊山記)〉의 기록이다. 흔산현(佷山縣)에 산이 하나 있는데 우뚝 솟아 있고 험준하다. 서북쪽에 돌 굴이 있는데, 촛불을 들고 백 보쯤 가면 큰 돌 두 개가 있다. 하나는 음석(陰石)으로 항상 젖어 있고, 하나는 양석(陽石)으로 항상 건조하다. 홍수나 가뭄이 재난이 될 때, 음석(陰石)을 채찍질하면 비가 오고, 양석(陽石)을 채찍질하면 날이 갰다.

盛弘之荊山記. 佷山縣有一山, 獨立峻絶. 西北有石穴, 以燭行百步許, 有二大石. 一爲陰石, 嘗潤, 一爲陽石, 嘗燥. 水旱爲災, 鞭陰石則雨, 鞭陽石則晴.[591]

섬현(剡縣)에 석굴이 있는데 높이가 1장(丈) 남짓하다. 날씨가 장차 비 오려 할 때에는 번번이 구름이 몰려다니면서 산을 비추었고, 산도 역시 구름을 내어 호응을 하여 곧바로 큰비가 왔다.

剡縣有石穴, 高丈餘. 天將雨, 雲輒群行, 映山, 山亦出雲, 應之, 卽大雨.[592]

해골을 매장해 주고 비를 얻다[장해득우(葬骸得雨)] 동한(東漢)의 주창(周暢)은 자가 백지(伯持)이다. 하남윤(河南尹)이 되었는데 여름에 가뭄이 들어, 오랫동안 빌어도 비가 내리지 않았다. 이에 낙양(洛陽)의 성곽 옆에 객사한 해골 만여 기를 거두어 장례를 지내니, 때에 맞추어 단비가 내렸다.

東漢周暢, 字伯持. 爲河南尹, 夏旱, 久禱無雨. 因收葬洛城旁客死骸骨萬餘, 應時澍雨.[593]

후위(後魏)의 송세량(宋世良)이 어사(御史)로서, 하북(河北)을 살피고 돌아오는 길에 급군(汲郡)을 들렸다. 성곽 옆에 해골이 많은 것을 보고, 주군(州郡)에 공문을 보내 모두 거두어 매장하게 하였다. 그날 밤에 단비가 주룩주룩 내렸다.

後魏宋世良, 以御史, 使河北還, 過汲郡. 見城傍多骸骨, 移文州郡, 悉令收瘞. 其夜, 甘雨滂沱.[594]

주란상(周蘭祥)이 형주자사(荊州刺史)일 때, 경내에 심하게 가뭄이 들었다. 무덤이 파헤쳐져 해골이 드러난 것을 보고, 거두어 장례지내도록 명하자 그날로 단비가 내렸다.

周蘭祥爲荊州刺史, 境內亢旱. 見發掘塚暴露骸骨者, 命收葬之, 卽日澍雨.[595]

처사(處士)가 용을 몰다[처사구룡(處士驅龍)] 당(唐) 우승유(牛僧孺)는 자가 사암(思黯)이다. 양양(襄陽)을 다스릴 때 오랫동안 가뭄이 들었다. 용을 잘 기르는 처사(處士)가 있어 공이 비를 불러오도록 청하였다. 처사가 말하기를, "양자강과 한수 간에는 용이 없고, 다만 추박(湫泊)에 흑룡(黑龍)이 있는데 다루기가 어렵습니다. 억지로 몰면 반드시 재앙이 될 것입니다"라고 하였다. 공이 굳이 명하자 과연 큰비가 와서 만 호(戶)를 쓸어가 버렸다.

唐牛僧孺, 字思黯. 鎭襄陽, 久旱. 有處士能豢龍, 公請致雨. 處士曰, 江漢間無龍, 獨湫泊中, 有黑龍, 難制. 强驅之, 必爲災. 公固命之, 果大雨, 漂流萬戶.[596]

굴에서 사는 것들은 비를 안다[혈거지우(穴居知雨)] 옛날에 동중서(董仲舒)가 창 아래에서 책을 읽는데 어떤 사람이 밖에서 그에게 말하기를, "오늘 반드시 비가 올 것입니다"라고 하였다. 동중서가 말하기를, "내가 듣기에, 둥지에 사는 것들은 바람을 알고, 굴에 사는 것들은 비를 안다고 하였는데, 그대는 여우가 아니면 틀림없이 쥐일 것이다"라고 하고

590. 《유양잡조(酉陽雜俎)·낙고기(諾皐記)》
591. 《천중기(天中記)·우(雨)》
592. 《태평어람(太平御覽)·지부(地部)》의 내용을 재구성한 것이다.
593. 《후한서(後漢書)·주창전(周暢傳)》
594. 《고금사문유취(古今事文類聚)·상사부(喪事部)》
595. 《고금사문유취(古今事文類聚)·상사부(喪事部)》
596. 《산당사고(山堂肆考)·천문(天文)》

내다보니, 그 사람이 들여우로 변하여 달아나는 것이 보였다.

昔董仲舒讀書于窓下, 有人自外謂之曰, 今日必雨. 仲舒曰, 吾聞, 巢居知風, 穴居知雨. 君非狐貍, 必是老鼠. 遂窺之, 見其人化爲野狐而去.597

심우당(審雨堂) 노분(盧汾)이 꿈에서 개미굴에 들어갔는데, 집이 보이는데 그 이름을 '심우당(審雨堂)'이라 써놓았다.《수신기(搜神記)》

盧汾夢入蟻穴, 見堂宇, 題其名曰, 審雨堂.〈搜神記〉598

임하계(臨賀界)의 돌사람[임하석인(臨賀石人)]

《형주기(荊州記)》에서 말하였다. 임하계(臨賀界)에 와석(臥石)이 있는데, 사람과 닮았고 색은 청색과 황색이 살짝 일었다. 이 고을에 만약 가뭄이 들어 여기에 제사를 지내면 바로 비가 내렸다.

荊州記云. 臨賀界有臥石, 似人而色青黃隱起. 此鄕若旱, 祭之卽雨.599

수명을 줄여 비를 빌다[감수걸림(減壽乞霖)] 고남(高南)이 봉신령(奉新令)일 때에, "바라건대 10년의 수명을 줄여서라도, 3일 동안 비가 내리기를 빕니다"라는 말을 하였다. 주자(朱子)가 당시에 남강(南康)을 다스리고 있었는데 그 말을 듣고 칭송하여 말하기를, "만약 우리들이 모두 고(高)영윤과 같다면, 내가 무엇을 근심하겠는가"라고 하였다.

高南爲奉新令, 有願減十年壽, 乞爲三日霖之句. 朱子時守南康, 聞而嘉之曰, 使吾屬, 皆如高令尹, 吾何憂乎.600

관단(灌壇)의 비[관단우(灌壇雨)] 태공(太公)이 관단령(灌壇令)일 때에, 무왕(武王)이 꿈을 꾸었는데 어떤 부인이 길에서 밤에 울고 있었다. (무왕이) 물으니 대답하기를, "나는 동해신(東海神)의 딸로, 서해신(西海神)의 젊은이에게 시집을 왔습니다. 지금 관단령(灌壇令)이 갈 길을 맡고 있어 저의 길을 막고 있습니다. 제가 갈 때에는 반드시 심한 비바람이 이는데, 태공은 덕이 있어 내가 감히 폭풍우와 함께 이곳을 지나면서 그분의 덕을 손상시킬 수 없습니다"라고 하였다. 무왕이 다음날 태공을 부르니 3일 낮밤을 과연 질풍과 폭우가 일면서 읍(邑)의 외곽으로 지나갔다.

太公爲灌壇令, 武王夢, 婦人當道夜哭. 問之, 曰, 吾是東海神女, 嫁於西海神童. 今灌壇令當道, 廢我行. 我行必有大風雨, 而太公有德, 吾不敢以暴風雨過是, 毁君德. 武王明日召太公, 三日三夜, 果有疾風暴雨, 從邑外過.601

표지를 잠기게 한 비[멸표우(滅表雨)] 제(齊), 한(韓), 위(魏)가 함께 연(燕)을 공격하자, 초왕(楚王)이 경양(景陽)으로 하여금 군대를 이끌고 가서 구원하도록 하였다. 날이 저물어 머물게 되자 좌우(左右)의 사마(司馬)들에게 각자의 군영에서 땅에 진지를 만들도록 하였다. 이미 표지를 세웠는데 경양이 화를 내며 말하기를, "너희들이 군영을 친 곳은, 모두 물로 표지가 잠기게 될 것이니, 어찌 머물 수 있겠는가"라 하고 옮길 것을 명하였다. 다음날 크게 비가 내렸고 산골의 물이 크게 쏟아져, 군영을 친 곳은 모두 물이 표지를 잠기게 하자 군리(軍吏)들이 심복하였다.

齊·韓·魏, 共攻燕, 楚王使景陽, 將而救之. 暮舍, 使左右司馬, 各營壁地. 已植表, 景陽怒曰, 女所營者, 水皆至滅表, 焉可以舍. 乃令徙. 明日大雨, 山水大出, 所營者, 水皆滅表, 軍吏乃服.602

배행검(裴行儉)이 돌궐(突厥)을 토벌하는데, 날이

597.《수신기(搜神記)》 권18에는, "董仲舒, 下帷講誦, 有客來詣舒. 知其非常客, 又云欲雨. 舒戲之曰, 巢居知風, 穴居知雨, 卿非狐貍, 則是鼷鼠, 客遂化爲老貍"로 되어 있다.

598.《수신기(搜神記)》 권10에는, "夏陽盧汾, 字士濟. 夢入蟻穴, 見堂宇三間, 勢甚危豁, 題其額曰, 審雨堂"으로 되어 있다.

599. 수(隋) 두공첨(杜公瞻),《편주(編珠)·천지부(天地部)》

600.《산당사고(山堂肆考)·신직(臣職)》

601. 진(晉) 장화(張華),《박물지(博物志)·이문(異聞)》

저물어 이미 군영을 세웠고 참호(塹壕)도 갖추어졌다. 배행검이 다시 명령을 내려 군영을 높은 언덕으로 옮기라고 하였다. 군리(軍吏)들이 말하기를, "병사들이 자리잡았으니 동요시키면 안 됩니다"라고 하면서 서둘러 옮기라는 명을 듣지 않았다. 밤이 되어 비바람이 갑자기 내리쳐 앞쪽에 군영을 친 곳이 1장(丈) 남짓 물에 잠기자 모두가 놀라 탄복하지 않는 이가 없었다. 어떻게 그것을 알았느냐고 묻자 배행검이 말하기를, "지금부터 다만 내가 통제하는 대로만 할 것이며, 내게 알게 된 연유를 묻지 말라"라고 하였다.

裴行儉討突厥, 暮已立營, 塹壕旣周. 行儉更命, 徙營高岡. 吏白, 士安堵不可擾. 不聽促徙之. 比夜風雨暴至, 前占營所, 水深丈餘, 衆莫不駭嘆. 問何以知之, 行儉曰, 自今, 第如我節制, 毋問我所以知也.603

손님을 머물게 한 비[유객우(留客雨)] 옛날에 우산(羽山)에 신인(神人)이 있어 중악(中岳)에서 노닐었다. 좌원방(左元放)과 함께 계자훈(薊子訓)의 처소에서 놀다가 자리에서 일어나려고 하였다. 계자훈이 그들을 머물게 하고 싶어서, 이틀 동안에 세 번이나 비를 내리게 하였다. 오늘날 (이 비를) '5월에 세 번 온 비[오월삼우(五月三雨)]', 또는 '손님을 머물게 한 비[유객우(留客雨)]'라 한다.

昔羽山有神人焉, 逍遙于中岳. 與左元放, 共遊薊子訓所, 坐欲起. 子訓欲留之, 二日之中三雨. 今呼五月三雨, 亦爲留客雨.604

하늘에 호소하여 비를 얻다[소천득우(訴天得雨)] 구금용(苟金龍)이 재동태수(梓潼太守)일 때, 양(梁)나라 사람들이 공격하여 포위하였다. 마침 구금용이 병이 깊어 아내 유(劉)씨가 앞장서서 항전을 독려하는데, 100여 일이 되자 성안에 물이 떨어졌다. 유씨가 대중을 모아놓고 하늘에 호소하자 잠시 후에 단비가 내렸다. 유씨가 명하기를, 공사를 막론하고 베와 비단 그리고 옷가지를 내어 성안에 걸어 놓고, 짜서 물을 받아 여러 그릇에 모두 저장하도록 하였다. 이에 인심이 더욱 견고해졌고, 양(梁)나라 사람들은 물러갔다. 선무(宣武)605가 이를 가상히 여겨 그의 아들에게 관직을 주었다.

苟金龍爲梓潼太守, 梁人攻圍. 會金龍病, 妻劉率勵拒戰, 百有餘日, 城中絶水. 劉集衆告天, 俄而澍雨. 劉命, 出公私布絹, 及衣服, 懸之城中, 絞而取水, 所有雜器, 悉儲之. 於是, 人心益固, 梁人退. 宣武嘉之, 官其子.606

현자(賢者)를 우대하여 내린 비[우현우(優賢雨)] 정관(貞觀)607 말엽에 방현령(房玄齡)608이 관직을 물러나 집에 있는데, 당시에 가뭄이 들자 태종(太宗)이 부용원(芙蓉園)에 행차하여 풍속을 살피고자 하였다. 방현령이 이 말을 듣고 그의 아들에게 신칙하기를, "황제께서 반드시 들르실 것이니, 빨리 청소하게 하고 음식 그릇을 준비시켜라"라고 하였다. 얼마 후 태종이 과연 먼저 그의 집에 들렀다가 곧 입궁하였다. 그날 밤에 크게 비가 내리자 모두가 현자(賢者)를 우대한 보응이라고 하였다.

貞觀末, 房玄齡避位居第, 時天旱, 太宗將幸芙蓉園, 以觀風俗. 玄齡聞之, 戒其子曰, 鑾輿必當見幸, 亟使掃灑, 兼備饌具. 有頃, 太宗果先幸第, 便載入宮. 其

602. 《전국책(戰國策)·연책(燕策)》
603. 《신당서(新唐書)·배행검전(裴行儉傳)》
604. 송(宋) 진원정(陳元靚), 《세시광기(歲時廣記)·하(夏)》
605. 선무(宣武): 북위(北魏) 제7대 황제로, 재위 기간은 499-515년이다.
606. 《위서(魏書)·열녀전(列女傳)》의 내용을 재구성한 것이다.
607. 정관(貞觀): 당(唐) 태종(太宗)의 연호(627-649)이다.
608. 방현령(房玄齡): 당(唐) 초기의 정치가로, 15년 동안 재상으로 있으면서 태종(太宗)을 도와 정관지치(貞觀之治)를 이루었다. 왕명으로 《진서(晉書)》를 중찬(重撰)하였다.

夕大雨, 咸以爲優賢之應.609

기와로 만든 옷[와의(瓦衣)] 곡나율(谷那律)이 일찍이 태종(太宗)을 따라 사냥을 나갔다. 도중에서 비를 만나자 왕이 묻기를, "만약 기름옷을 만든다면 비가 새지 않겠지요?"라고 하였다. 곡나율이 말하기를, "기와로 그것을 만들 수 있다면 틀림없이 새지 않을 것입니다"라고 하였다. 그 의도는 태종이 사냥을 하지 않기를 바란 것이다. 태종은 기뻐하면서 비단 200단(段)을 하사하였다.

谷那律, 常610從太宗出獵. 途中遇雨, 上問, 油衣若爲, 得不漏. 那律曰, 能以瓦爲之, 必不漏矣. 意欲太宗不爲畋獵. 太宗悅, 賜帛二百段.611

소가 열등하다[우렬(牛劣)] 경룡(景龍)612 연간에 장맛비가 100여 일 동안 내렸다. 이에 시장의 북문(北門)을 폐쇄했으나 끝내 효과가 없었다. 사람들이 노래하기를, "현자에게 예우하기를 게을리 하지 않아 동쪽의 문을 열어 놓고, 조화와 다스림을 잘하여 북문(北門)을 폐쇄했네"라고 하였다. 당시에 수레를 모는 자가 진흙길에 고생이 심하여 말하기를, "재상(宰相)이 음양(陰陽)을 잘 조절하지 못하여 이 장마를 초래하였으니 우리를 진흙 속에 다니게 한다"라고 하였다. 마침 중서령(中書令) 양재사과(楊再思過)가 이르기를, "이치상 그렇더라도, 또한 그대의 (수레를 끄는) 소가 열등한 것일 뿐이리다"라고 하였다.

景龍中, 霖雨百餘日. 乃閉坊市北門, 卒無效. 人歌云, 禮賢不解開東閤, 爕理惟能閉北門. 時駕車者, 苦甚汚街中, 言曰, 宰相不能調陰陽, 致玆恒雨, 令我汚行. 會中書令楊再思過, 謂之曰, 於理則然, 亦卿牛劣耳.613

우공(雨工)614 의봉(儀鳳)615 연간에 유의(柳毅)가 경양(涇陽)에서, 한 부인이 길가에서 양을 기르는 것을 보았다. 괴이하게 여겨 물으니, 동정군(洞庭君)의 작은 딸이라고 하였다. 양을 길러 어디에 쓰려는 지를 묻자, 대답하기를, "양이 아니고 우공(雨工)으로, 우레 중의 하나입니다"라고 하였다. 유의가 후에 이 여인을 아내로 맞이하였는데, 개원(開元)616 연간에도 생존해 있었다.

儀鳳中, 柳毅於涇陽, 見婦人牧羊道畔. 怪而問之, 曰, 洞庭君小女也. 問牧羊何用, 曰, 非羊也, 雨工也, 雷霆之類也. 毅後配此女, 開元中猶在.617

상처로 비가 올 것을 알다[반흔지우(瘢痕知雨)] 빈왕(邠王) 이수례(李守禮)는 장회태자(章懷太子)618의 아들이다. 당시에 쌓인 구름이 여러 날 계속되었다. 이수례가 제후왕들에게 말하기를, "날이 맑아지려 합니다"라고 하였는데, 과연 맑아져 심히 뜨거운 날씨[건양(愆陽)619]가 열흘을 넘겼다. 이수례가 말하기를, "곧 비가 올 것입니다"라고 하였는데, 과연 연이어 단비가 내렸다. 기왕(岐王) 등이 아뢰기를, "빈(邠)형은 방술이 있습니다"라고 하자 이수례가 말하기를, "신은 방술이 있는 것이 아닙니다. 칙천무

609. 《태평광기(太平廣記) · 우(雨)》
610. '常'은, 《구당서(舊唐書) · 곡나율전((谷那律傳)》에는 '嘗'으로 되어 있다.
611. 《구당서(舊唐書) · 곡나율전((谷那律傳)》의 내용을 재구성한 것이다.
612. 경룡(景龍): 당(唐) 중종(中宗)의 연호(707-710)이다.
613. 《구당서(舊唐書) · 오행지(五行志)》에는, "卒無效. 人歌云, 禮賢不解開東閤, 爕理惟能閉北門"의 부분이 없고, 《어정연감유함(御定淵鑑類函) · 천부(天部)》에 보인다.
614. 우공(雨工): 비의 신, 즉 우사(雨師)를 일컫는다.
615. 의봉(儀鳳): 당(唐) 고종(高宗)의 연호(676-679)이다.
616. 개원(開元): 당(唐) 현종(玄宗)의 연호(713-741)이다.
617. 《천중기(天中記) · 우(雨)》
618. 장회태자(章懷太子): 자가 명윤(明允)으로 당(唐) 고종(高宗)의 여섯 째 아들이자, 빈왕(邠王) 이수례(李守禮)의 부친이다.
619. 건양(愆陽): 양기(陽氣)가 지나친 것이다. 원래는 겨울 날씨가 지나치게 따뜻한 것을 가리켰는데, 후에는 가뭄이나 심히 더운 날씨를 가리키게 되었다.

후(則天武后) 때에 장회태자(章懷太子)께서는 유배 당하시고, 신은 궁중에 10여 년 동안 유폐되어 있었습니다. 매년 해마다 왕명으로 여러 대씩 매를 맞아, 드러난 흉터가 매우 깊습니다. 비가 오려 하면 신의 등뼈가 찌뿌드드하고 날이 개려 하면 상쾌합니다. 신은 이것으로 아는 것이지 방술이 있는 것이 아닙니다"라고 하는데, 눈물이 옷깃을 적셨다. 현종(玄宗)도 안타까워하였다.《구당서(舊唐書)》

邠王守禮, 章懷太子之子也. 時積陰累日. 守禮白於諸王曰, 欲晴. 果晴, 愆陽涉旬. 守禮曰, 卽雨. 果連澍. 岐王等奏之云, 邠哥有術. 守禮曰, 臣無術也. 則天時, 以章懷遷謫, 臣幽閉宮中十餘年. 每歲, 歲被勑, 杖數頓, 見瘢痕甚厚. 欲雨, 臣脊上卽沈悶, 欲晴, 卽輕健. 臣以此知之, 非有術也. 涕泗沾襟. 玄宗亦惘然.〈舊唐書〉620

우림령(雨淋鈴) 황제가 촉(蜀) 지역을 행차한 뒤 처음으로 사곡(斜谷)에 들었는데, 장맛비가 열흘 동안 계속되었다. 잔도(棧道)에서 종소리가 들리는데, 산과 서로 호응하였다. 황제는 양귀비(楊貴妃)가 그리워져 그 소리를 채록하여 우림령(雨淋鈴)이라는 곡을 만들어 한을 기탁하였다.

上旣幸蜀, 初入斜谷, 霖雨彌旬. 於棧道中, 聞鈴聲, 與山相應. 上悼念貴妃, 因採其聲, 爲雨淋鈴曲, 以寄恨焉.621

장마는 심하다[임심(霖甚)] 두로전(豆盧瑑)이 건부(乾符)622 연간에 재상에 임명되었다. 조서가 선포되는 날, 비바람과 우레가 크게 일어 나무가 뽑혔다. 좌승(左丞) 위섬(韋蟾)이 두로전과 사이가 좋아 가서 축하하는데, 두로전이 우레와 비의 괴이함을 언급하였다. 위섬이 말하기를, "이것은 상공이 장마가 되어 가뭄을 해결할 사람이 될 상서(祥瑞)에 해당합니다"라고 하였다. 두로전이 웃으며 말하기를, "장마는 너무 심하오"라고 하였다. 황소(黃巢)623의 반군이 장안을 점령했을 때, 두로전은 장직방(張直方)의 집에서 해를 당했다. 식자(識者)들은 바람과 우레가 좋지 않은 징조였다고 하였다.《구당서(舊唐書)》

豆盧瑑, 乾符中拜相. 宣制日, 大風雷雨拔樹. 左丞韋蟾, 與瑑善, 往賀之, 瑑言及雷雨之異. 蟾曰, 此應相公爲霖作解之祥也. 瑑笑曰, 霖何甚耶. 及巢賊犯京師, 瑑遇害於張直方之第. 識者以風雷, 不令之兆.〈舊唐書〉624

우비(雨備)를 빌다[가우구(假雨具)] 시랑(侍郎) 공극(孔極)이 보유(補遺)일 때, 한 번은 조회에서 돌아오다 비를 만나 남의 집 처마 밑에서 비를 피했다. 한 노인이 나와서 맞아들이는데 술과 안주가 매우 성대하고 정갈하였다. 공극이 감사를 하고 또 우비까지 빌렸다. 노인이 말하기를, "저는 한가로이 지내면서 사람들 일에 관여하지 않아 추위와 더위, 비바람을 무릅쓴 적이 없습니다. 이를 버려두고 무엇을 하고자 하겠습니까"라고 하고는 다른 곳에서 (우비를) 빌려서 주었다. 공극이 물러와서 탄식을 하는데, 마치 벼슬에 대한 마음을 잊은 듯하였으며 다른 사람에게 말하기를, "이분은 큰 은자(隱者)이시다"라고 하였다.

孔極侍郞, 爲補遺時, 嘗朝回値雨, 乃於人家簷廡下避之. 有一叟出迎, 酒饌甚豐潔. 極爲謝之, 且假雨具. 叟曰, 某閑居, 不預人事, 寒暑風雨, 未嘗冒也. 置此, 欲安施乎. 於他處, 假借以奉之. 極退而嘆嗟, 若忘宦情, 語人曰, 斯大隱者也.625

세금을 없애자 내린 비[제세우(除稅雨)] 남당(南

---

620. 《구당서(舊唐書) · 이수례전(李守禮傳)》

621. 당(唐) 정처회(鄭處晦), 《명황잡록보유(明皇雜錄補遺)》

622. 건부(乾符): 당(唐) 희종(僖宗)의 연호(874-879)이다.

623. 황소(黃巢): 당(唐) 말엽에 농민 봉기를 일으킨 영수이다. 875년에 봉기에 참여한 뒤 881년에는 장안을 점령하고 황제의 지위에 올라 국호를 대제(大齊)라 하였다. 884년 당(唐)의 군대에 쫓기다 태산(泰山)에서 자살하였다.

624. 《구당서(舊唐書) · 두로전전(豆盧瑑傳)》

唐) 시기에 세율(稅率)이 너무 무거워 장사꾼들이 힘들어하였다. 하루는 북원(北苑)에서 연회를 하는데 열조(烈祖)[626]가 가까운 신하들에게 말하기를, "기내(畿內)에는 비가 오는데 도성에는 비가 오지 않음은 어째서인가? 감옥이나 시장에서 잘못을 얻어 하늘의 뜻을 거스른 것인가?"라고 하였다. 신점고(申漸高)가 담해(談諧)를 이어 아뢰기를, "비는 세금 거두는 것이 두려워 감히 도성에 들어오지 못합니다"라고 하였다. 열조가 크게 웃고는 즉시 명을 내려 일체의 정해진 액수 이외의 세금을 없애도록 하니, 이틀 동안 단비가 충분하게 내렸다.

南唐時, 斂率尤繁, 商人苦之. 一日, 宴于北苑, 烈祖謂侍臣曰, 畿甸雨, 都城不雨, 何也. 得非獄市之間, 違天意耶. 申漸高乘談諧進曰, 雨懼抽稅, 不敢入京. 烈祖大笑, 卽下令, 除一切額外稅, 信宿之間, 膏澤告足.[627]

비의 신에게 보낸다[이우신(移雨神)] 사공도(司空圖)의 기록이다. 여름 내내 비가 오지 않아 백성들이 신을 모신 곳에 가서 양과 돼지를 잡아 올리고 무릎을 꿇고 빈 것이 앞뒤로 도합 세 번이나 된 뒤에야 소원을 이루었습니다. 백성들이 크게 기뻐하면서 다시 보답의 제사를 지내려고 합니다. 나는 유독 미혹된 일이라고 생각하니, 어째서일까요. 하늘이 신령스런 젖으로 온갖 곡식을 길러 반드시 때에 맞게 풍년이 들게 하면, 그런 뒤에 백성들이 서로 이끌어 신이 일에 애쓰신 것을 위로하여 제사를 드리는 것입니다. 지금 처음에 그 베풂을 인색하게 하여 백성들을 근심하고 지치게 하였으니, 이것은 신이 부여받은 직책을 태만히 한 것입니다. 반드시 백성들이 빌기를 바라고 나서 응답을 하였으니, 이것은 신이 하늘의 권한을 농락한 것입니다. 응답을 내리고 나서 백성들로 하여금 윗사람에게는 원망을 보내고 자신에게는 은혜를 돌리게 하였으니, 이것은 신이 하늘의 덕을 훔친 것입니다. 원망을 남에게 미루는 것이 어떻게 의(義)가 되며, 고기 젯밥을 욕심내는 것이 어떻게 인(仁)이 되며, 하늘의 일을 태만히 하는 것이 어떻게 경(敬)이 되겠습니까. 이런 여러 가지 덕목이 없는데 어떻게 신이 되겠습니까. 가령 말하기를, "내가 내 멋대로 할 수 있는 것이 아니고, 백성의 실정을 알고 나서 무시로 상제(上帝)에게 청하는 것이다"라고 하더라도 이 또한 그저 자리에 핑계를 돌리는 것입니다. 이것이 내가 미혹되게 여기는 것입니다. 아! 하늘은 끝내 속일 수 없고, 백성은 오래도록 무시할 수 없습니다. 저으기 신을 위하여 이를 걱정하노니, 어찌할 것입니까.

司空圖. 夏滿不雨, 民前後走神所, 刲羊豕而跪乞者, 凡三而後, 得請. 民大喜, 且將報祀. 愚獨以爲惑, 何者. 天以神乳育百穀, 必時旣豐, 然後民相率, 以勞神之勤於事, 而祀焉. 今始恡其施, 以愁疲民, 是神怠天之職也. 必希民之求, 而遂應, 是神玩天之權也. 旣應而俾民輸怨於上, 而歸惠於己, 是神攘天之德也. 推怨, 何以爲義. 利腥膻之饋, 何以爲仁. 怠天之事, 何以爲敬. 蔑是數者, 何以爲神. 假曰, 非吾所得顓, 然知民之情, 而不時請於上. 是亦徒偶於位. 此愚所以惑也. 噫. 天不可終慢, 民不可久侮. 竊爲神危之, 奈何.[628]

〈풍우대(風雨對)〉 나은(羅隱)의 글이다. 바람과 비, 눈과 서리는 천지가 권한으로 삼는 것이다. 산과 내, 숲과 못은 귀신이 숨는 곳이다. 그러므로 바람과 비가 제때에 맞지 않으면 그해에 기근이 들고, 눈과 서리가 제때에 맞지 않으면 사람에게 질병이 생긴다. 그런 뒤에 산과 내, 숲과 못에 빌어 그것을 이르게

625. 《천중기(天中記) · 우(雨)》
626. 열조(烈祖): 오대십국(五代十國) 시기 남당(南唐)의 초대 황제로, 재위 기간은 937-943년이다.
627. 《남당서(南唐書) · 담해전(談諧傳)》
628. 송(宋) 요현(姚鉉), 《당문수(唐文粹) · 고문(古文)》

한다면 바람과 비, 눈과 서리가 결국 귀신의 소유가 되는 것이 분명하다. 하늘의 높음으로도 스스로 처리하지 못하고 산과 내에 맡기고, 땅의 두터움으로도 스스로 운용하지 못하고 귀신에 의지하는 것이 아니겠는가. 만약 제사가 제때에 이루어지지 않아 기근이 생기고, 보응(報應)이 이르지 않아 질병이 생긴다면, 이는 귀신이 천지(天地)의 권한을 사용하는 것이다. 그리고 바람과 비, 눈과 서리는 소와 양의 근본이 되니, 다시 무슨 세시(歲時)를 위하며, 또 무슨 백성을 위하겠는가. 이 때문에 큰 도(道)가 옆에서 나오지 않는 것은 그 농락됨을 두려워하는 것이고, 큰 정치를 아랫사람에게 묻지 않는 것은 그 질서를 염려하는 것이다. 하늘이 무엇을 말하려 하겠는가.

羅隱. 風雨雪霜, 天地之所權也. 山川藪澤, 鬼神之所伏也. 故風雨不時, 則歲有饑饉, 雪霜不時, 則人有疾病. 然後, 禱山川藪澤, 以致之, 則風雨雪霜, 果爲鬼神所有也, 明矣. 得非天之高, 不可以自理, 而寄之山川, 地之厚, 不可以自運, 而憑之鬼神. 苟祭祀不時, 則饑饉作, 報應不至, 則疾病生, 是鬼神用天地之權也. 而風雨雪霜, 爲牛羊之本矣, 復何歲時爲, 復何人民爲. 是以, 大道不旁出, 懼其弄也, 大政不問下, 懼其倫也. 天欲何言.[629]

안개 霧

- 《석명(釋名)》의 기록이다. 안개[무(霧)]는 '덮는 것[모(冒)]'이다. 기(氣)가 감싸서 땅 위의 만물을 덮는다.

  釋名. 霧, 冒也. 氣蒙, 冒覆地物也.[630]

- 《용어하도(龍魚河圖)》의 기록이다. 산에 짙은 안개가 생겨 10일 이상 없어지지 않는 것은 산이 무너질 징후이다.

  龍魚河圖. 山有大霧, 十日已上不除者, 山崩之候也.[631]

- 옹구현(雍丘縣)에 사당이 있는데, 이름이 '하후사(夏后祠)'이다. 신령스런 우물이 안개를 불러올 수 있다.

  雍丘縣有祠, 名曰夏后祠. 神井, 能致霧.[632]

- 《박물지(博物志)》의 기록이다. 왕숙(王肅), 장형(張衡), 마균(馬均)이 옛날에 함께 안개를 무릅쓰고 길을 갔는데, 한 사람은 탈이 없었고 한 사람은 병이 생겼고 한 사람은 죽었다. 그 까닭을 물으니, 탈이 없었던 사람이 말하기를, "나는 술을 마셨고, 병이 생긴 사람은 배불리 먹었으며, 죽은 사람은 빈속이었습니다"라고 하였다.

  博物志. 王肅·張衡·馬均, 昔俱冒霧行, 一人無恙, 一人病, 一人死. 問其故, 無恙者云, 我飮酒, 病者飽食, 死者空腹.[633]

- 《제왕세기(帝王世紀)》의 기록이다. 무릇 짙은 안개가 3일 동안 계속되면, 반드시 큰비가 온다. 비가 내리지 않으면, 그 안개는 무릅쓰고 지나갈 수가 없다.

  帝王世紀. 凡重霧三日, 必大雨. 雨未降, 其霧, 不可冒行也.[634]

- 《이아(爾雅)》의 기록이다. 땅의 기운이 발동하였는데 하늘이 호응하지 않는 것을 안개라 한다. 안

629. 《당문수(唐文粹)·고문(古文)》
630. 《석명(釋名)·석천(釋天)》
631. 《태평어람(太平御覽)·천부(天部)》
632. 《예문유취(藝文類聚)·천부(天部)》
633. 《박물지(博物志)·잡설(雜說)》
634. 《태평어람(太平御覽)·천부(天部)》

개는 '회(晦)'라 한다.

爾雅. 地氣發, 天不應, 曰霧. 霧謂之晦.[635]

- 증자(曾子)가 말하였다. 음(陰)과 양(陽)의 기운이 어지러워지면 안개가 낀다.

  曾子曰. 陰陽之氣亂, 則霧.[636]

- 《춘추원명포(春秋元命苞)》의 기록이다. 음(陰)과 양(陽)이 노하여 바람이 되고, 어지러워져 안개가 된다.

  元命苞. 陰陽怒, 而爲風, 亂而爲霧.[637]

- 《오행지(五行志)》의 기록이다. 안개라는 것은 온갖 사악한 것들의 기운이다. 음(陰)으로서 양(陽)을 덮은 채, 땅에 뿌리를 두고 하늘에 대응한다.

  五行志. 霧者, 百邪之氣. 爲陰冒陽, 本于地, 而行[638]于天.[639]

- 태평한 시대에는 안개가 보름달을 가리지 않는다.

  太平之世, 霧不塞望.[640]

치우(蚩尤)의 안개[치우무(蚩尤霧)] 치우(蚩尤)는 형제가 80명이었다. 짐승의 몸에 사람의 말을 하였으며, 구리로 된 머리에 쇠로 된 이마를 가지고 있었다. 오곡을 먹지 않고, 모래를 먹거나 돌을 삼켰다. 다섯 가지 포악한 형벌을 만들어 백성들을 해치니, 황제(黃帝)가 그를 치고자 탁록(涿鹿)에서 전쟁을 하였다. 치우가 100리의 짙은 안개를 만들어 3일 동안 지속되니 군사들이 모두 헤맸다. 황제가 풍후(風后)에게 명령하여, 북두칠성[두기(斗機)[641]]을 본떠 지남차(指南車)를 만들도록 하였다. 마침내 치우를 멸망시켰고, 깃발 위에 그의 형상을 그려 사악한 도깨비를 제압하였는데, 이름을 '치우기(蚩尤旗)'라 하였다.

蚩尤兄弟八十人. 獸身人語, 銅頭鐵額. 不食五穀, 啗沙呑石. 作五虐之刑, 以害黎庶, 黃帝擊之, 戰於涿鹿. 蚩尤作百里大霧, 彌三日, 軍人皆惑. 黃帝令風后, 法斗機, 作指南車. 遂滅蚩尤, 畫其形於旗上, 以壓邪魅, 名蚩尤旗.[642]

안개 시장[무시(霧市)] 《후한서(後漢書)》의 기록이다. 하남(河南)의 장해(張楷)는 자가 공초(公超)인데 5리의 안개를 만들 수 있어, 그 기술을 배우려는 자가 시장과 같았다. 그래서 '안개 시장[무시(霧市)]'이라 하였다. 당시에 관서(關西) 사람인 배우(裴優)도 3리의 안개를 만들 수 있었으나, 스스로 장해만 못하다고 여겨 그를 따라 배우려고 하였지만 장해는 피하면서 만나려 하지 않았다.

後漢書. 河南張楷, 字公超, 能作五里霧, 學其術者, 如市. 故云, 霧市. 時關西人裴優, 亦能作三里霧, 自以不如楷, 往從學之, 楷避, 不肯見.[643]

난파(欒巴)의 안개[난파무(欒巴霧)] 《신선전(神仙傳)》의 기록이다. 난파(欒巴)가 상서랑(尙書郞)일 때, 갑자기 정전(正殿)에 짙은 안개가 끼어 난파가 있는 곳을 잃었다. 얼마 후 물어보니 그날 성도(成都)의 친구에게 돌아간 것이었다. 헤어질 때에도 역시 비바람이 치며 어두웠다.

神仙傳. 欒巴爲尙書郞, 忽正朝大霧, 失巴所在. 尋問之, 其日還成都親故. 別時, 亦風雨晦冥.[644]

---

635. 《이아(爾雅)·석악(釋樂)》
636. 《고금사문유취(古今事文類聚)·천도부(天道部)》
637. 《고미서(古微書)·춘추원명포(春秋元命苞)》
638. '行'은, 《신당서(新唐書)·오행지(五行志)》에는 '應'으로 되어 있다.
639. 《신당서(新唐書)·오행지(五行志)》
640. 《비아(埤雅)·석천(釋天)》
641. 두기(斗機): 북두칠성(北斗七星)의 세 번째 별을 가리킨다. 후에는 북두칠성을 가리키는 말로도 쓰였다.
642. 《운급칠첨(雲笈七籤)·헌원본기(軒轅本紀)》와 《태평어람(太平御覽)·천부(天部)》 등의 내용을 종합하여 재구성한 것이다.
643. 《후한서(後漢書)·장해전(張楷傳)》

이윤(伊尹)의 안개[이윤무(伊尹霧)] 《제왕세기(帝王世紀)》의 기록이다. 옥정(沃丁)[645] 8년에 이윤(伊尹)이 죽었다. 향년 100여 살이었는데, 3일 동안 짙은 안개가 끼었다.

世紀. 沃丁八年, 伊尹卒. 年百有餘歲, 大霧三日.[646]

검은 표범의 안개[현표무(玄豹霧)] 《열녀전(列女傳)》의 기록이다. 대부(大夫) 도답자(陶答子)가 도(陶) 지역을 3년 동안 다스렸는데도 명예는 일지 않고 집안의 재산만 3배가 되었다. 그의 아내가 충고하기를, "남산(南山)에 검은 표범이 있는데, 안개 끼고 비오는 7일 동안을 내려와 먹지 않는 것은 어째서입니까. 자신의 털을 윤택하게 하여 무늬를 이루고자 해서입니다. 그러므로 숨어서 해를 피하는 것입니다. 지금 그대가 이와 같이 한다면 후환을 면하지 못할 것입니다"라고 하였다. 1년 후에 과연 도둑에 의해 죽음을 당하였다.

列女傳. 陶大夫答子, 化[647]陶三年, 名譽不興, 家富三倍. 其妻諫曰, 南山有玄豹, 霧雨七日, 不下食者, 何也. 欲以澤其衣毛, 而成其文章. 故藏以遠害. 今君若此, 不免後患. 期年, 果以盜誅.[648]

평성(平城)의 안개[평성무(平城霧)] 고조(高祖)가 흉노(匈奴)에게 포위되었는데, 7일이 되자 하늘에 짙은 안개가 끼었다. 한(漢)이 사람을 보내 돌아오게 하였는데도 흉노는 깨닫지 못하여, 평성(平城)의 위기를 벗어날 수 있었다.

高祖爲匈奴所圍, 七日天大霧. 漢使人還往, 胡不覺, 得免平城之難.[649]

무릉(茂陵)의 향기로운 안개[무릉향무(茂陵香霧)] 무제(武帝)가 무릉(茂陵)에 안장되자, 향기로운 기운이 평시와 다르게 무덤과 길 사이에 쌓여 짙은 안개와 같았다.

武帝葬茂陵, 芳香之氣異常, 積於墳埏之間, 如大霧.[650]

안개 속에서 거북이를 타고 가다[무중승구(霧中乘龜)] 《안성기(安城記)》의 기록이다. 안성현(安成縣) 사람인 사름(謝廩)이 사냥을 하고 돌아오는 길에 안개 속에서 한 사람을 만났는데, 거북이를 타고 가고 있었다. 절을 하고 따라가기를 청하니 신인(神人)이 말하기를, "그대는 선골(仙骨)을 지니지 못하여 갈 수 없다"라고 하였다.

安成記. 縣人謝廩, 行田歸路, 雲霧中, 忽遇一人, 乘龜而行. 拜請隨去, 神人曰, 汝無仙骨, 不得去也.[651]

시라(尸羅)가 안개를 뿜어내다[시라분무(尸羅噴霧)] 《습유기(拾遺記)》의 기록이다. 연(燕) 소왕(昭王) 7년에 목서국(沐胥國)이 와서 조회하였다. 도술(道術)을 지닌 사람으로 이름을 시라(尸羅)라 하는 이가 있었는데, 물을 뿜어 안개를 만드니 몇 리 사이가 어두웠다. 잠시 후 다시 입김을 불어 빠른 바람을 만드니 안개가 모두 그쳤다.

拾遺記. 燕昭王七年, 沐胥國來朝. 有道術人, 名尸羅, 噴水爲雰霧, 暗數里間. 俄復吹爲疾風, 雰霧皆止.[652]

효성이 안개를 감동시키다[효감무(孝感霧)] 우이(盱眙)의 백성인 왕팽(王彭)이 먼저 어머니 상을 당하였는데 거상(居喪)이 매우 효성스러웠다. 원가(元嘉)[653] 초엽에 아버지가 또 돌아가셨는데, 왕팽 형제

---

644. 《신선전(神仙傳) · 난파(欒巴)》
645. 옥정(沃丁): 상(商)나라 제6대 황제의 이름이다.
646. 《태평어람(太平御覽) · 천부(天部)》
647. '化'는, 《열녀전(列女傳) · 현명전(賢明傳)》에는 '治'로 되어 있다.
648. 《열녀전(列女傳) · 현명전(賢明傳)》의 내용을 재구성한 것이다.
649. 달무리가 일곱 겹이 지다[월훈칠중(月暈七重)] 참조.(21쪽)
650. 《태평어람(太平御覽) · 천부(天部)》
651. 《설부(說郛) · 안성기(安城記)》
652. 《습유기(拾遺記)》 권4의 내용을 재구성한 것이다.
653. 원가(元嘉): 유송(劉宋) 문제(文帝)의 연호(424-453)이다.

두 사람이 흙일[무덤 만드는 일]도 아직 완성하지 못하자 마을 사람들이 왕팽을 도와 벽돌을 만들었다. 벽돌일은 물의 공급이 필요한데, 날이 가문 때를 만나 힘을 다해 우물을 파도 물을 얻지 못하였다. 왕팽이 곤궁함을 호소해도 대책이 없었는데, 하루 아침에 하늘에 안개가 끼었고 안개가 사라지고 난 뒤에, 벽돌을 굽는 가마 앞에 저절로 물이 생겼다.

盱眙民王彭, 先丁母艱, 居喪至孝. 元嘉之始, 父又喪亡, 彭兄弟二人, 土工未就, 鄉人助彭, 作塼. 塼事須水濟, 値天旱, 穿井盡力, 不得水. 彭號窮無計, 一旦天霧, 霧消之後, 於塼竈前, 自然水生.654

요망한 도적의 안개[요적무(妖賊霧)] 《유양잡조(酉陽雜俎)》의 기록이다. 계주(桂州)의 요망한 도적인 봉영(封盈)은 몇 리에 이르는 안개를 만들 수 있었다.

雜俎. 桂州妖賊封盈, 能爲數里霧.655

팔공(八公)의 안개[팔공무(八公霧)] 회남왕(淮南王)이 초빙한 팔공(八公)656의 무리 가운데, 어떤 한 사람은 앉아서는 비바람을 부르고, 서서는 구름과 안개를 일으킬 수 있었다.

淮南. 八公之徒中, 有一人, 能坐致風雨, 立起雲霧.657

다섯 제후의 안개[오후무(五候霧)] 한(漢)나라 때, 왕(王) 씨 성의 다섯 제후가 같은 날 함께 분봉되었는데, 누런 안개가 사방에 가득하였다.

漢, 王氏五候, 同日俱封, 黃霧四塞.658

공중을 흐리게 하여 걸음걸이가 지장을 받다[미공보장(迷空步障)] 《청이록(淸異錄)》의 기록이다. 안개를 불러 공중을 흐리게 하여 걸음걸이가 지장을 받다.

淸異錄. 呼霧, 迷空步障.659

무지개 虹蜺

- 《석명(釋名)》의 기록이다. 무지개는 양기(陽氣)가 발동한 것이다. 무지개[홍(虹)]는 공격함[공(攻)]이니, 순양(純陽)이 음(陰)의 기운을 공격하는 것이다.

  釋名. 虹, 陽氣之動也. 虹, 攻也, 純陽, 攻陰之氣也.660

- 《이아(爾雅)》의 기록이다. 체동(螮蝀)은 무지개이다. 예(蜺)는 암무지개이다. 다른 이름으로 '설이(挈貳)'라 하는데, '이(貳)'는 '둘'이라는 말이다.

  爾雅. 螮蝀, 虹也. 蜺, 雌虹也. 一名挈貳, 貳, 蓋言二.661

- 숫무지개를 '홍(虹)'이라 하고, 암무지개를 '예(蜺)'라 한다. 구설에, 무지개는 항상 쌍으로 나타나는데, 선명하고 강한 것이 수컷이고 어두운 것이 암컷이라 하였다. 또는 말하기를, 적백색을 '홍(虹)'이라 하고, 청백색을 '예(蜺)'라고도 한다.

  雄曰虹, 雌曰蜺. 舊說, 虹常雙見, 鮮盛者雄, 其闇者雌也. 一曰, 赤白色謂之虹, 靑白色謂之蜺.662

---

654. 《태평어람(太平御覽)·천부(天部)》
655. 《유양잡조(酉陽雜俎)·괴술(怪術)》
656. 팔공(八公): 한(漢) 회남왕(淮南王) 유안(劉安)의 여덟 문객으로, 소비(苏非), 이상(李尙), 좌오(左吳), 전유(田由), 뇌피(雷被), 모피(毛被), 오피(伍被), 진창(晋昌)을 일컫는다. 이들이 유안의 명에 따라《회남자(淮南子)》를 지었다.
657. 《태평어람(太平御覽)·천부(天部)》에는 "淮南王, 聞有道術士, 必卑辭厚幣, 以致之. 於是, 八公乃往. 一人能坐致風雨, 立起雲霧. 王試之, 無不效"로 되어 있다.
658. 《후한서(後漢書)·마황후기(馬皇后紀)》
659. 송(宋) 도곡(陶穀),《청이록(淸異録)·천문(天文)》
660. 《석명(釋名)·석천(釋天)》
661. 《이아(爾雅)·석악(釋樂)》

• 《백호통(白虎通)》의 기록이다. 무지개는 '하늘의 활[천궁(天弓)]'이다. 또한 '상제의 활[제궁(帝弓)]'이라고도 한다.

白虎通. 虹, 天弓也. 又謂之帝弓.663

• 무지개라는 것은 음(陰)과 양(陽)의 정기이다. 또 이르기를, "음과 양이 사귀어 무지개가 된다"라고 하였다.《춘추원명포(春秋元命苞)》

虹蜺者, 陰陽之精. 又曰, 陰陽交爲虹蜺.〈元命苞〉664

• 해 옆의, 기운이 흰 것이 무지개이다.《고령요(考靈曜)》

日旁氣白者, 爲虹.〈考靈曜〉665

• 계춘(季春)의 달[3월]에 무지개가 처음 나타나고, 맹동(孟冬)의 달[10월]에 무지개가 숨어 나타나지 않는다.《월령(月令)》

季春之月, 虹始見, 孟冬之月, 虹藏不見.〈月令〉666

• '홍(虹)'은 무지개이다. 음과 양이 사귀어 만나는 기운이 모양과 색으로 나타나는 것이다. 항상 음(陰)의 구름에 의지하고, 낮에 해가 가는 길에 나타난다. 구름이 없어도 나타나지 않고, 너무 구름이 끼어도 나타나지 않는다. 대개 해가 서쪽으로 가면 동쪽에 나타난다.《채옹(蔡邕)월령장구(月令章句)》

虹, 螮蝀也. 陰陽交接之氣, 著於形色者也. 常依陰雲, 而晝見於日衝. 無雲不見, 太陰亦不見. 率以日西見於東方.〈蔡邕月令章句〉667

• 무지개가 동쪽에 있으니 감히 이것을 지적할 수 없다.《시경(詩經)》

螮蝀在東, 莫之敢指.〈詩〉668

• 《춘추잠담파(春秋潛潭巴)》의 기록이다. 오색의 무지개가 이르러 궁전을 비추자, 전쟁이 있었다.

春秋潛潭巴. 虹五色迭至, 照于宮殿, 有兵革之事.669

흰 무지개가 해를 관통하다[백홍관일(白虹貫日)] 섭정(聶政)670이 한괴(韓傀)를 찔러 죽이자, 흰 무지개가 해를 관통하였다.

聶政刺韓傀, 白虹貫日.671

《열사전(列士傳)》의 기록이다. 형가(荊軻)672가 출발한 뒤에, 연(燕)나라 태자 단(丹)은 무지개가 해를 관통한 채 사라지지 않는 것을 보고 말하기를, "내 일이 성공하지 못하겠구나"라고 하였다.

列士傳. 荊軻發後, 太子見虹貫日不撤曰, 吾事不成矣.673

하늘이 무지개를 던지다[천투예(天投蜺)] 영제(靈帝)674 때에, 검은 기운이 북궁(北宮)인 온명전(溫明殿)의 동쪽 뜰 안에 떨어졌다. 검은 것이 수레 덮개와 같았는데 솟아오르면서 재빨리 움직였다. 길이는 10여 장(丈)이었고 그 모습은 용과 비슷하였다. 황제가 채옹(蔡邕)에게 물으니 대답하기를, "이른바

---

662. 《비아(埤雅)·석천(釋天)》
663. 《천중기(天中記)·홍(虹)》
664. 《고미서(古微書)·춘추원명포(春秋元命包)》
665. 《예문유취(藝文類聚)·천부(天部)》에는, "尚書考靈曜, 鄭玄注曰, 日旁氣白者, 爲虹"이라고 하였다.
666. 《예기(禮記)·월령(月令)》의 내용을 재구성한 것이다.
667. 《예문유취(藝文類聚)·천부(天部)》
668. 《시경(詩經)·국풍(國風)·체동(蝃蝀)》의 구절로, 여자의 음분(淫奔)을 풍자한 시(詩)이다.
669. 《고미서(古微書)》·춘추잠담파(春秋潛潭巴)》
670. 섭정(聶政): 전국(戰國)시기 한(韓)나라 사람이다. 대부 엄수(嚴遂)의 부탁으로 재상이었던 한괴(韓傀)를 살해한 뒤 자살하였다.
671. 《전국책(戰國策)·위책(魏策)》
672. 형가(荊軻): 전국(戰國)시기 위(衛)나라 사람이다. 연(燕)나라 태자 단(丹)의 부탁으로 진왕(秦王) 정(政)을 죽이려다가 이루지 못하고 살해되었다.
673. 《태평어람(太平御覽)·천부(天部)》
674. 영제(靈帝): 후한(後漢) 제12대 황제로, 재위기간은 168-189년이다.

하늘이 무지개를 던진 것입니다"라고 하였다.《오행지(五行志)》

靈帝時, 有黑氣, 墮北宮溫明殿, 東庭中. 黑如車蓋, 騰起奮迅. 長十餘丈, 其貌似龍. 上問蔡邕, 對曰, 所謂天投蜺也.〈五行志〉675

무지개가 솥의 물을 마시다[홍음기부(虹飮其釜)] 진릉(晉陵) 설원(薛願)의 일이다. 의희(義熙)676 초엽에 무지개가 그 집 솥의 물을 마시는데 요란한 소리를 내며 다 마셔버렸다. 설원이 술을 가져다가 부으니 붇는 대로 다 마시고는 바로 금을 토해 내는데 솥에 가득하였다. 이에 재앙이 날로 없어지고 풍년과 부가 해마다 이르렀다.《이원(異苑)》

晉陵薛願. 義熙初, 有虹飮其釜, 翕響便竭. 願輦酒灌之, 隨投隨涸, 便吐金滿器. 於是, 災弊日杜,677 而豐富歲臻.〈異苑〉678

드리운 무지개가 음식을 먹다[수홍흡식(垂虹吸食)] 위고(韋皐)가 촉(蜀)을 다스릴 때, 서쪽 정자에서 연회를 하였다. 비가 개고 무지개가 생기더니 공중에서 내려와서 음식을 먹어 치우는데, 머리는 나귀와 같았다. 공이 말하기를, "무지개라는 것은 요사스런 기운이다. 내가 저으기 이것을 걱정한다"라고 하자 두로서(竇盧署)가 말하기를, "무지개는 하늘의 심부름꾼입니다. 사악한 곳으로 내려오면 허물이 되지만 바른 곳으로 내려오면 상서가 됩니다. 공은 바른 분이니 감히 축하할 일이라 생각합니다"라고 하였다. 뒤에 열흘이 지나자 과연 중서령(中書令)에 제수되었다.

韋皐鎭蜀, 宴西亭. 雨霽有虹, 自空而下, 吸其飮食且盡, 首似驢. 公曰, 虹蜺者, 妖沴之氣. 吾竊懼此. 竇盧署曰, 虹蜺, 天使也. 降於邪則爲戾, 降於正則爲祥. 公正人也, 敢以爲賀. 後旬日, 果拜中書令.679

쌍무지개를 꿈꾸다[몽쌍홍(夢雙虹)] 이특(李特)의 큰아들은 탕(蕩)이고 작은아들은 웅(雄)이었다. 전에 이특의 아내 나(羅) 씨가 꿈을 꾸었는데, 쌍무지개가 문에서 하늘로 올라가는데 무지개가 중간에 끊어졌다. 얼마 후에 탕을 낳았다. 후에 나 씨가 물을 마시다가 잠든 것 같은 상황에서 또 꿈을 꾸었는데, 큰 무지개가 그녀의 몸을 감쌌다. 마침내 임신하였고 14개월이 되어 웅을 낳았다. 나씨는 항상 말하기를, "나의 두 아들 중에 만약 먼저 죽는 아이가 있다면, 남아 있는 아이는 반드시 크게 귀하게 될 것이다"라고 하였다. 뒤에 웅이 마침내 촉(蜀)을 다스리는 왕이 되었다.

李特, 長子蕩, 少子雄. 初特妻羅氏, 夢雙虹, 自門升天, 虹中斷. 旣而生蕩. 後羅氏, 因吸水, 忽然如寐, 又夢大虹680繞其身. 遂有孕, 十四月而生雄. 羅常曰, 吾二兒, 若有先亡, 在者必大貴. 後雄遂王蜀.681

무지개가 동궁(東宮)을 관통하다[홍관동궁(虹貫東宮)] 수(隋)나라의 태자 용(勇)은 자신이 장차 폐위될 것을 알고는, 근심스럽고 두려웠으나 계책을 낼 방법이 없자, 점쟁이인 왕보현(王輔賢)에게 물었다. 왕보현이 말하기를, "흰 무지개가 동궁(東宮)의 문을 관통하였고 태백성(太白星)이 달을 침범하였으니. 황태자가 폐위되어 물러날 형상입니다"라고 하였다.

隋太子勇, 知其將廢, 憂懼, 計無所出, 乃問于占候人

675. 《후한서(後漢書) · 오행지(五行志)》에는, "靈帝光和元年六月丁丑, 有黑氣, 墮北宮溫明殿東庭中. 黑如車蓋, 起奮訊身, 五色有頭, 體長十餘丈, 形貌似龍. 上問蔡邕, 對曰, 所謂天投蜺者也"로 되어 있다.
676. 의희(義熙): 진(晉) 안제(安帝)의 연호(405-418)이다.
677. '杜'는, 《이원(異苑)》 권1에는 '祛'로 되어 있다.
678. 송(宋) 유경숙(劉敬叔), 《이원(異苑)》 권1.
679. 《천중기(天中記) · 홍(虹)》
680. '虹'은, 《진서(晉書) · 이웅재기(李雄載記)》에는 '虵'로 되어 있다.
681. 《진서(晉書) · 이웅재기(李雄載記)》의 내용을 재구성한 것이다.

王輔賢. 輔賢曰, 白虹貫東宮門, 太白襲月, 皇太子廢退象也.[682]

채색 무지개가 집으로 들어오다[채홍입택(彩虹入宅)] 원화(元和)[683] 2년 3월에, 채색 무지개가 윤주(潤州)의 대장(大將) 장자량(張子良)의 집으로 들어갔다. 먼저 미음 항아리로 들어가더니 미음이 다하자 우물로 들어가 마셨다. 이해 9월에 이기(李錡)가 반란을 일으키고 장자량으로 하여금 황제의 명령을 거두게 하고, 자량을 끌어들였다. 반군이 성을 포위하였지만 이기는 체포되었고, 장자량은 금오장군(金吾將軍)에 제수되었다가 얼마 후 지방관을 역임하였다.

元和二年三月, 彩虹, 入潤州大將張子良宅. 初入漿甕, 水盡, 入井飲之. 是年九月, 李錡反, 令子良收宣, 歛子良. 反兵圍城, 錡就擒, 子良拜金吾, 尋歷方鎭.[684]

무지개 용[예룡(蜺龍)] 후홍실(候弘實)은 포판(蒲坂) 사람이다. 나이가 막 열서너 살 되었을 때에 일찍이 처마 아래에서 잠을 자는데, 하늘에서 큰비가 내리려 하면서 무지개가 생겨 황하에서 물을 마시더니 잠시 후 후홍실의 입으로 이어졌다. 그의 어머니가 보고는 감히 깨우지를 못했는데, 한참 후에 무지개가 하늘에서 후홍실의 입으로 사라지더니 다시는 나오지 않았다. 잠에서 깨어나자 어머니가 꿈을 꾸었는지를 물었다. 대답하기를, "마침 꿈을 꾸었는데 황하에 들어가 물을 마시고 배가 불러 돌아왔습니다"라고 하였다. 어머니가 말없이 좋아하면서 그가 장차 귀하게 될 것으로 알았다. 뒤에 몇 달이 지나 촉(蜀)의 스님이 문에 이르러 그의 상을 보고 그 어머니에게 말하기를, "이 아이는 무지개 용입니다. 그러나 고향을 떠나야 출세할 것입니다"라고 하였다. 후홍실이 나중에 미주(眉州)자사가 되었다가 검부(黔府)로 옮겨 갔는데, 두 부(府)와 두 진(鎭)이 모두 큰 강에 가까웠다.

候弘實, 蒲坂人也. 年方十三四, 嘗寐於簷下, 天將大雨, 有虹自河飲水, 俄貫于弘實之口. 其母見, 不敢驚焉, 良久, 虹自天沒于弘實之口, 不復出焉. 及覺, 母問有夢否. 對曰, 適夢, 入河飲水, 飽足而歸. 母默喜, 知其必貴. 後數月, 有蜀僧詣門相之, 謂其每曰, 此蜺龍也. 但離去鄕井, 方有顯榮. 弘實, 後爲眉州刺史, 遷于黔府, 二府二鎭, 皆近大江.[685]

미인홍(美人虹) 《이원(異苑)》의 기록이다. 옛날에 부부가 있었는데 흉년이 들어 채소를 뜯어먹다가 죽어 모두 푸른 무지개로 변하였다. 그래서 세속에서 '미인홍(美人虹)'이라 부른다.

異苑. 古有夫妻, 荒年, 菜食而死, 俱化成青絳.[686] 故俗呼爲美人虹.[687]

장부홍(丈夫虹) 《속수신기(續搜神記)》의 기록이다. 여릉(廬陵)의 파구(巴丘) 사람인 진제(陳濟)가 주(州)의 관리가 되었다. 그의 아내가 홀로 집에 있었는데, 항상 외모도 단정하고 붉고 푸른 도포를 입었으며 안색이 화려한 사나이가 나타나, 산의 골짜기에서 서로 만날 약속을 하였고, 간간이 침소에도 이르렀다. 그들은 깨닫지 못했지만 사람들이 말하기를, 서로 감응하여 이르는 곳마다 무지개가 생겼다고 하였다.

續搜神記. 廬陵巴丘人陳濟作州吏. 其妻獨在家, 常有一丈夫, 儀貌端正, 着絳碧袍, 采色炫燿, 相期於一山澗, 至於寢處. 不覺有人道, 相感所至, 輒有虹蜺.[688]

682.《수서(隋書)·문사자전(文四子傳)》의 내용을 재구성한 것이다.
683. 원화(元和): 당(唐) 헌종(憲宗)의 연호(806-820)이다.
684.《태평광기(太平廣記)·징응(徵應)》
685.《어정연감유함(御定淵鑑類函)·천부(天部)》
686. '絳'은,《예문유취(藝文類聚)·천부(天部)》에는 '虹'으로 되어 있다.
687.《이원(異苑)》권1.
688. 진(晉) 도잠(陶潛),《수신후기(搜神後記)》권7.

이슬 露

• 《대대례(大戴禮)》의 기록이다. 음(陰)의 기운이 왕성하면 엉겨서 서리나 눈이 되고, 양(陽)의 기운이 왕성하면 흩어져서 비나 이슬이 된다.

大戴禮. 陰氣勝, 則凝爲霜雪, 陽氣勝, 則散爲雨露.[689]

• 《신이기(神異記)》의 기록이다. 이슬의 기운이 진하고 단 것이 감로(甘露)이다. 다른 이름으로 '고로(膏露)', 또는 '천주(天酒)'라 한다.

神異記. 露氣濃甘者, 爲甘露. 一名膏露, 一名天酒.[690]

• 〈월령(月令)〉의 기록이다. 이슬이란 것은 음(陰)의 진액이다.

月令. 露者, 陰之液也.[691]

• 《오경통의(五經通義)》의 기록이다. 온화한 기운의 진액이 엉겨서 이슬이 되는데, 이슬은 땅에서 나온다.

五經通義. 和氣津液, 凝爲露, 露從地出.[692]

• 《백호통(白虎通)》의 기록이다. 감로(甘露)라는 것은 아름다운 이슬이다. (감로가) 내리면 만물이 풍성해지지 않는 것이 없다.

白虎通. 甘露者, 美露也. 降則物無不盛.[693]

• 《서응도(瑞應圖)》의 기록이다. 노인들이 존경을 받으면 소나무와 측백나무에 감로(甘露)가 내린다. 어진이를 높이고 대중을 포용하며 작은 것도 잘못되지 않으면 대나무와 갈대에 감로가 내린다.

瑞應圖. 耆老得敬, 則松栢受甘露. 尊賢容衆, 不失細微, 則竹葦受甘露.[694]

• 노자(老子)가 말하였다. 하늘과 땅이 서로 교합하여 감로를 내리면 사람들은 명령하는 이가 없어도 저절로 다스려진다.

老子曰. 天地相合, 以降甘露, 人莫之令, 而自均.[695]

• 《포박자(抱朴子)》의 기록이다. 어찌 하늘 위에 감로(甘露)의 연못이 있어 태평한 때를 기다려 뿌려주지 않으며, 땅속에 예천(醴泉)의 샘이 있어 도(道)를 지닌 사람을 기다려 솟아나지 않으리라고 알겠는가.

抱朴子. 何以知天上不有甘露之淵, 須太平而灑之, 地中不有醴泉之源, 待有道而涌之邪.[696]

• 《예기(禮記)》의 기록이다. 성왕(聖王)은 (천명을) 따르고 어기지 않으므로, 하늘에서 감로가 내리고 땅에서 예천이 솟는다.

禮記. 聖王, 所以順而弗悖也, 天降甘露, 地出醴泉.[697]

• 《여씨춘추(呂氏春秋)》의 기록이다. 감로와 제때의 비는 어느 것에도 사사로이 내리지 않는다.

呂氏春秋. 甘露·時雨, 不私一物.[698]

• 이슬에는, 주로(朱露), 단로(丹露), 현로(玄露), 청로(青露), 황로(黃露)가 있다.

露, 有朱露·丹露·玄露·青露·黃露.[699]

---

689. 한(漢) 대덕(戴德), 《대대례기(大戴禮記)·증자천원(曾子天圓)》
690. 《산당사고(山堂肆考)·천문(天文)》에는 "東方朔神異記. 露氣濃甘者, 爲甘露. 王者施德惠, 則甘露降於草木. 一名膏露, 一名天酒"라고 하였다.
691. 《산당사고(山堂肆考)·천문(天文)》에는 "蔡邕月令. 露者, 陰之液也"라고 하였다.
692. 《태평어람(太平御覽)·천부(天部)》
693. 《백호통(白虎通)·덕론(德論)》
694. 《예문유취(藝文類聚)·상서(祥瑞)》
695. 《노자(老子)·32장》
696. 《포박자(抱朴子)》에는 위의 기록이 보이지 않고, 《예문유취(藝文類聚)·상서(祥瑞)》에 보인다.
697. 《예기(禮記)·예운(禮運)》에, "聖王所以順, 山者不使居川, 不使渚者居中原, 而弗敝也. 用水火金代飮食必時, 合男女, 頒爵位, 必當年德. 用民必順. 故無水旱昆蟲之災, 民無凶饑妖孽之疾. 故天不愛其道, 地不愛其寶, 人不愛其情. 故天降膏露, 地出醴泉"으로 되어 있는 내용을 재구성한 것이다.
698. 《여씨춘추(呂氏春秋)·맹춘기(孟春紀)》

보로단(寶露壇) 고신(高辛)[700]씨 시절에, 단구(丹丘)라는 나라에서 마노(瑪瑙) 단지를 바쳤는데 감로(甘露)가 담겨 있었다. 단지는 요(堯)임금 시절까지 남아 있었는데, 감로가 그 안에 가득한 채로 마르지 않았다. 이것을 보로(寶露)라 하여 여러 신하들에게 나눠주었다. 순(舜)임금 시절에 이르면서 이슬이 점점 줄어들자, 순임금은 보로 단지를 형산(衡山)의 위에 옮겨 놓았다. 그래서 형산에 보로단(寶露壇)이 있다. 순임금은 단 아래에 월관(月館)을 세우고 밤의 달을 바라보았다. 동방삭(東方朔)의 〈보옹명(寶甕銘)〉에서 다음과 같이 읊었다. "보배로운 구름이 보로단에서 생기고, 상서로운 바람이 월관에서 일어난다. 멀리 삼호(三壺)[701]를 바라보니 한 자쯤 되겠고, 팔홍(八鴻)[702]을 보니 두른 띠와 같구나."《습유기(拾遺記)》

高辛時, 丹丘之國, 獻瑪瑙甕, 以盛甘露. 甕至堯時猶存, 甘露在其中, 盈而不竭. 謂之寶露, 以頒賜群臣. 至舜時, 露已漸減. 舜遷寶甕於衡山之上. 故衡山之岳, 有寶露壇. 舜於壇下, 起月館, 以望夕月. 東方朔, 寶甕銘曰. 寶雲生於露壇, 祥風起於月館. 望三壺如盈尺, 視八鴻如縈帶.〈拾遺記〉[703]

상서로운 구름과 감로[길운감로(吉雲甘露)] 동방삭(東方朔)이 말하기를, "신이 일찍이 동쪽 끝에 가서, 상서로운 구름이 일어나는 연못을 들렀습니다"라고 하였다. 황제가, "무엇을 상서로운 구름이라 하는가?"라고 묻자 대답하기를, "그 나라의 풍속은 항상 구름으로 길흉(吉凶)을 점칩니다. 길하면 온 집안에 구름이 일어 오색이 사람을 비추고, 초목(草木)에 붙으면 모두가 오색이 되는데, 이슬의 맛이 아주 답니다"라고 하였다. 황제가 말하기를, "이슬을 얻을 수 있겠는가?"라고 하자 동방삭이 동쪽으로 갔다가 저녁이 되어 돌아왔는데, 검고 누런 이슬을 얻어 유리그릇에 담아왔다. 황제가 여러 신하들에게 두루 나누어 주니 이슬을 얻어 맛본 이들이, 늙은 자는 모두 젊어지고 병든 자는 모두 나았다.《동명기(洞冥記)》

東方朔曰, 臣嘗至東極, 過吉雲之澤. 帝問, 何謂吉雲. 對曰, 其國俗, 常以雲氣占吉凶. 吉則滿堂雲起, 五色照人, 着於草木, 皆成五色, 露味極甘. 帝曰, 露可得否. 朔乃東走, 至夕而返, 得玄黃之露, 盛以琉璃器. 帝徧賜群臣, 得露嘗者, 老者皆少, 疾者皆除.〈洞冥記〉[704]

늑필국(勒畢國)의 붉은 이슬[늑필단로(勒畢丹露)] 늑필국 사람들은 키가 세 치에 날개가 있고, 말과 농담을 잘 한다. 붉은 이슬을 미음으로 마시는데, 붉은 이슬이란 해가 처음 솟을 때 붉은 색과 같은 이슬방울이 생기는 것이다.〈상동〉

勒畢國人, 長三寸有翼, 善言語戲笑. 飮丹露爲漿, 丹露者, 日初出有露汁如朱也.〈上〉[705]

측백나무 잎 위의 이슬[백엽로(栢葉露)] 홍농(弘農)의 등소(鄧紹)가 8월 초하루에 화산(華山)에 들어가 약초를 채취하다가 한 동자(童子)를 보았는데, 다섯 가지 채색 주머니를 가지고 측백나무 잎 위의 이슬을 담고 있었다. 이슬은 모두 진주 같았고 주머니에 가득하였다. 그에게 물으니 대답하기를, "적송(赤松)선생이 (이것을) 가지고 눈을 밝게 합니다"라고 하였다. 말이 끝나자 바로 사라졌다. 요즘 사람들이 8월 초하루에 오명낭(五明囊)[706]을 만들어 온갖

699. 《초학기(初學記)·천부(天部)》에는, "露之異者, 有朱露·丹露·玄露·靑露·黃露"로 되어 있다.
700. 고신(高辛): 제곡(帝嚳)의 성이다. 제위(帝位)에 오르기 전에 신(辛)땅에 봉해졌기 때문에 얻어진 이름이다.
701. 삼호(三壺): 전설에서 말하는 삼신산(三神山), 즉 방장(方丈)·봉래(蓬萊)·영주(瀛州)의 세 산을 가리킨다.
702. 팔홍(八鴻): 팔방(八方)을 가리킨다. 홍(鴻)은 대(大)의 뜻이다.
703. 《습유기(拾遺記)》 권1의 내용을 재구성한 것이다.
704. 《동명기(洞冥記)》 권2의 내용을 재구성한 것이다.
705. 《동명기(洞冥記)》 권2의 내용을 재구성한 것이다.
706. 오명랑(五明囊): 이슬을 담는 주머니이다.

풀 위의 이슬을 채취하여 눈을 씻는 것이 이것이다. 《제해기(齊諧記)》

弘農鄧紹, 八月旦, 入華山採藥, 見一童子, 執五綵囊, 盛栢葉上露. 露皆如珠, 滿囊. 問之, 云赤松先生, 取以明目. 言終, 便失所在. 今人, 八月旦, 作五明囊, 取百草頭露, 洗眼者, 是也.〈齊諧記〉707

능의 나무에 내린 감로(甘露)[능수감로(陵樹甘露)] 명제(明帝)708가 꿈속에서 선제(先帝)와 광렬황후(光烈皇后)를 만났는데, 깨어나자 슬픔으로 잠들 수가 없었다. 다음날 아침 능에 이르니 감로(甘露)가 능의 나무에 내려 있자 명제가 백관에게 명하여 채집하도록 하였다. 명제는 어상(御床)에 엎드려 눈물을 흘렸다.

明帝夢見先帝·光烈皇后, 覺悲不能寐. 明旦上陵, 甘露降於陵樹, 帝令百官, 採之. 帝伏御床, 流涕.709

나무의 즙[수즙(樹汁)] 《여남선현전(汝南先賢傳)》의 기록이다. 신채현(新蔡縣)710의 청사 앞 홰나무에 흰 이슬이 생겼는데 감로(甘露)와 유사하였다. 도위(都尉) 고의(高懿)가 아전들에게 물으니 모두가 감로라고 하였다. 정경(鄭敬)이 말하기를, "그대[명부(明府)711]의 덕정(德政)으로는 아직 감로를 이르게 하지 못합니다. 단지 나무의 즙일 뿐입니다"라고 하자, 고의가 불쾌해 하면서 병을 핑계 대고 가버렸다.

汝南先賢傳. 新蔡廳前, 槐樹有白露, 類甘露. 都尉高懿, 問椽屬, 皆言是甘露. 鄭敬曰, 明府德政, 未致甘露. 但樹汁耳. 懿不悅, 稱疾而去.712

훌륭한 정치에 내린 상서로운 이슬[미정서로(美政瑞露)] 《후한서(後漢書)》의 기록이다. 오군(吳郡)의 육굉(陸閎)이 영천(潁川)태수가 되었는데, 봉황(鳳凰)과 감로(甘露)의 상서가 이르렀다.

後漢書. 吳郡陸閎, 爲潁川太守, 致鳳凰·甘露之瑞.713

오군(吳郡)의 침풍(沈豐)이 영릉(零陵)태수가 되었는데, 부임한 지 1년 만에 감로가 내려 산림에 흘러넘치고 초목을 기름지게 적셨다.

吳郡沈豐, 爲零陵太守, 到官一年, 甘露降, 流被山林, 膏潤草木.714

산양(山陽)의 백리숭(百里嵩)이 제남(濟南)의 재상이 되었는데, 감로가 군(郡)에 내리자 안제(安帝)가 가상하게 여기고 대홍려(大鴻臚)를 제수하였다.

山陽百里嵩, 爲濟南相, 甘露降於郡, 安帝嘉之, 徵拜大鴻臚.715

백리숭(百里嵩)이 다시 서주(徐州)자사가 되었는데, 감로가 청사 앞의 나무에 또 내렸다.

嵩又爲徐州刺史, 甘露再降廳事前樹.716

이현(李懸)이 패주(貝州)자사가 되었는데, 감로가 뜰의 나무에 두루 내리자 읍민들이 말하기를, "아름다운 정치가 불러온 것입니다"라고 하였다.

李懸爲貝州刺史, 甘露徧庭樹, 邑人曰, 美政所致.717

---

707. 양(梁) 오균(吳均), 《속제해기(續齊諧記)》의 내용을 재구성한 것이다.
708. 명제(明帝): 후한(後漢) 제2대 황제로, 재위 기간은 57-75년이다.
709. 《후한서(後漢書)·화제음황후기(和帝陰皇后紀)》에, "明帝性孝愛, 追慕無已. 十七年正月, 當謁原陵, 夜夢先帝·太后, 如平生歡. 既寤, 悲不能寐, 即案曆, 明旦日吉. 遂率百官及故客上陵. 其日, 降甘露於陵樹, 帝令百官採取以薦. 會畢, 帝從席前伏御牀, 視太后鏡奩中物, 感動悲涕"로 되어 있는 내용을 재구성한 것이다.
710. 신채(新蔡): 현(縣)의 이름으로, 지금의 하남(河南) 신채현(新蔡縣)이다.
711. 명부(明府): 한위(漢魏) 이래 군수(郡守)나 목사(牧使), 현령(縣令)에 대한 존칭으로 쓰였다. 당(唐) 이후로는 현령에 대해서만 쓰이게 되었다.
712. 《설부(說郛)·여남선현전(汝南先賢傳)》의 내용을 재구성한 것이다.
713. 《후한서보일(後漢書補逸)》 권9.
714. 《예문유취(藝文類聚)·상서부(祥瑞部)》의 내용을 재구성한 것이다.
715. 《후한서보일(後漢書補逸)》 권9의 내용을 재구성한 것이다.
716. 《후한서보일(後漢書補逸)》 권9.
717. 《태평어람(太平御覽)·인사부(人事部)》

효성이 감로(甘露)를 감동시키다[효감감로(孝感甘露)] 《수서(隋書)》의 기록이다. 이덕요(李德饒)는 본성이 매우 효성스러웠다. 아버지의 상을 당해 홑 상복에 맨발로 지내자, 감로가 그 집의 나무에 내리고 흰 비들기가 그의 집에 둥지를 틀었다.

隋書. 李德饒, 性至孝. 丁父憂, 單衰徒跣, 甘露降其樹, 白鳩巢其廬.[718]

《위서(魏書)》의 기록이다. 최홍(崔鴻)은 낭중(郎中)을 거느리고 있었는데, 아버지의 상 때문에 관직을 그만두자, 감로가 그 집 앞의 나무에 내렸다.

魏書. 崔鴻領郎中, 以父憂解任, 甘露降其廬前樹.[719]

옥잔에 이슬을 받다[옥배승로(玉杯承露)] 한(漢) 무제(武帝)가 구리로 '이슬을 받는 쟁반[승로반(承露盤)]'을 만들었는데, 높이가 20장(丈)이고 크기는 10위(圍)였다. 위에 선인(仙人)이 있는데, 손바닥으로 옥잔을 받치고 있다. 구름 밖의 이슬을 취하여 옥가루와 섞어 마심으로써 신선을 추구하기 위한 것이었다.

漢武帝, 以銅作承露盤, 高二十丈, 大十圍. 上有仙人, 掌擎玉杯. 爲取雲表之露, 和玉屑, 飮以求仙.[720]

《술이기(述異記)》의 기록이다. 오맹(吳猛)이 제자를 데리고 여산(廬山)에 올랐다. 돌다리를 건너다가 계수나무 아래에 앉아 있는 한 노인을 만났는데, 옥잔으로 감로를 받아서 오맹에게 주었다.

述異記. 吳猛將弟子, 登廬山. 過石梁, 見一老坐桂樹下, 以玉杯承甘露與猛.[721]

문관(文官), 무관(武官)이 함께 축하하다[문무동하(文武同賀)] 《북사(北史)》의 기록이다. 감로가 궁궐에 내리자 문관(文官), 무관(武官)이 함께 축하하였다. 위제(魏帝)가 여러 신하들에게, (감로가) 덕업(德業)에 감응되어 이르게 한 연유를 말하도록 하였다. 최앙(崔昂)이 말하기를, "길(吉)과 흉(凶) 두 가지는 징조로 말미암는 것이 아닙니다. 그러므로 상치(桑雉)[722]의 경계가 실로 중흥을 여는 것입니다. 작은 새가 큰 것을 잉태하는 것이 복의 감응이라는 말을 들어본 적이 없습니다. 바라노니 비록 상서롭더라도 상서로 여기지 않는 것이 진실로 하늘의 뜻에 답하는 것입니다"라고 하자, 황제가 자세를 가다듬었다.

北史. 甘露降宮闕, 文武同賀. 魏帝令群臣, 各言德績感致所由. 崔昂曰, 吉凶兩門, 不由符瑞. 故桑雉之戒, 實啓中興. 小鳥孕大, 未聞福感. 所願, 雖休勿休, 允答天意, 帝爲斂容.[723]

이덕림(李德林) 〈하표(賀表)〉의 기록이다. 하늘이 돌아보아 신령스러운 것을 거듭 내리십니다. 감로를 날려 윤택함을 뿌려주니 옥이 흩어지고 구슬이 이어집니다. 옛날에 위(魏) 명제(明帝)의 선인(仙人) 손바닥에는 결국 영액(靈液)이 없었고, 한(漢) 무제(武帝)의 승로반(承露盤)은 부질없이 구름 위를 바라볼 뿐이었습니다. 어찌 신령스런 미음[감로(甘露)]을 들만하여 9호(九戶)[724]의 앞에 그 맛을 전하며, 하늘의 술[감로(甘露)]이 저절로 떨어져 3계(三階)[725]의 아래에 엉기는 것만하겠습니까. 신 등은 비늘을 떨치고 날개를 만지면서 부질없이 물고기나 새의 마음

---

718. 《수서(隋書)·효의열전(孝義列傳)》의 내용을 재구성한 것이다.
719. 《위서(魏書)·최홍전(崔鴻傳)》의 내용을 재구성한 것이다.
720. 《유설(類說)·습유류총(拾遺類總)》
721. 《천중기(天中記)·로(露)》
722. 상치(桑雉): 황제가 덕을 닦아 나라가 부흥하는 것을 가리킨다. 상(商)황제 태무(太戊) 시기에 뽕나무가 아침에 나서 저녁에 한 아름의 크기로 크자, 태무가 두려워하면서 덕을 닦으니 뽕나무가 말라 죽었다. 은(殷)황제 무정(武丁) 시기에 꿩이 솥귀에 앉아서 울자, 무정이 삼가 덕을 닦으니 은(殷)이 다시 부흥하였다.《서경(書經)·고종융일(高宗肜日)》
723. 《북사(北史)·최앙전(崔昂傳)》의 내용을 재구성한 것이다.
724. 9호(九戶): 천제(天帝)가 사는 곳을 일컫는다.
725. 3계(三階): 삼태성(三台星)을 가리킨다.

을 치달리고, 옥을 묻고 금을 엮어 다만 운정(云亭)[726]의 황제를 기다릴 뿐입니다.

李德林賀表[727]云. 上玄乃顧, 神物荐委. 飛甘洒潤, 玉散珠聯. 昔魏明仙掌, 竟無靈液, 漢武金莖, 空望雲表. 豈若神漿可挹, 流味九戶之前, 天酒自零, 凝照三階之下. 臣等, 振鱗撫翼, 空馳魚鳥之心, 瘞玉編金, 只待云亭之后.[728]

좋은 징조이지만 맛이 옅다[가상미박(佳祥味薄)] 적갱(翟鏗)이 유익(庾翼)에게 말하기를, "감로가 학당의 버드나무에 내렸으니 마땅히 축하를 올려야 합니다"라고 하였다. 유익이 말하기를, "감로는 옛날부터 좋은 징조인데, 천하에 일이 많은 때에 어찌하여 이곳에 내렸는가. 또 그 맛이 오히려 옅으니 상서로운 징조인지 아직 모르겠소. 그리고 근자에 흰 토끼 한 마리를 얻었는데 아직 어리고 야위니, 잠시 길러서 함께 올립시다"라고 하였다.

翟鏗謂庾翼曰, 甘露降學堂柳樹, 宜表賀. 翼曰, 甘露自古佳祥, 而天下多故, 何以致此. 且其味尙薄, 未知瑞應否. 而近得一白兎, 少[729]羸小, 且養之倂上.[730]

작당(雀餳)[731] 두호(杜鎬)는 널리 배워 학식이 있었다. 도성(都城) 밖에 한 묘터가 있는데 하루는 갑자기 감로가 숲의 나무에 내렸다. 아들과 조카들이 놀라고 좋아하면서 그 말을 아뢰자 두호가 맛을 보고는 아주 불쾌해 하면서 말하기를, "이것은 감로가 아니고 작당(雀餳)으로 크게 좋지 않은 징조이다. 우리 가문이 아마도 쇠약해질 것이다"라고 하였다. 해를 넘기면서 두호의 집안에 상사(喪事)가 여덟 번이 있었다.

杜鎬博學有識. 都城外有墳莊, 一日忽有甘露降布林木. 子姪輩驚喜, 白之, 鎬味之, 慘然不懌曰, 此非甘露, 乃雀餳也, 大非佳兆. 吾門其衰矣. 踰年鎬家有八喪.[732]

《천관서(天官書)》의 기록이다. 색이 노란 것을 '작당(爵餳)'이라 한다.

天官書. 色黃曰, 爵餳.[733]

소나무가 다시 번성하지 못하다[송불부영(松不復榮)] 희령(熙寧)[734] 연간에 건창군(建昌軍)의 성 북쪽에서, 감로가 진사 서상교(徐上交)의 별장에 있는 소나무 위에 내렸는데, 진한 것이 술과 같고 그 맛이 달고 향기로웠다. 서상교가 소나무 가지를 꺾어 태수 장자방(張子方)에게 바쳤다. 이때에 어떤 촌사람이 시장에서 약을 팔면서 사람들에게 말하기를, "내가 일찍이 화음현(華陰縣)을 여행한 적이 있었는데 백성 중에 역시 감로가 내렸다고 현에 알린 자가 있었습니다. 현령이 가서 살폈는데, 도인(道人)이 웃으며 말하기를, '비유하자면 사람의 몸에서 정액이 유통되는 것이 육칠십 년 동안 고르게 퍼져있는데, 만약 그의 수명이 짧다면 죽기 전에 분출되어 나오는 것과 같습니다. 이 나무는 아마도 장차 말라 죽을 것입니다. 나으리께서 믿지 못하시면 나를 머무르게 하여 내년 봄을 기다려보십시오. 이 소나무는 반드시 다시 번성하지 못할 것입니다'라고 하였답니다. 현령이 그의 말대로 하였더니 과연 그러했습니다"라고 하였다.

726. 운정(云亭): 운운(云云)과 정정(亭亭)의 두 산으로, 고대에 제왕들이 봉선하던 곳이다.
727. '賀表'는, 《천중기(天中記) · 로(露)》에는 '爲百官賀表'로 되어 있다.
728. 《천중기(天中記) · 로(露)》
729. '少'는, 《예문유취(藝文類聚) · 상서부(祥瑞部)》, 《어정연감유함(御定淵鑑類函) · 천부(天部)》 등에는 '尙'으로 되어 있다.
730. 《예문유취(藝文類聚) · 상서부(祥瑞部)》
731. 작당(雀餳): 나무에 맺히는 이슬의 일종으로, 상서롭지 못한 징조로 여겼다.
732. 《천중기(天中記) · 로(露)》
733. 《천중기(天中記) · 로(露)》
734. 희령(熙寧): 북송(北宋) 신종(神宗)의 연호(1068-1077)이다.

熙寧中, 建昌軍城北, 甘露降於進士徐上交別業松上, 濃厚如酒, 其味甘香. 上交折松枝, 獻於太守張子方, 時有野人, 賣藥於市, 謂人曰, 吾嘗客華陰縣, 民亦有以甘露降告縣者. 縣令出按之, 有道人笑曰, 譬如人身精液流通, 均布於六七十年中, 若其壽短促, 則涌迸於未死之前矣. 此木蓋將槁故耳. 官人不信, 請留我以待明春. 此松必不復榮也. 縣令如其說, 果然.[735]

장미에서 채취한 이슬[장미로(薔薇露)] 오대(五代) 시기에 번국(蕃國)의 사신인 만아산(滿阿散)이 (장미에서 채취한 이슬) 15병을 바쳤다.

五代時, 蕃使滿阿散, 以十五瓶獻.[736]

유자후(柳子厚)는 한유(韓愈)의 글을 얻으면, 장미(薔薇)에서 채취한 이슬로 손을 씻은 뒤에 읽었다.

柳子厚得昌黎文, 以薔薇露, 浣手然後讀.[737]

영액(靈液) 이정봉(李正封)의 시(詩)이다. "자욱한 영액(靈液)이 무거워져, 구름 밖에서 소리 없이 떨어진다. 나무를 적시니 쓰르라미가 다급해지고, 땅에 뿌리니 흰 학이 처량해진다. 먼지 흐르는 먼 길을 깨끗이 하고, 달빛 날리는 높은 누각을 맑게 한다. 밤중에는 옥당(玉堂)의 발을 윤기 있게 하고, 새벽에는 금정(金井)의 줄을 차게 한다. 가인(佳人)은 구슬 같은 눈물을 흘리며, 앉아서 붉은 비단이불이 엷음을 느낀다."

李正封詩. 霏霏靈液重, 雲表無聲落. 沾樹急玄蟬, 洒地凄皓鶴. 流塵淸遠陌, 飛月澄高閣. 宵潤玉堂簾, 曙寒金井索. 佳人比珠淚, 坐感紅綃薄.[738]

학을 놀라게 하다[경학(驚鶴)] 이교(李嶠)의 시(詩)이다. "방울지며 꽃밭을 밝게 하고, 무성한 대나무 숲에 눈물을 떨군다. 옥처럼 붉은 가시나무에 드리워지고, 구슬처럼 푸른 연꽃 속에 잠긴다. 밤에는 천년학을 놀라게 하고, 아침에는 7월의 바람을 가라앉힌다. 바라건대 선인(仙人)의 손바닥에 엉기어, 내내 미앙궁(未央宮)에 받들어 올려지기를."[739]

李嶠詩. 滴瀝明花苑, 葳蕤泣竹叢. 玉垂丹棘上, 珠湛綠荷中. 夜警千年鶴, 朝零七月風. 願凝仙掌上, 長奉未央宮.[740]

서리 霜

- 《설문(說文)》의 기록이다. 점(雨 아래 執)은 이른 서리이다. 애(皚)는 서리 중의 흰 것이다. 또 검은 서리[현상(玄霜)]가 있다.

  說文. (雨+執), 早霜也.[741] 皚, 霜之白者.[742] 又有玄霜.[743]

- 《회남자(淮南子)》의 기록이다. 세 달의 가을이 되면 청녀(靑女)[744]가 나와 서리와 눈을 내린다.

  淮南子. 至秋三月, 靑女乃出, 降以霜雪.[745]

---

735. 《어은총화후집(漁隱叢話後集)·본조잡기(本朝雜記)》
736. 송(宋) 진경기(陳景沂), 《전방비조(全芳備祖)·화부(花部)》에는, "薔薇紅露, 大食國花露也. 五代時, 以十五瓶入貢. 厥後, 罕有至者"로 되어 있다.
737. 《천중기(天中記)·로(露)》
738. 〈영로(詠露)〉, 《고금사문유취(古今事文類聚)·천도부(天道部)》
739. 옥잔에 이슬을 받다[옥배승로(玉杯承露)] 참조.(82쪽)
740. 〈로(露)〉, 《고금사문유취(古今事文類聚)·천도부(天道部)》
741. 《설문해자(說文解字)·제11편》
742. 《설문해자(說文解字)·제7편》에서, '霜之白者'는 '霜雪之白也'로 되어 있다.
743. 《고금사문유취(古今事文類聚)·천도부(天道部)》
744. 청녀(靑女): 서리와 눈을 주관하는 천신(天神)의 이름이다.
745. 《회남자(淮南子)·천문훈(天文訓)》의 내용을 재구성한 것이다.

• 〈월령(月令)〉의 기록이다. 계추(季秋)의 달[9월]에 서리가 내리기 시작하면 백공(百工)들이 쉰다.

月令. 季秋之月, 霜始降, 則百工休.[746]

• 서리 내리는 날에는 승냥이가 제사하는 짐승이 된다.

霜降之日, 豹乃祭獸.[747]

• 서리와 눈이 크게 이르다.

霜雪大摯.[748]

• 《대대례(大戴禮)》의 기록이다. 서리는 음양(陰陽)의 기운이다. 음기(陰氣)가 왕성하면 엉겨서 서리가 된다.

大戴禮. 霜, 陰陽之氣也. 陰氣勝, 則凝而爲霜.[749]

• 《주역(周易)》의 기록이다. 서리를 밟으면 단단한 얼음이 이른다. 〈상전(象傳)〉에 말하기를, "음(陰)이 처음으로 엉기는 것이다"라고 하였다.

易. 履霜, 堅氷至. 象曰, 陰始凝也.[750]

• 《예기(禮記)》의 기록이다. 서리와 이슬이 내려 군자가 그것을 밟고 반드시 슬퍼하는 마음을 갖는 것은 그 차가움을 말하는 것이 아니다.

禮記. 霜露旣降, 君子履之, 必有悽愴之心, 非其寒之謂也.[751]

• 《시경(詩經)》의 기록이다. 갈대가 창창(蒼蒼)하니 흰 이슬이 서리가 되었다.

詩. 蒹葭蒼蒼, 白露爲霜.[752]

• 9월에는 날씨가 추워져 서리가 내린다.

九月肅霜.[753]

• 정월인데도 서리가 많이 내린다.

正月繁霜.[754]

• 《춘추감정부(春秋感精符)》[755]의 기록이다. 서리는 살벌(殺伐)함의 본보기이다. 가을의 끝에 내리기 시작하는데, 새매가 부딪힌다. 천자가 하늘의 뜻을 따라 주벌(誅伐)을 행하여 엄숙하고 죽이는 위엄을 이룬다. 만약 정치와 명령이 가혹하면 여름에도 서리가 내리고, 주벌(誅伐)이 행해지지 않으면 겨울에 서리가 내려도 풀이 죽지 않는다.

感精符. 霜, 殺伐之表. 秋季始降, 鷹隼擊. 王者, 順天行誅, 以成肅殺之威. 若政令苛, 則夏下霜, 誅伐不行, 則冬霜不殺草.[756]

• 《산해경(山海經)》의 기록이다. 풍산(豐山)에 아홉 개의 종이 있는데, 서리가 내리면 스스로 소리를 낸다.

山海經. 豐山有九鍾, 霜降而自鳴.[757]

• 북방(北方)의 흰 기러기는 가을이 깊어지면 온다. 오면 서리가 내려, 이를 '서리의 소식[상신(霜信)]'이라고 한다.《고금시화(古今詩話)》

北方白雁, 秋深乃來. 來則霜降, 謂之霜信.〈古今詩話〉[758]

• 《춘추좌전(春秋左傳)》의 기록이다.[759] 서리가 내

---

746. 《예기(禮記)·월령(月令)》
747. 진(晉) 공조(孔晁), 《일주서(逸周書)·시훈해(時訓解)》
748. 《여씨춘추(呂氏春秋)·맹춘기(孟春紀)》
749. 《대대례기(大戴禮記)·증자천원(曾子天圓)》에, "陽氣勝, 則散爲雨露, 陰氣勝, 則凝爲霜雪"라고 하였다.
750. 《주역(周易)·곤괘(坤卦)》
751. 《예기(禮記)·제의(祭義)》
752. 《시경(詩經)·국풍(國風)·겸가(蒹葭)》
753. 《시경(詩經)·국풍(國風)·칠월(七月)》, "九月肅霜, 十月滌場."
754. 《시경(詩經)·소아(小雅)·정월(正月)》, "正月繁霜, 我心憂傷."
755. 《춘추감정부(春秋感精符)》: 《춘추(春秋)》의 위서(緯書) 가운데 하나이다. 지금은 없어졌고 집본(輯本)이 《고미서(古微書)》에 전한다.
756. 《고미서(古微書)·춘추감정부(春秋感精符)》
757. 《산해경(山海經)·중산경(中山經)》의 기록을 재구성한 것이다.
758. 송(宋) 완열(阮閱), 《시화총구(詩話總龜)·서사문(書事門)》

려 콩이 죽었다.

左傳. 隕霜殺菽.[760]

• 서리의 기운에는 신맛이 많다.《문선(文選)》

霜氣, 有餘酸.〈選〉[761]

• (초목을) 시들게 하는 서리가 밤에 응결되었다.[고개지(顧愷之)]

彫霜夜凝.〈顧愷之〉[762]

• 차가운 공중에 짙은 서리가 맺히다.[육기(陸機)]

結濃霜於寒空.〈陸機〉[763]

• 《국어(國語)》의 기록이다. 사마(駟馬)[764]가 나타나자 서리가 맺혔다.

國語. 駟見而霜.[765][766]

• 《석명(釋名)》의 기록이다. 서리[상(霜)]라는 것은 '상실함[상(喪)]'이다. 그 기운이 만물에 참혹하게 해를 끼쳐 모두가 상실된다. 자고(鷓鴣)새는 서리와 이슬을 두려워하여, 밤에 날 때에는 나뭇잎으로 자신의 등을 덮기도 한다.

釋名. 霜者, 喪也. 其氣慘毒物, 皆喪也. 鷓鴣畏霜露, 有時夜飛, 則以樹葉, 覆其背.[767]

서리가 뽕나무와 곡식을 죽이다[상살상가(霜殺桑稼)] 원제(元帝) 영광(永光)[768] 원년 3월에 서리가 내려 뽕나무가 죽었고, 9월 3일에 서리가 내려 곡식이 죽어 천하에 크게 기근이 들었다.

元帝永光元年三月, 隕霜殺桑, 九月三日, 隕霜殺稼, 天下大饑.[769]

한 여름에 서리가 내리다[성하강상(盛夏降霜)] 추연(鄒衍)이 연(燕) 혜왕(惠王)을 섬겼는데, 좌우에서 그를 참소하여 옥에 갇혔다. 하늘을 우러러 통곡하니, 그 때문에 한 여름에 서리가 내렸다.

鄒衍事燕惠王, 左右譖之, 被繫於獄. 仰天而哭, 盛夏爲之降霜.[770]

엉긴 서리가 나무를 뒤덮다[응상봉수(凝霜封樹)] 《당서(唐書)》의 기록이다. 영왕(寧王) 헌(憲)이 병이 났는데, 당시에 도성이 매우 추웠다. 엉긴 서리가 나무를 뒤덮자 헌이 보고 탄식하기를, "이것이 이른바 '수가(樹稼)'[771]라는 것으로 속담에 이르기를, '수가(樹稼)가 생기면 현달한 관리가 두려워한다'라고 하였는데 반드시 대신(大臣)이 거기에 해당할 것이다. 나는 아마 죽게 될 것이다"라고 하였는데, 11월에 죽었다.

唐書. 寧王憲疾, 時京城寒甚. 凝霜封樹, 憲見而歎曰, 此所謂樹稼者也. 諺曰, 樹稼達官怕. 必有大臣當之. 吾其死矣. 十一月薨.[772]

좋은 곡식에는 해를 끼치지 않다[불해가곡(不害嘉穀)] 원화(元和)[773] 14년 4월에 치청(淄青)에 서리

---

759. 《춘추좌전(春秋左傳)》은 《춘추공양전(春秋公羊傳)》의 오류이다.
760. 《춘추공양전(春秋公羊傳) · 정공(定公) · 원년(元年)》
761. 형자재(邢子才), 〈동야수위소부직사관(冬夜酬魏少傅直史館)〉, "況乃冬之夜, 霜氣有餘酸."
762. 고개지(顧愷之), 〈상천부(湘川賦)〉, "宵露潤澤, 彫霜夜凝."
763. 출전이 자세하지 않다.
764. 사마(駟馬): 천사(天駟)로, 방성(房星)을 가리킨다.
765. '駟見而霜'은, 《국어(國語) · 주어(周語)》에는 '駟見而隕霜'으로 되어 있다.
766. 《국어(國語) · 주어(周語)》
767. 《석명(釋名) · 석천(釋天)》
768. 영광(永光): 한(漢) 원제(元帝)의 연호(BC 43-BC 39)이다.
769. 《전한서(前漢書) · 오행지(五行志)》
770. 《고금사문유취(古今事文類聚) · 천도부(天道部)》
771. 수가(樹稼): 아주 추운 날씨에 나무 위의 서리나 눈이 얼어, 갑옷처럼 뒤덮인 것을 일컫는다. '수개(樹介)'라고도 한다.
772. 《구당서(舊唐書) · 예종제자전(睿宗諸子傳)》
773. 원화(元和): 당(唐) 헌종(憲宗)의 연호(806-820)이다.

가 내렸는데, 악초(惡草)와 가시나무를 죽이고 좋은 곡식에는 해를 끼치지 않았다.

元和十四年四月, 淄靑隕霜, 殺惡草及荊棘, 而不害嘉穀.774

기와에 서리가 내려 꽃의 모양을 이루다[상와성화(霜瓦成花)] 천성(天聖)775 연간, 청주(靑州)에서 한 겨울에 짙은 서리가 내렸는데 지붕의 기와가 모두 온갖 꽃의 모양을 이루었다. 이런 일이 오대(五代) 시기에도 있었다. 경력(慶曆)776 연간에는 도성의 집희관(集禧觀) 개울 속에, 얼음이 모두 꽃나무와 과일나무의 형상을 하였다. 원풍(元豐)777 말엽에는 수주(秀州)의 인가(人家) 옥상 기와 위에 얼음이 꽃을 이루었는데, 각 기와마다 가지 하나씩이 마치 화가가 그려놓은 것과 같았다. 큰 꽃은 목단(牧丹)과 작약(芍藥) 같았고 작은 꽃은 해당화(海棠花)와 훤초(萱草) 같았는데 모두 가지와 잎이 있었다. 뛰어난 화가라 할지라도 그렇게 할 수 없었다. 종이로 그것을 탁본하니 석각(石刻)과 다름이 없었다.《몽계필담(夢溪筆談)》

天聖中, 靑州盛冬濃霜, 屋瓦皆成百花之狀. 此事, 五代時亦嘗有之. 慶曆中, 京師集禧觀渠中, 氷皆成花果林木. 元豐末, 秀州人家屋瓦上, 氷亦成花, 每瓦一枝, 正如畵家所爲. 大花似牧丹·芍藥, 細花如海常·萱草, 皆有枝葉. 雖巧筆不能爲之. 以紙搨之, 無異石刻.〈筆談〉778

눈 雪

- 《석명(釋名)》의 기록이다. 눈[설(雪)]은 '드리움[타(綏)]'이다. 물이 내려오면서 한기(寒氣)를 만나 응결하여 드리우듯 내려오는 것이다. 한기가 심하면 입자가 되고 한기가 약하면 꽃가루가 된다. 눈의 차가움은 위에 있어 높은 산에 눈이 많고, 서리의 차가움은 아래에 있어 평지에 서리가 많다.

  釋名. 雪, 綏也. 水下遇寒而凝, 綏綏然下779也.780 寒甚, 則爲粒珠, 寒淺, 則爲花粉. 雪寒在上, 故高山多雪, 霜寒在下, 故平地多霜.781

- 《논형(論衡)》의 기록이다. 구름과 안개는 비의 징조이다. 여름에는 이슬이 되고 겨울에는 서리가 되며, 따뜻하면 비가 되고 추우면 눈이 된다. 비와 안개가 얼어서 응결된 것으로, 모두 땅에서 나오는 것이지 하늘에서 내리는 것이 아니다.

  論衡. 雲霧, 雨之徵也. 夏則爲露, 冬則爲霜. 溫則爲雨, 寒則爲雪. 雨霧凍凝者, 皆由地發, 不從天降.782

- 정월(正月)에 세 번 눈이 오면 농부들이 '허허'하고 웃는다. 서북(西北) 사람들의 속담에, "보리에 좋으려면 세 번 눈 오는 것을 봐야 한다"라고 하였다.《조야첨재(朝野僉載)》

  正月三白, 田公笑嚇嚇. 西北人諺曰, 要宜麥, 見三白.〈朝野僉載〉783

- 태평한 시대에는 눈이 나뭇가지를 뒤덮지 않고 해

774. 청(淸) 마단림(馬端臨),《문헌통고(文獻通考)·물이고(物異考)》
775. 천성(天聖): 북송(北宋) 인종(仁宗)의 연호(1023-1031)이다.
776. 경력(慶曆): 북송(北宋) 인종(仁宗)의 연호(1041-1048)이다.
777. 원풍(元豐): 북송(北宋) 신종(神宗)의 연호(1078-1085)이다.
778. 《몽계필담(夢溪筆談)·이사(異事)》
779. '綏綏然下'는,《석명(釋名)·석천(釋天)》에는 '綏綏然'으로 되어 있다.
780. 《석명(釋名)·석천(釋天)》
781. 《산당사고(山堂肆考)·천문(天文)》
782. 《논형(論衡)·설일(說日)》
783. 《고금사문유취(古今事文類聚)·천도부(天道部)》

독을 없애줄 뿐이다.《서경잡기(西京雜記)》

太平之代, 雪不封條, 凌弭毒害而已.〈西京雜記〉[784]

• 평지에서 한 척(尺)이 되는 것이 대설이다.《춘추좌전(春秋左傳)》

平地尺爲大雪.〈左〉[785]

• 《이아(爾雅)》의 기록이다. 비와 눈이 섞여 내리는 것을 싸라기눈[산(霰)]이라고 한다.

爾雅. 雨與雪雜下, 曰霰.[786]

• 많은 눈이 하루 종일 오니, 옥 같은 꽃이 공중을 어지럽힌다.[서원여(舒元輿)[787]]

重雪終日, 玉花攪空.〈舒元輿〉[788]

• 《시경(詩經)》의 기록이다. 하늘에 가득 구름이 끼더니, 눈이 펄펄 내린다.

詩. 上天同雲, 雨雪雰雰.[789]

• 눈이 펄펄 내리나 햇빛을 보면 사라진다.

雨雪瀌瀌, 見晛曰消.[790]

• 지금 내가 돌아오니 눈이 펄펄 내린다.

今我來斯, 雨雪霏霏.[791]

황죽시(黃竹詩) 목천자(穆天子)가 황대(黃臺)의 언덕에 노닐며 혁택(革澤)에서 사냥을 하는데 매우 춥고 눈이 내렸다. 추위에 언 어떤 사람이 〈황죽시(黃竹詩)〉 3장(章)을 지어 슬퍼하기를, "아! 우리 만 백성을, 아침저녁으로 잊지 마소서"라고 하였다.

穆天子, 遊黃臺之丘, 獵於革澤, 大寒雨雪. 有凍人作黃竹詩三章, 以哀之曰, 皇我萬民, 旦夕勿忘.[792]

양산조(梁山操) 증자(曾子)가 태산(泰山) 아래에서 밭을 갈다가 눈이 내려 돌아갈 수 없자 부모를 그리워하면서 〈양산조(梁山操)〉를 지었다.

曾子耕泰山下, 雨雪不得歸, 思父母, 作梁山操.[793]

곤궁한 이들을 구휼한 눈[진궁설(賑窮雪)] 옛날에 위(衛) 임금이 겹갖옷을 입고 여러 겹의 자리에 앉아 있는데, 길에서 땔나무를 진 채 우는 자가 있는 것을 보았다. 무슨 일인지를 묻자 대답하기를, "눈은 내리고 옷은 얇아, 그래서 웁니다"라고 하였다. 이에 위나라 임금이 안색에 두려움을 나타내면서 말하기를, "임금이 되어서 백성을 알아주지 못하니, 누가 나를 임금으로 여기겠는가"라고 하였다. 이에 금고의 돈을 풀고 창고의 곡식을 내어, 가난하고 곤궁한 자들을 구휼하였다.

昔衛君, 重裘累茵而坐, 見路有負薪而哭之者. 問曰, 何故也. 對曰, 雪下衣薄, 是以哭之. 於是, 衛君懼見顔色曰, 爲君而不知民, 孰以我爲君. 於是, 開府金, 出倉粟, 以賑貧窮.[794]

갖옷을 벗게 한 눈[탈구설(脫裘雪)] 제(齊) 경공(景公) 시절에 3일 동안 눈이 내렸다. 경공은 여우 가죽의 흰 갖옷을 입고 있었는데, 안자(晏子)가 들어오자 경공이 말하기를, "이상합니다. 3일 동안 눈이 내리는데도 춥지를 않습니다"라고 하였다. 안자가 말하기를, "옛날의 어진 임금님은 배부르면서도 남

784. 《서경잡기(西京雜記)》 권5에, "太平之世, 則風不鳴條, 開甲散萌而已. 雨不破塊, 潤葉津莖而已. 雷不驚人, 號令啟發而已. 電不眩目, 宣示光耀而已. 霧不塞望, 浸淫被泊而已. 雪不封條, 凌殄毒害而已"라고 하였다.

785. 《춘추좌전(春秋左傳)·은공(隱公)·9년》에, "凡雨, 自三日以往, 爲霖, 平地尺爲大雪"이라고 하였다.

786. 《이아(爾雅)》에는 위의 기록이 보이지 않고, 《초학기(初學記)·천부(天部)》에 보인다.

787. 서원여(舒元輿): 당대(唐代) 정치가이자 문인으로, 상서랑(尙書郞), 형부시랑(刑部侍郞) 등을 역임하였다. 《전당문(全唐文)》에 17편의 문장이 전한다.

788. 〈서백(序白)〉

789. 《시경(詩經)·소아(小雅)·신남산(信南山)》

790. 《시경(詩經)·소아(小雅)·각궁(角弓)》

791. 《시경(詩經)·소아(小雅)·채미(采薇)》

792. 《고금사문유취(古今事文類聚)·천도부(天道部)》

793. 《해록쇄사(海録碎事)·음악부(音樂部)》

794. 《예문유취(藝文類聚)·천부(天部)》

의 굶주림을 알았고, 따뜻하면서도 남의 추위를 알았습니다"라고 하였다. 공이 말하기를, "훌륭합니다"라고 하고는 갖옷을 벗고 곡식을 내어, 주리고 추운 이들에게 주었다.

齊景公時, 雪三日. 公衣狐白之裘, 晏子入, 公曰, 怪哉. 雨雪三日, 不寒. 晏子曰, 古之賢君, 飽而知人饑, 溫而知人寒. 公曰, 善. 乃脫裘發粟, 以與飢寒者.795

소의 눈에까지 이른 눈[우목설(牛目雪)] 위(魏) 혜왕(惠王)이 죽어 장례를 지내는데 여러 날이 지났다. 하늘에서 크게 눈이 내려 소의 눈에까지 이르렀다. 여러 신하들이 기한을 늘이기를 청하자 태자(太子)는 장례일을 다시 골랐다.

魏惠王死, 葬有日矣. 天大雨雪, 至於牛目. 群臣請弛期, 太子更擇葬.796

기(旗)의 털과 눈[전모설(旃毛雪)] 선우(單于)가 소무(蘇武)를 가두어 큰 움 안에 두었다. 전혀 음식을 주지 않자 소무는 눈[雪]과 기(旗)에 붙은 털을 씹어서 함께 삼켰다. 며칠 동안 죽지 않자 흉노(匈奴)가 신기하게 여겼다.

單于幽蘇武, 置大窖中. 絶不與飮食, 武齧雪與旃毛幷咽之. 數日不死, 匈奴以爲神.797

남관(藍關)의 눈[남관설(藍關雪)] 한유(韓愈)가 조정에서 벼슬할 때, 조카 한상(韓湘)이 경각화(頃刻花)798를 길렀다. 꽃 위에 시(詩) 한 연(聯)이 있는데, "구름이 진령(秦嶺)을 가로질러 있는데 집은 어디에 있는가. 눈이 남관(藍關)을 뒤덮고 있어 말도 나아가지 못하네"라고 되어 있었다. 후에 조주(潮州)로 좌천되어 갈 때 도중에 눈을 만났다. 어떤 사람이 눈을 무릅쓰고 오는데, 바로 한상(韓湘)이었다. 그 지역을 알아보니 바로 남관(藍關)이라서, 탄식하기를 한참 동안 하였다.

韓愈在朝, 姪湘種頃刻花. 花上有一聯云, 雲橫秦嶺家何在, 雪擁藍關馬不前. 後貶潮州, 途中遇雪. 有一人冒雪而來, 乃湘也. 詢其地, 乃藍關也, 嗟嘆久之.799

패교(灞橋)의 눈[패교설(灞橋雪)] 어떤 사람이 정계(鄭綮)에게, "요즈음 시상(詩想)이 있습니까?"라고 묻자, 대답하기를, "시상은 패교(灞橋)의 눈보라 치는 가운데 나귀의 등에서 생기는 것이지, 이곳에서 어떻게 얻을 수 있겠습니까"라고 하였다.

或問鄭綮, 近日有詩思否. 答曰, 詩思在灞橋風雪中驢子上, 此處何以得之.800

3월의 눈[삼월설(三月雪)] 구시(久視)801 2년 3월에, 봉각(鳳閣)에 눈이 내리자 시랑(侍郎) 소미도(蘇味道)가 상서로운 눈으로 여기고, 백관(百官)을 이끌고 치하를 드렸다. 좌습유(左拾遺) 왕구례(王求禮)가 말하기를, "공은 재상(宰相)으로서 음양(陰陽)을 제대로 조화하지 못하고, 또 재앙을 상서로움으로 여겨 황제의 보고 들으심을 속이고 있습니다. 만약 3월의 눈을 상서로운 눈이라 한다면, 섣달의 우레 또한 상서로운 우레입니까"라고 하였다. 소미도가 대꾸하지 못하자 온 조정의 사람들이 비웃었다.

久視二年三月, 雨雪鳳閣, 侍郎蘇味道, 以爲瑞雪, 率百官表賀. 左拾遺王求禮云, 公爲宰相, 不能燮理陰陽, 又將災爲瑞, 誣罔視聽. 若以三月雪, 爲瑞雪, 卽臘月雷, 亦爲瑞雷耶. 味道不從, 擧朝嗤笑.802

5월의 눈[오월설(五月雪)] 한(漢)나라의 여인이 동

---

795. 《안자춘추(晏子春秋) · 내편간상(內篇諫上)》의 내용을 재구성한 것이다.
796. 《전국책(戰國策) · 위책(魏策)》의 내용을 재구성한 것이다.
797. 《전한서(前漢書) · 소무전(蘇武傳)》
798. 경각화(頃刻花): 모란(牡丹)과 비슷한데 약간 큰 꽃이다. 눈꽃[설화(雪花)]을 가리키기도 한다.
799. 《어은총화(漁隱叢話) · 한퇴지(韓退之)》의 내용을 재구성한 것이다.
800. 《산당사고(山堂肆考) · 천문(天文)》
801. 구시(久視): 당(唐) 예종(睿宗)의 연호(700)이다.
802. 《구당서(舊唐書) · 왕구례전(王求禮傳)》의 내용을 재구성한 것이다.

해(東海)에 살면서 시어머니를 봉양하는데, 시누이가 그녀를 시어머니에게 참소하였다. 시어머니가 바로 태수(太守)에게 가서 일렀고, 그녀를 죽이자 5월에 눈이 내렸다.

漢女, 居東海養姑, 姑女讒之於姑. 姑徑詣太守訴, 而殺之, 五月下雪.[803]

1장(丈)의 눈[일장설(一丈雪)] 한(漢) 원봉(元封)[804] 2년에, 큰눈이 내려 깊이가 1장(丈)이 되었다. 들판의 새와 짐승들이 모두 죽고, 소와 말도 움츠러들어 고슴도치와 같았다.

漢元封二年, 大雪深一丈. 野中鳥獸皆死, 牛馬踡縮如蝟.[805]

한여름의 눈[성하설(盛夏雪)] 당(唐) 고종(高宗)이 한여름에 눈을 그리워하였다. 명숭엄(明崇儼)이 얼마 후 눈을 가져다 올리면서 말하기를, "음산(陰山)에 가서 가져왔습니다"라고 하였다.

唐高宗, 盛夏思雪. 明崇儼坐頃取雪以進云, 往陰山取之.[806]

눈 속에서 웃통을 벗은 채 자다[단와설(袒臥雪)] 《유양잡조(酉陽雜俎)》의 기록이다. 촉(蜀)에 도사가 있었는데 세속에서 회대(灰袋)라 불렀다. 큰눈이 오는 가운데 베옷을 입고 청성산(青城山)에 들어갔다. 저녁에 승려의 거처에 머물러 자는데 한밤중이 되자 눈이 깊이 쌓이고 바람이 일었다. 승려는 이미 죽었을까 염려되어 가서 보니, 침상에서 몇 척까지 증기가 올라오는 것이 불을 때는 것 같았고, 땀을 흘리면서 웃통을 벗은 채 자고 있었다. 날이 밝기 전에 인사도 차리지 않고 가버렸다.

酉陽雜俎. 蜀有道士, 俗號爲灰袋. 大雪中, 衣布褐, 入青城山. 暮投僧寄宿, 至夜半, 雪深風起. 僧慮已死, 就視之, 去床數尺, 氣蒸如炊, 流汗袒寢. 天未明, 不辭而去.[807]

위(魏) 초선(焦先)은, 사람들 중에 출신을 아는 이가 없었다. 들불이 그의 집을 태워 한데에서 자는데, 마침 겨울이 되어 눈이 많이 내렸다. 초선이 웃통을 벗은 채 누워 움직이지 않아, 사람들이 죽은 줄로 여겨 가서 보니 여전하였다.

魏焦先, 人莫知所出. 野火燒其廬, 因露寢, 遭冬雪大至. 先袒臥不移, 人以爲死, 就視如故.[808]

성(城)을 도륙하자 내린 눈[도성설(屠城雪)] 천보(天寶)[809] 초엽에 왕천운(王天運)에게 명하여 발률(勃律)을 치게 하였다. 발률이 두려워하여 해마다 공물(貢物)을 바치고자 하였다. 왕천운은 허락하지 않은 채 그 성을 도륙하고 3,000명을 포로로 잡아 돌아오는데, 술법(術法)을 하는 자가 말하기를, "장군은 의(義)가 없어 하늘이 장차 큰 눈보라를 칠 것이다"라고 하였다. 수백 리 길을 가는데 눈송이가 새의 날개만 하게 내렸고 4만 명이 한꺼번에 얼어 죽었다.

天寶初, 命王天運伐勃律. 勃律恐懼, 願歲貢. 天運不許, 屠其城, 虜三千人還, 術者言, 將軍無義, 天將大風雪. 行數百里, 雪花如翼, 四萬人, 一時凍死.[810]

신발을 덮은 눈[몰화설(沒靴雪)] 당(唐) 위빈(韋斌)은 매번 조회할 때마다 감히 떨어져 서 있거나 웃으면서 말하지 않았다. 마침 큰눈이 내려 뜰에 있던 자들이 모두 옷소매를 털면서 옮겨 서는데 위빈만은 발을 옮기지 않았고, 눈이 많이 내려 거의 신을 덮

---

803. 《태평어람(太平御覽)·천부(天部)》
804. 원봉(元封): 한(漢) 무제(武帝)의 연호(BC 110-BC 105)이다.
805. 《고금사문유취(古今事文類聚)·천도부(天道部)》
806. 《신당서(新唐書)·방기열전(方技列傳)》
807. 《유양잡조(酉陽雜俎)》 권2.
808. 《고사전(高士傳)·초선(焦先)》의 내용을 재구성한 것이다.
809. 천보(天寶): 당(唐) 현종(玄宗)의 연호(742-756)이다.
810. 《유양잡조(酉陽雜俎)》 권14의 내용을 재구성한 것이다.

었다.

唐韋斌, 每朝會, 不敢離立笑言. 會大雪, 在庭者皆振裾更立, 斌獨不徙足, 雪甚, 幾至沒靴.[811]

군막(軍幕) 앞에 서 있는데 눈이 내리다[입장설(立帳雪)] 곽원진(郭元振)이 안서대도호(安西大都護)일 때, 서돌궐(西突厥)의 수령인 오질륵(烏質勒)의 부락이 강성하였는데 변경에 이르러 화친을 통하게 되었다. 곽원진이 그의 군막[아장(牙帳)[812]]에 가서 군사(軍事)를 상의하는데 마침 하늘에서 큰눈이 내렸다. 곽원진이 군막(軍幕) 앞에 서서 오질륵과 이야기하는 중에, 잠깐 사이에 눈이 깊이 쌓이고 바람이 매서웠다. 곽원진은 아예 발을 옮기지도 않았는데, 오질륵은 연로하여 추위의 고통을 이겨내지 못하여 회담이 끝나자 죽었다.

郭元振爲安西大都護時, 西突厥首領烏質勒部落强盛, 欵塞通和. 元振就其牙帳, 計會軍事, 時天大雪. 元振立于帳前, 與烏質勒言議, 須臾雪深風凍. 元振未嘗移足, 烏質勒年老, 不勝寒苦, 會罷而死.[813]

군막(軍幕)에 가기로 했는데 눈이 내리다[지장설(至帳雪)] 송(宋) 충세형(种世衡)이 일찍이 환주(環州)를 다스리는데, 강족(羌族)의 두목인 우노와(牛奴訛)가 평소에는 거세어 일찍이 나와 보는 적이 없다가 충세형이 오니 처음으로 나와 교외에서 환영하였다. 충세형이 다음날 그의 군막에 가서 위로하기로 약속하였는데, 그날 밤에 눈이 내려 깊이가 세 자나 되었다. 충세형이 눈을 무릅쓰고 가니 우노와는 이미 잠자리에 들었다가 놀라 일어나서, 둘러서 절을 하고 감격하여 마음으로 복종하였다.

宋种世衡, 嘗知環州. 有羌酋牛奴訛, 素倔强, 未嘗出, 世衡至, 始來郊迎. 世衡與約明日當至其帳慰勞, 是夕雪深三尺. 世衡冒雪而往, 奴訛已寢, 因驚起, 羅拜感激心服.[814]

대안도(戴安道)를 찾아가게 했던 눈[방대설(訪戴雪)] 자유(子猷) 왕휘지(王徽之)[815]가 산음(山陰)에 살고 있었는데, 큰눈이 오는 밤에 잠에서 깨어 방문을 열고 술잔을 기울였다. 사방을 바라보니 교교(皎皎)하여 일어나 서성거리다가 좌사(左思)의 〈초은시(招隱詩)〉를 읊는데, 갑자기 대안도(戴安道)가 생각났다. 당시에 대안도는 섬계(剡溪)에 살고 있어, 즉시 가벼운 배를 타고 대안도를 찾아 나섰다. 밤을 새워 겨우 도달하였는데 문에 이르러서는 들어가지 않고 바로 돌아섰다. 누가 그 까닭을 묻자 왕자유가 대답하기를, "내가 본래 흥에 겨워 왔다가 흥이 사라져 돌아가는 것이니, 어찌 꼭 대안도를 만나야 하겠는가"라고 하였다.

王子猷居山陰, 大雪夜, 眠覺, 開室酌酒. 四望皎然, 因起彷徨, 詠左思招隱詩, 忽憶戴安道. 時戴在剡溪, 卽乘輕船就戴. 經宿方至, 旣造門, 不前便還. 人問其故, 王曰, 吾本乘興而行, 興盡而返, 何必見安道耶.[816]

친구를 기다리는데 눈이 내리다[대우설(待友雪)] 소지충(蕭至忠)이 일찍이 친구와 길모퉁이에서 만나기로 약속을 하였다. 마침 눈보라가 매서워지자 여러 사람들은 모두 서둘러 피하여 처마 밑으로 들어갔다. 소지충은 말하기를, "어찌 남과 약속을 하고서 편안함을 구하고자 신의를 잃을 수 있겠는가"라고 하고는 홀로 떠나지 않았다.

蕭至忠, 嘗與友人, 期於路隅. 會風雪凍冽, 諸人皆奔避, 就宇下. 至忠曰, 焉有與人期, 而求安失信乎. 獨

---

811. 《신당서(新唐書)·위빈전(韋斌傳)》의 내용을 재구성한 것이다.
812. 아장(牙帳): 장수(將帥)가 머무는 군막을 가리킨다. 상아(象牙)로 꾸민 아기(牙旗)를 세워놓아 붙여진 이름이다.
813. 《구당서(舊唐書)·곽원진전(郭元振傳)》
814. 《산당사고(山堂肆考)·천문(天文)》
815. 왕휘지(王徽之): 동진(東晉) 시대 사람으로 자가 자유(子猷)이다. 재능이 있었으나 행실이 방탄하였다. 황문시랑(黃門侍郞)을 역임하였다.
816. 《진서(晉書)·왕휘지전(王徽之傳)》의 내용을 재구성한 것이다.

不去.817

눈 속에서 신(神)에게 맹세하다[서신설(誓神雪)] 개원(開元)818 시기에 왕준(王晙)이 병주(幷州)의 군사를 거느리고 반군(叛軍)을 토벌하는데, 사잇길로 해서 길을 두 배의 속도로 행군해 갔다. 밤중에 산중에서 홀연 눈보라를 만나자 왕준은 때를 맞추지 못할까 염려되어 하늘을 우러러 맹세하기를, "제가 만일 임금님을 섬기는데 충성스럽지 못하여 죄인을 토벌하지 못한다면, 밝으신 신령(神靈)께서 죽음을 내려도 마땅히 스스로 받아들이겠지만, 사졸(士卒)들이야 무슨 잘못이 있다고 이렇게 고생하게 하십니까? 만약 정성된 마음과 충성스러운 기세를 하늘이 밝게 살피신다면, 장차 눈을 그치게 하고 바람을 돌이키어 군사(軍事)를 이루게 하옵소서"라고 하였다. 말이 끝나자 바람이 되돌아가고 눈이 그쳤다.

開元時, 王晙將幷州兵, 討叛虜, 間行倍道趨之. 夜於山中, 忽遇風雪, 晙恐失期, 仰天誓曰, 晙若事君不忠, 不討有罪, 明靈所殛, 固自當之, 而士衆何辜, 令其艱苦. 若誠心忠烈, 天鑑孔明, 當止雪廻風, 以濟戎事. 言訖, 風迴而雪止.819

신에게 빌어 눈이 내리다[회신설(禬神雪)] 설연타(薛延陀)가 대도설(大度設)로 하여금 이사마(李思摩)를 치도록 하자 이사마가 삭주(朔州)로 달아났다. 태종(太宗)이 이적(李勣)에게 명을 내려 삭주(朔州)에 주둔하게 하였다. 부장(部將) 설만철(薛萬徹)이 굳센 기병을 인솔하여 먼저 말을 잡은 자들을 거두어 갔다. 그래서 설연타는 갈 수 없었으니, 머리를 벤 것이 수천 급(級)이었고 말을 사로잡은 것이 만오천이었다. 대도설(大度設)이 도망을 가는데 마침 눈이 심하게 내려 죽은 자가 열에 여덟은 되었다. 전에 설연타는 술수로 신에게 빌 수 있어서, 눈을 불러와 이적의 군대를 곤란하게 하려 하였지만, 이때가 되어 도리어 자신이 죽었다고 한다.

薛延陀使大度設, 擊李思摩, 摩走朔州. 太宗詔李勣, 營朔州. 部將薛萬徹, 率勁騎, 先收執馬者. 故延陀不能去, 斬首數千級, 獲馬萬五千. 大度設亡去, 會雪甚, 死者十八. 始延陀能以術禬神致雪, 冀困勣師, 及是, 反白斃云.820

소금을 뿌리듯 눈이 내리다[살염설(撒鹽雪)] 사안(謝安)이 눈 오는 날 아이들을 모아놓고 글의 뜻을 강논하고 있었는데 갑자기 눈이 쏟아졌다. 공이 기뻐서 말하기를, "흰 눈이 펄펄 날리는 것이 무엇과 같은가?"라고 물었다. 형의 아들 호아(胡兒)가 말하기를, "공중에 소금을 뿌리는 것으로 비유할 만합니다"라고 하였다. 형의 딸 도온(道蘊)이 말하기를, "버들 솜이 바람 따라 일어난다고 하는 것이 더 좋겠습니다"라고 하였다. 공이 크게 웃으면서 즐거워하였다.《세설신어(世說新語)》

謝安, 雪日集兒女, 講論文義, 俄而雪驟. 公欣然曰, 白雪紛紛, 何所似. 兄子胡兒曰, 撒鹽空中, 差可擬. 兄女道蘊曰, 未若柳絮因風起. 公大笑爲樂.〈世說〉821

밀가루를 쌓은 듯한 눈[퇴면설(堆麪雪)] 《고장기(姑臧記)》의 기록이다. 여러 공(公)들이 눈을 대하고 있었는데, 상륭지(尙隆之)가 읊기를, "밀가루가 쇠우물에 쌓이니, 누가 국수를 끓일 것인가"라고 하였다. 오영소(吳永素)가 읊기를, "옥이 천산(天山)에 가득하나, 허리띠 고리를 새기기 어렵다"라고 하였다. 또 당(唐) 태종(太宗)의 시가 있는데, "화장하지도 않는데 공중에서 분(粉)이 뿌려지고, 나무도 없는데 홀로 꽃이 날리네"822라고 하였다.

817.《구당서(舊唐書)·소지충전(蕭至忠傳)》
818. 개원(開元): 당(唐) 현종(玄宗)의 연호(713-741)이다.
819.《구당서(舊唐書)·왕준전(王晙傳)》의 내용을 재구성한 것이다.
820.《신당서(新唐書)·회흘열전(回鶻列傳)》의 내용을 재구성한 것이다.
821.《세설신어(世說新語)·언어(言語)》
822. 시제(詩題)는〈망설(望雪)〉이다.

姑臧記. 群公對雪, 尙隆之曰, 麪堆金井, 誰調湯餠. 吳永素曰, 玉滿天山, 難刻佩環. 又唐太宗詩, 不粧空散粉, 無樹獨飄花.[823]

차를 끓이는 눈[팽다설(烹茶雪)] 학사 도곡(陶穀)이 당대위(黨大尉)의 가기(家妓)를 사들였다. 눈이 내리자 도곡은 눈 녹은 물을 가져다가 단차(團茶)를 끓이면서 가기에게 말하기를, "당대위(黨大尉)의 집에서는 응당 이런 것을 모르겠지?"라고 하였다. 가기가 말하기를, "저 거친 분이 어떻게 이런 일이 있겠습니까. 그러나 금을 녹여 방안을 데우고, 술을 따르면서 낮은 소리로 노래하고, 양고아주(羊羔兒酒)[824]를 마시는 데에 능합니다"라고 하였다. 도곡이 말을 잃고 자신의 말을 부끄러워하였다.

陶穀學士, 買得黨大尉家妓. 遇雪, 陶取雪水烹團茶, 謂妓曰, 黨家應不識此. 妓曰, 彼麤人安有此. 但能于銷金暖帳中, 淺斟低唱, 喫羊羔兒酒. 陶默然慚其言.[825]

책을 읽는 눈[독서설(讀書雪)] 양(梁)나라 손강(孫康)은 눈[설(雪)]에 비춰 책을 읽었다.

梁孫康, 映雪讀書.[826]

눈 오는 가운데 책을 가져오다[취서설(取書雪)] 공첩(孔帖)[827] 서생인 계승(季勝)이 홍주(洪州)의 서산(西山)에 머물 때, 처사(處士) 노제(盧齊) 등과 눈 오는 날 함께 술을 마셨다. 한 사람이 말하기를, "눈 내리는 상황이 이러하니 문을 나서지 못하겠습니다"라고 하였다. 계승이 말하기를, "나는 당연히 나갑니다"라고 하자 그 사람이, "내가 성자(星子)에 책이 있는데 가져올 수 있겠소"라고 하였다. 계승이, "할 수 있습니다"라 하고는, 술자리가 파하기도 전에 책을 가지고 왔다. 성자(星子)는 서산(西山)에서 300리 거리에 있었다.

孔帖書生季勝, 遊洪州西山, 與處士盧齊輩, 雪夜共飮. 一人言, 雪勢如此, 不可出門. 勝曰, 吾當往. 其人曰, 吾有書在星子, 可爲取之乎. 勝曰, 可. 飮未散, 携書至. 星子距西山三百里.[828]

눈 오는 날 누워 있다[와설(臥雪)] 큰눈이 1장(丈)이 넘게 내리자 낙양령(洛陽令)이 몸소 순행(巡行)을 나갔다. 민가에서 모두 눈을 치우느라고 나와 있는 것이 보이는데 원안(袁安)의 문에 이르자 드나들 길이 없었다. 원안이 이미 죽었을 것이라 생각하고 사람을 시켜 눈을 치우게 하고 문에 들어갔다. 원안이 뻣뻣이 누워 있는 것을 보고 어째서 나오지 않느냐고 묻자 원안이 말하기를, "큰눈이 내려 사람들이 모두 굶주리고 있으니 남을 번거롭게 하면 안 됩니다"라고 하였다.

大雪丈餘, 洛陽令身出按行. 見民家皆除雪出, 至袁安門, 無有行路. 謂安已死, 令人除雪入戶. 見安僵臥, 問何不出, 安曰, 大雪, 人皆餓, 不宜干人.[829]

눈 속에 서 있다[입설(立雪)] 후사성(侯師聖)이 말하였다. 유작(遊酢)과 양시(楊時)가 처음으로 이천(伊川) 정이(程頤)를 뵙는데 (정이는) 눈을 감고 앉아 있었다. 두 사람이 서서 기다리는데, (정이가) 눈을 뜨고 돌아보며 말하기를, "그대들은 아직도 여기에 있는가? 날도 이미 늦었으니 그만 쉬시오"라 하고, 웃으면서 문을 나서니 문 밖에 눈이 한 척이나 쌓였다.

侯師聖云. 游[830]揚[831]初見伊川, 瞑目而坐. 二子侍立,

823. 《산당사고(山堂肆考) · 천문(天文)》
824. 양고아주(羊羔兒酒): 산서(山西)에서 나는 명주(名酒)의 이름으로, '양고주(羊羔酒)'라고도 한다.
825. 《고금사문유취(古今事文類聚) · 천도부(天道部)》
826. 《남사(南史) · 손백예전(孫伯翳傳)》
827. 공첩(孔帖): 의미가 자세하지 않다.
828. 《산당사고(山堂肆考) · 천문(天文)》
829. 《예문유취(藝文類聚) · 천부(天部)》
830. '유(游)'는 '유(遊)'의 오자로, 유작(遊酢)을 가리킨다.

旣覺顧謂曰, 賢輩尙在此乎. 日旣晩且休. 笑及出門, 門外之雪, 深一尺.[832]

혜가(慧可)[833]가 달마(達磨)를 모시는데, 일찍이 밤중에 큰눈이 내렸지만 모시고 서서 움직이지 않았다. 날이 밝을 무렵 쌓인 눈이 무릎에 이르렀다.《전등신화(剪燈神話)》

慧可事達磨, 嘗夜大雪, 侍立不動. 遲明, 積雪至膝.〈傳燈〉[834]

붉은 눈[적설(赤雪)] 태강(太康)[835] 7년, 하음(河陰)에 2경(頃) 넓이로 붉은 눈이 왔다. 정원(貞元)[836] 21년 정월 갑술(甲戌)일에, 도성에 붉은 눈이 왔다.

太康七年, 河陰雨赤雪二頃.[837] 貞元二十一年正月甲戌, 雨赤雪于京師.[838]

누런 눈[황설(黃雪)] 양(梁) 소릉왕(邵陵王)이 위(魏)나라 장수 양충(楊忠)에게 살해되어 강 언덕에 버려졌는데, 여러 날이 지나도 색이 변하지 않고 새와 짐승도 감히 접근하지 않았다. 그때 눈이 휘날렸고 시체는 길에 가로누워 있었는데, 주위의 몇 보(步)는 유독 젖지 않았다. 적을 격파한 후에 양양(襄陽)에서 시체를 거두었다. 장사를 지내는 날, 누런 눈이 어지러이 내리는데 오직 무덤에만은 눈이 내리지 않았다. 양충이 후회하면서 제사를 지냈고 백성들은 사당을 세워 주었다.

梁邵陵王爲魏將楊忠所殺, 投於江岸, 經日色不變, 鳥獸不敢近. 時飛雪飄零, 屍橫道路, 周回數步, 獨不霑洒. 破敵後, 斂之於襄陽. 葬之日, 黃雪雰糅, 惟冢壙獨不下雪. 楊忠悔而祭之, 百姓爲立廟.[839]

눈 오는 가운데 미복(微服)으로 행차하다[미행설(微行雪)] 송(宋) 태종(太宗)이 눈 오는 밤에 조보(趙普)의 문을 두드리면서 말하기를, "이미 진왕(晉王)과 약속을 하였습니다"라고 하였다. 태종(太宗)이 이른 뒤에, 겹자리를 깔고 바닥에 앉은 채 숯을 태워 고기를 굽고, 조보의 아내는 술을 돌렸다. 황제가 그녀를 형수로 불렀다. 황제가 말하기를, "내가 잠이 들지를 못하겠습니다. 용상의 밖은 모두 남입니다. 그래서 그대를 보려고 온 것입니다"라고 하였다. 마침내 강남을 함락시킬 계책을 정했다.

宋太宗, 雪夜叩趙普門曰, 已約晉王. 已而太宗至, 設重茵地坐, 熾炭燒肉, 普妻行酒. 帝以嫂呼之. 帝曰, 吾睡不着. 一榻之外, 皆他人家也. 故來見卿. 遂定下江南之策.[840]

채(蔡)를 평정하는데 내린 눈[평채설(平蔡雪)] 이소(李愬)가 채(蔡)를 치러 들어갈 때, 한밤중에 현호성(懸弧城)에 이르렀는데 눈이 많이 내렸다. 성의 옆은 모두 거위와 오리를 기르는 연못이라서, 이것들을 쳐서 군대가 이동하는 소리를 어지럽게 하였다.

李愬入蔡, 夜半至懸弧城, 雪甚. 城旁皆鵝鶩池, 擊以亂軍聲.[841]

동곽(東郭)선생의 신발[동곽리(東郭履)] 동곽(東郭)선생이 옷은 헤지고 신발은 떨어진 채 눈 속에 길

---

831. '양(揚)'은 '양(楊)'의 오자로, 양시(楊時)를 가리킨다.
832. 《송사(宋史)·양시전(楊時傳)》
833. 혜가(慧可): 북위(北魏)의 선승(禪僧)으로, 달마(達磨)의 선법(禪法)을 전한 이조(二祖)이다.
834. 《산당사고(山堂肆考)·석교(釋敎)》에서, "二祖慧可, 初名神光. 旣事達磨, 卽與改名. 嘗夜大雪, 侍立不動, 念曰, 昔人求道, 敲骨取髓, 刺血濟饑, 布髮掩泥, 投崖飼虎. 古尙如此, 我又何人. 遲明, 積雪過膝"이라고 하였다.
835. 태강(太康): 진(晉) 무제(武帝)의 연호(280-289)이다.
836. 정원(貞元): 당(唐) 덕종(德宗)의 연호(785-805)이다.
837. 《진서(晉書)·무제기(武帝紀)》
838. 《신당서(新唐書)·오행지(五行志)》
839. 《남사(南史)·양무제제자열전(梁武帝諸子列傳)》의 내용을 재구성한 것이다.
840. 《송사(宋史)·조보전(趙普傳)》의 내용을 재구성한 것이다.
841. 《신당서(新唐書)·이소(李愬)》의 내용을 재구성한 것이다.

을 나섰다. 신발이 위는 있고 바닥은 없어, 발바닥이 모두 땅에 닿았다.《사기(史記)》

東郭先生, 衣弊履不完, 行雪中. 履有上無下, 足盡踐地.〈史〉[842]

왕공(王恭)의 학창의(鶴氅衣)[왕공창(王恭氅)] 왕공(王恭)이 일찍이 학창의(鶴氅衣)를 입고 눈길을 밟으며 길을 나섰다. 맹창(孟昶)이 내다보고 말하기를, "이분은 진실로 신선(神仙) 가운데 한 사람이다"라고 하였다.《본전(本傳)》

王恭嘗被鶴氅, 涉雪而行. 孟昶窺見之曰, 此眞神仙中人也.〈本傳〉[843]

눈을 쓸고 손님을 맞이하다[소설영빈(掃雪迎賓)] 대부호인 왕원보(王元寶)는 큰눈이 올 때마다 자기가 사는 곳에서 골목 입구까지 눈을 쓸고 길을 열어, 손님을 맞이하고 잔치를 베풀었다. 이를 일러 '추위를 따뜻하게 하는 모임[난한회(暖寒會)]'이라고 하였다.《천보유사(天寶遺事)》

巨豪王元寶, 每大雪, 則自所居至坊巷口, 掃雪開徑, 迎揖賓客飮宴. 謂之暖寒會.〈天寶遺事〉[844]

남쪽 정자에서 술상을 마련하게 하다[남정명상(南亭命觴)] 《당사(唐史)》의 기록이다. 도성에 큰눈이 내리면 중서사인(中書舍人) 노군방(路群方)은 남쪽 정원의 띠풀 정자에서 눈을 멀리 하여 산 위의 눈을 보았으며, 녹건(鹿巾)을 쓰고 학창의(鶴氅衣)를 입은 채 불을 피우고 술상을 마련하게 하여 아름다운 경치를 감상하였다.

唐史. 都下大雪, 中書舍人路群方, 於南垣茅亭, 肆目山雪. 鹿巾·鶴氅, 搆火命觴, 以賞佳致.[845]

깔고 자던 자리를 거두다[철천(撤薦)] 효렴(孝廉) 범규(范逵)가 도간(陶侃)의 집을 방문하여 잠을 자는데, 그때 큰눈이 내렸다. 도간의 모친 담(湛)씨가, 깔고 자던 자리를 거두어 손수 썰어서 그의 말을 먹였다. 범규가 그 말을 듣고 감탄하면서 말하기를, "이런 모친이 아니었으면 이런 아들을 낳지 못했을 것이다"라고 하였다.

孝廉范逵, 過宿於陶侃家, 時大雪. 侃母湛氏, 撤所臥薦, 自剉飼其馬. 逵聞之, 嘆曰, 非此母, 不生此子.[846]

땔나무를 싣다[재초(載樵)] 양(梁) 남평(南平) 왕위(王偉)는 지독하게 춥거나 눈이 쌓일 때마다, 사람을 시켜 땔나무와 쌀을 싣고 궁핍한 이들을 찾아가서 나눠 주게 하였다.《남사(南史)》

梁南平王偉, 每祈[847]寒積雪, 則遣人載樵米, 隨乏絶者, 賦給之.〈南史〉[848]

상서로운 잎[서엽(瑞葉)] 《냉재시화(冷齋詩話)》의 기록이다. 송(宋) 상부(祥符)[849] 연간에 왕륜(王綸)이란 자가 있었는데, 태자중윤(太子中允)이 되었다. 그의 딸이 나이가 열넷인데 귀신에 씌여 스스로를 '연화군(燕華君)'이라고 하였다. 눈에 관한 시를 지었는데 다음과 같다. "무슨 일로 항아(嫦娥)는 남을 속이고 사라져, 어지러이 상서로운 잎을 인간 세상에 뿌리는가." '상서로운 잎[서엽(瑞葉)]'이 어디에서 출전(出典)하였는지를 묻자 그 딸이 대답하기를, "하늘 위에 상서로운 나무가 있어서 꽃이 피면 여섯 개의 잎이 나옵니다"라고 하였다. 《한시외전(韓詩外傳)》에, 초목의 꽃은 모두 다섯 개의 잎이 나오는데, 눈꽃만이 여섯 개의 잎이 나온다고 하였다. 주문

842. 《사기(史記)·골계열전(滑稽列傳)》
843. 《진서(晉書)·왕공전(王恭傳)》
844. 《개원천보유사(開元天寶遺事)》 권1의 내용을 재구성한 것이다.
845. 《산당사고(山堂肆考)·천문(天文)》
846. 《진서(晉書)·열녀전(列女傳)》의 내용을 재구성한 것이다.
847. '기(祈)'는 '기(祁)'의 오자이다.
848. 《남사(南史)·남평원양왕위전(南平元襄王偉傳)》
849. 상부(祥符): 북송(北宋) 진종(眞宗)의 연호(1008-1016)로, 정식 명칭은 '대중상부(大中祥符)'이다.

공(朱文公)이 말하기를, "땅은 (수가) 6으로 물의 완성된 숫자이다. 눈이라는 것은 물이 응결하여 꽃이 되는 것이다. 그래서 여섯 개의 잎이 나온다"라고 하였다.

冷齋詩話. 宋祥符中, 有王綸者, 爲太子中允. 其女年十四, 爲鬼所憑, 自稱燕華君. 作雪詩曰, 何事月娥欺不在, 亂飄瑞葉在人間. 問瑞葉何出, 女曰, 天上有瑞木, 花開六出也. 韓詩外傳, 草木花皆五出, 雪花獨六出. 朱文公謂, 地六, 爲水之成數. 雪者, 水結爲花. 故六出.[850]

은(銀)으로 변화시키다[화은(化銀)] 《이인록(異人錄)》의 기록이다. 경(耿)선생이 보대(保大)[851] 연간에 부름을 받고 궁에 들어갔다. (왕이) 농담으로, "눈으로 은을 만들 수 있는가?"라고 묻자, 대답하기를, "할 수 있습니다"라고 하고는 눈을 가져다 담아서 은화(銀貨)처럼 깎더니 타고 있는 숯불 속에 던졌다. 한식경이 지나 꺼내니 번쩍거리는 은이 되었다.

異人錄. 耿光[852]生, 保大中召入宮. 戱之曰, 能以雪爲銀乎. 曰可. 乃取雪實之, 削如銀錠, 投熾炭中. 食頃取出, 爛然爲銀.[853]

슬피 울어 눈[雪]을 없애다[애호소설(哀號消雪)] 서적(徐積)은 어머니가 돌아가신 뒤 3년간 시묘살이를 하고 있었다. 눈이 오는 밤에 묘에 엎드려 슬피 울면서 안부를 묻자 눈이 이 때문에 사라졌다.

徐積母終, 廬墓三年. 雪夜伏墓, 哀號問安否, 雪爲之消.[854]

침실(寢室)에는 눈이 없다[침실무설(寢室無雪)] 의종(懿宗)이 번왕(藩王)으로 있을 때, 일찍이 큰눈이 1척(尺) 이상이 되게 내렸는데, 침실(寢室) 위에는 아예 조금도 쌓이지 않았다. 여러 번왕들이 보고 이상하게 여기지 않는 이가 없었다.

懿宗在藩邸時, 嘗大雪盈尺上, 寢室上, 輒無分寸. 諸王見者, 無不異之.[855]

갈대 섬에 눈을 밟고 가다[노주답설(蘆洲踏雪)] 대력(大曆)[856] 초엽, 종릉(鍾陵)의 최희진(崔希眞)은 그림에 뛰어났다. 겨울날 새벽에 외출하는데, 한 노인이 문 앞에서 눈을 피하고 있는 것을 보았다. 맞아들여 보리국수를 차려서 먹이고 또 송화주(松花酒)를 드렸다. 노인이 품속에서 환약(丸藥) 한 알을 꺼내 술에 넣으니 술이 갑자기 감미로워졌다. 이어 몇 알을 최희진에게 주었다. 최희진이 집 안에 들어갔다가 다시 나와 보니 노인은 이미 떠났고, 흰 비단에 그림을 그려놓은 것이 있는데 모두 평범하지 않았다. 생각에 따라잡을 수 있으리라 여겨 눈을 밟으며 나서니 얼마 후에 갈대 섬에 이르렀다. 배 안에 여러 사람이 보이는데, 옆에 있던 나무꾼이 돌아보고 웃으며 말하기를, "갈삼(葛三)이 이 사람에게 쫓겼군요"라고 하였다. 천사(天師) 이극광(李極光)이 말하기를, "이것은 진인(眞人) 갈홍(葛洪)의 셋째 아들이 그린 것이고 그 약은 바로 '천세송료(千歲松醪)'입니다"라고 하였다.《원화기(原化記)》

大曆初, 鍾陵崔希眞, 工繪事. 冬日晨出, 見一老人, 避雪門下. 迎入, 具大麥麪食之, 又獻松花酒. 老人懷中取一丸藥, 置酒中, 酒頓甘美. 仍以數丸遺崔. 崔入宅復出, 見老人已去, 有所畵素上者, 皆非常. 意所及, 遂踏雪, 尋至蘆洲中. 見船中數人, 而樵客在側, 顧笑曰, 葛三, 乃見逼于伊人. 李極光天師曰, 此眞人葛洪第三子所畵也, 其藥, 乃千歲松醪也.〈原化記〉[857]

---

850. 《산당사고(山堂肆考)·천문(天文)》의 내용을 재구성한 것이다.
851. 보대(保大): 요(遼) 천조(天祚)의 연호(1121-1125)이다.
852. '光'은, 《강회이인록(江淮異人錄)·경선생(耿先生)》에는 '先'으로 되어 있다.
853. 송(宋) 오숙(吳淑), 《강회이인록(江淮異人錄)·경선생(耿先生)》의 내용을 재구성한 것이다.
854. 《산당사고(山堂肆考)·천문(天文)》
855. 당(唐) 소악(蘇鶚), 《두양잡편(杜陽雜編)》 권하.
856. 대력(大曆): 당(唐) 대종(代宗)의 연호(766-779)이다.

북쪽 누대에서 마이산(馬耳山)을 보다[북대간마(北臺看馬)] 왕진지(王晉之)가 곽변(霍辨)과 마주하여 이야기를 나누는데 눈이 한 자가 되게 내렸다. 왕진지가 말하기를, "눈이 너무 많이 내렸군요"라고 하자 곽변이 말하기를, "북쪽 누대에서 마이산(馬耳山)이 과연 어떤지를 보아라"라고 하였다. 좌우 사람들이 말하기를, "두 봉우리가 남아 있습니다"라고 하였다. 동파(東坡)의 〈설야시(雪夜詩)〉에, "북쪽 누대를 쓸고 마이산(馬耳山)을 보니, 아직 묻히지 않고 두 봉우리가 남아 있다"라고 하였다.

王晉之, 與霍辨對談, 雪盈尺. 王曰, 雪太深乎. 霍曰, 看北臺馬耳, 果何如. 左右曰, 有兩尖在. 東坡雪夜詩, 試掃北臺看馬耳, 未隨埋沒有雙尖.858

옥마(玉馬)가 눈을 녹이다[옥마융설(玉馬融雪)] 진(晉) 동영공(東嬴公) 등(騰)이 업(鄴)을 다스릴 때, 평지에 몇 자나 되게 큰눈이 내렸지만 영문(營門) 앞의 몇 장(丈)이나 되는 곳은 눈이 녹아 쌓이지 않았다. 등(騰)이 땅을 파서 옥마(玉馬)를 얻었는데, 높이가 한 자 남짓하였다. (황제에게) 글을 올리고 바쳤다.

晉東嬴公騰, 鎭鄴時, 大雪平地數尺, 營門前數丈, 雪融不積. 騰掘得玉馬, 高尺餘. 表獻之.859

눈을 주제로 한 소령(小令)860[설령(雪令)] 이승(李昇)이 강남(江南)을 차지하려 하면서 우선 관료들을 암시적으로 움직이고자 하여, 눈 오는 날 큰 모임을 갖고 소령(小令)을 내도록 하면서, "눈을 빌리고 옛사람의 이름을 취해 쓰는데, 말의 조리가 관통되어야 합니다"라고 하였다. 당시에 송제구(宋齊丘)와 서융(徐融)이 자리에 있었다. 이승이 잔을 들고 소령(小令)을 지었는데, "눈이 펄펄 내리니, 바로 흰 것이 일어남이다.[백기(白起)861]"라고 하였다. 송제구는, "신을 신고 거리를 지나니, 이를 꼭 닫아야 한다.[옹치(雍齒)862]"라고 하였다. 서융은 이승 등을 꺾을 생각으로 서둘러 읊기를, "내일 아침 해가 뜨면, 다툴 텐데 시끄러움을 어찌할 것인가.[소하(蕭何)863]"라고 하였다. 이승이 크게 화가 나서, 이날 밤에 서융을 잡아다가 강에 던져버렸다. 이때부터 더불어 일을 도모한 자는 송제구뿐이었다.

李昇欲有江南, 且欲諷動僚屬, 雪天大會, 出一令曰, 借雪, 取古人名, 仍詞理通貫. 時宋齊丘·徐融在坐. 昇擧杯爲令曰, 雪下紛紛, 便是白起. 齊丘曰, 着履過街, 必須雍齒. 融意欲挫昇等, 遽曰, 明朝日出, 爭奈蕭何. 昇大怒, 是夜, 收融投于江. 自是, 與謀者, 惟齊丘而已.864

눈을 읊은 시에 풍자를 기탁하다[설시우풍(雪詩寓風)] 경력(慶曆)865 연간에 서쪽 군대의 일이 해결되지 않았는데, 안원헌(晏元獻)866이 추밀사(樞密使)가 되었다. 마침 큰눈이 내리자 서쪽 정원에 술자리를 마련하였다. 구양영숙(歐陽永叔)이 시를 지어, "가련하다! 철갑(鐵甲)을 입은 병사들은 냉기가 뼛

857. 《태평광기(太平廣記)·신선(神仙)》의 내용을 재구성한 것이다.
858. 《천중기(天中記)·설(雪)》
859. 《진서(晉書)·종실열전(宗室列傳)》의 내용을 재구성한 것이다.
860. 소령(小令): 사체(詞體) 이름으로 사의 형식 중에서 가장 짧은 것이다.
861. 백기(白起): 전국(戰國) 시대 사람으로, 용병(用兵)에 뛰어났다. 진(秦) 소왕(昭王)을 도와 여러 제후국과의 전투에서 승리하였고, 그 공으로 무안군(武安君)에 봉해졌다.
862. 옹치(雍齒): 진대(秦代) 말엽 사람으로, 유방(劉邦)을 따라 항우(項羽)를 공격하였고, 뒤에 십방후(什方侯)에 봉해졌다.
863. 소하(蕭何): 진대(秦代) 말엽 사람으로, 유방(劉邦)을 도왔고 뒤에 상국(相國)에 봉해졌다.
864. 《천중기(天中記)·설(雪)》
865. 경력(慶曆): 북송(北宋) 인종(仁宗)의 연호(1041-1048)이다.
866. 안원헌(晏元獻): 북송(北宋)의 사인(詞人)이자 정치가이다. 이름은 수(殊)이고 자는 동숙(同叔)이다. 원헌(元獻)은 그의 시호(諡號)이다. 범중엄(范仲淹)·구양수(歐陽修) 등이 모두 그의 문하에서 나왔다.

속을 파고들 텐데, 40여 만의 변방에 주둔한 병사들이여"867라고 하였다. 안원헌이 말하기를, "옛날에 한유(韓愈)도 말을 잘 만들었지만, 배도(裴度)의 연회에 가서 다만, '정원에서 좋은 일을 다 누림에, 종과 북으로 맑은 세상을 즐긴다'라고 읊어 일찍이 이처럼 요란을 떨지는 않았소"868라고 하였다.《권유록(倦游錄)》

慶曆中, 西師未解, 晏元獻爲樞密使. 會大雪, 置酒西園. 歐(陽)869永叔, 賦詩云, 須憐鐵甲冷徹骨, 四十餘萬屯邊兵. 晏曰, 昔韓愈, 亦能作言語, 赴裴度會, 但云, 園林窮勝事, 鍾鼓樂淸時. 不曾如此合鬧.〈倦游錄〉870

눈 내리는 밤에 시를 논하다[설야론시(雪夜論詩)] 성차중(盛次仲)과 공평중(孔平仲)이 함께 관각(館閣)에 있다가 눈 내리는 밤에 시를 논하였다. 공평중이 말하기를, "마땅히 남들이 이야기한 적이 없는 말을 써야 합니다"라고 하면서 읊기를, "비스듬히 이어진 대궐의 모퉁이는 천 척(尺)의 용(龍)이요, 조용히 담의 허리를 감싸는 것은 반쯤 모난 달이로다"라고 하였다. 성차중이 말하기를, "매우 아름답지만 장대하지 못한 것이 아쉽구려"라고 하면서 읊기를, "보아하니 천지에서 밤인 줄도 모르고, 정원으로 날아드는 것이 모두가 봄이로다"라고 하였다. 공평중이 이에 승복하였다.

盛次仲·孔平仲, 同在館中, 雪夜論詩. 平仲曰, 當作不經人道語. 曰, 斜拖闕角龍千尺, 澹抹墻腰月半稜. 次仲曰, 甚佳, 惜其未大也. 乃曰, 看來天地不知夜, 飛入園林總是春. 平仲乃服.871

시(詩)의 고하(高下)를 품평하다[평시고하(評詩高下)] 동파(東坡)가 말하기를, "정곡(鄭谷)의 시(詩)에, '강가의 저물녘은 그림 같은 곳, 고기 잡는 이는 도롱이 걸치고 돌아간다'872라고 읊은 것은 시골 서당 수준의 시이다. 유종원(柳宗元)873이 읊은, '온 산에 날던 새도 사라졌고, 모든 길에 사람의 종적 끊겼다. 외로운 배에 도롱이 걸치고 삿갓 쓴 노인이, 홀로 낚시하는데 찬 강에는 눈이 내린다'874라는 시는 정말로 격조가 있다. 아마도 하늘이 내려준 재주리니, 따를 수가 없다"라고 하였다.

東坡言, 鄭谷詩, 江上晩來堪畵處, 漁人披得一蓑歸. 此村學中詩也. 子厚云, 千山鳥飛絶, 萬逕人蹤滅. 孤舟蓑笠翁, 獨釣寒江雪. 信有格也哉. 殆天所賦, 不可及也.875

책임감을 살필 수 있다[가견자임(可見自任)] 한기(韓琦)의 시(詩)에, "오래 된 돌이 깊은 곳을 덮어도 염호(鹽虎)876는 빠지고, 찬 가지가 무거운 것을 받친 채 옥룡(玉龍)877 속에 춥다"라고 하였는데, 여기에서 공의 책임감을 살필 수 있다.

韓魏公詩, 老石蓋深鹽虎陷, 冷枝擎重玉龍寒. 此可見公之自任.878

공중에 가득한 난새와 학[만공란학(滿空鸞鶴)] 안국(安國) 장효상(張孝祥)879이 〈억진아사(憶秦娥

---

867. 구양수(歐陽修), 〈안태위서원하설가(晏太尉西園賀雪歌)〉
868. 한유(韓愈), 〈봉화복야배상공감은언지(奉和僕射裴相公感恩言志)〉
869. 《유원총보》에서는 '영(永)' 앞에 '양(陽)'이 누락되었다.
870. 《고금사문유취(古今事文類聚)·천도부(天道部)》
871. 《냉재야화(冷齋夜話)》 권10의 내용을 재구성한 것이다.
872. 정곡(鄭谷) 〈설중우제(雪中偶題)〉
873. 유종원(柳宗元): 당(唐)대의 문학가이자 정치가로 자가 자후(子厚)이다. 한유(韓愈)와 함께 당대 고문운동(古文運動)을 주도하였다.
874. 유종원(柳宗元), 〈강설(江雪)〉
875. 《어은총화(漁隱叢話)·유유주(柳柳州)》
876. 염호(鹽虎): 눈[설(雪)]을 모아 호랑이 형상을 만든 것이다.
877. 옥룡(玉龍): 눈[설(雪)]을 비유하는 말이다.
878. 《고금사문유취(古今事文類聚)·천도부(天道部)》

詞)〉에서 다음과 같이 눈을 읊었다. "구름이 드리우니 막처럼 그늘지고, 바람이 매서우니 하늘은 흐리다. 꽃이 지듯 눈송이 날리니 온갖 나무에는 옥이 달렸고, 공중에 가득한 것은 난새와 학이로다."

張安國, 憶秦娥詞, 咏雪. 雲垂幕陰, 風慘淡天. 花落天花落, 千林瓊玖, 滿空鸞鶴.[880]

창문에 붙고 섬돌을 스치다[점창불체(粘窓拂砌)] 이신(李紳)이 양주(楊州)를 다스릴 때에 장효표(章孝標)에게 부탁하여 〈춘설시(春雪詩)〉를 짓도록 하였다. 붓을 찾아 한 번에 써 내린 시는 다음과 같다. "눈꽃이 날려 곳곳에 나부끼니, 창문에 붙고 섬돌을 스치며 겨울의 나뭇가지에 오른다. 권세가의 집에는 저녁 무렵 한 자도 차기 어렵지만, 그저 삼군(三軍)에게는 기쁜 분위기 사라졌네."[881]

李紳鎭楊州, 請章孝標, 賦春雪詩, 索筆一揮云. 六出花飛處處飄, 粘窓拂砌上寒條. 朱門到晩難盈尺, 盡是三軍喜氣銷.[882]

눈을 읊은 시를 품평하다[품제설시(品題雪詩)] 형공(荊公)[883]이 일찍이 백씨[伯氏: 천계(天啓)]와 종산(鍾山)에서 설경을 대하고, 당(唐)대 사람들이 눈을 읊은 시 수백 편을 거론하였다. 요약하면 다음과 같다. 변화의 모습을 지극하게 표현한 것으로 한유(韓愈)만한 이가 없다. 대개 당시(唐詩)는 기교를 숭상하여 기운과 격조가 높지 못한 폐단이 있다. 예를 들어, "새가 향기 없는 꽃을 찾아 그 속에서 자고, 사람이 그림자 없는 달을 좇아 그 속에서 돌아온다"[884]와 같은 것이 있다. 한 때의 아름다운 장소를 그린 것으로는, "강가의 저물녘은 그림 같은 곳, 고기 잡는 이는 도롱이 걸치고 돌아간다"와 같은 것이 그렇다. 외롭고 적막한 모습을 말한 것으로는, "밤이 고요하여 대나무 부러지는 소리만 들린다"[885]와 같은 것이 그렇다. 전고(典故)를 잘 쓴 것으로는 의산(義山) 이상은(李商隱)의, "춤추고자 하여 그저 조식(曹植)의 말[馬][886]을 따랐고, 마음이 있어 사장(謝莊)의 옷[887]에 붙었으리라"[888]와 같은 것이 그렇다. 또 읊은, "이미 강총(江總)을 따라 옥[889] 나무에서 으스대고, 또한 부호 노(盧)씨 집[890]에 들어가 구슬 방을 시샘하네"[891]와 같은 것이 그렇다. 소릉(少陵)의 경우에는 노년에 들어서는 그렇지 않았다. "희미한 눈은 해를 향해 더욱 옅고, 가물가물 사람에게서 멀어지네"[892] 등의 시구는 사람들의 생각을 훨씬 뛰어넘었음을 깨닫겠다. 당대(唐代) 사람들이 눈을 읊을 때

879. 장효상(張孝祥): 남송(南宋) 사람으로, 자가 안국(安國)이다. 건강태수(建康太守) 등을 역임하였는데, 성격이 호탕하였고 고토 회복을 잊지 않았다. 호방파(豪放派)의 중요 작가로 시문(詩文)에 뛰어났고 사(詞)를 잘 지었다.
880. 송(宋) 장효상(張孝祥), 《우호사(于湖詞)》 권1.
881. 시제(詩題)는 〈춘설헌이상공(春雪獻李相公)〉이다.
882. 《고금사문유취(古今事文類聚) · 천도부(天道部)》
883. 형공(荊公): 왕안석(王安石)의 봉호(封號)이다. 처음에 서국공(舒國公)에 봉해졌다가 다시 형국공(荊國公)에 봉해져 보통 왕형공(王荊公)이라 칭한다.
884. 당(唐) 무명씨(無名氏) 시구(詩句)
885. 두순학(杜荀鶴), 〈설(雪)〉
886. 조식(曹植)이 지은 《낙신부(洛神賦)》의 전고이다. 조식이 말을 타고 임소로 돌아갈 때, 낙천(洛川)을 건너면서 낙천의 신인 복비(宓妃)를 읊은 내용인데, 여기에서 그녀의 아름다움을 눈[雪]에 비유하였다.
887. 《송서(宋書) · 부서지(符瑞志)》의 전고이다. 유송(劉宋) 무제(武帝) 시절, 우위장군(右衛將軍) 사장(謝莊)이 대전(大殿)에 있을 때 눈이 내려 옷에 쌓이자 상서로 여긴 것을 인용하였다.
888. 당(唐) 이상은(李商隱), 〈대설(對雪)〉 2수 중 제1수.
889. 강총(江總)의 시구(詩句), "벽옥 같은 달은 밤마다 둥그렇고, 옥 같은 나무는 아침마다 새롭네(璧月夜夜滿, 瓊樹朝朝新)"에서 인용하였다.
890. 소연(蕭衍) 〈하중지수가(河中之水歌)〉에, "노(盧)씨 집 난초 방은 계수나무를 들보로 하였고, 안에는 울금향(鬱金香), 소합향(蘇合香)이 있다네(盧家蘭室桂爲梁, 中有鬱金蘇合香)"라고 읊었다.
891. 당(唐) 이상은(李商隱), 〈대설(對雪)〉 2수 중 제2수.

에는 '경요(瓊瑤)', '아학(鵝鶴)', '매화(梅花)', '유서(柳絮)'를 쓰는 경우처럼 기교를 거듭하였다. 그래서 소릉(少陵)이 뛰어났음을 깨닫게 된다. 본조(本朝) 구양수(歐陽修)가 눈을 읊은 시는, 장편이 많은데도 이미 일을 나열하는 방식은 없어졌다. 그래서 동파(東坡)는 그것을 본받았다. 동파는 젊었을 때에도 (눈을) 읊은 것이 많은데, "또한 견고한 옥을 만들지 못할 줄을 알아, 경각화(頃刻花)를 피울 수가 없다네"[893]라고 읊었고 또, "그저 이불에 물을 뿌린 듯이 여길 뿐, 정원에 이미 눈이 쌓인 것을 모르네"[894]라고 하였다. 그 뒤에도 역시 일을 나열하는 잘못을 저지르지는 않았다. 예를 들면, "백병전에는 한 치 쇠도 지니는 것을 허락하지 않는다"[895]와 같은 것이니, 한 편이라도 일을 나열하는 방식 없이, 편안히 노숙하고 건실하여 그저 소릉의 기상이 있다. 형공(荊公)이 또 일찍이 말하기를, "봄눈을 읊은 시[춘설시(春雪詩)]가 고금으로 매우 많지만, 다만 당 시인의 두 구절이 으뜸이다. 바로 '살짝 언 듯한 수면 위에서 녹아 없어지고, 은밀히 온화한 기운 따라 꽃나무 뿌리로 들어간다'[896]가 그것이니, 이것이 진정 춘설시이다. 또 눈이 갠 것을 읊은 시[설청시(雪晴詩)]로는, '온갖 나무가 모두 꽃이 진 시절과 같고, 사방의 처마에서 울리는 소리가 비올 때와 같구나'[897]라고 읊었는데, 다만 기운과 격조가 높지 않을 뿐이다"라고 하였다.

荊公嘗與伯氏(天啓), 在鍾山對雪, 擧唐人詠雪數百篇. 要之. 窮極變態, 無如退之. 大抵唐詩尙工巧, 失之氣格不高. 有如鳥向不香花裏宿, 人從無影月中歸. 若狀一時佳處, 如江上晩來堪畵處, 漁人披得一蓑歸. 道孤寂之狀, 如夜靜惟聞折竹聲. 好用事, 如義山, 欲舞空隨曹植馬, 有情應點謝莊衣. 又云, 已隨江令誇瓊樹, 又入盧家妬玉堂. 至于少陵, 老卽不然. 霏霏向日薄, 脈脈去人遙等句, 便覺超出人意. 唐人詠雪, 如用瓊瑤·鵝鶴·梅花·柳絮, 重疊工巧. 所以覺少陵超邁也. 本朝歐陽公, 雪詩多大篇, 然已屛去白事. 故東坡效之. 東坡少時, 亦多詠, 也知不作堅牢玉, 無奈能開頃刻花. 又云, 但覺衾裯如潑水, 不知庭院已堆鹽. 後亦不作犯白事. 如白戰不許持寸鐵. 一篇雖無白事, 坦然老健, 直有少陵氣象. 荊公又嘗云, 春雪詩, 古今甚衆, 只唐人二句, 爲冠. 輕着凍痕銷水面, 密隨和氣入花根. 此眞是春雪詩. 又雪晴詩云, 萬木盡如花落候, 四簷鳴似雨來時. 但氣格不高爾.[898]

왕면(王勉)이 일찍이 눈에 관한 시를 지었는데, "하늘이 콩대의 재를 태워서 내리고, 검은 오얏을 흰 매화로 바꾸게 하였네"[899]이다. 동파가 왕중옥(王仲玉)의 시를 차운하여, "강의 구름이 콩대의 재를 뿌리려 한다"[900]라고 하였다. 왕면의 시는 세속에 가까이 들어갔고, 동파는 단련을 하여 멋진 시구가 되었다.《문주시화(文酒詩話)》

王勉嘗作雪詩, 上天燒下豆秸灰, 烏李從敎變白梅. 坡次王仲玉云, 江雲欲落豆秸灰. 勉之詩, 近俗入, 坡翁爐鍛, 則爲佳句.〈文酒詩話〉[901]

---

892. 두보(杜甫), 〈우설(又雪)〉
893. 송(宋) 소식(蘇軾), 〈어사구(漁簑句)〉
894. 소식(蘇軾), 〈설후서북대벽(雪後書北臺壁)〉 2수 중 제1수.
895. 소식(蘇軾), 〈취성당설(聚星堂雪)〉
896. 당(唐) 무명씨(無名氏) 시구(詩句)
897. 당(唐) 무명씨(無名氏) 시구(詩句)
898. 《고금사문유취(古今事文類聚)·천도부(天道部)》
899. 왕면(王勉), 〈설시(雪詩)〉
900. 소식(蘇軾), 〈기정도상견매화희증계상(岐亭道上見梅花戲贈季常)〉
901. 《고금사문유취(古今事文類聚)·천도부(天道部)》

우박 雹

• 《조화권여(造化權輿)》[902]의 기록이다. 우박이란 것은 비가 언 것이다.

造化權輿. 雹者, 雨之氷也.[903]

• 《비아(埤雅)》의 기록이다. 우박의 모양은 반쪽 구슬과 같다. 그 구슬은 세 개의 잎이 나온다. 대개 눈은 여섯 개의 잎이 나와 꽃을 이루고, 우박은 세 개의 잎이 나와 열매를 이루니, 이것이 음양(陰陽)의 구분이다.

埤雅. 雹形似半珠. 其珠[904]皆三出. 蓋雪六出而成花, 雹三出而成實, 此陰陽之辨也.[905]

• 《서경잡기(西京雜記)》의 기록이다. 포창(鮑敞)이 동중서(董仲舒)에게 묻기를, "우박이란 어떤 것입니까?"라고 하자 동중서가 대답하기를, "음기(陰氣)가 양(陽)을 위협한 것이다"라고 하였다.

西京雜記. 鮑敞問董仲舒曰, 雹何物也. 仲舒曰, 陰氣貪[906]陽也.[907]

• 증자(曾子)가 말하였다. 양(陽)의 온전한 기운이 우박이고, 음(陰)의 온전한 기운이 싸라기눈이다.

曾子曰. 陽之專氣爲雹, 陰之專氣爲霰.[908]

• 계무자(季武子)가 신풍(申豐)에게 묻기를, "우박은 막을 수 있습니까?"라고 하자 대답하기를, "성인(聖人)이 윗자리에 계시면 우박이 없고, 비록 있더라도 재앙이 되지 않습니다. 옛날에 해가 북쪽 지역에 있을 때 얼음을 보관하였고, 서쪽 지역에서 아침에 나타날 때 꺼내, 겨울에는 지나친 양기(陽氣)[건양(愆陽)[909]]가 없었고 여름에는 숨은 음기(陰氣)[복음(伏陰)[910]]가 없었으며, 봄에는 매서운 바람이 없었고 가을에는 궂은비가 없었습니다. 우레는 쳐도 벼락은 치지 않았고 서리와 우박으로 재앙을 당함이 없었습니다. 지금 내와 못의 얼음을 보관한 채 버려두고 쓰지 않으며, 바람이 흩어지지 않아 (만물을) 죽이고, 우레는 치지 않고 벼락이 치며 우박이 재해가 되니, 누가 그것을 막을 수 있겠습니까?"라고 하였다.

季武子, 問於申豐曰, 雹可禦乎. 對曰, 聖人在上, 無雹, 雖有, 不爲災. 古者, 日在北陸而藏氷, 西陸朝覿而出之, 則冬無愆陽, 夏無伏陰, 春無淒風, 秋無苦雨. 雷出不震, 無菑霜雹. 今藏川池之氷, 棄而不用, 風不越而殺, 雷不發而震, 雹之爲菑, 誰能禦之.[911]

역대의 우박 재해[역대박재(歷代雹災)] 한(漢) 문제(文帝) 후원년(後元年)[912] 연간에, 우박이 내렸는데 복숭아와 오얏만 하였고 깊이가 3척(尺)이나 되게 쌓였다.《풍속통(風俗通)》

漢文帝後元年, 雨雹如桃李, 深三尺.〈風俗通〉[913]

경제(景帝) 2년 가을에, 우박이 내렸는데 큰 것은

902. 《조화권여(造化權輿)》: 내력이 자세하지 않다.
903. 《비아(埤雅)·석천(釋天)》
904. '珠'는, 《비아(埤雅)·석천(釋天)》에는 '粒'으로 되어 있다.
905. 《비아(埤雅)·석천(釋天)》
906. '貪'은, 《서경잡기(西京雜記)》 권5에는 '脅'으로 되어 있다.
907. 《서경잡기(西京雜記)》 권5의 내용을 재구성한 것이다.
908. 《비아(埤雅)·석천(釋天)》
909. 건양(愆陽): 겨울에 양기(陽氣)가 지나쳐 날씨가 따뜻한 것을 일컫는다.
910. 복음(伏陰): 여름에 음기(陰氣)가 지나쳐 날씨가 추운 것을 일컫는다.
911. 《춘추좌전(春秋左傳)·소공(昭公)·4년》의 내용을 재구성한 것이다.
912. 후원년(後元年): 한(漢) 문제(文帝) 치세로 BC 163-BC 157년이다.
913. 《풍속통의(風俗通義)》 권2에는 "雨雹如桃李, 深者, 厚三尺"으로 되어 있다.

다섯 치가 되었다.

景帝二年秋, 雨雹, 大者五寸.914

무제(武帝) 원봉(元封)915 3년 겨울에, 우박이 내렸는데 큰 것은 말의 머리만 하였다.

武帝元封三年冬, 雨雹, 大如馬頭.916

선제(宣帝) 지절(地節)917 4년 5월, 산양(山陽)의 제음(濟陰)에 우박이 내렸는데, 계란만 하였고 깊이가 2척(尺) 5촌(寸)이 되게 쌓였다. 사람 20명이 죽었고 날던 새들이 모두 죽었다.

宣帝地節四年五月, 山陽濟陰, 雨雹, 如鷄子, 深二尺五寸. 殺二十人, 蜚鳥皆死.918

성제(成帝) 하평(河平)919 2년 4월에, 초(楚)나라에 우박이 내렸는데 큰 것은 도끼만 하였다. 날던 새들이 모두 죽었다.

成帝河平二年四月, 楚國雨雹, 大如斧. 飛鳥皆死.920

영초(永初)921 3년 여름에, 하서현(河西縣)에 크게 우박이 내렸는데 나무 그릇만 하였고, 큰 것은 말[두(斗)]만 하였다. 가축과 꿩, 토끼를 죽였고, 나무를 부러뜨렸다.

永初三年夏, 河西縣, 大雨雹如桮棬, 大或如斗. 殺畜生雉兎, 折樹木.922

연광(延光)923 원년, 하서(河西)에 크게 우박이 내렸는데 말[두(斗)]만 하였다. 안제(安帝)가 그 까닭을 묻자 공계언(孔季彦)이 말하기를, "이것은 모두 음(陰)이 양(陽)을 타고 오를 징조입니다. 지금 지위 높은 신하들이 권력을 휘두르고 모후(母后)의 일당이 강성하니, 폐하께서는 성덕(聖德)을 닦으셔야 합니다"라고 하였다.

延光元年, 河西大雨雹如斗. 安帝問其故, 孔季彦曰, 此皆陰乘陽之徵. 今貴臣擅權, 母后黨盛, 陛下宜脩聖德.924

헌제(獻帝) 초평(初平)925 4년 6월, 찬바람이 불어 한겨울 같았다. 우부풍(右扶風)에는 우박이 내렸는데 말[두(斗)]만 하여 사람이 죽었다. 앞뒤로 우박이 내린 중에서 이번이 가장 심했다.

獻帝初平四年六月, 寒風如冬.926 右扶風, 雹如斗, 殺人. 前後雨雹, 此最爲大.927

구슬을 뿌려 우박에 대응하다[살주응박(撒珠應雹)]

수(隋) 양제(煬帝)가 남쪽으로 행차할 때에, 구름이 끼고 소나기가 오더니 얼음 우박이 갑자기 쏟아져 용주(龍舟)의 덮개를 쳤다. 갠 뒤에 황제가 우박에 대해 생각하고 있는데, 우세기(虞世基)가 청하기를, 궁녀들로 하여금 배안에 구슬을 뿌려 우박의 소리에 대응하고, 또 비단 돛 위에 용뇌(龍腦)를 던져 싸라기눈을 상징하도록 하였다.

隋煬帝南幸時, 陰雲驟雨, 氷雹忽降, 擊龍舟之蓋. 既晴, 上思雹, 虞世基請, 令宮女, 撒珠璣于舟中, 以應雹聲, 又拋龍腦于錦帆之上, 以象霰雪.928

914. 《사기(史記) · 효경본기(孝景本紀)》
915. 원봉(元封): 한(漢) 무제(武帝)의 연호(BC 110-BC 105)이다.
916. 《전한서(前漢書) · 오행지(五行志)》
917. 지절(地節): 한(漢) 선제(宣帝)의 연호(BC 69-BC 66)이다.
918. 《전한서(前漢書) · 오행지(五行志)》
919. 하평(河平): 한(漢) 성제(成帝)의 연호(BC 28-BC 25)이다.
920. 《전한서(前漢書) · 오행지(五行志)》
921. 영초(永初): 후한(後漢) 안제(安帝)의 연호(107-113)이다.
922. 《고금사문유취(古今事文類聚) · 천도부(天道部)》
923. 연광(延光): 후한(後漢) 안제(安帝)의 연호(122-125)이다.
924. 《후한서(後漢書) · 유림열전(儒林列傳)》
925. 초평(初平): 후한(後漢) 헌제(獻帝)의 연호(190-193)이다.
926. '冬'은 《후한서(後漢書) · 오행지(五行志)》에 '冬時'로 되어 있다.
927. 《후한서(後漢書) · 오행지(五行志)》

조서가 선포될 때 우박이 내리다[선마강박(宣麻降雹)] 건부(乾符)[929] 연간에 최항(崔沆)과 두노전(豆盧瑑)이 같은 날 재상에 제수되었다. 조서가 선포될 때, 궁전 위에 안개가 사방으로 차더니 정사당(政事堂)에까지 이르렀다. 반열(班列)에 서 있던 이들이 치하를 하는데, 우박이 내려 큰 것은 계란만 하였다. 식견 있는 이들은 국가의 중임을 맡은 이들[균축(鈞軸)[930]]에게 상서롭지 못한 조짐으로 여겼다. 다음 해에 도성이 함락되었고 두 재상은 모두 난리에 화를 당했다.

乾符中, 崔沆·豆盧瑑, 同日拜相. 宣麻之際, 殿上霧氣四塞, 及政事堂. 立班賀, 有雹大如鷄卵. 識者以爲鈞軸不祥之兆. 明年京師陷, 二相俱及于難.[931]

높이가 절의 건물과 같다[고등사루(高等寺樓)] 《계신록(稽神錄)》의 기록이다. 양행(楊行)이 직접 말하기를, "천우(天祐)[932] 초엽 고성(鼓城)에 있을 때, 불사(佛寺)에서 더위를 피하는데 우박이 너무 심하더니 갑자기 땅을 진동하는 큰 소리가 들렸다. 달려 나가 문 밖을 보니 우박 하나가 보이는데 그 높이가 절의 건물과 같았으며 땅에 박힌 것이 1장(丈) 남짓이 되었다. 달을 넘겨서야 우박이 녹아 없어졌다"라고 하였다.

稽神錄. 楊行自言, 天祐初, 在鼓城, 避暑于佛寺, 雨雹方甚, 忽聞大聲震地. 走視門外, 乃見一雹, 其高與寺樓等, 入地可丈餘. 經月雹乃消.[933]

딱딱한 비[경우(硬雨)] 소흥(紹興)[934] 17년 5월, 임안(臨安)에 크게 우박이 내려 태학(太學)의 지붕 기와가 모두 깨졌다. 학관(學官)이 조정(朝廷)에 수리를 신청하는데, 우박이라 말할 수가 없어 '딱딱한 비[경우(硬雨)]'라고 일컬었다.《헌거록(軒渠錄)》

紹興十七年五月, 臨安大雨雹, 太學屋瓦皆碎. 學官申朝廷脩, 不可言雹, 稱爲硬雨.〈軒渠錄〉[935]

어떤 촌사람이 나쁜 짓을 많이 하였다. 한밤중에 행인(行人)이 신(神)이 방문하여 하는 말을 들었는데, "딱딱한 비를 내리도록 부탁하겠다"라고 하였다. 다음날 우박이 내려 농작물을 크게 손상시켰다.

有一村人, 多爲不善者. 夜中, 行人聞神過云, 付硬雨施行. 次日雨雹, 大損禾稼.[936]

땔나무 고을[시도(柴都)] 《현중기(玄中記)》의 기록이다. 제(齊)나라에 산이 있고, 산에 샘물이 있는데, 우물 모양과 닮았고 깊이를 헤아릴 수가 없었다. 봄철과 여름철이 되면 우박이 우물 안에서 나와 항상 오곡(五穀)을 해쳐 사람들이 땔나무로 그것을 막았다. 땔나무로 막지 않으면 (우박이) 나왔다. 그래서 '땔나무 고을[시도(柴都)]'이라고 하였다.

玄中記. 齊國有山, 山有泉水, 如井狀, 深不測. 至春夏時, 雹從井中出, 常敗五穀, 人常以柴塞之. 不柴塞, 則出. 故號爲柴都.[937]

(우박을) 삼키고 아들을 낳다[탄이생자(呑而生子)] 선비족(鮮卑族)의 병사(兵士)인 투록후(投鹿候)가 3

928. 《천중기(天中記)·박(雹)》의 내용을 재구성한 것이다.
929. 건부(乾符): 당(唐) 희종(僖宗)의 연호(874-879)이다.
930. 균축(鈞軸): '균(鈞)'은 도자기를 만드는 틀이고 '축(軸)'은 수레를 굴러가게 하는 것으로, 국가의 중대 임무나 그것을 맡은 사람을 가리킨다.
931. 《천중기(天中記)·박(雹)》
932. 천우(天祐): 당(唐) 애제(哀帝)의 연호(905-907)이다.
933. 송(宋) 서현(徐鉉), 《계신록(稽神錄)》 권1에는, "國初, 楊汀自言, 天祐初, 在彭城, 避暑於佛寺, 雨雹方甚, 忽聞大聲震地. 走視門下, 乃下一大雹於街中. 其高廣, 與寺樓等, 入地可丈餘. 頃之, 雨止則炎風赫日. 經月, 雹乃消盡"으로 되어 있다.
934. 소흥(紹興): 남송(南宋) 고종(高宗)의 연호(1131-1162)이다.
935. 《설부(說郛)·헌거록(軒渠錄)》
936. 《천중기(天中記)·박(雹)》
937. 《설부(說郛)·현중기(玄中記)》

년 동안 흉노(匈奴)를 따라 다녔다. 그의 아내가 집에 있었는데 아들이 생겼다. 수상히 여겨 그를 죽이려고 하니 아내가 말하기를, "일찍이 길을 가다가 하늘을 올려다보는데 우박이 입으로 들어왔습니다. 그것을 삼키게 되었고 아들을 낳았습니다"라고 하였다. 이름을 천석괴(擅石槐)라 하였는데, 후에 선비족의 지도자가 되었다.

鮮卑兵投鹿候, 從匈奴三年. 其妻在家, 有子. 怪欲殺之, 妻言, 常行仰天視, 而雹入口. 呑之而生子. 號擅石槐, 後爲鮮卑大人.[938]

현(縣)의 경내(境內)에 우박이 없다[현경무박(縣境無雹)] 한릉(韓稜)이 하비령(下邳令)이 되었는데, 이웃 현에는 모두 우박이 내려 농작물을 해쳤지만 한릉의 경내만은 (우박이) 없었다.

韓稜爲下邳令, 隣縣皆雹傷稼, 稜境獨無.[939]

왕숭(王崇)이 우박을 멈추다[왕숭지박(王崇止雹)] 후위(後魏)의 왕숭(王崇)은 지극히 효성스러웠다. 바람과 우박이 지나는 곳마다 초목이 부러지고 꺾였는데, 왕숭의 밭에만 이르면 바람과 우박이 바로 그쳐, 벼와 보리가 손상이 없었다.《본전(本傳)》

後魏王崇至孝. 風雹所經, 草木摧折, 至崇田, 風雹便止, 禾麥無損.〈本傳〉[940]

사람의 머리 같은 우박[인두박(人頭雹)] 희령(熙寧)[941] 연간에 하주(河州)에 우박이 내렸는데, 큰 것은 계란만 하고 작은 것은 연방(蓮房)만 하였다. 어떤 것은 사람의 머리같이 생겼는데 눈·코·귀·입이 모두 갖추어져 있어 조각한 것과 다름이 없었다. 다음해에 왕의 군대가 하주를 평정하였는데, 변방 융족(戎族)들이 투항한 자가 매우 많았다.

熙寧中, 河州雨雹, 大者如鷄卵, 小者如蓮芡. 或如人頭, 耳目口鼻皆具, 無異鐫刻. 次年, 王師平河州, 蕃戎援首者, 甚衆.[942]

도마뱀이 만드는 우박[석척박(蜥蜴雹)] 유거중(劉居中)이 숭산(嵩山)에 갔는데, 꼭대기에 큰 도마뱀 수백 마리가 있고, 모두 길이가 3, 4척이 되었다. 사람들이 잡아먹는데, 먹을 때 그 몸체를 만져보면 기름진 것이 지방(脂肪) 같았다. 하루는 물동이 옆에 몰려들어 각자 물을 마시는데 입에 들어가자마자 바로 우박을 토해 내었다. 매우 둥글어 탄환과 같았고, 옆에 쌓는데 금새 쌓여 바닥에 가득하였다. 갑자기 벼락이 한 번 일면서 탄환이 모두 없어졌다. 다음날 사람들이 와서 말하기를, 어제 정오에 우박이 크게 내렸다고 하니, 도마뱀이 만든 것임을 알았다.《이견지(夷堅志)》

劉居中至嵩山, 巓有大蜥蜴數百, 皆長三四尺. 人以食, 食之, 撫摩其身, 滋膩如脂. 一日, 聚繞水盆邊, 各就取水, 纔入口, 卽吐雹. 已圓結如彈丸, 積之于側, 俄頃纍纍滿地. 忽震雷一聲起, 彈丸皆失. 明日, 人來言, 昨午雨雹大作, 乃知蜥蜴所爲.〈夷堅志〉[943]

---

938. 《후한서(後漢書)·오환선비열전(烏桓鮮卑列傳)》에, "桓帝時, 鮮卑檀石槐者, 其父投鹿侯. 初從匈奴軍三年, 其妻在家生子. 投鹿侯歸, 怪欲殺之. 妻言嘗晝行聞雷震, 仰天視而雹入其口, 因呑之, 遂妊身, 十月而産, 此子必有奇異, 且宜長視. 投鹿侯不聽, 遂棄之. 妻私語家令收養焉, 名檀石槐. 年十四五, 勇健有智略. 異部大人抄取其外家牛羊, 檀石槐單騎追擊之, 所向無前, 悉還得所亡者, 由是部落畏服. 乃施法禁, 平曲直, 無敢犯者, 遂推以爲大人"으로 되어 있는 내용을 재구성한 것이다.
939. 《고금사문유취(古今事文類聚)·천도부(天道部)》
940. 《북사(北史)·효행전(孝行傳)》
941. 희령(熙寧): 북송(北宋) 신종(神宗)의 연호(1068-1077)이다.
942. 《몽계필담(夢溪筆談)·이사(異事)》
943. 《고금사문유취(古今事文類聚)·천도부(天道部)》

얼음 氷

• 《풍속통(風俗通)》의 기록이다. 얼음이 쌓인 것을 '릉(夌)'이라 하고, 얼음이 굳센 것을 '동(凍)'이라 하고, 얼음이 흐르는 것을 '시(凘)'라 하고, 얼음이 풀리는 것을 '반(泮)'이라 한다.

風俗通. 積氷曰凌, 氷壯曰凍, 氷流曰凘, 氷解曰泮.[944]

• 〈월령(月令)〉의 기록이다. 맹동(孟冬)의 달[10월]에 물이 얼기 시작한다. 중동(仲冬)의 달[11월]에 얼음이 더욱 굳어진다. 계동(季冬)의 달[12월]에 얼음이 한창 성하고 연못의 중앙이 단단해지니, 얼음을 취하여 들이도록 명령한다.

月令. 孟冬之月, 水始凍. 仲冬之月, 氷益壯. 季冬之月, 氷方盛, 水澤腹堅, 命取氷以入.[945]

• 《신이경(神異經)》의 기록이다. 북방에는 층을 이룬 얼음이 만 리에 걸쳐 있고, 두께가 백 장(丈)이다.

神異經. 北方有層氷萬里, 厚百丈.[946]

• 《순자(荀子)》의 기록이다. 얼음은 물이 그것을 만들지만 물보다 차다.

荀子. 氷水爲之, 而寒於水.[947]

• 《문자(文子)》의 기록이다. 훌륭한 목수도 얼음을 잘 조각하지는 못한다.

文子. 良匠, 不能琢氷.[948]

• 《한서(漢書)》의 기록이다. 오랑캐의 땅은 음(陰)이 쌓인 곳으로, 나무의 껍질이 3촌(寸)이고, 얼음의 두께가 6척(尺)이다.

漢書. 胡貉之地, 積陰之處, 木皮三寸, 氷厚六尺.[949]

• 《주례(周禮)》의 기록이다. 능인(凌人)[950]은 얼음의 일을 맡아 그해의 12월에 얼음을 베게 하는데, 두꺼운 얼음을 (필요량의) 세 배로 한다.

周禮. 凌人掌氷正, 歲十有二月, 令斬氷, 三其凌.[951]

• 봄에 (얼음을 담을) 항아리를 손질하기 시작한다. 무릇 (궁궐의) 안과 밖으로 먹게 할 음식을 거기에 담는다. 술 담당자와 미음 담당자가 맡은, 술과 단술도 또한 마찬가지이다. 제사에는 얼음 항아리를 함께 쓴다. 주(注)의 기록이다. 감(鑑)은 (술병의 일종인) 종(鍾)과 같은데 주둥이가 크다. 얼음을 담고 그 가운데에 음식을 둔다.

春始治鑑. 凡內外饔之膳羞, 鑑焉. 凡酒漿之酒醴, 亦如之. 祭祀共氷鑑.[952] 注. 鑑如鍾, 大口. 以盛氷, 置食物於中.[953]

• 《시경(詩經)》의 기록이다. 이양(二陽)[954]의 날에 얼음을 쿵쿵 깨고, 삼양(三陽)[955]의 날에 얼음 창고에 넣는다. 사양(四陽)[956]의 날 아침에 염소를 바치고 부추로 제사지낸다.

---

944. 《초학기(初學記) · 지부(地部)》
945. 《예기(禮記) · 월령(月令)》의 내용을 재구성한 것이다.
946. 한(漢) 동방삭(東方朔), 《신이경(神異經)》
947. 《순자(荀子) · 권학(勸學)》
948. 《고금사문유취(古今事文類聚) · 천도부(天道部)》
949. 《전한서(前漢書) · 조착전(鼂錯傳)》
950. 능인(凌人): 얼음을 채취하고 보관하는 일을 관장하던 주대(周代)의 관명(官名)이다.
951. 《주례(周禮) · 천관(天官) · 능인(凌人)》
952. 《주례(周禮) · 천관(天官) · 능인(凌人)》
953. 한(漢) 정현(鄭玄) 주, 《주례주소(周禮注疏)》 권5.
954. 이양(二陽): 12월을 가리킨다. 11월 동지(冬至)에 양(陽)이 시작되고[일양(一陽)], 12월에 이양(二陽)이 된다.
955. 삼양(三陽): 1월을 가리킨다.
956. 사양(四陽): 2월을 가리킨다.

詩. 二之日, 鑿氷沖沖, 三之日, 納于凌陰. 四之日其蚤, 獻羔祭韭.[957]

- 3월에 얼음이 얼면 그해에 풍년이 들지 않고, 4월에 얼음이 얼면 천하에 흉년이 든다. 5월에 얼음이 얼면 나라가 망하고, 6월에 얼음이 얼면 천하에 전쟁이 일어난다.《역전(易傳)》

三月氷, 歲不成, 四月氷, 天下荒. 五月氷, 國亡, 六月氷, 天下兵.〈易傳〉[958]

추위와 더위가 절도에 맞다[한온절(寒溫節)] 제(齊) 경공(景公)이 노(魯)나라를 치고 동문무택(東門無澤)[959]을 얻었다. (경공이) 묻기를, "노(魯)나라는 농사가 어떠하였는가?"라고 하자 대답하기를, "음지의 얼음[음빙(陰氷)[960]]은 얼어붙었고, 양지의 얼음[양빙(陽氷)[961]]도 두께가 5촌이나 됩니다"라고 하였는데, [안자(晏子)가 말하기를, "음지의 얼음은 얼어붙었고, 양지의 얼음이 두께가 5촌(寸)이라는 것은] 추위와 더위가 절도에 맞는 것입니다. 추위와 더위가 절도에 맞으면 정치가 공평하고, 정치가 공평하면 농사가 잘 됩니다. 청컨대 노(魯)나라를 예로 대하고 원한을 그치기를 바랍니다"라고 하였다.《안자춘추(晏子春秋)》

齊景公伐魯, 得東門無澤. 問曰, 魯年穀何如. 對曰, 陰不[962]凝, 陽氷厚五寸者, 寒溫節也. 寒溫節, 則政平, 政平則年穀熟. 請禮魯以息怨.〈晏子〉[963]

얼음이 없다[무빙(無氷)] 양공(襄公) 28년 봄에 얼음이 없었다. 재신(梓愼)이 말하기를, "올해 송(宋)나라와 정(鄭)나라는 아마도 굶주릴 것이다. 음(陰)이 양(陽)을 이기지 못하기 때문이다"라고 하였다. 주(注)의 기록이다. 당시에 제후(諸侯)의 대부(大夫)들이 모두 나라의 권력을 잡고 있어 임금이 통제할 수가 없어, 주벌(誅罰)이 행해지지 않았다. 주(周)나라는 느슨한 데에서 잘못되었고, 진(秦)나라는 급박한 데에서 잘못되었다. 그래서 주나라가 쇠약해졌을 때에는 추운 해가 없었고, 진나라 말기에는 따뜻한 해가 없었다.

襄二十八年春, 無氷. 梓愼曰, 今玆, 宋鄭其飢乎. 陰不勝陽也. 注. 時諸侯大夫, 皆執國權, 君不能制, 誅罰不行. 周失之舒, 秦失之急. 故周衰無寒歲, 秦末無燠年.[964]

나무에 맺히는 얼음[목빙(木氷)] 성공(成公) 16년, 나무에 맺히는 얼음이 생겼다. 유흠(劉歆)이 말하기를, "위에서 양기(陽氣)가 베풀어졌지만 아래로 통하지 못하고, 아래에서 음기(陰氣)가 베풀어졌지만 위로 이르지 못하여 비가 내리면서 나무에 얼음이 맺힌 것이다"라고 하였다.

成十六年, 雨木氷.[965] 劉歆以爲, 上陽施, 不下通, 下陰施, 不上達, 故雨而木爲之氷.[966]

당(唐) 영휘(永徽)[967] 2년 11월에, 짙은 안개가 엉기고 얼어 나무를 덮은 채, 며칠 동안 없어지지 않았

957.《시경(詩經)·국풍(國風)·칠월(七月)》

958.《천중기(天中記)·빙(氷)》

959. 동문무택(東門無澤): 동문(東門)이 성이고 무택(無澤)이 자이다.

960. 음빙(陰氷): 땅 속에서 어는 얼음을 가리킨다.

961. 양빙(陽氷): 수면 위에서 어는 얼음을 가리킨다.

962. '不'은,《안자(晏子)·내편잡상(內篇雜上)》에는 '氷'으로 되어 있다.

963.《안자(晏子)·내편잡상(內篇雜上)》에, "景公伐魯傅許, 得東門無澤, 公問焉. 魯之年穀何如. 對曰, 陰冰凝, 陽冰厚五寸. 以告晏子. 晏子對曰, 君子也. 問年穀而對以冰, 禮也. 陰冰凝, 陽冰厚五寸者, 寒溫節, 節則刑政平, 平則上下和, 和則年穀熟. 年充衆和而伐之, 臣恐罷民弊兵, 不成君之意. 請禮魯以息吾怨, 遣其執以明吾德, 公曰, 善, 乃不伐魯"로 되어 있는 내용을 재구성한 것이다.

964.《고금사문유취(古今事文類聚)·천도부(天道部)》

965.《춘추(春秋)·성공(成公)·16년)》

966.《전한서(前漢書)·오행지(五行志)》

다. 또한 이것을 '수개(樹介)'라 하는데 갑옷과 무기의 형상이기 때문이다.

唐永徽二年十一月, 陰霧凝凍, 封樹木, 數日不解. 亦謂之樹介, 介兵象也.968

바다 얼음[해빙(海氷)] 장경(長慶)969 원년 2월, 해주(海州)에서 바닷물이 얼어 남북으로 200리가 되고 동쪽으로 멀리 보아도 끝이 없었다.

長慶元年二月, 海州海水氷, 南北二百里, 東望無際.970

하늘이 내린 상서[천서(天瑞)] 광무제(光武帝)가 호타하(滹沱河)에 이르렀는데, 안내하는 관리가 보고 말하기를, "강물에 '떠가는 얼음[시(澌)]'이 흘러 배가 없으면 건널 수 없습니다"라고 하였다. 좌우 사람들이 모두 당황해 하자, 왕패(王霸)에게 살피도록 명하니 즉시 아뢰기를, "얼음이 단단해질 것이니 건널 수 있겠습니다"라고 하였다. 군사들이 크게 기뻐하면서 강에 이르자 얼음이 얼어 각자 자루에 모래를 담아 얼음 위에 뿌리면서 건넜다. 다 건너기 전에 몇 대의 수레가 물에 빠졌지만, 광무제는 관리들에게 말하기를, "왕패(王霸)가 권도로 일을 이루었는데, 아마도 하늘이 내린 상서이리다"라고 하였다.

光武至滹沱河, 導吏還言, 河水流澌, 無船不可濟. 左右皆惶, 命王霸視之, 卽白曰, 氷堅可渡. 士衆大喜, 至河氷合, 各以囊盛沙, 布氷上, 乃渡. 未畢數車而陷, 光武謂官屬曰, 王霸權以濟事, 殆天瑞也.971

하늘이 만든 다리[천교(天橋)] 모용덕(慕容德)이 정월에 여양진(黎陽津)을 건너는데 그날 밤에 떠가는 얼음이 얼어붙었다. 아침에 위(魏)나라 군대가 이르자 얼음이 풀렸다. 업(鄴)의 수령 한궤(韓軌)가 말하기를, "옛날에 광무제(光武帝)가 호타(滹沱)를 건널 때, 얼음이 흐르다가 저절로 얼어붙었는데, 지금 대왕께서 강을 건너는데 '하늘이 만든 다리[천교(天橋)]'가 저절로 이루어졌습니다"라고 하자 모용덕이 크게 기뻐하였다.

慕容德, 正月渡黎陽津, 其夕流澌氷合. 旦魏師至, 氷泮. 鄴令韓軌曰, 昔光武渡滹沱, 氷澌自合, 今大王濟河, 天橋自成. 德大悅.972

《당서(唐書)》의 기록이다. 왕방익(王方翼)이 서역(西域)을 평정하고 7월에 섭하(葉河)에 머물렀다. 배가 없었는데 얼음이 하룻밤 사이에 얼어붙어 당시에 상서로움으로 여겼다.

唐書. 王方翼平西域, 七月次葉河. 無舟而氷一昔合, 時以爲祥.973

주(周) 태조(太祖)가 건우(乾祐)974 연간에 북쪽으로 정벌에 나서 단주역(澶州驛)에 이르렀는데, 황하의 얼음이 이미 풀려 많은 사람들이 근심하였다. 아침이 되자 나루의 관리가, 얼음이 견고해져 건널 수 있다고 보고하였다. 보병과 기병이 얼음을 밟고 갔는데, '능교(凌橋)'라 하였다. 해가 저물녘에 나루의 관리가 보고하기를, "얼음 다리가 풀렸습니다"라고 하였다.

周太祖乾祐中, 北征至澶州驛. 河氷已解, 衆憂之. 比旦, 津吏報氷堅可渡. 步騎踐氷而行, 謂之凌橋. 日夕, 津吏報曰, 氷橋泮矣.975

후당(後唐) 장종(莊宗)976이 남쪽을 정벌할 때, 명

967. 영휘(永徽): 당(唐) 고종(高宗)의 연호(650-656)이다.
968. 《신당서(新唐書)·오행지(五行志)》의 내용을 재구성한 것이다.
969. 장경(長慶): 당(唐) 목종(穆宗)의 연호(821-824)이다.
970. 《신당서(新唐書)·오행지(五行志)》
971. 《후한서(後漢書)·왕패전(王霸傳)》의 내용을 재구성한 것이다.
972. 《태평어람(太平御覽)·지부(地部)》
973. 《신당서(新唐書)·왕방익전(王方翼傳)》
974. 후주(後周) 태조(太祖)의 연호는 광순(廣順)이고, 건우(乾祐)는 후한(後漢) 은제(隱帝)의 연호(948-950)이다.
975. 《구오대사(舊五代史)·주서(周書)·태조기(太祖紀)》의 내용을 재구성한 것이다.
976. 장종(莊宗): 후당(後唐)의 제1대 황제로, 재위 기간은 923-926이다.

종(明宗)[977]이 말제(末帝)[978]와 서로 길이 어긋났다. 강의 얼음이 막 풀리는데 북쪽에는 배와 노가 없었다. 명종(明宗)이 울면서 말하기를, "우리 아들은 어디에 있으며 우리 임금님은 어디로 가셨는가? 신세가 여기에서 끝인가보다"라고 하였다. 이 날 밤에 매우 추워졌고 눈이 내려 깊이가 한 자에 찼다. 얼음이 다시 이어진 곳이 있어 밟고 건넜는데 발을 돌리기도 전에 얼음이 풀렸다. 다음날 장종(莊宗)이 토산(土山)에서 승리했다는 소식을 들었다.

後唐莊宗南伐, 明宗與末帝, 相失. 河氷初解, 北無舟楫. 明宗泣曰, 吾兒安在, 吾主安歸. 身世盡於斯矣. 是夜大寒, 雪深盈尺. 氷有復合處, 踐之以度, 不旋踵而永解. 翌日, 聞莊宗土山之捷.[979]

얼음을 구멍 내는 탄환[함빙환(陷氷丸)] 황건적(黃巾賊)이 떼지어 일어나자 청주(靑州)자사 초화(焦和)는 적들이 얼음을 타고 강을 건널 것을 염려하여, '얼음을 구멍 내는 탄환[함빙환(陷氷丸)]'을 많이 만들어 강 가운데로 던졌다. 적의 무리는 결국 궤멸되었다.

黃巾群起, 靑州刺史焦和, 恐賊乘氷渡河, 多作陷氷丸, 投河中. 賊衆遂潰.[980]

얼음물에 목욕하다[욕빙(浴氷)] 곽충서(郭忠恕)는 한겨울에 황하의 얼음을 깨고 목욕을 하였다. 그의 옆에서 얼음이 녹아 사라지자 사람들은 모두 그를 기이하게 여겼다.

郭忠恕, 窮冬卽鑿河氷而浴. 其傍凌澌消釋, 人皆異之.[981]

여름에 얼음을 만들다[하조빙(夏造氷)] 노성자(老成子)는 윤문(尹文先)선생에게 환술(幻術)을 배워, 사시(四時)를 뒤집어 여름에도 얼음을 만들 수 있었다.《열자(列子)》

老成子, 學幻於尹文先,[982] 能翻[983]校四時, 夏造氷.〈列〉[984]

명을 받고 얼음을 마시다[수명음빙(受命飮氷)] 섭공자고(葉公子高)가 말하기를, "저는 아침에 명을 받고 저녁에 얼음을 마셨습니다"라고 하였다.《장자(莊子)》

葉公子高曰, 吾朝受命, 而夕飮氷.〈莊〉[985]

얼음산[빙산(氷山)] 양(楊)씨의 자제들은 매번 복(伏) 때가 되면 큰 얼음을 가져다가 장인(匠人)으로 하여금 산을 조각하게 하고 연회 자리의 좌우에 둘러놓았다. 비록 술자리가 무르익어도 모두 추운 기색이 있었고 솜옷을 끼어 입는 자도 있었다.

楊氏子弟, 每至伏中, 取大氷, 使匠琢成山, 周圍於宴席間左右. 雖酒酣而各有寒色, 亦有挾纊者.[986]

어떤 이가 진사(進士) 장단(張彖)에게 양국충(楊國忠)을 뵈라고 권하면서 이르기를, "그를 만나면, 부귀를 바로 기대할 수 있을 것입니다"라고 하였다. 장단이 말하기를, "그대들은 양국충에게 의지하기를 태산(泰山)과 같이 하는데, 나는 얼음산[빙산(氷山)]으로 여깁니다. 만약 밝은 해가 떠오르면 그대들은 의지하던 바를 잃지 않을 수 있겠습니까"라 하고 마침내 숭산(嵩山)에 은거하였다.

或勸進士張彖, 謁楊國忠曰, 見之, 富貴可立圖. 彖曰,

977. 명종(明宗): 후당(後唐)의 제2대 황제로, 재위 기간은 926-933이다.
978. 말제(末帝): 후당(後唐)의 제4대 황제로, 재위 기간은 934-936이다.
979. 《천중기(天中記)·빙(氷)》
980. 《천중기(天中記)·빙(氷)》
981. 《송사(宋史)·곽충서전(郭忠恕傳)》
982. '尹文先'은, 《열자(列子)·주목왕(周穆王)》에는 '尹文先生'으로 되어 있다.
983. '翻'은, 《열자(列子)·주목왕(周穆王)》에는 '憣'으로 되어 있다.
984. 《열자(列子)·주목왕(周穆王)》
985. 《장자(莊子)·인간세(人間世)》
986. 《개원천보유사(開元天寶遺事)》 권2.

君輩倚楊右相, 如泰山, 吾以爲氷山. 若皎日旣出, 君輩得無失所恃乎. 遂隱居嵩山.[987]

얼음을 깨서 명차(茗茶)를 끓이다[고빙자명(敲氷煮茗)]　당(唐) 왕휴(王休)는 태백산(太白山) 아래에 머물면서 승려·도사 등의 이인(異人)들과 왕래하였다. 항상 겨울이 되면 계곡의 얼음을 가져다 정하고 맑은 것을 두드려 깨서 건명차(建茗茶)[988]를 끓여 손님들과 함께 마셨다.

唐王休, 居太白山下, 與僧道異人往還. 每至冬時, 取溪氷, 敲其精瑩者, 煮建茗, 共賓客飮之.[989]

얼음 젓가락[빙저(氷筯)]　동지(冬至)날에 큰눈이 내려 정오까지 이어졌다. 눈이 그치자 추워지면서 처마의 낙숫물이 얼어 모두 고드름이 되었다. 비빈(妃嬪)이 심부름하는 아이를 시켜 두 개를 떼어 오게 하여, 구경하며 놀았다. 황제가 저녁에 조회를 마치고 돌아와서 물으니, "가지고 노는 것은 얼음 젓가락입니다"라고 하였다. 황제가 좌우 사람들에게 말하기를, "비빈은 총명하여 비유하는 것이 사랑스럽다"라고 하였다.

冬至日, 大雪至午. 雪霽, 寒結簷溜, 皆爲氷條. 妃子使侍兒, 敲下二條看玩. 帝晩朝回問之, 曰, 所玩氷筯也. 帝謂左右曰, 妃子聰慧, 比象可愛也.[990]

얼음 무늬[빙문(氷紋)]　경복(景福)[991] 연간에 창주성(滄州城) 해자에서 얼음에 무늬가 생겼는데 그림 같아, 대나무, 모란, 수레와 말, 사람, 누대, 전각의 모습이 있었다.《오행지(五行志)》

景福中, 滄州城塹中, 氷有紋, 如畵, 有竹木·牡丹·車馬·人物·樓臺·殿閣之狀.〈五行志〉[992]

금(金)나라 말엽에 황하가 얼었는데 거북 무늬가 생겼다. 또 화훼(花卉)와 금수(禽獸)의 모습이 있었는데, 교묘함이 조각한 것보다 뛰어났다. 당시 사람들이 이를 '하늘이 그린 그림[천화(天畵)]'이라 하였다.《금국지(金國志)》

金末, 河水凍, 成龜文. 又有花卉·禽獸之狀, 巧過雕鏤. 時人謂之天畵.〈金國志〉[993]

얼음을 바치다[공빙(貢氷)]　남전현(藍田縣)은 해마다 얼음을 바치는데, 만약 남수(籃水)가 얼지 않으면 담당 관리가 명을 내려 제사를 지냈고 하루 저녁만에 얼음이 얼었다. 모양은 주춧돌과 비슷한데, 맑고 투명하며 깨끗하였다. 간혹 곡식알이나 줄진 잎이 있으면 파내게 하고 끓는 물을 부었다. 간혹 물을 붓고 차게 하면 어는데 견고하지 못한 것은 걷어내고 잠시 후 다시 떼어냈다.

藍田縣, 歲貢氷, 如籃水不氷, 則主吏宣命以祭, 一夕而成氷. 形似柱礎, 淸虛明潔. 或有粟砂線葉, 則命鐫取, 以躍湯沃之. 或沃以冷, 則凍, 斂不固, 尋復脫去.[994]

얼음을 팔다[매빙(賣氷)]　원참(袁參)[995]이 요숭(姚崇)[996]에게 편지를 올려 이르기를, "옛날에 괴(蒯)[997] 사람이 장사를 하면서 시장에서 얼음을 팔았습니다. 손님 중에 열기(熱氣)에 고생하지 않은 사람이 그것

987.《고금사문유취(古今事文類聚)·천도부(天道部)》
988. 건명차(建茗茶): 복건성(福建省)의 건계(建溪) 일대에서 나는 명차(名茶)이다.
989.《개원천보유사(開元天寶遺事)》 권2.
990.《개원천보유사(開元天寶遺事)》 권3.
991. 경복(景福): 당(唐) 소종(昭宗)의 연호(892-893)이다.
992.《천중기(天中記)·빙(氷)》
993.《천중기(天中記)·빙(氷)》
994.《천중기(天中記)·빙(氷)》
995. 원참(袁參): 당(唐) 진군(陳郡) 출신으로 태자우서자(太子右庶子), 병부시랑(兵部侍郞) 등을 역임하였다.
996. 요숭(姚崇): 당(唐) 협주(硤州) 출신으로 자가 원지(元之)이다. 현종(玄宗) 때에 재상을 역임하면서 훌륭한 정치를 이루었다.
997. 괴(蒯): 옛 지명으로, 지금의 하남성(河南省) 낙양시(洛陽市) 서남쪽에 있었다.

을 사려고 하였는데, 괴 사람이 스스로 때를 만났다고 여겨 몇 배의 이익을 얻으려고 하였습니다. 손님은 화가 나서 가버렸고 얼마 후 얼음도 녹아버렸습니다. 그래서 괴 사람은 혼자 울면서 떠났습니다. 지금 그대는 높은 곳에 앉아 천하를 다스리고 계시니, 선비들이 모두 따르고 싶어 합니다. 바라건대 이것을 좀 헤아리시어 괴 사람 같은 일을 하지 마소서.《당척언(唐摭言)》

袁參上姚崇書曰, 昔蒯人爲商, 賣氷于市. 客不苦熱者, 將買之, 蒯人自以得時, 欲邀以數倍之利. 客怒而去, 俄而, 其氷亦散. 故蒯人自泣而去. 今君坐青雲之中, 平衡天下, 士皆欲附. 願少圖之, 無爲蒯人之事也. 〈摭言〉998

998. 오대(五代) 왕정보(王定保), 《당척언(唐摭言)》 권12.

【유원총보 권 02】

천도문(天道門)

상서로운 조짐 祥瑞

• 《예기(禮記)》에서 말하였다. 기린과 봉황, 거북과 용을 일러 '사령(四靈)'이라 한다.

禮記曰. 麟鳳龜龍謂之四靈.[1]

• 또 《예기(禮記)》에서 말하였다. 성왕이 백성을 부리되 반드시 순리로 하기 때문에 수해와 한발, 곤충의 재해가 없으며 백성들에게 흉년으로 인한 기근이나 요얼(妖孽)[2]로 인한 질병이 없는 것이다. 그런 까닭에 하늘은 그 도(道)에 인색하지 않고, 땅은 그 보배에 인색하지 않으며, 사람은 그 정에 인색하지 않는다. 그러기에 하늘은 감로(甘露)[3]를 내리고, 땅은 예천(醴泉)[4]을 내보내며, 산은 보기(寶器)와 산거(山車)[5]를 내보내고, 황하는 용마(龍馬)가 지고 있는 그림을 내보낸다. 봉황과 기린이 들과 숲에 노닐고, 거북과 용이 왕궁의 못에서 노닐며, 그 밖에 (신령스러운) 새의 알이나 길짐승의 새끼들을 모두 굽어 살펴 볼 수 있는 것이다. 선왕께서 예(禮)를 닦아 의(義)에 이르고, 신뢰를 체득하여 화순(和順)에 이를 수 있었기 때문이다. 이것이 화순의 실질이다.

又曰聖王[6]用民必順, 故無水旱昆蟲之災, 民無凶饑妖孽之疾. 故天不愛其道, 地不愛其寶, 人不愛其情. 是以[7]天降膏露, 地出醴泉, 山出器車, 河出馬圖. 鳳凰麒麟皆在郊藪[8], 龜龍在宮沼, 其餘鳥獸之卵胎, 皆可俯而闚也. 先王[9]能修禮以達義, 體信以達順. 此順之實也.[10]

• 《함문가(含文嘉)》에서 말하였다. 우(禹)임금은 궁실은 조촐하게 했으나 전답의 봇도랑에는 뜻을 기울여 모든 곡식이 잘 여물었다. 신묘한 용이 이르고 신령스런 거북이 복종하였으며, 옥과 같은 여인이 공경스럽게 (백성들을) 기르자 하늘이 하녀를 내려주셨다.

禮含文嘉曰. 禹卑宮室, 垂意於溝洫, 百穀用成. 神龍至, 靈龜服, 玉女敬養, 天賜.[11]

• 《상서중후(尙書中候)》에서 말하였다. 요(堯)임금께서 정사를 보신 지 70년이 되자 감로가 천택(川澤)을 윤택하게 하고 예천이 (산에서) 솟았다.

尙書中候曰. 帝堯卽政七十載, 甘露潤澤, 醴泉出[12].

• 《예두위의(禮斗威儀)》에서 말하였다. 임금의 정사(政事)와 송사(訟事)가 공평하면 상서로운 봉황이 이른다.

禮斗威儀曰. 人君政訟平, 祥鳳至.

• 《백호통(白虎通)》에서 말하였다. 왕 노릇을 하는 자가 하늘을 받들고 이치를 따르며 음양을 조화시키면, 음양이 화합하고 만물에 질서가 잡혀 아름다

1. 《예기(禮記)·예운(禮運)》
2. 요얼(妖孽): 요괴(妖怪).
3. 감로(甘露): 천하가 태평할 때에 하늘에서 내린다고 하는 단 이슬.
4. 예천(醴泉): 중국에서 태평할 때에 단물이 솟는다고 하는 샘.
5. 산거(山車): 제왕에게 덕이 있고 천하가 태평하면 나타난다는 전설상의 수레.
6. "聖王"은 임의로 보태진 글자이다.
7. 《예기(禮記)·예운(禮運)》에는 "是以"가 "故"로 되어 있다.
8. 《예기(禮記)·예운(禮運)》에는 "藪"가 "椰"로 되어 있다.
9. "先王" 앞에 "則是無故"가 누락되었다.
10. 《예기(禮記)·예운(禮運)》
11. 《위서집성(緯書集成)》에는 "垂意於"가 "盡力乎"로 되어 있고, "天賜" 뒤에 "妾"자가 있다.
12. "出" 뒤에 "山"자가 누락되었다.

운 기운이 가득 차게 되는 까닭에 길상의 징조가 아울러 오는데, 모두 덕에 응하여 이르는 것이다. 빈련(賓連)[13]이 문께에 자라난다. 빈련은 나무 이름이다. 끊어지지 않고 서로 이어가는 까닭에 문께에 자라나서 대를 이음을 상징하는 것이다. 일력(日曆)이 그 분도(分度)를 얻으면 명협(蓂莢)[14]이 계단 사이에 자라난다. 명협은 풀이름이다. 한 달 동안 하루에 한 잎씩 생겨나다가 15일이면 마치고 16일에 이르러서는 한 잎씩 떨어지는데 그리하여 계단께에 명협이 생겨나는 것이 일월(의 운행)과 같다는 것이다. 어진 사람이든 못난 사람이든 자리[位]를 넘지 않으면 평로(平露)[15]가 뜰에서 자라난다. 평로는 나무 이름이다. 관위(官位)가 그 사람을 얻으면 살고, 그 사람을 얻지 못하면 죽는다. 여우가 꼬리가 아홉인 것은 어째서인가? 여우가 죽으면서 머리를 제 살던 굴이 있는 언덕 쪽으로 두는 것은 근본을 잊지 않음이다. 눈을 뜬 채 생을 마치는 것은 위험을 잊지 않음이다. 필시 꼬리가 아홉이라는 것은 아홉 짝[배필]이 그 머물 곳을 얻어 자손이 붇고 늘어서 많이 퍼진다는 것이다. 꼬리에 그 뜻을 둔 것은 후에 마땅히 성할 것임을 밝힌 것이다. 경성(景星)[16]은 큰 별이다. 달은 혹 보이지 않을 수 있으나 경성은 늘 보여 밤에 일을 하는 경우에 백성들에게 도움이 될 수 있다. 감로(甘露)는 아름다운 이슬이다. 내리면 만물이 성하지 않음이 없다. 주초(朱草)[17]는 붉은 풀이다. (천이나 비단을) 짙은 홍색으로 물들여 존비(尊卑)를 구별할 수 있다. 예천(醴泉)은 아름다운 샘이다. 성상(性狀)이 단술과 같으며 노인네를 봉양할 수 있다. 가화(嘉禾)[18]는 낟알이 큰 벼이다. 성왕(成王) 시절에 세 개의 모포기가 다른 이랑에서 생겨나 함께 하나의 이삭이 되었는데 크기가 거의 수레를 채울 정도였고 길이는 거의 곳집을 채울 정도였다.

白虎通曰. 王者承天順理, 調和陰陽, 陰陽和, 萬物序, 休氣充塞, 故符瑞竝臻, 皆應德而至. 賓連生於房戶. 賓連者, 木名也. 連累相承, 故生於房戶, 象繼嗣也. 日曆得其分, 卽蓂莢生於階間. 蓂莢者, 草名也. 月一日一莢生, 十五日畢, 至十六日, 一莢去, 故莢階而生似日月也. 賢不肖位不踰, 卽平露生於庭. 平露者, 樹名也. 官位得其人卽生, 不得其人卽死矣. 狐九尾何, 狐死首丘, 不忘本也. 明安, 不忘危也. 必九尾者, 九配得其所, 子孫繁息也. 於尾者[19], 明後當盛也. 景星者, 大星也. 月或不見, 景星常見, 可以夜作者[20]益於民人也. 甘露者, 美露也. 降則物無不盛. 朱草者, 赤草也. 可以染絳, 別尊卑也. 醴泉者, 美泉也. 狀如醴酒, 可以養老. 嘉禾者, 大禾也. 成王之時, 有三苗貫桒而生, 同爲一穗. 大幾盈車, 長幾充箱.[21]

• 《서응도(瑞應圖)》에서 말하였다. 황금으로 된 소는 상서로운 기물이다. 왕 노릇을 하는 자가 토지를 개척하면 황금으로 된 소가 이른다.

瑞應圖曰. 金牛, 瑞器也. 王者土地開闢, 則金牛至.

• 또 《서응도(瑞應圖)》에서 말하였다. 옥으로 된 말은 상서로운 기물이다. 왕 노릇을 하는 자가 맑고

---

13. 빈련(賓連): 왕의 계위(繼位)가 양호할 때 생겨난다는 상서로운 나무.
14. 명협(蓂莢): 중국 요임금 때 났었다는 전설상의 상서로운 풀.
15. 평로(平露): 관위(官位)가 그 사람을 얻으면 생겨난다는 상서로운 나무.
16. 경성(景星): 태평성대에 나타난다고 하는 상서로운 별.
17. 주초(朱草): 붉은 빛을 띠는 상서로운 풀.
18. 가화(嘉禾): 낟알이 많고 큰 벼.
19. "者" 뒤에 "何"자가 누락되었다.
20. '者'는 '有'의 오자이다.
21. 《백호통(白虎通)·봉선(封禪)》의 기록을 재구성한 것이다.

밝으며 돈독하고 어질면 이른다.

又曰. 玉馬, 瑞器也. 王者清明篤賢則至.

• 《묵자(墨子)》에서 말하였다. 적오(赤烏)[22]가 홀을 물고 주(周)나라의 기사(岐社)[23]에 내려왔다.

墨子曰. 赤烏銜珪, 降周之岐社.[24]

• 《회남자(淮南子)》에서 말하였다. 하늘은 덕으로 덮어 주고 땅은 즐거움으로 채워 준다. 그때가 그 순서를 잃지 않으면 해와 달은 맑고 깨끗하게 빛을 발한다.

淮南子曰. 天覆以德, 地載以樂. 樂也, 其時不失其序, 日月淑淸而揚光.[25]

• 《제왕세기(帝王世紀)》에서 말하였다. 요(堯)임금이 다스리는 천하가 크게 화평하자 경성이 하늘에서 빛나고, 감로가 땅에 내렸으며, 주초가 들에 생겨나고, 봉황이 뜰에 머물렀으며, 가화가 이랑에서 자라고 예천이 산에서 솟았다. 초요(僬僥)[26]의 백성들이 와서 진귀한 깃털을 바치자 주방에 저절로 육포(肉脯)가 생겨났는데 그 얇기는 운삽과 같은 모양이었다. 흔들면 저절로 바람이 생겨나 음식물을 서늘하게 하여 썩지 않게 하였으며 삽포(翣脯)라 이름하였다.

帝王世紀曰. 堯治天下大和, 景星曜於天, 甘露降於地, 朱草生於郊, 鳳凰止於庭, 嘉禾孳於畝, 醴泉湧於山. 僬僥民來貢沒[27]羽, 廚中自生肉脯, 其薄如翣形, 搖鼓自生風, 使食物寒而不臭, 名曰翣脯.

• 《한서(漢書)》에서 말하였다. 무제(武帝)가 동해로 거둥할 적에 적안(赤雁)[28]을 잡고는 〈주안지가(朱雁之歌)〉를 지었다. 오치원(五時原)[29]에서 제향(祭享)할 적에 백린(白麟)을 잡고는 〈백린지가(白麟之歌)〉를 지었다.[30]

漢書曰. 武帝行幸東海, 獲赤雁, 作朱雁之歌. 祠五時, 獲白麟, 作白麟之歌.

• 감천궁(甘泉宮) 내실 안에 영지가 생겨났는데 아홉 줄기가 잎이 잇닿아 있었다. 〈지방지가(芝房之歌)〉를 지었다.

甘泉宮中產芝, 九莖蓮[31]葉. 作芝房之歌.[32]

• 선제(宣帝)가 동쪽으로 황하를 건널 때 신기한 물고기가 황하(黃河)에서 춤을 추었다.

宣帝東浮[33]大河, 神魚舞於河.[34]

• 광무제(光武帝)가 장안(長安)으로 거둥하여 장릉(長陵)에 제향하고 낙양(洛陽)으로 돌아갔다. 이때에 도성에서 예천이 솟았는데 마신 자들은 고질이 모두 나았으나 오직 소경과 다리를 저는 사람만이 낫지 않았다.

光武幸長安, 祠長陵. 是時醴泉出於京師, 郡國飮者痼疾皆愈, 獨眇蹇者不瘥.[35]

---

22. 적오(赤烏): 고대 전설상의 상서로운 새.
23. 기사(岐社): 주(周) 문왕(文王)이 세운 왕실의 신사(神社).
24. 《묵자(墨子)·비공하(非攻下)》
25. 《회남자(淮南子)·본경훈(本經訓)》의 기록을 재구성한 것이다.
26. 초요(僬僥): 고대 전설상의 난쟁이(족). 또한 그들이 사는 나라 이름이기도 하다.
27. '沒'은 '珍'의 오자이다.
28. 적안(赤雁): 옛날에 상서로운 새로 여겼던 붉은 빛깔의 기러기.
29. 오치원(五時原): 오늘날 섬서성(陝西省) 봉상현(鳳翔縣) 남쪽 일대. 진한(秦漢) 시기에 다섯 천제(天帝)에게 제사하던 곳이다.
30. 한 무제가 적안을 잡은 것은 태시(太始) 3년의 일이고 백린을 잡은 것은 원수(元狩) 원년의 일이다.《한서(漢書)·무제기(武帝紀)》 참조.
31. '蓮'은 '連'의 오자이다.
32. 《한서(漢書)·무제기(武帝紀)》의 기록을 재구성한 것이다.
33. 《한서(漢書)·선제기(宣帝紀)》에는 "浮"가 "濟"로 되어 있다.
34. 《한서(漢書)·선제기(宣帝紀)》의 기록을 재구성한 것이다.

• 또 붉은 풀이 있어 물가에 생겨났으며, 군국(郡國)에서는 감로가 내렸다는 말을 올렸다. 여러 신하들이 말을 올려, 의당 태사(太史)에게 책을 엮어 갖추어두도록 명해야 한다고 했다. 군국에서 올린 말을 주상은 마침내 듣지 않았다. 이 때문에 사관(史官)들이 기록한 것이 드물다.

又有赤草生於水涯, 郡國上甘露降. 群臣上言, 宜命太史撰具. 郡國所上, 上遂不聽. 是以史官鮮記焉.[36]

• 장제(章帝) 시절에 봉황이 39회, 기린이 51회, 백호가 29회, 황룡이 4회 나타났으며, 청룡(青龍), 황곡(黃鵠), 난조(鸞鳥), 신마(神馬), 신작(神雀), 구미호(九尾狐), 삼족오(三足烏), 적오(赤烏), 백토(白兎), 백록(白鹿), 백연(白鷰), 백작(白鵲), 감로(甘露), 가과(嘉瓜), 거비(秬秠), 명주(明珠), 지영(芝英), 화평(華平), 주초(朱草) 목연리(木連理) 등이 실로 날로 달로 끊이지 않아 사관의 기록에 실린 것을 이루 적을 수 없다.

章帝時, 鳳凰三十九, 麒麟五十一, 白虎二十九, 黃龍四, 青龍·黃鵠·鸞鳥·神馬·神雀·九尾狐·三足烏·赤烏·白兎·白鹿·白鷰·白鵲·甘露·嘉瓜·秬秠·明珠·芝英·華平·朱草·木連理, 實日月不絶, 載於史官, 不可勝紀.[37]

봉황(鳳凰) 시원(始元)[38] 3년 겨울에 봉황이 동해에 깃들었다.

始元三年冬, 鳳凰集東海.[39]

선제(宣帝) 본시(本始)[40] 원년에 봉황이 교동(膠東)에 깃들었다. 본시 4년에는 북해(北海)에 깃들었다. 지절(地節)[41] 2년에 노군(魯郡)에 깃들었다. 원강(元康)[42] 2년에 봉황이 깃들자 천하의 관리와 백성들에게 벼슬을 내려주었다. 신작(神爵)[43] 2년에 봉황이 도성에 깃들었다. 신작 4년에는 두릉(杜陵)에 깃들고 또 상림(上林)에 깃들었다. 오봉(五鳳)[44] 3년에 난새와 봉새가 장락궁(長樂宮) 동쪽 대궐 가운데 나무 위에 깃들었다가 날아 내려 땅에 머물렀는데 무늬가 5색이었다.

宣帝本始元年, 鳳凰集膠東. 四年, 集北海. 地節二年, 集魯郡. 元康二年, 以鳳凰集, 賜天下吏民爵. 神爵二年, 鳳凰集京師. 四年, 集杜陵, 又集上林. 五鳳三年, 鸞鳳集長樂宮東闕中樹上, 飛下止地, 文章五色.[45]

안제(安帝) 연광(延光)[46] 3년에 봉황이 신풍(新豐)에 깃들었다.

安帝延光三年, 鳳凰集新豐.[47]

환제(桓帝) 원가(元嘉)[48] 원년에 5색의 큰 새가 제음(濟陰)에서 보였는데 당시에 봉황으로 여겼다.

---

35. 《후한서(後漢書)·광무제기(光武帝紀)》에는, "行幸長安, 戊子, 祠長陵, 還洛陽. 是夏京師醴泉湧出, 飮之者痼疾皆愈, 惟眇蹇者不瘳"로 되어 있다.
36. 《후한서(後漢書)·광무제기(光武帝紀)》에는, "又有赤草生於水涯, 郡國頻上甘露. 群臣奏言, 宜令太史撰集. (…) 郡國所上, 上輒抑而不當. 故史官罕得記焉"으로 되어 있다.
37. 장제(章帝) 시절의 기록을 종합적으로 기술한 것이다.
38. 시원(始元): 한(漢) 소제(昭帝)의 연호(BC 86-BC 81)이다.
39. 《송서(宋書)·지(志)·부서(符瑞)》
40. 본시(本始): 한(漢) 선제(宣帝)의 연호(BC 86-BC 81)이다.
41. 지절(地節): 한(漢) 선제(宣帝)의 연호(BC 69-BC 66)이다.
42. 원강(元康): 한(漢) 선제(宣帝)의 연호(BC 65-BC 63)이다.
43. 신작(神爵): 한(漢) 선제(宣帝)의 연호(BC 61-BC 58)이다.
44. 오봉(五鳳): 한(漢) 선제(宣帝)의 연호(BC 57-BC 54)이다.
45. 선제(宣帝) 시절의 기록을 종합적으로 기술한 것이다.
46. 연광(延光): 후한(後漢) 안제(安帝)의 연호(122-125)이다.
47. 《천중기(天中記)》 권16.
48. 원가(元嘉): 후한(後漢) 환제(桓帝)의 연호(151-152)이다.

桓帝元嘉元年, 五色大鳥見濟陰, 時以爲鳳凰.[49]

영제(靈帝) 시절에 봉황이 신성(新城)에서 보였다.

靈帝時, 鳳凰見于新城.[50]

위(魏) 문제(文帝) 황초(黃初)[51] 원년에 봉황이 석읍(石邑)에 깃들었다.

魏文帝黃初元年, 鳳凰集石邑.[52]

손권(孫權) 황무(黃武)[53] 4년에 봉황이 창오(蒼梧)에서 보였다.

孫權黃武四年, 鳳凰見蒼梧.[54]

손량(孫亮) 시절에 춘신(春申)에서 보였다.

孫亮時, 見于春申.[55]

손호(孫皓) 시절에 서원(西苑)에서 보였다.

孫皓時, 見于西苑.[56]

진(晉) 무제(武帝) 시절에 봉황이 조(趙)나라에서 보였다.

晉武帝時, 鳳凰見于趙國.

목제(穆帝) 시절에 풍성(豊城)에서 보였다.

穆帝時, 見于豊城.[57]

송(宋) 문제(文帝) 시절에 도성에서 보였다.

宋文帝時, 見于都下.[58]

당(唐) 장수(長壽)[59] 3년에 진주(陳州)에서 보였다.

唐長壽三年, 見于陳州.[60]

송(宋) 단공(端拱)[61] 원년에 백주(白州)에서 보였다.

宋端拱元年, 見于白州.[62]

희령(熙寧)[63] 7년에 광주(廣州)에서 보였다.

熙寧七年, 見于廣州.[64]

무릇 5색의 큰 새로 봉황과 비슷한 것 가운데는 조류의 요얼이 많다. 안제(安帝)가 참언을 믿고 태위(太尉) 양진(楊震)을 파면시키고 태자를 폐하였다.

凡五色大鳥似鳳者, 多羽蟲之孽. 安帝信讒言, 免太尉楊震, 廢太子.[65]

장제(章帝) 말엽에 봉황으로 일컬어진 것이 49회나 나타났다. 당시에 직언으로 간하던 신하 하창(何敞)은 조류의 요얼로 여겼다. 후에 장제가 죽자 징험된 것으로 여겼다. 옛 선비가 말하기를, "상서로운 조짐이 때에 맞지 않으면 곧 요얼이다"라고 하였다.

章帝末, 號鳳凰百四十九見. 時, 直臣何敞以爲羽孽. 後章帝崩, 以爲驗. 先儒言, 瑞興非時, 則爲妖孽.[66]

선제(宣帝)와 명제(明帝) 시절에 5색의 새가 대궐

---

49. 《후한서(後漢書) · 지(志) · 오행(五行)》
50. 《후한서(後漢書) · 지(志) · 오행(五行)》의 "靈帝光和四年秋, 五色大鳥見於新城, 衆鳥隨之, 時以爲鳳皇"을 간략히 기술한 것이다.
51. 황초(黃初): 위(魏) 문제(文帝)의 연호(220-226)이다.
52. 《삼국지(三國志) · 위지(魏志) · 문제기(文帝紀)》의 "石邑縣言鳳皇集"을 재구성한 것이다.
53. 황무(黃武): 오(吳) 대제(大帝)의 연호(222-228)이다.
54. 《삼국지(三國志) · 오지(吳志) · 오주전(吳主傳)》의 "蒼梧言鳳皇見"을 재구성한 것이다.
55. 《진서(晉書) · 지(志)》의 "孫亮建興二年十一月, 有大鳥五見於春申, 吳人以爲鳳皇"을 간략히 기술한 것이다.
56. 《진서(晉書) · 지(志)》의 "孫皓建衡三年, 西苑言鳳皇集"을 재구성한 것이다.
57. 《진서(晉書) · 지(志)》에는 "升平四年, 又見豊城"으로 되어 있다.
58. 《남사(南史) · 송본기(宋本紀)》의 기록을 재구성한 것이다.
59. 장수(長壽): 당(唐) 예종(睿宗)의 연호(692-694)이다.
60. 《구당서(舊唐書) · 본기(本紀)》의 "壬申, 以陳州言鳳凰見於宛丘"를 재구성한 것이다.
61. 단공(端拱): 북송(北宋) 태종(太宗)의 연호(988-989)이다.
62. 송(宋)나라 때 백주(白州)에서 봉황이 목도된 것은 단공(端拱) 원년이 아니라 경덕(景德) 원년이다. 《송사(宋史) · 지(志) · 오행(五行)》에서, "景德元年五月庚寅午時, 白州有三鳳自東來"라 하였다.
63. 희령(熙寧): 북송(北宋) 신종(神宗)의 연호(1068-1077)이다.
64. 《송사(宋史) · 본기(本紀)》의 "廣州鳳凰見"을 재구성한 것이다.
65. 《후한서(後漢書) · 지(志) · 오행(五行)》의 기록을 재구성한 것이다.
66. 《후한서(後漢書) · 지(志) · 오행(五行)》의 기록을 재구성한 것이다.

위로 무리지어 날아다녔는데 가규(賈逵)는 오랑캐가 항복할 조짐으로 여겼다. 말엽에 오랑캐 20만 명이 항복하였는데 이것이 그 징험이다. 오봉(五鳳)[67]은 모두 5색인데 상서로움이 되는 것이 하나이고 요얼이 되는 것이 넷이다. 《악협도징(樂叶圖徵)》에서 말하기를, "봉황과 비슷한 것으로는 네 가지가 있는데 모두 요얼이다. 첫 번째는 '숙상(鷫鸘)'이고, 두 번째는 '발명(發明)'이며, 세 번째는 '초명(焦明)'이고, 네 번째는 '유창(幽昌)'이다"라고 하였다.

宣帝明帝時, 五色鳥群翔殿屋, 賈逵以爲胡降徵. 末年胡降二十萬口, 爾其驗也. 五鳳皆五色, 爲瑞者一, 爲孽者四. 叶圖徵曰, 似鳳有四, 竝爲妖. 一曰鷫鸘, 二曰發明, 三曰焦明, 四曰幽昌.[68]

기린(麟麟) 명제(明帝) 영평(永平)[69] 11년에 기린이 나타났다.

明帝永平十一年, 麒麟出.[70]

안제(安帝) 시절에 양적(陽翟)과 복양(濮陽)에 나타났다.

安帝時, 見陽翟, 見濮陽.[71]

진(晉) 무제(武帝) 태시(泰始)[72] 원년과 2년, 함녕(咸寧)[73] 5년, 태강(太康)[74] 원년에 기린이 나타났다.

晉武帝泰始元年二年咸寧五年太康元年, 麒麟見.[75]

민제(愍帝) 건흥(建興)[76] 2년과 성제(成帝) 함화(咸和)[77] 8년에도 모두 나타났다.

愍帝建興二年成帝咸和八年, 皆見.[78]

양(梁) 천감(天監)[79] 10년에 추우(騶虞)[80]가 나타났다.

梁天監十年, 騶虞見.[81]

당(唐) 용삭(龍朔)[82] 3년에 강주(絳州)에 기린이 나타났다.

唐龍朔三年, 絳州麟見.[83]

원화(元和)[84] 7년에 용주 경계 지역에서 가화(嘉禾)가 자라났는데 기린이 있어 그것을 먹었다. (기린이) 매번 오면 사슴 한 마리가 기린을 인도하였으며 무리지은 사슴들이 따랐다. 광채를 볼 수가 없어 화공(畵工)으로 하여금 나아가 기린을 그리게 하고 그것을 가화 한 상자와 아울러 바치게 하였다.

元和七年, 龍州界嘉禾生, 有麟食之. 每來, 一鹿引之, 群鹿隨焉. 光華不可視, 使畵工就圖之, 幷嘉禾一函以獻.[85]

---

67. 오봉(五鳳): 전설상의 다섯 신조(神鳥).
68. 《후한서(後漢書) · 지(志) · 오행(五行)》의 기록을 재구성한 것이다. "叶圖徵" 이하는 사서(史書)에 보이지 않는 내용이다. "叶圖徵"의 정식 명칭은 "《악협도징(樂叶圖徵)》이다. 《위서집성(緯書集成)》 560쪽 참조.
69. 영평(永平): 후한(後漢) 명제(明帝)의 연호(58-75)이다.
70. 《후한서(後漢書) · 현종효명제기(顯宗孝明帝紀)》의 기록을 토대로 작성한 글임.
71. 《후한서(後漢書) · 효안제기(孝安帝紀)》의 기록을 토대로 작성한 글임.
72. 태시(泰始): 진(晉) 무제(武帝)의 연호(265-274)이다.
73. 함녕(咸寧): 진(晉) 무제(武帝)의 연호(275-279)이다.
74. 태강(太康): 진(晉) 무제(武帝)의 연호(280-289)이다.
75. 《진서(晉書) · 제기(帝紀)》의 기록을 토대로 작성한 글임.
76. 건흥(建興): 진(晉) 민제(愍帝)의 연호(313-317)이다.
77. 함화(咸和): 진(晉) 성제(成帝)의 연호(326-334)이다.
78. 《송서(宋書) · 지(志)부서(符瑞)》의 기록을 토대로 작성한 글임.
79. 천감(天監): 양(梁) 무제(武帝)의 연호(502-519)이다.
80. 추우(騶虞): 신령스러운 상상의 짐승. 흰 바탕에 검은 무늬와 긴 꼬리가 있으며, 생물을 먹지 않고 살아 있는 풀을 밟지 않는 동물로, 성인의 덕에 감응하여 나타난다고 한다.
81. 《양서(梁書) · 본기(本紀)》의 기록을 토대로 작성한 글임.
82. 용삭(龍朔): 당(唐) 고종(高宗)의 연호(661-663)이다.
83. 《구당서(舊唐書) · 본기(本紀)》의 기록을 토대로 작성한 글임.
84. 원화(元和): 당(唐) 헌종(憲宗)의 연호(806-820)이다.

송(宋) 태평흥국(太平興國)[86] 9년에 남주(嵐州)에서 수컷 짐승을 바쳤는데 뿔이 하나였으며 사슴과 비슷했지만 얼룩무늬가 없었다. 뿔끝에는 살이 있었으며 성질이 온순하였다. 산기상시(散騎常侍)[87] 서현(徐鉉)은 기린으로 뿔이 하나인 것은 천하가 한 군주로 함께함을 밝히는 것이라 여겼다. 《공양전(公羊傳)》에서 말하기를, "위에 성스러운 황제와 영명한 왕이 있어 천하가 태평하면 기린이 나타난다"라고 하였다. 지금 천하가 통일되었기 때문에 어진 짐승이 나타난 것이니 실로 왕 노릇을 하는 이의 큰 상서로움이다. 재상이 표문(表文)을 받들어 올려 경하의 뜻을 표하였다.

宋太平興國九年, 嵐州獻牡獸, 一角, 似鹿無斑文. 角端有肉, 性馴. 散騎常侍徐鉉以爲麟麟一角者, 明海內同一主也. 公羊傳曰, 上有聖帝明王, 天下太平則麟見. 今海內統, 故仁獸出, 實王者之大瑞. 宰相奉表稱賀.[88]

정화(政和)[89] 5년과 중화(重和)[90] 원년, 선화(宣和)[91] 2년과 3년, 경원(慶元)[92] 3년에 모두 소가 기린을 낳은 일이 있었다.

政和五年重和元年宣和二年三年慶元三年, 俱有牛生麒麟.[93]

지초(芝草) 선제(宣帝) 신작(神爵)[94] 원년에 금색의 지초 아홉 줄기가 유덕전(幽德殿)에서 자라났다.

宣帝神爵元年, 金芝九莖產於幽德殿.[95]

광무제(光武帝) 중원(中元)[96] 원년 여름에 도성에서 예천이 솟았으며, 또 붉은 풀이 있어 물가에 생겨났다.

光武中元元年夏, 京師醴泉湧出, 又有赤草生於水崖.[97]

명제(明帝) 영평(永平)[98] 17년에 지초가 대궐 앞에 생겨났다.

漢[99]明帝永平十七年, 芝草生於殿前.[100]

장제(章帝) 건초(建初)[101] 4년에 영릉(零陵)에서 지초를 바쳤다.

章帝建初四年, 零陵獻芝草.[102]

환제(桓帝) 건화(建和)[103] 원년에 지초가 중황장부(中黃藏府)[104]에서 생겨났다.

漢[105]桓帝建和元年, 芝草生中黃藏府.[106]

---

85. 《구당서(舊唐書)·지(志)·오행(五行)》에는, "元和七年十一月, 梓州上言, 龍州武安川佘田中嘉禾生, 有麟食之, 復生. 麟之來, 一鹿引之, 群鹿隨之. 光華不可正視, 使畫工圖麟及嘉禾來獻"으로 되어 있다.
86. 태평흥국(太平興國): 북송(北宋) 태종(太宗)의 연호(976-983)이다.
87. 산기상시(散騎常侍): 천자를 측근에서 모시고 간언하는 일을 맡아보던 벼슬.
88. 《송사(宋史)·본기(本紀)》에는 "嵐州獻牝獸一角"이라는 기록만 보인다. "麟一角者" 이하는 《문헌통고(文獻通考)》 권311에 보이는 기록을 재구성한 것이다.
89. 정화(政和): 북송(北宋) 휘종(徽宗)의 연호(1111-1117)이다.
90. 중화(重和): 북송(北宋) 휘종(徽宗)의 연호(1118)이다.
91. 선화(宣和): 북송(北宋) 휘종(徽宗)의 연호(1119-1125)이다.
92. 경원(慶元): 남송(南宋) 영종(寧宗)의 연호(1195-1200)이다.
93. 《송사(宋史)·지(志)·오행(五行)》의 기록을 재구성한 것이다.
94. 신작(神爵): 한(漢) 선제(宣帝)의 연호(BC 61-BC 58)이다.
95. 《한서(漢書)·선제기(宣帝紀)》의 기록을 재구성한 것이다. 《한서》에는 "幽德殿"이 "函德殿銅池中"으로 되어 있다.
96. 중원(中元): 후한(後漢) 광무제(光武帝)의 연호(56-57)이다.
97. 《후한서(後漢書)·광무제기(光武帝紀)》기록을 재구성한 것이다.
98. 영평(永平): 후한(後漢) 명제(明帝)의 연호(58-75)이다.
99. "漢"은 임의로 보태진 글자이다.
100. 《송서(宋書)·지(志)·부서(符瑞)》. "草"와 "於"는 임의로 보태진 글자이다.
101. 건초(建初): 후한(後漢) 장제(章帝)의 연호(76-83)이다.
102. 《후한서(後漢書)·숙종효장제기(肅宗孝章帝紀)》
103. 건화(建和): 후한(後漢) 환제(桓帝)의 연호(147-149)이다.

영제(靈帝) 광화(光和)[107] 4년에 군국(郡國)에서 지영초(芝英草)[108]를 진상하였다.

靈帝光和四年, 郡國上芝英草.[109]

당(唐) 무덕(武德)[110] 4년에 익주(益州)에서 지초를 바쳤는데 사람의 형상과 같았다.

唐武德四年, 益州獻芝草, 如人狀.[111]

정관(貞觀)[112] 17년에 황태자 침실 안에 흰 영지 열 네 줄기가 생겨났는데 아울러 용과 봉황의 형상을 이루었다.

貞觀十七年, 皇太子寢室中, 產素芝十四莖, 竝爲龍鳳之形.[113]

천보(天寶)[114] 초에 임천군(臨川郡) 사람 이가윤(李嘉胤)의 집 기둥에 지초가 생겨났다.

天寶初, 臨川郡人李嘉胤屋柱生芝草.[115]

상원(上元)[116] 2년에 연영전(延英殿) 어좌(御座)에 흰 지초가 생겨났다.

上元二年, 延英殿御座[117]生白芝.[118]

정원(貞元)[119] 12년에 동도(東都) 동산 안에 지초가 생겨났다.

貞元十二年, 東都苑內生芝.[120]

장경(長慶)[121] 원년에 수창전(壽昌殿) 안 말구유 위에 옥지(玉芝)[122] 한 줄기가 생겨났는데 길이가 아홉 자였다.

長慶元年, 壽昌殿內槽柱上產玉芝一莖, 長九尺.[123]

송(宋) 건륭(建隆)[124] 2년에 박주(亳州)에서 지초를 바쳤다.

宋建隆二年, 亳州獻芝.[125]

개보(開寶)[126] 7년에 진주(陳州)에서 지초 1본 마흔 아홉 줄기를 바쳤다.

開寶七年, 陳州獻芝一本四十九莖.[127]

태평흥국(太平興國)[128] 4년에 화산(華山)의 도사 정소미(丁少微)가 붉은 지초와 검은 지초를 각각 한

---

104. 중황장부(中黃藏府): 궁중의 비단, 금은 등 여러 재화(財貨)를 관장하는 제왕의 부고(府庫) 이름.
105. "漢"은 임의로 보태진 글자이다.
106. 《후한서(後漢書) · 숙종효장제기(肅宗孝章帝紀)》
107. 광화(光和): 후한(後漢) 영제(靈帝)의 연호(178-183)이다.
108. 지영초(芝英草): 지초의 일종.
109. 《후한서(後漢書) · 효영제기(孝靈帝紀)》
110. 무덕(武德): 당(唐) 고조(高祖)의 연호(618-626)이다.
111. 《신당서(新唐書) · 지(志) · 오행(五行)》
112. 정관(貞觀): 당(唐) 태종(太宗)의 연호(627-649)이다.
113. 《문헌통고(文獻通考)》 권299.
114. 천보(天寶): 당(唐) 현종(玄宗)의 연호(742-756)이다.
115. 《구당서(舊唐書) · 지(志) · 오행(五行)》
116. 상원(上元): 당(唐) 숙종(肅宗)의 연호(760-761)이다.
117. "御座" 뒤에 "梁上"이 누락되었다.
118. 《구당서(舊唐書) · 본기(本紀)》. 《구당서》에는 "白"이 "玉"으로 되어 있다.
119. 정원(貞元): 당(唐) 덕종(德宗)의 연호(785-805)이다.
120. 《옥해(玉海)》 권197.
121. 장경(長慶): 당(唐) 목종(穆宗)의 연호(821-824)이다.
122. 옥지(玉芝): 지초의 일종. 백지(白芝)라고도 함.
123. 《문헌통고(文獻通考)》 권299.
124. 건륭(建隆): 북송(北宋) 태조(太祖)의 연호(960-962)이다.
125. 《송사(宋史) · 지(志) · 오행(五行)》
126. 개보(開寶): 북송(北宋) 태조(太祖)의 연호(968-976)이다.
127. 《문헌통고(文獻通考)》 권299.
128. 태평흥국(太平興國): 북송(北宋) 태종(太宗)의 연호(976-983)이다.

상자씩 바쳤다.

太平興國四年, 華山道士丁少微, 獻形芝爨芝各一笥.[129]

대중상부(大中祥符)[130] 원년에 봉선경도제치사(封禪東封經度制置使) 왕흠약(王欽若)이, "몸소 지초 11본을 얻었으며 또 주(州)의 백성이 얻은 것이 26본"이라 하였다. 또 말하기를, "태산(泰山)에 날마다 신령스런 풀이 나는데 군과 민이 다투어 캐(오)므로 돈꿰미와 비단을 헤아려 지급하기를 청합니다"라 하여 이를 따랐다. 왕흠약이 조정에 와서 바친 지초는 8,639본이었다. 조안인(趙安仁)이 조정에 와서 오색의 금옥과 붉고 자줏빛이 도는 지초 8,711본을 바쳤다. 왕흠약 등이 또 태산의 지초 3만 8,250본을 바쳤다.

太[131]中祥符元年, 東封經度制置使王欽若言親獲芝十一本, 又州民所得二十六本. 且言泰山日生靈草, 軍民競採, 請量給緡錢絹帛, 從之. 欽若來朝獻芝草八千六百三十九本. 趙安仁來朝獻五色金玉丹紫芝八千七百十一本. 欽若等又獻泰山芝草三萬八千二百五十本.[132]

(대중상부) 6년에 봉사경도제치사(奉祀東封經度制置使) 정위(丁謂)가 지초 81본을 바쳤으며 또 250본을 바쳤다. 11월에 정위가 조정에 와서 3만 7,108본을 바쳤는데, 선인, 선인이 사는 산, 신령스런 날짐승, 기이한 길짐승의 형상으로 꾸몄다. 12월에는 9만 5,100본을 바쳤다. 이듬해에 수레를 몰고 진원현(眞源縣)에 가서 200대의 수레를 두고 앞에서 이끌자 백성들 가운데 출두하여 빠뜨린 진헌(進獻)을 행하는 자가 있었는데 또 1만 8,000본이었다.

六年, 奉祀經度制置使丁謂獻芝草八十一本, 又獻二百五十本. 十一月, 謂來朝獻三萬七千一百八本. 餙以仙人寶山靈禽異獸之狀. 十二月, 獻九萬五千一百本. 明年, 車駕至眞源縣, 置二百輿前導, 民有詣行闕獻者, 又一萬八千本.[133]

동쪽에서 봉선(封禪)을 하고 서쪽에서 제사를 지낼 때에 왕흠약(王欽若)과 정위(丁謂)의 무리들이 이것으로 아첨을 하였는데 걸핏하면 만 단위로 헤아렸으니 어찌 상서로운 것이 될 수 있겠는가?

東封西祀之時, 王欽若丁謂之徒, 以此導諛, 動以萬計, 何足瑞哉.[134]

희령(熙寧)[135] 4년에서 원풍(元豊)[136] 8년에 이르기까지 천하에서 지초를 말한 것이 모두 서른일곱 번이다.

熙寧四年至元豊八年, 天下言芝草凡三十七.[137]

정화(政和)[138] 2년에 신안현(新安縣)에서 두꺼비의 등 위에 지초가 생겨났다.

政和二年, 新安縣蟾蜍背上生芝草.[139]

(정화) 5년에 기주(蘄州)에서 1만 2,600 가지[枝]를 진상하였으며 여주(汝州)에서는 6만 본을 진상하여 유사가 이루 다 기록하지 못하였다. 처음에는 여전히 경하(慶賀)를 표하였으나 후에는 일상으로 여겨 모두 경하하지 않았다. 채취한 것이 30만 본에 이르는 자가 있었는데 매양 1만 본을 한 망(網)으로 만

129. 《문헌통고(文獻通考)》 권299.
130. 대중상부(大中祥符): 북송(北宋) 진종(眞宗)의 연호(1008-1016)이다.
131. '太'는 '大'의 오자이다.
132. 《문헌통고(文獻通考)》 권299의 기록을 재구성한 것이다.
133. 《문헌통고(文獻通考)》 권299의 기록을 재구성한 것이다.
134. 《문헌통고(文獻通考)》 권299.
135. 희령(熙寧): 북송(北宋) 신종(神宗)의 연호(1068-1077)이다.
136. 원풍(元豊): 북송(北宋) 신종(神宗)의 연호(1078-1085)이다.
137. 《문헌통고(文獻通考)》 권299.
138. 정화(政和): 북송(北宋) 휘종(徽宗)의 연호(1111-1117)이다.
139. 《문헌통고(文獻通考)》 권299의 기록을 재구성한 것이다.

들어 조정에 진헌하였다.

五年, 蘄州進一萬二千六百枝, 汝州進六萬本, 有司不勝其紀. 初猶表賀, 後以爲常, 不皆賀也. 有採及三十萬本者, 每萬本作一綱入貢.[140]

건염(建炎)[141] 2년에 밀주(密州)에서 지초를 바쳤는데 다섯 잎이 사람 손바닥과 같았으며 색은 붉고도 광택이 있었다. 그것을 물리쳤다.

建炎二年, 密州獻芝草, 五葉, 如人指掌, 色赤而澤. 卻之.[142]

(소흥) 25년에 태실(太室)[143] 기둥에서 지초 아홉 줄기가 생겨나자 재상 진회(秦檜)가 백관을 거느리고 그것을 보았다. 천하가 다투어 초목의 요얼을 상서로운 것이라며 바쳤다.

二十五年, 太室楹生芝九莖, 宰臣秦檜帥百官觀之. 天下競以草木之妖獻瑞.[144]

경원(慶元)[145] 5년에 태실에서 흰 지초 네 잎이 생겨났다. 《당서(唐書)》에서 상(喪)의 조짐으로 여겼는데 이듬해 8월에 나라에 큰 상이 연이어 있었다.

慶元五年, 太室生白芝四葉. 唐書以白芝爲喪祥, 明年八月, 國連有大喪.[146]

예천(醴泉) 한(漢) 선제(宣帝) 감로(甘露)[147] 2년과 광무제(光武帝) 중원(中元)[148] 원년, 명제(明帝) 영평(永平)[149] 11년에 예천이 솟았다.

漢宣帝甘露二年光武中元元年明帝永平十一年, 醴泉出.[150]

수(隋)나라 개황(開皇)[151] 2년에 도성에서 예천이 솟았다.

隋開皇二年, 京師醴泉出.[152]

당(唐)나라 천보(天寶)[153] 3년에 무위군(武威郡)에서 예천이 솟았다.

唐天寶三年, 武威郡醴泉出.[154]

송(宋)나라 옹희(雍熙)[155] 2년에 기산현(岐山縣)에 예천이 있었는데 시절이 태평하면 흐르고 세상이 어지러우면 말랐다. 당(唐)나라 중엽부터 이 샘이 마침내 마르더니 대중(大中)[156] 연간에 이르러 다시 흘렀다. 관찰사(觀察使) 최공(崔珙)이 이를 상주(上奏)하니 조서를 내려 기리고 아름답게 여기며 '윤덕천(潤德泉)'이라는 호를 내렸다. 비각이 아직도 있는데 그 이후로 다시 말랐다가 지금에 홀연 솟아 넘쳐난다.

雍熙二年, 岐山縣有醴泉, 時平則流, 世亂則竭. 自唐室中葉, 此泉遂竭, 至大中年復流. 觀察使崔珙奏之, 詔書褒美, 賜號潤德泉. 碑刻猶在, 自後復竭, 今忽湧溢.[157]

대중상부(大中祥符)[158] 원년에 예천이 채주(蔡州)

140. 《문헌통고(文獻通考)》 권299의 기록을 재구성한 것이다.
141. 건염(建炎): 남송(南宋) 고종(高宗)의 연호(1127-1130)이다.
142. 《송사(宋史)·지(志)·오행(五行)》의 기록을 재구성한 것이다.
143. 태실(太室): 태묘(太廟)의 정실(正室).
144. 《문헌통고(文獻通考)》 권299의 기록을 재구성한 것이다. 이는 소흥(紹興) 25년의 일이다. 《宋史·志·五行》 참조.
145. 경원(慶元): 남송(南宋) 영종(寧宗)의 연호(1195-1200)이다.
146. 《문헌통고(文獻通考)》 권299의 기록을 재구성한 것이다.
147. 감로(甘露): 한(漢) 선제(宣帝)의 연호(BC 53-BC 50)이다.
148. 중원(中元): 후한(後漢) 광무제(光武帝)의 연호(56-57)이다.
149. 영평(永平): 후한(後漢) 명제(明帝)의 연호(58-75)이다.
150. 《문헌통고(文獻通考)》 권297에 보이는 내용을 요약하여 기술한 것이다.
151. 개황(開皇): 수(隋) 문제(文帝)의 연호(581-600)이다.
152. 《문헌통고(文獻通考)》 권297의 기록을 재구성한 것이다.
153. 천보(天寶): 당(唐) 현종(玄宗)의 연호(742-756)이다.
154. 《문헌통고(文獻通考)》 권297에 보이는 내용을 요약하여 기술한 것이다.
155. 옹희(雍熙): 북송(北宋) 태종(太宗)의 연호(984-987)이다.
156. 대중(大中): 당(唐) 선종(宣宗)의 연호(847-859)이다.

에서 솟았는데 질환이 있는 자가 샘물을 마셨더니 모두 나았다. 연주(兗州)의 밭 가운데서 아이들이 흙을 헤쳐 드러나게 하여 조그맣고 푸른 동전 수십 개를 얻었는데 다투어 그것을 취하다가 동전이 돌 틈에 떨어졌다. 이로 인해 돌이 갈라지고 솟아난 샘 눈이 스물넷이었으며 물맛이 아주 달고 좋았다. 또 고석(枯石) 일대에 다시 눈이 스물다섯인 솟는 샘이 있었다. 또 샘 눈 하나가 나와 층이 진 언덕 위에서 또 별도로 몇 개의 물갈래를 이끌었다. 쌍을 이룬 물고기가 그 안에서 뛰어놀고 과실이 있어 흘러나왔는데 오얏과 비슷했으나 작았으며 맛이 매우 달아, 예나 지금이나 (값이) 동전 100여 냥에 이르렀다. 왕흠약(王欽若)이 물을 저장하여 역참으로 달려가 바쳤다. 가까운 신하들에게 나누어 하사하고 정자를 세우라는 조서를 내렸으며 '영액(靈液)'으로 편액(扁額)하게 하였다.

大中祥符元年, 醴泉出蔡州, 有疾者飮之, 皆愈. 兗州田中, 有童兒掊土得小靑錢數十, 爭取之, 錢墜石罅. 因發石, 有湧泉二十四眼, 味極甘美. 又枯石間復有湧泉二十五眼. 又一眼出, 層阜之上, 又別引數派. 雙魚躍其中, 有果實流出, 似李而小, 味甚甘, 及今古錢百餘. 王欽若, 貯水馳驛以獻. 分賜近臣, 詔建亭, 以靈液爲額.[159]

천희(天禧)[160] 2년에 도성에 솟는 샘이 있었는데 창질(瘡疾)을 앓던 이들이 샘물을 마셨더니 모두 나았다. 도관(道觀)을 세우라는 조서를 내리고 이름을 "상원(祥源)"이라 하였다.

天禧二年, 京師有湧泉, 疾癘者飮之, 皆愈. 詔建道觀, 名曰祥源.[161]

희령(熙寧)[162] 원년에 도성에서 예천이 솟았다.

熙寧元年, 京師醴泉出.[163]

정화(政和)[164] 5년에 하양(河陽)에서 예천이 솟았다.

政和五年, 河陽醴泉出.[165]

재앙이 되는 이변 災異

• 《서경(書經)》에서 말하였다. 오행(五行) (가운데) '물'은 적시며 내려가는 것이고, '불'은 타며 올라가는 것이며, '나무'는 굽고 곧은 것이고, '쇠'는 따르고 바뀌는 것이며, '흙'은 심고 거두는 것이다. 복승(伏勝)의 《전(傳)》에서 말하기를, "사냥을 하면서 그 시간을 지키지 않고, 음식을 먹으면서 향헌(享獻)의 예를 행하지 않으며, 궁궐 밖 출입을 함에 절도를 잃고, 백성들에게서 농사지을 시기를 빼앗으며, 간사한 음모가 있게 하면 나무는 굽을 수도 곧을 수도 있는 성질을 잃어버리게 된다. 법률을 팽개치고, 공신(功臣)을 쫓아내며, 태자를 죽이고, 첩을 처로 삼으면 불은 불꽃이 위로 타올라 가지 못하게 된다. 궁실을 수리하고, 돈대와 정자

157. 《문헌통고(文獻通考)》 권297의 기록을 재구성한 것이다.
158. 대중상부(大中祥符): 북송(北宋) 진종(眞宗)의 연호(1008-1016)이다.
159. 《문헌통고(文獻通考)》 권297의 기록을 재구성한 것이다.
160. 천희(天禧): 북송(北宋) 진종(眞宗)의 연호(1017-1021)이다.
161. 《문헌통고(文獻通考)》 권297의 기록을 재구성한 것이다.
162. 희령(熙寧): 북송(北宋) 신종(神宗)의 연호(1068-1077)이다.
163. 《문헌통고(文獻通考)》 권297의 기록을 재구성한 것이다.
164. 정화(政和): 북송(北宋) 휘종(徽宗)의 연호(1111-1117)이다.
165. 《문헌통고(文獻通考)》 권297의 기록을 재구성한 것이다.

를 꾸미며, 음란을 용납하고, 친척을 범하며, 부형(父兄)을 모욕하면 심고 거두는 것이 이루어지지 않게 된다. 전공(戰功)을 좋아하고, 백성을 경시하며, 성곽을 꾸미고, 변경을 침탈하면 쇠가 따르고 바뀌는 성질을 잃어버리게 된다. 종묘의 예를 소홀히 하고 태만히 하며, 사당에 빌지 않고, 제사를 폐하며, 천시(天時)를 거역하면 물이 만물을 적시며 내려가지 못하게 된다"라고 하였다.

經曰. 五行, 水曰潤下, 火曰炎上, 木曰曲直, 金曰從革, 土爰稼穡. 伏勝傳曰, 田獵不宿, 飮食不享, 出入不節, 奪民農時, 及有姦謀, 則木不曲直. 棄法律, 逐功臣, 殺太子, 以妾爲妻, 則火不炎上. 脩宮室, 飾臺榭, 內淫亂, 犯親戚, 侮父兄, 則稼穡不成. 好戰攻, 輕百姓, 飾城郭, 侵邊境, 則金不從革. 簡宗廟, 不禱祠, 廢祭祀, 逆天時, 則水不潤下.

- 무릇 육기(六氣)[166]가 조화를 이루지 못하여 해로운 기운이 일어나면 해의 아침, 달의 아침, 날의 아침에는 후왕이 이를 받고, 해의 한낮, 달의 한낮, 날의 한낮에는 공경(公卿)이 이를 받으며, 해의 저녁, 달의 저녁, 날의 저녁에는 백성이 이를 받는다.
凡六沴之作, 歲之朝, 月之朝, 日之朝, 則后王受之. 歲之中, 月之中, 日之中, 則正卿受之. 歲之夕, 月之夕, 日之夕, 則庶民受之.[167]
- 무릇 초목의 무리 가운데 이상한 것을 일러 '요(夭)'라 하는데 요는 '요태(夭胎)'[168]와 같으며 아직 작음을 말하는 것이다. 벌레의 무리 가운데 이상한 것을 일러 '얼(孽)'이라 하는데 얼은 곧 '아얼(芽孽)'[169]이다. 육축(六畜)[170]에 이르러는 '화(旤)'라 하는데 그 드러남을 말한 것이다. 사람에 이르러는 '아(痾)'라 하는데 아는 병든 모양으로 병이 점점 깊어감을 말한다. 심하면 이상한 것을 낳게 되는데 이를 일러 '생(眚)'[171]이라 한다. 밖으로부터 오는 것을 일러 '상(祥)'이라 하는데 상은 '정(禎)'[172]과 같다. 기(氣)가 서로 해치는 것을 일러 '여(沴)'라 하는데 여는 '임리(臨蒞)'[173]와 같으며 조화를 이루지 못한다는 뜻이다.
凡草木之類謂之妖. 妖猶夭胎, 言尙微也. 蟲豸之類謂之孽. 孽則芽孽矣. 及六畜謂之旤, 言其著也. 及人謂之痾. 痾, 病貌也. 言寖深也. 甚則異物生, 謂之眚. 自外來謂之祥, 祥猶禎也. 氣相傷謂之沴. 沴猶臨莅, 不和意也.[174]

인아(人痾)[175] 《역전(易傳)》에서 말하였다. 왕이 지극하지 못하면 그 벌은 날씨를 늘 음습하게 하는 것인데, 이때면 아랫사람이 윗사람을 치는 변고가 있다. (인아는) 이에 윗사람을 범하고 반란을 일으키는 것을 이르는 것이다. 그러나 역대 사서류(史書類)에서 인아를 이르고 있지만 실어둔 바는 형체가 괴

166. 육기(六氣): ①중국 철학에서, 천지 사이에 있다고 하는 여섯 가지 기운. 음(陰), 양(陽), 풍(風), 우(雨), 회(晦), 명(明)을 이른다. ②음양(陰陽)의 여섯 가지 기운. 한(寒), 서(暑), 조(燥), 습(濕), 풍(風), 화(火)를 이른다. '육려(六沴)'는 이 육기가 조화를 이루지 못하여 서로 해치게 되는 여섯 경우를 이른다.

167. 《상서대전(尙書大傳)》 권3.

168. 요태(夭胎): 나기는 했으되 아직 어리거나 잉태하기만 하고 아직 태어나지 않은 것을 이른다. 《한서(漢書)·예악지(禮樂志)》 顔師古注에서, "조금 자란 것을 요라 하고 밴 상태로 있는 것을 태라 한다(長曰夭, 在孕曰胎)"라고 하였다.

169. 아얼(芽孽): 식물의 어린 싹을 뜻하는 아얼(芽蘖)과 비슷한 의미로 쓰여 어린 벌레를 가리킨다.

170. 육축(六畜): 집에서 기르는 대표적인 여섯 가지 가축. 곧 소, 말, 양, 돼지, 개, 닭을 이른다.

171. 생(眚): 질병을 뜻하는 말이지만 질병으로 인한 돌연변이 정도의 의미로 쓰인 듯하다.

172. 정(禎): 상서로움을 의미하는 말.

173. 임리(臨蒞): 도래하거나 와서 임한다는 뜻이지만 여기서처럼 조화를 이루지 못하는 것을 뜻하기도 한다.

174. 《문헌통고(文獻通考)》 권295.

175. 인아(人痾): 사람의 몸에 일어나는 기이한 현상. 곧 죽었던 사람이 소생하거나 남자가 변하여 여자가 되거나 여자가 변하여 남자가 되는 일 따위를 일컫는다.

상하다거나 말이 미치고 미혹된 것이며, 혹 변화하여 이물이 되고, 혹 이미 죽었다가 다시 사는 것들로 반역의 일은 전혀 다루지 않았다. 대개 인아는 요얼이며 반역은 그 조응이다.

易傳曰. 皇之不極, 厥罰常陰, 時則有下人伐上之痾. 乃犯上反叛之謂. 然歷代史志謂之人痾, 而所載者形體之妖, 異言語之狂惑, 或化爲異物, 或已死復生, 殊不及叛逆之事. 蓋人痾者, 妖也. 叛逆者, 其應也.[176]

대인(大人) 《춘추전(春秋傳)》에서, "장적(長狄)[177]의 형제 셋 가운데 하나는 노(魯)나라로 가고, 하나는 제(齊)나라로 가고, 하나는 진(晉)나라로 갔는데 모두 죽임을 당하여 몸은 들에서 뒹굴고, 그 머리는 잘린 채 실려 다녔으며, 눈썹이 수레 앞턱 가로나무에서 보였다. 그 후 세 나라에 모두 임금을 죽이고 그 자리를 빼앗는 재앙이 있었다"라고 하였다.

春秋傳, 長狄兄弟三人, 一者之魯, 一者之齊, 一者之晉. 皆殺之, 身橫九畮, 斷其首而載之, 肩[178]見于軾. 其後三國皆有簒弑之禍.[179]

진시황(秦始皇) 시절에 대인(大人)들이 있어 키가 다섯 길이나 되고, 신발이 여섯 자나 되었으며, 모두 오랑캐 복장을 하고 있었는데, 도합 열 사람이 임조(臨洮)에 나타났다.

秦始皇時, 有大人, 長五丈, 足履六尺, 皆夷狄服, 凡十士人, 見于臨洮.[180]

왕망(王莽) 시절에 기이한 선비가 있었는데 키는 한 길이었지만 몸집이 열 아름이나 되었다. 초거(軺車)[181]에도 태울 수 없고 세 마리의 말도 이기지 못하였으니 곧 '거무(巨毋)'이다. 패(霸) 땅에 소인이 있었는데 키가 한 자쯤 되었으며 때로는 수레나 말을 타고 때로는 걸어다녔다. 사물을 다루는 솜씨는 사람이 크거나 작거나 대체로 서로 비슷하다.

王莽時, 有奇士, 長丈, 大十圍. 軺車不能載, 三馬不能勝, 卽巨毋. 霸有小人, 長尺餘, 或乘車馬, 或步行. 操持萬物, 大小多相稱.[182]

진(晉)나라 함녕(咸寧)[183] 2년에 양무현(襄武縣)에 대인이 나타났는데 키가 세 길쯤 되었으며 발자국 길이가 3자 2치였다.

晉咸寧二年,[184] 襄武縣有大人見, 長三丈餘, 跡長三尺二寸.[185]

부건(苻健) 시절에 키가 큰 사람이 나타나더니 백성 장정(張靖)에게 말하기를, "부씨가 천명을 받아 지금 태평을 맞았다"라 하자 부건이 이를 요얼로 여겨 장정을 하옥시켰다. 때마침 큰비가 내려 황하가 넘쳤다. 황하에서 나막신 한 짝을 얻었는데 길이가 7자 3치였으며 사람 발자국으로 비교해 보았더니 발가락 길이가 한 자 가량 되었다. 부건이 탄식하며 말하기를, "천지에 무엇인들 있지 않겠느냐?"라 하고는 마침내 장정을 사면하였다.

苻健時, 有長人見, 語百姓張靖曰, 符[186]氏受命, 今當太平. 健以爲妖, 下靖獄. 會大雨, 河溢. 得一屐于河, 長七尺三寸, 人跡稱之, 指長尺餘. 健嘆曰, 覆載之中何所不有. 乃赦靖.[187]

---

176. 《상서(尙書)·홍범(洪範)·오행전(五行傳)》의 기록을 재구성한 것이다.
177. 장적(長狄): 춘추시대 적족(狄族)의 한 갈래인데 키가 컸기 때문에 붙여진 이름이라고 한다.
178. '肩'은 '眉'의 오자이다.
179. 《한서(漢書)·오행지(五行志)》의 기록을 재구성한 것이다.
180. 《한서(漢書)·오행지(五行志)》
181. 초거(軺車): 한 마리의 말이 끄는 가볍고 간편한 수레.
182. 《한서(漢書)·왕망전(王莽傳)》의 기록을 재구성한 것이다.
183. 함녕(咸寧): 진(晉) 무제(武帝)의 연호(275-279)이다.
184. 《진서(晉書)·지(志)》에는 "晉咸寧二年"이 "魏元帝鹹熙二年八月"로 되어 있다.
185. 《진서(晉書)·지(志)》
186. '符'는 '苻'의 오자이다.

남녀상화(男女相化)[188] 위(魏) 양왕(襄王) 시절에 여자가 변하여 장부가 되었다. 《역전(易傳)》에서 말하기를, "이를 일러 '음창(陰昌: 음기가 창궐하였다는 뜻)'이라 하는데 천한 사람이 왕이 된다. 장부가 변하여 여자가 되는 것은 '음승(陰勝: 음기가 양기를 눌렀다는 뜻)'이라 하는데 그 나라가 재앙으로 망한다."라고 하였다.

魏襄王時, 女子化爲丈夫. 易傳曰, 玆[189]謂陰昌, 賤人爲王. 丈夫化爲女子, 玆謂陰勝, 厥咎亡.[190]

애제(哀帝) 시절에 남자가 변하여 여자가 되었는데 남의 아낙이 되어 아들 하나를 낳았다.

哀帝時, 男子化爲女子, 爲人婦, 生一子.[191]

헌제(獻帝) 건안(建安)[192] 7년에 남자가 변하여 여자가 되었다.

獻帝建安七年, 男子化爲女子.[193]

진(晉) 혜제(惠帝) 원강(元康)[194] 연간에 여자 주세녕(周世寧)이 여덟 살이었는데 점점 변하여 남자가 되더니 17,8세에 이르러 기질과 성정이 (완전한 남자로) 되었다.

晉惠帝元康中, 女子周世寧, 八歲, 漸化爲男子, 至十七八而氣性成.[195]

사람에게 뿔이 생기다[인생각(人生角)] 한(漢) 경제(景帝) 2년에 교동(膠東)의 하밀(下密) 사람이 나이가 일흔쯤 되었는데 (머리에) 뿔이 났으며 뿔에는 털이 있었다. 뿔은 군대[반란]의 상징으로 제왕(帝王)을 향한 것이다. '노인'은 오왕(吳王)의 상징이며, '일흔'은 칠국(七國)의 상징이다.

漢景帝二年, 膠東下密人年七十餘, 生角, 角有毛. 角, 兵象, 上鄉者也. 老人, 吳王象也. 七十, 七國象也.[196]

대업(大業)[197] 원년에 안문(雁門) 사람 방회안(房回安)의 어머니는 나이가 100살이었는데 이마 위에 뿔이 났으며 길이가 2치였다.

大業元年, 雁門人房回安, 母年百歲, 額上生角, 長二寸.[198]

송(宋)나라 순화(淳化)[199] 원년에 분주(汾州)의 승려 지암(智嚴)의 머리에 뿔이 났는데 길이가 3치였다.

宋淳化元年, 汾州僧智嚴頭生角長三寸.[200]

소흥(紹興)[201] 3년에 건강부(建康府)의 사람이 출산을 하였는데 살로 된 뿔과 이빨이 있었다. 이 해에 사람들이 비늘과 털이 있는 아이를 많이 낳았다.[태어난 사람 가운데는 비늘과 털이 있는 경우가 많았다.]

紹興三年, 建康府人産而肉角, 有齒. 是歲, 人多産鱗毛.[202]

(乾道) 5년에 여항현(餘杭縣) 여염집의 아낙이 아

---

187. 《진서(晉書)·재기(載記)》의 기록을 재구성한 것이다.
188. "남녀상화(男女相化)"는 남자가 여자로 변하거나 여자가 남자로 변하는 것을 이르는 말이다.
189. "玆" 앞에 "女子化爲丈夫"가 생략되었다.
190. 《사기(史記)·위세가(魏世家)》
191. 《한서(漢書)·오행지(五行志)》의 기록을 재구성한 것이다.
192. 건안(建安): 후한(後漢) 헌제(獻帝)의 연호(196-220)이다.
193. 《후한서(後漢書)·효헌제기(孝獻帝紀)》
194. 원강(元康): 진(晉) 혜제(惠帝)의 연호(291-299)이다.
195. 《진서(晉書)·지(志)》의 기록을 재구성한 것이다.
196. 《한서(漢書)·오행지(五行志)》의 기록을 재구성한 것이다.
197. 대업(大業): 수(隋) 양제(煬帝)의 연호(605-617)이다.
198. 《수서(隋書)·지(志)》
199. 순화(淳化): 북송(北宋) 태종(太宗)의 연호(990-994)이다.
200. 《송사(宋史)·지(志)·오행(五行)》의 기록을 재구성한 것이다.
201. 소흥(紹興): 남송(南宋) 고종(高宗)의 연호(1131-1162)이다.

들을 낳았는데 푸르면서 털이 있었으며 두 개의 살로 된 뿔이 있었다.

十[203]年, 餘杭縣民[204]婦產子, 青而毛, 二肉角.[205]

죽었다가 다시 살아나다[사환생(死還生)] 헌제(獻帝) 초평(初平)[206] 연간에 장사(長沙)에 성이 환씨(桓氏)인 사람이 있었는데 죽었다. 염을 하여 관에 넣어둔 지 한 달쯤 되었을 때 그 어머니가 관 속에서 소리가 나는 것을 듣고 관을 열어보았더니 마침내 살아났다. 점을 쳐보았더니, "지극한 음기가 양기로 되었으니 아랫사람이 윗사람이 될 것"이라 하였다.

獻帝初平中, 長沙有人姓桓氏, 死. 棺斂月餘, 母聞棺中聲, 發之, 遂生. 占曰, 至陰爲陽, 下人爲上.[207]

건안(建安)[208] 4년에 무릉(武陵) 여자 이아(李娥)는 나이가 예순 남짓에 죽었다. 성 밖에 묘를 쓰고 이미 열나흘이 지났는데 길을 가던 자가 있어 무덤 속에서 소리가 나는 것을 듣고 그 집에 얘기를 하였다. 묘를 파서 꺼냈더니 마침내 살아났다.

建安四年, 武陵女子李娥, 年六十餘, 物故. 墓于城外已十四日, 有行者聞冢中有聲, 語其家. 發, 遂活.[209]

소희(紹熙)[210] 원년에 평강(平江) 곤산현(昆山縣)의 석공이 돌을 캐고 있었는데 산이 무너졌다. 3년 6개월이 지나 다른 석공이 이웃한 산에서 돌을 캐고 있자니 그가 부르는 소리가 들려 평상시처럼 서로 응답하였다. 그의 집에 알리고 돌을 뚫어 그를 구출했더니 그 처를 보고는 기뻐하며 말하기를, "오랫동안 밀폐되어 있다가 갑자기 바람을 쐬니 살갗이 찢어질 것만 같소"라고 하였다. 오래지 않아 소리가 약해지고 입이 다물려 말을 하지 못하였다. 변하여 석인(石人)이 되었는데 모습은 살아 있는 사람과 같았다.

紹熙元年, 平江[211]昆山縣石工采石而山壓. 三年六月, 他工采石隣山, 聞其聲呼, 相應答如平生. 報其家, 鑿石出之, 見其妻, 喜曰, 久閉乍風, 肌膚如裂. 俄頃, 聲微噤不語. 化爲石人, 貌如生.[212]

위(魏) 명제(明帝) 시절에 조휴(曹休)의 부곡(部曲)[213] 구해농(丘奚農)의 딸이 죽었다가 다시 살아났다. 당시에 또 어떤 사람이 주세(周世)의 무덤을 파헤쳐 순장(殉葬)된 여자를 얻었는데 수일이 지나자 호흡이 있고, 수개월이 지나자 말을 할 수 있게 되었다. 곽태후(郭太后)가 그녀를 아끼며 길렀다.

魏明帝時, 曹休部曲丘奚農女死復生. 時有開周世冢, 得殉葬女子, 數日而有氣, 數月而不能言, 郭太后愛養之.[214]

또, 태원(太原) 사람이 무덤을 파헤치고 관을 쪼갰

---

202. 《송사(宋史)·지(志)·오행(五行)》의 기록을 재구성한 것이다.
203. '十'은 '五'의 오자이다.
204. "民"은 임의로 보태진 글자이다.
205. 《송사(宋史)·지(志)·오행(五行)》
206. 초평(初平): 후한(後漢) 헌제(獻帝)의 연호(190-193)이다.
207. 《후한서(後漢書)·지(志)·오행(五行)》
208. 건안(建安): 후한(後漢) 헌제(獻帝)의 연호(196-220)이다.
209. 《후한서(後漢書)·지(志)·오행(五行)》에는, "建安四年二月, 武陵充縣女子李娥, 年六十餘, 物故. (…) 瘞于城外 (…) 已十四日, 有行者, 聞冢中有聲, 便語其家. (…) 便發出, 遂活"로 되어 있다.
210. 소희(紹熙): 남송(南宋) 광종(光宗)의 연호(1190-1194)이다.
211. "平江"은 임의로 보태진 글자이다.
212. 《송사(宋史)·지(志)·오행(五行)》의 기록을 재구성한 것이다.
213. 부곡(部曲): 후한(後漢) 말기에, 지방의 치안이 문란해질 것에 대비하여 장군이나 지방의 호족이 거느리도록 인정받은 군부대. 또는 그들의 집단. 원래는 군대라는 뜻이었으나, 남북조(南北朝) 시대에는 노예를 사병으로 한 결과 부곡은 신분이 낮아져 천민을 뜻하게 되었다.
214. 《진서(晉書)·지(志)》의 기록을 재구성한 것이다.

더니 관 속에 살아 있는 부인이 한 명 있었다. 그녀 자신에 관한 일을 물어보았으나 알지 못하였다. 그 무덤 주변 나무로 보자면 30년은 됨직하였다.

又, 太原人發塚破棺, 棺中有一生婦人. 問其本事, 不知也. 視其墓木, 可三十歲.[215]

(사람이) 변하여 이물(異物)이 되다[화위물(化爲物)] 위(魏) 문제(文帝) 시절에 송사종(宋士宗)의 어머니가 변하여 자라가 되더니 물로 들어갔다.

魏文帝時, 宋士宗母化爲鱉, 入水.[216]

손호(孫皓) 시절에 단양(丹陽) 선건(宣騫)의 어머니는 나이가 여든이었는데 목욕을 하다가 변하여 자라가 되었다.

孫皓時[217], 丹陽宣騫母年八十, 因浴化爲黿.[218]

수(隋)나라 개황(開皇)[219] 7년에 상주(相州)의 어떤 승려가 변하여 뱀이 되었는데 길이가 두 길쯤 되었다.

隋開皇七年, 相州有桑門, 變爲蛇, 長二丈許.[220]

곽주(霍州)의 어떤 노인이 변하여 맹수가 되었다.

霍州有老翁, 化爲猛獸.[221]

무후(武后) 시절에 부주(涪州)의 백성 범단(范端)이 변하여 호랑이가 되었다.

武后時[222], 涪州民范端化爲虎[223]

현경(顯慶)[224] 3년에 보주(普州)의 어떤 사람이 변하여 호랑이가 되었다.

顯慶三年, 普州有人化爲虎[225]

장안(長安)에서 침주(郴州)의 좌사(佐史)[226]가 병으로 인해 변하여 호랑이가 되었는데 그 형수를 잡아먹으려 하여 사로잡았더니 사람이었다. 비록 완전하게 변하지는 못하였지만 호랑이 털이 생겨났다.

長安中, 郴州左[227]史因病化爲虎, 欲食其嫂, 擒之, 乃人也. 雖未全化, 而虎毛生矣.[228]

영제(靈帝) 시절에 강하(江夏)의 황씨(黃氏)의 어머니가 목욕을 하다가 변하여 자라가 되더니 깊은 연못으로 들어갔다.

靈帝時, 江夏黃氏之母, 浴而化爲黿, 入於深淵.[229]

사람이 이물을 낳다[인물산(人産物)] 진(晉) 회제(懷帝) 시절에 포한령(枹罕令) 엄근(嚴根)의 가기(家妓)가 용 한 마리와 딸 하나, 거위 한 마리를 낳았다. 《역전(易傳)》에서 말하기를, "사람이 다른 이물을 낳으면 모두 천하의 큰 병화(兵禍)가 된다"라고 하였다.

晉懷帝時, 枹罕令嚴根妓産一龍一女一鵝. 易傳曰, 人生他物, 皆爲天下大兵.[230]

수(隋) 양제(煬帝) 시절에 안문(雁門)의 어떤 아

---

215. 《진서(晉書) · 지(志)》
216. 《진서(晉書) · 지(志)》의 기록을 재구성한 것이다.
217. 《진서(晉書) · 지(志)》에는 "孫皓時"가 "寶鼎元年"으로 되어 있다.
218. 《진서(晉書) · 지(志)》
219. 개황(開皇): 수(隋) 문제(文帝)의 연호(581-600)이다.
220. 《수서(隋書) · 지(志)》의 기록을 재구성한 것이다.
221. 《수서(隋書) · 지(志)》
222. 《신당서(新唐書) · 지(志) · 오행(五行)》에는 "武后時"가 "載初中"으로 되어 있다.
223. 《신당서(新唐書) · 지(志) · 오행(五行)》
224. 현경(顯慶): 당(唐) 고종(高宗)의 연호(656-661)이다.
225. 《신당서(新唐書) · 지(志) · 오행(五行)》
226. 좌사(佐史): 군부(軍府)의 보좌관.
227. '左'는 '佐'의 오자이다.
228. 《신당서(新唐書) · 지(志) · 오행(五行)》
229. 《후한서(後漢書) · 지(志) · 오행(五行)》
230. 《진서(晉書) · 지(志)》의 기록을 재구성한 것이다.

낙이 살로 된 알 하나를 낳았다. 크기가 말[斗]만 하였는데 그것을 묻어버렸다. 수일이 지난 후 묻은 곳에 구름과 안개가 끼고 천둥치는 소리가 들리더니 알이 있는 곳을 알 수 없었다.

隋煬帝時, 雁門有婦人生一肉卵, 大如斗, 埋之. 後數日, 雲霧雷震, 失卵所在.[231]

조군(趙郡)의 어떤 여자 종이 한 이물을 낳았는데 크기가 알 만하였다.

趙郡有婢産一物, 大如卵.[232]

무후(武后) 시절에 내준신(來俊臣)의 여자 종이 고깃덩어리를 낳았는데 두 되 들이의 기물과 같았다. 이를 갈랐더니 붉은 벌레가 있었는데 잠깐 사이에 변하여 벌이 되더니 사람을 쏘고는 날아가버렸다.

武后時, 來俊臣婢産肉塊如二升器. 剖之有赤蟲, 須臾化爲蜂, 螫人而去.[233]

많이 괴상한 모양의 아이를 낳다[산다괴형(産多怪形)] 당(唐) 고종(高宗) 시절에 치주(淄州) 백성 오위(吳威)의 처와 가주(嘉州) 백성 신도호(辛道護)의 처가 모두 한 번에 네 아들을 낳았다. 무릇 사물이 정상적인 것에서 벗어나면 요얼이 되는데 또한 음기가 성하면 어미의 도가 장대하게 되는 것이다.

唐高宗時, 淄州民吳威妻嘉州民辛道護妻皆一産四男. 凡物反常則爲妖, 亦陰氣盛則母道壯也.[234]

의봉(儀鳳)[235] 3년에 경주(涇州)에서 두 어린아이를 바쳤는데 심장은 붙어있고 몸은 떨어져 있었다. 애초에 위사(衛士) 호만년(胡萬年)의 처가 1남 1녀를 낳았더니 그 가슴이 서로 붙어 있었다. 이에 붙은 것을 잘랐는데 모두 죽고 말았다. 또 출산을 하였더니 다시 그러하였는데 모두 사내아이였다. (이들이) 네 살이 되었을 때 조정에 바쳤던 것이다.

儀鳳三年, 涇州獻二小兒, 連心異體. 初, 衛士胡萬年妻生一男一女, 其胸相連, 乃析之, 則皆死. 又産, 復然, 俱男也. 至是四歲, 以獻于朝.[236]

함통(咸通)[237] 13년에 진양(晉陽)의 민가에 어린아이가 있었는데 머리가 둘에 목덜미를 달리 하였으며 네 손은 발과 잇닿아 있었다. 이는 천하가 하나로 통일되지 않을 요얼이다.

咸通十三年, 晉陽民家有嬰兒, 兩頭異頸, 四手聯足. 此天下不一之妖.[238]

송(宋) 건륭(建隆)[239] 원년부터 천희(天禧)[240] 4년에 이르기까지 백성의 처 가운데 (한 번에) 세 아들을 낳은 것이 모두 백아홉 번이고, 네 아들을 낳은 것이 모두 세 번이며, 1남 3녀를 낳은 것이 두 번, 2남 1녀를 낳은 것이 한 번이다.

宋自建隆元年至天禧四年, 民妻産三男者, 凡一百九, 四男者, 凡三, 一男三女者, 二, 二男一女者, 一.[241]

소흥(紹興)[242] 2년에 양주(洋州)의 백성이 한 번에 세 아들을 낳았다. 융흥(隆興)[243] 원년에 건강(建康)의 백성이 아이를 낳았는데 둘 달린 머리(의 머리

---

231. 《수서(隋書)·지(志)》에는, "大業四年, 雁門宋谷村有婦人生一肉卵, 大如斗, 埋之. 後數日, 所埋處雲霧晝合, 從地雷震而上, (…) 失卵所在"로 되어 있다.
232. 《수서(隋書)·지(志)》의 기록을 재구성한 것이다.
233. 《신당서(新唐書)·지(志)·오행(五行)》의 기록을 재구성한 것이다.
234. 《신당서(新唐書)·지(志)·오행(五行)》의 기록을 재구성한 것이다.
235. 의봉(儀鳳): 당(唐) 고종(高宗)의 연호(676-679)이다.
236. 《신당서(新唐書)·지(志)·오행(五行)》의 기록을 재구성한 것이다.
237. 함통(咸通): 당(唐) 의종(懿宗)의 연호(860-873)이다.
238. 《신당서(新唐書)·지(志)·오행(五行)》의 기록을 재구성한 것이다.
239. 건륭(建隆): 북송(北宋) 태조(太祖)의 연호(960-962)이다.
240. 천희(天禧): 북송(北宋) 진종(眞宗)의 연호(1017-1021)이다.
241. 《송사(宋史)·지(志)·오행(五行)》의 기록을 재구성한 것이다.
242. 소흥(紹興): 남송(南宋) 고종(高宗)의 연호(1131-1162)이다.

카락이) 모두 깃털 형상이었다. 조주(潮州)의 백성이 임신을 하고서 기간을 넘겨 아이를 낳았는데 손가락 크기만 하게 오체(五體)를 모두 갖춘 것이 100여 개였으며 벌레처럼 꿈틀거리면서 움직일 수 있었다. 인아의 기이한 현상이다.

紹興二年, 洋州民一產三男. 隆興元年, 建康民產子, 二首具羽毛之形. 潮州民孕過期產子, 如指大五體皆具者百餘, 蠕蠕能動. 人痾之異也.[244]

순희(淳熙)[245] 10년에 파양(鄱陽)의 백성이 자식을 낳았는데 팔꿈치에 각각 두 개의 팔이 있었다. 자라서 열다섯이 되었는데 매번 싸울 때면 여섯 개의 팔이 함께 움직였다. 14년에 임안의 백성이 자식을 낳았는데 태어나자마자 말을 할 수 있었으며 4일 뒤에 (키가) 갑자기 넉 자로 자랐다.

淳熙十年, 鄱陽南鄉民產子, 肘各有二臂, 長十五歲, 每鬪則六臂幷運. 十四年, 臨安民產子, 生而能言, 四日, 暴長四尺.[246]

경원(慶元)[247] 원년에 요주(饒州)의 백성이 자식을 낳았는데 사람 몸에 꼬리가 있었다. 영주(永州)의 백성이 아이를 낳았는데 머리에 뿔이 있었으며, 겨드랑이에는 살로 된 날개가 있었다. 2년에 융흥(隆興)의 백성이 낳은 자식 또한 이와 같았는데 얼굴에 눈이 세 개 있었다.

慶元元年, 饒州民產子, 人體有尾. 永州民產兒, 首有角, 腋有肉翅. 二年, 隆興民產子, 亦如之, 而面有三目.[248]

가정(嘉定)[249] 원년에 진강(鎭江)의 백성이 자식을 낳았는데 몸 하나에 머리가 둘, 팔이 넷이었다.

嘉定元年, 鎭江民生子, 一身二首四臂.[250]

한(漢)나라 중평(中平)[251] 원년에 낙양(洛陽) 유창(劉倉)의 처가 아들을 낳았는데 머리가 둘에 한 몸이었다.

漢中平元年, 洛陽劉倉妻生男, 兩頭共身.[252]

건안(建安)[253] 연간에 여인이 아들을 낳았는데 머리가 둘에 한 몸이었다.

建安中, 女子生男, 兩頭共身[254]

천성(天聖)[255] 연간에서 치평(治平)[256] 연간에 이르기까지 (한 번에) 아들 넷을 낳은 경우가 두 번, 아들 셋을 낳은 경우가 마흔 네 번, 1남 2녀를 낳은 경우가 한 번이었다. 얘기하는 자가 말하기를, "천하가 편안하여 백성이 번성한 징험"이라 하였다.

天聖至治平, 生四男者二, 三男者四十四, 二男一女者一. 說者曰, 天下安寧, 人民蕃息之驗.[257]

희령(熙寧)[258] 원년에서 원풍(元豐)[259] 7년에 이

243. 융흥(隆興): 남송(南宋) 효종(孝宗)의 연호(1163-1164)이다.
244. 《송사(宋史)·지(志)·오행(五行)》의 기록을 재구성한 것이다.
245. 순희(淳熙): 남송(南宋) 효종(孝宗)의 연호(1174-1189)이다.
246. 《송사(宋史)·지(志)·오행(五行)》의 기록을 재구성한 것이다.
247. 경원(慶元): 남송(南宋) 영종(寧宗)의 연호(1195-1200)이다.
248. 《송사(宋史)·지(志)·오행(五行)》의 기록을 재구성한 것이다.
249. 가정(嘉定): 남송(南宋) 영종(寧宗)의 연호(1208-1224)이다.
250. 《송사(宋史)·지(志)·오행(五行)》의 기록을 재구성한 것이다.
251. 중평(中平): 후한(後漢) 영제(靈帝)의 연호(184-189)이다.
252. 《후한서(後漢書)·지(志)·오행(五行)》의 기록을 재구성한 것이다.
253. 건안(建安): 후한(後漢) 헌제(獻帝)의 연호(196-220)이다.
254. 《후한서(後漢書)·지(志)·오행(五行)》
255. 천성(天聖): 북송(北宋) 인종(仁宗)의 연호(1023-1031)이다.
256. 치평(治平): 북송(北宋) 영종(英宗)의 연호(1064-1067)이다.
257. 《문헌통고(文獻通考)》 권308의 기록을 재구성한 것이다.
258. 희령(熙寧): 북송(北宋) 신종(神宗)의 연호(1068-1077)이다.
259. 원풍(元豐): 북송(北宋) 신종(神宗)의 연호(1078-1085)이다.

르기까지 (한 번에) 아들 셋을 낳은 경우가 여든 네 번, 아들 넷을 낳은 경우가 한 번, 2남 1녀를 낳은 경우가 한 번이었다.

熙寧[260]至元豊七年, 生三男者八十四, 四男者一, 二男一女者一.[261]

원풍(元豊) 8년에서 정강(靖康)[262] 연간에 이르기까지 (한 번에) 아들 셋을 낳은 경우가 두 번, 아들 셋을 낳은 경우가 서른일곱 번, 아들 넷을 낳은 경우가 세 번, 3남 1녀를 낳은 경우가 한 번이었다.

元豊八年至靖康, 生三男者三十七, 四男者三, 三男一女者一.[263]

태평흥국(太平興國)[264] 9년에 양자현(揚子縣)의 백성 아낙이 아들을 낳았는데 털이 몸을 반 치 남짓 두께로 덮고 있었으며, 얼굴은 길고, 이마는 높고, 눈썹은 거칠고도 촘촘하였으며, 눈은 자줏빛, 입술은 붉은빛에 귀가 두텁고 코가 커서 오랑캐 승려와 유사하였다. 세 살이 되었을 때 그림을 그려 바쳤다.

太平興國九年, 揚子縣民妻生男, 毛被體半寸餘, 面長頂高眉毫麤密, 眼紫唇紅厚耳大鼻, 類胡僧. 至三歲, 畫圖以獻.[265]

당(唐)나라 대순(大順)[266] 원년에 자주(資州)의 병사 왕전(王全)의 처가 임신한 듯하였는데 무엇인가가 점점 내려와 넓적다리에 들어온 것을 느꼈다. (그것이) 큰 발가락에 이르렀을 때 통증이 극심하여 살을 쨌더니 탄환만한 구슬이 나왔는데 점점 자라서는 크기가 술잔과 같게 되었다.

唐[267]大順元年, 資州兵王全妻如孕, 覺漸下入股, 至足大拇, 痛甚, 折而生珠如彈丸. 漸長大如杯.[268]

떠도는 말 訛言

큰물이 올 거라며 서로 놀라워하다[상경대수(相驚大水)] 성제(成帝) 건시(建始)[269] 3년 10월에 도성의 백성들이 서로 놀라며 말하기를 '큰물이 온다'고 하였다. 소녀 진지궁(陳持弓)이 미앙궁(未央宮)으로 달려 들어갔는데 백성들이 물로 서로 놀라워한 것은 음기가 성했음이다. 소녀가 궁전 안으로 들어간 것은 미천한 사람이 장차 여인에 대한 총애로 인하여 궁실에서 살 상징이다. 소녀의 이름이 '지궁(持弓)'인 것은 주나라를 망하게 한 산뽕나무 활의 징조와 유사한 것이다. 그 후에 왕망(王莽)이 마침내 천하를 찬탈하였는데 대개 진지궁 이후의 일이다.

成帝建始三年十月, 京師相驚, 言大水至. 小女陳持弓, 走入未央宮, 民以水相驚者, 陰氣盛也. 小女而入宮殿中者, 下人將因女寵宮室之象也. 名曰持弓, 有似周家檿弧之祥. 其後王莽卒簒天下, 蓋陳氏之後.[270]

조주(詔籌)를 행하다[271][행조주(行詔籌)] 애제(哀

260. "熙寧" 뒤에 "元年"이 누락되었다.
261. 《문헌통고(文獻通考)》 권308의 기록을 재구성한 것이다.
262. 정강(靖康): 북송(北宋) 흠종(欽宗)의 연호(1126-1127)이다.
263. 《송사(宋史)·지(志)·오행(五行)》의 기록을 재구성한 것이다.
264. 태평흥국(太平興國): 북송(北宋) 태종(太宗)의 연호(976-983)이다.
265. 《송사(宋史)·지(志)·오행(五行)》. 원문에 다소 착오가 있어 《송사》의 기록을 토대로 번역하였다. 《송사》에는, "九年, 揚子縣民妻生男, 毛被體半寸餘, 面長頂高烏肩眉毛粗密, (…) 紫唇紅耳厚鼻, 類西域僧. 至三歲, 畫圖以獻"으로 되어 있다.
266. 대순(大順): 당(唐) 소종(昭宗)의 연호(890-891)이다.
267. "唐"은 임의로 보태진 글자이다.
268. 《송사(宋史)·지(志)·오행(五行)》의 기록을 재구성한 것이다.
269. 건시(建始): 한(漢) 성제(成帝)의 연호(BC 32-BC 29)이다.
270. 《한서(漢書)·오행지(五行志)》의 기록을 재구성한 것이다.
271. "行詔籌"는 추후 검토가 요구된다.

帝) 건평(建平)[272] 4년에 백성들이 놀라 달아나며 벼 짚단 혹은 삼 짚단 하나씩을['稿'는 벼 짚단이고 '椒'는 삼 짚단이다.] 가지고 전하여 서로 주면서 말하기를, "조주(詔籌)를 행하는 것"이라고 하였다. 길 가운데서 서로 지나가며 만난 사람이 많게는 수천 명이 되었는데, 어떤 자는 머리를 풀어헤치거나 맨발로 다녔으며 군국(郡國) 스물여섯 곳을 거쳐 도성에 이르렀다. 백성들이 마을 거리에 모여 노래하고 춤추며 서왕모(西王母)에게 제사하였다. 또 돌리며 전하는 글에서 말하기를, "이 글을 차고 다니는 자는 죽지 않는다"라고 하였다. 이 당시에 황제의 조모(祖母) 부태후(傅太后)가 정사에 간여하였기 때문에 두업(杜鄴)은 '가리키는 상징이 명백하니 이로써 성조(聖朝)를 각성케 하는 것'이라 여겼다. 혹자가 말하기를, "(외척인) 정가(丁家)와 부가(傅家)가 어지럽힌 바는 작으므로 왕망(王莽)의 일에 조응하는 것"이라 하였다.

哀帝建平四年, 民驚走, 持稿或椒一枚[稾, 禾稈, 椒麻幹[273]], 傳相付與, 日行詔籌. 道中相過逢多至千數, 或被髮徒踐, 經歷郡國二十六, 至京師. 民聚會里巷, 歌舞祠西王母. 又傳書曰, 佩此書者不死. 是時, 帝祖母傅太后與政, 杜鄴以爲指象昭昭, 以覺聖朝. 或曰丁傅所亂者小, 乃王莽之應.[274]

광녀 벽[광녀벽(狂女碧)] 왕망(王莽) 시건국(始建國)[275] 원년에 장안(長安)의 미친 여자 '벽(碧)'이 길 가운데서 소리쳐 말하기를, "고황제(高皇帝)[276]께서 크게 노하셨으니 빨리 나라를 나에게 돌려주어라. 그렇지 않으면 9월에 꼭 너를 죽일 것이다!"라고 하였다. 왕망이 그녀를 체포하고 죽였다.

王莽[277]始建國元年, 長安狂女子碧呼道中曰, 高皇帝大怒, 趣歸我國. 不者, 九月必殺汝. 莽收捕殺之.[278]

황룡이 떨어져 죽다[황룡타사(黃龍墮死)] 천봉(天鳳)[279] 원년에 어느 백성이 '황산궁(黃山宮) 안에 황룡이 떨어져 죽었다'는 뜬소문을 퍼뜨리자 백성들 가운데 분주히 가서 본 자가 1만을 헤아렸다. 왕망(王莽)이 이를 혐오하여 백성들을 잡아 묶어두고서 말이 어디서부터 나오게 되었는지를 물어보았으나 알아낼 수 없었다.

天鳳元年, 民訛言黃龍墮死黃山宮中, 百姓奔走往觀者有萬數. 莽惡之, 捕繫問語所從起, 不能得.[280]

황인(黃人) 영제(靈帝) 희평(熹平)[281] 2년에 낙양(雒陽)의 백성이 호분사(虎賁寺) 동쪽 벽 안에 황인(黃人)이 있다고 하였는데 모습과 수염, 눈썹이 진실로 그러하여 와서 본 자가 수만 명이었다.

靈帝熹平二年, 雒陽民訛言虎賁寺東壁中有黃人, 形容須眉良是, 觀者數萬.[282]

기생충병[충병(蟲病)] 원제(元帝) 영창(永昌)[283] 2년에 대장군 왕돈(王敦)이 고숙(姑孰)을 점령하였다. 백성들 사이에서 떠도는 말로, 기생충병이 있어 (기생충이) 큰 구멍을 내며 사람을 먹고 수일이면 뱃

272. 건평(建平): 한(漢) 애제(哀帝)의 연호(BC 6)이다.
273. '幹'은 '稈'의 오자이다.
274. 《한서(漢書)·오행지(五行志)》의 기록을 재구성한 것이다.
275. 시건국(始建國): 왕망(王莽)의 연호(9-13)이다.
276. 고황제(高皇帝): 한고조(漢高祖)를 지칭하는 말.
277. "王莽"은 임의로 보태진 글자이다.
278. 《한서(漢書)·왕망전(王莽傳)》
279. 천봉(天鳳): 왕망(王莽)의 연호(14-19)이다.
280. 《한서(漢書)·왕망전(王莽傳)》의 기록을 재구성한 것이다
281. 희평(熹平): 후한(後漢) 영제(靈帝)의 연호(172-177)이다.
282. 《후한서(後漢書)·지(志)·오행(五行)》의 기록을 재구성한 것이다.
283. 영창(永昌): 진(晉) 원제(元帝)의 연호(322)이다.

속에 들어가는데 뱃속에 들어가면 죽는다고 하였다. 이를 치료하는 방법으로는 마땅히 흰 개의 쓸개를 얻어 약으로 만들어야 한다는 것이었다. 회수(淮水), 사수(泗水) 일대로부터 도성까지 소문이 퍼져나가 수일 사이에 백성들이 놀라고 두려워하게 되었으며, 사람들 모두가 스스로 말하기를 (자기는) 이미 기생충병에 걸렸다고 하였다. 또 말하기를, "기생충이 막 몸 밖에 있을 때에는 마땅히 불에 달군 쇠붙이로 그 기생충을 지질 수 있다"라고 하였다. 이에 흔연히 달군 쇠에 몸을 지진 자가 17, 8명이 되었다. 그리고 흰 개가 갑작스럽게 품귀 상태가 되자 서로 쟁탈하는 지경에까지 이르렀으며 그 값은 열 배가 되었다. 혹 불에 달군 쇠붙이로 기생충을 지지는 시술을 행할 수 있다고 스스로 말하는 자가 있어 돈을 받고 백성들을 지져주었는데 하루에 5, 6만 전을 벌었으나 일이 고달파 후에는 그만두었다. 4, 5일이 지나자 점차 안정되었다.

元帝永昌二年, 大將軍王敦下據姑孰. 百姓訛言蟲病, 食人大孔, 數日入腹, 入腹則死. 療之有方, 當得白犬膽以爲藥. 自淮泗遂及京都, 數日之間, 百姓驚擾, 人人皆自云已得蟲病. 又云, 始在外時, 當燒鐵以灼之. 於是翕然, 被燒灼者十七八矣. 而白犬暴貴, 至相爭奪, 其價十倍. 或有自云能行燒鐵灼者, 賃灼百姓, 日得五六萬, 憊而後已. 四五日漸靜.[284]

사람의 간과 폐를 취하다[취인간폐(取人肝肺)] 양(梁)나라 천감(天監)[285] 13년에 도성 일대에 떠돈 말로, 장장(棖棖)[286]이 있어 사람의 간과 폐를 취하여 피를 빨고는 천구(天狗)[287]에게 먹인다고 하였다. 백성들이 크게 두려워하였으며 스무날이 되어서야 그쳤다.

梁天監十三年, 都下訛言有棖棖, 取人肝肺及血, 以飴天狗. 百姓大懼, 二旬而止.[288]

대통(大通)[289] 5년에 도성 일대에 떠돈 말로, 천자가 사람의 간을 취해 천구에게 먹인다고 하였다. 노소가 서로 경계하여 날이 저물면 곧바로 문을 닫아걸고 무기를 잡고 있었는데 몇 달이 지나서야 그쳤다.

大通五年, 都下訛言天子取人肝以飴天狗, 大小相警, 日晩便閉門持仗, 數月乃止.[290]

정관(貞觀)[291] 17년에 백성들 사이에 떠돈 말로, 관(官)에서 장장을 보내어 사람을 죽여 천구에게 제사한다고 하며 말하기를, "그가 올 적에는 몸에 개가죽을 걸치고 쇠로 된 손톱을 하고 있는데 매번 어둠 속에서 사람의 심장과 간을 취해 간다"라고 하였다. 이에 백성들은 서로 떨며 매일 밤마다 놀라고 두려워하게 되었는데 모두 활과 검을 당겨 잡고는 스스로 방어하게 되었다. 무기가 없는 자는 대나무를 베어 무기로 삼았으며, 교외에는 감히 혼자 가지 못하였다. 태종(太宗)이 이를 혐오하여 영(令)을 내려 밤새도록 모든 방(坊)의 문(門)을 열어두게 하고 교지(敎旨)를 선포하여 위로하고 깨우치자 한 달쯤 되어서야 그쳤다.

貞觀十七年, 民訛言官遣棖棖殺人, 以祭天狗, 云, 其來也, 身衣狗皮, 鐵爪, 每於闇中取人心肝而去. 於是更相震怖, 每夜驚擾, 皆引弓劍自防. 無兵器者剡竹爲之, 郊外不敢獨行. 太宗惡之, 令通夜開諸坊門, 宣旨慰諭, 月餘乃止.[292]

---

284. 《진서(晉書)·지(志)》
285. 천감(天監): 양(梁) 무제(武帝)의 연호(502-519)이다.
286. 장장(棖棖): 사람의 내장을 먹는다는 전설상의 악귀.
287. 천구(天狗): 형상이 삵과 같으며 머리가 희다는 전설상의 짐승.
288. 《남사(南史)·양본기(梁本紀)》
289. 대통(大通): 양(梁) 무제(武帝)의 연호(527-528)이다.
290. 《남사(南史)·양본기(梁本紀)》
291. 정관(貞觀): 당(唐) 태종(太宗)의 연호(627-649)이다.

천보(天寶)[293] 3년 2월에 별이 있어 달과 같더니 동남방 쪽에 떨어졌는데 떨어진 뒤에 소리가 났다. (이때) 도성에서 떠돈 말로, 관(官)에서 장장을 보내어 사람을 체포하고 간을 취하여 천구에게 제사한다고 하였다. 사람들이 매우 두려워하였으며 기내(畿內) 지방이 더욱 심하였는데 사자(使者)를 보내 안심시키고 깨우쳐 주었다. 정관(貞觀) 17년의 조짐과 같다.

天寶三載二月辛亥, 有星如月, 墜於東南, 墜後有聲, 京師訛言官遣棖棖捕人, 取肝以祭天狗. 人頗恐懼, 畿內尤甚, 遣使安諭之, 與貞觀十七年占同.[294]

건중(建中)[295] 3년 가을에 강회(江淮)[296] 일대에서 떠돈 말에 털로 뒤덮인 사람이 사람의 심장을 먹는다고 하자 사람들이 마음속으로 크게 두려워하였다.

建中三年秋, 江淮訛言有毛人食其心, 人情大恐.[297]

어린 아이를 취하다[취소아(取小兒)] 개원(開元)[298] 27년에 동도(東都)의 명당(明堂)을 고쳐지을 때 떠돈 말로, 관(官)에서 어린 아이를 취해 명당 아래에 묻어 염승(厭勝)[299]으로 삼는다고 하였다. 촌야(村野)의 아이들을 산골짜기에 감추어 두어 도성이 쓸쓸하였는데 어떤 이는 병사들이 (잡으러) 온다고 하였다. 현종(玄宗)이 이를 혐오하여 사자(使者)를 보내어 안심시키고 깨우쳐주자 오래되어서야 그쳤다.

開元二十七年, 改作東都明堂, 訛言官取小兒埋明堂下, 以爲厭勝. 村野兒童藏于山谷, 都城騷然, 或言兵至. 玄宗惡之, 遣使尉諭, 久之乃止.[300]

대화(大和)[301] 9년에 도성에서 떠돈 말로, 정주(鄭注)[302]가 주상을 위하여 금단(金丹)을 합제(合製)하는데 어린아이의 심장과 간을 산 채 취하고자 밀지(密旨)를 내려 아이들을 잡아들인 것이 헤아릴 수 없다고 하였다. 종종 은밀히 서로 고하기를, "모처에서 몇 명의 아이를 잃어버렸다"라고 하였다.

大和九年, 京師訛言鄭注爲上合金丹, 生取小兒心肝, 密旨捕小兒無算. 往往陰相告曰, 某處失幾兒矣.[303]

귀신 병사(兵士)[귀병(鬼兵)] 후제(後齊) 시절에 진양(晉陽)에서 떠돈 말에, 귀신 병사(兵士)들이 있어 백성들이 다투어 구리나 쇠로된 기물로 쳐서 막는다고 하였다.

後齊時[304], 晉陽訛言有鬼兵, 百姓競擊銅鐵以捍之.[305]

이모귀(狭母鬼)[306] 함통(咸通)[307] 14년 가을에 성도에서 떠돈 말에, 이모귀(狭母鬼)가 있어 백성들 모두가 두려워하여 밤이면 모여 앉는다고 하였다. 누군가가 말하기를, "아무개 집에서 귀신을 보았는데

292. 《신당서(新唐書) · 지(志) · 오행(五行)》
293. 천보(天寶): 당(唐) 현종(玄宗)의 연호(742-756)이다.
294. 《신당서(新唐書) · 지(志) · 오행(五行)》
295. 건중(建中): 당(唐) 덕종(德宗)의 연호(780-783)이다.
296. 강회(江淮): 장강(長江)과 회하(淮河) 혹은 그 사이의 지역을 가리키는 말이다.
297. 《신당서(新唐書) · 지(志) · 오행(五行)》
298. 개원(開元): 당(唐) 현종(玄宗)의 연호(713-741)이다.
299. 염승(厭勝): 주술을 써서 사람을 누르는 일. 또는 그런 주술.
300. 《신당서(新唐書) · 지(志) · 오행(五行)》
301. 대화(大和): 당(唐) 문종(文宗)의 연호(827-835)이다.
302. 정주(鄭注): 의술(醫術)에 뛰어나 환관(宦官)의 추천으로 문종(文宗)의 신임을 받은 인물.
303. 《신당서(新唐書) · 지(志) · 오행(五行)》. "太和"는 "大和"의 오기(誤記)이다.
304. "後齊時"는 임의로 보태진 글자이다.
305. 《북제서(北齊書) · 보제기(補帝紀)》
306. "狭母鬼"는 추후 검토가 요구된다.
307. 함통(咸通): 당(唐) 의종(懿宗)의 연호(860-873)이다.

눈이 환하게 밝은 것이 등잔의 불꽃과 같았다"고 하자 백성들이 더욱 두려워하게 되었다.

咸通十四年秋, 成都訛言有猿母鬼夜入人家, 民皆恐, 夜則聚坐. 或曰某家見鬼, 眼晃然如燈焰, 民益懼.[308]

검은 모자(와 같은 이물이) 날아들다[오모비입(烏帽[309]飛入)] 천희(天禧)[310] 2년에 서경(西京)에서 떠돈 말에, 검은 모자와 같은 이물(異物)이 있어 밤마다 인가로 날아드는데 또 변하여 개나 이리의 형상이 되기도 한다고 하였다. 사람들 대다수가 두려워하고 놀라 매일 밤마다 문을 굳게 닫고 집안 깊숙한 곳에 있었으며, 심지어 무기를 들고 몰아내 쫓기도 하였다 한다. (사람들이) 새벽까지 시끄럽게 아우성이었지만 실제로는 이런 일이 없었다.

天禧二年, 西京訛言有物如烏帽, 夜飛入人家, 又變爲犬狼狀. 人民多恐駭, 每夕重閉深處, 至持兵器驅逐. 叫噪達曙, 而實無狀.[311]

살인(사건)으로 서로 놀라다[이살상경(以殺相驚)] 소희(紹熙)[312] 원년 3월에 행도(行都)[313]의 저자 사람들이 밤마다 살인(사건)으로 서로 놀라 분주히 도망 다니다가 오래되어서야 안정되었다.

紹熙元年三月, 行都市人夜以殺相驚, 奔迸者久乃定[314]

뜬소문의 노래 謠歌

미성(尾星)이 숨어 보이지 않다[용미복진(龍尾伏辰)[315]] 진(晉) 헌공(獻公) 시절의 동요에, "병자일 새벽에 미성(尾星)[316]이 숨어 보이지 않고, 군대의 아래 위 복장이 한결같이 성대하니, 괵(虢)나라의 기(旂) 땅을 취하리라. 순화성(鶉火星)[317]이 크고도 커, 천책성(天策星)[318]이 어스레해지는구나. 순화성 (기운) 속에서 군대를 이루었으니, 괵나라 임금은 달아나겠지"라고 하였다. 12월 초하루 병자일에 진나라가 괵나라를 멸하였다.

晉獻公時童謠曰, 丙[319]之晨, 龍尾伏辰, 均服振振, 取虢之旂. 鶉之賁賁, 天策焞焞, 火中成軍, 虢公其犇 十二月丙子朔, 晉滅虢.[320]

창성(昌盛)은 이에 그 형에게 있으리라[창내재형(昌迺在兄)] 진(晉) 혜공(惠公) 시절의 동요에, "공태자(恭太子)의 묘를 이장해야지. 14년 뒤면 진나라 또한 기운이 성하지 못할 것인데… 창성(昌盛)은 이에 그 형에게 있으리라"라고 하였는데 혜공이 그의 형 공태자(恭太子) 신생(申生)의 장례를 치르면서

---

308. 《신당서(新唐書)·지(志)·오행(五行)》
309. '蝐'는 '帽'의 오자이다.
310. 천희(天禧): 북송(北宋) 진종(眞宗)의 연호(1017-1021)이다.
311. 《송사(宋史)·지(志)·오행(五行)》의 기록을 재구성한 것이다.
312. 소희(紹熙): 남송(南宋) 광종(光宗)의 연호(1190-1194)이다.
313. 행도(行都): 임시 도읍(都邑). 여기서는 남송(南宋)의 임안부(臨安府)를 가리킨다.
314. 《송사(宋史)·지(志)·오행(五行)》
315. 용미복진(龍尾伏辰): '龍尾'는 '미성(尾星)'이다. 해와 달이 만나는 것을 '진(辰)'이라 하는데 병자일에 해가 미성 위치에 있기 때문에 미성이 숨어 보이지 않는다는 것이다.
316. 미성(尾星): 이십팔수(二十八宿)의 여섯째 별자리에 있는 별들.
317. 순화성(鶉火星): 이십팔수의 스물넷째 별자리인 유수(柳宿)를 가리킨다.
318. 천책성(天策星): 전설상의 별이름.
319. "丙" 뒤에 "子"자가 누락되었다.
320. 《한서(漢書)·율력지(律曆志)》의 기록을 재구성한 것이다.

불경스럽더니 제위에 오르고 14년이 되어 죽었다. 진나라 사람들이 그의 형 중이(重耳)를 옹립하였다.
晉惠公時童謠曰, 恭太子更葬兮, 後十四年, 晉亦不昌, 昌迺在其兄. 惠公 葬其兄申生而不敬, 立十四年而死. 晉人立其兄重耳.[321]

구관조 [구욕(鸜鵒)] 노(魯)나라 문공(文公), 성공(成公) 시절의 동요에서, "구관조야, 구관조야! 군주께서 나라 밖으로 나가 욕을 보시겠지. 구관조가 날개 칠 때에 군주께서 들판에 계시리니 가서 말을 드리리. 구관조가 뛰어다닐 때에 군주께서는 건후(乾侯)에 계셔서 겉옷과 속옷을 달라고 하시겠지. 구관조가 둥지를 틀 때에 멀리멀리 가셔서 계시겠지. 조보(裯父)[322]님은 고생하시다 돌아가시고 송보(宋父)[323]님은 거만을 떠시겠지. 구관조야, 구관조야! 가실 적엔 노래 부르셨어도 오실 때는 우시겠지"라고 하였다. 소공(昭公) 조보 시절에 이르러 구관조가 와서 둥지를 튼 일이 있다. 소공이 나가서 분주(奔走)하는 사이에 정공(定公) 송보가 왕위에 올랐다.
魯文成之時童謠曰, 鸜之鵒之, 公出辱之. 鸜鵒之羽, 公在外野, 往饋之馬. 鸜鵒跦跦, 公在乾侯, 徵褰與襦. 鸜鵒之巢. 遠哉搖搖, 裯父喪勞, 宋父以驕, 鸜鵒鸜鵒, 往歌來哭. 至昭公裯時, 有鸜鵒來巢. 公出奔, 定公宋立.[324]

우물물이 부엌의 연기를 끄다[정수멸조(井水滅竈)] 한(漢) 원제(元帝) 시절 동요에, "우물물이 넘쳐 부엌의 연기를 끄더니, 옥당(玉堂)에 흘러들고 금문(金門)까지 흘렀네"라고 하였다. '우물물'은 음이고 '부엌의 연기'는 양이다. '옥당'과 '금문'은 지존이 사는 곳이다. 음기가 성하여 양기를 멸하는 것이니 은근히 궁실의 징조를 담은 것이었다. 성제(成帝) 건시(建始)[325] 2년에 북궁(北宮) 안의 우물물이 넘쳐 나와 남쪽으로 흘렀는데 후에 왕망(王莽)이 제위를 찬탈하였다.
漢元時謠曰, 井水溢, 滅竈煙, 灌玉堂, 流金門. 井水, 陰也, 竈煙, 陽也. 玉堂金門, 至尊之居. 陰盛而滅陽, 竊有宮室之應. 成帝建始二年, 北宮中井泉, 溢出南流, 後王莽簒位.[326]

제비[연연(燕燕)] 성제(成帝) 시절 동요에, "제비의 꼬리가 반질반질하여, 장공자(張公子)와 이따금 서로 만났지. 나무 대문에 청동(青銅) 포수(鋪首)[327]와 고리가 있는 곳으로 제비가 날아왔네. 황손(皇孫)을 쪼아 황손이 죽자 제비는 화살을 쪼게 되었네"라고 하였다. 장공자는 장방(張放)이다. '창랑근(倉琅根)'은 궁문(宮門)의 청동 문고리를 이르니 장차 존귀하게 될 것임을 말한 것이다.
成帝時謠曰, 燕燕尾涎涎, 張公子, 時相見. 木門倉琅根, 燕飛來. 啄皇孫, 皇孫死, 燕啄矢. 張公子, 張放也. 倉琅根, 謂宮門銅鍰, 言將尊貴也.[328]

구불구불한 길[사경(邪徑)] 성제(成帝) 시절 가요에, "구불구불한 길이 좋은 밭을 망치고, 중상모략하는 입이 훌륭한 사람을 어지럽힌다네. 계수나무가 꽃은 피웠으되 열매를 맺지 못하는데, 황작(黃爵)[329]이 그 꼭대기에 둥지를 틀었네. 옛날에는 사람들의 부러움을 샀지만, 지금엔 사람들이 불쌍하게 여기는

321. 《한서(漢書)·오행지(五行志)》의 기록을 재구성한 것이다.
322. 조보(裯父): 소공(昭公)의 이름.
323. 송보(宋父): 소공(昭公)의 동생인 정공(定公).
324. 《한서(漢書)·오행지(五行志)》의 기록을 재구성한 것이다.
325. 건시(建始): 한(漢) 성제(成帝)의 연호(BC 32-BC 29)이다.
326. 《한서(漢書)·오행지(五行志)》의 기록을 재구성한 것이며, "後王莽簒位"는 편자가 역사적 사실을 바탕으로 기술한 것이다.
327. 포수(鋪首): 문(門) 위의 문고리를 물고 있는 짐승 형상의 장식물.
328. 《한서(漢書)·오행지(五行志)》의 기록을 재구성한 것이다.
329. 황작(黃爵): 황작(黃雀). 참새 혹은 꾀꼬리.

바 되었네"라고 하였다. 계수나무 꽃은 적색으로 한(漢)나라 왕실을 상징한다. '꽃은 피웠으되 열매를 맺지 못함'은 뒤를 이를 자식이 없다는 것이다. 왕망(王莽)은 스스로를 '황작(黃爵)'으로 일컬었다.

成帝時謠曰, 邪徑敗良田, 讒口亂善人. 桂樹華不實, 黃爵巢其顚. 古[330]爲人所羨, 今爲人所憐. 桂, 赤色, 漢家象. 華不實, 無繼嗣也. 王莽自謂黃[331]爵也.[332]

화해를 하고 못하고는[해불해(諧不諧)] 경시(更始)[333] 시기에 남양(南陽)의 동요에서, "화해를 하고 못하고는 적미(赤眉)[334]에게 달려 있고, 천하를 얻고 못 얻고는 하북(河北)에 달려 있네"라고 하였는데 후에 세조(世祖)가 하북으로부터 흥기하였다.[335]

更始時, 南陽謠曰, 諧不諧, 在赤眉. 得不得, 在河北. 後[336]世祖自河北興.[337]

누런 소에 흰 배[황우백복(黃牛白腹)] 촉(蜀) 지역의 동요에, "누런 소에 흰 배니, 오수전(五銖錢)[338]이 마땅히 회복되겠네"라고 하였다. (이 시기에) 공손술(公孫述)이 (촉 지역에서) 황제를 참칭하며 왕망(王莽)의 '황(黃)'을 잇고자 하여 '백(白)'이라 칭하였다.[339] '오수전'은 한(漢)나라 황실의 화폐니 마땅히 (한 왕조가) 부흥할 것임을 설명한 것이다.

蜀謠曰, 黃牛白腹, 五銖當復. 公孫述僭號, 欲繼王莽之黃稱白. 五銖, 漢家貨, 明當復也.[340]

한미한 사람이 하늘에 오르(려 하)다[한인상천(蹇人上天)] 왕망(王莽) 말엽에 천수(天水)의 동요에서, "오문(吳門)을 나서서 식군산(緹群山)을 바라보았네. 다리를 저는 사람 하나를 만났더니 하늘에 오르고 싶다 하였네. 가령 하늘에 오를 수는 있어도 땅 위에서 어찌 백성을 얻을 수 있으랴!"라고 하였다. '오문'은 기현(冀縣)의 외곽 문 이름이다. '식군'은 산 이름이다. 외효(隗囂)[341]는 어려서 병으로 다리를 절었다.

王莽末, 天水謠曰, 出吳門, 望緹群. 見一蹇人, 言欲上天, 令天可上, 地上安得民. 吳門, 冀郭門名也, 緹群, 山名也. 囂少病蹇.[342]

곧기가 활시위 같다[직여현(直如弦)] 순제(順帝) 말년 동요에서, "곧기가 활시위 같은데 길가에서 죽고, 휘기가 갈고리 같은데 도리어 제후에 봉해지네"라고 하였다. 후에 이고(李固)[343]는 주검이 드러난 채 길에 버려졌고, 호광(胡廣)과 조융(趙戒), 원탕(袁湯)은 모두 제후에 봉해졌다.

順帝末, 謠曰, 直如弦, 死道邊. 曲如鉤, 反封侯. 後李

330. 《한서(漢書)·오행지(五行志)》에는 "古"가 "故"로 되어 있다.
331. "黃黃"은 "黃"의 오기(誤記)이다.
332. 《한서(漢書)·오행지(五行志)》의 기록을 재구성한 것이다.
333. 경시(更始): 한(漢) 회양왕(淮陽王) 연호(23-25)이다.
334. 적미(赤眉): 동한(東漢) 시절 농민 기의군(起義軍)의 최고 수령이었던 번숭(樊崇)을 가리킨다.
335. 당시에 경시(更始) 시기의 장군 유현(劉玄)은 장안(長安)에 있었는데 후일의 세조(世祖) 광무제(光武帝)를 대사마(大司馬)로 삼아 하북(河北)을 평정하게 하였다. 후에 유현은 적미(赤眉)에게 살해되었으니 경시 시기에 화해를 이루지 못한 것은 적미에게 달려 있었던 것이 된다.
336. "後"는 임의로 보태진 글자이다.
337. 《후한서(後漢書)·지(志)·오행(五行)》
338. 오수전(五銖錢): 한(漢) 무제(武帝) 때에 쓰던 동전. 무게를 나타내는 '五銖'라는 글자를 넣었기에 붙여진 이름이다.
339. 왕망이 '황제(黃帝)'로 자칭한 것에 반해 공손술은 '백제(白帝)'로 자칭하였다.
340. 《후한서(後漢書)·지(志)·오행(五行)》에는, "蜀童謠曰, 黃牛白腹, 五銖當復. 是時, 公孫述僭號於蜀, 時人竊言王莽稱黃, 述欲繼之, 故稱白. 五銖, 漢家貨, 明當復也"로 되어 있다.
341. 외효(隗囂): 천수(天水) 사람으로 왕망(王莽) 말엽에 기병(起兵)하여 상장군(上將軍)이 되었으나 후에 유수(劉秀)에게 귀부(歸附)하였음.
342. 《후한서(後漢書)·지(志)·오행(五行)》의 기록을 재구성한 것이다.
343. 이고(李固): 동한(東漢) 순제(順帝) 시절의 충신. 황제 옹립의 문제로 바른 말을 하다가 모함을 받아 옥사하였음.

固暴屍道路, 胡廣趙戒袁湯俱封侯.[344]

밀은 푸릇푸릇[소맥청청(小麥靑靑)] 환제(桓帝) 시절 동요에, "밀은 푸릇푸릇한데 보리는 시들었네. 누가 마땅히 수확할까? 며느리와 시어머니겠지. 장정들은 어디에 있나? 서쪽에서 오랑캐와 싸우고 있네. 관리도 말을 사고 군자도 수레를 준비하나니 청컨대 여러 님들을 위해 나직하게 말하게"라고 하였다. 후에 양주(涼州)의 여러 오랑캐들이 함께 반란을 일으켰는데 관리가 말을 사고 군자가 수레를 준비했다는 것은 부역(賦役) 징발의 번중함이 벼슬이 있는 자에게까지 이르렀다는 것이다. '청컨대 여러 님들을 위해 나직하게 말하라' 한 것은 감히 공공연하게 말하지 못하고 은밀하게 나직이 말하라는 것이다.

桓帝時之初, 謠曰, 小麥靑靑大麥枯, 誰當獲者婦與姑. 丈人何在西擊胡, 吏買馬, 君具車, 請爲諸君鼓嚨胡. 後涼州諸羌俱反, 買馬, 具車者, 言調發重及有秩者也. 鼓嚨胡者, 不敢公言, 私咽語.[345]

성 위의 까마귀[성상오(城上烏)] 환제(桓帝) 초엽 동요에, "성 위의 까마귀, 꼬리가 요동치네. 아버지가 군리(軍吏)가 되었는데 자식이 사졸(士卒)이 되네. 한 사졸이 죽었는데 (다시) 수레 백 대를 보내네. 많고 많은 수레가 하간(河間)으로 들어가네. 하간의 미녀는 돈 계산에 능하여, 돈으로 방을 만들고 금으로 대청을 만들었는데, 성에 차지 않아 돌 위에서 메조를 빻는다네. 들보 아래에 매달린 북이 있어, 내가 그걸 치고 싶지만 높은 나리님들 노하시겠지"라고 하였다. 임금이 너무도 재물을 긁어모으는 때에 오랑캐들이 반역을 하여, 애비가 이미 군리가 되었는데 아들이 또 사졸이 되어 가 오랑캐들과 싸우고, 한 사람이 이미 죽었는데 또 백 대의 수레를 파견하여 가게 하는 것을 말한 것이다. '많고 많은 수레가 하간으로 들어간다'는 것은 영제(靈帝)를 (새 황제로) 맞이한다는 것이다. 영제의 어머니 영락태후(永樂太后)는 재물 모으기를 좋아하였는데 성에 차지 않아 항상 부족함을 괴로워했으며, 영제를 가르쳐 그로 하여금 벼슬을 팔아 돈을 받도록 하였다. 녹봉을 받는 자가 그 자리에 어울리는 사람이 아님에, 충성스럽고 독실한 선비가 북을 쳐 황제를 알현하고자 하나, 높은 나리들이면서 북을 관장하는 이들이 노하여 나를 제지할 것이라는 뜻이다.

桓帝初謠曰, 城上烏, 尾畢逋, 公爲吏, 子爲徒. 一徒死, 百乘車. 車班班, 入河間. 河間姹女工數錢, 以錢爲室金爲堂, 石上慊慊舂黃粱. 梁下有懸鼓, 我欲擊之丞卿怒. 謂人主多聚斂 蠻夷叛逆, 父既爲吏, 子又爲徒往擊之. 一人既死, 又遣百車往. 車班班, 入河間, 迎靈帝也. 帝母永樂太后好聚金, 慊慊常苦不足, 敎帝, 使賣官受錢. 祿非其人, 忠篤之士, 欲擊鼓求見, 丞卿主鼓者, 怒而止我也.[346]

유평(游平)이 인끈을 팔다[유평매인(游平賣印)] 환제(桓帝) 초엽 동요에, "유평(游平)이 인끈을 파는 데는 스스로 공평함이 있어, 지위가 있는 자나 지체 높은 성씨에 아랑곳하지 않네"라고 하였다. 두무(竇武)[347]는 자가 유평으로 진번(陳蕃)[348]과 합심하여 힘을 다했는데 인끈을 가한 것[벼슬을 내린 것]이 모두 그 자리에 어울리는 사람을 얻자 지체가 높은 성씨들이 절망하였다.

桓帝初, 謠曰, 游平賣印自有平, 不辟豪賢及大姓. 竇武字游平, 與陳蕃合心戮力, 印綬所加, 咸得其人, 大姓絕望.[349]

띠밭 1경[모전일경(茅田一頃)][350] 환제(桓帝) 말

---

344. 《후한서(後漢書)·지(志)·오행(五行)》의 기록을 재구성한 것이다.
345. 《후한서(後漢書)·지(志)·오행(五行)》의 기록을 재구성한 것이다.
346. 《후한서(後漢書)·지(志)·오행(五行)》의 기록을 재구성한 것이다.
347. 두무(竇武): 영제(靈帝)를 대신하여 섭정하였던 두태후(竇太后)의 아버지.
348. 진번(陳蕃): 태위(太尉)가 되었을 때 환관(宦官)의 전횡을 반대하여 당시 태학생(太學生)의 존경을 받았으며 영제(靈帝) 시절에는 태부(太傅)가 되어 두무(竇武)와 함께 선정에 힘썼음.

엽 동요에, "띠밭 1경 가운데에 우물이 있는데, 사방이 어설퍼서 정리할 수 없네. (고기를) 씹고 또 씹는 것이, 올해는 오히려 가능하겠지만 내년엔 (세상이) 떠들썩하리"라고 하였다. '띠밭'은 어진 사람들이 많다는 것이다. '우물이 있다'는 것은 (어진 사람들이) 아직 법도를 잃지 않았다는 것이다. '정리할 수 없다'는 것은 간사하고 사특한 무리들이 크게 성하여 정리할 수 없다는 것이다. 고기를 먹는 자들은 비루하여 그저 잔치 자리에서 술 마시는 일에만 탐닉하고 있다. 금년에는 (어진 사람들이) 다만 금고(禁錮)에 처해 있을 뿐이지만 내년이면 진번(陳蕃)과 두무(竇武)가 피살되어 천하가 무너진 듯이 어지럽게 될 것이라는 뜻이다.

桓帝末, 謠曰, 茅田一頃中有井, 四方纖纖不可整. 嚼復嚼, 今年尙後年鐃. 茅田, 群賢衆多也. 有井, 不失其法度也. 不可整, 奸慝大熾, 不可整理. 食肉者鄙, 徒耽宴飮. 今年, 但禁錮, 後年, 陳竇被誅, 天下壞也.[351]

흰 뚜껑을 씌운 작은 수레[백개소차(白蓋小車)] 환제(桓帝) 말엽 동요에, "흰 뚜껑을 씌운 작은 수레가 어찌 저리도 많은고? 하간(河間)에서 와 화해하는구나. 하간에서 와 화해하는구나"라고 하였다. 환제가 죽자 해독정후(解犢亭侯)[352]가 흰 수레로 하간에서 왔다. '연연(延延)'은 많은 모양이다.

桓帝末, 謠曰, 白蓋小車何延延. 河間來合諧, 河間來合諧. 桓帝崩, 解犢亭侯白車從河間來. 延延, 衆貌.[353]

제후가 제후답지 못하다[후비후(侯非侯)] 영제(靈帝) 말엽 동요에, "제후가 제후답지 못하고 왕이 왕답지 못하여, 천 대의 수레, 만 마리의 말로 북망산(北邙山)에 오르네"라고 하였다. 사후(史侯)[354]가 지존의 자리에 올랐을 때 헌제(獻帝)는 아직 봉작(封爵)의 칭호(稱號)를 받지 못하여 중상시(中常侍) 단규(段珪) 등에게 핍박을 받게 되었는데, (헌제는) 황하 가에 이르렀다가 이에 돌아왔다.

靈帝末謠曰, 侯非侯, 王非王, 千乘萬騎上北芒. 史侯登躡至尊, 獻帝未有爵號, 爲中常侍段珪等所執, 到河上, 乃還.[355]

동탁(董卓)이 도망가다[356][동도(董逃)] 영제(靈帝) 시절 동요에, "즐거운 세상을 이으니 동탁이 도망가네. 성곽의 사위(四圍)를 노니니 동탁(董卓)이 도망가네. 천은(天恩)을 입으니 동탁이 도망가네. 황금빛 자줏빛 띠를 두르니 동탁이 도망가네. 사은(謝恩)을 행하니 동탁이 도망가네. 수레와 말 정비하니 동탁이 도망가네. 막 출발하려 하니 동탁이 도망가네. 궁중의 사람들과 하직하니 동탁이 도망가네. 서문(西門)을 나서니 동탁이 도망가네. 궁전을 바라보니 동탁이 도망가네. 서울을 바라보니 동탁이 도망가네. 밤낮으로 멀어져가니 동탁이 도망가네. 마음이 꺾여 아픈데 동탁이 도망가네"라고 하였다. '董'은 동탁(董卓)이다. (동탁이) 마침내 도망하여 숨게 되고 멸족(滅族)에까지 이르게 됨을 말한 것이다. 동탁은 '동도가(董逃歌)'가 자기 때문에 나온 것으로 여겨 노래를 금지시켰는데 (이 과정에서) 죽은 자가 천을 헤아렸다.

靈帝時謠曰, 承樂世董逃, 遊四郭董逃, 蒙天恩董逃,

---

349. 《후한서(後漢書)·지(志)·오행(五行)》의 기록을 재구성한 것이다.
350. 경(頃): 중국에서 쓰던 논밭 넓이의 단위. 1경은 100무(畝)로, 그 넓이는 시대에 따라 달랐다.
351. 《후한서(後漢書)·지(志)·오행(五行)》의 기록을 재구성한 것이다.
352. 해독정후(解犢亭侯): '해독정'은 요양군(饒陽郡) 하간현(河間縣)에 예속된 곳인데 이곳의 제후가 바로 환제(桓帝)의 뒤를 이어 황제가 된 영제(靈帝)이다.
353. 《후한서(後漢書)·지(志)·오행(五行)》의 기록을 재구성한 것이다.
354. 사후(史侯): 영제(靈帝)의 아들 한소제(漢少帝) 유변(劉辯).
355. 《후한서(後漢書)·지(志)·오행(五行)》의 기록을 재구성한 것이다.
356. "董逃"는 추후 검토가 요구된다.

帶金紫董逃, 行謝恩董逃, 整車騎董逃, 垂欲發董逃, 與中辭董逃, 出西門董逃, 瞻宮殿董逃, 望京城董逃, 日夜絶董逃, 心摧傷董逃. 董謂董卓, 言終歸逃竄, 至於滅族也.[357] 卓以董逃之歌爲己發, 禁絶之, 死者千數.[358]

천리초(千里草) 헌제(獻帝) 초엽 동요에, "천리초는 어찌 저리도 푸른가? 열흘 지나 점을 쳐보니 살지 못하겠구나"라고 하였는데 이는 동탁(董卓)이 깨어져 망할 것임을 말한 것이다.[359]

獻帝初, 謠曰, 千里草, 何靑靑. 十日卜, 不得生. 此言董卓破亡也.[360]

삼공의 호미[삼공서(三公鉏)][361] 손휴(孫休) 시절에 한 어린 아이가 홀연히 와서 말하기를, "삼공(三公)의 호미는 사마여(司馬如)[362]이다"라고 하였다. 또 말하기를, "나는 사람이 아니라 형혹성(熒惑星)[363]이다"라고 하였는데 말을 마치고는 위로 올라가버렸다. 간보(干寶)[364]가 말하기를, "뒤로 4년이 지나 촉(蜀)나라가 멸망하였고, 6년이 지나 위(魏)나라가 폐해졌으며, 21년이 지나 오(吳)나라가 평정되었다"라고 하였다.

孫休時, 有一小兒忽來言曰, 三公鉏, 司馬如. 又曰, 我非人, 熒惑星. 言畢上升. 干寶曰, 後四年而蜀亡, 六年而魏廢, 二十一年而吳平.[365]

아동(阿童) 손호(孫皓) 시절 동요에, "아동(阿童)아! 칼을 물고 헤엄쳐 강을 건너라. 언덕 위의 짐승은 두려워 말고, 그저 물속의 용만 걱정하여라"라고 하였다. 후에 왕준(王濬)이 먼저 말릉(秣陵)을 평정하였다. '阿童'은 왕준의 아명(兒名)이다.

孫皓時謠, 阿童, 銜刀遊渡江. 不畏岸上獸, 但畏水中龍. 後王濬先定秣陵. 阿童, 濬少子.[366]

오그라든 고기[국축육(局縮肉)] 진(晉) 무제(武帝)가 오(吳)나라를 평정한 후 강남(江南)의 동요에서, "오그라든 고기가 눈 비끼는 세월을 세고 나면[367] 중원(中原)은 당연히 패하고 오나라는 당연히 회복되겠지"라고 하였다. 또 이르기를, "궁문(宮門)의 기둥아! 그저 썩지만 말아라. 오나라가 당연히 회복되겠지, 30년 뒤에"라고 하였다. 또 이르기를, "닭이 울면서 날개를 치지 않으니, 오나라는 다시 힘을 쓰지 못하겠구나"라고 하였다. '횡목(橫目)'은 '사(四)'인데 오나라가 망하고부터 원제(元帝)까지는 40년이고, 원제는 강동(江東)에서 흥기(興起)하였으며, 나약하여 결단(決斷)이 부족하였다. '오그라든 고기'는 가리키는 바가 있다.[이를 가리키는 것이다.]

晉武平吳後, 江南謠曰, 局縮肉, 數橫目, 中國當敗吳當復. 又曰, 宮門柱, 且莫朽, 吳當復, 在三十年後. 又曰, 鷄鳴不拊翼, 吳復不用力. 橫目四字, 自吳亡至元帝四十年, 元帝興於江東, 懦而少斷. 局縮肉, 有所斥也.[368]

---

357. 《후한서(後漢書)·지(志)·오행(五行)》의 기록을 재구성한 것이다.
358. "卓以董逃之歌"이하는 《문헌통고(文獻通考)》에 인용된 《풍속통(風俗通)》의 기록이다.
359. '千里草'는 '董'의 파자(破字)이며 '十日卜'은 '卓'의 파자이다.
360. 《후한서(後漢書)·지(志)·오행(五行)》. "此言董卓破亡也"는 임의로 보태진 글자이다.
361. 삼공서(三公鉏): '삼공의 호미'는 위촉오(魏蜀吳)의 삼공(三公)을 캐낼 호미, 곧 삼국(三國) 시기를 종식시킬 사람이라는 뜻으로 쓰인 것이다.
362. 사마여(司馬如): 진(晉)을 건국한 사마염(司馬炎)을 지칭하는 이름으로 보인다.
363. 형혹성(熒惑星): 화성(火星).
364. 간보(干寶): 역사와 음양, 산수에 정통하였던 위진(魏晉) 시기의 학자. 괴이전설(怪異傳說)을 집대성한《수신기(搜神記)》를 지었다.
365. 《진서(晉書)·지(志)》의 기록을 재구성한 것이다.
366. 《진서(晉書)·지(志)》의 기록을 재구성한 것이다. '小子'는 '小字'의 오자이다.
367. '횡목(橫目)'이 '사(四)'의 은어(隱語)로 쓰인 사실을 감안하여 번역한 것이다.
368. 《진서(晉書)·지(志)》의 기록을 재구성한 것이다.

두 불이 땅을 뒤덮다[양화몰지(兩火沒地)] 혜제(惠帝) 영희(永熙)[369] 연간에 하내(河內) 온현(溫縣)에 미친 듯한 사람이 있었는데 글을 지어 이르기를, "두 불이 땅을 뒤덮었음에 애석하구나, 가을 난초는! 형해(形骸)가 가우(街郵)로 돌아가 끝내 사람들이 탄식하는 바가 되는구나!"라고 하였다. 양태후(楊太后)는 폐출(廢黜)되었으며 가태후(賈太后)는 곡기를 끊은 지 8일에 죽었는데 가우정(街郵亭) 북쪽에 매장되었다. '두 불'은 무제(武帝)의 이름[炎]이고 '난(蘭)'은 양태후의 자(字)이다.

惠帝永熙中, 河內溫縣有人如狂, 造書曰,兩火沒地, 哀哉秋蘭. 歸形街郵, 終爲人歎. 楊太后被廢, 賈后絶其膳八日而崩, 葬街郵亭北. 兩火, 武帝諱, 蘭, 楊后字也.[370]

남풍이 일다[남풍기(南風起)] 원강(元康)[371] 연간의 동요에, "남풍이 일어 흰 모래에 부는구나. 아득히 바라보니 노(魯)나라는 어찌 저리도 우뚝하고 높은가? 천년이 된 해골에서 이빨이 나누나"라고 하였다. '남풍'은 가태후(賈太后)의 자이다. '백(白)'은 진(晉)나라 오행(五行)의 색(色)이다. '사문(沙門)'은 태자의 아명(兒名)이다. 가태후가 노국(魯國)에 봉해진 가밀(賈謐)과 더불어 태자를 위해(危害)하고, 조왕(趙王)[372]이 호걸과 현사들을 죽이고는 찬탈의 야욕을 이룬 것을 말한 것이다.

元康中謠曰, 南風起, 吹白沙, 遙望魯國何嵯峨, 千歲髑髏生齒牙. 南風, 賈后字也. 白, 晉行也. 沙門, 太子少名也. 言賈后與魯國賈謐, 危太子, 趙王咀嚼豪賢, 以成篡奪.[373]

짐승이 북쪽으로부터 오다[수종북래(獸從北來)] 조왕(趙王) 사마륜(司馬倫)이 이미 제위를 찬탈한 후의 낙양(洛陽) 동요에, "짐승은 북쪽으로부터 와 코끝에 땀이 흐르고, 용은 남쪽으로부터 와 성에 올라 바라보는데, 물은 서쪽으로부터 와 황하가 넘실넘실"이라 하였다. 몇 달이 지나 성도왕(成都王)[374]은 북쪽 업(鄴) 땅으로부터 오고, 제왕(齊王)[375]은 남쪽 허(許) 땅으로부터 오고, 하간왕(河間王)[376]은 서쪽 관중(關中) 땅으로부터 와 함께 회맹(會盟)하여 사마륜을 베었다. 제왕이 조정(朝政)을 보좌하였는데 또 황제가 되려는 마음이 없었기 때문에 성에 올라 바라본다고 한 것이다.

趙王倫旣篡, 洛中謠曰, 獸從北來鼻頭汗, 龍從南來登城看, 水從西來河灌灌. 數月成都王北自鄴來, 齊王南自許來, 河間王西自關中來, 同會誅倫. 齊王輔政, 又有無君之心, 故言登城看也.[377]

다섯 마리의 말이 강을 건너다[오마도강(五馬渡江)] 태안(太安)[378] 연간의 동요에, "다섯 마리의 말이 헤엄쳐 강을 건넜는데, 한 마리의 말이 변하여 용이 되었네"라고 하였다. 후에 중원이 크게 어지러워져 종실(宗室)과 번왕(藩王)의 대다수가 멸절되었는데 당시에 낭야왕(琅邪王)[379]과 여남왕(汝南王),

---

369. 영희(永熙): 진(晉) 혜제(惠帝)의 연호(290)이다.
370. 《진서(晉書) · 지(志)》의 기록을 재구성한 것이다
371. 원강(元康): 진(晉) 혜제(惠帝)의 연호(292-299)이다.
372. 조왕(趙王): 조국(趙國)에 봉해졌던 사마륜(司馬倫). 사마의(司馬懿)의 아들로 혜제(惠帝)를 가두고 스스로 제위에 올랐다.
373. 《진서(晉書) · 지(志)》의 기록을 재구성한 것이다.
374. 성도왕(成都王): 진(晉) 나라 무제(武帝)의 아들 사마영(司馬穎).
375. 제왕(齊王): 진(晉) 나라 무제(武帝)의 동생 사마유(司馬攸).
376. 하간왕(河間王): 진(晉) 나라의 종실대신(宗室大臣) 사마옹(司馬顒).
377. 《진서(晉書) · 지(志)》의 기록을 재구성한 것이다.
378. 태안(太安): 진(晉) 혜제(惠帝)의 연호(302-303)이다.
379. 낭야왕(琅邪王): 후일 진(晉) 나라 원제(元帝)가 된 사마예(司馬睿).

서양왕(西陽王), 남돈왕(南頓王), 팽성왕(彭城王)이 함께 강동(江東)에 이르렀지만 낭야왕 원제(元帝)가 황통(皇統)을 이었다.

太安中, 謠曰, 五馬游渡江, 一馬化爲龍. 後中原大亂, 宗藩多絕, 時琅邪汝南西陽南頓彭城同至江東, 而元帝嗣統矣.[380]

콩밭 안[두전중(豆田中)] 민제(愍帝) 초엽 동요에, "천자가 어찌 콩밭 안에 계시는고?"라고 하였다. 후에 황제는 유요(劉曜)[381]에게 항복하였는데 (당시에) 두전벽(豆田壁)[382] 경내에 있었다.

愍帝初謠曰, 天子何在豆田中. 後帝降劉曜, 在豆田壁中.[383]

산 옆에 말을 놓다[방마산측(放馬山側)] 명제(明帝) 시절 동요에, "비통하게 탄식하며 산 옆에 말을 놓았더니, 큰 말은 죽고 작은 말은 굶주리네.[384] 높은 산이 무너지니, 돌이 절로 깨어지누나.[385]"라고 하였다. 명제가 죽었을 때 성제(成帝)는 어렸는데 소준(蘇峻)[386]에게 핍박을 받아 석두(石頭)로 옮겨갔다. 오래지 않아 소준이 죽자 그 아우 소석(蘇石)이 석두를 점거하였으나 얼마 후에 여러 공(公)들에게 격파되었다.

明帝時謠曰, 惻惻力力, 放馬山側, 大馬死, 小馬餓. 高山崩, 石自破. 明帝崩, 成帝幼, 爲蘇峻所逼, 遷於石頭. 峻尋死, 弟石據石頭, 尋爲諸公所破.[387]

아들이 듣다[아자문(阿子聞)] 목제(穆帝) 승평(升平)[388] 연간에 어린 아이가 홀연히 길에서 〈아자문(阿子聞)〉이라는 노래를 불렀는데 노래를 부르는 중에 문득, "아들아! 듣지 못했니?"라고 하였다. 얼마 되지 않아 황제가 죽자 태후가 곡을 하면서 말하기를, "아들아! 너는 듣지 못했니?"라고 하였다.

穆帝升平中, 童兒忽歌於道, 曰阿子聞, 曲中輒云, 阿子聞不. 無幾而帝崩, 太后哭之曰, 阿子汝聞不.[389]

염가(廉歌) 승평(升平) 말엽에 민간에서 문득 〈염가(廉歌)〉를 지었는데 호겸(扈謙)[390]이라는 자가 이를 듣고는, "'염(廉)'은 임(臨)한다는 것이다. 노래에서 '흰 문에 임하고, 궁정(宮庭)에 임한다'고 하였는데 안팎으로 모두 임하니 나라에 정말 큰 금기(禁忌)가 있을 것이다"라고 하였다. 얼마 되지 않아 목제(穆帝)가 죽었다.

升平末, 俗間忽作廉歌, 有扈謙者聞之曰, 廉者, 臨也. 歌云白門廉, 宮庭廉, 內外悉臨, 國家其大諱乎. 少時而穆帝崩.[391]

되가 한 말을 채우지 못하다[승불만두(升不滿斗)] 애제(哀帝) 융화(隆和)[392] 초엽 동요에, "승평(升平)[393]이 한 말을 채우지 못하니 융화(隆和)[394]가 어찌 오래 갈 수 있으랴! 환공(桓公)[395]은 석두(石頭)

380. 《진서(晉書) · 지(志)》
381. 유요(劉曜): 서진(西晉)을 멸망시킨 전조(前趙)의 황제.
382. 두전벽(豆田壁): 땅이름.
383. 《진서(晉書) · 제기(帝紀)》의 기록을 재구성한 것이다.
384. 이 부분은 명제가 죽고 그 아들 성제가 고생하게 되리라는 것을 말한 것이다.
385. 이 부분은 소준이 죽고 그의 동생 소석이 격파되리라는 것을 말한 것이다.
386. 소준(蘇峻): 진(晉)의 권신(權臣)으로 소릉공(邵陵公)에 봉해졌으나 성제(成帝) 연간에 병권(兵權)을 삭탈당하자 조약(祖約) 등과 난을 일으켰다.
387. 《진서(晉書) · 지(志)》의 기록을 재구성한 것이다.
388. 승평(升平): 진(晉) 목제(穆帝)의 연호(357-361)이다.
389. 《진서(晉書) · 지(志)》의 기록을 재구성한 것이다.
390. 호겸(扈謙): 진(晉)나라 위군(魏郡) 사람으로 성격이 거리낌 없었으며 거친 음식도 부끄러워하지 않고 술 마시기를 좋아했다고 한다.
391. 《진서(晉書) · 지(志)》. 《진서》에는 "崩"이 "晏駕"로 되어 있다.
392. 융화(隆和): 진(晉) 애제(哀帝)의 연호(362)이다.

로 들어가고 폐하는 맨발로 도망가누나"라고 하였다. 승평 5년에 목제(穆帝)가 죽었으니 10년에 이르지 못한 것이다.

哀帝隆和初謠曰, 升平不滿斗, 隆和那得久. 桓公入石頭, 陛下徒跣走. 升平五年穆帝崩, 不至十年也.[396]

흰말에 자줏빛 말고삐[백마자강(白馬紫韁)] 해서공(海西公) 태화(太和)[397] 연간에 백성들이 노래하기를, "푸르고 푸른 어도(御道)의 버들, 흰말에는 자줏빛 말고삐. 네가 황태자가 아닌데 어찌 감로장(甘露漿)[398]을 얻겠느냐?"라고 하였다. 식자(識者)가 말하기를, "'흰색'은 오행 가운데 '금(金)'에 해당하고 '말'은 황족을 가리킨다. '자줏빛'은 정색(正色)을 빼앗은 간색(間色)이다"라고 하였다. 해서공이 오래지 않아 폐위되었는데 그 세 아들은 모두 해서공의 자식이 아니었으며 말고삐에 목이 졸려 죽었다. (그들이 죽은) 다음날에 남방(南方)에서 감로(甘露)를 바쳤다.

海西公太和中, 百姓歌曰, 青青御路楊, 白馬紫遊韁. 汝非皇太子, 那得甘露漿. 識者曰, 白者, 金行, 馬者, 國族. 紫爲奪正之色. 海西公尋廢, 其三子并非海西之子, 縊以馬韁. 明日, 南方獻甘露.[399]

이제 용의 새끼가 되다[금성룡자(今成龍子)] 해서공(海西公)이 막 황자(皇子)를 낳자 백성들이 노래하기를, "봉황이 봉황 새끼를 한 마리 낳았음에, 천하에 기뻐하지 않는 이가 없네. 본래대로 말하자면 말의 새끼 망아지인데, 이제 용의 새끼가 되는 걸로 정해졌네"라고 하였다. 해서공이 (男性에 문제가 있어) 남자 구실을 못하게 되자 측근 신하 상룡(向龍)을 시켜 궁중의 시녀와 교접하게 하였는데 아들을 낳자 자기 자식으로 삼았다.

海西公初生皇子, 百姓歌云, 鳳皇生一雛, 天下莫不喜. 本言是馬駒, 今定成龍子. 海西公不男, 使左右向龍與內侍接, 生子, 以爲己子.[400]

노란 머리의 어린 아이[황두소아(黃頭小兒)] 왕공(王恭)[401]이 경구(京口)에 있을 때의 가요에, "노란 머리의 어린 아이가 도적이 되고자 하여, 공(公)께서 성에 계시다가, 묶어서 오라는 명령을 내리셨네"라고 하였다. 또 이르기를, "노란 머리의 소인이 난을 일으키려 하여, 칼에 힘입어 가리고 막을 수 있게 되었네"라고 하였다. '黃'자(字)의 윗부분은 '恭'자의 머리 부분이고, '小人'은 '恭'자의 아랫부분이다. (왕공은) 후에 유뢰지(劉牢之)[402]에게 격파되었다.

王恭在京口, 謠曰, 黃頭小兒欲作賊, 阿公在城, 下指縛得. 又云, 黃頭小人欲作亂, 賴得金刀作藩扞. 黃字上恭字頭也, 小人恭字下也. 後爲劉牢之所敗.[403]

갈대를 길렀더니 물억새가 되다[양로위적(養蘆爲荻)][404] 안제(安帝) 의희(義熙)[405] 초엽 동요에, "관가에서 갈대를 길렀더니 물억새가 되었는데, 갈대의 삶은 스스로 쌓아 이룬 것에 그치지 않았네.[406]"라고 하였다. 그 당시에 관가에서 노룡(盧龍)에 대해 황금

393. 승평(升平): '태평(太平)'이라는 뜻의 연호(年號)이지만 이 동요에서는 '되가 평평하다'라는 뜻도 담고 있다. 곧, "승평불만두(升平不滿斗)"는 '되가 평평하여[넉넉하지 못하여] 한 말을 채우지 못한다'는 의미가 되는 것이다.
394. 융화(隆和): 이 역시 연호이지만 본래적 의미인 '큰 화합' 혹은 '큰 화평'의 뜻을 함축하고 있다.
395. 환공(桓公): 성제(成帝)를 가리킴.
396. 《진서(晉書)·지(志)》의 기록을 재구성한 것이다.
397. 태화(太和): 진(晉) 해서공(海西公)의 연호(366-371)이다.
398. 감로장(甘露漿): 단맛이 나는 이슬 물. 감로수(甘露水).
399. 《진서(晉書)·지(志)》의 기록을 재구성한 것이다.
400. 《진서(晉書)·지(志)》의 기록을 재구성한 것이다.
401. 왕공(王恭): 진(晉) 황실의 외척(外戚)으로 고관을 역임하였으며 안제(安帝) 이후로 몇 차례 기병(起兵)하였다가 후일 사마원현(司馬元顯)에게 피살되었다.
402. 유뢰지(劉牢之): 애초에는 왕공(王恭)의 부하였으나 사마원현(司馬元顯)에게 회유되어 왕공을 깨뜨리는 선봉이 되었다.
403. 《진서(晉書)·지(志)》에는 "扞"이 "捍"으로 되어 있으며 "後爲劉牢之所敗"는 임의로 보태진 글자이다.

과 비단을 내려주며 총애하였고 그를 봉양함이 극진하였다. 그러나 노룡이 군대를 일으켜 내지(內地)를 공벌하자 마침내 원수가 되었다.

安帝義熙初, 謠曰, 官家養蘆化爲荻, 蘆生不止自成積. 其時官家盧龍, 寵以金紫, 養之極也. 而龍擧兵內伐, 遂成讎敵也.[407]

동해의 큰 물고기[동해대어(東海大魚)] 부생(苻生)[408] 시절에 장안(長安)의 민요에서, "동해의 큰 물고기가 변하여 용이 되었는데, 남편은 왕이 되고 딸은 공주가 되었지. 어디에 사느냐고 물어보았더니 낙문(洛門) 동쪽이라네"라고 하였다. 부생은 그의 시중(侍中)과 태사(太師) 어준(魚遵) 및 그 자손들을 죽였다. 후에 부견(苻堅)[409]이 부생을 죽이고 그를 대신하였는데 부견은 (왕이 되기 전에) 동해(東海)에 봉해졌으며 당시에는 용양장군(龍驤將軍)으로 집이 낙문 동쪽에 있었다.

符[410]生時, 長安謠曰, 東海大魚化爲龍, 男便爲王女爲公, 問在何所洛門東. 生誅其侍中·太師魚遵及其子孫. 後苻堅殺生而代之, 堅封東海, 時爲龍驤將軍, 第在洛門東.[411]

부견(苻堅) 초엽 동요에, "견(堅)이가 죽 이어갈 30년, 후일에 만일 패하려 할 때는 당연히 강호(江湖) 주변에 있겠지"라고 하였는데 부견이 재위(在位)한 지는 무릇 30년이었으며 비수(淝水)에서 패하였다. 또 가요에서 이르길, "강물은 맑고도 맑은데, 부견이 신성(新城)에서 죽네"라고 하였다. 또 이르길, "'어양전두(魚羊田斗)'[412]가 마땅히 진(秦)[전진(前秦)]을 멸하리라"고 하였는데 부견은 (선비족) 모용충(慕容沖)의 공격을 받고 마침내 요장(姚萇)에게 살해되었다.

苻堅初, 童謠曰, 阿堅奉連三十年, 後若欲敗時, 當在江湖邊. 堅在位凡三十年, 敗於淝水. 又謠云, 河水清復清, 苻詔[413]死新城. 又云, 魚羊田斗當滅秦. 堅爲慕容沖所攻, 卒爲姚萇所殺. [414]

지공의 시[지공시(誌公詩)] 양(梁)나라 천감(天監)[415] 3년에 무제(武帝)가 중운전(重雲殿)에서 강설(講說)을 하고 있으려니 지공(誌公)[416]이 오언시(五言詩)를 지었다. "즐거웠지 30여 년의 세월은! 슬프리라 50년 안에서는! 다만 보게 되겠지 8월 13에, 자좌(子坐)의 땅에서 요상한 재앙이 일어나는 것을! 아첨하는 신하에게 속임을 당하였음에, 도적 신하가 군자(君子)를 멸하리. 만일 내 말을 믿지 못하겠다면, 용의 때[時][417]에 도적이 일어나는 것을 기다리라. 또 말[馬]이 이르는 중간에, 슬픔을 머금고 기쁨

---

404. 양로위적(養蘆爲荻): 해음(諧音)을 이용하여 노룡(盧龍)의 배은망덕을 노래한 것이다. '蘆'는 '盧'의 해음이고, '荻'은 '敵'의 해음이다.

405. 의희(義熙): 진(晉) 안제(安帝)의 연호(405-418)이다.

406. 노룡(盧龍)의 배반으로 인한 화가 노룡 한 사람에게 그치지 않고 무리를 지었던 여러 사람에게까지 미칠 것임을 노래한 것이다.

407. 《진서(晉書)·지(志)》의 기록을 재구성한 것이다.

408. 부생(苻生): 부건(苻健)의 셋째 아들로 부건을 이어 전진(前秦)의 제2대 왕이 되었다.

409. 부견(苻堅): 부생(苻生)을 죽이고 스스로 왕위에 오른 전진(前秦)의 제3대 왕.

410. '符'는 '苻'의 오자이다.

411. 《문헌통고(文獻通考)》 권309.

412. 어양전두(魚羊田斗): '魚羊'은 '鮮'의 파자(破字)이고 '田斗'는 '卑'의 파자이므로 '魚羊田斗'는 '선비(鮮卑)'라는 뜻이 된다. 한편 《진서(晉書)·지(志)》에서는 '斗'를 '升'으로 적고 있다.

413. '詔'는 '堅'의 오자이다.

414. 《문헌통고(文獻通考)》 권309의 기록을 재구성한 것이다.

415. 천감(天監): 양(梁) 무제(武帝)의 연호(502-519)이다.

416. 지공(誌公): 남조(南朝) 양(梁)나라의 고승 보지(寶誌: 일설에는 '保誌')를 높여 부르는 칭호.

417. '무진년(戊辰年)'을 지칭하는 말.

은 볼 수 없으리"라고 하였다. 양나라는 천감(天監)에서 대동(大同)[418]에 이르기까지 30여 년 간 강표(江表)[419]에 일이 없었다. 태청(太淸)[420] 2년에 이르러 대성(臺城)이 함락되었는데 황제가 나라를 향유한 지 48년째니 '50년 안'이라고 말한 바(와 같)다. 태청 원년 8월 13일이 되자 후경(侯景)[421]이 현호(懸瓠)로부터 와서 항복하였는데 (현호가) 단양(丹陽)의 북쪽에 있으니 자좌의 땅이다. 황제는 주이(朱異)의 말에 현혹되어 후경을 받아들였다. 후경이 난을 일으킨 것은 무진년부터 시작되었다.

梁天監三年, 武帝講于重雲殿, 誌公賦五言詩, 樂哉三年[422]餘, 悲哉五十裏. 但看八十三, 子地妖災起. 佞臣作欺妄, 賊臣滅君子. 若不信吾語, 龍時侯賊起. 且至馬中間, 銜悲不見喜. 梁自天監至於大同, 三十餘年, 江表無事. 至太淸二年, 臺城陷, 帝享國四十八年, 所言五十裏也. 太淸元年八月十三, 而侯景自懸瓠來降, 在丹陽之北, 子地. 帝惑朱異之言以納景. 景之作亂, 始自戊辰之歲.[423]

또 시를 지어 이르기를, "꼬리가 없는 개새끼가 비로소 광기(狂氣)를 띠기 시작하여, 죽이려 하던 그렇지 않던 간에 사람을 물어뜯어 상처를 내리. (그러나) 잠깐 사이에 저절로 멸망하나니, 환란은 여음(汝陰)에서 있었고[일어났고] (몸은) 삼상(三湘)에서 죽는데, 하루아침에 시체로 가로 놓여도 감추어주는 사람 없으리"라고 하였다. 후경(侯景)은 아명(兒名)이 '狗子'로 애초에 현호(懸瓠)로부터 와서 항복하였는데 현호는 예전의 여남(汝南)이다. 파릉(巴陵) 남쪽에 땅이름이 '삼상(三湘)'인 곳이 있는데, (곧 후경이 도망가다가 패한 곳이다.)

又作詩曰, 兀尾狗子始着狂, 欲死不死齧人傷. 須臾之間自滅亡, 患在汝陰死三湘, 橫尸一旦無人藏. 侯景小字狗子, 初自懸瓠來降, 懸瓠則古之汝南也. 巴陵南有地名三湘.[424]

푸른 실을 두른 백마(白馬)[청사백마(靑絲白馬)]

대동(大同) 연간의 동요에, "푸른 실을 두른 백마(白馬)가 수양(壽陽)으로 오네"라고 하였다. 그 후에 후경(侯景)이 단양(丹陽)을 격파하였는데 (당시에 후경은) 백마를 타고 푸른 실로 말굴레를 하고 있었다.

大同中, 謠曰, 靑絲白馬壽陽來. 其後侯景破丹陽, 乘白馬, 以靑絲爲羈勒.[425]

황반(黃班)의 청총마(靑驄馬)[426][황반청총(黃班靑驄)]

진(陳)나라 초엽의 동요에, "황반(黃班)의 청총마(靑驄馬)가 수양(壽陽)의 물가로부터 오네. 올 때는 겨울 막바지였는데, 갈 때는 봄바람이 불기 시작할 때라네"라고 하였다. 그 후에 진나라 군주(君主)는 과연 한금호(韓擒虎)에게 패하였다. 한금호의 본명은 '금수(擒獸)'인데 '黃班'은 그를 말하는 것이다.[427] 건강(建康)을 격파하기 시작했을 때 다시 청총마를 탔으니 오고 가는 계절이 모두 서로 조응(照應)한다.

---

418. 대동(大同): 양(梁) 무제(武帝)의 연호(535-545)이다.
419. 강표(江表): 남조(南朝) 송제양진(宋齊梁陳) 지역 및 그 통치하의 지역을 일컫는 말.
420. 태청(太淸): 양(梁) 무제(武帝)의 연호(547-549)이다.
421. 후경(侯景): 북위(北魏)의 수비병(守備兵)이었지만 동위(東魏)의 고환(高歡) 휘하에서 대장이 되었다. 고환이 죽자 군대를 이끌고 양(梁)나라 무제(武帝)에게 투항하였다. 그러나 양나라와 동위의 국교가 호전되자 양나라를 배반하고 그 도읍인 건강(建康: 南京)을 함락시킨 뒤 무제를 유폐하여 분사하게 하였다. 양나라는 이 후경의 난으로 멸망하였다.
422. '年'은 '十'의 오자이다.
423. 《수서(隋書)·지(志)》
424. 《수서(隋書)·지(志)》. "三湘" 뒤에 "即景奔敗之所"가 누락되었다.
425. 《수서(隋書)·지(志)》
426. 청총마(靑驄馬): 총이말. 갈기와 꼬리가 파르스름한 흰말.
427. '황반(黃班)'은 누런 얼룩무늬라는 뜻으로 '한금호(韓擒虎)'를 비유적으로 칭한 말이다.

陳初, 謠曰, 黃班靑驄馬, 發自壽陽涘. 來時冬氣末, 去日春風始. 其後陳主果爲韓擒虎所敗. 韓本名擒獸, 黃班之謂也. 破建康之始, 復乘靑驄馬, 往反時節皆相應.[428]

《도엽(桃葉)》의 노래[도엽사(桃葉詞)] 진(陳)나라 시절 강남(江南)에서는 왕헌지(王獻之)[429]의 〈도엽(桃葉)〉의 가사를 노래하는 것이 성행하였는데, "복숭아 잎 또 복숭아 잎, 강을 건널 때는 노도 쓰지 않으리. 다만 괴로운 바 없기를 헤아려, 내 직접 너를 영접하리라"고 하였다. 진왕(晉王)이 진(陳)나라를 공벌(攻伐)하기 시작하던 때에는 도엽산(桃葉山) 아래에 군영(軍營)을 설치하였는데, 한금호(韓擒虎)가 강을 건널 때에 이르자 (陳나라의) 대장 임만노(任蠻奴)가 신림(新林)까지 가서 북군(北軍)의 응접을 인도하였다.

陳時, 江南盛歌王獻之桃葉之詞曰, 桃葉復桃葉, 渡江不用楫. 但度無所苦, 我自迎接汝. 晉王伐陳之始, 置營桃葉山下, 及韓擒虎渡江, 大將任蠻奴至新林以導北軍之應.[430]

발이 하나인 새[일족조(一足鳥)] 진(陳) 후주(後主)가 동궁(東宮)에 있을 때 어떤 아낙이 갑자기 뛰어들어와 노래하여 말하기를, "나라를 마치는 임금님"이라 하였다. 발이 하나인 새가 있어 그 대궐 뜰에 깃들어 있었는데 부리로 땅에 그림을 그려 문자(文字)를 이루기를, "하나뿐인 발로 높은 누대에 올랐으나, 무성하던 풀이 변하여 재가 되는구나. 나의 집이 있는 곳을 알고자 한다면, 붉은 대문이 물 열리는 데를 마주하고 있는 곳이리"라고 하였다. 해석을 하는 자가 다음과 같이 여겼다. '하나뿐인 발'이란 대개 후주가 독단적으로 일을 행하여 민심을 얻지 못할 것임을 가리키는 것이며, '무성하던 풀'이 황량하게 된다 함은, 수(隋)나라가 화덕(火德)으로 제왕의 운을 이루었는데 풀이 불을 만나 재가 된다는 것이다. (애초에) 후주가 도성에 이르렀을 때, 그 가솔들과 더불어 '도수대(都水臺)'에 거처를 마련하였는데 (이것이) 이른바 '높은 누대에 오르고' '물을 마주한' 것이다.

陳[431]後主在東宮時, 有婦人突入, 唱曰畢國主. 有鳥一足, 集其殿庭, 以嘴畫地成文, 曰, 獨足上高臺, 盛草變爲灰, 欲知我家處, 朱門當水開. 解者以爲獨足者, 蓋指後主獨行無衆, 盛草言荒穢, 隋成[432]火運, 草得火而灰. 及至京師, 與其家屬館於都水臺, 所謂上高臺當水也.[433]

파마자(巴馬子)[434] 양(梁)나라 말엽의 동요에, "가련한 파마자(巴馬子)여! 하루에 천 리를 가는구나. 말 위의 젊은이는 보이지 않고, 그저 누런 먼지가 이는 것만이 보이누나. 누런 먼지가 사람의 옷을 더럽히니, 쥐엄나무[435](열매)로 처리해야겠지"라고 하였다. 왕승변(王僧辯)이 멸망한 후에 (陳나라의) 여러 신하들이 요언(謠言)을 조정에 상주(上奏)하여 말하기를, "왕승변은 본디 파(巴) 땅의 말을 타고 후경(侯景)을 공격하였으며, '말 위의 젊은이[馬上郞]'는 '王'자(字)입니다. '먼지[塵]'는 '陳'을 말하는데[436] '쥐엄나무[皂莢]'가 말하는 바를 알지 못하겠

428.《수서(隋書)·지(志)》
429. 왕헌지(王獻之): 진(晉)나라의 서예가. 왕희지(王羲之)의 막내아들로 시에도 능하였음.
430.《수서(隋書)·지(志)》
431. "陳"은 임으로 보태진 글자이다.
432.《남사(南史)·진본기(陳本紀)》에는 "成"이 "承"으로 되어 있다.
433.《남사(南史)·진본기(陳本紀)》
434. 파마자(巴馬子): 양(梁)나라 장수 왕승변(王僧辯)에 대한 칭호로 쓰인 말이다.
435. 쥐엄나무: 콩과의 낙엽 활엽 교목. 그 열매에 비누 성질이 있어 비누처럼 사용하였다고 한다.
436. '塵'과 '陳'은 해음(諧音)이다.

습니다"라고 하였다. 오래지 않아 진(陳)나라가 수(隋)나라에게 멸망되자 얘기하는 자가 이르기를, "강동(江東)에서는 검은 양의 뿔을 '조협(皀莢)'이라 한다. 수나라 황실의 성씨가 '양(楊)'인데 '楊'은 '羊'인 것이다"라고 하였다.

梁末謠云, 可憐巴馬子, 一日行千里. 不見馬上郞, 但見黃塵起. 黃塵汙人衣, 皀莢相料理. 及僧辨[437]滅, 群臣以謠言奏聞, 曰, 僧辯本乘巴馬以擊侯景, 馬上郞, 王字也, 塵謂陳也, 而不解皀莢之謂. 旣而陳滅於隋, 說者謂江東謂[438]羖羊角爲皀莢, 隋氏姓楊, 楊, 羊也.[439]

백 척의 장대[백척고간(百尺高竿)] 북제(北齊) 신무제(神武帝) 시절의 동요에서 이르기를, "백 척의 높다란 장대가 꺾어지면 물속의 연등, 징(澄)도 없어지겠지"라고 하였다. '高'는 제나라 황제의 성이다. 5년에 신무제가 죽고 7년에 고징(高澄)이 살해되었다.

北齊神武時, 謠云, 百尺高竿摧折, 水裏燃燈澄滅. 高者, 齊姓也. 五年, 神武殂, 七年, 高澄遇害.[440]

또 동요에서, "한 단의 볏짚이 있어, 양쪽 머리를 태웠더니,[441] 강변의 검은 산양(이 하늘로 날아가더라)"고 하였다. '강변의 검은 산양'은 '물가의 양(羊)'이니 문선제(文宣帝)의 이름을 가리킨다.[442]

又謠曰, 一束藁, 兩頭然, 河邊羖羊. 河邊羖羊爲水邊羊, 指文宣明[443]也.[444]

금으로 빗자루 만들어[금작소추(金作掃帚)] 업성(鄴城) 안의 동요에서, "금으로 빗자루 만들고 옥으로 손잡이 만들어, 궁궐의 가옥 깨끗이 청소하고 서쪽 사람 맞으리"라고 하였는데 오래지 않아 주(周)나라의 군대가 업성에 들어왔다.

鄴中謠曰, 金作掃帚玉作杷,[445] 淨掃殿屋迎西家. 未幾, 周師入鄴.[446]

외조카는 없구나[무외생(無外甥)] 주(周)나라 초엽의 동요에, "백양나무 머리에서 금계(金鷄)[447]가 우는데, 외삼촌만 있고 외조카는 없구나"라고 하였다. 정제(靜帝)는 수(隋)나라 황실 양씨(楊氏)의 외조카인데, 오래지 않아 (외숙들 때문에) 양위(讓位)한 뒤에 죽었다.

周初謠曰, 白楊樹頭金鷄鳴, 秪有阿舅無外甥. 靜帝隋氏之甥, 旣遜位而卒.[448]

진왕(秦王)에게 연회를 베풀다[연진왕(宴秦王)] 수(隋) 고조(高祖)가 병주(并州)로 행차하였다가 진효왕(秦孝王)과 왕자상(王子相)에게 연회를 베풀었다. 고조가 사언시(四言詩)를 지어 이르기를, "홍안(紅顔)이 그 얼마일까? 옥과 같은 모습도 잠깐일세. 하루아침에 꽃 떨어지고, 백발은 없애기도 어렵네. 명년이며 후세에, 누구는 있고 누구는 없을까?"라고

---

437. '辨'은 '辯'의 오자이다.
438. 《남사(南史)·진본기(陳本紀)》에는 "謂"가 "以爲"로 되어 있다.
439. 《남사(南史)·진본기(陳本紀)》
440. 《수서(隋書)·지(志)》의 기록을 재구성한 것이다.
441. 이 대목의 의미는 '藁'자의 위아래 부분을 없애면 문선제(文宣帝)의 성씨인 '高'자가 된다는 것이다. 문선제는 북제(北齊)의 제1대 황제로 성명은 고양(高洋)이다. 형 징(澄)이 살해되자 그 살해자를 포살하고 제왕(齊王)으로서 동위(東魏)의 실권을 장악하였다.
442. 문선제의 이름자인 '洋'을 파자하면 '水'와 '羊'이 된다.
443. '明'은 '名'의 오자이다.
444. 《북사(北史)·제본기(齊本紀)》의 기록을 재구성한 것이다.
445. '杷'는 '把'의 오자이다.
446. 《수서(隋書)·지(志)》
447. 금계(金鷄): 꿩과의 새. 꿩과 비슷한데 수컷은 광택 있는 황금색 우관(羽冠)과 뒤 목에는 누런 갈색, 어두운 녹색의 장식깃이 있어 매우 아름답다. 암컷은 엷은 갈색 바탕에 검은 점이 있다.
448. 《수서(隋書)·지(志)》의 기록을 재구성한 것이다.

하였다. 그 이듬해에 왕자상이 죽고, 18년이 지나 진효왕이 죽었다.

隋[449]高祖幸幷州, 宴秦孝王及王子相. 帝爲四言詩曰, 紅顔詎幾, 玉貌須臾. 一朝花落, 白發難除. 明年後歲, 誰有誰無. 明年而子相卒, 十八年而秦孝王薨.[450]

도리자(桃李子)[451] 대업(大業)[452] 연간의 동요에, "도리자(桃李子)야! 큰기러기와 고니가 양산(陽山)을 두르고, 꽃 숲 속에서 돌고 있구나. 함부로 말하지 말아야지, 누가 허(許)나라를 말할까?"[453]라고 하였다. 그 후에 이밀(李密)이 양현감(楊玄感)[454]의 반역에 연좌되어 관리에게 구속되게 될 처지가 되자 노상(路上)에서 도주하여 반란을 꾀하였다. (이밀이) 양성산(陽城山)으로부터 와서 금원(禁苑) 안에 군대를 주둔시켰다. '막랑어(莫浪語)'는 '밀(密)'이다.[455]

大業中, 謠曰, 桃李子, 鴻鵠繞陽山, 宛轉花林裏. 莫浪語, 誰道許. 其後李密坐楊玄感之逆, 爲吏所拘, 在路逃叛. 自陽城山而來, 屯兵苑內. 莫浪語, 密也.[456]

고창(高昌)[457]의 병마(兵馬)[고창병마(高昌兵馬)] 후군집(侯君集)[458]이 고창(高昌)을 토벌하였다. 이보다 앞서 그 나라 안에 동요가 있었는데, "고창의 병마는 눈서리와 같고, 한(漢) 왕실 병마는 일월(日月)과 같네. 일월이 눈서리에 비치면, 머리 돌리는 사이에 저절로 소멸되리라"고 하였다.

侯君集伐高昌. 先是, 其國中有謠曰, 高昌兵馬如霜雪, 漢家兵馬如日月. 日月照霜雪, 回首自消滅.[459]

기울어도 당당(堂堂)하게[측당당(側堂堂)] 조로(調露)[460] 초엽 도성의 민요에, "기울어도 당당(堂堂)하게"라는 말이 있었는데 '堂'을 거듭 말한 것은 '당(唐)'나라가 다시 천명을 받을 것이라는 상징이었다.[461]

調露初, 京城民謠有"側堂堂"之言. 再言堂者, 唐再受命之象."[462]

까마귀와 까치의 둥지[오작과(烏鵲窠)] 신룡(神龍)[463] 이후의 민요에서, "산 남쪽엔 까마귀와 까치의 둥지, 산 북쪽엔 금을 실은 낙타. 낫자루로는 구멍을 뚫지 못하고, 도끼로는 가지를 칠 수 없지"라고 하였다. '산 남쪽'은 당(唐)나라이며, '까마귀와 까치의 둥지'는 사람 사는 집이 드물다는 것이다. '산 북쪽'은 오랑캐이며, '금을 실은 낙타'는 노획을 하여 무겁게 실었다는 것이다.

神龍以後, 民謠曰, 山南烏鵲窠, 山北金駱駝, 鐮柯不鑿孔, 斧子不施柯. 山南, 唐也, 烏鵲窠者, 人居寡也,

---

449. "隋"는 임의로 보탠 글자이다.
450. 《수서(隋書)·지(志)》
451. "桃李子"와 이 항목은 추후 검토가 요구된다.
452. 대업(大業): 수(隋) 양제(煬帝)의 연호(605-617)이다.
453. 당시에 우문화급(宇文化及)이 반란을 도모하며 스스로 '허(許)'라는 국호(國號)를 붙였지만 오래지 않아 깨어졌다. '누가 허(許)나라를 말하랴!'라 한 것은 놀라고 의심하는 말이다.
454. 양현감(楊玄感): 수(隋)나라의 반신(叛臣). 권신 양소(楊素)의 아들로 양제(煬帝)의 제2차 고구려 침공 때 반란을 일으켰으나 실패하자 자살하였다.
455. "함부로 말하지 말라"는 것은 비밀을 지키라는 것인데 이 '密'이 바로 이밀의 이름자이다.
456. 《수서(隋書)·지(志)》의 기록을 재구성한 것이다.
457. 고창(高昌): 5-7세기에, 동투르키스탄의 투루판 분지에 있었던 나라. 전한(前漢) 시대에 이주한 한인(漢人)의 자손이 투르크계 토착민을 제압하고 세운 식민 왕조로, 640년에 당(唐)나라에 멸망하였다.
458. 후군집(侯君集): 당태종(唐太宗) 시절의 무장(武將).
459. 《신당서(新唐書)·지(志)·오행(五行)》
460. 조로(調露): 당(唐) 고종(高宗)의 연호(679-680)이다.
461. '堂'과 '唐'은 해음(諧音)이다.
462. 《신당서(新唐書)·지(志)·오행(五行)》의 기록을 재구성한 것이다.
463. 신룡(神龍): 당(唐) 예종(睿宗)의 연호(705)이다.

山北, 胡也, 金駱駝者, 虜獲而重載也.[464]

산 아래의 귀신[산하귀(山下鬼)] 천보(天寶)[465] 연간에 이하주(李遐周)라는 술사(術士)가 있어 현도관(玄都觀)[466]에 딸린 건물 어디쯤에 시를 적어놓기를, "연(燕) 땅의 저자 사람들은 모두 갔는데, 함곡관(函谷關)의 말은 돌아오지 않는구나. 사람들이 산 아래의 귀신을 만나자, 칼코등이 위에 비단옷을 묶어두네"라고 하였는데 사람들 모두가 뜻을 알지 못하였다.

天寶中, 有術士李遐周於玄都觀院廡間爲詩曰, 燕市人皆去, 函關馬不歸, 人逢山下鬼, 環上繫羅衣. 而人皆不悟.[467]

안록산(安祿山)이 아직 반란을 일으키지 않았을 때의 동요에서, "제비가 날아 하늘로 올라갔더니, 천상(天上)의 여자 아이가 흰 모전을 펴주는데, 모전 위에는 천금의 돈이 있었네"라고 하였다. 당시에 유주(幽州)에도 또 동요가 있어, "옛날부터 대간(戴竿)[468]을 자랑했지만, 오늘에는 볼 수가 없네. 그저 볼 수 있는 것이라면 5월 안에, 청수하(清水河) 강변에서 보일 거란족뿐!"이라 하였다.

祿山未反時, 謠曰, "燕燕飛上天, 天上女兒鋪白氈, 氈上有千錢." 時幽州又謠曰, 舊來誇戴竿, 今日不堪看, 但看五月裏, 清水河邊見契丹.[469]

이 물은 경수(涇水)까지 이어지는데[차수연경(此水連涇)] 덕종(德宗) 시절에 누군가가 시를 지어 이르기를, "이 물은 경수(涇水)까지 이어질 터인데, 두 눈에 보이는 것은 피가 가득한 하천뿐… 푸른 소가 붉은 호랑이를 쫓아내고서, 바야흐로 태평시절이라 호칭하는구나"라고 하였다. 요즘의 시요(詩妖)[470]이다.

德宗時, 或爲詩曰, "此水連涇水, 雙眸血滿川. 青牛逐朱虎, 方號太平年." 近詩妖也.[471]

길을 나섰으나 갈 곳이 없네[출무소지(出無所之)] 함통(咸通)[472] 14년에 성도(成都)의 동요에서, "함통 계사년에, 길을 나섰으나 갈 곳이 없네. 뱀이 가고 말이 와, 도로가 조금 열렸지만, 머리에는 한 조각 기와도 없고, 땅엔 타고 남은 재뿐이네"라고 하였다. '巳'는 뱀이고, '午'는 말이다.

咸通十四年, 成都謠曰, 咸通癸巳, 出無所之. 蛇去馬來, 道路稍開, 頭無片瓦, 地有殘灰. 巳,[473] 蛇也, 午, 馬也.[474]

농사짓는 집이 심은 것[농가종(農家種)] 광원주(廣源州)의 오랑캐 추장 농지고(儂智高)가 반란을 일으킬 무렵의 요언(謠言)에서, "농사짓는 집이 심은 것을 쌀 파는 집에서 거둔다"라고 하였다. 후에 적청(狄青)이 농지고를 토벌하여 평정시켰다.[475]

廣源蠻酋儂智高反時, 謠言曰, 農家種, 糴家收. 後狄青討平之.[476]

---

464. 《신당서(新唐書)·지(志)·오행(五行)》
465. 천보(天寶): 당(唐) 현종(玄宗)의 연호(742-756)이다.
466. 현도관(玄都觀): 당(唐)나라 때 세워진 도교(道教) 사원(寺院).
467. 《신당서(新唐書)·지(志)·오행(五行)》
468. 대간(戴竿): 잡기(雜技)의 일종.
469. 《신당서(新唐書)·지(志)·오행(五行)》
470. 시요(詩妖): 모종의 재앙이나 난리의 징조를 암시해 주는 것으로 보이는 민간의 가요.
471. 《신당서(新唐書)·지(志)·오행(五行)》
472. 함통(咸通): 당(唐) 의종(懿宗)의 연호(860-873)이다.
473. "巳" 앞에 "是歲, 歲陰在巳, 明年在午"가 누락되었다.
474. 《신당서(新唐書)·지(志)·오행(五行)》
475. '農'은 '儂'의 해음(諧音)이고, '糴'은 '狄'의 해음이다.
476. 《문헌통고(文獻通考)》 권309의 기록을 재구성한 것이다.

복식의 이변
服妖[477]

나막신[목극(木屐)] 연희(延熹)[478] 연간에 도성의 현귀(顯貴)한 자들이 모두 나막신을 신고 다녔다. (연희) 9년에 이르러 당고(黨錮)의 일이 처음으로 발생하였는데 늙거나 젊은 부녀자들까지 모두 질곡을 입었던 것은 나막신의 조응(照應)이다.

延熹中, 京都長者皆著木屐. 到九年, 黨事始發, 長少婦女皆被桎梏, 爲木屐之應也.[479]

오랑캐 복식(復飾)[호복(胡服)] 영제(靈帝)가 오랑캐의 복식과 휘장, 침상, 자리, 음식, 공후, 피리, 춤을 좋아하자 제왕의 친족들이 모두 다투어 그렇게 하였다. 이것이 복요(服妖)이다. 그 후에 동탁(董卓)이 오랑캐 군대를 끌어들여 궁궐을 노략질하였다.

靈帝好胡服·胡帳·胡床·胡坐·胡飯·胡箜篌·胡笛·胡舞, 京都貴戚皆競爲之. 此服妖也. 其後董卓多擁胡兵[480], 虜掠宮掖.[481]

옷의 장단(長短)[의장단(衣長短)] 건안(建安)[482] 연간에 남자의 복장은 몸 쪽은 길게, 아래는 매우 짧게 하기를 좋아하였고, 여자는 치마는 길게, 위는 매우 짧게 하기를 좋아하였다. 이는 양기(陽氣)가 아래로 내려갈 수 없고, 음기(陰氣)가 위로 올라갈 수 없는 것이다. 천하가 마침내 크게 어지러워졌다.

建安中, 男子之衣, 好爲長躬而下甚短, 女子好爲長裙而上甚短. 是陽無下而陰無上也. 天下遂大亂.[483]

가두(假頭) 태원(太元)[484] 연간에 공주와 부녀자들이, 필히 귀밑머리는 느슨하게 하고, 쪽진 머리는 기울어지게 하여 성대한 치장을 하였다. 덧대는 가발을 쓰는 경우가 이미 많아졌는데 늘 이고 다닐 수도 없었다. 이에 먼저 나무나 대그릇 위에 그것을 꾸몄는데 이름을 가계(假髻)[485]라 하였으며 혹 가두(假頭)라고도 하였다. 가난한 집에서 스스로 갖추어 할 수가 없으면 '머리가 없다'고 자칭하였으며 남에게 머리를 빌리기도 하였으니 또한 복요(服妖)인 것이다. 오래지 않아 천하에 소동이 났는데 (시신이) 그 머리를 많이 잃었다. 대렴(大殮)[486]을 할 때도 모두 각목(刻木)과 밀랍, 혹은 줄 풀[487]을 묶은 것으로 머리를 만들었으니 이는 가두(假頭)의 조응이다.

太元中, 公主婦女必緩鬢傾髻, 以爲盛飾. 用髮既多, 不可恒戴, 乃先於木及籠上裝之, 名曰假髻, 或名假頭. 貧家, 不能自辦, 自號無頭, 就人借頭, 亦服妖也. 無幾, 天下騷動, 多喪其元. 至於大殮, 皆刻木及蠟或縛菰草爲頭, 是假頭之應.[488]

477. 복요(服妖): 복식(服飾)의 괴이함을 일컫는 말. 옛사람들은 기이한 장식과 이상한 복식이 천하의 변란을 예시할 수 있다고 여겼기 때문에 '服妖'로 불렀다.
478. 연희(延熹): 후한(後漢) 환제(桓帝)의 연호(158-166)이다.
479. 《후한서(後漢書)·지(志)·오행(五行)》의 기록을 재구성한 것이다.
480. "胡兵" 뒤에 "塡塞街衢"가 생략되었다.
481. 《후한서(後漢書)·지(志)·오행(五行)》
482. 건안(建安): 후한(後漢) 헌제(獻帝)의 연호(196-220)이다.
483. 《후한서(後漢書)·지(志)·오행(五行)》의 기록을 재구성한 것이다.
484. 태원(太元): 진(晉) 효무제(孝武帝)의 연호(376-396)이다.
485. 가계(假髻): 가발로 만들어진 쪽진 머리로 가계(假紒), 가결(假結)이라고도 함.
486. 대렴(大殮): 소렴(小殮)을 한 다음날, 송장에 옷을 거듭 입히고 이불로 싸서 베로 묶는 일.
487. 줄 풀: 볏과의 여러해살이풀. 높이는 2미터 정도이며, 잎은 좁은 피침 모양이고 모여난다.
488. 《진서(晉書)·지(志)》의 기록을 재구성한 것이다.

길짐승의 이변 獸異

두 개의 발[양족(兩足)] 진(晉)나라 태강(太康)[489] 6년에 남양(南陽)에서 발이 두 개인 맹수를 바쳤는데 이는 모충(毛蟲)[490]의 요얼이다. 《역전(易傳)》에서 말하기를, "발이 적은 것은 아랫사람이 임무를 이겨내지 못함이다"라고 하였다.

晉太康六年, 南陽獻兩足猛獸, 此毛蟲之孽也. 易傳曰, 足少者, 下不勝任也.[491]

네 개의 뿔[사각(四角)] 태강(太康) 7년에 하간왕(河間王) 사마옹(司馬顒)이 뿔이 네 개인 짐승을 바쳤다. 뿔은 병란의 상징이고, 넷은 사방의 상징이다.

太康七年, 河間王顒獻四角獸. 角, 兵象也, 四者, 四方之象.[492]

여우가 대궐 아래에서 울다[호명궐하(狐鳴闕下)] 중대동(中大同)[493] 연간에 매일 밤에 여우가 대궐 아래에서 울었는데 수년이 지나서야 그쳤다. 《역비후(易飛候)》에서 말하기를, "들짐승이 무리를 지어 우는 것은, 성 안이 장차 빌 일이 생긴다는 것이다"라고 하였는데 얼마 되지 않아 나라에 전란이 나더니 단양(丹陽) 사람들 거의 모두가 죽었다.

中大同中, 每夜狐鳴闕下, 數年乃止. 易飛候曰, 野獸群鳴, 邑中且空虛. 俄而國亂, 丹陽死喪略盡.[494]

진(陳) 후주(後主) 정명(禎明)[495] 연간에 여우가 침상 아래로 들어왔는데 잡으려 해도 잡을 수가 없었다. 《역비후(易飛候)》에서 말하기를, "여우가 임금의 침실 안으로 들어오면 방안에서 살 수가 없다"라고 하였는데 오래지 않아 나라가 멸망하였다.

陳後主[496]禎明中[497], 狐入床下, 捕之不獲. 易飛候曰, 狐入君室, 室不居. 未幾而國滅.[498]

토끼가 농작물을 해치다[토해가(兎害稼)] 당(唐)나라 영순(永淳)[499] 연간에 남주(嵐州)와 승주(勝州)에서 토끼가 농작물을 해쳤는데 천 마리, 만 마리가 무리를 이루어 싹을 다 먹어치우더니 토끼 또한 다시 보이지 않았다.

唐[500]永淳中, 嵐·勝州兎害稼, 千萬爲群, 食苗盡, 兎亦不復見.[501]

호랑이가 도성에 들어오다[호입경사(虎入京師)] 대력(大曆)[502] 4년에 호랑이가 도성 원재(元載)의 집안 사당에 들어와서 쏘아 죽였다.

大曆四年, 虎入京師元載家廟, 射殺之.[503]

건중(建中)[504] 3년에 흰 호랑이가 선양리(宣陽里)

489. 태강(太康): 진(晉) 무제(武帝)의 연호(280-289)이다.
490. 모충(毛蟲): 몸에 털이 있는 벌레를 통틀어 이르는 말이지만 경우에 따라 짐승을 포함시키기도 한다.
491. 《진서(晉書)·지(志)》의 기록을 재구성한 것이다.
492. 《진서(晉書)·지(志)》의 기록을 재구성한 것이다.
493. 중대동(中大同): 양(梁) 무제(武帝)의 연호(546)이다.
494. 《수서(隋書)·지(志)》
495. 정명(禎明): 진(陳) 후주(後主)의 연호(587-589)이다.
496. "後主"는 임의로 보태진 글자이다.
497. 《수서(隋書)·지(志)》에는 "中"이 "初"로 되어 있다.
498. 《수서(隋書)·지(志)》
499. 영순(永淳): 당(唐) 고종(高宗)의 연호(682-683)이다.
500. "唐"은 임의로 보태진 글자이다.
501. 《신당서(新唐書)·지(志)·오행(五行)》
502. 대력(大曆): 당(唐) 대종(代宗)의 연호(766-779)이다.
503. 《신당서(新唐書)·지(志)·오행(五行)》의 기록을 재구성한 것이다.

에 들어와 사람 셋을 다치게 하였는데 이튿날 아침에 사로잡았다.

建中三年, 白[505]虎入宣陽里, 傷人三[506], 詰朝獲之.[507]

야생 사슴이 대궐에 들어오다[야록입전(野鹿入殿)] 정원(貞元)[508] 2년에 야생 사슴이 함원전(含元殿) 앞으로 와서 사로잡았다.

貞元二年, 野鹿至含元殿前, 獲之.[509]

말이 사람을 낳다[마생인(馬生人)] 진(秦) 효공(孝公) 시절에 어떤 말이 사람을 낳았다. 혹자가 말하기를, "여러 축생이 새끼를 낳음에 그 종류가 아니면 자손에게 필히 그 성씨가 아닌 자가 있게 된다"라고 하였다.

秦孝公時, 有馬生人. 或曰, 諸畜生非其類, 子孫必有非其姓者.[510]

민제(愍帝) 건흥(建興)[511] 2년에 포자현(蒲子縣)에서 말이 사람을 낳았다.

愍帝建興二年, 蒲子縣馬生人.[512]

당(唐) 건부(乾符)[513] 2년에 하북(河北)에서 말이 사람을 낳았다.

唐乾符二年, 河北馬生人.[514]

중화(中和)[515] 원년에 장안(長安)에서 말이 사람을 낳았다.

中和元年, 長安馬生人.[516]

말에 뿔이 돋다[마생각(馬生角)] 한(漢) 문제(文帝) 12년에 오(吳) 땅의 어떤 말에 뿔이 돋았는데 뿔은 귀 앞에 있었으며 위로 자라고 있었다. 오른쪽 뿔은 길이가 3치, 왼쪽 뿔은 길이가 2치로 (둘레는) 모두 2치가 넘었다. 《역전(易傳)》에서 말하기를, "신하가 임금을 가벼이 여기고 정사가 순조롭지 못하면, 그 요얼은 말에 뿔이 돋는 것이다"라고 하였다. 또 말하기를, "천자가 친히 토벌하면 말에 뿔이 돋는다"라고 하였다.

漢文帝十二年, 有馬生角于吳, 角在耳前, 上鄉. 右角長三寸, 左角長二寸, 皆大二寸. 易傳曰, 臣易上, 政不順, 厥妖馬生角. 又曰, 天子親伐, 馬生角.[517]

성제(成帝) 수화(綏和)[518] 2년에 말에 뿔이 돋았는데 왼쪽 귀 앞에 있었으며 둘레와 길이가 각각 2치였다. 이 무렵에 왕망(王莽)이 대사마(大司馬)가 되었다.

成帝綏和二年, 馬生角, 在左耳前, 圍長各二寸. 時, 王莽爲大司馬.[519]

진(晉) 태희(太熙)[520] 원년에 요동(遼東)의 어떤 말에 뿔이 돋았는데 양쪽 귀 아래에 있었으며 길이가 3치였다.

504. 건중(建中): 당(唐) 덕종(德宗)의 연호(780-783)이다.
505. "白"은 임의로 보태진 글자이다.
506. '三'은 '二'의 오자이다.
507. 《신당서(新唐書) · 지(志) · 오행(五行)》
508. 정원(貞元): 당(唐) 덕종(德宗)의 연호(785-805)이다.
509. 《신당서(新唐書) · 지(志) · 오행(五行)》의 기록을 재구성한 것이다.
510. 《한서(漢書) · 오행지(五行志)》의 기록을 재구성한 것이다.
511. 건흥(建興): 진(晉) 민제(愍帝)의 연호(313-317)이다.
512. 《진서(晉書) · 지(志)》
513. 건부(乾符): 당(唐) 희종(僖宗)의 연호(874-879)이다.
514. 《신당서(新唐書) · 지(志) · 오행(五行)》
515. 중화(中和): 당(唐) 희종(僖宗)의 연호(881-884)이다.
516. 《신당서(新唐書) · 지(志) · 오행(五行)》
517. 《한서(漢書) · 오행지(五行志)》의 기록을 재구성한 것이다.
518. 수화(綏和): 한(漢) 성제(成帝)의 연호(BC 8-BC 7)이다.
519. 《한서(漢書) · 오행지(五行志)》의 기록을 재구성한 것이다.
520. 태희(太熙): 진(晉) 무제(武帝)의 연호(290)이다.

晉[521]太熙元年, 遼東有馬生角, 在兩耳下, 長三寸.[522]

안제(安帝) 융안(隆安)[523] 4년에 양주(梁州)의 어떤 말에 뿔이 돋았다.

安帝隆安四年, 梁州有馬生角.[524]

진(陳) 선제(宣帝) 시절에 형주(衡州)에서 말에 뿔이 돋았다.

陳宣帝時[525], 衡州馬生角.[526]

수(隋) 대업(大業)[527] 11년에 하남(河南), 부풍(扶風) 등 세 군(郡)에서 모두 말에 뿔이 돋았는데 길이가 몇 치가 되었다.

隋大業[528]十一年, 河南·扶風三郡, 幷有馬生角, 長數寸.[529]

의녕(義寧) 2년에 말에 뿔이 돋았는데 길이가 2치였다.

義寧二年, 馬生角, 長二寸.[530]

당(唐) 건중(建中)[531] 4년에 활주(滑州)에서 말에 뿔이 돋았다.

唐建中四年, 滑州馬生角.[532]

개성(開成)[533] 원년에 양주(揚州)에서 말에 뿔이 돋았다.

開成元年, 揚州馬生角.[534]

함통(咸通)[535] 3년에 침주(郴州)에서 말에 뿔이 돋았다.

咸通三年, 郴州馬生角.[536]

중화(中和)[537] 원년에 소주(蘇州) 가흥(嘉興)에서 말에 뿔이 돋았다.

中和元年, 蘇州嘉興馬生角.[538]

송(宋) 선화(宣和)[539] 5년에 말에 뿔 두 개가 돋았는데 길이가 3치였으며 네 발에서는 모두 발톱이 나왔다.

宋[540]宣和五年, 馬生兩角, 長三寸, 四足皆出距.[541]

순희(淳熙)[542] 12년에 여주(黎州)와 아주(雅州)에서 말을 바쳤는데 길이가 2치인 뿔이 있었다.

淳熙十二年, 黎·雅州獻馬, 有角長二寸.[543]

---

521. "晉"은 임의로 보태진 글자이다.
522. 《진서(晉書)·지(志)》
523. 융안(隆安): 진(晉) 안제(安帝)의 연호(397-401)이다.
524. 《진서(晉書)·지(志)》
525. 《수서(隋書)·지(志)》에는 "陳宣帝時"가 "太建五年"으로 되어 있다.
526. 《수서(隋書)·지(志)》
527. 대업(大業): 수(隋) 양제(煬帝)의 연호(605-617)이다.
528. "隋大業"은 임의로 보태진 글자이다.
529. 《수서(隋書)·지(志)》
530. 《신당서(新唐書)·지(志)·오행(五行)》의 기록을 재구성한 것이다.
531. 건중(建中): 당(唐) 덕종(德宗)의 연호(780-783)이다.
532. 《신당서(新唐書)·지(志)·오행(五行)》
533. 개성(開成): 당(唐) 문종(文宗)의 연호(836-840)이다.
534. 《신당서(新唐書)·지(志)·오행(五行)》의 기록을 재구성한 것이다.
535. 함통(咸通): 당(唐) 의종(懿宗)의 연호(860-873)이다.
536. 《신당서(新唐書)·지(志)·오행(五行)》
537. 중화(中和): 당(唐) 희종(僖宗)의 연호(881-884)이다.
538. 《신당서(新唐書)·지(志)·오행(五行)》의 기록을 재구성한 것이다.
539. 선화(宣和): 북송(北宋) 휘종(徽宗)의 연호(1119-1125)이다.
540. "宋"은 임의로 보태진 글자이다.
541. 《송사(宋史)·지(志)·오행(五行)》
542. 순희(淳熙): 남송(南宋) 효종(孝宗)의 연호(1174-1189)이다.
543. 《송사(宋史)·지(志)·오행(五行)》

발이 다섯인 소[오족우(五足牛)] 진(秦) 효문왕(孝文王) 시절에 발이 다섯인 소를 바친 자가 있었다. 《역전(易傳)》에서 말하기를, "요역(徭役)을 일으켜 백성들이 농사지을 때를 빼앗으면 그 요얼은 발이 다섯인 소가 생겨나는 것이다"라고 하였다.

秦孝文王時, 有獻五足牛. 易傳曰, 興繇, 奪民時, 厥妖牛生五足.[544]

소가 말을 하다[우언(牛言)] 진(晉) 무제(武帝) 태강(太康)[545] 9년에 유주(幽州)의 변경 북쪽에서 죽은 소(의 머리)가 말을 한 적이 있다.

晉[546]武帝太康元[547]年, 幽州塞北有死牛頭語.[548]

혜제(惠帝) 태안(太安)[549] 연간에 강하(江夏)의 장빙(張騁)이 타고 가던 소가 말하기를, "천하가 어지러운데 나를 타고 어디로 가려하시오?"라고 하였다. 장빙이 두려워하며 집으로 돌아왔더니 개가 또 말하기를, "어찌 이렇게 빨리 돌아오시오?"라고 하였다. 오래지 않아 뒤처져 있던 소가 또 사람처럼 서서 걸어왔다. 점을 친 사람이 말하기를, "천하에 장차 전란이 있을 것인데 생겨날 화가 한 집에만 그치는 것이 아니다"라고 하였다. 그해에 장창(張昌)이 반란을 일으켰는데 장빙이 장수가 되었다가 멸족되었다. 《역전(易傳)》에서 말하기를, "죄가 없는 소를 죽이면 요얼의 소가 생겨난다. 소가 말을 한다는 것은 그 (점괘의) 말과 같다"라고 하였다.

惠帝太安中, 江夏張騁所乘牛言曰, 天下亂, 乘我何之. 騁懼而還, 犬又言曰, 歸何早也. 尋後牛又人立而行. 卜者曰, 天下將有兵亂, 爲禍非止一家. 其年, 張昌反, 騁爲將帥, 族滅. 易傳曰, 殺無罪牛, 生妖牛. 牛能言, 如其言.[550]

당(唐) 광계(光啓)[551] 원년에 하동(河東)에서 어떤 소가 사람 말을 하자 그 집 사람들이 소를 잡아먹었다.

唐[552]光啓元年, 河東有牛人言, 其家殺而食之.[553]

머리가 둘인 송아지[양두독(兩頭犢)] 진(晉) 원제(元帝) 건무(建武)[554] 원년 7월에 소가 송아지를 낳았는데 한 몸에 머리가 둘이었다. 《역전(易傳)》에서 말하기를, "소가 새끼를 낳았는데 머리 둘에 한 몸인 것은 천하가 장차 분열될 징후이다"라고 하였다.

晉元帝建武元年七月, 牛生犢, 一體兩頭. 易傳曰, 牛生子二首一身, 天下將分之象.[555]

태흥(太興)[556] 원년에 무창태수(武昌太守) 왕량(王諒)의 소가 새끼를 낳았더니 머리가 둘에 발이 여덟 개였으며, 두 개의 꼬리가 한 몸에 달려있었는데 3년 후에 죽었다. 또 소가 발 하나에 꼬리가 셋인 것도 있었는데 태어나자마자 죽었다. 사마표(司馬彪)[557]가 말하기를, "머리가 둘이라는 것은 정권이 사가(私家)의 수중에 있어 상하에 분별이 없을 징후이다"라고 하였다. 《역전(易傳)》에서 말하기를, "발

544. 《한서(漢書)·오행지(五行志)》의 기록을 재구성한 것이다.
545. 태강(太康): 진(晉) 무제(武帝)의 연호(280-289)이다.
546. "晉"은 임의로 보태진 글자이다.
547. '元'은 '九'의 오자이다.
548. 《진서(晉書)·지(志)》
549. 태안(太安): 진(晉) 혜제(惠帝)의 연호(302-303)이다.
550. 《진서(晉書)·지(志)》의 기록을 재구성한 것이다.
551. 광계(光啓): 당(唐) 희종(僖宗)의 연호(885-887)이다.
552. "唐"은 임의로 보태진 글자이다.
553. 《신당서(新唐書)·지(志)·오행(五行)》
554. 건무(建武): 진(晉) 원제(元帝)의 연호(317)이다.
555. 《진서(晉書)·지(志)》의 기록을 재구성한 것이다.
556. 태흥(太興): 진(晉) 원제(元帝)의 연호(318-321)이다.
557. 사마표(司馬彪): 《후한서(後漢書)》의 "지(志)" 30권을 저술한 진대(晉代) 학자.

이 많다는 것은 간사한 자에게 일을 맡겼다는 것이고, 발이 적다는 것은 맡겨진 일을 이기지 못한다는 것이다"라고 하였다.

太興元年, 武昌太守王諒牛生子, 兩頭八足, 兩尾共一腹, 三年後死. 又有牛一足三尾, 皆生而死. 司馬彪說, 兩頭者, 政在私門, 上下無別之象. 易傳曰, 足多者, 所任邪也, 足少者, 不勝任也.[558]

성제(成帝) 함화(咸和)[559] 2년 5월에 소가 송아지를 낳았는데 머리가 둘에 발이 여섯 개였다. 이 해 겨울에 소준(蘇峻)이 난을 일으켰다.

成帝咸和二年五月, 牛生犢, 兩頭六足. 是冬, 蘇峻作亂.[560]

(함화) 7년에 구덕(九德) 사람 원영(袁榮)의 집에서 소가 송아지를 낳았는데 머리가 둘에 발이 여덟 개였으며, 두 개의 꼬리가 한 몸에 달려있었다.

七年, 九德人袁榮家牛産犢, 兩頭八足, 二尾共身.[561]

대력(大曆)[562] 8년에 소가 송아지를 낳았는데 머리가 둘이었다.

大曆八年, 牛生犢, 二首.[563]

순희(淳熙)[564] 12년에 여항현(餘杭縣)에 송아지가 있었는데 머리 둘에 한 몸이었다.

淳熙十二年, 餘杭縣有犢, 二首一身.[565]

뿔이 세 개인 소[삼각우(三角牛)] 무후(武后) 시절에 소에 뿔이 세 개 돋았다.

武后時, 牛生三角.[566]

송(宋) 태평흥국(太平興國)[567] 9년에 건주(乾州)에서 뿔이 세 개인 소를 바쳤다.

宋太平興國九年, 乾州獻三角牛.[568]

소가 기린을 낳다[우생기린(牛生麒麟)] 정화(政和)[569] 5년에 신도현(信都縣)의 백성 범제(范濟)의 집에서 소가 기린을 낳았다.

政和五年, 信都縣民范濟家牛生麒麟.[570]

중화(重和)[571] 원년에 섬주(陝州)에서 소가 기린을 낳았다.

重和元年, 陝州牛生麒麟.[572]

선화(宣和)[573] 2년에 흡현(歙縣)의 백성 포공(鮑珙)의 집에서 소가 기린을 낳았다.

宣和二年, 歙縣民鮑珙家牛生麒麟.[574]

(선화) 3년에 양현(梁縣)의 백성 형희(邢喜)의 집에서 소가 기린을 낳았다.

三年, 梁縣民邢喜家牛生麒麟.[575]

경원(慶元)[576] 3년에 낙평현(樂平縣)에서 소가 송

558. 《진서(晉書)·지(志)》
559. 함화(咸和): 진(晉) 성제(成帝)의 연호(326-334)이다.
560. 《진서(晉書)·지(志)》의 기록을 재구성한 것이다.
561. 《진서(晉書)·지(志)》
562. 대력(大曆): 당(唐) 대종(代宗)의 연호(766-779)이다.
563. 《신당서(新唐書)·지(志)·오행(五行)》
564. 순희(淳熙): 남송(南宋) 효종(孝宗)의 연호(1174-1189)이다.
565. 《송사(宋史)·지(志)·오행(五行)》
566. 《신당서(新唐書)·지(志)·오행(五行)》
567. 태평흥국(太平興國): 북송(北宋) 태종(太宗)의 연호(976-983)이다.
568. 《송사(宋史)·지(志)·오행(五行)》의 기록을 재구성한 것이다.
569. 정화(政和): 북송(北宋) 휘종(徽宗)의 연호(1111-1117)이다.
570. 《송사(宋史)·지(志)·오행(五行)》의 기록을 재구성한 것이다.
571. 중화(重和): 북송(北宋) 휘종(徽宗)의 연호(1118)이다.
572. 《송사(宋史)·지(志)·오행(五行)》의 기록을 재구성한 것이다.
573. 선화(宣和): 북송(北宋) 휘종(徽宗)의 연호(1119-1125)이다.
574. 《송사(宋史)·지(志)·오행(五行)》의 기록을 재구성한 것이다.
575. 《송사(宋史)·지(志)·오행(五行)》

아지를 낳았는데 사람의 머리를 하고 있었다.

慶元三年, 樂平縣牛生犢, 人首.[577]

돼지의 요얼[시요(豕妖)] 진(晉) 회제(懷帝) 시절에 수춘성(壽春城)에서 돼지가 머리 둘이 달린 새끼를 낳았으나 살지 못하였다. 식자(識者)가 이르기를, "돼지는 북방의 가축으로 오랑캐의 징후이다. 머리가 둘인 것은 위[윗사람]가 없다는 것이다. 태어났다가 죽었음은 일을 이루지 못한다는 것이다"라고 하였다.

晉懷帝時, 壽春豕生兩頭而不活. 識者云, 豕, 北方畜, 胡狄象. 兩頭者, 無上也. 生而死, 不遂也.[578]

원제(元帝) 건무(建武)[579] 원년에 발이 여덟 개인 돼지가 있었다.

元帝建武元年, 有豕八足.[580]

성제(成帝) 함화(咸和)[581] 6년에 전당(錢唐)의 인가에서 수퇘지가 새끼 두 마리를 낳았는데 모두 사람 얼굴을 하고 있었으며 오랑캐의 형상과 같았다.

成帝咸和六年, 錢唐人家豭豕産兩子, 而皆人面, 如胡人狀.[582]

효무제(孝武帝) 시절에 경도(京都)에 돼지 한 마리가 있었는데 등뼈가 두 개이고 발이 여덟 개였다. (太元) 13년에 경도의 인가에서 돼지가 새끼를 낳았는데 머리 하나에 몸이 두 개였으며 발이 여덟 개였다.

孝武帝時[583], 京都有豚一頭, 二脊八足. 十三年, 京都人家豕産子, 一頭二身八足.[584]

유총(劉聰)[585] 말년에 어떤 돼지가 진현관(進賢冠)[586]을 쓰고 유총의 자리에 올라가 앉을 때, 개가 무관(武官)의 관모(冠帽)를 쓰고 인끈을 두르고서 돼지와 함께 올라갔는데 잠시 후에 어전(御殿) 위에서 싸우다가 죽었다.

劉聰末年[587], 有豕著進賢冠, 升聰坐, 犬冠武冠, 帶綬, 與豕幷升, 俄而鬪死殿上.[588]

정관(貞觀)[589] 17년에 돼지가 새끼를 낳았는데 머리 하나에 발이 여덟 개였다.

貞觀十七年, 豕生子, 一首八足.[590]

정원(貞元)[591] 4년에 민가에서 돼지가 새끼를 낳았는데 머리 두 개에 발이 네 개였다.

貞元四年, 民家有豕生子, 兩首四足.[592]

이 해[정원 4년]에 선주(宣州)에 큰비가 내리며 천둥과 번개가 칠 때 무슨 물체가 땅에 떨어졌는데 돼지와 같았다. 수족에는 각기 손가락과 발가락이 두 개씩 있었으며 붉은 무늬가 있는 뱀을 잡아 먹었다. 잠깐 사이에 구름이 합쳐지고 다시 보이지 않았다.

---

576. 경원(慶元): 남송(南宋) 영종(寧宗)의 연호(1195-1200)이다.
577. 《송사(宋史)·지(志)·오행(五行)》의 기록을 재구성한 것이다.
578. 《진서(晉書)·지(志)》의 기록을 재구성한 것이다.
579. 건무(建武): 진(晉) 원제(元帝)의 연호(317)이다.
580. 《진서(晉書)·지(志)》
581. 함화(咸和): 진(晉) 성제(成帝)의 연호(326-334)이다.
582. 《진서(晉書)·지(志)》
583. 《진서(晉書)·지(志)》에는 "孝武帝時"가 "太元十年四月"로 되어 있다.
584. 《진서(晉書)·지(志)》
585. 오호십육국(五胡十六國)시대의 한(漢)나라 제3대 황제.
586. 진현관(進賢冠): 문관(文官)이나 유생(儒生)이 쓰던 관. 지위(地位)에 따라서 관량(冠梁)의 수가 달랐다.
587. "劉聰末年"은 임의로 보태진 글자이다.
588. 《진서(晉書)·재기(載記)》
589. 당(唐) 태종(太宗)의 연호(627-649)이다.
590. 《신당서(新唐書)·지(志)·오행(五行)》의 기록을 재구성한 것이다.
591. 정원(貞元): 당(唐) 덕종(德宗)의 연호(785-805)이다.
592. 《신당서(新唐書)·지(志)·오행(五行)》의 기록을 재구성한 것이다.

是歲, 宣州大雨震電[593], 有物墮地, 如豬. 手足各兩指, 執赤班蛇食之. 頃之, 雲合不復見.[594]

광명(廣明)[595] 원년에 강주(絳州)에서 돼지가 사람의 형상과 같은 새끼를 낳았는데 눈썹과 눈, 귀와 머리카락이 없었다.

廣明元年, 絳州豕生如人狀, 無眉目耳髮.[596]

송(宋) 건도(乾道)[597] 6년에 남웅주(南雄州)의 민가에서 돼지가 새끼 몇 마리를 낳았는데 머리가 각기 다른 짐승의 형상을 하고 있었으며 또한 사람 머리를 하고 있는 것도 있었다.

宋[598]乾道六年, 南雄州民家豕生數豚, 首各備他獸形, 亦有人首者.[599]

경원(慶元)[600] 3년에 요주(饒州)에서 돼지 새끼 여덟 마리가 태어났는데 그 가운데 둘은 사슴이었다.

慶元三年, 饒州生八豚, 其二爲鹿.[601]

양화(羊禍)[602] 진(晉) 성제(成帝) 함화(咸和)[603] 2년에 왕도(王道)의 외양간에서 양이 태어났는데 뒷발이 없었다.

晉成帝咸和二年, 王道廏羊生, 無後足.[604]

수(隋) 문제(文帝) 개황(開皇)[605] 12년에 번창(繁昌) 사람 양열(楊悅)이 구름 속에서 두 물체를 보았는데 숫양과 같았다. 황색으로 크기는 막 태어난 개만 했는데 싸우다가는 떨어졌다. 양열이 그 한 마리를 잡았으나 몇 순(旬)이 지나자 간 곳을 알 수 없었다. '양(羊)'은 황실의 성(姓)이고[606] '고(羔)'는 양의 새끼이니[607] 황태자 양용(楊勇)이 진왕(晉王)에 의해 은밀히 훼멸될 징후이다.

隋文帝開皇十二年, 繁昌楊悅見雲中二物, 如羝羊. 黃色, 大如新生犬, 鬪而墜. 悅獲其一, 數旬失所在. 羊, 國姓, 羔, 羊子也, 太子勇爲晉王陰毁之應.[608]

공제(恭帝) 의녕(義寧)[609] 2년에 양 새끼가 태어났는데 꼬리가 없었다. 양씨(楊氏)에게 후사가 없을 징후이다. 또 태원(太原)에서 검은 양을 바쳤는데 머리가 없었지만 죽지 않았다.

恭帝義寧二年, 羊羔, 生而無尾. 楊氏無後之象.[610] 又太原獻羖羊, 無頭而不死.[611]

당(唐) 개원(開元)[612] 2년에 원주(原州)에서 살로 된 뿔이 돋은 양을 바쳤다. (개원) 2년 3월에 부평현

---

593. 《신당서(新唐書)·지(志)·오행(五行)》에는 "電"이 "雷"로 되어 있다.
594. 《신당서(新唐書)·지(志)·오행(五行)》
595. 광명(廣明): 당(唐) 희종(僖宗)의 연호(880)이다.
596. 《신당서(新唐書)·지(志)·오행(五行)》의 기록을 재구성한 것이다.
597. 건도(乾道): 남송(南宋) 효종(孝宗)의 연호(1165-1173)이다.
598. "宋"은 임의로 보태진 글자이다.
599. 《송사(宋史)·지(志)·오행(五行)》의 기록을 재구성한 것이다.
600. 경원(慶元): 남송(南宋) 영종(寧宗)의 연호(1195-1200)이다.
601. 《송사(宋史)·지(志)·오행(五行)》의 기록을 재구성한 것이다.
602. 양화(羊禍): 옛사람들은 양의 괴이한 배태(胚胎)와 같은 이상 현상과 양의 질병 등이 다른 동물의 경우와 마찬가지로 재변의 징후를 보여주기도 한다고 여겨서 '양화(羊禍)'라는 말을 쓰게 되었다.
603. 함화(咸和): 진(晉) 성제(成帝)의 연호(326-334)이다.
604. 《진서(晉書)·지(志)》의 기록을 재구성한 것이다.
605. 개황(開皇): 수(隋) 문제(文帝)의 연호(581-600)이다.
606. '羊'이 '楊'과 해음(諧音)임을 지적한 것이다.
607. 크기가 막 태어난 개만 했다는 데서 '羔'를 이끌어낸 것이다.
608. 《수서(隋書)·지(志)》의 기록을 재구성한 것이다.
609. 의녕(義寧): 수(隋) 공제(恭帝)의 연호(617-618)이다.
610. 《수서(隋書)·지(志)》의 기록을 재구성한 것이다.
611. 《신당서(新唐書)·지(志)·오행(五行)》
612. 개원(開元): 당(唐) 현종(玄宗)의 연호(713-741)이다.

(富平縣)에도 살로 된 뿔이 돋은 양이 있었다.
唐[613]開元二年, 原州獻肉角羊. 二年三月, 富平縣有肉角羊.[614]

회창(會昌)[615] 2년에 양이, 머리가 두 개에 목덜미가 붙고 꼬리가 둘인 새끼를 낳았다.
會昌二年, 羊生二首連頸, 兩尾.[616]

함통(咸通)[617] 3년에 평도(平度)에서 양이 새끼를 낳았는데 (크기가) 송아지만 하였다.
咸通三年, 定[618]陶羊生羔如犢.[619]

건부(乾符)[620] 2년에 낙양성(洛陽城) 건춘문(建春門) 밖에 폭우로 인하여 무슨 물체가 땅에 떨어졌는데 검은 양과 같았다. (아무것도) 먹지 않더니 잠시 후에 땅속으로 들어갔는데 그 흔적이 한 달가량 없어지지 않았다. 점을 쳐보았더니, "마땅히 (날이) 가물 것"이라 하였다.
乾符二年, 洛陽建春門外因暴雨, 有物墮地如羖羊. 不食, 頃之入地中, 其跡月餘不滅. 占曰, 當旱.[621]

개의 이변[견이(犬異)] 위열왕(威烈王) 27년에 진(晉) 땅에 큰 개 세 마리가 있었는데 무리를 지은 개 수만 마리를 거느리고 강(絳) 지역에 모였다. 개 한 마리는 동쪽에서 죽이고 한 마리는 서쪽에서 죽였다.
威烈王二十七年, 晉有三大犬, 率衆犬數萬, 聚于絳. 殺一犬于東方, 一犬于西方.[622]

한(漢) 고후(高后) 8년에 패상(霸上)에서 불제(祓除)의 제사를 올리고 돌아가는 길에 지도(枳道)를 지나는데 잿빛 개와 같은 물체가 보이더니 고후의 겨드랑이를 치고는 홀연 보이지 않게 되었다. 이를 점쳐 보니 조왕(趙王) 유여의(劉如意)의 원혼이 해코지하는 것이었다. 마침내 고후는 겨드랑이에 상처가 나서 죽었다.
漢[623]高后八年, 祓霸上, 還過軹[624]道, 見物如蒼狗, 撠高后掖, 忽而不見. 卜之, 趙王如意爲祟. 遂病掖傷而崩.[625]

문제(文帝) 후5년에 제(齊)나라 옹성문(雍城門) 밖에 뿔이 돋은 개가 있었다. 《역전(易傳)》에서 말하기를, "정권을 잡고 일을 함에 과실이 있으면 아래에서 장차 해를 끼칠 난을 일으키는데 그 요얼은 개에게 뿔이 돋는 것이다. 군자가 구차히 화를 면하고자 하고, 소인배가 악에 빠지면 그 요얼은 개에게 뿔이 돋는 것이다"라고 하였다.
文帝後五年, 齊雍城門外有狗生角. 易傳曰, 執政失, 下將害之, 厥妖狗生角. 君子苟免, 小人陷之, 厥妖狗生角.[626]

성제(成帝) 하평(河平)[627] 원년에 장안(長安)에서 남자 석량(石良)과 유음(劉音)이 함께 살고 있었는데 사람과 같은 형상이 그 집안에 있어 그것을 쳤더

613. "唐"은 임의로 보태진 글자이다.
614. 《신당서(新唐書) · 지(志) · 오행(五行)》
615. 회창(會昌): 당(唐) 무종(武宗)의 연호(841-846)이다.
616. 《신당서(新唐書) · 지(志) · 오행(五行)》의 기록을 재구성한 것이다.
617. 함통(咸通): 당(唐) 의종(懿宗)의 연호(860-873)이다.
618. '定'은 '平'의 오자이다.
619. 《신당서(新唐書) · 지(志) · 오행(五行)》의 기록을 재구성한 것이다.
620. 건부(乾符): 당(唐) 희종(僖宗)의 연호(874-879)이다.
621. 《신당서(新唐書) · 지(志) · 오행(五行)》의 기록을 재구성한 것이다.
622. 《문헌통고(文獻通考)》 권312.
623. "漢"은 임의로 보태진 글자이다.
624. '軹'는 '枳'의 오자이다.
625. 《한서(漢書) · 오행지(五行志)》
626. 《한서(漢書) · 오행지(五行志)》
627. 하평(河平): 한(漢) 성제(成帝)의 연호(BC 28-BC 25)이다.

니 개가 되어서는 뛰어나갔다. 개가 나간 뒤에 갑옷을 입고 무기를 손에 든 몇 사람이 석량의 집으로 들이닥치기에 석량 등이 격투를 벌였다. 죽이기도 하고 다치게도 하였는데 모두 개였다. 2월부터 시작해 6월이 되어서야 그쳤다.

成帝河平元年, 長安男子石良·劉音相與同居, 有如人狀在于628室中, 擊之, 爲狗, 走出. 去後, 有數人被甲持兵弩至良家, 良等格擊. 或死或傷, 皆狗也. 自二月至六月乃止.629

진(晉) 무제(武帝) 태강(太康)630 9년에 유주(幽州)에 큰 개가 있었는데 코로 300 보쯤 땅위를 갔다.

晉631武帝太康九632年, 幽州有犬, 鼻行地三百餘步.633

혜제(惠帝) 원강(元康)634 연간에 오군(吳郡) 누현(婁縣)의 인가 땅속에서 개소리가 나는 것이 들려 파보았더니 암수 한 마리씩 있었다. 굴속에 도로 넣고 맷돌로 덮어두었으나 하룻밤 지나고 나니 간 곳을 알 수 없었다.

惠帝元康中, 吳郡婁縣人家聞地中有犬子聲, 掘之, 得雌雄各一. 還置窟中, 覆以磨石, 經宿失所在.635

원제(元帝) 태흥(太興)636 연간에 오군태수(吳郡太守) 장무(張懋)가 재당(齋堂)637 안 침상 아래에서 개소리가 나는 것을 듣고 찾아보았으나 찾지 못하였다. (그로부터) 얼마 후에 땅이 저절로 갈라지더니 새끼 개 두 마리가 있는 것이 보여 가져와 길렀으나 모두 죽고 말았다. 오래지 않아 장무는 심충(沈充)에게 살해되었다.

元帝太興中, 吳郡太守張懋聞齋內床下犬聲, 求而不得. 旣而地自坼, 見有二犬子, 取而養之, 皆死. 尋而懋爲沈充所害.638

여강(廬江) 하욱(何旭)의 집에 홀연 땅속에서 강아지 소리가 들리기에 파보니 어미 개가 한 마리 있었다. (어미 개는) 풀 속으로 들어간 후로 있는 곳을 알지 못하였다. (어미개가 사라진 곳을 보았더니) 강아지 두 마리가 있었는데 한 마리는 수컷이고 한 마리는 암컷이었다. 먹여 길렀으나 수컷은 죽고 암컷만 살았다. (성견이 되어서는) 들짐승을 잘 씹어 먹었다. 그 후로 하욱이 살던 마을은 오랑캐 수중에 떨어졌다.

廬江何旭家忽聞地中有犬子聲, 掘之, 得一母犬, 走入草中, 不知所在. 有二犬子, 一雄一雌, 哺而養之, 雌死雄活. 善噬野獸. 其後旭里中爲蠻所沒.639

혜제(惠帝) 영흥(永興)640 원년에 단양내사(丹陽內史) 주규(朱逵)의 집 개가 새끼 세 마리를 낳았는데 모두 머리가 없었다. 후에 주규는 조무(曹武)에게 살해되었다.

惠帝641永興元年, 丹陽內史朱逵家犬生三子, 皆無頭. 後逵爲曹武所殺.642

회제(懷帝) 영가(永嘉)643 5년에 오군(吳郡) 장림

628. 《한서(漢書)·오행지(五行志)》에는 "于"가 "其"로 되어 있다.
629. 《한서(漢書)·오행지(五行志)》
630. 태강(太康): 진(晉) 무제(武帝)의 연호(280-289)이다.
631. "晉"은 임의로 보태진 글자이다.
632. '元'은 '九'의 오자이다.
633. 《진서(晉書)·지(志)》
634. 원강(元康): 진(晉) 혜제(惠帝)의 연호(291-299)이다.
635. 《진서(晉書)·지(志)》
636. 태흥(太興): 진(晉) 원제(元帝)의 연호(318-321)이다.
637. 재당(齋堂): 제사를 받들기 전에 재계할 목적으로 만들어 놓은 방이나 집.
638. 《진서(晉書)·지(志)》
639. 《진서(晉書)·지(志)》의 기록을 재구성한 것이다.
640. 영흥(永興): 진(晉) 혜제(惠帝)의 연호(304-305)이다.
641. "惠帝"는 임의로 보태진 글자이다.

(張林)의 집 개가 사람 말을 하며 이르기를, "천하 사람들이 굶어죽는다"라고 하였다.

懷帝永嘉五年, 吳郡張林家狗人言云, 天下人餓死.644

안제(安帝) 융안(隆安)645 초엽에 오군(吳郡) 치소(治所)의 개가 항상 밤이면 짖더니 높은 다리 위에 (개들이) 모였는데 인가의 개는 숫자가 한정되어 있음에도 짖는 소리로는 무척 여러 마리였다. 어떤 사람이 밤에 살펴보고는 개 한 마리에게 어쩌면 두 세 개의 머리가 있는 듯하고 (모두) 앞쪽을 향해 어지러이 짖어대더라고 하였다. 얼마 지나지 않아 손은(孫恩)이 오회(吳會)에서 난을 일으켰다. 이 당시에 보국장군(輔國將軍) 손무종(孫無終)의 집에 땅속에서 강아지 소리가 들리더니 오래지 않아 땅이 갈라지고 그 안에 강아지 두 마리가 있었는데 모두 흰색이었으며 한 마리는 암컷, 한 마리는 수컷이었다. 데려와 길렀으나 모두 죽었다. 후에 손무종은 환현(桓玄)에게 주살(誅殺)되었다. 《시자(尸子)》에서 말하기를, "땅속에 있는 개를 이름하여 '지랑(地狼)'646이라 한다"라고 하였고, 《하정지(夏鼎志)》647에서는, "땅을 파 개를 얻는 것을 이름하여 '賈'라 한다"라고 하였다.

安帝隆安初, 吳郡治下狗恒夜吠, 聚高橋上, 人家狗有限而吠聲甚衆. 或有夜覘視之, 一狗假有兩三頭, 前向亂吠. 無幾, 孫恩亂於吳會焉. 是時輔國將軍孫無終家, 地中聞犬子聲, 尋而地坼, 有二犬子, 皆白色, 一雄一雌. 取而養之, 皆死. 後無終爲桓玄所誅. 尸子曰, 地中有犬, 名曰地狼. 夏鼎志曰, 掘地得犬, 名曰假648.

대업(大業)649 원년에 안문(雁門)의 백성들 집에서 기르던 개 가운데 많은 수가 그 주인을 떠나 들에 떼 지어 모여 살았는데 모습이 갑자기 변하여 이리처럼 되었으며 행인을 잡아먹기도 하더니 수년이 되어서야 그쳤다.

大業元年, 雁門百姓間犬多去其主, 群聚于野, 形頓變如狼而啖噬行人, 數年而止.650

무후(武后) 초엽에 혹리(酷吏) 구신적(丘神勣)의 집 개가 새끼를 낳았는데 머리가 없었으며, 목에 해당하는 쪽에 입 크기와 같은 구멍이 있었다. 밤낮으로 짖더니 얼마 후에 있는 곳을 알 수 없었다.

武后初, 酷吏丘神勣家狗生子無首, 當頂651有孔如口. 晝夜鳴吠, 俄失所在.652

천보(天寶)653 연간에 이림보(李林甫)654가 새벽에 일어나 장차 조회(朝會)를 가고자 하여 책을 넣는 자루를 가져와 보았더니 안에 쥐와 같은 것이 있었는데 땅바닥으로 뛰어나오자마자 변하여 개가 되었다. 노한 눈을 크게 뜨고 아가리를 벌려 이빨을 드러낸 채 이림보를 노려보자 이림보가 쏘아 명중시켰

642. 《진서(晉書)·지(志)》
643. 영가(永嘉): 진(晉) 회제(懷帝)의 연호(307-313)이다.
644. 《진서(晉書)·지(志)》의 기록을 재구성한 것이다.
645. 융안(隆安): 진(晉) 안제(安帝)의 연호(397-401)이다.
646. 지랑(地狼): 옛날 사람들이 흉조(凶兆)로 여긴, 땅 속에 산다는 전설상의 개.
647. 《하정지(夏鼎志)》: 추후 검토가 요구된다.
648. '假'는 '賈'의 오자이다.
649. 대업(大業): 수(隋) 양제(煬帝)의 연호(605-617)이다.
650. 《수서(隋書)·지(志)》
651. '頂'은 '項'의 오자이다.
652. 《신당서(新唐書)·지(志)·오행(五行)》
653. 천보(天寶): 당(唐) 현종(玄宗)의 연호(742-756)이다.
654. 이림보(李林甫): 당(唐)나라 현종(玄宗) 후기의 재상으로 19년 동안이나 자리에 있으면서 자기와 의견을 달리하는 사람을 모두 배척했고, 도당을 만들어 마음대로 일을 처리했다. 안록산(安祿山)이 평로(平盧) 절도사에 임명되도록 하는데 기여를 하여 결국 '안사(安史)의 난'이 일어날 빌미를 제공하였다.

다. 그러나 소리만 있고 (형상은) 화살 끝을 따라 사라졌다.

天寶中, 李林甫晨起將朝, 取書囊視之, 中有物如鼠, 躍于地卽變爲狗, 大雄目, 張牙視林甫, 林甫射之, 中殺. 然有聲, 隨箭沒.[655]

정원(貞元)[656] 7년에 조주(趙州)의 누렁개가 송아지에게 젖을 물렸다.

貞元七年, 趙州黃犬乳犢.[657]

회창(會昌)[658] 3년과 대중(大中)[659] 초엽에 모두 개에게 뿔이 돋았다.

會昌三年大中初, 皆狗生角.[660]

송(宋) 소흥(紹興)[661] 6년 4월에 중경(中京)에 큰 눈이 내리고 천둥과 번개가 쳤는데 무리를 지은 개 수십 마리가 토하(土河)에 다투어 뛰어들어 죽었다.

宋[662]紹興六年四月, 中京大雪雷震, 群[663]犬數十爭赴土河而死.[664]

경원(慶元) 2년에 무주(撫州)에 사람처럼 생긴 개가 있었는데 군수(郡守)가 일을 보는 자리에 앉았다. 오래지 않아 군수 임정언(林廷彦)이 관(官)에서 죽었다.

慶元三[665]年, 撫州有犬[666]人, 坐于郡守治事[667]之坐. 未幾, 郡守林廷彦卒于官.[668]

쥐의 요얼[서요(鼠妖)] 성제(成帝) 건시(建始)[669] 4년에 장안성(長安城) 남쪽에 쥐들이 있어 누런 쑥과 잣나무 잎을 물고는 민간의 무덤에 있는 잣나무와 느릅나무 위에다 둥지를 만들었는데 동백정(桐柏亭) 지역에 더욱 많았다.['동백'은 정자 이름으로 '위후(衛后)'가 묻힌 곳이다.] 둥지 안에는 새끼가 없었으며 모두 마른 쥐똥 수십 개가 있었다. 쥐가 쥐구멍을 떠나 나무에 오른 것은 천한 사람이 장차 현귀한 자리에 오르게 될 징후이다. 그 후에 조황후(趙皇后)가 미천한 신분에서 지존에 올랐는데 끝내 자식이 없자 (황태자를) 음해하였다. 일설에는 모두 왕망(王莽)이 황위(皇位)를 찬탈할 징후라고 하였다. 《역전(易傳)》에서 말하기를, "신하가 봉록(封祿)을 사사로이 하여 군주를 기망(欺罔)하면 그 요얼은 쥐가 둥지를 트는 것이다"라고 하였다.

成帝建始四年, 長安城南有鼠銜黃蒿柏葉, 上民冢柏及楡樹上爲巢, 桐柏尤多.[亭名, 衛后所葬處.] 巢中無子, 皆有乾鼠矢數十.鼠去穴而登木, 象賤人將居顯貴之位也. 其後, 趙皇后自微賤登至尊, 終無子而爲害. 一曰, 皆王莽竊位之象. 易傳曰, 臣私祿罔辟, 厥妖鼠巢.[670]

진(陳) 후주(後主) 정명(禎明)[671] 2년에 무수한 쥐

655. 《신당서(新唐書)·지(志)·오행(五行)》의 기록을 재구성한 것이다.
656. 정원(貞元): 당(唐) 덕종(德宗)의 연호(785-805)이다.
657. 《신당서(新唐書)·지(志)·오행(五行)》의 기록을 재구성한 것이다.
658. 회창(會昌): 당(唐) 무종(武宗)의 연호(841-846)이다.
659. 대중(大中): 당(唐) 선종(宣宗)의 연호(847-859)이다.
660. 《신당서(新唐書)·지(志)·오행(五行)》의 기록을 재구성한 것이다.
661. 소흥(紹興): 남송(南宋) 고종(高宗)의 연호(1131-1162)이다.
662. "宋"은 임의로 보태진 글자이다.
663. "群"은 임의로 보태진 글자이다.
664. 《송사(宋史)·지(志)·오행(五行)》
665. '三'은 '二'의 오자이다.
666. "犬" 뒤에 "若"자가 누락되었다.
667. "治事"는 임의로 보태진 글자이다.
668. 《송사(宋史)·지(志)·오행(五行)》
669. 건시(建始): 한(漢) 성제(成帝)의 연호(BC 32-BC 29)이다.
670. 《한서(漢書)·오행지(五行志)》의 기록을 재구성한 것이다.
671. 정명(禎明): 진(陳) 후주(後主)의 연호(587-589)이다.

떼들이 채주(蔡洲)로부터 석두회(石頭淮)로 들어가 청당강(靑塘江) 양 언덕에까지 이르렀는데 며칠 만에 죽어 물 흐름을 따라 양자강을 벗어났으니 청상(靑祥)[672]에 가까운 것이다. 《역비후(易飛候)》에서 말하기를, "쥐가 까닭 없이 떼 지어 살고, 구멍에 들어가지 않고 무리지어 모이면 그 (나라의) 임금이 죽는다"라고 하였다. 오래지 않아 나라가 망하였다.

陳後主[673]禎明二年, 群鼠無數, 自蔡洲入石頭淮, 至靑塘兩岸, 數日死, 隨流出江. 近靑祥也. 易飛候曰, 鼠無故群居, 不穴衆聚者, 其君死. 未幾而亡國.[674]

홍도(弘道)[675] 초엽에 양주(梁州)의 창고에 큰 쥐가 있어 길이가 두 자 남짓 되었는데 고양이에게 물어 뜯기자 수백 마리의 쥐들이 도리어 고양이를 물어뜯었다. 얼마 지나 만여 마리의 쥐가 모여들어 주(州)에서 사람을 보내 잡아 죽이게 하였더니 남아 있던 쥐들이 모두 도망갔다.

弘道初, 梁州倉有大鼠, 長二尺餘, 爲貓所齧, 數百鼠反齧貓. 少選, 聚萬餘鼠, 州遣人捕擊殺之, 餘皆去.[676]

소흥(紹興)[677] 16년에 광주(廣州) 청원현(淸遠縣)과 소주(韶州) 옹원현(翁源縣), 영덕부(英德府) 진양현(眞陽縣)의 쥐들이 농작물을 먹었는데 천 마리 만 마리가 무리를 이루었다. 당시에 광동(廣東)이 오래도록 가물자 무릇 날개가 있고 비늘이 있는 생명들이 모두 변하여 쥐가 되었다. 들에서 쥐를 잡은 것이 있었는데 배는 여전히 뱀 무늬였으며, 고기잡이가 밤에 어망을 걸어두었다가 아침에 보았더니 수백 마리의 물고기가 모두 쥐였다. 여름부터 가을까지 재난이 된지 수개월 만에 비로소 그쳤는데 한 해가 이 때문에 기근이 들었다.

紹興十六年, 廣州淸遠韶州翁源英德府[678]眞陽鼠食稼, 千萬爲群. 時廣東久旱, 凡羽鱗皆化爲鼠. 有獲鼠于田者, 腹猶蛇文, 漁者夜設網, 旦視數百鱗[679]皆鼠. 自夏徂秋, 爲患數月方息, 歲爲饑.[680]

순희(淳熙)[681] 5년 8월에 회수(淮水) 동쪽에서 검은 쥐들이 벼를 먹어치워 들에는 남은 이삭이 없었으며, 회수 일대의 백성들이 크게 굶주렸다. 당시에 천 마리, 만 마리를 헤아리던 강릉부(江陵府)의 쥐떼가 사람이 통행하는 한길을 뒤덮어 막았는데 그 빛깔은 흑백(黑白)과 청황(靑黃)이 서로 섞여 있었다. 사람과 함께 다니다가 수레에 깔려 죽은 자만 해도 이루 헤아릴 수 없었는데 무릇 석 달이 되어서야 그쳤다.

淳熙五年八月, 淮東黑鼠食禾, 田無遺穗, 淮民大饑. 時江陵府群鼠以千萬計, 蔽塞通逵, 其色黑白靑黃相雜. 與人幷行, 爲車駕所踐死者不可勝計, 凡三月乃息.[682]

672. 청상(靑祥): 청생(靑眚)과 같은 뜻으로 옛날 오행가(五行家)들이 청색의 사물이 만들어내는 형상을 통해 재화(災禍)의 발생을 예견하던 괴이한 현상을 일컫는 말이다.
673. "後主"는 임의로 보태진 글자이다.
674. 《수서(隋書) · 지(志)》
675. 홍도(弘道): 당(唐) 고종(高宗)의 연호(683)이다.
676. 《신당서(新唐書) · 지(志) · 오행(五行)》
677. 소흥(紹興): 남송(南宋) 고종(高宗)의 연호(1131-1162)이다.
678. "廣州"와 "韶州", "英德府"는 모두 임의로 보태진 글자이다.
679. "數百鱗"은 임의로 보태진 글자이다.
680. 《송사(宋史) · 지(志) · 오행(五行)》
681. 순희(淳熙): 남송(南宋) 효종(孝宗)의 연호(1174-1189)이다.
682. 《문헌통고(文獻通考)》 권314의 기록을 재구성한 것이다.

날짐승의 이변
禽異

까마귀의 싸움[오투(烏鬪)] 한(漢) 경제(景帝) 3년에 목덜미가 흰 까마귀와 검은 까마귀들이 초(楚)나라 여현(呂縣)에서 떼 지어 싸웠는데 목덜미가 흰 까마귀들이 이기지 못하여 사수(泗水)에 떨어져 죽은 놈이 수천 마리였다.《역전(易傳)》에서 말하기를, "황친(皇親)이 반역을 하면 그 요얼은 희고 검은 까마귀가 나라 안에서 싸우는 것이다"라고 하였다.

漢景帝三年, 有白頸烏與黑烏群鬪楚國呂縣, 白頸不勝, 墮泗水中, 死者數千. 易傳曰, 逆親親, 厥妖白黑烏鬪于國.683

까마귀와 까치의 싸움[오작투(烏鵲鬪)] 원봉(元鳳)684 원년에 까마귀와 까치가 연왕(燕王)의 궁궐 못 위에서 싸우다가 까마귀가 못에 떨어져 죽었는데 (이는) 흑상(黑祥)685에 가깝다. 연왕 단(旦)이 죄를 입어 죽었다.

元鳳元年, 有烏與鵲鬪燕王宮池上, 烏墮池死, 近黑祥也. 燕王旦伏辜.686

물수리[독추(禿鶖)] 소제(昭帝) 시절에 사다새 혹은 물수리로 불리는 새가 있어 창읍왕(昌邑王)의 대궐 아래에 깃들자 왕이 사람을 시켜 쏘아죽이게 하였다. 야생의 새가 (왕의) 처소로 들어가면 궁실이 장차 비게 된다. 왕은 이를 깨닫지 못하고 마침내 죽었다.《역전(易傳)》에서 말하기를, "임금이 덕이 있는 신하를 물리치면 그 요얼은 물새가 나라 안에 깃드는 것이다"라고 하였다.

昭帝時有鵜鶘或曰禿鶖, 集昌邑王殿下, 王使人射殺之. 野鳥入處, 宮室將空. 王不悟, 卒以亡. 易傳曰, 辟退有德, 厥妖水鳥集于中國."687

솔개가 둥지를 불태우다[연분소(鳶焚巢)] 성제(成帝) 하평(河平)688 원년에 태산(泰山) 산상곡(山桑谷)에 솔개가 있었는데 그 둥지를 불태웠다. 거기에 있던 솔개 세 마리가 불에 타서 죽었다. 그 후에 조비연(趙飛燕)이 총애를 얻어 (황후로 옹립되더니) 후궁에게 아들이 있으면 그를 죽였다.《역전(易傳)》에서 말하기를, "임금이 포학(暴虐)하면 새가 그 둥지를 불태운다"라고 하였다.

成帝河平元年, 泰山山桑谷有鳶焚其巢. 有三鳶鷇燒死. 其後, 趙飛燕得幸689, 後宮有子者, 殺之. 易傳曰, 人主暴虐, 鳥焚其舍."690

꿩이 깃들다[치집(雉集)] 홍가(鴻嘉)691 2년에 대사례(大射禮)692를 행하고 있는데 꿩이 날아와 정원에 깃들더니 계단을 지나 당에 올라 울기 시작하였다. 후에 꿩이 또 태상시(太常寺), 종정시(宗正寺), 승상부(丞相府) 및 어사대부(御史大夫)와 대사마거기장군(大司馬車騎將軍)의 집무실 위에 깃들었다가 다시 미앙궁(未央宮) 승명전(承明殿) 옥상에 깃들었다.

鴻嘉二年, 行大射禮, 有飛雉集于庭, 歷階登堂而雊. 後雉又集太常·宗正·丞相·御史大夫·大司馬車騎

683.《한서(漢書)·오행지(五行志)》의 기록을 재구성한 것이다.
684. 원봉(元鳳): 한(漢) 소제(昭帝)의 연호(BC 80-BC 75)이다.
685. 흑상(黑祥): 오행설에서 물로 인하여 생겨나는 징조를 일컫는 말이다. 오행에서 물은 검은 색에 배당된다.
686.《한서(漢書)·오행지(五行志)》의 기록을 재구성한 것이다.
687.《한서(漢書)·오행지(五行志)》의 기록을 재구성한 것이다.
688. 하평(河平): 한(漢) 성제(成帝)의 연호(BC 28-BC 25)이다.
689. "得幸" 뒤에 "立爲皇后"가 누락되었다.
690.《한서(漢書)·오행지(五行志)》의 기록을 재구성한 것이다.
691. 홍가(鴻嘉): 한(漢) 성제(成帝)의 연호(BC 20-BC 17)이다.
692. 대사례(大射禮): 임금이 옛 성인(聖人)에게 제향한 뒤에 활을 쏘던 의식.

將軍之府, 又集未央宮承明殿屋上.[693]

제비가 참새를 낳다[연생작(燕生爵)] 성제(成帝) 수화(綏和)[694] 2년에 제비가 참새를 낳았는데 모이를 실컷 쪼아 먹고는 함께 날아가 버렸다. 역전(易傳)》에서 말하기를, "간신이 조정에 있으면 그 재앙이 생길 징조는 제비가 참새를 낳는 것인데, 제후들이 폐출(廢黜)된다"라고 하였다. 일설에는 새끼를 낳음에 그 종류가 아니면 (제왕의) 자식이 자리를 계승하지 못하는 것이라 한다.

成帝綏和二年, 燕生爵, 哺食至大, 俱飛. 易傳曰, 賊臣在國, 厥咎燕生爵, 諸侯銷. 一曰, 生非其類, 子不嗣世.[695]

참새가 싸우다[작투(爵鬭)] 영제(靈帝) 중평(中平)[696] 3년에 회릉(懷陵) 위에 만 여 마리의 참새가 모여 처음에는 매우 슬프게 울더니 얼마 지나자 어지러이 싸우며 서로 죽였는데 모두 머리가 끊어진 채로 나뭇가지나 탱자나무, 멧대추나무에 걸려 있었다.

靈帝[697]中平三年, 懷陵上有萬餘爵, 先極悲鳴, 已亂鬭相殺, 皆斷頭, 懸著樹枝枳棘.[698]

제비가 매를 낳다[연생응(燕生鷹)] 황초(黃初)[699] 원년에 미앙궁(未央宮) 안에서 또 어떤 제비가 매를 낳았는데 부리와 발톱이 모두 붉었다. 이는 상(商)나라 주왕(紂王)이나 송(宋)나라 은공(隱公)의 경우와 같은 징후이다.

黃初元年, 未央宮中又有燕生鷹, 口爪俱赤. 此與商紂 · 宋隱同象.[700]

경초(景初)[701] 원년에 또 어떤 제비가 위국(衛國) 이개가(李蓋家)의 집에 큰 새끼를 낳았는데 형상이 매와 비슷하였으나 부리는 제비와 같았다. 고당륭(高堂隆)이 말하기를, "궁궐 안에서 무위(武威)를 드날리는 신하를 막아야 한다"라고 하였다. 그 후에 사마의(司馬懿)[702]가 조상(曹爽)을 죽였다.

景初元年, 又有燕生巨鷇於衛國李蓋家, 形若鷹, 吻似燕. 高堂隆曰, 防鷹揚之臣於蕭牆之內. 其後司馬懿誅曹爽.[703]

복류조(服留鳥) 조왕(趙王) 사마륜(司馬倫)이 제위(帝位)를 찬탈한 후에 도성에서 이상한 새를 잡았는데 아무도 이름을 알지 못하였다. 사마륜이 사람을 시켜 가지고 나가 물어보게 하였더니, 어떤 어린 아이가 그것을 보고는 돌아서서 혼잣말로 '복류조(服留鳥)'라 하였다. 이에 아이를 데리고 궁궐로 들어가 새를 새장에 단단히 넣어두고 아울러 아이도 방안에 가두었는데 다음날 보았더니 모두 보이지 않았다. 사마륜이 눈에 혹이 생기는 병을 앓고 있었는데 '복류(服留)'라 한 것은 사마륜이 장차 그 죄를 입게 될 것임을 말한 것이다.[704]

趙王倫簒位, 京師得異鳥, 莫能名. 倫使人持出, 以問, 有小兒見之, 逆自言曰, 服留鳥, 仍將入宮, 密籠鳥, 幷閉小兒戶中, 明日視之, 悉不見. 倫有目瘤之疾, 言

---

693. 《한서(漢書) · 오행지(五行志)》의 기록을 재구성한 것이다.
694. 수화(綏和): 한(漢) 성제(成帝)의 연호(BC 8-BC 7)이다.
695. 《한서(漢書) · 오행지(五行志)》의 기록을 재구성한 것이다.
696. 중평(中平): 후한(後漢) 영제(靈帝)의 연호(184-189)이다.
697. "靈帝"는 임의로 보태진 글자이다.
698. 《후한서(後漢書) · 지(志) · 오행(五行)》
699. 황초(黃初): 위(魏) 문제(文帝)의 연호(220-226)이다.
700. 《진서(晉書) · 지(志)》
701. 경초(景初): 위(魏) 명제(明帝)의 연호(237-239)이다.
702. 사마의(司馬懿): 삼국시대 위(魏)나라의 대신(大臣)으로 대장군 조상(曹爽)이 그를 배척하려 하자 반란을 일으켜 그를 죽이고 249년에 승상(丞相)이 되어 정치의 실권을 완전히 장악했다.
703. 《진서(晉書) · 지(志)》의 기록을 재구성한 것이다.
704. '留'와 '瘤'는 해음(諧音)이다.

服留者, 謂倫將服其罪也.[705]

땅에서 거위 두 마리가 나오다[지출이아(地出二鵝)] 회제(懷帝) 영가(永嘉)[706] 원년에 낙양(洛陽) 동북쪽에서 땅이 꺼지더니 회백(灰白) 두 색의 거위가 나왔는데 회색 거위는 하늘 높이 날아 올라가버리고 흰색 거위는 거기에 머물렀다. 동양(董養)이 말하기를, "흰 것은 금색(金色)으로 진(晉)나라 오행(五行)의 색이다. 회색은 오랑캐의 상징이니 이를 다 말할 수 있겠는가?"라고 하였다.

懷帝永嘉元年, 洛陽東北地陷, 有蒼白二色鵝出, 蒼者飛翔沖天, 白者止焉. 董養曰, 白者, 金色, 國之行也. 蒼爲胡象, 其可盡言乎.[707]

창흑빛의 큰 새[창흑대조(蒼黑大鳥)] 명제(明帝) 태녕(太寧)[708] 3년에 큰 새가 두 마리 있었는데 창흑빛이었으며 날개의 길이가 1장 4자였다. 그 한 마리가 사도부(司徒府)에 깃들자 쏘아 죽였으며 다른 한 마리는 저자 북쪽 인가에 깃들었으나 또한 포획되었다. 이것이 조류의 요얼이며 또 흑상(黑祥)이다. 윤달이 되자 명제가 죽었으며 후에 소준(蘇峻)과 조약(祖約)의 난이 있었다.

明帝太寧三年, 有大鳥二, 蒼黑色, 翼廣一丈四尺. 其一集司徒府, 射而殺之, 其一集市北家人舍, 亦獲焉. 此羽蟲之孽, 又黑祥也. 及閏月帝崩, 後[709]有蘇峻·祖約之亂.[710]

갈매기가 궁궐 뜰에 깃들다[구집전정(鷗集殿庭)] 성제(成帝) 함화(咸和)[711] 2년에 다섯 마리의 갈매기가 궁궐 뜰에 깃들었다.

成帝咸和二年, 有五鷗鳥集殿庭.[712]

(성제) 함강(咸康)[713] 8년에 백로(白鷺)가 대궐 옥상에 깃들었다.

咸康八年, 有白鷺集殿屋.[714]

황제를 어떡하지?[내하제(奈何帝)] 진(陳) 후주(後主) 시절에 장산(蔣山)에 많은 새가 있었는데 날개를 퍼덕이며 울기를 "황제를 어떡하지?"라고 하였다. 《역비후(易飛候)》에서 말하기를, "새가 성(城) 문루(門樓)에서 울되 사람 소리와 같다면 성읍(城邑)이 장차 망한다"라고 하였다.

陳後主時, 蔣山有衆鳥, 鼓翼而鳴曰, 奈何帝. 易飛候曰, 鳥鳴門闕, 如人音, 邑且亡.[715]

기러기들이 비상하고 깃들다[홍안상집(鴻雁翔集)] 대업(大業)[716] 말엽에 도성의 궁실 안에 무수한 기러기류들이 있어 비상하고 깃들었다.

大業末, 京師宮室中, 有鴻雁之類無數, 翔集.[717]

(대업) 13년 11월에 까마귀와 까치가 황제의 장막 위에 둥지를 틀었는데 아무리 몰아내도 제지할 수 없었다.

十三年十一月, 烏鵲巢帝帳幄, 驅不能止.[718]

새가 축생의 모습과 같으면 [조여축형(鳥如畜形)]

---

705. 《진서(晉書)·지(志)》의 기록을 재구성한 것이다.
706. 영가(永嘉): 진(晉) 회제(懷帝)의 연호(307-313)이다.
707. 《진서(晉書)·지(志)》의 기록을 재구성한 것이다.
708. 태녕(太寧): 진(晉) 명제(明帝)의 연호(323-325)이다.
709. 《진서(晉書)·지(志)》에는 "後"가 "遂"로 되어 있다.
710. 《진서(晉書)·지(志)》의 기록을 재구성한 것이다.
711. 함화(咸和): 진(晉) 성제(成帝)의 연호(326-334)이다.
712. 《진서(晉書)·지(志)》
713. 함강(咸康): 진(晉) 성제(成帝)의 연호(335-342)이다.
714. 《진서(晉書)·지(志)》
715. 《수서(隋書)·지(志)》
716. 대업(大業): 수(隋) 양제(煬帝)의 연호(605-617)이다.
717. 《수서(隋書)·지(志)》
718. 《수서(隋書)·지(志)》

영휘(永徽)[719] 4년에 송주(宋州) 사람 채도기(蔡道基)의 집 옆에 짐승이 있었는데 키가 한 길쯤 되고 머리는 양과 비슷하며, 외뿔에 사슴의 형상을 하고, 말발굽과 소꼬리가 있었으며, 다섯 빛깔을 띠면서 날개를 가지고 있었다. 점을 쳐보았더니, "새가 축생의 모습과 같으면 큰 전란이 있다"라고 하였다.

永徽四年, 宋州人蔡道基舍傍有獸高丈餘, 頭類羊, 一角, 鹿形, 馬蹄, 牛尾, 五色, 有翅. 占曰, 鳥如畜形者, 有大兵.[720]

울어대는 탈구(鵽鳩)[721]가 떼 지어 날다[명탈군비(鳴鵽郡飛)] 조로(調露)[722] 원년에 울어대는 탈구가 떼 지어 날아 변경을 들어왔는데 서로 이어져 나느라 들을 덮었으며 2년 정월이 되어서야 다시 북쪽으로 날아갔다. 영(靈)과 하(夏) 땅의 북쪽에 이르러 죄다 땅에 떨어져 죽었는데 자세히 보니 모두 머리가 없었다.

調露元年, 鳴鵽群飛入塞, 相繼蔽野, 至二年正月, 還復北飛. 至靈夏北, 悉墮地而死, 視之皆無首.[723]

큰 새가 여우 머리를 하고 있다[대조호수(大鳥狐首)] 대력(大曆)[724] 8년에 무공(武功)에서 큰 새를 잡았는데 살로 된 날개에 여우 머리를 하고 네 발에는 발톱이 있었으며, 길이가 4자 가량에 털은 붉기가 박쥐와 같았다. 떼를 지은 새들이 따르며 지저귀었다.

大曆八年, 武功獲大鳥, 肉翅狐首, 四足有爪, 長四尺餘, 毛赤如蝙蝠, 群鳥隨而噪之.[725]

까마귀 떼가 만든 나무 성(城)[군오목성(郡烏木城)] 정원(貞元)[726] 4년에 정주(鄭州)와 변주(汴州) 경내의 까마귀들이 모두 떼를 지어 날아 위박(魏博)의 전서(田緖), 치청(淄靑)의 이납(李納)이 다스리는 경내에 깃들더니 나무를 물어와 성을 쌓았는데 높이가 두세 자 되었으며 사방이 십 리였다. 전서가 이를 혐오하여 불을 질렀더니 이틀 밤을 지내면서 또 그렇게 하였는데 까마귀 부리에서 모두 피가 흘렀다.

貞元四年, 鄭汴境內烏皆群飛, 集魏博田緖·淄靑李納境, 銜木爲城, 高二三尺, 方十里, 緖惡而焚之, 信宿又然, 烏口皆流血.[727]

감충(甘蟲) 대중(大中)[728] 10년에 서주(舒州)의 오당언(吳塘堰)에 각종 새들이 (함께) 만든 둥지가 있었는데 너비가 일곱 자, 높이가 한 자였다. 물새며 산새들이 아주 사이좋게 지냈다. 그 가운데 사람 얼굴 형상에 초록빛 털을 하고 감색(紺色) 발톱과 부리를 가진 녀석은 그 (울음)소리를 '감(甘)'으로 하여 ['甘'과 같은 소리를 내어] 사람들이 '감충(甘蟲)'으로 불렀다. 점을 쳤더니, "나라 안에 병란이 있어 사람이 서로 잡아먹게 될 것"이라 하였다.

大中十年, 舒州吳塘堰有衆禽成巢, 闊七尺, 高一尺. 水禽山鳥, 無不馴狎. 中有如人面·綠毛, 紺爪觜者, 其聲曰甘, 人謂之甘蟲. 占曰, 中國有兵, 人相食.[729]

나평(羅平) 함통(咸通)[730] 연간에 오월(吳越) 일대

719. 영휘(永徽): 당(唐) 고종(高宗)의 연호(650-656)이다.
720. 《신당서(新唐書)·지(志)·오행(五行)》
721. 탈구(鵽鳩): 북방 사막에 사는 꿩 비슷한 새.
722. 조로(調露): 당(唐) 고종(高宗)의 연호(679-680)이다.
723. 《신당서(新唐書)·지(志)·오행(五行)》
724. 대력(大曆): 당(唐) 대종(代宗)의 연호(766-779)이다.
725. 《신당서(新唐書)·지(志)·오행(五行)》
726. 정원(貞元): 당(唐) 덕종(德宗)의 연호(785-805)이다.
727. 《신당서(新唐書)·지(志)·오행(五行)》의 기록을 재구성한 것이다.
728. 대중(大中): 당(唐) 선종(宣宗)의 연호(847-859)이다.
729. 《신당서(新唐書)·지(志)·오행(五行)》의 기록을 재구성한 것이다.
730. 함통(咸通): 당(唐) 의종(懿宗)의 연호(860-873)이다.

에 기이한 새가 있어 몸집이 매우 컸는데 눈이 네 개에 발이 세 개였다. 산과 숲에서 울 때면 그 (울음)소리를 '나평(羅平)'으로 하였다. 점을 쳤더니, "나라에 병란이 있어 사람이 서로 잡아먹게 될 것"이라 하였다.

咸通中, 吳越有異鳥極大, 四目三足. 鳴山林, 其聲曰羅平. 占曰, 國有兵, 人相食.731

돌궐작(突厥雀)732 지도(至道)733 원년 9월에 도성에서 아침부터 유시(酉時)까지 떼를 지은 새 100여만 마리가 바람과 같은 소리를 내며 날아다녔는데 식자(識者)가 이르기를 '돌궐작'이라 하였다.

至道元年九月, 京師自旦至酉, 群鳥百餘萬, 飛翔有聲如風734, 識者云突厥雀.735

수탉이 변하여 암탉이 되다[자계화웅(雌鷄化雄)] 선제(宣帝) 황룡(黃龍)736 원년에 미앙전(未央殿)737 외양간에서 수탉이 변하여 암탉이 되었다.

宣帝黃龍元年, 未央殿輅軨中雌鷄化爲雄.738

닭에 뿔이 돋다[계생각(鷄生角)] 영광(永光)739 연간에 뿔이 돋은 수탉을 바친 자가 있었다. 《역전(易傳)》에서 말하기를, "닭은 때를 아는데 때를 아는 자는 응당 죽는다"라고 하였다. 경방(京房)740은 자기가 때를 안다고 여겼는데 여기에 해당될까 두려워하였다. 유향(劉向)은, 닭이란 작은 가축으로 보잘것없는 신하가 (큰)일을 맡아 정사(政事)를 행할 징후로 여겼다. 석현(石顯)741이 죄를 입은 것, 이것이 그 징험이다.

永光中, 有獻雄鷄生角者. 易傳曰, 鷄知時, 知時者當死. 房以爲己知時, 恐當之. 劉向以爲. 鷄, 小畜, 小臣執事爲政之象也. 石顯伏辜, 此其驗也.742

사람 말을 하는 닭[인언계(人言鷄)] 송(宋) 소흥(紹興)743 초엽에 진주(陳州)의 민가에서 닭이 홀연 사람의 말을 하였다.

宋744紹興初, 陳州民家鷄忽人言.745

용과 뱀의 이변 龍蛇異

용이 싸우다[용투(龍鬪)] 소공(昭公) 19년에 용이

731. 《신당서(新唐書)·지(志)·오행(五行)》
732. 돌궐작(突厥雀): 새 이름으로 구치(寇雉), 탈구(鵽鳩), 사계(沙鷄)로 부르기도 한다 하나 논자에 따라서는 견해를 달리 하기도 한다.
733. 지도(至道): 북송(北宋) 태종(太宗)의 연호(995-997)이다.
734. "如風"은 임의로 보태진 글자이다.
735. 《송사(宋史)·지(志)·오행(五行)》
736. 황룡(黃龍): 한(漢) 선제(宣帝)의 연호(BC 49)이다.
737. 미앙전(未央殿): 미앙궁(未央宮)을 달리 이른 말.
738. 《한서(漢書)·오행지(五行志)》
739. 영광(永光): 한(漢) 원제(元帝)의 연호(BC 43-BC 39)이다.
740. 경방(京房): 중국 전한(前漢) 때의 사상가. 양(梁)나라 사람으로 초연수(焦延壽)에게서 역학(易學)을 배웠으며 재이사상(災異思想)에 밝아 원제(元帝)의 총애를 받았다.
741. 석현(石顯): 한(漢)나라의 선제(宣帝)와 원제(元帝)시절에 총애를 받았던 환관. 원제가 병으로 자리에 누우며 그에게 정사를 맡기자 전횡하다가 성제(成帝) 즉위 후에 요직에서 쫓겨났음.
742. 《한서(漢書)·오행지(五行志)》의 기록을 재구성한 것이다.
743. 소흥(紹興): 남송(南宋) 고종(高宗)의 연호(1131-1162)이다.
744. "宋"은 임의로 보태진 글자이다.
745. 《송사(宋史)·지(志)·오행(五行)》

정(鄭)나라의 시문(時門) 밖에 있는 유연(洧淵)에서 싸웠다.

昭公十九年, 龍鬪於鄭時門之外洧淵.[746]

밤이 싸우다[사투(蛇鬪)] 노(魯) 장공(莊公) 시절에 정(鄭)나라의 성 남문(南門) 께에서 성 안의 뱀과 성 밖의 뱀이 싸웠는데 성 안의 뱀이 죽었다.

魯莊公時有[747]內蛇與外蛇鬪鄭南門中, 內蛇死.[748]

용이 백성 집에서 새끼를 낳다[용유인가(龍乳人家)] 손호(孫皓) 시절에 용이 장사(長沙)의 백성 집에서 새끼를 낳고는 병아리를 먹었다. 《역전(易傳)》에서 말하기를, "용이 인가에서 새끼를 낳으면 왕 노릇을 하던 자가 서인(庶人)이 된다"라고 하였다.

孫皓時,[749] 龍乳于長沙人家, 啖鷄雛. 易傳曰, 龍乳人家, 王者爲庶人.[750]

기녀가 용의 새끼를 낳다[기산용자(妓産龍子)] 민제(愍帝) 건흥(建興)[751] 2년에 포한현(枹罕縣)의 강족(羌族) 기녀가 용의 새끼를 한 마리 낳았다. (외관상) 비단 무늬가 있는 듯하였으며 늘 어미에게 나아가 젖을 먹었는데, 멀리서도 신비스러운 빛이 보였으나 가까이 다가가서 볼 수 있었던 사람은 거의 없었다.

愍帝建興二年, 抱[752]罕羌妓産一龍子. 似錦文, 常就母乳, 逆[753]見神光, 少得就視.[754]

나무 안의 큰 뱀[수중대사(樹中大蛇)] 진(晉) 명제(明帝) 시절에 무창(武昌)에 큰 뱀이 있었는데 늘 옛 사당의 (속이) 빈 나무 안에 살고 있었으며 매번 대가리를 끄집어내 사람으로부터 먹을 것을 받았다. 오래지 않아 왕돈(王敦)의 반역이 있었다.

晉明帝時, 武昌有大蛇, 常居故神祠空樹中, 每出頭從人受食. 尋有王敦之逆.[755]

뱀이 두꺼비와 싸우다[사투하마(蛇鬪蝦蟆)] 선천(先天)[756] 2년에 도성의 조정(朝廷) 벽돌 아래에서 큰 뱀이 나왔는데 길이가 한 길쯤 되었다. 소반과 같은 큰 두꺼비가 있어 눈이 불에 타는 듯이 붉었다. 서로 싸우더니 잠시 후에 뱀은 큰 나무 속으로 들어가 버리고 두꺼비는 풀 속으로 들어가 버렸다.

先天二年, 京師朝堂磚下有大蛇出, 長丈餘. 有大蝦蟆如盤, 而目赤如火. 相與鬪, 俄而蛇入于大樹, 蝦蟆入于草.[757]

거북이 뱀을 죽이다[구살사(龜殺蛇)] 건중(建中)[758] 2년에 조주(趙州)에서 뱀이 수백, 수천 마리가 와 모이더니 두 무더기를 이루었는데 잠시 후에 지름이 한 치인 거북 세 마리가 (뱀을) 에워싸며 돌자 무더기를 이룬 뱀들이 모두 죽었다. 뱀의 배에는 모두 상처가 있었는데 화살에 명중된 듯하였다. 자사(刺史) 강일지(康日知)가 그 일을 그림으로 그리고 거북 세 마리를 받들어 와 바쳤다.

建中二年, 趙州有蛇數百尺[759]來, 聚爲二積, 俄有徑

---

746. 《한서(漢書)·오행지(五行志)》
747. "魯莊公時有"는 임의로 보태진 글자이다.
748. 《사기(史記)·정세가(鄭世家)》
749. 《진서(晉書)·지(志)》에는 "孫皓時"가 "天冊中"으로 되어 있다.
750. 《진서(晉書)·지(志)》
751. 건흥(建興): 진(晉) 민제(愍帝)의 연호(313-317)이다.
752. '抱'는 '枹'의 오자이다.
753. '逆'은 '遙'의 오자이다.
754. 《진서(晉書)·지(志)》의 기록을 재구성한 것이다.
755. 《진서(晉書)·지(志)》의 기록을 재구성한 것이다.
756. 선천(先天): 당(唐) 예종(睿宗)의 연호(712-713)이다.
757. 《신당서(新唐書)·지(志)·오행(五行)》
758. 건중(建中): 당(唐) 덕종(德宗)의 연호(780-783)이다.
759. '尺'은 '千'의 오자이다.

寸龜三, 繞行, 積蛇盡死. 蛇腹皆有瘡, 若矢所中. 刺史康知[760]圖其事, 奉三龜來獻.[761]

마을 병졸들이 용을 죽이다[방졸살룡(坊卒殺龍)] 선화(宣和)[762] 원년 여름에 비가 연이어 내리기를 밤낮 총 며칠 동안을 계속하였다. 비가 개이자 개봉현(開封縣) 현청(縣廳) 앞 찻집 안에 개 크기만 한 이물(異物)이 침상 (아래)에 웅크리고 있었다. 자세히 살펴보니 몸은 길이가 예닐곱 자에 창흑빛이었는데 머리가 당나귀와 유사하고 양쪽 빰은 물고기 머리 모양으로 정녹색이었다. 정수리에 뿔이 있어 매우 길게 자랐으며 그 끝에서 비로소 두 갈래로 갈라졌다. 소리는 소가 우는 것과 같았으며 세상에서 용을 그린 것과 다를 바 없었다. 찻집은 군기감(軍器監)을 가까이 한 마을에 있었는데 병졸들이 와서 보고는 함께 죽이더니 먹어버렸다. 오래지 않아 도성에 큰물이 졌다.

宣和元年夏, 雨連, 晝夜凡數日. 乃霽, 開封縣前茶肆中有異物如犬大, 蹲踞臥榻[763]. 細視之, 身僅六七尺, 色蒼黑, 有[764]首類驢, 兩頰作魚頭[765]而色正綠. 頂有角, 生極長, 于其際始分兩岐, 聲如牛鳴, 與世所繪龍無異. 茶肆近軍器作坊, 兵卒來觀, 共殺食之. 已而京城大水.[766]

용이 '宣德' 두 글자를 망가지게 하다[용멸선덕(龍滅宣德)] 소흥(紹興)[767] 7년 5월에 변경(汴京)에서 용이 선덕문(宣德門)을 흔들어 '宣德' 두 글자를 망가지게 하자, 유예(劉豫)[768]가 재빨리 그것을 수리하도록 명하였다. 임금은 용이 (그) 상징이고, '선덕(宣德)'은 황제가 거할 바이니, 유예가 의당 (황제를) 참칭할 할 바가 아닌 것이다. '흔든다'는 것은 멸망의 상징이다. 이해에 위제(僞齊)가 멸망하였다.

紹興七年五月, 汴京有龍撼宣德門, 滅宣德二字, 劉豫亟命葺之. 君, 龍象也, 宣德, 帝居也, 非豫所宜僭. 撼, 滅亡象也.[769] 是歲, 僞齊亡.[770]

거북과 물고기의 이변 龜魚異

등에 팔괘(八卦)가 있다[배유팔괘(背有八卦)] 부견(苻堅) 시절에 고륙(高陸) 사람이 우물을 파다가 거북을 얻었는데 크기가 세 자였으며 등에 팔괘가 있었다. 부견이 태복(太卜)[771]에게 명하여 못에다 기르게 하였는데 곡식을 먹은 후에 죽자 그 뼈를 태묘(太廟)에 보관하게 하였다. 그날 밤에 태묘를 담당하는 관리 고로(高虜)의 꿈에 거북이 말하기를, "나는

760. "知" 앞에 "日"자가 누락되었다.
761. 《신당서(新唐書)·지(志)·오행(五行)》의 기록을 재구성한 것이다.
762. 선화(宣和): 북송(北宋) 휘종(徽宗)의 연호(1119-1125)이다.
763. "榻" 뒤에 "下"자가 누락되었다.
764. 《송사(宋史)·지(志)·오행(五行)》에는 "有"가 "其"로 되어 있다.
765. 《송사(宋史)·지(志)·오행(五行)》에는 "頭"가 "頷"으로 되어 있다.
766. 《송사(宋史)·지(志)·오행(五行)》의 기록을 재구성한 것이다.
767. 소흥(紹興): 남송(南宋) 고종(高宗)의 연호(1131-1162)이다.
768. 유예(劉豫): 북송(北宋)의 관리였으나 금(金)나라에 의해 황제로 책봉된 뒤 국호를 대제(大齊)라 하였는데 이것이 '위제(僞齊)'이다. 대명(大名)을 도읍지로 하였다가 후에 변경(汴京)으로 천도하였으며 누차 금나라 사람을 꾀어 송나라를 공격하였으나 번번이 패하였다.
769. "撼, 滅亡象也"는 임의로 보태진 글자이다.
770. 《문헌통고(文獻通考)》 권313.
771. 태복(太卜): 점을 치는 관리의 수장(首長). 그 명칭과 소관 부서는 시대마다 달랐다.

본래 (땅속에서) 나왔다가 강남으로 돌아가려 하였는데 시운(時運)이 좋지 않아 진왕(秦王)의 뜰에서 죽게 된 것"이라 하였다. 또 어떤 사람이 꿈속에서 고로에게 말하기를, "거북은 3,600년을 살고 생을 마치는데 (지금) 죽었으니 필시 요얼이 일어날 것이다. (이는) 나라가 망할 징조이다"라고 하였다.

苻堅時[772], 高陸人穿井得龜, 大三尺, 背有八卦, 堅命太卜池養之, 粟後死[773]. 藏其骨於太廟. 其夜廟丞高虜夢龜謂之曰, 我本出將歸江南, 遭時不遇, 隕命秦庭. 又有人夢中謂虜曰, 龜三千六百歲而終, 終必妖興, 亡國之徵也.[774]

궁녀가 거북을 베다[궁인참구(宮人斬龜)] 수(隋) 개황(開皇)[775] 연간에 액정궁(掖庭宮)에 매일 밤마다 어떤 사람이 와서 궁녀를 집적거리는 일이 있었다. 궁 담당 관리가 이를 알렸더니 황제가 말하기를, "궁문(宮門)의 호위가 매우 엄중한데 사람이 어디로부터 들어올 수 있겠는가? 응당 요정(妖精) 때문일 것이다"라고 하였다. 이 일로 인하여 궁녀들에게 경계시키며 말하기를, "만일 만나거든 그저 그놈을 (칼로) 베도록 하라"고 하였다. 그 후에 사람과 같은 물체가 와서 침상으로 올라오기에 궁녀가 칼을 뽑아 베었는데 (느낌이) 속이 빈 마른 뼈를 베는 듯하였다. 그 물체가 침상에서 떨어져 도망을 가기에 궁녀가 쫓아갔더니 연못으로 들어가 사라져버렸다. 다음날, 황제가 (영을 내려) 연못의 물을 퍼내 거북 한 마리를 잡았는데 지름이 한 자 남짓 되었으며 위에[등에] 칼자국이 있었다. 그놈을 죽였더니 마침내 (그런 일이) 그쳤다.

隋開皇中, 掖庭宮每夜有人來挑宮人. 宮司以聞, 帝曰, 門衛甚嚴, 人何從而入. 當以妖精耳. 因戒宮人曰, 若逢, 但斬之. 其後有物如人, 來登床, 宮人抽刀斬之, 若中枯骨. 其物落床而走, 宮人逐之, 因入池而沒. 明日, 帝[776]涸池, 得一龜, 徑尺餘, 上有刀跡. 殺之, 遂絶.[777]

물고기와 자라에 머리가 없다[어별무수(魚鱉無首)] 정원(貞元)[778] 3년에 윤주(潤州)에서 물고기와 자라가 강을 덮으며 내려 왔는데 모두 머리가 없었다.

貞元三年, 潤州魚鱉蔽江而下, 皆無首.[779]

머리가 둘인 거북[양수구(兩首龜)] 대관(大觀)[780] 원년에 머리가 둘인 거북을 얻어 상서로운 것으로 여기자 채경(蔡京)[781]이 말하기를, "제(齊) 환공(桓公) 소백(小白)이 이른바 '상망(象罔)[782]'으로 이를 보면 패자(霸者)가 된다는 것이다"라고 하였다. 정거중(鄭居中)[783]이 말하기를, "머리가 어찌 둘이 있을 수 있겠는가? 그런데도 채경이 이를 주장하니 뜻을 거의 헤아릴 수가 없다"라고 하였다. 황제가 거북을 버리라고 명령하였다.

772. "苻堅時"는 임의로 보태진 글자이다.
773. 《진서(晉書)·지(志)》에는 "粟後死"가 "食以粟, 及此而死"로 되어 있다.
774. 《진서(晉書)·지(志)》
775. 개황(開皇): 수(隋) 문제(文帝)의 연호(581-600)이다.
776. "帝" 뒤에 "令"자가 누락되었다.
777. 《수서(隋書)·지(志)》의 기록을 재구성한 것이다.
778. 정원(貞元): 당(唐) 덕종(德宗)의 연호(785-805)이다.
779. 《신당서(新唐書)·지(志)·오행(五行)》
780. 대관(大觀): 북송(北宋) 휘종(徽宗)의 연호(1107-1110)이다.
781. 채경(蔡京): 휘종(徽宗) 연간의 재상으로 신법(新法)을 회복시킨다는 명목으로 원우당인(元祐黨人)을 탄압하였으며 토목공사를 과도하게 일으켜 국가 재정을 위태롭게 하였음.
782. 상망(象罔): 《장자(莊子)》에 보이는 우언(寓言) 속의 인물로 '무심(無心)'과 '무형적(無形跡)'의 뜻을 포함하고 있는 말이다. 왕선겸(王先謙)은 선영(宣穎)의 견해를 인용하여 "상(象)이 있는 듯하나 실제로는 없으니 '무심(無心)'을 이르는 것"이라 하였다. 그러나 여기에서의 의미는 추가 검토가 요구된다.
783. 정거중(鄭居中): 휘종(徽宗) 연간의 인물로 한림학사(翰林學士) 등을 역임하였으며 당시 재상 채경(蔡京)과는 당파(黨派)를 달리하였음.

大觀元年, 得兩首龜以爲瑞, 蔡京曰, 此齊小白所謂象罔, 見之而霸者也. 鄭居中曰, 首豈容有二, 而京主之, 意殆不可測. 帝命棄龜.[784]

얼음 거북[빙구(冰龜)] 소흥(紹興)[785] 8년 5월에 변경(汴京) 태강현(太康縣)에 천둥과 함께 큰비가 내렸을 때 수십 리에 걸쳐 얼음 거북이 떨어졌는데 크기에 관계없이 모두 거북의 형상이었으며 머리와 발에 괘(卦) 모양의 무늬가 있었다.

紹興八年五月, 汴京太康縣大雷雨, 下冰龜數十里, 隨大小皆龜形, 具首足卦文.[786]

북해의 큰 물고기[북해대어(北海大魚)] 한(漢) 영시(永始)[787] 원년에 북해에 큰 물고기가 나타났는데 길이가 6장, 높이가 1장이었으며 네 마리였다.

漢永始元年[788], 北海出大魚, 長六丈, 高一丈, 四枚.[789]

건평(建平)[790] 3년에 동래(東萊)에 큰 물고기가 나타났는데 길이가 8장, 높이가 1장 1자였으며 일곱 마리였다. 《역전(易傳)》에서 말하기를, "바다에 거대한 물고기가 자주 보이면 사악한 사람이 등용되고 어진 사람이 소외된다"라고 하였다.

建平三年, 東萊出大魚, 長八丈, 一尺[791], 七枚. 易傳曰, 海數見巨魚, 邪人進, 賢人疏.[792]

노인(으로 변했던) 물고기[노옹어(老翁魚)] 수(隋) 개황(開皇)[793] 17년에 대흥성(大興城) 원촌(袁村)에서 불교(佛教) 모임을 열자 머리가 하얗게 센 어떤 노인이 흰 치마에 짧은 저고리를 입고 와서는 음식을 먹고 갔다. 여러 사람들 누구도 알지 못하여 따라가 보았더니 2리쯤 가서는 다시 보이지 않았다. 다만 못 하나가 있었는데 그 안에 길이가 1장쯤 되는 물고기가 있고 따르는 작은 물고기들은 이루 헤아릴 수 없었다. 사람들이 다투어 물고기를 쏘아 (잡고) 배를 갈라보았더니 쌀밥이 있어, 비로소 이 물고기가 아까 그 노인이었음을 알았다. 며칠 후에 강과 개천이 갑자기 넘쳐 (활을) 쏘았던 사람들 모두가 물에 빠져 죽었다.

隋開皇十七年, 大興城袁村, 設佛會, 有老翁, 皓首, 白裙襦衣, 來食而去. 衆莫識, 追而觀之, 行二里許, 不復見. 但有一陂, 中有白魚, 長丈餘, 小魚從者無數. 人爭射之, 剖其腹, 得秔飯, 始知此魚向老翁也. 後數日, 漕渠暴溢, 射人皆溺死.[794]

옥상의 물고기[옥상어(屋上魚)] 위(魏)나라 시절에 물고기 두 마리가 무기고(武器庫) 옥상에 떨어져 있었다. 왕숙(王肅)[795]이 말하기를, "비늘이 있는 생물이 그 머물 곳을 잃은 것이다. 변방에 장차 갑옷을 버리는 변고(變故)가 아마 있을 것이로다!"라고 하였다. 후에 과연 동관(東關)에서의 패배가 있었다.

魏時, 有二魚集於武庫屋上. 王肅曰, 介鱗之物, 失其所也. 邊將其殆有棄甲之變乎. 後果有東關之敗.[796]

진(晉) 태강(太康)[797] 연간에 잉어 두 마리가 무기

784. 《송사(宋史)·지(志)·오행(五行)》의 기록을 재구성한 것이다.
785. 소흥(紹興): 남송(南宋) 고종(高宗)의 연호(1131-1162)이다.
786. 《송사(宋史)·지(志)·오행(五行)》
787. 영시(永始): 한(漢) 성제(成帝)의 연호(BC 16-BC 13)이다.
788. 《한서(漢書)·오행지(五行志)》에는 "漢永始元年"이 "成帝永始元年春"으로 되어 있다.
789. 《한서(漢書)·오행지(五行志)》
790. 건평(建平): 한(漢) 애제(哀帝)의 연호(BC 6)이다.
791. "一尺" 앞에 "高丈"이 누락되었다.
792. 《한서(漢書)·오행지(五行志)》의 기록을 재구성한 것이다.
793. 개황(開皇): 수(隋) 문제(文帝)의 연호(581-600)이다.
794. 《수서(隋書)·지(志)》의 기록을 재구성한 것이다.
795. 왕숙(王肅): 삼국시대 위(魏)나라 학자이자 정치가. 많은 경서(經書)를 주석하고 신비적인 색채를 실용적인 해석으로 대체하였으며 정현(鄭玄)의 예학(禮學) 체계에 반대하여 《성증론(聖證論)》을 지었음.
796. 《진서(晉書)·지(志)》의 기록을 재구성한 것이다.

고(武器庫) 옥상에서 보였다.

晉[798]太康中, 有鯉魚二見武庫屋上.[799]

성(城) 위의 물고기[성상어(城上魚)] 대업(大業)[800] 12년에 회양군(淮陽郡)에서 쫓기던 백성이 자성(子城)[801]에 들어갔다가 외성(外城)의 성 담장[802]을 뚫어 끊고 성가퀴 아래에 이르렀더니 구멍이 있었다. 그 구멍 안에서 잉어를 잡았는데 길이가 7자쯤 되었다. 한 달 가량 되어 도적들이 성 아래에 이르렀다. 군(郡)의 군대가 막아 지켰지만 도리어 패하게 되어 죽은 남녀가 만 여 명이 되었다.

大業十二年, 淮陽郡驅人入子城, 鑿斷羅郎郭, 至女垣之下, 有穴. 其中得鯉魚, 長七尺餘. 月餘, 賊至城下. 郡兵拒之, 反爲所敗, 男女死者萬餘人.[803]

저자에 떨어진 물고기[추시어(墜市魚)] 원화(元和)[804] 14년에 길이가 한 자 가량 되는 물고기가 운주(鄆州)의 저자에 떨어졌는데 매우 오래 살다가 죽었다.

元和十四年, 有魚長尺餘, 墜于鄆州市, 良久乃死.[805]

대궐에 떨어진 물고기[낙전어(落殿魚)] 정화(政和)[806] 7년 여름에 물고기 두 마리가 전중성(殿中省)[807] 청사 옥상 위에 떨어졌다.

政和七年夏, 有二魚落殿中省廳屋上.[808]

거대한 미꾸라지[거추(巨鰍)] 소흥(紹興)[809] 24년 4월, 수주(秀州)의 바다에 미꾸라지처럼 생긴 거대한 물고기가 있었는데 세우 떼가 따라다녔으며 소리가 노래하는 것과 같았다. 그 물고기는 해안에 이르러 모래 위에 누워서도 오히려 지느러미를 찌를 듯이 흔들었는데 그 키가 현(縣)의 문루(門樓)와 가지런하였으며 그 길이는 100장(丈)이었다. 현의 백성들이 (그) 고기를 잡고자 할 때 지느러미를 돌려 수십 명이 깔려 죽었다.

紹興二十四年四月, 秀州[810]海洋有巨鰍, 群蝦從之, 聲若謳歌. 抵岸偃沙上, 猶揚鬐撥刺, 其高齊縣門樓, 其長百丈. 縣民臠肉, 轉鬐壓死十數人.[811]

모충의 이변 蟲異

두꺼비가 싸우다[하마투(蝦蟆鬪)] 한(漢) 원정(元鼎)[812] 5년에 개구리와 두꺼비가 떼를 지어 싸웠다.

漢[813]元鼎五年, 蛙與蝦蟆群鬪.[814]

미앙궁(未央宮)의 파리[미앙승(未央蠅)] 성제(成

797. 태강(太康): 진(晉) 무제(武帝)의 연호(280-289)이다.
798. "晉"은 임의로 보태진 글자이다.
799. 《진서(晉書)·지(志)》
800. 대업(大業): 수(隋) 양제(煬帝)의 연호(605-617)이다.
801. 자성(子城): 본성(本城)에 딸려서 따로 쌓은 작은 성을 가리키는데 옹성(甕城)이나 월성(月城) 등이 여기에 해당된다.
802. 원문의 "羅郎郭"은 추가 검토가 요구된다.
803. 《수서(隋書)·지(志)》의 기록을 재구성한 것이다.
804. 원화(元和): 당(唐) 헌종(憲宗)의 연호(806-820)이다.
805. 《신당서(新唐書)·지(志)·오행(五行)》
806. 정화(政和): 북송(北宋) 휘종(徽宗)의 연호(1111-1117)이다.
807. 전중성(殿中省): 송대(宋代)에 황제에게 음식과 의약, 의류, 수레 등 기물(器物)을 제공할 목적으로 설치한 부서(府署).
808. 《송사(宋史)·지(志)·오행(五行)》
809. 소흥(紹興): 남송(南宋) 고종(高宗)의 연호(1131-1162)이다.
810. 《문헌통고(文獻通考)》에는 "秀州"가 "海鹽縣"으로 되어 있다.
811. 《문헌통고(文獻通考)》 권313.
812. 원정(元鼎): 한(漢) 무제(武帝)의 연호(BC 116-BC 111)이다.
813. "漢"은 임의로 보태진 글자이다.

帝) 건시(建始)[815] 원년 6월에 금파리가 만(萬)으로 헤아릴 수 없을 정도로 미앙궁에 모여 있었다.

成帝建始元年[816]六月, 有青蠅無萬數集未央宮.[817]

약이 파리로 변하다[약화승(藥化蠅)] 대화(大和)[818] 9년에 정주(鄭注)의 상자 속에 든 약(藥)이 변하여 파리 수만 마리로 되더니 날아가 버렸다.

太[819]和九年, 鄭注篋中藥化爲蠅數萬飛去.[820]

게가 쥐로 변하다[해화서(蟹化鼠)] 진(晉) 태강(太康)[821] 4년에 회계(會稽)의 방게와 게가 변하여 쥐가 되었는데 (그 숫자가) 매우 많았으며 다시 벼를 크게 먹어치웠다.

晉[822]太康四年, 會稽彭蜞及蟹皆化爲鼠, 甚衆, 復大食稻.[823]

한시시(韓尸尸) 진(晉) 혜제(惠帝) 원강(元康)[824] 연간에 낙양(洛陽) 남산(南山)에 등에가 있었는데 (울 때) "한시시(韓尸尸)"라는 소리를 냈다. 식자(識者)가 말하기를, "한씨(韓氏)들이 장차 시체가 될 것이다. '시시(尸尸)'라고 한 것은 모두 죽는다는 뜻이다"라고 하였다. 그 후에 한밀(韓謐)은 주살(誅殺)되고 한씨 일족은 섬멸되었다.

惠帝元康中, 洛陽南山有虻, 作聲曰, 韓尸尸. 識者曰, 韓氏將尸也. 言尸尸者, 盡死[825]也. 其後韓謐誅而韓族殲焉.[826]

모기가 도성에 모이다[의취경성(蟻聚京城)] 개성(開成)[827] 원년에 도성에 모기떼가 모였는데 길이가 5,60보, 너비가 5자 내지 1장이었으며 두께는 5치 내지 1자였다.

開成二[828]年, 京城有蟻聚, 長五六十步, 闊五尺至一丈, 厚五寸至一尺者.[829]

초목의 이변 草木異

가래나무 기둥에 가지가 나다[재주생지(梓柱生枝)] 한(漢) 원제(元帝) 초원(初元)[830] 4년에, 황후의 증조부 왕백(王伯)의 묘문(墓門)에 사용한 가래나무 기둥에 가지와 잎이 나더니 문의 지붕 위로까지 올라갔다. 유향(劉向)은, 왕씨(王氏)가 부귀하고 강성하게 되어 장차 한(漢) 황실을 대신할 징후로 여겼다. 초원 4년은 왕망(王莽)이 태어난 해이다.

814. 《한서(漢書)·오행지(五行志)》
815. 건시(建始): 한(漢) 성제(成帝)의 연호(BC 32-BC 29)이다.
816. "成帝建始元年"은 임의로 보태진 글자이다.
817. 《한서(漢書)·성제기(成帝紀)》
818. 대화(大和): 당(唐) 문종(文宗)의 연호(827-835)이다.
819. '太'는 '大'의 오자이다.
820. 《신당서(新唐書)·지(志)·오행(五行)》
821. 태강(太康): 진(晉) 무제(武帝)의 연호(280-289)이다.
822. "晉"은 임의로 보태진 글자이다.
823. 《진서(晉書)·지(志)》
824. 원강(元康): 진(晉) 혜제(惠帝)의 연호(291-299)이다.
825. "死" 뒤에 "意"자가 누락되었다.
826. 《송서(宋書)·지(志)·오행(五行)》
827. 개성(開成): 당(唐) 문종(文宗)의 연호(836-840)이다.
828. '二'는 '元'의 오자이다.
829. 《신당서(新唐書)·지(志)·오행(五行)》
830. 초원(初元): 한(漢) 원제(元帝)의 연호(BC 48-BC 44)이다.

漢元帝初元四年, 皇后曾祖父王伯墓門梓柱卒生枝葉, 上出屋. 劉向以爲王氏貴盛, 將伐[831]漢家之象也. 初元四年, 莽生之歲也.[832]

가죽나무에 가지가 나다[저수생지(樗樹生枝)] 성제(成帝) 영시(永始)[833] 원년 2월에 하남(河南)의 가우정(街郵亭) 가죽나무에서 사람의 머리와 같은 가지가 났는데 눈썹과 눈, 수염은 모두 갖추었으나 머리카락과 귀는 없었다.

成帝永始元年二月, 河南街郵樗樹生枝如人頭, 眉目鬚皆具, 亡髮耳.[834]

자빠져 있던 기둥에서 가지가 나다[주부생지(柱仆生枝)] 애제(哀帝) 건평(建平)[835] 3년 10월에 여남(汝南)에서 땅에 자빠져 있던 기둥에서 사람의 형상과 같은 가지가 생겨났다. 몸은 푸르고 누런색이었으며, 얼굴은 희고 머리에는 수염과 머리카락이 있었다. 조금씩 자라 커졌는데 무릇 길이가 6치 1푼이었다. 《역전(易傳)》에서 말하기를, "왕의 덕이 쇠하여 아랫사람이 장차 일어나려고 하면 나무에 사람의 형상이 생겨나게 된다"라고 하였다.

哀帝建平三年十月, 汝南柱仆地, 生枝如人形. 身青黃色, 面白, 頭有鬚髮, 稍長大, 凡長六寸一分. 易傳曰, 王德衰, 下人將起, 則有木生爲人狀.[836]

나무가 오랑캐의 형상을 하다[목상호인(木狀胡人)] 영제(靈帝) 희평(熹平)[837] 3년에 가죽나무 두 그루가 있어 모두 높이가 4자였는데 그 가운데 한 그루가 하룻밤 사이에 갑자기 자라 길이가 1장 가량에 크기가 한 아름이 되더니 오랑캐의 형상을 지었다. 머리와 눈, 수염과 머리카락을 갖추고 있었다.

靈帝熹平三年, 有兩樗樹, 皆高四尺, 其一株宿夕暴長, 長丈餘, 大一圍, 作胡人狀, 頭目鬚髮備具.[838]

진(晉) 명제(明帝) 태녕(太寧)[839] 원년 9월에 회계(會稽) 섬현(剡縣)에 사람의 얼굴처럼 자라난 나무가 있었는데 이후에 왕돈(王敦)[840]이 의병(義兵)이라 칭하며 반역하였다.

晉[841]明帝太興[842]元年九月, 會稽剡縣木生如人面, 是後王敦稱兵作逆.[843]

석륵(石勒)[844]이 미천하던 시절에 살았던 무향(武鄕)의 풀과 나무에 모두 철갑을 입은 기병의 형상이 있었으며, 집 정원 안의 인삼은 꽃잎이 매우 무성하였고 모두 사람의 형상을 이루고 있었다.

石勒微時, 所居武鄕草木皆有鐵騎之象, 家園中人參, 花葉甚茂, 悉成人狀.[845]

---

831. '伐'은 '代'의 오자이다.
832. 《한서(漢書) · 오행지(五行志)》의 기록을 재구성한 것이다.
833. 영시(永始): 한(漢) 성제(成帝)의 연호(BC 16-BC 13)이다.
834. 《한서(漢書) · 오행지(五行志)》
835. 건평(建平): 한(漢) 애제(哀帝)의 연호(BC 6)이다.
836. 《한서(漢書) · 오행지(五行志)》의 기록을 재구성한 것이다.
837. 희평(熹平): 후한(後漢) 영제(靈帝)의 연호(172-177)이다.
838. 《후한서(後漢書) · 지(志) · 오행(五行)》의 기록을 재구성한 것이다.
839. 태녕(太寧): 진(晉) 명제(明帝)의 연호(323-325)이다.
840. 왕돈(王敦): 산동(山東) 지방의 명문세가 출신으로 동진(東晉) 원제(元帝) 때 대장군이 되었으며, 세력이 점점 커져감에 따라 견제가 심해지자 반란을 일으켰다.
841. "晉"은 임의로 보태진 글자이다.
842. '興'은 '寧'의 오자이다.
843. 《진서(晉書) · 지(志)》
844. 석륵(石勒): 오호십육국(五胡十六國)의 하나인 후조(後趙)의 제1대 황제. 전조(前趙)를 멸한 뒤 세력이 화북 일대에 미쳤다. 일국의 통치자로서도 유능했고 귀복(歸服)한 한인(漢人)의 통어에도 뛰어났다. 또한 학교도 세우고 학자도 중용했으며 관리 등용에도 능하였다.
845. 《진서晉書 · 재기(載記)》의 기록을 재구성한 것이다.

잘린 나무가 다시 서다[단수부립(斷樹復立)] 한(漢) 건소(建昭)[846] 5년에 산양(山陽)의 탁모향(橐茅鄕) 사당에 큰 홰나무가 있었는데 그 나무를 잘랐으나 그날 밤에 나무가 그 원래의 자리에 다시 섰다.

漢建昭五年, 山陽鄕[847]社有大槐樹, 伐斷之, 其夜樹復立其故處.[848]

건평(建平)[849] 3년에 영릉(零陵)에는 땅에 쓰러진 나무가 있었는데 둘레가 1장 6자에 길이가 10장 7자였다. 백성이 그 뿌리를 잘랐더니 길이가 9자 남짓하였는데 말라 죽어 있었다. 세 달이 지나자 나무가 갑자기 원래의 자리에 저절로 섰다.

建平三年, 零陵有樹僵地, 圍大[850]六尺, 長十丈七尺. 民斷其本, 長九尺餘, 枯. 三月, 樹卒自立故處.[851]

홰나무가 뽑혀 거꾸로 서다[괴발도수(槐拔倒樹[852])] 희평(熹平)[853] 5년에 대궐 뒤 홰나무들이 모두 예닐곱 아름이 되었는데 저절로 뽑히더니 거꾸로 서 뿌리가 위에 있었다.

熹平五年, 殿後槐樹, 皆六七圍, 自拔, 倒豎, 根在上.[854]

뽕나무가 변하여 잣나무가 되다[상화위백(桑化爲栢)] 영강(永康)[855] 원년 4월에 장무국(壯武國)에서 뽕나무가 변하여 잣나무가 되었는데 장화(張華)가 살해되었다. 장무는 장화의 봉읍(封邑)이었다.

永康元年四月, 壯武國桑化爲栢, 而張華遇害. 壯武, 華之封邑也.[856]

뽕나무가 곡을 하다[상수곡(桑樹哭)] 회제(懷帝) 영가(永嘉)[857] 2년에 항현(項縣)의 뽕나무에서 목재를 켤 때와 같은 소리가 나자 사람들이 이를 '뽕나무가 곡(哭)하는 것'이라 하였다.

懷帝永嘉二年, 頃[858]縣桑樹有聲如解材, 人謂之桑樹哭.[859]

고사(枯死)한 버드나무가 다시 살아나다[고류부생(枯柳復生)] 성제(成帝) 함화(咸和)[860] 6년 5월 계해일에, 곡아(曲阿)에 말라 거꾸러진 지 6년이 되는 버드나무가 있었는데 이날에 홀연 다시 살아났다. (함화) 9년 5월 갑신일에 이르러, 오현(吳縣) 사람 오웅(吳雄)의 집에 죽은 느릅나무가 있었는데 이 날에 비바람으로 인하여 다시 살아났으니 한(漢)나라 상림(上林)에서 잘린 버드나무가 다시 살아난 것과 같은 징후이다.

成帝咸和六年五月癸亥, 曲阿有柳樹枯倒六載, 是日忽復起生. 至九年五月甲戌, 吳縣吳雄家有死楡樹, 是日因風雨起生, 與漢上林斷柳起生同象.[861]

애제(哀帝) 흥녕(興寧)[862] 3년 5월 계해일에, 여릉(廬陵) 서창현(西昌縣)의 사람 수명(修明)의 집에

846. 건소(建昭): 한(漢) 원제(元帝)의 연호(BC 38-BC 34)이다.
847. "鄕" 앞에 "橐茅"가 누락되었다.
848. 《한서(漢書)·오행지(五行志)》의 기록을 재구성한 것이다.
849. 건평(建平): 한(漢) 애제(哀帝)의 연호(BC 6)이다.
850. '大'는 '丈'의 오자이다.
851. 《한서(漢書)·오행지(五行志)》
852. '樹'는 '豎'의 오자이다.
853. 희평(熹平): 후한(後漢) 영제(靈帝)의 연호(172-177)이다.
854. 《후한서(後漢書)·지(志)·오행(五行)》
855. 영강(永康): 진(晉) 혜제(惠帝)의 연호(300)이다.
856. 《진서(晉書)·지(志)》의 기록을 재구성한 것이다.
857. 영가(永嘉): 진(晉) 회제(懷帝)의 연호(307-313)이다.
858. '頃'은 '項'의 오자이다.
859. 《송서(宋書)·지(志)·오행(五行)》
860. 함화(咸和): 진(晉) 성제(成帝)의 연호(326-334)이다.
861. 《진서(晉書)·지(志)》
862. 흥녕(興寧): 진(晉) 애제(哀帝)의 연호(363-365)이다.

(말라) 빳빳하게 된 밤나무가 있었는데 이 날에 홀연 다시 살아났다. 당시에 효무제(孝武帝)는 막 네 살이었는데, 2년을 넘지 않아 효무제가 황통(皇統)을 계승하였다. 서창현 수명의 상서로움은 실로 효무제의 휘(諱: 昌明)에 조응하는 것이다.

哀帝興寧三年五月癸卯, 廬陵西昌縣修明家有僵栗樹, 是日忽復起生. 時孝武年始四歲, 不逾二年, 而孝武嗣統. 西昌修明之祥, 實應帝諱.[863]

백양목에 가지가 생기다[양목생조(楊木生條)] 수(隋) 개황(開皇)[864] 8년에 유주(幽州)의 인가에서 백양목(白楊木)을 부엌 위에 매달아놓은 것이 10년이 넘었는데 홀연 가지 세 개가 생겨나더니 모두 길이가 세 자 가량 되도록 자랐으며 매우 곱고도 무성하였다.

隋[865]開皇八年, 幽州人家有[866]白楊木懸竈上, 積十餘年, 忽生三條, 皆長三尺餘, 甚鮮茂.[867]

인수(仁壽)[868] 2년 봄에 주질현(盩厔縣) 사람이 백양목(白楊木)으로 들보를 삼았는데 가지가 세 개 생겨나더니 두 자 길이로 자랐다. 경방(京房)이《역전(易傳)》에서 말하기를, "후비(后妃)가 권력을 전횡함이 있으면 나무가 거꾸러졌다가 도리어 서게 되며, 잘렸던 고목이 다시 살아난다"라고 하였다. 독고후(獨孤后)가 정치를 전횡하고 방자히 할 징조이다.

仁壽二年春, 盩屋[869]人以楊木爲屋梁, 生三條, 長二尺. 京房易傳曰, 妃后有顓, 木仆反立, 斷枯復生. 獨孤后專恣之應也.[870]

잣나무 속에서 홰나무가 생기다[백중생괴(栢中生槐)] 송(宋) 함평(咸平)[871] 8년에 진주(晉州) 경당관(慶唐觀)[872]의 오래된 잣나무 속에서 별도로 홰나무가 생겨나 한 길 쯤 자랐다. 또 칡이 잣나무 속에서 생겨나 가지를 나누고 넝쿨을 드리워 아래쪽으로 덮고 있었다.

宋咸平八年, 晉州慶唐觀古栢中別生槐, 長丈餘. 又葛生栢中, 分條垂蔓下覆.[873]

천하태평(天下太平) 태평흥국(太平興國)[874] 6년에 온주(溫州)의 백성 장도(張度)가 나무 다섯 조각을 잘랐더니 모두 '天下太平'이라는 글자가 있었다.

太平興國六年, 溫州民張度解木五片, 皆有天下太平字.[875]

선화(宣和)[876] 2년에 영주(永州)의 백성 유사(劉思)가 땔나무를 쪼갰더니 '天下太平'이라는 글자가 있었다.

宣和二年, 永州民劉思析薪, 有天下太平字.[877]

소흥(紹興)[878] 14년에 건주(虔州)의 백성이 기울

863.《진서(晉書)·지(志)》의 기록을 재구성한 것이다.
864. 개황(開皇): 수(隋) 문제(文帝)의 연호(581-600)이다.
865. "隋"는 임의로 보태진 글자이다.
866.《수서(隋書)·지(志)》에는 "有"가 "以"로 되어 있다.
867.《수서(隋書)·지(志)》
868. 인수(仁壽): 수(隋) 문제(文帝)의 연호(601-603)이다.
869. '屋'은 '厔(질)'의 오자이다.
870.《수서(隋書)·지(志)》
871. 함평(咸平): 북송(北宋) 진종(眞宗)의 연호(998-1003)이다.
872. 경당관(慶唐觀): 도교 사원 이름.
873.《문헌통고(文獻通考)》 권299.
874. 태평흥국(太平興國): 북송(北宋) 태종(太宗)의 연호(976-983)이다.
875.《송사(宋史)·지(志)·오행(五行)》의 기록을 재구성한 것이다.
876. 선화(宣和): 북송(北宋) 휘종(徽宗)의 연호(1119-1125)이다.
877.《송사(宋史)·지(志)·오행(五行)》
878. 소흥(紹興): 남송(南宋) 고종(高宗)의 연호(1131-1162)이다.

어진 집을 헐고 기둥을 쪼갰더니 나뭇결에 '天下太平'이라는 글자가 있었다. 당시에는 남쪽이나 북쪽이 도탄에 빠져 있어 사실에 어울리지 못하므로 나무의 요얼에 가까운 것이다. 어떤 이가 말하기를, "나무가 자라난 것은 앞 조대(朝代)의 태평한 시절이었을 것이다"라고 하였다.

紹興十四年, 虔州民毁欹屋析柱, 木理有字, 曰天下太平. 時南北塗炭, 不儷於事, 近木妖也. 或曰, 木之生也, 在先朝盛時.879

나무에서 오이와 가지가 자라나다[목생과가(木生瓜茄)] 순희(淳熙)880 16년 3월에 양주(揚州)의 뽕나무에서 오이가 자라나고 앵두나무에서 가지가 자라났는데 이는 풀과 나무가 상호 요얼이 된 것이다.

淳熙十六年三月, 揚州桑生瓜, 櫻桃生茄, 此草木互爲妖也.881

소희(紹熙)라는 연호를 기록하다[소희기호(紹熙紀號)] 순희 16년 7월에 진릉현(晉陵縣)의 백성이 땔나무를 쪼갰더니 가운데에 '소희오년(紹熙五年)'882이라는 나무 글자가 있었다. 이 당시는 '紹熙'라는 새 연호가 아직 반포(頒布)되지도 않았을 때이다. 그런데도 '紹熙'라는 연호를 기록한 것이 과연 5년에 그쳤으니 이는 나무의 요얼에 가까운 것이다.883

淳熙十六年七月, 晉陵縣民析薪, 中有木字曰紹熙五年, 是時, 紹熙新元猶未頒也, 而紹熙紀號果止五年, 此近木妖也.884

큰 나무가 저절로 뽑히다[대목자발(大木自拔)] 가정(嘉定)885 6년에 엄주(嚴州)의 세 현에서 큰 나무가 저절로 뽑혔다. 점을 쳤더니, "나무가 저절로 뽑혔으니 나라가 장차 어지러울 것이다"라고 하였다.

嘉定六年, 嚴州三縣大木自拔, 占曰, 木自拔, 國將亂.886

풀이 비처럼 내리다[우초(雨草)] 한(漢) 원제(元帝) 영광(永光)887 2년 8월에 하늘에서 풀이 비처럼 내렸는데 잎은 서로 뭉쳐 덩어리졌으며 크기가 탄환(彈丸) 만하였다.

漢888元帝永光二年八月, 天雨草, 而葉相摎結, 大如彈丸.889

평제(平帝) 원시(元始)890 3년 정월에 풀이 비처럼 내렸는데 형상은 영광(永光) 시기와 같았다. 《역전(易傳)》에서 말하기를, "임금이 봉록(俸祿)에 인색하면 신뢰가 줄어들고 어진이가 떠나버리는데 그 요얼은 하늘에서 풀이 비처럼 내리는 것이다"라고 하였다.

平帝元始三年正月, 雨草, 狀如永光時, 易傳曰, 君吝於祿, 信衰賢去, 厥妖天雨草.891

어도(御道)의 남가새[어도질리(御道蒺藜)] 진(晉) 안제(安帝) 시절에 궁성(宮城) 위와 어도(御道)의 좌우에 모두 남가새가 생겨났는데 이 또한 풀의 요

---

879. 《문헌통고(文獻通考)》 권299의 기록을 재구성한 것이다.
880. 순희(淳熙): 남송(南宋) 효종(孝宗)의 연호(1174-1189)이다.
881. 《송사(宋史)·지(志)·오행(五行)》
882. 본문의 의도를 고려하면 "紹熙五年"은 "(연호) 소희는 5년간"이라는 뜻이 된다.
883. '소희(紹熙)'는 남송(南宋) 광종(光宗)의 연호로 1190년이 원년이며 마지막 해는 그 5년째가 되는 1194년이다.
884. 《문헌통고(文獻通考)》 권299의 기록을 재구성한 것이다.
885. 가정(嘉定): 남송(南宋) 영종(寧宗)의 연호(1208-1224)이다.
886. 《송사(宋史)·지(志)·오행(五行)》의 기록을 재구성한 것이다.
887. 영광(永光): 한(漢) 원제(元帝)의 연호(BC 43-BC 39)이다.
888. "漢"은 임의로 보태진 글자이다.
889. 《한서(漢書)·오행지(五行志)》
890. 원시(元始): 한(漢) 평제(平帝)의 연호(1-5)이다.
891. 《한서(漢書)·오행지(五行志)》

얼이다.

晉安帝時,[892] 宮城上及御道左右皆生蒺蔾, 亦草妖也.[893]

깃발 풀[기자초(旗子草)] 당(唐) 광계(光啓)[894] 원년에 하중(河中)에서 풀이 났는데 잎이 서로 헝클어지고 얽혀 깃발의 형상과 비슷하자 사람들이 깃발 풀로 여겼다[불렀다].

唐光啓元年, 河中生草, 葉自相樛結, 如旌旗之狀, 人以爲旗子草.[895]

금석의 이변 金石異

솥이 날아 물에 들어가다[정비입수(鼎飛入水)] 주(周)나라가 망하고서 진(秦) 소왕(昭王)이 아홉 개의 솥을 취하였는데 그 가운데 하나는 사수(泗水)로 날아 들어가고 나머지 여덟 개는 진나라 안으로 들어갔다.

周亡, 秦昭王取九鼎, 其一飛入泗水, 餘八入於秦中.[896]

주조한 쇠붙이가 모두 날다[주철개비(鑄鐵皆飛)]
정화(征和)[897] 2년에 탁군(涿郡)의 철관(鐵官)[898]이 철기(鐵器)를 주조(鑄造)하였는데 쇠가 녹더니 모두 날아갔다.

征和二年, 涿郡鐵官鑄鐵, 鐵銷, 皆飛去.[899]

성제(成帝) 하평(河平)[900] 2년에 패군(沛郡)의 철관이 철기를 주조할 때, 쇠[쇳물]가 아래로 내려가지 않고 꽈릉꽈릉 천둥치는 듯한 소리가 나고 또 북을 치는 듯한 소리가 나자 장인(匠人) 열 세 사람이 놀라 도망하였다. 소리가 그치기에 다시 와서 보았더니 땅이 몇 자 꺼져 있고 용광로가 나뉘어 열 개로 되어 있었는데 한 용광로 안에서 녹은 쇠가 유성처럼 흩어지더니 모두 하늘로 올라갔다.

成帝河平二年, 沛郡鐵官鑄鐵, 鐵不下, 隆隆如雷聲, 又如鼓音, 工十三人驚走. 音止, 還視, 地陷數尺, 爐分爲十, 一爐中銷鐵散如流星, 皆上去.[901]

여섯 개의 종이 눈물을 흘리다[육종출체(六鍾出涕)]
진(晉) 혜제(惠帝) 원강(元康) 3년에 어전(御殿) 앞에 있는 여섯 개의 종이 모두 눈물을 흘리더니 5각(刻)[902]이 지나서야 그쳤다.

晉[903]惠帝元康三年, 殿前六鍾皆出涕, 五刻止.[904]

쇠로 만든 봉황이 강으로 들어가다[금봉입하(金鳳入河)] 석계룡(石季龍)[905] 시절에 업성(鄴城) 봉양문(鳳陽門) 위에 쇠로 만든 봉황 두 마리가 있었는데 장하(漳河)로 날아 들어갔다.

---

892. 《진서(晉書)·지(志)》에는 "晉安帝時"가 "義熙中"으로 되어 있다.
893. 《진서(晉書)·지(志)》
894. 광계(光啓): 당(唐) 희종(僖宗)의 연호(885-887)이다.
895. 《신당서(新唐書)·지(志)·오행(五行)》의 기록을 재구성한 것이다.
896. 《문헌통고(文獻通考)》 권300.
897. 정화(征和): 한(漢) 무제(武帝)의 연호(BC 92-BC 89)이다.
898. 철관(鐵官): 철기(鐵器)의 주조(鑄造)에 관한 일을 맡은 관리.
899. 《한서(漢書)·오행지(五行志)》
900. 하평(河平): 한(漢) 성제(成帝)의 연호(BC 28-BC 25)이다.
901. 《한서(漢書)·오행지(五行志)》
902. 각(刻): 시간의 단위로 1각은 약 15분이다. 본래 시헌력(時憲曆)을 채택하기 이전에 하루의 100분의 1이 되는 14분 24초 동안을 나타내던 단위였다.
903. "晉"은 임의로 보태진 글자이다.
904. 《진서(晉書)·지(志)》
905. 석계룡(石季龍): 5호16국(五胡十六國)의 하나인 후조(後趙)의 왕. 본명은 석호(石虎)이며 계룡(季龍)은 그의 자(字)이다.

石季龍[906]時, 鄴城鳳陳[907]門上金鳳凰二頭, 飛入漳河.[908]

쇳덩이가 날아 집을 부수다[철비파옥(鐵飛破屋)] 진(陳) 정명(禎明)[909] 2년에 동야(東冶)가 연철(煉鐵)하여 주조할 때 적색을 띠고 크기가 말[斗]만한 어떤 물체가 하늘로부터 주조하는 곳으로 떨어졌다. 콰릉콰릉하는 소리가 나더니 쇳덩이가 날아 집을 부수고는 사방으로 흩어져 인가를 태웠다.

陳禎明二年, 東冶鐵鑄, 有物赤色, 大如斗, 自天墜鎔所. 隆隆有聲, 鐵飛破屋而四散, 燒人家.[910]

철상(鐵像) 머리가 떨어지다[철상두락(鐵像頭落)] 신룡(神龍)[911] 초엽에 동도(東都) 백마사(白馬寺)의 철상(鐵像) 머리가 까닭 없이 저절로 대궐문 밖에 떨어졌다.

神龍初[912], 東都白馬寺鐵像頭無故自落於殿門外.[913]

솥이 뛰어나와 서로 싸우다[정약상투(鼎躍相鬪)] 천보(天寶) 10년에 대동전(大同殿) 앞의 종이 저절로 울었다. 점을 쳤더니, "백성 가운데 특이한 자가 난을 일으킬 것"이라 하였다.

天寶十年, 大同殿前鍾自鳴. 占曰, 庶雄爲亂.[914]

재상 이적지(李適之)가 늘 솥을 벌여 놓고 맛있는 음식을 갖추었는데 한밤중에 솥이 뛰어나와 서로 싸움을 풀지 않더니 솥의 귀와 발이 모두 부러졌다.

宰臣李適之常列鼎具膳羞, 中夜, 鼎躍出相鬪不解, 鼎耳及足皆折.[915]

한림원(翰林院)의 방울[한림령(翰林鈴)] 원화(元和)[916] 연간에 한림원(翰林院)에 방울이 있었는데 밤중에 문서가 들어오면 방울을 당겨 부르는 전갈을 대신하였다. 장경(長慶)[917] 연간에 하북(河北)에서 군대를 쓸 때에 문득 저절로 울렸는데 군중(軍中)의 소식과 서로 호응하여 소리가 급하면 군중의 일이 급하고 소리가 느리면 군중의 일이 느슨하였다.

元和中, 翰林院有鈴, 夜中文書入則引之, 以代傳呼. 長慶中, 河北用兵, 輒自鳴, 與軍中息耗相應, 聲急則軍事急, 聲緩則軍事緩.[918]

떠오른 종(鐘)에 명문(銘文)이 있어[부종유명(浮鍾有銘)] 건염(建炎)[919] 3년에 길주(吉州)에서 성을 수리할 때 역부(役夫)들이 해골을 주웠다가 물속에 버렸더니 잠시 후에 물에서 종 하나가 떠올랐는데 명문(銘文) 쉰여섯 자가 있었다. 군수(郡守)가 그 명문을 기록하라고 명하여 기록이 끝나자 종이 저절로 부서졌다.

建炎三年, 吉州修城, 役夫得髑顱[920]棄之水中, 俄浮一鍾, 有銘七[921]十六字. 郡守命錄之, 錄畢而鍾自碎.[922]

---

906. 《송서(宋書)·지(志)·오행(五行)》에는 "石季龍"이 "石虎"로 되어 있다.
907. '陳'은 '陽'의 오자이다.
908. 《송서(宋書)·지(志)·오행(五行)》
909. 정명(禎明): 진(陳) 후주(後主)의 연호(587-589)이다.
910. 《수서(隋書)·지(志)》
911. 신룡(神龍): 당(唐) 예종(睿宗)의 연호(705)이다.
912. 《신당서(新唐書)·지(志)·오행(五行)》에는 "初"가 "中"으로 되어 있다.
913. 《신당서(新唐書)·지(志)·오행(五行)》
914. 《신당서(新唐書)·지(志)·오행(五行)》
915. 《신당서(新唐書)·지(志)·오행(五行)》
916. 원화(元和): 당(唐) 헌종(憲宗)의 연호(806-820)이다.
917. 장경(長慶): 당(唐) 목종(穆宗)의 연호(821-824)이다.
918. 《신당서(新唐書)·지(志)·오행(五行)》의 기록을 재구성한 것이다.
919. 건염(建炎): 남송(南宋) 고종(高宗)의 연호(1127-1130)이다.
920. '顱'는 '髏'의 오자이다.
921. '七'은 '五'의 오자이다.
922. 《송사(宋史)·지(志)·오행(五行)》의 기록을 재구성한 것이다.

구리로 만든 말이 밤에 울다[동마소시(銅馬宵嘶)] 소흥(紹興)[923] 26년에 성도(成都) 비현(郫縣)의 땅 속에서 구리로 만든 말이 나왔는데 높이가 세 자였으며 만든 솜씨가 매우 정교하였다. 한밤중에 비바람이 불면 그때마다 우는 소리가 들렸다.

紹興二十六年, 成都郫縣地出銅馬, 高三尺, 工制甚精. 中宵風雨, 輒聞嘶聲.[924]

동전이 저절로 날다[동전자비(銅錢自飛)] 경원(慶元)[925] 2년 12월에 오현(吳縣) 금아향(金鵝鄉)에서 동전 100만 개가 저절로 날아다녔다.

慶元二年十二月, 吳縣金鵝鄉銅錢百萬自飛.[926]

석고(石鼓)가 산에서 울다[석고명산(石鼓鳴山)] 성제(成帝) 홍가(鴻嘉)[927] 3년 5월에 천수군(天水郡) 기현(冀縣)의 남산에서 큰 돌이 울었는데 소리가 꽈릉꽈릉 천둥치듯 하였으며 얼마 있다가 그쳤다. (이때) 평양(平襄) 240리 안에서는 꿩이 일제히 우는 소리가 들렸다. 돌은 길이가 1장 3자로 너비와 두께도 대략 같았으며 산벼랑 허리에 곁하여 붙어 있었는데 땅과 떨어진 거리는 200여 장이었다. 민간에서는 '석고(石鼓)'로 이름하였으며 석고가 울면 병란이 있었다.

成帝鴻嘉三年五月, 天水冀南山大石鳴, 聲隆隆如雷, 有頃止. 聞平袠[928]二百四十里, 壄鷄皆鳴. 石長丈三尺, 廣厚略等, 旁著岸脅, 去地二百餘丈. 民俗名曰石鼓, 石鼓鳴, 有兵.[929]

평양(平陽)에서 돌이 말을 하다[석언평양(石言平陽)] 민제(愍帝) 건흥(建興)[930] 5년에 평양(平陽)에서 돌이 말을 하였다. 당시에 황제는 난리를 피해 또한 평양에 있었기 때문에 말을 하지 못하는 물건이 말을 하게 된 것이니 요얼 가운데도 큰 것이다.

愍帝建興五年, 石言于平陽. 時帝蒙塵亦在平陽, 故有非言之物而言, 妖之大者.[931]

돌이 춤을 추다[석무(石舞)] 양(梁) 무제(武帝) 중대동(中大同)[932] 원년에 곡아현(曲阿縣) 건릉(建陵)의 무덤길 입구에 있던 돌 벽사(辟邪)[933]가 일어나 춤을 추었다.

梁武帝[934]中大同元年, 曲阿縣建陵隧口石辟邪起舞.[935]

돌이 일어나 서로 마주하다[석기상대(石起相對)] 후제(後齊) 무성(武成) 시절에 어전(御殿) 위의 돌이 저절로 일어나더니 둘씩 둘씩 서로 마주하였다.

後齊武成時[936], 殿上石自起, 兩兩相對.[937]

비석이 울다[석명(石鳴)] 개원(開元)[938] 23년에 용지(龍池)에 있는 '성덕송(聖德頌)' 비석이 저절로 울었는데 그 소리가 청명(淸明)하고 고원(高遠)하기가

923. 소흥(紹興): 남송(南宋) 고종(高宗)의 연호(1131-1162)이다.
924. 《문헌통고(文獻通考)》 권300.
925. 경원(慶元): 남송(南宋) 영종(寧宗)의 연호(1195-1200)이다.
926. 《송사(宋史)·지(志)·오행(五行)》
927. 홍가(鴻嘉): 한(漢) 성제(成帝)의 연호(BC 20-BC 17)이다.
928. '袠'는 '襄'의 오자이다.
929. 《한서(漢書)·오행지(五行志)》
930. 건흥(建興): 진(晉) 민제(愍帝)의 연호(313-317)이다.
931. 《진서(晉書)·지(志)》
932. 중대동(中大同): 양(梁) 무제(武帝)의 연호(546)이다.
933. 벽사(辟邪): 사슴과 비슷하게 생긴 상상의 동물. 예전에 사악을 물리친다고 하여 인장(印章)이나 기(旗)에 장식으로 많이 그려 넣었다.
934. "梁武帝"는 임의로 보태진 글자이다.
935. 《남사(南史)·양본기(梁本紀)》
936. "後齊武成時"는 임의로 보태진 글자이다.
937. 《북제서(北齊書)·보제기(補帝紀)》
938. 개원(開元): 당(唐) 현종(玄宗)의 연호(713-741)이다.

종(鐘)이나 경(磬)과 같았다. (돌이 운다는 것은) 돌이 말하는 것에 가깝다.

開元二十三年, 龍池聖德頌石自鳴, 其音淸遠如鍾磬. 近石言也.[939]

석마(石馬)가 땀을 흘리다[석마류한(石馬流汗)] 지덕(至德)[940] 2년에 소릉(昭陵)의 석마가 땀을 흘렸다. 옛날에 주(周) 무제(武帝)가 진주(晉州)를 이겼을 때, 제(齊)나라에 있던 석상이 땀을 흘려 땅이 젖었는데 이것도 그런 류이다.

至德二年, 昭陵石馬汗出. 昔周武帝之克晉州, 齊有石像, 汗流濕地, 此其類也.[941]

석불(石佛) 태평흥국(太平興國)[942] 7년에 심주(深州) 육택현(陸澤縣)의 백성 왕서(王緖)가 밭 가운데서 토끼를 보고 구멍에 들도록 쫓아 구멍을 팠더니 석불 50개가 있었는데 모두 길이가 1자 남짓하였다.

太平興國七年, 深州陸澤縣民王緖田中得白兎, 逐入穴, 掘之, 得石佛五十軀, 皆長尺餘.[943]

비석이 울다[비명(碑鳴)] 광명(廣明)[944] 원년에 화악묘(華嶽廟)[945]의 '현종어제비(玄宗御制碑)'에서 은은히 소리가 나 몇 리 내에서 들을 수 있었는데 열흘이 되어서야 그쳤다. (이는) 돌이 말하는 것에 가까운 것이다.

廣明元年, 華嶽廟玄宗御制碑隱隱然有聲, 聞數里間, 浹旬乃止. 近石言也.[946]

돌이 걸어가다[석행(石行)] 남한(南漢)[947] 유창(劉鋹) 시절에 궁중의 우물곁에 있던 돌이 저절로 서더니 100여 보 가량 걸어간 뒤에 엎어졌다.

南漢劉鋹時, 宮中井旁石自立, 行百餘步而仆.[948]

운석(隕石) 천희(天禧)[949] 3년 정월에 영주(潁州)에서 천둥소리가 진동을 하더니 잠시 후에 운석 세 개가 일곱 자 가량 깊이로 땅속에 박혔다.

天禧三年正月, 潁州震雷, 頃之, 隕石三入地七尺許.[950]

돌이 마노가 되다[석위마노(石爲瑪瑙)] 정화(政和)[951] 4년에 개봉부(開封府) 기내(畿內)와 여주(汝州), 채주(蔡州) 일대에서 산을 잇닿아 가며 크고 작은 돌이 모두 변하여 마노가 되었는데 상방(尙方)이 취하여 보기(寶器)로 만들었다. 선화(宣和)[952] 4년 이후로 어부(御府)[953]에 소장한 것들이 종종 다시 변하여 돌이 되었는데 빛깔이 백골과 유사하였다.

政和四[954]年, 府畿·汝·蔡之間, 連山大小石皆變爲瑪瑙, 尙方取爲寶器. 宣和四年後, 御府所藏, 往往復變爲石, 而色類白骨.[955]

---

939. 《신당서(新唐書)·지(志)·오행(五行)》의 기록을 재구성한 것이다.
940. 지덕(至德): 당(唐) 숙종(肅宗)의 연호(756-758)이다.
941. 《신당서(新唐書)·지(志)·오행(五行)》
942. 태평흥국(太平興國): 북송(北宋) 태종(太宗)의 연호(976-983)이다.
943. 《문헌통고(文獻通考)》 권300.
944. 광명(廣明): 당(唐) 희종(僖宗)의 연호(880)이다.
945. 화악묘(華嶽廟): 섬서성(陝西省) 화음현(華陰縣) 동쪽에 있었던 묘당(廟堂).
946. 《신당서(新唐書)·지(志)·오행(五行)》
947. 남한(南漢): 유엄(劉龑)이 세운 나라로 오대십국(五代十國)의 십국 가운데 하나. 남해무역의 이익을 독점하면서 광동(廣東)을 중심으로 세력을 확장하였지만 유엄이 죽은 뒤 제위(帝位)를 둘러싸고 형제간의 내분과 환관의 전횡 등으로 국정(國政)이 어지러워져, 결국 송(宋)나라에게 멸망되었다.
948. 《문헌통고(文獻通考)》 권300.
949. 천희(天禧): 북송(北宋) 진종(眞宗)의 연호(1017-1021)이다.
950. 《문헌통고(文獻通考)》 권300의 기록을 재구성한 것이다.
951. 정화(政和): 북송(北宋) 휘종(徽宗)의 연호(1111-1117)이다.
952. 선화(宣和): 북송(北宋) 휘종(徽宗)의 연호(1119-1125)이다.
953. 어부(御府): 제왕의 물건을 넣어 두는 창고.
954. 《유원총보》에서 '四' 앞에 쓴 '三'은 군더더기 글자이다.

돌이 서다[석립(石立)] 원봉(元鳳)[956] 3년에 내무산(萊蕪山) 남쪽에서 수천 명의 사람이 소리를 내는 듯이 웅웅거리는 소리가 났다. 살펴보았더니 큰 돌이 저절로 서 있었는데 높이가 1장 5자, 둘레가 48아름에 땅에 박혀 있던 깊이가 8자였으며 세 개의 돌이 발이 되고 있었다. 돌이 선 곳에는 흰 새 수천 마리가 그 곁에 모여 있었다. 휴맹(眭孟)은, 돌은 음의 유(類)에 속하는 것으로 아래백성의 상징이고, 태산(泰山)은 왕 노릇을 하는 자가 왕조(王朝)를 바꾸고 나서 바뀐 사실을 하늘에 고하는 곳이니 마땅히 일반 백성 가운데서 천자(天子)가 되는 자가 있을 것으로 여겼다. 《역전(易傳)》에서 말하기를, "돌이 사람처럼 서면 일반 백성이 천하의 영웅[군주]이 된다. (돌이) 산에 서면 (전 왕조와) 동성(同姓)인 자이고, 평지에 서면 이성(異姓)인 자이다. 강가에 서면 성인(聖人)이고, 못가에 서면 소인(小人)이다"라고 하였다.

元鳳三年, 萊蕪山南匈匈有數千人聲. 視之, 有大石自立, 高丈五尺, 大四十八圍, 入地深八尺, 三石爲足. 石立處, 有白鳥數千集其旁. 眭孟以爲, 石陰類, 下民象, 泰山, 王者易姓告代之處, 當有庶人爲天子者. 易傳曰, 石立如人, 庶士爲天下雄. 立于山, 同姓, 平地, 異姓. 立於水, 聖人, 於澤, 小人.[957]

우는 돌[명석(鳴石)] 영강(永康)[958] 원년에 양양군(襄陽郡)에서 우는 돌을 얻었는데 두드리면 소리가 7, 8리까지 들렸다.

永康元年, 襄陽郡[959], 得鳴石, 撞之, 聲聞七八里.[960]

뜬 돌[부석(浮石)] 태안(太安)[961] 원년에 단양(丹陽)의 하가호(夏架湖)에 큰 돌이 있었는데 200보를 떠서 (움직여) 언덕에 오르자 백성들이 놀라 떠들썩하게 서로 고하며 말하기를, "돌이 온다"라고 하였다.

太安元年, 丹陽夏架湖有大石, 浮二百步而登岸, 民驚譟相告曰, 石來.[962]

소리의 이변
鼓妖[963]

- 《오행지(五行志)》[964]에서, "형체가 없는데 소리가 나고, 구름이 없는데 천둥소리가 나는 것을 일러 '고요(鼓妖)'라 한다"라고 하였다. 무릇 마땅히 울 것이 아닌데 우는 것도 모두 여기에 든다.

  五行志, 無形有聲, 無雲而雷, 謂之鼓妖. 凡不當鳴而鳴者, 皆入焉.[965]

구름이 없는데 천둥소리가 나다[무운이뢰(無雲而雷)] 주(周) 고왕(考王) 13년에 진(晉)나라에서 구름이 없는데도 천둥소리가 났다.

周[966]考王十三年, 晉無雲而雷.[967]

---

955. 《송사(宋史)·지(志)·오행(五行)》의 기록을 재구성한 것이다.
956. 원봉(元鳳): 한(漢) 소제(昭帝)의 연호(BC 80-BC 75)이다.
957. 《한서(漢書)·오행지(五行志)》의 기록을 재구성한 것이다.
958. 영강(永康): 후한(後漢) 환제(桓帝)의 연호(167)이다.
959. "襄陽郡" 다음에 "上言"자가 생략되었다.
960. 《진서(晉書)·지(志)》
961. 태안(太安): 진(晉) 혜제(惠帝)의 연호(302-303)이다.
962. 《진서(晉書)·지(志)》
963. 이 '鼓妖'는 성격상 '대제목'으로 삼는 것이 타당하다.
964. 《상서(尙書)·홍범(洪範)·오행전(五行傳)》을 지칭한다.
965. 《문헌통고(文獻通考)》 권307.

위열왕(威烈王) 3년에 진(晉)나라에서 불길이 북쪽으로부터 아래로 내려왔는데 그 소리가 북을 치는 것과 같았다.

威烈王三年, 晉有火下于北方, 其聲如鼓.968

진(秦) 이세(二世) 원년에 구름이 없는데도 천둥소리가 났다. 유향(劉向)은, 천둥은 마땅히 구름에 의탁해야 하는데 (이는) 군주가 신하에게 의탁해야 하는 것과 같으며 (이것이) 음양의 화합이라 여겼다. 이세가 천하를 긍휼히 여기지 않자 백성들이 원망하며 반란을 일으켰으며 진나라가 마침내 망하였다.

秦二世元年, 無雲而雷. 劉向以爲, 雷當托於雲, 猶君托於臣, 陰陽之合也. 二世不恤天下, 民怨叛, 秦遂亡.969

한(漢) 성제(成帝) 시절에 구름이 없는데도 천둥소리가 났는데 소리와 함께 빛이 번쩍이며 사방 아래로 땅까지 비추더니 그쳤다.

漢成帝時, 無雲而有雷, 聲光耀耀, 四面下至地, 止.970

종이 우는 듯한 큰 소리[대성여종(大聲如鍾)] 애제(哀帝) 건평(建平)971 2년 4월 을해일 초하루에 어사대부(御史大夫) 주박(朱博)이 승상이 되고, 소부(少府) 조현(趙玄)이 어사대부가 되어 조서(詔書)를 받으려고 할 때에 종(鐘)이 우는 듯한 큰 소리가 들려오기에 주상이 양웅(揚雄)과 이심(李尋)에게 물어보았다. 이심이 말하기를, "〈홍범(洪範)〉에서 이른바 '고요(鼓妖)'입니다. 임금이 총명하지 못하여 중인(衆人)들에게 미혹되어 빈이름뿐인 자를 기용되게 하면 (이런 현상이 있게 되는데), 소리는 있으나 형체가 없어 어디서부터 생겨나는지 알 수 없습니다. 그 주(注)에서 말하기를, '(이 소리가) 어느 해 어느 달 어느 날 안에 있으면 정경(正卿)이 이를[영향을] 받게 된다'라 하였습니다. 정경은 정사(政事)를 집행하는 대신(大臣)입니다. 의당 승상과 어사를 퇴진시켜 하늘이 보이는 변고(變故)에 응해야 합니다. 비록 퇴진시키지 않는다 하더라도 1년을 넘기지 못하여 그 사람들 스스로가 그 허물을 입게 될 것입니다"라고 하였다. 양웅 또한 '고요'로 여겼으니 듣는 데에 과실이 있다는 상징인 것이다. 주박은 사람됨이 강경하고 과감하였으며 권모술수가 많아 장수로는 적당했지만 재상으로는 적당하지 않았다. 8월에 주박과 조현이 간악한 음모를 꾸민 죄에 연루되자 주박은 자살하였으며 조현은 사형은 면한 채 처분이 논의되었다.

哀帝建平二年四月乙亥朔, 御史大夫朱博爲丞相, 少府趙玄爲御史大夫, 受策, 有大聲如鍾鳴, 上以問楊972雄·李尋. 尋對曰, 洪範所謂鼓妖者也. 人君不聰, 爲衆所惑, 空名得進, 則有聲無形, 不知所從生. 其傳曰, 歲月日之中, 則正卿受之. 正卿執政大臣也. 宜退丞相御史, 以應天變. 然雖不退, 不出期年, 其人自蒙其咎. 楊雄亦以爲鼓妖, 聽失之象也. 朱博爲人彊毅多權謀, 宜將不宜相. 八月, 博玄坐爲奸謀, 博自殺, 玄減死論.973

구리 거북과 뱀 형상의 포수가 울다[동구사명(銅龜蛇鳴)] 원수(元壽)974 원년 9월에 효원황제묘(孝元皇帝廟)의 전문(殿門)975에 있는 구리 거북과 뱀 형상의 포수(鋪首)가 (저절로) 울었다.

元壽元年九月,976 孝元廟殿門銅龜蛇鋪首鳴.977

---

966. "周"는 임의로 보태진 글자이다.
967. 《문헌통고(文獻通考)》 권307.
968. 《문헌통고(文獻通考)》 권298.
969. 《한서(漢書)·오행지(五行志)》의 기록을 재구성한 것이다.
970. 《한서(漢書)·성제기(成帝紀)》의 기록을 재구성한 것이다.
971. 건평(建平): 한(漢) 애제(哀帝)의 연호(BC 6)이다.
972. '楊'은 '揚'의 오자이다.
973. 《한서(漢書)·오행지(五行志)》의 기록을 재구성한 것이다.
974. 원수(元壽): 한(漢) 애제(哀帝)의 연호(BC 2-BC 1)이다.
975. 전문(殿門): 보통은 궁궐의 문이라는 뜻으로 쓰이지만 여기서는 묘당(廟堂)으로 들어가는 문이라는 뜻으로 쓰였다.

산이 소처럼 울다[산명여우(山鳴如牛)] 헌제(獻帝) 건안(建安)978 연간에 장사(長沙) 예릉현(醴陵縣)에 큰 산이 있었는데 늘 소가 숨을 내쉬는 소리처럼 크게 운 지가 수년째이다.

獻帝建安979中, 長沙醴陵縣有大山, 常大鳴如牛呴聲, 積數年.980

성이 소처럼 울다[성명약우(城鳴若牛)] 진(晉) 혜제(惠帝) 원강(元康)981 9년 3월에 소 울음과 같은 소리가 허창성(許昌城)에서 나왔다. 12월에 폐출(廢黜)된 민회태자(愍懷太子)가 허창성 궁에 유폐되었다. 이듬해에 가후(賈后)가 (사람을 시켜) 태자를 죽일 때 약을 빻는 공이로 쳤는데 (우는) 소리가 밖에까지 들렸으니 이것이 그 조응인 것이다.

晉982惠帝元康九年三月, 有聲若牛, 出許昌城. 十二月, 廢愍懷太子, 幽於許宮. 明年, 賈后983殺太子, 擊以藥杵, 聲聞於外, 是其應也.984

북이 가지고 노는 것처럼 울다[고명여농(鼓鳴如弄)] 소준(蘇峻)이 역양(歷陽)에 있을 때 장군의 북이 저절로 울었는데 사람이 북을 가지고 노는 것과 같았다. 소준이 손으로 직접 북을 깨뜨리며 말하기를, "내가 고향에 있을 때 이런 일이 있으면 성(城)이 비었다"라고 하였다. 오래지 않아 난리를 일으키더니 죽임을 당하고 멸족되었다.

蘇峻在歷陽, 將軍鼓自鳴, 如人弄鼓者. 峻手自破之, 曰, 我鄕土時有此, 則城空矣. 俄而作亂夷滅.985

돌로 만든 소가 문득 울다[석우홀명(石牛忽鳴)] 석계룡(石季龍) 말엽에 낙양성(洛陽城) 서북쪽에 푸른 석부(石趺)986 위에 돌로 만든 소가 있었는데 문득 울자 소리가 40리까지 들렸다. 석계룡이 사람을 시켜 두 귀와 꼬리를 때려 떨어뜨리고 쇠못으로 네 다리에 못질을 하게 하였다. 오래지 않아 석계룡이 죽었다.

石季龍末, 洛陽城西北, 石牛在靑石趺上, 忽鳴, 聲聞四十里. 季龍遣人打落兩耳及尾, 鐵釘釘四脚. 尋而季龍死.987

하가산(夏架山)의 돌 북[하가석고(夏架石鼓)] 오흥(吳興) 하가산(夏架山)에 돌 북이 있었는데 길이가 1장쯤에 북 표면 지름이 3자 가량 되었다. 울면 쇠북과 같은 소리가 났으며 삼오(三吳)988 지역에 병란이 있었다. 안제(安帝) 융안(隆安)989 연간에 이르러 크게 울자 손은(孫恩)의 반란이 있었다.

吳興夏架山有石鼓, 長丈餘, 面徑三尺990, 鳴則聲如金鼓, 三吳有兵. 至安帝隆安中大鳴, 有孫恩之亂.991

대궐 건물이 으르렁거리다[전옥명타(殿屋鳴吒)] 제

976. "元壽元年九月"은 임의로 보태진 글자이다.
977. 《한서(漢書) · 애제기(哀帝紀)》
978. 건안(建安): 후한(後漢) 헌제(獻帝)의 연호(196-220)이다.
979. "獻帝"는 임의로 보태진 글자이며 "建安" 뒤에 "七八年"년이 누락되었다.
980. 《후한서(後漢書) · 지(志) · 오행(五行)》
981. 원강(元康): 진(晉) 혜제(惠帝)의 연호(291-299)이다.
982. "晉"은 임의로 보태진 글자이다.
983. "賈后" 뒤에 "遣黃門孫慮"가 누락되었다.
984. 《진서(晉書) · 지(志)》
985. 《진서(晉書) · 지(志)》
986. 석부(石趺): 비석이나 조각물 따위에서 돌로 만든 받침.
987. 《진서(晉書) · 지(志)》
988. 삼오(三吳): 진(晉)나라 시절에 오흥(吳興)과 오군(吳郡), 회계(會稽)를 함께 일컫던 말.
989. 융안(隆安): 진(晉) 안제(安帝)의 연호(397-401)이다.
990. "尺" 뒤에 "許"가 누락되었다.
991. 《진서(晉書) · 지(志)》의 기록을 재구성한 것이다.

(齊) 무제(武帝)가 몸이 좋지 않아 어가(御駕)를 연창전(延昌殿)으로 옮겨 막 계단을 오르는데 대궐 건물이 으르렁거렸다. 8월에 이르러 무제가 죽었다.

齊武帝不豫, 徙御延昌殿, 始登階而殿屋鳴吒, 至八月殂.[992]

산에서 천둥소리가 나다[산유뇌성(山有雷聲)] 수(隋) 문제(文帝) 시절에 곽주(廓州)의 연운산(連雲山)에서 천둥과 같은 소리가 났다. 또 구름이 없는데도 (하늘에서) 천둥소리가 났다. 《역비후(易飛候)》에서 말하기를, "나라에 장차 군주가 바뀔 때면 아랫사람들은 마음이 편하지 못하고, 소인배가 먼저 천명(天命)을 받은 것으로 여긴다. (그리하여) 나라가 위태로워지면 전란이 있게 된다"라고 하였다. 몇 년 뒤에 황제가 죽자 한왕(漢王) 양량(楊諒)이 군대를 일으켜 반란하였다.

隋文帝時, 廓州連雲山有聲如雷. 又無雲而雷. 易飛候曰, 國將易君, 下人不靜, 小人先命. 國凶, 有兵甲. 後數歲, 帝崩, 漢王諒擧兵反.[993]

이해[994] 11월에 도성에 대풍이 불고 땅이 크게 흔들리자 북이 모두 (여기에) 응하여 소리를 냈다. 정찰사(淨刹寺)의 종이 세 차례나 울고, 불전(佛殿)의 문에 달린 자물쇠가 저절로 열렸으며, 동상이 저절로 문밖으로 나왔다. 종과 북이 저절로 운 것은 '고요(鼓妖)'에 가까운 것이다. 양웅(揚雄)은, 임금이 총명하지 못하여 중인(衆人)들에게 미혹되어 빈이름뿐인 자를 기용되게 하면 '고요'가 나타나는 것으로 여겼다.

是年十一月, 京都大風, 地大震, 鼓皆應. 淨刹寺鍾三鳴, 佛殿門鎖自開, 銅像自出戶外. 鍾鼓自鳴者, 近鼓妖也. 楊[995]雄以爲人君不聰, 爲衆所惑, 空名得進, 則鼓妖見.[996]

청사(廳舍)에서 소리가 나다[성출청사(聲出廳事)] 천복(天復)[997] 3년 10월에 선무절도사(宣武節度使)의 청사에서 큰 소리가 난 적이 있는데 '고요(鼓妖)'에 가까운 것이다.

天復三年十月, 有大聲出于宣武節度使廳事, 近鼓妖也.[998]

사람과 말이 놀라고 무서워서 뒷걸음질하다[인마피역(人馬辟易)] 순희(淳熙)[999] 14년 6월에 주상이 장차 태일궁(太一宮)[1000]에서 기우제를 올리고자 하여 수레에 탔으나 아직 출발하지 않았을 때 내전(內殿)으로부터 큰 소리가 나 화녕문(和寧門)에 이르렀더니 사람과 말이 놀라고 무서워서 뒷걸음질하다가 서로 밟고 밟혔는데 두건과 신발을 잃어버린 자도 있었으니 '고요(鼓妖)'에 가까운 것이다.

淳熙十四年六月, 上將禱雨太一宮, 乘輿未駕, 有大聲自內, 及于和寧門, 人馬辟易相踐藉, 有失巾屨者, 近鼓妖也.[1001]

북이 망가지면 도둑질이 실패하리라[고괴도패(鼓壞盜敗)] 소희(紹熙)[1002] 2년에 온주(溫州) 서안현

992. 《남사(南史) · 제본기(齊本紀)》. "至八月殂"는 임의로 보태진 글자이다.
993. 《수서(隋書) · 지(志)》의 기록을 재구성한 것이다.
994. 이 해는 開皇(개황) 20년을 가리킨다.
995. '楊'은 '揚'의 오자이다.
996. 《수서(隋書) · 지(志)》의 기록을 재구성한 것이다.
997. 천복(天復): 당(唐) 소종(昭宗)의 연호(901-903)이다.
998. 《신당서(新唐書) · 지(志) · 오행(五行)》
999. 순희(淳熙): 남송(南宋) 효종(孝宗)의 연호(1174-1189)이다.
1000. 태일궁(太一宮): 태을궁(太乙宮)이라고도 하며 '태일신(太一神)'에게 제사하는 궁전이다. 남송(南宋) 시기에는 태을궁이 동서 두 곳으로 나뉘었는데 동태을궁(東太乙宮)은 임안(臨安)의 신장교(新莊橋) 남쪽에 있었고 서태을궁(西太乙宮)은 서호(西湖) 고산(孤山)에 있었다.
1001. 《송사(宋史) · 지(志) · 오행(五行)》의 기록을 재구성한 것이다.
1002. 소희(紹熙): 남송(南宋) 광종(光宗)의 연호(1190-1194)이다.

(瑞安縣)에 있는 감응후묘(感應侯廟)에서 북이 저절로 울었는데 읍에 있던 큰 도둑이 북을 매고 가버렸다. 이보다 앞서 북 위에, "북이 울리면 도둑질이 늘 것이고, 북이 망가지면 도둑질이 실패하리라"는 글이 있었다. 도둑은 과연 열흘 만에 죽임을 당하였다.

紹熙二年, 溫州瑞安縣感應侯廟鼓自鳴, 邑有巨寇舁鼓去. 先是, 鼓上有書曰, 鼓響, 盜長, 鼓壞, 盜敗. 寇果以旬日就僇.[1003]

밤의 이변 夜妖[1004]

- 희공(僖公) 15년 9월 기묘일 그믐에 이백(夷伯)[1005]의 묘당(廟堂)에 천둥소리가 울렸다. 유향(劉向)은, '회(晦)'는 어둠이고, '진(震)'은 천둥이며, '이백(夷伯)'은 대대로 내려온 대부(大夫)인데 정히 대낮에 천둥을 쳤으니 그 묘당이 홀로 어두운 것으로 여겼다. 이른바 밤의 요얼이다.

  僖公十五年九月己卯晦, 震夷伯之廟. 劉向以爲, 晦, 暝也, 震, 雷也, 夷伯, 世大夫, 正晝雷, 其廟獨冥. 所謂夜妖者也.[1006]

- 사마사(司馬師)[1007]가 무구검(毋丘儉)을 토벌할 때에 대풍이 불고 날이 어두워져 길을 가던 사람들이 모두 넘어지고 엎드렸으니 밤의 요얼에 가까운 것이다. 유향(劉向)이 말하기를, "낮인데도 어두워지면 음(陰)이 양(陽)으로 되어 신하가 군주를 제압한다"라고 하였다.

  司馬師討毋丘儉, 大風晦暝, 行者皆頓伏, 近夜妖也. 劉向曰, 晝晦而暝, 陰爲陽, 臣制君也.[1008]

- 회제(懷帝) 영가(永嘉)[1009] 4년 10월 신묘일에 대낮에 어두워지더니 경자일까지 지속되었는데 이것이 밤의 요얼이다.

  懷帝永嘉四年十[1010]月辛卯, 晝昏, 至于庚子, 此夜妖也.[1011]

- 효무제(孝武帝) 태원(太元)[1012] 13년 12월 을미일에 대풍이 불고 (날이) 어두워졌다. 그 후에 황제가 죽었다.

  孝武帝太元十三年十二月乙未, 大風晦暝. 其後帝崩.[1013]

- 부견(苻堅) 시절에 대풍이 불고 낮에 어두워지며 항성(恒星)이 모두 보이자 태사(太史)가 서남쪽의 나라가 망할 것으로 여겼다. 이듬해에 부견이 촉(蜀)을 무너뜨렸다.

  符[1014]堅時, 大風晝暝, 恒星皆見, 太史以爲西南國亡. 明年, 堅陷蜀.[1015]

- 양(梁) 원제(元帝) 시절에 대풍이 불고 낮에 어두

1003. 《문헌통고(文獻通考)》 권307.
1004. 이 '夜妖'는 성격상 '대제목'으로 삼는 것이 타당하다.
1005. 이백(夷伯): 노(魯)나라 대부 전씨(展氏)의 조부. '夷'는 시호(謚號)이고 '伯'은 자(字)이다.
1006. 《한서(漢書)·오행지(五行志)》의 기록을 재구성한 것이다.
1007. 사마사(司馬師): 사마의(司馬懿)의 장남으로 무구검(毋丘儉)과 문흠(文欽)의 반란을 평정하는 데 공이 있었으며 사후에 경황제(景皇帝)로 추존되었다.
1008. 《진서(晉書)·지(志)》의 기록을 재구성한 것이다.
1009. 영가(永嘉): 진(晉) 회제(懷帝)의 연호(307-313)이다.
1010. 《유원총보》의 '十一'은 '十'의 오기(誤記)이다.
1011. 《진서(晉書)·지(志)》
1012. 태원(太元): 진(晉) 효무제(孝武帝)의 연호(376-396)이다.
1013. 《진서(晉書)·지(志)》
1014. '符'는 '苻'의 오자이다.
1015. 《문헌통고(文獻通考)》 권306.

워져 천지가 캄캄하였던 것은 밤의 요얼에 가까운 것이다. 《역비후(易飛候)》에서 말하기를, "우일(羽日)[1016]에 바람이 불면 천지가 어두워지고 사람들이 큰 질병을 앓게 된다. 그렇지 않으면 도적이 많아진다"라고 하였다. (承聖) 3년에 양나라는 서위(西魏)에게 멸망되었다.

梁元帝時, 大風, 晝晦, 天地昏暗, 近夜妖也. 易飛候曰, 羽日風, 天地昏, 人大疾. 不然, 多寇盜. 三年爲西魏所滅.[1017]

- 주(周)나라 울형(尉迥)이 상주(相州)에서 패하였다. 그 일당과 (추종자) 수만 명을 유예원(遊豫園)에 묻어 죽였는데 그곳에서 매일 귀신이 밤에 곡하는 소리가 들려왔다. 《오행전(五行傳)》[1018]에서 말하기를, "곡한다는 것은 사망의 표징(表徵)이니 밤의 요얼에 가깝다. 장차 사망의 응험(應驗)이 있을 것이다"라고 하였다. 《역비후(易飛候)》에서 말하기를, "귀신이 밤에 곡하면 나라가 장차 망한다"라고 하였다.

周尉迥敗于相川[1019]. 坑其黨與數萬人于遊豫園. 其處每聞鬼夜哭聲. 五行傳曰, 哭者死亡之表, 近夜妖也. 鬼而夜哭者, 將有死亡之應. 易飛候曰, 鬼夜哭, 國將亡.[1020]

- 함통(咸通)[1021] 7년 9월 신묘일 초하루에 (대낮인데) 하늘이 캄캄해졌다.

咸通七年九月辛卯朔, 天闇.[1022]

- 건부(乾符)[1023] 2년 2월에 선무전(宣武殿) 경내에 시커먼 바람이 불고 흙비가 내렸다.

乾符二年二月, 宣武境內黑風, 雨土.[1024]

- 주(周) 현덕(顯德)[1025] 6년 6월 신묘, 진사일간에 도성의 천지가 어두워지더니 단비가 세차게 내렸는데 빗속에는 비린내가 있었다. 그날 세종이 죽었다.

周顯德六年六月辛卯 · 辰巳間, 京師天地晦暝, 澍雨驟降, 雨中有腥氣. 其日世宗崩.[1026]

- 정강(靖康)[1027] 2년 정월에 하늘빛이 캄캄해지더니 질풍이 하루 종일 불었다. 뒷날에는 안개가 사방을 틀어막아 사람이 대면하고서도 볼 수 없었다.

靖康二年正月, 天氣昏曀, 風迅發竟日.[1028] 後日[1029]霧氣四塞, 人對面不相視[1030].

- 건염(建炎)[1031] 3년에 주상이 온주(溫州)를 출발하여 배를 타고 바다로 나가 송문(松門)에 행차하였는데 바다 가운데서 흰 구름이 피어나더니 대낮에 어두워졌던 것은 밤의 요얼에 가까운 것이다.

建炎三年, 上發溫州航海, 次松門, 海中白霧, 晝晦,

1016. "羽日"은 추가 검토가 요구된다.
1017. 《수서(隋書) · 지(志)》의 기록을 재구성한 것이다.
1018. 《상서(尙書) · 홍범(洪範) · 오행전(五行傳)》을 지칭한다.
1019. '川'은 '州'의 오자이다.
1020. 《수서(隋書) · 지(志)》의 기록을 재구성한 것이다.
1021. 함통(咸通): 당(唐) 의종(懿宗)의 연호(860-873)이다.
1022. 《신당서(新唐書) · 지(志) · 오행(五行)》
1023. 건부(乾符): 당(唐) 희종(僖宗)의 연호(874-879)이다.
1024. 《신당서(新唐書) · 지(志) · 오행(五行)》
1025. 현덕(顯德): 후주(後周) 태조(太祖)와 세종(世宗)의 연호(954-959)이다.
1026. 《문헌통고(文獻通考)》 권306.
1027. 정강(靖康): 북송(北宋) 흠종(欽宗)의 연호(1126-1127)이다.
1028. 《송사(宋史) · 지(志) · 오행(五行)》
1029. "後日" 이하는 정강(靖康) 2년이 아닌 원년 1월 정미일의 일로 역시 《송사(宋史) · 지(志) · 오행(五行)》에 보이기는 하나 연속된 기록은 아니다.
1030. "視"는 임의로 보태진 글자이다.
1031. 건염(建炎): 남송(南宋) 고종(高宗)의 연호(1127-1130)이다.

近夜妖也.[1032]

잡다한 이변
雜變[1033]

• 당(唐) 장수(長壽)[1034] 연간에 동도(東都) 천궁사(天宮寺)의 진흙 불상이 모두 땀을 흘렸는데 가랑비가 내리듯이 하였다.

唐[1035]長壽中, 東都天宮寺泥像皆流汗霡霂.[1036]

• 장경(長慶)[1037] 연간에 신도(新都) 대도관(大道觀)에 있는 진흙으로 만든 사람 형상에서 수염이 몇 치 자라났는데 뽑으면 다시 생겨났다.

長慶中, 新都大道觀泥人生鬚數寸, 拔之復生.[1038]

• 후진(後晉) 개운(開運)[1039] 원년 7월에 천둥소리와 함께 큰비가 내렸다. 명덕문(明德門) 안쪽의 우물 정자에 석조(石槽)[1040]가 있었는데 그 석조에는 용머리 장식이 있었다. 그날 저녁에 석조가 몇 보(步) 떠내려가면서 용머리가 끊어지고 말았다. 식자(識者)가 말하기를, "'석(石)'은 황실의 성씨인데 용머리가 이미 끊어졌으니 크게 불길한 조짐이다"라고 하였다.

後晉開運元年七月, 大雷雨. 明德門內井亭有石槽, 槽有龍首. 其夕漂行數步而龍首斷焉. 識者云, 石, 國姓也, 而龍首旣斷, 大不吉之象.[1041]

• 송(宋) 건덕(乾德)[1042] 5년에 허주(許州) 개원관(開元觀)에 있는 노군(老君)[1043]의 상(像)이 저절로 움직였다.

宋乾德五年, 許州開元觀老君像自動.[1044]

• 원풍(元豊)[1045] 원년에 옹주(邕州)에서 불상이 흔들리고 움직였다. 애초에 불상이 움직이자 서하(西夏) 사람들이 들어와 노략질을 하였으며, 또 움직이자 주(州)에 큰불이 나고 그 후에는 농지고(儂智高)가 반란을 일으켰다. 다시 움직이자 이에 지주(知州) 전사맹(錢師孟)이 그것을 강물 속에 던져 버렸다.

元豊元年, 邕州佛像動搖. 初, 像動而交[1046]人入寇, 又動而州大火, 其後儂智高叛. 復動, 于是知州錢師孟投之江中.[1047]

• 순희(淳熙)[1048] 9년 봄에 덕흥현(德興縣)의 민가에 거울이 있었는데 저절로 날며 춤을 추더니 햇빛과 더불어 서로 비추었다.

1032. 《문헌통고(文獻通考)》 권306의 기록을 재구성한 것이다.
1033. 이 '雜變'은 성격상 '대제목'으로 삼는 것이 타당하다.
1034. 장수(長壽): 당(唐) 예종(睿宗)의 연호(692-694)이다.
1035. "唐"은 임의로 보태진 글자이다.
1036. 《신당서(新唐書)·지(志)·오행(五行)》
1037. 장경(長慶): 당(唐) 목종(穆宗)의 연호(821-824)이다.
1038. 《신당서(新唐書)·지(志)·오행(五行)》
1039. 개운(開運): 후진(後晉) 출제(出帝)의 연호(944-946)이다.
1040. 석조(石槽): 돌을 파서 물을 부어 쓰도록 만든 석기.
1041. 《문헌통고(文獻通考)》 권307의 기록을 재구성한 것이다.
1042. 건덕(乾德): 북송(北宋) 태조(太祖)의 연호(963-967)이다.
1043. 노군(老君): 도교(道敎)에서 노자(老子)를 신성시하며 높여 부르는 이름. 정식 명칭은 태상노군(太上老君)이다.
1044. 《송사(宋史)·지(志)·오행(五行)》
1045. 원풍(元豊): 북송(北宋) 신종(神宗)의 연호(1078-1085)이다.
1046. '交'는 '夏'의 오자이다.
1047. 《송사(宋史)·지(志)·오행(五行)》
1048. 순희(淳熙): 남송(南宋) 효종(孝宗)의 연호(1174-1189)이다.

淳熙九年春, 德興縣民家有[1049]鏡, 自飛舞, 與日光相射.[1050]

- 한(漢) 경제(景帝) 3년 시절에 오(吳)나라의 두 성문이 저절로 기울어지고 큰 배가 저절로 뒤집혔다. 오나라 지역은 배로 집을 삼는데도 오왕(吳王)이 깨닫지 못하더니 자신은 죽고 나라는 망하였다. 《역전(易傳)》에서 말하기를, "위아래가 모두 패덕(悖德)하면 그 요얼은 성문이 기울어지는 것이다"라고 하였다.

  漢景三年時, 吳二城門自傾, 大船自覆. 吳地以船爲家, 吳王不寤, 身死國亡. 易傳曰, 上下咸誖, 厥妖城門傾.[1051]

황색(黃色)의 이변[황상(黃祥)] 한(漢)나라 소제(昭帝) 원봉(元鳳)[1052] 원년 9월에 누런 쥐가 있었는데 자기 꼬리를 물고 왕궁(王宮)의 단문(端門)[1053] 안쪽에서 춤을 추었다.[연(燕)의 왕궁이다.]

漢昭帝元鳳元年九月, 有[1054]黃鼠, 銜其尾, 舞王宮端門中.[燕王宮也][1055]

성제(成帝) 건시(建始)[1056] 원년 4월에 오후(五侯)[1057]가 제후에 봉해지자 누런 안개가 사방을 매웠다.

成帝建始元年四月, 五侯封侯, 黃霧四塞.[1058]

소열제(昭烈帝) 장무(章武)[1059] 2년 6월에 자귀(秭歸)에 누런 기운이 보였는데 길이가 10여 리였으며 너비가 수십 길이 되었다.

昭烈章武二年六月, 秭歸有黃氣見, 長十餘里, 廣數十丈.[1060]

진(晉)나라 원제(元帝) 태흥(太興)[1061] 4년 8월에 누런 안개가 사방을 매우고, 먼지를 띤 기운이 하늘을 덮었다.

晉元帝大興四年八月, 黃霧四塞, 地[1062]氣蔽天.[1063]

명제(明帝) 태수(太守) 원년 정월에 누런 안개가 사방을 매우고 2월에도 또 매웠다. 《역전(易傳)》에서 말하기를, "혼탁한 기운이 천하를 사방에서 매우면 어진 이를 가리고 도(道)를 끊는 까닭에 재앙이 세상에 견줄 수 없을 정도로 이르게 되는 것이다"라고 하였다.

明帝太寧[1064]元年正月, 黃霧四塞, 二月又塞. 易傳曰, 濁氣四塞天下, 蔽賢絶道, 故災至絶世也.[1065]

1049. "有"는 임의로 보태진 글자이다.
1050. 《송사(宋史)·지(志)·오행(五行)》
1051. 《한서(漢書)·오행지(五行志)》의 기록을 재구성한 것이다.
1052. 원봉(元鳳): 한(漢) 소제(昭帝)의 연호(BC 80-BC 75)이다.
1053. 단문(端門): 궁전의 정전(正殿) 앞에 있는 정문.
1054. '有' 앞에 '燕'이 생략되었다.
1055. 《한서(漢書)·오행지(五行志)》
1056. 건시(建始): 한(漢) 성제(成帝)의 연호(BC 32-BC 29)이다.
1057. 오후(五侯): 한(漢)나라 성제(成帝) 시절에 동시에 제후에 봉해진 평아후(平阿侯) 왕담(王譚), 성도후(成都侯) 왕상(王商), 홍양후(紅陽侯) 왕립(王立), 곡양후(曲陽侯) 왕근(王根), 고평후(高平侯) 왕봉시(王逢時)를 가리킨다.
1058. 《후한서(後漢書)·황후기(皇后紀)》에 이와 유관한 기록으로, "昔王氏五侯同日俱封, 其時黃霧四塞, 不聞澍雨之應"이 있다.
1059. 장무(章武): 촉(蜀) 소열제(昭烈帝)의 연호(221-223)이다.
1060. 《진서(晉書)·지(志)》
1061. 태흥(太興): 진(晉) 원제(元帝)의 연호(318-321)이다.
1062. '地'는 '埃'의 오자이다.
1063. 《송서(宋書)·지(志)》
1064. 《진서(晉書)·지(志)》에 의하면 "太寧"은 "太守"의 잘못이다.
1065. 《진서(晉書)·지(志)》에 수록된 내용을 재구성한 것이다. "易傳曰" 이하는, 목제(穆帝) 영화(永和) 7년의 일 다음에 기술되고 있는 것이다.

안제(安帝) 원흥(元興)[1066] 원년 10월에 누런 안개가 혼탁하기만 하고 비가 내리지 않았다. 이 당시에 환현(桓玄)이 반역을 모의하였다.

安帝元興元年十月, 黃霧昏濁不雨. 是時桓玄謀逆.[1067]

송(宋)나라 문제(文帝) 원가(元嘉)[1068] 말엽에 누런 안개가 사방을 매웠다. 이듬해에 원흉(元兇)이 군주(君主)를 죽였다.

宋文帝元嘉末, 黃霧四塞. 次年元凶弑逆.

제(齊)나라 무제(武帝) 영명(永明)[1069] 6년 11월에 흙 안개가 하늘에 가득하였는데 연무(煙霧)처럼 사람의 눈과 코에 들더니 사흘이 되어서야 그쳤다. 영명 8년 6월에 천둥과 함께 큰비가 내렸는데 누런 빛이 하늘에 가득하더니 땅에 비치는 모습이 금붙이와 같았다.

齊武帝永明六年十一月, 土氣[1070]竟天, 如烟, 入人眼鼻, 三日乃止.[1071] 八年六月, 大雷雨, 有黃光竟天, 照地狀如金.[1072]

양(梁)나라 무제(武帝) 대동(大同)[1073] 원년에 하늘에서 재가 떨어졌는데 그 빛이 누랬으니 황색(黃色)의 이변에 가까운 것이다.

梁武帝大同元年, 天雨灰, 其色黃, 近黃祥也.[1074]

대보(大寶)[1075] 원년 정월에 하늘에서 누런 모래가 떨어졌다. 2년에 간문제(簡文帝)가 흙을 환(丸)으로 만들어 삼키는 꿈을 꾸었는데 얼마 되지 않아 후경(侯景)에 의해 폐위(廢位)되고 흙주머니에 눌려 죽었다.

大寶元年正月, 天雨黃沙. 三[1076]年, 簡文帝夢丸土而吞之, 尋爲侯景所廢, 以土囊壓之而斃.[1077]

진(陳)나라 후주(後主) 시절에 후주가 누런 옷을 입은 사람들이 성을 에워싸는 꿈을 꾸었다. 후주가 이를 싫어하여 성을 에두르고 있던 귤나무를 베어버렸다. 수(隋)나라 고조(高祖)는 선양(禪讓)을 받은 후에 위아래로 전부 누런 옷을 입었다. 얼마 되지 않아 수나라 군대가 공격하여 에워쌀 징후였던 것이다.

陳後主時, 夢黃衣人圍城. 後主惡之, 遶城橘樹, 伐去之. 隋高祖受禪之後, 上下通服黃衣. 未幾隋師攻圍之應也.[1078]

수(隋)나라 개황(開皇)[1079] 2년에 경사(京師)에 흙비가 내렸다. 《역비후(易飛候)》에서 말하기를, "하늘에서 흙비가 내리면 백성들이 수고하여도 공(功)이 없다"라고 하였다. 당시에 도읍(都邑)을 만들고 있었는데 인수궁(仁壽宮)을 지을 때 산을 무너뜨리고 골짜기를 메우느라 죽은 사람들이 너무도 많았다.

隋開皇二年, 京師雨土. 易飛候曰, 天雨土, 百姓勞苦而無功. 時營都邑, 起仁壽宮, 頹山堙谷, 死者太衆.[1080]

희령(熙寧)[1081] 8년 5월에 누런 흙과 가는 털이 비

1066. 원흥(元興): 후한(後漢) 화제(和帝)의 연호(105)이다.
1067. 《진서(晉書)·지(志)》
1068. 원가(元嘉): 후한(後漢) 환제(桓帝)의 연호(151-152)이다.
1069. 영명(永明): 남제(南齊) 무제(武帝)의 연호(483-493)이다.
1070. '氣'는 '霧'의 오자이다.
1071. 《남사(南史)·제본기(齊本紀)》
1072. 《남사(南史)·제본기(齊本紀)》에 수록된 내용을 간략하게 기술한 것이다.
1073. 대동(大同): 양(梁) 무제(武帝)의 연호(535-545)이다.
1074. 《수서(隋書)·지(志)》에 의하면 이는 대동(大同) 2년의 일이다.
1075. 대보(大寶): 양(梁) 간문제(簡文帝)의 연호(550-551)이다.
1076. '三'은 '二'의 오자이다.
1077. 《수서(隋書)·지(志)》
1078. 《수서(隋書)·지(志)》
1079. 개황(開皇): 수(隋) 문제(文帝)의 연호(581-600)이다.
1080. 《수서(隋書)·지(志)》에 수록된 내용을 재구성한 것이다.

처럼 내렸다.

熙寧八年五月, 雨黃土兼細毛.[1082]

선화(宣和)[1083] 원년 3월에 흙비가 내려 옷에 달라붙었다. 불초(不肖)한 자가 녹을 먹게 된다는 것을 주로 한 것이다.[예시한 것이다.]

宣和元年三月, 雨土着衣. 主不肖者食祿.[1084]

소흥(紹興)[1085] 18년에 주상이 여정문(麗正門)에 어거하여 사면(赦免)을 행하였다. 하늘에 적황색의 구름이 있었으니 황색(黃色)의 이변에 가까운 것이다. 태사(太史)가 진회(秦檜)의 뜻에 빌붙어 상서로운 조짐으로 상주(上奏)하였다.

紹興十八年, 上御麗正門, 肆赦. 天有雲赤黃, 近黃祥也. 太史附秦檜旨奏以爲瑞.[1086]

적색(赤色)의 이변[적상(赤祥)] 노(魯)나라 애공(哀公) 시절에 송(宋) 땅에서 여자 아이가 태어났는데 붉고도 털이 있어 제방 아래에 버렸다. 《역전(易傳)》에서 말하기를, "존비(尊卑)가 구별되지 않으면 그 요얼은 여자가 붉고도 털이 있는 아이를 낳는 것이다"라고 하였다.

魯哀公時, 宋有生女子, 赤而毛, 棄之隄下. 易傳曰, 尊卑不別, 厥妖女生赤毛.[1087]

한(漢)나라 혜제(惠帝) 2년에 의양(宜陽)에 하늘에서 피 비가 내렸는데 그곳이 1경(頃)에 이르렀다. 유향(劉向)이 적색(赤色)의 이변으로 여겼다. 《역전(易傳)》에서 말하기를, "아첨하는 사람이 녹봉을 받고, 공신(功臣)이 욕보임을 당하면 하늘에서 피 비가 내린다"라고 하였다.

漢惠帝二年, 天雨血于宜陽, 一頃所. 劉向以爲赤眚也. 易傳曰, 佞人祿, 功臣僇, 天雨血.[1088]

무제(武帝) 건원(建元)[1089] 4년에 피처럼 붉은 바람이 불었다.

武帝建元四年, 有風赤如血.[1090]

애제(哀帝) 건평(建平)[1091] 4년에 산양(山陽)과 호릉(湖陵)에 피 비가 내렸는데 너비가 세 자, 길이가 다섯 자였으며 큰 것은 동전 크기와 같았고, 작은 것은 삼씨만 하였다.

哀帝建平四年, 山陽湖陵雨血, 廣三尺, 長五尺, 大者如錢, 小者如麻子.[1092]

화제(和帝) 건화(建和) 3년 7월에 고기 비가 내렸는데 양 갈비와 같았으며, 어떤 것은 크기가 손[手]만 하였다. 적색(赤色)의 이변에 가까운 것이다.

和帝建和三年七月, 雨肉, 似羊肋, 或大如手, 近赤祥也.[1093]

위(魏)나라 공손연(公孫淵) 시절에 양평(襄平) 북쪽 저자에 고기가 생겨났는데 길이와 둘레가 각기 몇 자가 되었으며 머리와 눈, 부리가 있었으나 손발이 없었으며 움직였다. 이는 적색(赤色)의 이변이다.

魏公孫淵[1094]時, 襄平北市生肉, 長圍各數尺, 有頭目

1081. 희령(熙寧): 북송(北宋) 신종(神宗)의 연호(1068-1077)이다.
1082. 《송사(宋史)·지(志)》
1083. 선화(宣和): 북송(北宋) 휘종(徽宗)의 연호(1119-1125)이다.
1084. 《송사(宋史)·지(志)》
1085. 소흥(紹興): 남송(南宋) 고종(高宗)의 연호(1131-1162)이다.
1086. 《송사(宋史)·지(志)》. "奏以爲瑞"가 "奏瑞"로 되어 있다.
1087. 《한서(漢書)·오행지(五行志)》에 수록된 내용을 간략히 기술한 것이다.
1088. 《한서(漢書)·오행지(五行志)》에 수록된 내용을 간략히 기술한 것이다.
1089. 건원(建元): 한(漢) 무제(武帝)의 연호(BC 140-BC 135)이다.
1090. 《한서(漢書)·무제기(武帝紀)》
1091. 건평(建平): 한(漢) 애제(哀帝)의 연호(BC 6)이다.
1092. 《한서(漢書)·오행지(五行志)》
1093. 《후한서(後漢書)·지(志)》에 수록된 내용을 간략히 기술한 것이다.
1094. 《진서(晉書)·지(志)》에는, '公孫淵'이 '公孫文懿'로 되어 있다.

口喙, 無手足而動搖, 此赤祥也.[1095]

진(晉)나라 혜제(惠帝) 원강(元康) 5년에 여현(呂縣)에 피가 흘렀는데 동서로 100여 보가 되었다. 이는 적색(赤色)의 이변이다.

晉惠帝元康五年, 呂縣有流血, 東西百餘步, 此赤祥也.[1096]

민제(愍帝) 건흥(建興)[1097] 원년에 하동(河東)에 고기 비가 내렸다.

愍帝建興元年, 河東雨肉.[1098]

양(梁)나라 무제(武帝) 시절에 형주(荊州) 저자에서 사람[죄인]을 죽였는데 그 몸이 쓰러지지 않았다. 머리가 땅에 떨어졌는데도 입이 움직이고 눈을 뜨고 있었으며 피가 대나무화살처럼 곧게 한 길 쯤 위로 솟구친 연후에 비처럼 가늘게 아래로 떨어졌다. 이 해에 형주에 큰 가뭄이 들었으니 적색(赤色)의 이변에 가까운 것이며, 원통한 기운의 조응(兆應)이다.

梁武帝時, 荊州市殺人而身不僵, 首墮于地, 動口張目, 血如竹箭, 直上丈餘, 然後如雨細下. 是歲, 荊州大旱, 近赤祥, 冤氣之應.[1099]

후제(後齊) 하청(河淸)[1100] 2년에 태원(太原)에서 피 비가 내렸다. 유향(劉向)이 말하기를, "피란 음기(陰氣)의 정화(精華)이며 상해(傷害)의 상징이다"라고 하였다. 《역비후(易飛侯)》에서 말하기를, "하늘에서 피 비가 내려 옷을 적시면 나라가 망하고 군주가 살해된다"라고 하였다. 하청 4년에 어떤 물건이 대궐 뜰에 떨어졌는데 색깔이 붉었다. 모습은 붉은 칠을 한 북과 같았으며 작은 방울을 달고 있었다.

後齊河淸二年, 太原雨血. 劉向曰, 血者, 陰之精, 傷害之象. 易飛侯曰, 天雨血染衣, 國亡君戮. 四年, 有物隕于殿庭, 色赤, 形如赤漆鼓, 帶小鈴.[1101]

피가 땅에 묻어 있는 것이 함양왕(咸陽王) 곡률명월(斛律明月)의 집으로부터 태묘(太廟)에까지 이르렀지만 후주(後主)는 깨닫지 못하여 국운(國運)이 마침내 끊어지게 되었다.

有血點地, 自咸陽王斛律明月宅而至于太廟, 後主不悟, 國祚竟絶.[1102]

수(隋)나라 양제(煬帝)가 장차 제위(帝位)를 양보하고 강좌(江左)에서 살려고 하였더니 어떤 돌이 강으로부터 떠서 양자강(楊子江)으로 들어가자 햇빛이 사방에서 피처럼 흩어졌다. 주상이 이를 매우 싫어하였는데 이듬해에 시해(弑害)되었다.

隋煬帝將遜居江左, 有石自江浮入于楊子, 日光四散如血, 上甚惡之, 次年遇弑.[1103]

무후(武后) 시절에 내준신(來俊臣)의 집 우물물이 피처럼 붉은색으로 변하였는데 우물 안에서 밤중에 탄식하며 한탄하는 소리가 들렸다. 내준신이 나무로 울을 만들었더니 나무가 홀연 저절로 열 보(步) 밖으로 내동댕이쳐졌다.

武后時, 來俊臣家井水變赤如血, 井中夜有吁嗟嘆惋聲. 俊臣以木棧之, 木忽自投十步外.[1104]

경룡(景龍)[1105] 2년 7월에 붉은 기운이 하늘에 닿고 빛이 땅을 비추더니 사흘이 되어서야 그쳤다. 붉

1095. 《진서(晉書) · 지(志)》
1096. 《진서(晉書) · 지(志)》
1097. 건흥(建興): 진(晉) 민제(愍帝)의 연호(313-317)이다.
1098. 《진서(晉書) · 지(志)》에 수록된 내용을 간략히 기술한 것이다.
1099. 《수서(隋書) · 지(志)》
1100. 하청(河淸): 북제(北齊) 무성제(武成帝)의 연호(562-565)이다.
1101. 《수서(隋書) · 지(志)》에 수록된 내용을 간략히 기술한 것이다. 《수서》에는, "形如赤漆鼓, 帶小鈴"이 "形如數斗器, 衆星隨者如小鈴"으로 되어 있다.
1102. 《수서(隋書) · 지(志)》에 수록된 내용을 간략히 기술한 것으로 무평(武平) 연간의 일이다.
1103. 《수서(隋書) · 지(志)》에 수록된 내용을 재구성한 것이다.
1104. 《신당서(新唐書) · 지(志)》

은 기운은 병화(病禍)의 징조이다.

景龍二年七月, 赤氣際天, 光燭地, 三日乃止. 赤氣, 血祥也.[1106]

천보(天寶)[1107] 12년에 이림보(李林甫)의 집 동북 모퉁이에서 매일 밤마다 불빛이 일어났는데 간혹 아이가 불을 들고 출입하는 듯한 것이 있었으니 적색(赤色)의 이변에 가까운 것이다.

天寶十二年, 李林甫第東北隅, 每夜火光起, 或有如小兒持火出入者, 近赤祥也.[1108]

대력(大曆)[1109] 13년 2월에 태복사(太僕寺)에 진흙으로 만든 불상이 있었는데 왼쪽 팔 위에서 검은 땀이 방울져 떨어지기에 종이로 그것을 받혔더니 피였다.

大曆十三年二月, 太僕寺有泥像, 左臂上有黑汗滴下, 以紙承之, 血也.[1110]

원화(元和)[1111] 14년 2월에 운주(鄆州) 종사원(從事院) 문 앞의 땅에 피가 있었는데 사방 한 자 가량이었으며 색이 매우 선명하게 붉었다. 어디에서 온 것인지를 알지 못하여 하늘로부터 떨어진 것으로 여겼다.

元和十四年二月, 鄆州從事院門前地有血, 方尺餘, 色甚鮮赤. 不知所從來, 以爲自空而墮也.[1112]

천보(天寶)[1113] 13년에 여남(汝南)의 엽현(葉縣) 남쪽에서 흙덩이가 싸우고 있었는데 안에서 피가 흘러나왔으며 며칠이 되도록 그치지 않았다.

天寶十三年, 汝南葉縣南有土塊鬪, 中有血出, 數日不止.[1114]

건염(建炎)[1115] 4년 5월에 동정호(洞庭湖)에 밤중에 붉은 빛이 동북쪽에서 보였는데 하늘까지 뻗히더니 불처럼 환하게 호수 가운데를 비추자 위아래가 한 가지 빛이었다. 잠시 후에 동남쪽으로 옮겨갔는데 이는 병화(病禍)의 징조이다. 후에 오랑캐 군대가 상수(湘水)와 면수(沔水) 일대를 침범하자 종상(鍾相)과 양공(楊公) 등이 잇달아 음독(飮毒)하였다.

建炎四年五月, 洞庭湖夜赤光[1116]見東北, 亘天, 如火明照湖心, 上下一色. 俄轉東南, 此血祥也.[1117] 後虜兵犯湘沔, 鍾相楊公等相繼荼毒.[1118]

소흥(紹興)[1119] 20년 겨울에 신성현(新城縣) 영안촌(永安村)에 바람이 거세게 불고 눈이 크게 내렸다. 한밤중에 수백, 수천 명의 사람이 걸어가는 듯한 소리가 들렸는데, 말하고 웃고 노래하고 우느라 요란스럽게 떠들며 바삐 가는 듯하였으나, 몹시도 찬 날씨에 음산하게 어두워 지척도 분간할 수 없어 들여다보아도 보이는 것이 없었다. 이튿날 아침에 눈 속에 사람과 가축, 날짐승과 길짐승의 발자국이 있었는데, 흘린 피가 10여 리를 적시더니 산에 들어가서야 끊어졌다. 피의 요얼(妖孽)에 가까우니 또한 적색

1105. 경룡(景龍): 당(唐) 중종(中宗)의 연호(707-710)이다.
1106. 《신당서(新唐書) · 지(志)》
1107. 천보(天寶): 당(唐) 현종(玄宗)의 연호(742-756)이다.
1108. 《신당서(新唐書) · 지(志)》
1109. 대력(大曆): 당(唐) 대종(代宗)의 연호(766-779)이다.
1110. 《신당서(新唐書) · 지(志)》
1111. 원화(元和): 당(唐) 헌종(憲宗)의 연호(806-820)이다.
1112. 《신당서(新唐書) · 지(志)》
1113. 천보(天寶): 당(唐) 현종(玄宗)의 연호(742-756)이다.
1114. 《신당서(新唐書) · 지(志)》
1115. 건염(建炎): 남송(南宋) 고종(高宗)의 연호(1127-1130)이다.
1116. "赤光" 다음에 "如火"가 생략되었다.
1117. 《송사(宋史) · 지(志)》. "如火明照湖心, 上下一色"은 《송사》에서 확인되지 않는 내용이다.
1118. "後虜兵" 이하는 출처가 확인되지 않는다.
1119. 소흥(紹興): 남송(南宋) 고종(高宗)의 연호(1131-1162)이다.

(赤色)의 이변이다.

紹興二十年冬, 新城縣永安村風雪大作. 夜半若數百千人行聲, 語笑歌哭, 雜擾匆遽, 而凝寒陰黑[1120], 咫尺莫辨. 窺之無所睹.[1121] 明旦, 雪深[1122]有人畜鳥獸跡, 流血汙染十餘里, 入山乃絶.[1123] 近血妖, 亦赤祥也.

순희(淳熙)[1124] 13년에 행도(行都)[1125]의 민가에 땅속으로부터 피가 솟아나오더니 집 들보에 흩뿌려지고 사람의 옷을 더럽혔다. 적색(赤色)의 이변에 가까운 것이다.

淳熙十三年, 行都民舍, 有血自地中出, 濺屋梁, 汚人衣,[1126] 近赤祥也.

백색(白色)의 이변[백상(白祥)] 진(晉)나라 무제(武帝) 태시(泰始)[1127] 8년 5월에 촉(蜀) 땅에 흰 털 비가 내렸다. 이는 백색(白色)의 이변이다. 당시에 익주자사(益州刺史) 황보안(皇甫晏)이 문산호(汶山胡)의 사람들을 토벌하였는데 종사(從事) 하려(何旅)가 한사코 간언을 하였지만 황보안이 듣지를 않았다. 아문장(牙門將) 장홍(張弘)등이 사람들의 원성을 빙자하여 황보안이 반역을 꾀한다고 무고하여 그를 죽게 하였다. 《역전(易傳)》에서 말하기를, "즐기는 것을 먼저 하고 근심하는 것을 뒤로 하면 그 요얼은 하늘에서 깃털 비가 내리는 것이다"라 하고, 또 말하기를, "사악한 사람이 승진(昇進)하고 어진 사람이 도주(逃走)하게 되면 하늘에서 털 비가 내린다"라고 하고, 《역요(易妖)》에서 말하기를, "하늘에서 털과 깃털 비가 내리면 귀한 사람이 나가서 도주하게 된다"라 하였는데 세 점(占)이 모두 드러난 징조에 맞았다.

晉武帝太[1128]始八年五月, 蜀地雨白毛, 此白祥也, 時益州刺史皇甫晏伐汶山胡, 從事何旅固諫, 不從. 牙門張弘等因衆之怨, 誣晏謀逆, 害之. 易傳曰, 前樂後憂, 厥妖天雨羽. 又曰, 邪人進, 賢人逃, 天雨毛. 易妖曰, 天雨毛羽, 貴人出走, 三占皆應.[1129]

성제(成帝) 함강(咸康)[1130] 초엽에 땅에서 흰 깃털이 생겨났으니 백색(白色)의 이변에 가까운 것이다. 손성(孫盛)은 사람들이 수고할 이변으로 여겼다.

成帝咸康初, 地生毛, 近白祥也. 孫盛以爲人勞之異也.[1131]

양(梁)나라 무제(武帝) 대동(大同)[1132] 2년에 땅에서 흰 깃털이 생겨났는데 길이가 두 자였다. 백색(白色)의 이변에 가까운 것이다.

梁武帝大同二年, 地生白毛, 長二尺. 近白祥也.[1133]

태청(太淸)[1134] 2년 9월에 땅에서 흰 깃털이 생겨났는데 길이가 두 자였다. 당시에 후경(侯景)이 반란을 일으켰다.

太淸二年九月, 地生白毛, 長二尺, 時侯景反.[1135]

1120. 《송사(宋史) · 지(志)》에는 '黑'이 '塞'으로 되어 있다.
1121. "窺之無所睹"은 《송사(宋史) · 지(志)》에서 확인되지 않는 내용이다.
1122. 《송사(宋史) · 지(志)》에는 "雪深"이 "雪中"으로 되어 있다.
1123. 《송사(宋史) · 지(志)》
1124. 순희(淳熙): 남송(南宋) 효종(孝宗)의 연호(1174-1189)이다.
1125. 행도(行都): 제왕(帝王)의 거둥 중에 임시로 정한 도읍.
1126. 《송사(宋史) · 지(志)》
1127. 태시(泰始): 진(晉) 무제(武帝)의 연호(265-274)이다.
1128. '太'는 '泰'의 오자이다.
1129. 《진서(晉書) · 지(志)》
1130. 함강(咸康): 진(晉) 성제(成帝)의 연호(335-342)이다.
1131. 《진서(晉書) · 지(志)》
1132. 대동(大同): 양(梁) 무제(武帝)의 연호(535-545)이다.
1133. 《수서(隋書) · 지(志)》
1134. 태청(太淸): 양(梁) 무제(武帝)의 연호(547-549)이다.

후제(後齊) 시절에 창주(倉州) 및 장성(長城) 아래에 땅에서 흰 깃털이 생겨났는데 어떤 것은 희고 어떤 것은 검었으며 길이가 네다섯 치가 되었다.

後齊時,[1136] 倉州及長城之下, 地多生毛, 或白或黑, 長四五寸.[1137]

대산(岱山)에 있는 봉선대(封禪臺)의 옥벽(玉璧)이 스스로 나왔으니 백색(白色)의 이변에 가까운 것이다. 대산은 왕 노릇을 하는 자가 왕조(王祖)의 성(姓)이 바뀌어 조대(朝代)가 바뀌었음을 하늘에 고하는 곳이다. 옥벽은 제(祭)를 올릴 때 소용되는 예물(禮物)인데 스스로 나왔으니 장차 왕조의 성을 바꿀 자가 예물을 쓸 일이 있을 징조인 것이다.

岱山封禪壇玉璧自出, 近白祥也. 岱山, 王者易姓名[1138]告代之所. 玉璧所用幣而自出, 將有易姓者用幣之象.[1139]

백수암(白水巖) 아래 푸른 석벽(石壁) 옆면에, "제(齊)나라가 망하여 (주상이) 도주하리라.[齊亡走]"는 글씨가 있었다. 어떤 사람이 고쳐 '제나라 주상은 오래가리라.[齊上延]'로 만들자 후주(後主)가 상서로운 징조로 여기고 백관(百官)들이 모두 경하하였다. 후주(後周)의 군대가 제나라에 들어오자 후주(後主)는 과연 업성(鄴城)을 버리고 도주하였다.

白水巖下靑石壁傍, 有文曰, 齊亡走. 人改爲上廷[1140], 後主以爲嘉瑞, 百寮畢賀. 後周師入國, 後主果棄鄴而走.[1141]

개황(開皇)[1142] 6년 7월에 경사(京師)에 깃털 비가 내렸는데 (모양이) 머리털과 꼬리털 같았으며, (길이는) 긴 것이 세 자 쯤 되고 짧은 것이 예닐곱 치가 되었다. 《역비후(易飛侯)》에서 말하기를, "하늘에서 깃털 비가 내리면 그 나라에 큰 기근이 든다"라고 하였다. 당시에 관중(關中)이 가물어 곡식 값이 폭등하고 달렸다.

開皇七年六月[1143]京師雨毛, 如髮尾, 長者三尺餘, 短者六七寸. 易飛侯曰, 天雨毛, 其國大飢. 時關中旱, 米粟踴貴.[1144]

(개황) 17년에 무안(武安)과 부양(滏陽) 일대에 운석(隕石)이 10여 개 떨어졌다. 《홍범오행전(洪範五行傳)》에서 말하기를, "운석이 높은 곳에서 떨어지면 군주가 장차 위태롭다"라고 하였다. 7년 뒤에 문제(文帝)가 세상을 떠났다.

十七年, 石隕於武安滏陽間十餘. 洪範五行傳曰, 石自高隕者, 君將危殆. 後七年帝崩.[1145]

개황(開皇)[1146] 말엽에 고조(高祖)가 궁중에서 작은 돌 두 개를 땅에 묻었던 것은 침상(枕床)을 놓을 곳을 표시하려고 한 때문이었다. 오래지 않아 (돌이) 변하여 옥이 되었다. 유향(劉向)이 말하기를, "옥이란 지극히 귀중한 것이다. 천한 사람이 장차 귀하게 될 조짐이다"라고 하였다. 대업(大業)[1147] 말엽에 이르러 도적들이 모두 제왕(帝王)이라는 명호(名號)를

1135. 《남사(南史)·양본기(梁本紀)》에 수록된 내용을 재구성한 것이다.
1136. 《수서(隋書)·지(志)》에는, "後齊時"는 "齊河淸元年九月"로 되어 있다.
1137. 《수서(隋書)·지(志)》
1138. '名'은 임의로 보태진 글자이다.
1139. 《수서(隋書)·지(志)》
1140. '廷'은 '延'의 오자이다.
1141. 《수서(隋書)·지(志)》. 이는 무평(武平) 3년의 일이다.
1142. 개황(開皇): 수(隋) 문제(文帝)의 연호(581-600)이다.
1143. "七年六月"은 "六年七月"의 잘못이다.
1144. 《수서(隋書)·지(志)》. '踴'이 '涌'으로 되어 있다.
1145. 《수서(隋書)·지(志)》
1146. 개황(開皇): 수(隋) 문제(文帝)의 연호(581-600)이다.
1147. 대업(大業): 수(隋) 양제(煬帝)의 연호(605-617)이다.

참칭(僭稱)하였다.

開皇末, 高祖於宮中埋二小石於地, 以誌置牀之所. 未幾, 變爲玉. 劉向曰, 玉者至貴也. 賤將爲貴之象. 及大業末, 盜皆僭名號.[1148]

대업(大業)[1149] 3년에 서평군(西平郡)의 어떤 돌에, "천자(天子)가 천 년에 서다.[天子立千年]"라는 글이 있어 백관(百官)들이 칭송하고 경하하였다. 어느 식자(識者)가 이를 나무라며 말하기를, "천년만세(千年萬歲)란 죽은 뒤라는 뜻이다. 지금 '立千年'으로 칭한 것은 화(禍)가 멀지 않은 곳에 있다는 뜻이다"라고 하였다. 이듬해가 되어 양제(煬帝)가 피살되었다.

大業十三年, 西平都[1150]有石, 文曰, 天子立千年. 百僚稱賀. 有識者尤之曰, 千年萬歲者, 身後之意也. 立[1151]稱立千年者, 禍在非遠. 明年而帝被殺.[1152]

수공(垂拱)[1153] 원년 9월에 회남(淮南)에서 땅에서 털이 생겨났다. 어떤 것은 흰색이고 어떤 것은 푸른색이었는데 긴 것은 한 자 쯤 되었다. 사람들의 침상(枕床) 아래에 두루 있었는데 양주(揚州)가 더욱 심하였으며 크기가 말갈귀만 하였다. 태우면 냄새가 (보통) 털을 태우는 것과 같았다. 점을 쳤더니, "병란(兵亂)이 일어나 백성들이 편하지 못할 것"이라고 하였다.

垂拱元年九月, 淮南地生毛, 或白或蒼, 長者尺餘. 遍居人牀下, 楊[1154]州尤甚, 大如馬鬣, 焚之臭如燎毛. 占曰, 兵起, 民不安.[1155]

광계(光啓)[1156] 2년 4월에 흰 기운이 있었는데 머리 부분이 검은 것이 머리칼과 같았으며, 동남쪽으로부터 양주(揚州)에 들어가 소멸되었다.

光啓二年四月, 有白氣頭黑如髮, 自東南入于楊[1157]州滅.[1158]

건염(建炎)[1159] 2년에 두충(杜充)이 북경유수(北京留守)가 되었다. 하루는 하늘에서 지전(紙錢)이 군영(軍營) 안에 비처럼 쏟아졌는데 한 치 두께로 쌓였다. 이튿날에 금(金)나라 사람들과 성(城) 아래에서 전투를 벌였는데 크게 패하였다. '돈[錢]'은 쇠붙이 유(類)이고, '쇠붙이[金]'는 병란의 징조이며, 종이는 백색(白色)의 이변이다.

建炎二年, 杜充爲北京留守, 一日[1160]天雨紙錢于營中, 厚盈寸. 明日. 與金虜戰于城下, 敗績. 錢, 金類, 金, 兵象. 紙, 白祥.[1161]

흑색(黑色)의 이변[흑상(黑祥)] 진(晉)나라 회제(懷帝) 영가(永嘉) 5년 12월에 검은 기운이 사방을 매웠으니 흑색(黑色)의 이변에 가까운 것이다.

晉懷帝永嘉五年十二月, 黑氣四塞, 近黑祥也.[1162]

건흥(建興) 2년 정월에 검은 안개가 사람에게 먹

1148. 《수서(隋書) · 지(志)》
1149. 대업(大業): 수(隋) 양제(煬帝)의 연호(605-617)이다.
1150. '都'는 '郡'의 오자이다.
1151. '立'은 '今'의 오자이다.
1152. 《수서(隋書) · 지(志)》
1153. 수공(垂拱): 당(唐) 예종(睿宗)의 연호(685-688)이다.
1154. '楊'은 '揚'의 오자이다.
1155. 《신당서(新唐書) · 지(志)》
1156. 광계(光啓): 당(唐) 희종(僖宗)의 연호(885-887)이다.
1157. '楊'은 '揚'의 오자이다.
1158. 《신당서(新唐書) · 지(志)》
1159. 건염(建炎): 남송(南宋) 고종(高宗)의 연호(1127-1130)이다.
1160. "一日"은 임의로 보태진 글자이다.
1161. 《송서(宋書) · 지(志)》. "錢, 金類, 金, 兵象"은 임의로 보태진 글자이다.
1162. 《진서(晉書) · 지(志)》

(물)처럼 달라붙었으며, 밤으로 이어지더니[밤낮이 구분 안 되더니] 닷새가 되어서야 그쳤다. 이는 흑색(黑色)의 이변에 가까운 것이다.

建興二年正月, 黑霧著人如墨, 連夜, 五日乃止, 此近黑祥也.[1163]

원제(元帝) 영창(永昌) 원년 10월에 경사(京師)에 안개가 심하게 끼고 검은 기운이 하늘을 가려 해와 달이 빛을 잃었다. 11월에 원제가 세상을 떠났다.

元帝永昌元年十月, 京師大霧, 黑氣蔽天, 日月無光. 十一月, 帝崩.[1164]

원가(元嘉) 30년 정월 초하루에 여러 신하들이 태극전전(太極前殿)에 회집(會集)하였는데 푸르고 검은 기운이 있어 동남쪽으로부터 오더니 궁전(宮殿) 위를 덮어 버렸다. 이달 갑자일(甲子日)에 원흉(元兇) 유소(劉劭)가 황제를 죽였다.

元嘉三十年正月朔, 會群臣于太極前殿, 有青黑氣從東南來, 覆映宮上.[1165] 月甲子, 元凶劭弑逆.

양(梁)나라 원제(元帝) 승성(承聖)[1166] 3년 6월에 용(龍)과 같은 검은 기운이 대전(大殿) 안에서 보였는데 흑색(黑色)의 이변에 가까운 것이다. 검은 색은 주(周)나라가 숭상한 색이다. 지금 대전 안에서 보였으니 주나라 군대가 양나라에 침입할 조짐인 것이다. 그해에 양나라는 주나라에 의해 멸망되고 원제는 죽임을 당하였다.

梁元帝承聖三年六月, 有黑氣如龍, 見于殿內, 近黑祥也. 黑, 周所尚色. 今見于殿內, 周師入梁之象. 其年, 爲周所滅, 帝遇害.[1167]

진(陳)나라 선제(宣帝) 태건(太建)[1168] 5년에 서북쪽에 검은 구름이 있어 땅과 이어졌는데 흩어지자 돼지와 같은 형상이 열 개 남짓 되었다. 《홍범오행전(洪範五行傳)》에서 말하기를, "당연히 서북쪽에서 전쟁이 일어날 것이다"라고 하였다.

陳宣帝太建五年, 西北有黑雲屬地, 散如豬者十餘. 洪範五行傳曰, 當有兵起西北.[1169]

송(宋) 원풍(元豊)[1170] 말엽에 일찍이 자리[席]만 한 크기의 물건이 있었는데 밤에 침전(寢殿) 위에 보이더니 신종(神宗)이 세상을 떠났다. 원부(元符)[1171] 말엽에 또 자주 보이더니 철종(哲宗)이 세상을 떠났다. 대관(大觀)[1172] 연간에 이르자 점차 낮에 보였다. 정화(政和)[1173] 원년 이후로 크게 일어났는데 매번 사람들이 말하는 소리가 들리면 나타났다. 먼저 열을 지은 집채가 무너져 내리는 듯한 소리가 들렸으며, 그 모습은 한 길 남짓에 거북을 방불케 하였고, 금빛의 눈을 가졌으며, 움직일 때마다 캉캉하는 소리가 났다. 간혹 사람의 모습으로 변하기도 하고 또 간혹 나귀가 되기도 하였다. 봄으로부터 여름까지 밤낮으로 시도 때도 없이 나타났으나 겨울이 되면 드물게 보였다.

宋元豊末, 嘗有物大如席, 夜見寢殿上, 而神宗登遐.[1174] 元符末, 又數見, 而哲宗山陵.[1175] 至大觀間, 漸畫見. 政

1163. 《진서(晉書)·지(志)》
1164. 《진서(晉書)·지(志)》
1165. 《남사(南史)·송본기(宋本紀)》
1166. 승성(承聖): 양(梁) 원제(元帝)의 연호(552-554)이다.
1167. 《수서(隋書)·지(志)》
1168. 태건(太建): 진(陳) 선제(宣帝)의 연호(569-582)이다.
1169. 《수서(隋書)·지(志)》
1170. 원풍(元豊): 북송(北宋) 신종(神宗)의 연호(1078-1085)이다.
1171. 원부(元符): 북송(北宋) 철종(哲宗)의 연호(1098-1100)이다.
1172. 대관(大觀): 북송(北宋) 휘종(徽宗)의 연호(1107-1110)이다.
1173. 정화(政和): 북송(北宋) 휘종(徽宗)의 연호(1111-1117)이다.
1174. 《송사(宋史)·지(志)》에는 "登遐"가 "崩"으로 되어 있다.

和元年以後, 大作, 每得人語聲則出. 先若列屋摧倒之聲, 其形廑丈餘, 髣髴如龜, 金眼, 行動硜硜有聲. 或變人形, 亦或爲驢. 自春歷夏, 晝夜出無時, 遇冬則罕見.[1176]

건염(建炎)[1177] 3년 2월에 해가 막 돋았을 때 사람의 형상처럼 생긴 두 개의 검은 기운이 해 곁에서 부축하고 있다가 사시(巳時)가 되면 사라졌다.

建炎三年二月, 日初出, 雨[1178]黑氣如人形, 夾日旁, 至巳時初刻[1179]乃散.[1180]

건도(乾道)[1181] 4년 봄에 서주(舒州)에서 검은 쌀이 비처럼 내렸는데 굳기가 쇠와 같았으며 깨뜨리면 쌀알의 속이 온통 검었다.

乾道四年春, 舒州雨黑米, 堅如鐵, 破之, 米心通黑.[1182]

순희(淳熙)[1183] 11년 2월에 임안부(臨安府) 신성현(新城縣) 심포(深浦)에 저녁 내도록 하늘에서 검은 물이 비처럼 쏟아졌다. 순희 16년 6월에 도성(都城)의 전당문(錢塘門)을 아침에 열자 검은 바람이 불어 들어오고 모래와 돌이 날려 길을 가던 사람들이 놀라서 피하였다.

淳熙十一年二月, 夜畿縣新城深浦天雨黑水終夕. 盈畊[1184]十六年六月, 京城錢塘門旦啓, 黑風入, 揚沙石, 塗人驚避.[1185]

경원(慶元)[1186] 원년에 휘주(徽州) 황산(黃山)의 민가에 오래된 우물이 있었는데 바람이 불고 비 뿌리는 저녁에 검은 기운이 나오더니 그 안에서 파랑(波浪)이 뿜어져 나오듯 솟구쳤다. 모두 흑색(黑色)의 이변이다.

慶元元年, 徽州黃山民家古井, 風雨之夕, 黑氣出, 其中波浪噴湧, 皆黑祥也.[1187]

선화(宣和)[1188] 23년 봄여름이 바뀔 무렵에 낙양부(洛陽府) 기내(畿內) 일대에 홀연 사람처럼 생긴 괴물이 있었는데 혹 웅크리고 있으면 개와 같았다. 그 빛깔은 순전한 흑색(黑色)이었으며, 눈과 눈썹이 분간되지 않았다. 애초에 밤이면 나와서 아이들을 훔쳐 잡아먹었으며, 뒤에는 비록 대낮이어도 인가에 들어가 해악을 끼쳤다. (괴물이) 이르는 곳마다 (사람들이) 시끌시끌하며 불안해하였는데, 이 괴물을 일러 '흑한(黑漢)'이라 하였다.

宣和二三年春夏之際, 洛陽府畿間, 忽有物如人, 或蹲踞如犬. 其色正黑, 不辨眉目. 始, 夜則出掠小兒傷[1189]食之, 後雖白晝, 入人家爲惡,[1190] 所至喧然不安, 謂之黑漢.[1191]

1175. "山陵"이 "崩"으로 되어 있다.
1176. 《송사(宋史)·지(志)》에 수록된 내용을 간략하게 기술한 것이다.
1177. 건염(建炎): 남송(南宋) 고종(高宗)의 연호(1127-1130)이다.
1178. '雨'는 '兩'의 오자이다.
1179. "初刻"은 임의로 보태진 글자이다.
1180. 《송사(宋史)·지(志)》
1181. 건도(乾道): 남송(南宋) 효종(孝宗)의 연호(1165-1173)이다.
1182. 《송사(宋史)·지(志)》
1183. 순희(淳熙): 남송(南宋) 효종(孝宗)의 연호(1174-1189)이다.
1184. "盈畊"은 연자(衍字)로 추정된다.
1185. 《송사(宋史)·지(志)》에는, "淳熙十一年二月. 臨安府新城縣深浦天雨黑水終夕. 十六年六月, 行都錢塘門啓, 黑風入, 揚沙石"으로 되어 있다. 번역은 《송사》의 기록을 따른다.
1186. 경원(慶元): 남송(南宋) 영종(寧宗)의 연호(1195-1200)이다.
1187. 《송사(宋史)·지(志)》에는, "慶元元年, 徽州黃山民家古井, 風雨夜出黑氣, 波浪噴湧"으로 되어 있다.
1188. 선화(宣和): 북송(北宋) 휘종(徽宗)의 연호(1119-1125)이다.
1189. "傷"은 임의로 보태진 글자이다.
1190. 《송사(宋史)·지(志)》에는, '惡'이 '患'으로 되어 있다.
1191. 《송사(宋史)·지(志)》에는, "宣和二三年春夏之際"가 "宣和中"으로 되어 있다.

【유원총보 권 03】

천도문(天道門)

수재 水災

• 한(漢) 고후(高后)[1] 3년 여름에, 한중(漢中)과 남군(南郡)에 홍수가 나서 4,000여 가옥이 유실되었다.

漢高后三年夏, 漢中·南郡大水, 流四千餘家.[2]

• 4년 가을에, 이수(伊水)와 낙수(洛水)의 범람으로 6,000여 가옥이 유실되었고, 여수(汝水)의 범람으로 800여 가옥이 유실되었다.

四年秋, 伊洛流千六百餘家, 汝水流八百餘家.[3]

• 8년 여름에, 한중(漢中)과 남군(南郡)에서 6,000여 가옥이 유실되었고, 면수(沔水)의 범람으로 만여 가옥이 유실되었다.

八年夏, 漢中·南郡流六千餘家, 沔水流萬餘家.[4]

• 문제(文帝) 후원(後元) 3년 가을에, 홍수가 나서 밤낮으로 35일을 그치지 않았다. 남전(藍田)에서 백성들의 가옥이 침수되어 파괴된 것이 8,000여 곳이고, 300여 명이 죽었다. 당시에 신원평(新垣平)[5]이 총애를 받았는데 1년여 뒤에 반역을 꾀하다가 주살(誅殺)되었다.

文帝十三年[6]秋, 大雨, 晝夜不絶三十五日. 藍田, 洴壞民室八千餘所, 殺三百餘人. 時新垣平得幸, 歲餘, 謀逆誅.[7]

• 성제(成帝) 건시(建始)[8] 3년 여름에, 30여 일 동안 장맛비가 내려 4,000여 명이 죽고 관청과 민가를 파괴한 것이 8,000여 곳이었다. 참언(讖言)에 말하기를, "물이라는 것은 순음(純陰)의 정기이다. 소인(小人)이 전횡하여 권력을 제멋대로 하면서 현자(賢者)를 질투하고, 공(公)을 빙자하여 사사로움을 맺으면서 군자를 능멸하니 (군자가) 뜻을 얻지 못한다. 그래서 물이 넘쳐 재앙이 되는 것이다"라고 하였다.

成帝建始三年夏, 霖雨三十餘日, 殺四千餘人, 壞官寺·民舍八萬三千餘所.[9] 讖曰, 水者, 純陰之精. 小人專制擅權, 治[10]疾賢者, 依公結私, 侵乘君子, 矢[11]懷得志. 故涌水爲災.[12]

• 해서공(海西公) 태화(太和)[13] 6년 6월에, 도성에 홍수가 나서 태묘(太廟)에까지 물이 들었다. 주작대항(朱雀大航)[14]의 닻줄이 끊어져, 배 세척이 양

1. 고후(高后: BC 188-BC 180 재위): 한(漢) 고조(高祖) 유방(劉邦)의 황후(皇后)인 여치(呂雉)로, 고황후(高皇后)·여후(呂后)라고도 한다. 한 고조가 죽고 아들 혜제(惠帝)가 즉위하자 정권을 전횡하였고 혜제가 죽은 뒤에는 칭제(稱制)하여 여씨(呂氏) 천하를 이루었다.
2. 《전한서(前漢書)·오행지(五行志)》
3. 《전한서(前漢書)·오행지(五行志)》
4. 《전한서(前漢書)·오행지(五行志)》
5. 신원평(新垣平): 전한(前漢)의 문제(文帝) 시절에 상대부(上大夫)를 지냈다.
6. '十三年'은 《전한서(前漢書)·오행지(五行志)》에는 '後三年'으로 되어 있다. '후삼년(後三年)'은 한(漢) 문제(文帝) 19년(BC 161년)이다.
7. 《전한서(前漢書)·오행지(五行志)》
8. 건시(建始): 한(漢) 성제(成帝)의 연호(BC 32-BC 29)이다.
9. 《전한서(前漢書)·오행지(五行志)》의 내용을 재구성한 것이다.
10. '治'는, 《후한서(後漢書)·오행지(五行志)》에는 '妬'로 되어 있다.
11. '矢'는, 《후한서(後漢書)·오행지(五行志)》에는 '失'로 되어 있다.
12. 《후한서(後漢書)·오행지(五行志)》에, "安帝永初[후한(後漢) 안제(安帝)의 연호(107-113).]元年, … 讖曰, 水者, 純陰之精也. 陰氣盛洋溢者, 小人專制擅權, 妬疾賢者, 依公結私, 侵乘君子, 小人席勝, 失懷得志. 故涌水爲災"로 되어 있는 내용을 재구성한 것이다.
13. 태화(太和): 동진(東晉) 해서공(海西公)의 연호(366-371)이다.
14. 주작대항(朱雀大航): 동진(東晉)의 도성 건강(建康)의 남문인 주작문(朱雀門) 앞에는 진회하(秦淮河)가 흐르고, 여기에 24척의 배를 엮어 만들어 놓은 부교(浮橋)를 일컫는다. '주작항(朱雀航)'이라고도 하는데, 원래는 '주작항(朱雀桁)'이라

자강으로 흘러 들어갔다. 농작물이 휩쓸려 잠겼고 백성들이 흉년으로 굶주렸다.

海西太和六年六月, 京師大水, 侵及[15]太廟. 朱雀大航纜斷, 三艘流入大江. 稻稼蕩沒, 黎庶饑饉.[16]

- 간문제(簡文帝) 함안(咸安)[17] 원년 12월에, 큰 물결이 석두산(石頭山)[18]에까지 들었다. 다음해에 요망한 반적 노송(盧竦)이 자신의 무리 수백 명을 이끌고 궁궐에 들어와 무기고의 무기를 약탈하였다. 유격장군(游擊將軍) 모안지(毛安之)가 그를 토벌하였다.

簡文帝咸安元年十二月, 濤水入石頭. 明年, 妖賊盧竦率其屬數百人, 入殿, 略取武庫甲仗. 游擊毛安之, 討滅之.[19]

- 효무제(孝武帝) 태원(太元)[20] 13년 12월, 큰 물결이 석두산(石頭山)에까지 들어 주작대항(朱雀大航)을 부수었고 사람이 죽었다. 다음해에 모용씨(慕容氏)가 사주(司州)[21]와 연주(兗州)[22]를 침략하였다.

孝武大[23]元十三年十二月, 濤水入石頭, 毁大航, 殺人. 明年, 慕容氏寇擾司兗.[24]

- 17년 6월, 큰 물결이 석두산(石頭山)에까지 들어 주작대항(朱雀大航)을 부수었다. 경구(京口)의 서쪽 포구에도 조수(潮水)가 들어 사람이 죽었다. 영가군(永嘉郡)에서 조수(潮水)가 솟아올라 사람이 많이 죽었다. 4년 뒤에 효무제(孝武帝)가 죽었고 왕공(王恭)[25]이 다시 도성을 공격하였다.

十七年六月, 濤水入石頭, 毁大航. 京口西浦, 亦濤入, 殺人. 永嘉郡, 潮水湧起, 人多死. 後四年, 帝崩, 王恭再攻京師.[26]

- 안제(安帝) 원흥(元興)[27] 2년 12월에, 환현(桓玄)[28]이 제위(帝位)를 찬탈하였다. 다음해 2월 경인(庚寅)일 밤에, 큰 물결이 석두산(石頭山)에까지 들어 장사꾼들의 방주(方舟)가 만 척을 헤아릴 정도로 표류하다 부서져 강의 흐름이 막혔다. 강좌(江左)[29] 지역이 빈번하게 큰 물결의 변고가 있었지만 이렇게 심한 적은 없었다.

安帝元興二年十二月, 桓玄簒位. 明年二月庚寅夜, 濤入石頭, 商旅方舟, 萬計漂敗流斷. 江左雖頻有濤

고 하였다.

15. '侵及'은, 《진서(晉書)·오행지(五行志)》에는 '浸入'으로 되어 있다.
16. 《진서(晉書)·오행지(五行志)》의 내용을 재구성한 것이다.
17. 함안(咸安): 동진(東晉) 간문제(簡文帝)의 연호(371-372)이다.
18. 석두산(石頭山): 강소성(江蘇省) 강녕현(江寧縣)에 있는 산으로, 북쪽으로 양자강에 연해 있고 남쪽으로 진회하(秦淮河)의 입구와 닿아 있다.
19. 《진서(晉書)·오행지(五行志)》
20. 태원(太元): 동진(東晉) 효무제(孝武帝)의 연호(376-396)이다.
21. 사주(司州): 지금의 하남성(河南省) 낙양현(洛陽縣)의 동북지역이다.
22. 연주(兗州): 지금의 산동성(山東省) 범현(范縣)의 동남지역이다.
23. '대(大)'는 '태(太)'의 오류이다.
24. 《진서(晉書)·오행지(五行志)》의 내용을 재구성한 것이다.
25. 왕공(王恭): 동진(東晉) 효무제(孝武帝) 시기의 외척으로, 요직을 거치면서 당시에 정권을 장악하였던 사마도자(司馬道子)와 대립하였다. 효무제(孝武帝)가 죽은 뒤 형주(荊州) 자사 환현(桓玄), 옹주(雍州)자사 양전기(楊佺期) 등과 연합하여 사마도자를 공격하였으나 붙잡혀 죽음을 당하였다.
26. 《진서(晉書)·오행지(五行志)》
27. 원흥(元興): 동진(東晉) 안제(安帝)의 연호(402-404)이다.
28. 환현(桓玄): 398년 왕공(王恭)과 연합하여 기병하였고, 왕공의 사후 심양(尋陽)을 근거로 세력을 키우다가 402년에 도성을 공격하여 점령하였다. 403년에 안제(安帝)의 제위를 찬탈하고 국호(國號)를 초(楚)라 하였다. 404년 유유(劉裕)의 공격으로 익주(益州)까지 쫓기다가 살해되었다.
29. 강좌(江左): 양자강의 동쪽 지방, 즉 지금의 강소성(江蘇省)을 일컫는다.

變, 未有若斯之甚.[30]

• 양(梁) 천감(天監)[31] 6년 8월, 건강(建康)에 홍수가 나서 큰 물결이 어도(御道)[32]에 7척(尺)이나 올랐다. 중대통(中大通)[33] 5년 5월에는, 어도(御道)에 배가 통행하였다. 《역비후(易飛候)》[34]에 이르기를, "홍수가 국도(國都)에 이르는 것은 천인(賤人)이 귀하게 될 징조이다"라고 하였는데, 후경(侯景)이 참칭한 보응이다.

梁天監六年八月, 建康大水, 濤上御道七尺. 中大通五年五月, 御道通船. 易飛候曰, 大水至國, 賤人將貴. 侯景僭號之應也.[35]

• 대업(大業)[36] 3년, 하남(河南)에 홍수가 들어 30여 군(郡)이 침수되었다.

大業三年, 河南大水, 漂沒三十餘郡.[37]

• 정관(貞觀)[38] 11년 7월에, 누런 기운에 하늘가를 두르더니 큰비가 내렸다. 곡수(穀水)[39]가 넘쳐 낙양궁(洛陽宮)으로 흘러들었는데 깊이가 4척(尺)이 되어 좌액문(左掖門)[40]을 부수고 관청 19곳이 파괴되었다. 낙수(洛水)의 범람으로 600여 가옥이 떠내려갔다.

貞觀十一年七月, 黃氣際天, 大雨. 穀水溢, 入洛陽宮, 深四尺, 壞左掖門, 毀官寺十九. 洛水漂六百餘家.[41]

• 영휘(永徽)[42] 5년 5월 정축(丁丑)일 밤에, 큰비가 내려 산골의 물이 만년궁(萬年宮)의 현무문(玄武門)을 뚫고 침전(寢殿)에까지 들어 위병(衛兵)들이 익사하였다.

永徽五年五月丁丑夜, 大雨, 山水衝萬年宮玄武門, 入寢殿, 衛士溺死.[43]

• 6월에, 호타(滹沱)[44]가 범람하여 5,000여 가옥이 파손되었다.

六月, 滹沱溢, 損五千餘家.[45]

• 총장(総章)[46] 2년에, 괄주(括州)에 크게 비바람이 일고 바닷물이 넘쳐, 영가(永嘉)와 안고(安固)의 두 현(縣)을 파괴시켰고 물에 빠져 죽은 자가 9,070명이었다. 기주(冀州)에는 큰비가 내려 평지에서 물의 깊이가 1장(丈)이 되었고 민가 만여 채가 파괴되었다.

総章二年, 括州大風雨, 海溢, 壞永嘉·安固二縣, 溺死者九千七十人. 冀州, 大雨, 平地深一丈, 壞民

30. 《진서(晉書)·오행지(五行志)》
31. 천감(天監): 양(梁) 무제(武帝)의 연호(502-519)이다.
32. 어도(御道): 황제의 수레가 다니도록 특별히 만들어 놓은 길이다.
33. 중대통(中大通): 양(梁) 무제(武帝)의 연호(529-534)이다.
34. 《역비후(易飛候)》: 한대(漢代)의 경방(京房)이 지은 《주역(周易)》의 위서(緯書)로, 정식 명칭은 《주역비후(周易飛候)》이다.
35. 《수서(隋書)·오행지(五行志)》에는, "中大通五年五月, 建康大水, 御道通船. 京房易飛候曰, 大水至國, 賤人將貴. 蕭棟·侯景, 僭稱尊號之應也"로 되어 있다.
36. 대업(大業): 수(隋) 양제(煬帝)의 연호(605-617)이다.
37. 《수서(隋書)·오행지(五行志)》에는, "中大通五年五月, 建康大水, 御道通船. 京房易飛候曰, 大水至國, 賤人將貴. 蕭棟·侯景, 僭稱尊號之應也"로 되어 있다.
38. 정관(貞觀): 당(唐) 태종(太宗)의 연호(627-649)이다.
39. 곡수(穀水): 내[川]의 이름으로, 하남성(河南省) 섬현(陝縣)에서 발원하여 낙수(洛水)로 흘러든다.
40. 좌액문(左掖門): 궁성(宮城) 정문의 좌측에 있는 작은 문이다.
41. 《당서(唐書)·오행지(五行志)》
42. 영휘(永徽): 당(唐) 고종(高宗)의 연호(650-656)이다.
43. 《당서(唐書)·오행지(五行志)》
44. 호타(滹沱): 내[川]의 이름으로, 산서성(山西省) 번치현(繁峙縣)에서 발원하여 고하(沽河)로 흘러든다.
45. 《당서(唐書)·오행지(五行志)》
46. 총장(総章): 당(唐) 고종(高宗)의 연호(668-670)이다.

居萬家.[47]

- 함형(咸亨)[48] 원년 5월, 큰비가 내려 5,000여 명이 물에 빠져 죽었다. 4년 7월에는 무주(婺州)에 큰비가 내려 5,000여 명이 물에 빠져 죽었다.
  咸亨元年五月, 大雨, 溺死五千餘人. 四年七月, 婺州大雨, 溺死五千餘人.[49]
- 영륭(永隆)[50] 2년 8월에, 하남(河南)과 하북(河北)에 홍수가 나서 민가 10여 만 채가 파괴되었다.
  永隆二年八月, 河南北大水, 壞民居十萬餘家.[51]
- 영순(永淳)[52] 원년 5월, 동도(東都) 낙양(洛陽)에 여러 날 비가 내려, 낙수(洛水)가 범람하여 천진교(天津橋)가 파괴되었고 민가 수천 채가 떠내려갔다.
  永淳元年五月, 東都, 連日雨, 洛水溢, 壞天津橋, 漂居民千餘家.[53]
- 여의(如意)[54] 원년 4월에, 낙수(洛水)가 범람하여 영창교(永昌橋)가 파괴되었고 민가 400여 채가 떠내려갔다. 7월에 낙수(洛水)가 범람하여 민가 5,000여 채가 떠내려갔다.
  如意元年四月, 洛水溢, 壞永昌橋, 漂民居四百餘家. 七月洛水溢, 漂居民五千餘家.[55]
- 장수(長壽)[56] 2년 5월, 체주(棣州)의 강이 범람하여 민가 2,000여 채가 파괴되었다.
  長壽二年五月, 棣州河溢, 壞居民二千餘家.[57]
- 신공(神功)[58] 원년 3월, 괄주(括州)에 홍수가 나서 민가 700여 채가 파괴되었다.
  神功元年三月, 括州水壞居民七百餘家.[59]
- 성력(聖曆)[60] 2년 7월 병진(丙辰)일에, 낙수(洛水)가 천진교(天津橋)를 파괴하였고, 가을에 황하(黃河)가 범람하여 회주(懷州)에서 가옥 1,000여 채가 떠내려갔다. 3년 3월, 홍주(鴻州)에서 가옥 1,000여 채가 떠내려갔고, 400여 명이 물에 빠져 죽었다.
  聖曆二年七月丙辰, 洛水壞天津橋, 秋河溢, 懷州漂千餘家. 三年三月, 鴻州漂千餘家, 溺死四百餘人.[61]
- 장안(長安)[62] 3년 6월, 영주(寧州)에서 가옥 2,000여 채가 떠내려갔고, 천여 명이 물에 빠져 죽었다. 4년 8월, 영주(瀛州)에서 민가 수천 채가 파괴되었다.
  長安三年六月, 寧州漂二千餘家, 溺死千餘人. 四年八月, 瀛州壞居民數千家.[63]
- 개원(開元)[64] 8년 여름에, 거란이 영주(營州)를 노략질하자 관중(關中)의 군사를 보내 구원하도록

47.《당서(唐書)·오행지(五行志)》
48. 함형(咸亨): 당(唐) 고종(高宗)의 연호(670-674)이다.
49.《당서(唐書)·오행지(五行志)》에는, "咸亨元年五月丙戌, 大雨, 山水溢, 溺死五千餘人. 二年八月, 徐州, 山水漂百餘家. 四年七月, 婺州大雨, 山水暴漲, 溺死五千餘人"으로 되어 있다.
50. 영륭(永隆): 당(唐) 고종(高宗)의 연호(680-681)이다.
51.《당서(唐書)·오행지(五行志)》
52. 영순(永淳): 당(唐) 고종(高宗)의 연호(682-683)이다.
53.《당서(唐書)·오행지(五行志)》
54. 여의(如意): 당(唐) 예종(睿宗)의 연호(692)이다.
55.《당서(唐書)·오행지(五行志)》
56. 장수(長壽): 당(唐) 예종(睿宗)의 연호(692-694)이다.
57.《당서(唐書)·오행지(五行志)》
58. 신공(神功): 당(唐) 예종(睿宗)의 연호(697)이다.
59.《당서(唐書)·오행지(五行志)》
60. 성력(聖曆): 당(唐) 예종(睿宗)의 연호(698-700)이다.
61.《당서(唐書)·오행지(五行志)》
62. 장안(長安): 당(唐) 예종(睿宗)의 연호(701-704)이다.
63.《당서(唐書)·오행지(五行志)》

하였다. 민지(澠池)의 결문(缺門)[65]산에서 숙영하게 되어 곡수(穀水) 가에 군막을 쳤는데, 한밤중에 산골 물이 갑자기 이르러 만여 명이 모두 익사하였다. 6월 경인(庚寅)일 밤에, 곡수(穀水)와 낙수(洛水)가 범람하여 서쪽의 상양궁(上陽宮)으로 흘러들어, 궁녀(宮女) 가운데 죽은 자가 열에 7, 8명이었고 위병(衛兵)은 1,000여 명이 익사하였다. 도성의 흥도방(興道坊)이 하루 저녁에 물속에 잠겨 연못이 되었고, 500여 가옥이 모두 잠겨 보이지 않았다.

開元八年夏, 契丹寇營州, 發關中卒援之. 宿澠池之缺門, 營穀水上, 夜半, 山水暴至, 萬餘人皆溺死. 六月庚寅夜, 穀洛溢, 入西上陽宮, 宮人死者十七八, 衛兵溺死千餘人. 京師興道坊, 一夕陷爲池, 五百餘家, 皆沒不見.[66]

- 14년 가을, 하북(河北)에 홍수가 나서 지천(支川)이 모두 범람하였다. 사람들은 나무 위, 혹은 배에 머물렀고 죽은 자가 천으로 헤아려졌다. 15년 7월에, 낙수(洛水)가 범람하여 부성(鄜城)으로 흘러들었는데, 평지에서 1장(丈) 남짓 되었고 죽은 자는 셀 수 없었다.

  十四年秋, 河北大水, 支川皆溢. 人或巢或舟以居, 死者千計. 十五年七月, 洛水溢, 入鄜城, 平地丈餘, 死者無算.[67]

- 원화(元和)[68] 7년 5월, 갑자기 비가 내렸는데 건주(虔州)가 특히 심했다. 평지에서 깊이가 40장(丈)이 되는 곳이 있었다.

  元和七年五月, 暴水, 虔州尤甚. 平地有深至四十丈者.[69]

- 12년 6월, 도성에 홍수가 나서 함원전(含元殿)의 기둥 하나가 기울었다. 저자 거리에 물 깊이가 3척(尺)이 되었고, 민가 2,000여 채가 훼손되었다.

  十二年六月, 京師大水, 含元殿一柱傾. 市中水深三尺, 毁民居二千餘家.[70]

- 개성(開成)[71] 원년 여름, 봉상(鳳翔)[72]에 폭우가 내려 칠성궁(七成宮)이 훼손되었고 민가 수백 채가 훼손되었으며 죽은 자가 100여 명이었다.

  開成元年夏, 鳳翔暴雨, 毁七成宮, 毁民舍數百家, 死者百餘人.[73]

- 대중(大中)[74] 12년 8월, 서주(西州), 사주(泗州) 등에 물 깊이가 5장(丈)이 되었고, 수만 채의 가옥이 떠내려가거나 잠겼다.

  大中十二年八月, 西泗等州, 水深五丈, 漂沒數萬家.[75]

- 송(宋) 순화(淳化)[76] 4년 6월, 도성에 큰비가 내렸는데 열흘 밤낮을 그치지 않아, 군영(軍營)과 가옥들이 파괴된 것이 많았다. 9월에 단주(澶州)의 강이 불어나 북쪽 성(城)을 뚫고 들어와 민가, 관청, 창고가 파괴되어 거의 없어졌고, 백성 중에 물에

64. 개원(開元): 당(唐) 현종(玄宗)의 연호(713-741)이다.
65. 결문(缺門): 하남성(河南省) 신안현(新安縣)에 있는 산의 이름으로, 중간에 곡수(穀水)가 흐른다. 《당서(唐書)·오행지(五行志)》에는 '궐문(闕門)'으로 되어 있다.
66. 《당서(唐書)·오행지(五行志)》
67. 《당서(唐書)·오행지(五行志)》의 내용을 재구성한 것이다.
68. 원화(元和): 당(唐) 헌종(憲宗)의 연호(806-820)이다.
69. 《당서(唐書)·오행지(五行志)》
70. 《당서(唐書)·오행지(五行志)》
71. 개성(開成): 당(唐) 문종(文宗)의 연호(836-840)이다.
72. 봉상(鳳翔): 당대(唐代)의 현(縣) 이름으로, 지금의 섬서성(陝西省) 견양현(汧陽縣)의 동남 지역이다.
73. 《당서(唐書)·오행지(五行志)》
74. 대중(大中): 당(唐) 선종(宣宗)의 연호(847-859)이다.
75. 《당서(唐書)·오행지(五行志)》
76. 순화(淳化): 북송(北宋) 태종(太宗)의 연호(990-994)이다.

빠져 죽은 자가 매우 많았다. 재주(梓州)의 부강(涪江)이 불어나 주(州)의 성(城)에 들어와, 관청과 민가를 파괴한 것이 만여 곳이었고 물에 빠져 죽은 자가 매우 많았다.

宋淳化四年六月, 京師大雨, 十晝夜不止, 軍營·廬舍多壞. 九月澶州河漲, 衝陷北城, 壞居民廬舍·官署·倉庫殆盡, 民溺死者甚衆. 梓州涪江漲, 入州城, 壞官私廬舍萬餘區, 溺死者甚衆.[77]

• 대중상부(大中祥符)[78] 6년 6월, 보안군(保安軍) 부대에 계속 비가 내려 강이 범람하여 성루(城壘)가 잠기고 가옥이 파괴되었으며, 판관(判官) 조진(趙震)이 물에 빠져 죽었다. 또 병사와 백성 중에 물에 빠져 죽은 자가 모두 650명이었다.

大中祥符六年六月, 保安軍積雨, 河溢, 浸城壘, 壞廬舍, 判官趙震溺死. 又兵民溺者, 凡六百五十人.[79]

• 정화(政和)[80] 7년, 창주(滄州)의 강이 터져 성(城)이 물에 잠기지 않은 것이 3판(板)[81]이었고, 죽은 자가 100여 만 명이었다.

政和七年, 滄州河決, 城不沒者三板, 死者百餘萬人.[82]

• 선화(宣和)[83] 원년 5월, 큰비가 내려 물이 모이니 높이가 10장(丈) 남짓이 되었다. 도성을 침범하였는데 서북의 모치강(牟駞岡)[84]에서부터 만승문(萬勝門) 밖의 마감(馬監)[85]에 연이어져, 거주하던 백성들이 모두 죽었다. 며칠 전에 성 안의 우물이 모두 흐려졌고 선화전(宣和殿) 뒤뜰의 우물물이 넘쳤는데, 이것이 수재(水災)의 징조였다. 성의 남쪽에 있는 민가와 묘지가 모두 침수되었고, 결국 적전(籍田)의 친경(親耕)하는 농작물도 훼손되었다. 안상문(安上門)과 남동문(南董門) 등 모든 문에서 성을 (물길로부터) 지킨 것이 모두 보름이었다. 얼마 후 (물길이) 변수(汴水)로 들어가 변수(汴水)의 도랑이 범람하려고 하자, 사람들을 모아 하류를 터서 성의 북쪽에서 오장하(五丈河)로 보내 아래로 양산(梁山)의 낙수(濼水)와 통하게 하니 (물길이) 잡혔다.

宣和元年五月, 大雨, 水驟, 高十丈餘. 犯都城, 自西北牟駞岡, 連萬勝門外馬監, 居民盡沒. 前數日, 城中井皆渾, 宣和殿後井水溢, 蓋水信也. 城南居民冢墓[86], 俱被浸, 遂壞籍田親耕之稼. 安上南董諸門城守凡半月. 已而, 入汴, 汴渠將溢, 募人決下流, 由城北入五丈河, 下通梁山濼, 乃平.[87]

• 건도(乾道)[88] 2년 8월, 온주(溫州)에 큰 바람이 불어 바다의 조수(潮水)가 흘러 넘쳤다. 강가의 민가와 염전의 뒤집힌 배에서 물에 빠져 죽은 자가 2만여 명이나 되었다. 강가에는 시체가 또한 7,000여 구가 되었다.

乾道二年八月, 溫州大風, 海濤流溢. 沿江民廬鹽場覆舟, 溺死者二萬餘人. 江濱胔骼尙七千餘人.[89]

• 노(魯) 양공(襄公) 23년, 곡수(穀水)와 낙수(洛水)

77. 《송사(宋史)·오행지(五行志)》의 내용을 재구성한 것이다.
78. 대중상부(大中祥符): 북송(北宋) 진종(眞宗)의 연호(1008-1016)이다.
79. 《송사(宋史)·오행지(五行志)》
80. 정화(政和): 북송(北宋) 휘종(徽宗)의 연호(1111-1117)이다.
81. 판(板): 옛날에 담이나 성을 쌓을 때 사용하던 나무판대기로, 높이가 2척(尺)이었다.
82. 《송사(宋史)·오행지(五行志)》
83. 선화(宣和): 북송(北宋) 휘종(徽宗)의 연호(1119-1125)이다.
84. 모치강(牟駞岡): 송대(宋代)의 지명으로, 말을 사육하던 곳이다. 지금의 하남성(河南省) 개봉현(開封縣)의 서북 지역이다.
85. 마감(馬監): 말[馬]의 일을 담당하던 관청이다.
86. 《송사(宋史)·오행지(五行志)》에는 '묘(墓)'자 앞에 '총(冢)'자가 있다.
87. 《송사(宋史)·오행지(五行志)》
88. 건도(乾道): 남송(南宋) 효종(孝宗)의 연호(1165-1173)이다.

가 물이 서로 부딪쳐서[수투(水鬪)[90]], 장차 왕궁(王宮)을 훼손시키려고 하였다. 《역전(易傳)》에 이르기를, "천자가 미약하여 제후(諸侯)들이 힘으로 정치를 하면, 그 변고로 물이 부딪친다"라고 하였다.

魯襄公二十三年, 穀洛水鬪, 將毁王宮.[91] 易傳曰, 天子弱, 諸侯力政, 厥異水鬪.[92]

• 진(秦) 무왕(武王) 3년에, 위수(渭水)가 3일 동안 붉었다. 소왕(昭王) 34년에, 위수가 다시 3일 동안 붉었다.

秦武王三年, 渭水赤三日. 昭王三十四年, 渭水又赤三日.[93]

• 후한(後漢) 광무제(光武帝) 24년 6월에, 패국(沛國)의 저수(雎水)가 역류하여 하루 낮과 하루 밤만에 그쳤다.

光武二十四年六月, 沛國雎水逆流, 一日一夜止.[94]

• 안제(安帝) 영초(永初)[95] 6년, 하동(河東)의 연못물이 색이 변해 모두 피처럼 붉어졌다.

安帝永初六年, 河東池水, 變色皆赤如血.[96]

• 원초(元初)[97] 2년, 영주(潁州) 양성(襄城)의 임수(臨水)가 변하여 핏빛이 되었다. 경방(京房)이 점을 치고 이르기를, "물이 변하여 핏빛이 되는 것은 전쟁이 장차 일어날 조짐이다"라고 하였다.

元初二年, 潁州襄城臨水, 化爲血. 京房占曰, 水化爲血, 兵且起.[98]

• 진(晉) 무제(武帝) 태강(太康)[99] 5년 6월, 임성(任城)과 노국(魯國)의 연못물이 모두 피처럼 붉어졌다.

晉武帝大康五年六月, 任城魯國池水, 皆赤如血.[100]

• 목제(穆帝) 승평(升平)[101] 2년 2월, 양주성(涼州城) 동쪽의 연못 가운데에서 불이 일어났다.

穆帝升平二年二月, 涼州城東池中有火.[102]

• 송(宋) 문제(文帝) 원가(元嘉)[103] 25년 겨울, 청주성(青州城)의 남쪽에서 멀리 바라보니 땅의 중간에 물 같은 것이 보이고 그림자가 있었는데, 이것을 일러 '땅의 거울[지경(地鏡)]'이라고 하였다.

宋文帝元嘉二十五年冬, 青州城南遠望, 見地中如水, 有影, 謂之地鏡.[104]

• 부견(苻堅) 시절, 장안(長安)에 물 그림자[수영(水影)][105]가 생겼는데, 멀리서 바라보면 물과 같으나 땅을 살펴보면 사람이 보였다. 부견(苻堅)의 만년에 이르러서야 그쳤다.

89. 《송사(宋史)·오행지(五行志)》
90. 수투(水鬪): 두 강의 물이 불어나 서로 부딪치는 현상을 일컫는다.
91. 《전한서(前漢書)·오행지(五行志)》. 《국어(國語)·주어(周語)》에는, "靈王二十二年, 穀洛鬪, 將毁王宮"로 되어 있고, 주에서 "靈王, 周簡王之子, 靈王大心也. 二十二年, 魯襄公二十四年"라고 하여 노(魯) 양공(襄公) 24년의 일로 기록하였다.
92. 《전한서(前漢書)·오행지(五行志)》
93. 《전한서(前漢書)·오행지(五行志)》
94. 《문헌통고(文獻通考)·물이고(物異考)·수재(水災)》
95. 영초(永初): 후한(後漢) 안제(安帝)의 연호(107-113)이다.
96. 《후한서(後漢書)·오행지(五行志)》
97. 원초(元初): 후한(後漢) 안제(安帝)의 연호(114-119)이다.
98. 《문헌통고(文獻通考)·물이고(物異考)·수재(水災)》
99. 태강(太康): 진(晉) 무제(武帝)의 연호(280-289)이다.
100. 《진서(晉書)·오행지(五行志)》
101. 승평(升平): 진(晉) 목제(穆帝)의 연호(357-361)이다.
102. 《진서(晉書)·오행지(五行志)》에는 "穆帝升平三年二月, 涼州城東池中有火"라고 하여 '승평(升平) 3년'으로 되어 있다.
103. 원가(元嘉): 유송(劉宋) 문제(文帝)의 연호(424-453)이다.
104. 《남사(南史)·송본기(宋本紀)》
105. 물 그림자[수영(水影)]: 공기의 밀도 차이로 광선이 굴절하여 생기는 신기루 현상을 가리킨다.

苻堅時, 長安有水影, 遠觀若水, 視地則見人. 至堅晚年而止.[106]

- 남제(南齊) 동혼후(東昏侯) 영원(永元)[107] 원년 7월 신미(辛未)일에, 회수(淮水)가 피처럼 붉게 변하였다.

齊東昏侯永元元年七月辛未, 淮水, 變赤如血.[108]

- 진(陳) 선제(宣帝) 태건(太建)[109] 14년 7월, 강수(江水)가 피처럼 붉어져 건강(建康)의 서쪽에서 형주(荊州)에까지 이르렀다. 정명(禎明)[110] 연간에 강수(江水)가 붉어졌다.

陳宣帝太建十四年七月, 江水赤如血, 自建康西, 至荊州. 禎明中, 江水赤.[111]

- 정명(禎明) 2년 4월, 영주(郢州)의 남쪽 포구(浦口)의 물이 구름처럼 검어졌다. 검은 물은 관중(關中)에 있었는데, 지금 회수(淮水)의 남쪽 물이 검어진 것은 형주(荊州)와 양주(楊州)의 땅이 관중(關中)에 함락된 보응이다.

禎明二年四月, 郢州南浦水, 黑如雲.[112] 黑水在關中, 而今淮南水黑, 荊楊之地, 陷于關中之應.[113]

- 대력(大曆)[114] 말엽, 심주(深州) 동록현(東鹿縣) 경내에 물 그림자가 생겼다. 길이가 7·8척(尺)쯤 되었고 멀리서 바라보면 사람과 말이 왕래하는 것이 보이는데 마치 물속에 있는 것 같았다. 앞으로 다가가면 물이 보이지 않았다.

大曆末, 深州東鹿縣中, 有水影. 長七八尺, 遙望, 見人馬往來, 如在水中. 及至前, 則不見水.[115]

- 정원(貞元)[116] 21년 여름, 월주(越州)의 경호(鏡湖)가 말랐다. 이 해에 낭주(朗州)의 웅(熊)·무(武) 등 다섯 계곡의 물이 서로 부딪쳤다. 점을 치니, "산이 무너지고 내가 마르면, 나라는 반드시 망한다"라고 하였다. 또 이르기를, "지방관들이 힘으로 정치를 하여, 그 변고로 수투(水鬪)가 생겼다"라고 하였다.

貞元二十一年夏, 越州鏡湖竭. 是歲, 朗州熊·武五溪水鬪. 占曰, 山崩川竭, 國必亡. 又曰, 方伯力政, 厥異水鬪.[117]

- 함통(咸通)[118] 8년 7월, 사주(泗州)의 하비(下邳)에 뜨거운 비가 내려 새들이 죽었다. 물이 불에 의해 끓으면 다른 것들을 손상시키니 불을 가까이하여 물이 재앙이 된 것이다. 비라는 것은 위에서 내리는 것이고 새들은 백성의 상징이다.

咸通八年七月, 泗州下邳雨陽, 殺鳥雀. 水沸于火, 則可以陽[119]物, 近火沴水也. 雨者, 自上而降, 鳥雀民象.[120]

- 중화(中和)[121] 3년 가을, 변수(汴水)가 회수(淮水)로 흘러들어 부딪쳤고 배 여러 척이 파괴되었다.

---

106. 《진서(晉書)·부견재기하(苻堅載記下)》
107. 영원(永元): 남제(南齊) 동혼후(東昏侯)의 연호(499-501)이다.
108. 《남사(南史)·제본기(齊本紀)》
109. 태건(太建): 진(陳) 선제(宣帝)의 연호(569-582)이다.
110. 정명(禎明): 진(陳) 후주(後主)의 연호(587-589)이다.
111. 《수서(隋書)·오행지(五行志)》
112. 《수서(隋書)·오행지(五行志)》에는, "黑如墨"으로 되어 있다.
113. 《수서(隋書)·오행지(五行志)》
114. 대력(大曆): 당(唐) 대종(代宗)의 연호(766-779)이다.
115. 《신당서(新唐書)·오행지(五行志)》
116. 정원(貞元): 당(唐) 덕종(德宗)의 연호(785-805)이다.
117. 《신당서(新唐書)·오행지(五行志)》
118. 함통(咸通): 당(唐) 의종(懿宗)의 연호(860-873)이다.
119. '陽'은, 《신당서(新唐書)·오행지(五行志)》에는 '傷'으로 되어 있다.
120. 《신당서(新唐書)·오행지(五行志)》

中和三年秋, 汴水入于淮水鬪, 壞船數艘.[122]

- 정원(貞元)[123] 17년, 복주(福州) 검지(劍池)의 연못물이 피처럼 붉어졌다.

貞元十七年, 福州劍池水, 赤如血.[124]

- 장경(長慶)[125] 원년 7월, 황하(黃河)의 물이 붉어져 3일 만에 그쳤다.

長慶元年七月, 河水赤, 三日止.[126]

- 함통(咸通)[127] 10년, 정주(鄭州) 영복호(永福湖)의 물이 엉긴 피처럼 붉어진 것이 3일 동안 계속되었다.

咸通十年, 鄭州永福湖水赤, 如凝血者, 三日.[128]

- 광계(光啓)[129] 원년 정월, 윤주(潤州)의 강물이 붉어져 여러 날 계속되었다.

光啓元年正月, 潤州江水赤, 凡數日.[130]

- 송(宋) 함평(咸平)[131] 원년 5월, 무주(撫州) 왕희지(王羲之)의 묵지(墨池) 연못물이 색이 변하여 구름처럼 검었다.

宋咸平元年五月, 撫州王羲之墨池水, 色變黑如雲.[132]

- 대중상부(大中祥符)[133] 원년 5월 정축(丁丑)일에, 태산(泰山) 왕모지(王母池)의 연못물이 붉은 보라색으로 변하였다.

大中祥符元年五月丁丑, 泰山王母池水, 變紅紫色.[134]

- (대중상부) 4년 2월, 하중부(河中府) 보정현(寶鼎縣)의 분천(瀵泉)에 촛불 같은 빛 4·5개가 생겼는데, 그 소리가 우레와 같았다.

四月[135]二月, 河中府寶鼎縣瀵泉, 有光如燭焰四五炬, 其聲如雷.[136]

한재 旱災

- 《춘추번로(春秋繁露)》의 기록이다. 화(火)가 토(土)를 범하면 크게 가뭄이 든다.

春秋繁露. 水[137]干土, 則大旱.[138]

- 《춘추고이우(春秋考異郵)》의 기록이다. 가뭄의 말뜻은 '사나움[한(悍)]'이다. 양(陽)의 교만함이 불러오는 것이다.

春秋考異郵. 旱之言, 悍也. 陽驕蹇所致也.[139]

---

121. 중화(中和): 당(唐) 희종(僖宗)의 연호(881-884)이다.
122. 《신당서(新唐書)·오행지(五行志)》
123. 정원(貞元): 당(唐) 덕종(德宗)의 연호(785-805)이다.
124. 《신당서(新唐書)·오행지(五行志)》
125. 장경(長慶): 당(唐) 목종(穆宗)의 연호(821-824)이다.
126. 《신당서(新唐書)·오행지(五行志)》
127. 함통(咸通): 당(唐) 의종(懿宗)의 연호(860-873)이다.
128. 《신당서(新唐書)·오행지(五行志)》
129. 광계(光啓): 당(唐) 희종(僖宗)의 연호(885-887)이다.
130. 《신당서(新唐書)·오행지(五行志)》
131. 함평(咸平): 북송(北宋) 진종(眞宗)의 연호(998-1003)이다.
132. 《송사(宋史)·오행지(五行志)》
133. 대중상부(大中祥符): 북송(北宋) 진종(眞宗)의 연호(1008-1016)이다.
134. 《송사(宋史)·오행지(五行志)》
135. '月'은 '年'의 오류이다.(《송사(宋史)·오행지(五行志)》)
136. 《송사(宋史)·오행지(五行志)》
137. '水'는, 《춘추번로(春秋繁露)·치란오행(治亂五行)》에는 '火'로 되어 있다.
138. 《춘추번로(春秋繁露)·치란오행(治亂五行)》

• 《상서대전(尙書大傳) · 홍범오행전(洪範五行傳)》의 기록이다. 가뭄은 이른바 '상양(常陽)'[140]이다. 상양(常陽)이라고 하지 않고 '한(旱)'이라 하는 것은 재앙으로 여기기 때문이다. 가뭄의 말뜻은 '마르는 것[건(乾)]'이다. 만물이 건(乾)에 손상되었는데도 물을 얻지 못하는 것이다. 임금이 지나치게 강양(强陽)한 절도를 지니고 아랫사람에게 심하게 대하거나, 군대를 일으키고 백성들을 부려 성읍(城邑)을 쌓아 신하들이 원망하면서 마음으로 따르지 않기 때문에, 양기(陽氣)가 심해져 정도(程度)를 잃어 가뭄의 재앙이 보응하는 것이다.

五行傳. 旱, 所謂常陽. 不謂常陽, 而謂旱者, 以爲災也. 旱之爲言, 乾. 萬物傷而[141]乾, 不得水也.[142] 君持亢陽之節, 暴虐於下, 興師旅, 勤衆勞民, 以起城邑, 臣下悲怨, 而心不從, 故陽氣盛, 而失度, 旱災應也.[143]

• 《관자(管子)》의 기록이다. 봄에 마른 해골과 썩은 등뼈를 거두지 않고, 마른 나무를 잘라 없애지 않으면, 여름에 가뭄이 들게 된다.

管子. 春不收枯骨 · 朽脊,[144] 伐枯木, 而去之, 則夏, 旱至矣.[145]

• 《산해경(山海經)》의 기록이다. 태화산(泰華山)은 깎아지른 듯이 이루어져 있는데, 사방에 뱀이 있다. 이름을 '비유(肥遺)'라 하는데, 여섯 개의 다리와 네 개의 날개를 지녔으며 (이것이) 나타나면 천하에 가뭄이 든다.

山海經. 泰華之山, 削成, 而四方有蛇. 名曰肥遺, 六足四翼, 見則天下旱.[146]

• 《신이경(神異經)》의 기록이다. 남방(南方)에 사람이 있는데, 키가 2, 3척(尺)이고 웃통을 벗고 있으며, 눈은 정수리의 위에 있고 다니는 것은 바람과 같다. 이름을 '발(魃)'이라 하는데, 나타나는 나라는 크게 가뭄이 들어, 붉게 드러나는 땅이 천 리가 된다. 다른 이름으로 '학(狢)'이라 하는데, 마주치는 자가 그를 잡아다 뒷간 속에 던지면 죽게 되고 가뭄의 재앙이 사라진다.

神異經. 南方有人, 長二三尺, 袒身, 而目在頂上, 走行如風. 名曰魃, 所見之國, 大旱, 赤地千里. 一名狢, 遇者得之, 投溷中乃死, 旱災消也.[147]

• 경방(京房)이 말하였다. 오래 가뭄이 들면 어째서, "임금이 아랫사람들에게 은택을 베풀고 이익의 혜택을 주지 않으면 가뭄이 들고, 구제하지 않으면 황충(蝗蟲)이 곡식을 해친다"라고 하는가? 그 구제하는 방법은 유배와 형벌을 줄여 관대함을 베풀고, 만백성에 혜택을 주고 공 있는 관리를 위로하며, 곤궁한 사람들에게 베풀고 부족한 사람들에게 창고를 풀어 구휼하는 것이다.

京氏曰. 久旱, 何曰, 人君無施澤惠利於下, 則致旱也. 不救, 卽蝗蟲害穀. 其救也, 省謫罰, 行寬大, 惠兆民, 勞功吏, 賜鰥寡, 廩不足.[148]

• 《물리론(物理論)》의 기록이다. 양(陽)의 기운이 가득차서 지나치기 때문에 가뭄이 든다.

---

139. 《고미서(古微書) · 춘추고이우(春秋考異郵)》
140. 상양(常陽): 장기간 비가 오지 않아 가뭄이 드는 것을 일컫는다.
141. '而'는, 《상서대전(尙書大傳) · 홍범오행전(洪範五行傳)》에는 '於'로 되어 있다.
142. 《유원총보》에서는 '不' 앞에 '而'가 누락되었다.
143. 《상서대전(尙書大傳) · 홍범오행전(洪範五行傳)》
144. '脊'는, 《관자(管子) · 탁지(度地)》에는 '脊'으로 되어 있다.
145. 《관자(管子) · 탁지(度地)》
146. 《산해경(山海經) · 서산경(西山經)》에는, "太華之山, 削成, 而四方, 其高五千仞, 其廣十里. 鳥獸莫居, 有蛇焉. 名曰肥遺, 六足四翼, 見則天下大旱"으로 되어 있다.
147. 《고금사문유취(古今事文類聚) · 천도부(天道部)》
148. 《예문유취(藝文類聚) · 재이부(災異部)》에는, "京氏別對災異曰, …"로 되어 있다.

物理論. 陽盈而過, 故致旱.149

- 《황제점서(黃帝占書)》의 기록이다. 해 가운데에 있는 삼족오(三足烏)가 나타나는 곳은 크게 가뭄이 들어 땅이 붉게 드러난다.

黃帝占書. 日中三足烏見者, 大旱赤地.150

- 사광(師曠)의 풀이이다. 해가 가뭄이 들려고 하면 한초(旱草)가 먼저 자라납니다. 한초(旱草)라는 것은 남가새[질려(蒺藜)]입니다.

師曠占. 歲欲旱, 旱草先生. 旱草者, 蒺藜也.151

- 《여씨춘추(呂氏春秋)》152의 기록이다. 탕(湯)임금 때의 가뭄은 7년 동안 계속되어 모래를 태우고 돌을 녹였다.

呂氏春秋. 成湯之旱七年, 煎沙爛石.153

- 《시경(詩經)》의 기록이다. 비가 올까 비가 올까하고 기다리는데, 밝고 밝게 해가 난다.

詩. 其雨其雨, 杲杲出日.154

- 왕(王)이 말하기를, "아아! 지금 사람에게 무슨 죄가 있는가. 하늘이 상란(喪亂)을 내리어 기근(饑饉)이 거듭 이르기에, 신(神)에게 제사를 거행하지 않음이 없고 이 희생(犧牲)을 아끼지 아니하며, 규벽(圭璧)을 이미 모두 올렸거늘 어찌하여 내 말을 들어주지 않는가. 가뭄이 너무도 심하여 열기가 쌓이고 성하기에, 제사를 그치지 아니하여 교제(郊祭)로부터 종묘(宗廟)에까지 올렸다. 상하(上下)에 제사하여 예물을 올리고 묻으며, 신(神)을 높이지 않음이 없다. 가뭄이 너무 심하여 산천(山川)이 씻어낸 듯하다. 한발(旱魃)이 사나워 속이 타는 듯하며 불을 놓은 듯하다. 내 마음은 더위를 두려워하여 근심스런 마음이 지지는 듯하구나.

王曰, 於乎! 何辜今之人. 天降喪亂, 饑饉薦臻, 靡神不擧, 靡愛斯牲, 圭璧旣卒, 寧莫我聽. 旱旣太甚, 蘊隆蟲蟲, 不殄禋祀, 自郊徂宮. 上下奠瘞, 靡神不宗. 旱旣太甚. 滌滌山川. 旱魃爲虐, 如惔如焚. 我心憚暑, 憂心如熏.155

- 골짜기 가운데 익모초가 있는데, 햇볕에 시들어 말랐도다.

中谷有蓷, 暵且乾矣.156

- 8월까지 비가 내리지 않으면, 임금은 (고기를) 들지 않는다.

八月不雨, 則君不擧.157

- 밭에서 농사를 짓는데, 그저 한 번 물을 대 주는 유익함이 있었다면, 비록 결국은 말라죽게 되더라도 한 번 물을 대 준 가뭄의 싹이 반드시 늦게 마른다.

夫爲稼於畝, 偏有一漑之益, 雖歸燋爛, 而一漑之旱苗, 必後枯也.158

- 서쪽 교외에 구름이 가득한데도 비가 오지 않는다고 하네. 남쪽 밭의 농사를 그만두면 어찌 풍년이 있기를 기대하리오.

---

149. 《예문유취(藝文類聚)·재이부(災異部)》
150. 《예문유취(藝文類聚)·재이부(災異部)》
151. 《산당사고(山堂肆考)·초훼(草卉)》에, "博物志. 黃帝問師曠, 吾欲知歲之苦樂善惡, 可乎? 對曰, … 歲欲旱, 旱草先生, 旱草蒺藜也"라고 하였다.
152. '《여씨춘추(呂氏春秋)》'는 '《설원(說苑)》'의 잘못이다. 《예문유취(藝文類聚)·재이부(災異部)》에, "說苑曰, 湯時, 大旱七年, 煎沙爛石"이라고 하였고, 《태평어람(太平御覽)·구징부(咎徵部)》에도, "說苑曰, 湯之時, 大旱七年, 百川竭, 煎沙爛石"이라고 하였다.
153. 《설원(說苑)·군도(君道)》에는, "湯之時大旱七年, 雒坼川竭, 煎沙爛石"으로 되어 있다.
154. 《시경(詩經)·국풍(國風)·백혜(伯兮)》
155. 《시경(詩經)·대아(大雅)·운한(雲漢)》
156. 《시경(詩經)·국풍(國風)·중곡유퇴(中谷有蓷)》
157. 《예기(禮記)·옥조(玉藻)》
158. 삼국(三國) 위(魏) 혜강(嵇康), 〈양생론(養生論)〉에, "夫爲稼於湯之世, 偏有一漑之功者, 雖終歸燋爛, 必一漑者後枯. 然則一漑之益, 固不可誣也"로 되어 있는 것을 재구성한 것이다.

屯西郊之雲, 且聞不雨. 廢南畝之稼, 豈望有秋.[159]

- 피해가 재앙이 되어 비록 월리(月離)[160]의 움직임이 어긋나더라도, 흐르는 운행에 대비가 있으면 해마다 생기는 근심은 없을 것이다.

  耗斁爲災, 雖爽月離之候, 流行有備, 則無歲取之虞.[161]

무왕(巫尫)[162]을 불태워 죽이려고 하다[욕분무왕(欲焚巫尫)] 《춘추좌전(春秋左傳)》의 기록이다. 여름에 크게 가뭄이 들자, 노(魯)나라 임금이 무왕(巫尫)을 불태우려고 하였다. 장문중(臧文仲)이 말하기를, "가뭄에 대한 대비책이 아닙니다. 성곽을 수리하고, 음식을 줄이고 씀씀이를 절약하시며, 농사에 힘쓰게 하고 서로 나누어 먹도록 권장하실 것이니, 이것이 힘쓸 일입니다. 무왕(巫尫)이 무엇을 하겠습니까. 하늘이 그녀를 죽이고자 했다면 살아있지 못하도록 했을 것입니다. 만약 (그녀가) 가뭄을 일으킬 수 있다면 그녀를 불에 태워 죽이면 (가뭄이) 더욱 심해질 것입니다." 임금이 그 말을 따랐는데, 이 해에 기근이 들었지만 재해가 되지는 않았다.

左傳. 夏, 大旱, 魯公欲焚巫尫. 臧文仲曰, 非旱備也. 修城郭, 貶食省用, 務穡勸分, 此其務也. 巫尫何爲. 天欲殺之, 則如勿生. 若能爲旱, 焚之滋甚. 公從之, 是歲, 饑而不害.[163]

자신에게서 덜어 백성을 구제하다[자폄구민(自貶救民)] 애공(哀公)이 공자(孔子)에게, "가뭄이 들었으니 어찌해야 할까요?"라고 묻자 (공자가) 대답하기를, "흉년에는 노둔한 말을 타고 힘든 부역을 일으키지 않으며, 치도(馳道)[164]를 수리하지 않고 신에게 빌 때 비단과 옥을 사용하며, 제사에 음악을 쓰지 않고 하생(下牲)[165]으로 제사합니다. 이것이 어진 임금님께서 자신에게서 덜어 백성을 구제하는 예(禮)입니다"라고 하였다.

哀公問於孔子曰, 旱, 如之何? 對曰, 凶年, 則乘駑馬, 力役不興, 馳道不修, 祈以幣玉, 祭事不懸, 祀以下牲. 此賢君自貶, 以救民之禮也.[166]

희공(僖公)이 비를 걱정하다[희공민우(僖公閔雨)] 노(魯) 희공(僖公) 여름 4월, 비가 오지 않았다. '비가 오지 않았다'라고 말한 것은 비를 걱정함이다. 비를 걱정한다는 것은 백성들에게 뜻을 둔 것이다.

魯僖公夏四月, 不雨. 言不雨者, 閔雨也. 閔雨者, 有志乎民者也.[167]

무녀(巫女)를 학대하는 것은 실상과 멀다[폭무위소(暴巫爲疏)] 노(魯)나라에 가뭄이 들었다. 목공(穆公)이 현자(縣子)를 불러 묻기를, "하늘이 오래도록 비를 내리지 않으니, 내가 곱사등이[왕(尫)]를 학대하고자 하는데 어떤가?"라고 하였다.[168] (현자가) 대답하기를, "하늘이 비를 내리지 않는데, 병든 사람을

159. 《어정연감유함(御定淵鑑類函) · 세시부(歲時部)》
160. 월리(月離): 달이 운행하는 도수(度數).
161. 《어정연감유함(御定淵鑑類函) · 세시부(歲時部)》
162. 무왕(巫尫): 기우제를 주관하는 여자 무당을 가리킨다.
163. 《춘추좌전(春秋左傳) · 희공(僖公) · 21년》
164. 치도(馳道): 임금이 다니는 길을 가리킨다.
165. 하생(下牲): 태뢰[太牢: 우(牛) · 양(羊) · 시(豕)를 모두 올림]를 써야할 제사에 소뢰[少牢: 양(羊) · 시(豕)만 올림]를 쓰는 것을 가리킨다.
166. 《공자가어(孔子家語) · 곡례자공문(曲禮子貢問)》에는, "孔子在齊, 齊大旱, 春饑. 景公問於孔子曰, 如之何? 孔子曰, 凶年, 則乘駑馬, 力役不興, 馳道不修, 祈以幣玉, 祭事不懸, 祀以下牲. 此則, 賢君自貶, 以救民之禮也"라고 하여, 제(齊)나라 경공(景公)의 일로 되어 있다.
167. 《춘추곡량전(春秋穀梁傳) · 희공(僖公) · 3년》
168. 왕인(尫人)은 얼굴이 하늘을 향해 있어, 속설에 하늘이 이를 불쌍히 여겨 비를 내리지 않는다고 하는데, 이를 학대하면 하늘이 비를 내린다고 한다.

학대하는 것은 옳지 않은 것이 아니겠습니까"라고 하였다. (목공이 또 묻기를,) "그렇다면 무녀(巫女)을 학대하고자 하는데 어떤가?"라고 하였다. (현자가) 대답하기를, "하늘이 비를 내리지 않는데, 어리석은 부녀자에 기대하여 비를 구하는 것은 너무 실상과 먼 일이 아니겠습니까"라고 하였다. 결국은 그것[비가 오는 것]을 위하여 저자를 옮겼다.

魯歲旱. 穆公召懸子,[169] 而問曰, 天久不雨, 吾欲暴尪而奚若? 曰, 天則不雨, 而暴人之疾, 毋乃不可與? 然則, 吾欲暴巫而奚若? 曰, 天則不雨, 而望之愚夫婦人, 以求之, 毋乃已疏乎? 卒爲之徙市.[170]

날씨가 가물어 봉선한 곳을 마르게 하다[천한건봉(天旱乾封)]　서한(西漢)의 《교사지(郊祀志)》에서 말하였다. 여름에 가뭄이 들자 공손경(公孫卿)이 말하기를, "황제(黃帝) 시절에 봉선(封禪)을 하면 가뭄이 들었는데, 3년 동안 봉선한 곳을 말리는 것입니다"라고 하였다. 천자는 이에 조서를 내려서 "날씨가 가뭄이 든 것은 아마도 봉선한 곳을 마르게 하려는 뜻일 것이다. 이에 천하 백성들에게 명하노니, 영성(靈星)[171]에게 경건히 제사를 지내도록 하라"라고 하였다.

西漢郊祀志云. 夏旱, 公孫卿曰, 黃帝時, 封則天旱, 乾封三年. 上乃下詔曰, 天旱, 意乾封乎. 其令天下, 尊祠靈星焉.[172]

도마뱀으로 비를 구하다[석척구우(蜥蜴求雨)]　희령(熙寧)[173] 연간에, 도성에 오랫동안 가뭄이 들었다. 옛 법에 따라 각 골목에 명을 내려, 동이에 물을 담고 버드나무 가지를 끼워 넣은 뒤 도마뱀을 띄워놓고 아이들로 하여금, "도마뱀아, 도마뱀아! 구름을 일으키고 안개를 토해내라. 비를 주룩주룩 내리게 하면 너를 놓아주어 돌아가게 하리라"라고 외치도록 하였다. (도마뱀을) 모두 얻을 수 없을 때에는 왕왕 갈호(蝎虎)[174]로 대신하였다. 물에 넣으면 바로 죽는데 아이들로 하여금 다시, "원통하고 원통하다. 나는 갈호(蝎虎)이다. 마음대로 가라앉히면 어떻게 단비를 얻겠는가"라고 하도록 하였다.《권유록(倦游錄)》

熙寧中, 京師久旱. 按古法, 令坊巷, 以甕貯水, 揷柳枝, 泛蜥蜴, 小兒呼曰, 蜥蜴蜥蜴, 興雲吐霧. 降雨滂沱, 放汝歸去. 不能盡得, 往往以蝎虎代之, 入水卽死, 小兒更曰, 冤苦冤苦. 我是蝎虎. 似恁昏沈, 怎得甘雨. 〈倦游錄〉[175]

상홍양을 삶아 죽여야 한다[당팽홍양(當烹弘羊)]　무제(武帝) 시절에 해가 약간 가뭄이 들자, 천자가 백관(百官)들에게 명하여 비를 빌도록 하였다. 태자태부(太子太傅)인 복식(卜式)[176]이 말하기를, "지금 상홍양(桑弘羊)[177]이 관리들을 시켜 시장에 좌판을 벌려놓고 물건을 팔아 이익을 추구하도록 하고 있습니다. 상홍양을 삶아 죽여야 하늘에서 비가 올 것입니다"라고 하였다.

武帝時, 歲小旱, 上令百官求雨. 太子太傅卜式曰, 今

---

169. '懸子'는, 《예기(禮記)·단궁(檀弓)》에는 '縣子'로 되어 있다.

170. 《예기(禮記)·단궁(檀弓)》에는, "歲旱, 穆公召縣子, 而問然. 曰, 天久不雨, 吾欲暴尪而奚若? 曰, 天則不雨, 而暴人之疾子, 虐, 毋乃不可與? 然則, 吾欲暴巫而奚若? 曰, 天則不雨, 而望之愚婦人, 于以求之, 毋乃已疏乎? 徙市則奚若, 曰, 天子崩, 巷市七日, 諸侯薨, 巷市三日, 爲之徙市, 不亦可乎"로 되어 있다.

171. 영성(靈星): 농사를 주관하는 별로, 천전성(天田星) 또는 용성(龍星)이라고도 한다.

172. 《사기(史記)·봉선서(封禪書)》

173. 희령(熙寧): 북송(北宋) 신종(神宗)의 연호(1068-1077)이다.

174. 갈호(蝎虎): 수궁(守宮, 도마뱀류의 양서류)의 다른 이름이다.

175. 《천중기(天中記)·우(雨)》

176. 복식(卜式): 서한(西漢) 무제(武帝) 때 사람으로, 어사대부(御史大夫), 태자태부(太子太傅) 등을 역임하였다.

177. 상홍양(桑弘羊): 서한(西漢) 무제(武帝) 때 대사농(大司農)을 역임하였다. 강력한 중앙집권적 개혁을 추진하였고 중농억상(重農抑商) 정책을 폈다.

桑弘羊, 令吏坐市列, 販物求利. 烹弘羊, 天乃雨.[178]

수레의 등급을 낮추고 음식을 줄이다[감어손선(減御損膳)] 《공총자(孔叢子)》[179]의 기록이다. 자풍(子豐)이 어사(御史)에 제수되었는데, 건초(建初)[180] 원년에 해가 크게 가뭄이 들자 다음과 같이 상소하였다. 신이 듣기에, 불선(不善)을 행하여 재앙을 당하는 것은 그 보응을 받는 것이지만, 선(善)을 행하였는데도 재앙이 이르는 것은 시운(時運)을 만난 것입니다. 폐하께서 즉위하시고 날마다 새로워지면서 백성들 보기를 다칠 듯이 하는데도 불행하게 가뭄이 들었으니 시운(時運)을 만난 것일 뿐이지 정교(政敎)로 야기된 것이 아닙니다. 옛날에 탕(湯)임금이 가뭄을 만나자 스스로를 책하면서 수레의 등급을 낮추고 음식을 줄이자 크게 풍년이 들었습니다. 생각건대 폐하께서는 아직 탕(湯)임금의 일을 시행하지 않으셨습니다. 천자가 이를 따르자 3일 만에 비가 내렸다.

孔叢子. 子豐拜御史, 建初元年, 歲大旱, 乃上疏曰, 臣聞, 爲不善而災報, 得其應也, 爲善而災至, 遭時運也. 陛下卽位, 日新, 視民如傷, 而不幸耗旱, 時運之會耳, 非政敎之所致也. 昔, 成湯遭旱, 因自責, 減御損膳, 而大有年. 意者, 陛下未爲成湯之事焉. 天子從之, 三日雨降.[181]

현령이 연회를 그치다[현장파회(縣長罷會)] 《회계전록(會稽典錄)》[182]의 기록이다. 하향(夏香)은 자(字)가 만경(曼卿)이다. 나이 15세일 때에, 현령(縣令)인 갈군(葛君)이 허성(虛星)에 나와 손님을 모아놓고 술자리를 열었는데, 당시 군(郡)에 크게 가뭄이 들었었다. 하향이 충언을 올리기를, "옛날에 탕(湯)임금이 스스로를 탓하자 비의 은택이 단비로 호응하였고, 성왕(成王)이 잘못을 뉘우치자 쓰러졌던 벼가 다시 일어났습니다. 예로부터 선성(先聖)들은 하늘의 재이(災異)를 두려워하여 반드시 재앙을 변화시켜 정상을 회복함으로써, 백성들의 생명을 구제할 것을 생각하였습니다. 지금 막 하늘의 재앙을 만났는데 (우리) 현(縣)의 경내가 유독 심합니다. 밝게 깨달아 은주(殷周)의 덕을 숭상한다는 소문을 듣지 못하겠고, 제사에 임해 홀로 즐기면서 백성들은 고달프니 귀신들이 혼령이 있다면 반드시 흠향하지 않을 것입니다"라고 하였다. 현령이 즉시 연회를 그치고 자신은 봉록(俸祿)을 희사하여 주린 백성들을 구휼하였다.

會稽典錄. 夏香, 字曼卿. 年十五, 縣長葛君, 出臨虛星, 會客飮宴, 時郡遭大旱. 香進諫曰, 昔殷湯自責, 雨澤應澍, 成王悔過, 偃禾復起. 自古先聖畏懼天異, 必思變復, 以濟民命. 今始罹天災, 縣界獨甚. 未聞明達崇殷周之德, 臨祭獨歡, 百姓枯瘁, 神祇有靈, 必不享也. 長卽罷會, 身損俸祿, 以贍饑民.[183]

기뻐하고 즐거워함이 가뭄이 되다[환오위한(歡娛爲旱)] 진(晉) 석형(石衡)이 원보(袁甫)에게 묻기를, "수양(壽陽)의 서쪽은 항상 가뭄이 들고, 동쪽은 항상 홍수가 나니 어째서입니까?"라고 하자 원보가 대답하기를, "수양(壽陽)의 동쪽은 오(吳)나라 사람들의 땅이었습니다. 정족(鼎足)의 세를 유지하던 강

178. 《사기(史記)·평준서(平準書)》에, "是歲小旱, 上令官求雨. 卜式言曰, 縣官當食租衣稅而已. 今弘羊, 令吏坐市列肆, 販物求利, 亨弘羊, 天乃雨"로 되어 있다.

179. 《공총자(孔叢子)》: 공자(孔子) 8세손인 공부(孔鮒)의 저작이라 하나 후인들의 위작(僞作)임.

180. 건초(建初): 후한(後漢) 장제(章帝)의 연호(76-83)이다.

181. 《공총자(孔叢子)·연총자(連叢子)·서서(叙書)》에, "子豐, 以學行聞三府. 交命委質, 司空拜高第御史. 建初元歲, 大旱, 天子憂之, 問群臣政教得失. 子豐乃上疏曰, 臣聞, 爲不善而災報, 得其應也. 爲善而災至, 遭時運也. 陛下即位, 日新, 視民如傷, 而不幸耗旱, 時運之會爾, 非政教之所致也. 昔, 成湯遭旱, 因自責, 省故散積, 減御損膳, 而大有年. 意者, 陛下未爲成湯之事焉. 天子納其言, 而從之, 三日雨即降"으로 되어 있다.

182. 《회계전록(會稽典錄)》: 명(明) 도종의(陶宗儀)가 편찬한 《설부(說郛)》에 집록된 글이다.

183. 《설부(說郛)·회계전록(會稽典錄)》의 내용을 재구성한 것이다.

한 나라였는데 하루아침에 (천자국의) 직분을 잃으니, 분노와 탄식이 음기(陰氣)가 되었고 음기(陰氣)가 쌓여 물이 되었습니다. 그래서 항상 홍수가 납니다. 수양(壽陽)의 서쪽은 중국(中國)입니다. 새로이 강한 오(吳)나라를 평정하고 아름다운 보물이 모두 들어오니 뜻이 가득해지고 마음이 꽉 찼습니다. 《공양전(公羊傳)》에 이르기를, '노(魯) 희공(僖公)이 너무 기뻐했다. 그래서 도성에 가뭄이 들었다'라고 하였습니다. 만약 강(强)한 것을 억누르고, 약(弱)한 것을 도와준다면 천하가 화평해질 것입니다"라고 하였다.

晉石衡,[184] 問袁甫曰, 壽陽已西恒旱, 已東恒澇, 何也? 甫曰, 壽陽已東, 吳人也. 鼎足强邦, 一朝失職, 憤歎成陰, 陰積成水. 故恒澇. 壽陽已西, 中國也. 新平强吳, 美寶盡入, 志滿心盈. 公羊曰, 魯僖公甚悅. 故旱京師. 若抑强扶弱, 則天下和平.[185]

간신(姦臣)이 조정을 어지럽히다[간신난조(姦臣亂朝)] 태강(太康)[186] 5년 6월에, 가뭄이 들었다. 유의(劉毅)[187]가 상소하기를, "반드시 아부하는 신하로서 간사함으로 황제를 섬기는 자가 있으니, 마땅히 주벌하고 용서하지 않아야 합니다"라고 하였다. 황제가 대답하지 않았다. 이때에 순욱(荀勖)·풍담(馮紞)이 참람되게 상벌을 제멋대로 하여 조정을 어지럽힘이 매우 심하였다.

太康五年六月, 旱. 劉毅上疏曰, 必有阿黨之臣, 姦以事君者, 當誅而不赦也. 帝不答. 是時, 荀勖·馮紞, 僭作威福, 亂朝尤甚.[188]

여러 지위가 절도를 넘어서다[서위유절(庶位踰節)]

태희(太熙)[189] 원년 3월에, 가뭄이 들었다. 태강(太康)[190] 이후로 비록 바른 사람들이 조정에 가득하였으나 가까이 믿음을 받지 못하였고, 가충(賈充)·순욱(荀勖)·양준(楊駿)·풍담(馮紞) 등이 교대로 요직을 차지하고 있어 가뭄이 들지 않는 해가 없었다. 덕 있는 이가 등용되지 않아 위아래가 모두 막혔으며 여러 지위가 절도를 넘어선 벌이었다.

太熙元年三月, 旱. 自太康已後, 雖正人滿朝, 不被親仗, 而賈充·荀勖·楊駿·馮紞等, 迭居要重, 所以無年不旱者. 有德[191]不用, 上下皆蔽, 庶位踰節之罰也.[192]

우물이 모두 물이 없어지다[정개무수(井皆無水)]

정원(貞元)[193] 원년 봄에, 가뭄이 들어 보리싹이 나지 않았다. 8월에 이르자 가뭄이 더욱 심하였다. 패수(灞水)와 산수(滻水)가 고갈되려 하였고 우물이 모두 물이 없어졌다.

貞元元年春, 旱, 無麥苗. 至于八月, 旱甚. 灞滻將竭, 井皆無水.[194]

〈'인한(人旱)'에 대한 풀이〉[〈인한해(人旱解[195])〉]

---

184. '石衡'은, 《진서(晉書)·원보전(袁甫傳)》에는 '石珩'으로 되어 있다.

185. 《진서(晉書)·원보전(袁甫傳)》에, "石珩問甫曰, 卿名能辯, 豈知壽陽已西, 何以恆旱, 壽陽已東, 何以恆水. 甫曰, 壽陽已東, 皆是吳人. 夫亡國之音, 哀以思. 鼎足強邦, 一朝失職, 憤歎甚積, 積憂成陰. 陰積成雨, 雨久成水, 故其域恆澇也. 壽陽已西, 皆是中國. 新平強吳, 美寶皆入, 志盈心滿, 用長歡娛. 公羊有言, 魯僖甚悅, 故致旱京師. 若能抑強扶弱, 先疏後親, 則天下和平, 災害不生矣"로 되어 있는 내용을 재구성한 것이다.

186. 태강(太康): 진(晉) 무제(武帝)의 연호(280-289)이다.

187. 유의(劉毅): 서진(西晉) 무제(武帝) 시절에 간관(諫官)을 맡았고 상서좌복야(上書左僕射)를 역임하였다. 위(魏)의 구품중정제(九品中正制)를 비판한 〈구품팔손소(九品八損疏)를 올렸다.

188. 《진서(晉書)·오행지(五行志)》

189. 태희(太熙): 진(晉) 무제(武帝)의 연호(290)이다.

190. 태강(太康): 진(晉) 무제(武帝)의 연호(280-289)이다.

191. '有德'은, 《진서(晉書)·오행지(五行志)》에는 '厥德'으로 되어 있다.

192. 《진서(晉書)·오행지(五行志)》

193. 정원(貞元): 당(唐) 덕종(德宗)의 연호(785-805)이다.

194. 《당서(唐書)·오행지(五行志)》

195. 해(解): 문체(文體)의 하나로, 의혹을 풀거나 어려운 주제를 해설하는 논변류(論辯類)의 글이다.

군탄세(涒灘歲)[196]에, 월(越)의 경내에 널리 가뭄이 들었다. 모든 양기(陽氣)를 막고 저자를 옮겨도 비가 오지 않고, 산천의 여러 신에게 제사를 지내도 역시 비가 오지 않았다. 토룡(土龍)[197]에게 잔을 올리고 무당에게 춤추도록 하여도 더더욱 비가오지 않았다. 어떤 이가 말하기를, "나라에 술수(術數)를 지닌 이가 있어 떠나가는 용(龍)을 잡아서 울게 할 수 있습니다. 이전 해에 시험하여 농사에 혜택을 보았습니다"라고 하였다. 술수를 부리는 사람을 불러왔는데도, 가뭄의 상황은 여전하였다. 태수가 노하여 급히 그를 잡아오도록 명령하자, 술수를 부리는 사람은 도망가 버렸다. 그가 놓고 간 바랑에 글 한폭이 있는데, 지목하여 씌어 있기를, "가뭄에는 세 가지가 있으니, 하늘의 가뭄, 나라의 가뭄, 사람의 가뭄입니다. 무엇이 하늘의 가뭄인가? 교만한 양(陽)이 방자하고 흉악하여 아랫사람들이 삼가고 조심하는 것입니다. 비록 6, 7년이 계속되어도 백성들이 주리지는 않습니다. 무엇이 나라의 가뭄인가? 임금의 세력이 지나친 재앙으로, 덕(德)은 고갈되었고 인(仁)은 말랐으며, 탐욕의 바람과 포악의 기운이 솟아올라 당시의 역병이 되는 것입니다. 무엇이 사람의 가뭄인가? 고을에서 정사를 그르치고 관리들이 행실을 해쳐 천리의 인심이 메말라져 음기(陰氣)가 되지 못하는 것입니다. 하늘의 가뭄은 인(仁)에서 구제할 수 있으니, 인(仁)이 흡족해지면 때에 맞게 풍년이 듭니다. 나라의 가뭄은 덕(德)에서 구제할 수 있으니, 덕(德)이 윤택해지면 은택이 흘러넘칩니다. 사람의 가뭄은 정사(政事)에서 구제할 수 있으니, 정사(政事)가 맑아지면 풍속이 넉넉해집니다. 지금 재물은 위로 넘치고 형벌은 아래로 함부로 가해져 백성들이 애타고 근심하여 지독한 더위가 되었으니, 이른바 사람의 가뭄입니다. 고을의 수령이 정사를 맑게 하지 않으면서, 용을 붙잡아 비를 빈다면, 이는 수레를 타고 바다를 가는 것이나 양을 기르면서 날개를 바라는 것과 같으니 무엇을 기대할 수 있겠습니까"라고 하였다. 태수가 글을 보고는 더욱 화를 내었다. 이 해에 정월부터 비가 오지 않아 5월까지 이르렀고 다음 해에 굶어죽은 자가 수천 명이 되었으니, 태수는 역시 재물로 화를 당한 것이다.

涒灘歲, 越垠曠旱, 塞諸陽遷市, 不雨, 祈山川庶神, 又不雨. 觴土龍, 舞巫覡, 愈不雨. 或言, 邦有術人, 能捕退龍, 而譟之. 昔歲, 嘗然農剩其澤. 及召術人至, 而旱色如故. 太守怒, 亟命擒之, 術人遁去矣. 其遺囊有書一幅, 目曰,[198] 旱有三, 曰, 天旱, 國旱, 人旱. 曷爲天旱? 蹇陽肆凶, 下土祇慎. 雖六七歲, 黎人不飢. 曷爲國旱, 君道熾災, 德涸仁枯, 貪風暴氣, 蒸爲時癘. 曷爲人旱, 邦燬其政, 吏賊其行, 千里人心, 燥不爲陰. 夫天旱求諸仁, 仁洽而時豐. 國旱求諸德, 德潤而澤流. 人旱求諸政, 政淸而俗阜. 今貨遊於上, 刑黷于下, 百姓焦愁, 結成狠暑, 所謂人旱也. 邦守不淸其政, 而逮龍貨雨, 是猶乘撵適海, 豢羊望翼, 於何可冀乎. 太守得書增怒. 是歲, 正月不雨, 至五月, 明年, 殍死者, 數千人, 而太守亦以財禍.[199]

화재 火災

• 왕망(王莽) 지황(地皇)[200] 3년에, 패교(覇橋)에 화

196. 군탄세(涒灘歲): 십이지(十二支) 중의 신(申)이 든 해이다. 군탄(涒灘)은 申의 이칭이다.
197. 토룡(土龍): 비를 빌 때 쓰는, 흙으로 만든 용(龍)이다.
198. 《당문수(唐文粹) · 인한해(人旱解)》에는, '目曰' 다음에 '人旱' 두 글자가 있다. 즉 월 지역의 가뭄은 '人旱'이라는 말이다.
199. 송(宋) 요현(姚鉉), 《당문수(唐文粹) · 해(解)》
200. 지황(地皇): 신(新) 왕망(王莽)의 연호(20-23)이다.

재(火災)가 나서 수천 명이 물을 부어 껐지만 꺼지지 않았다.

王莽地皇三年, 覇橋災, 數千人以水沃救, 不滅.[201]

- 안제(安帝) 영초(永初)[202] 원년, 하남군(河南郡)의 현내(縣內)에 불이 나서 105명이 타 죽었다. 2년에 또 불이 나서 502명이 타 죽었다. 4년 한양(漢陽)의 하양성(河陽城) 안에서 불이 나서 3,570명이 타 죽었다.

安帝永初元年, 河南郡縣火, 燒殺百五人. 二年又失火, 燒五百二人. 四年, 漢陽河陽城中, 失火, 燒三千五百七十人.[203]

- 원초(元初)[204] 4년 무기고에 불이 나서 천만 이상의 값이 나가는 무기가 불탔다. 당시에 강족(羌族)이 반란을 일으키자, 크게 군사를 내어 그들을 막는데 10여 년이 걸렸다.

元初四年, 武庫火, 燒兵物直千萬以上. 時羌叛, 大發兵, 禦之, 積十餘年.[205]

- 환제(桓帝) 연희(延熹)[206] 9년 3월, 도성에서 밤중에 불빛이 생겨 돌아다니자 백성들이 놀라서 소란을 떨었다.

桓帝延熹九年三月, 京都, 夜有火光轉行, 民相驚譟.[207]

- 영제(靈帝) 중평(中平)[208] 2년, 남궁(南宮)의 운대(雲臺)에 화재(火災)가 났다. 운대(雲臺)는 바로 주(周) 왕실에서 지은 것으로 도서(圖書), 술수에 관한 책, 진귀한 골동, 보물이 모두 소장되어 있는 곳이다. 경방(京房)의 《역전(易傳)》에 이르기를, "임금이 도(道)를 생각하지 않으면, 그 재앙으로 궁성에 불이 난다"라고 하였다.

靈帝中平二年, 南宮雲臺災. 雲臺, 乃周家之所造也, 圖書·術籍·珍玩·寶怪, 皆所藏也. 易傳曰, 君不思道, 厥妖火燒宮.[209]

- 위(魏) 명제(明帝) 시절에 숭화전(崇華殿)에 화재가 났다. 고당륭(高堂隆)[210]에게 묻기를, "이것은 무슨 허물 때문입니까?"라고 하자, "재앙과 변고가 일어나는 것은, 모두가 밝게 가르치고 경계하는 것입니다. 《역전(易傳)》에 이르기를, '위에서 검약하지 않고 아래에서 절제하지 않으면, 재앙으로 불이 나서 그 궁실을 태운다. 또 군주가 그 누대를 높이 쌓으면, 하늘의 불이 재앙이 될 것이다'라고 하였습니다"라고 하였지만 명제는 따르지 않았다. 결국 숭화전(崇華殿)을 복구하고, 이름을 바꾸어 '구룡(九龍)'이라 하였다.

魏明帝時, 崇華殿災. 問高堂隆, 此何咎也. 對曰, 災變之發, 皆所以明教誡也. 易傳曰, 上不儉, 下不節, 孼火燒其室. 又君高其臺, 天火爲災. 帝不從. 遂復崇華殿, 改曰九龍.[211]

- 진(晉) 원제(元帝) 태흥(太興)[212] 연간에, 왕돈(王

---

201. 《전한서(前漢書)·왕망전(王莽傳)》
202. 영초(永初): 후한(後漢) 안제(安帝)의 연호(107-113)이다.
203. 《문헌통고(文獻通考)·물이고(物異考)·화재(火災)》
204. 원초(元初): 후한(後漢) 안제(安帝)의 연호(114-119)이다.
205. 《후한서(後漢書)·오행지(五行志)》에, "元初四年二月壬戌, 武庫火(東觀書曰, 燒兵物百二十五種, 直千萬以上) 是時羌叛, 大爲寇害, 發天下兵, 以攻禦之. 積十餘年未已, 天下厭苦兵役"으로 되어 있는 내용을 재구성한 것이다.
206. 연희(延熹): 후한(後漢) 환제(桓帝)의 연호(158-166)이다.
207. 《후한서(後漢書)·오행지(五行志)》
208. 중평(中平): 후한(後漢) 영제(靈帝)의 연호(184-189)이다.
209. 《후한서(後漢書)·오행지(五行志)》의 내용을 재구성한 것이다.
210. 고당륭(高堂隆): 위(魏) 명제(明帝)가 즉위하기 전의 평원왕(平原王) 시절에 사부(師傅)를 맡았고, 즉위한 뒤에 태사령(太史令), 시중(侍中) 등을 역임하였다. 명제가 부역을 일으키고 궁궐을 짓는 것에 대해 자주 풍간(諷諫)을 하였다.
211. 《삼국지(三國志)·위지(魏志)·고당륭전(高堂隆傳)》의 내용을 재구성한 것이다.
212. 태흥(太興): 진(晉) 원제(元帝)의 연호(318-321)이다.

敦)이 무창(武昌)을 다스리는데, 무창에 불이 났다. 이쪽에서 끄면 저쪽에서 일어나고 하여, 동서남북으로 수십 곳에서 함께 일어나 며칠 동안 그치지 않았다. 옛말에 이르기를, 지나친 불이 함부로 일어나면 군대를 동원해도 끌 수 없다고 한 것이 이를 일컬은 것이다.

晉元帝太興中, 王敦鎭武昌, 武昌火起. 救之于此, 而發于彼, 東西南北, 數十處俱應, 數日不絶. 舊說所謂, 濫炎妄起, 雖興師衆, 不能救之之謂也.[213]

• 영창(永昌)[214] 2년, 도성에 큰 불이 났고, 요안(饒安)·동광(東光)·안릉(安陵)의 세 현(縣)에 불이 나서 7,000여 가옥을 태웠고 죽은 이가 15,000명이었다.

永昌二年, 京都大火, 饒安·東光·安陵三縣火, 燒七千餘家, 死者萬五千人.[215]

• 의희(義熙)[216] 11년 도성 소재지에 큰 불이 났는데, 오(吳) 지역이 더욱 심했다. 왕홍(王弘)이 당시에 오군(吳郡)을 다스리고 있었는데, 낮에 청사(廳事)에 있다가 하늘에 붉은 물체가 있는 것을 보았다. 모양은 신번(信幡)[217]과 같았는데, 멀리 길의 남쪽 인가(人家)의 옥상에 모이면 불이 즉시 크게 일었다.

義熙十一年, 京都所在, 大行火炎, 吳界尤甚. 王弘, 時爲吳郡, 晝在廳事, 見天上有一赤物. 狀如信幡, 遙集路南人家屋上, 火卽大發.[218]

• 개원(開元)[219] 5년, 홍주(洪州)와 담주(潭州)에 화재(火災)가 나서 연달아 주(州)의 관서(官署)를 불태웠다. 사람들이 보니 붉은 물체가 솟아올라 날아왔고, 잠시 후 바로 불이 났다. 15년에는 형주(衡州)에 화재(火災)가 나서 연달아 300여 가옥을 불태웠다. 주(州)의 사람들이 보니 어떤 물체가 크기는 항아리만하고 붉기가 초 등촉과 같은데, 이르는 곳마다 바로 불이 났다. 18년에는 비룡구(飛龍廄)[220]에 화재(火災)가 났다. 점을 치니, "천화(天火)[221]가 마구간을 태우면 전쟁이 크게 일어난다"라고 하였다.

開元五年, 洪州·潭州災, 延燒州署. 人見有物赤, 而暾暾飛來, 旋卽火發. 十五年, 衡州災, 延燒三百餘家. 州人見有物, 大如甕, 赤如燭籠, 所至, 火卽發. 十八年, 飛龍廄災. 占曰, 天火燒廄, 兵大起.[222]

• 한(漢) 성제(成帝) 시절, 산양(山陽)에서 돌 가운데에 불이 생겨나자, 연호를 양삭(陽朔)[223]으로 바꾸었다.

漢成帝時, 山陽, 火生石中, 改元陽朔.[224]

• 진(晉) 승평(升平)[225] 원년, 도성의 동쪽 연못 가운데에서 불이 생겼다. 고장(姑臧)의 연못물 가운데에서도 불이 생겼다.

---

213. 《진서(晉書)·오행지(五行志)》
214. 영창(永昌): 진(晉) 원제(元帝)의 연호(322)이다.
215. 《진서(晉書)·오행지(五行志)》
216. 의희(義熙): 진(晉) 안제(安帝)의 연호(405-418)이다.
217. 신번(信幡): 의장기의 일종으로 관명(官名)등을 적은 기이다.
218. 《진서(晉書)·오행지(五行志)》에, "義熙十一年, 京都所在, 大行火災, 吳界尤甚. 火防甚峻, 猶自不絶. 王弘, 時爲吳郡, 晝在廳事, 見天上有一赤物下, 狀如信幡, 遙集路南人家屋上, 火即大發. 弘知天爲之災, 故不罪火主. 此帝室衰微之應也"로 되어 있는 내용을 재구성한 것이다.
219. 개원(開元): 당(唐) 현종(玄宗)의 연호(713-741)이다.
220. 비룡구(飛龍廄): 당대(唐代) 왕실의 마구간(馬廐間) 이름이다.
221. 천화(天火): 번개나 벼락 등에 의해 자연적으로 나는 불을 일컫는다.
222. 《구당서(舊唐書)·오행지(五行志)》의 내용을 재구성한 것이다.
223. 양삭(陽朔): 한(漢) 성제(成帝)의 연호(BC 24-BC 21)이다.
224. 《전한서(前漢書)·성제기(成帝紀)》
225. 승평(升平): 진(晉) 목제(穆帝)의 연호(357-361)이다.

晉升平元年, 京城東池中有火. 姑臧澤水中有火[226]

• 석호(石虎)[227] 시절, 태산(泰山)에서 돌에 불이 붙어 8일 만에 꺼졌다.

石虎時, 石燃于泰山, 八日而滅.[228]

• 부견(符堅) 시절, 관중(關中)에서 흙이 타는데 불은 없고, 연기가 크게 일어 사방 수십 리 안에 퍼졌고 한 달 남짓 꺼지지 않았다.

符堅時, 關中, 土燃無火, 而烟氣大起, 方數十里中, 月餘不滅.[229]

• 제(齊) 무제(武帝) 시절, 위(魏) 지방의 동요에, "붉은 불이 남쪽으로 흐르니, 남국(南國)을 잃을 것이다"라고 하였다. 이 해에 어떤 승려가 북쪽에서 이 불을 가지고 왔다. 불은 보통 불보다 붉으면서 희미했는데, 이르기를 병을 치료한다고 하였다. 귀한 사람이나 천한 사람이나 다투어 가져가 효험을 본 이들이 많았는데, 모두가 '성화(聖火)'라 하였다. 조서를 내려 금했지만 그치지 않았다. 불 뜸이 일곱 심지에 이르면 병이 나았다.

齊武帝時, 魏地謠言, 赤火南流, 喪南國. 是歲, 有沙門從北齊[230]此火至. 火赤于常火而微, 云以療疾. 貴賤爭取之, 多得其驗, 咸云聖火. 詔禁之, 不止. 火灸至七炷, 而疾愈.[231]

• 정관(貞觀)[232] 13년 3월, 운양(雲陽)에서 돌이 한 길 정도로 탔다. 낮에는 재와 같은데 밤에는 빛이 있었고, 초목에 던지면 불이 붙었다. 해가 지나서야 꺼졌다.

貞觀十三年三月, 雲陽, 石燃方丈. 晝則如灰, 夜則有光, 投草木則焚. 歷年乃止.[233]

• 유주(幽州) 지방의 골짜기에서 흙에 항상 불이 생겨, 장경(長慶)[234] 3년 여름 마침내 물을 담아 못을 만들었다.

幽州坊谷, 地常有火, 長慶三年夏, 遂積水爲池.[235]

• 개보(開寶)[236] 7년 6월, 체주(棣州)에서 불이 났다. 공중에서 성의 북쪽으로 떨어지는데 용과 같은 것이 있었다.

開寶七年六月, 棣州有火. 自空墜于城北, 有物如龍.[237]

• 소흥(紹興)[238] 32년, 건창군(建昌軍) 신성현(新城縣)에 큰 집이 있었는데, 상자 속에 때로 불빛이 생겨 옷과 비단을 반 이상 태우는데도 상자는 타지 않았으니 재앙에 가까운 불이다.

紹興三十二年, 建昌軍新城縣, 有巨室, 篋中時有火光, 燔衣帛過半, 而篋不焚, 近孽火也.[239]

불[화(火)]

• 《석명(釋名)》의 기록이다. 화(火)는 물체를 변화시

---

226. 《진서(晉書) · 오행지(五行志)》에는, "穆帝升平三年二月, 涼州城東池中有火. 四年四月, 姑臧澤水中, 又有火"로 되어 있다.
227. 석호(石虎): 16국(十六國) 시기에 후조(後趙)의 군주이다. 무거운 세금과 가혹한 정치로, 그의 사후(死後)에 후조(後趙)는 바로 멸망하였다.
228. 《문헌통고(文獻通考) · 물이고(物異考) · 화재(火災)》
229. 《진서재기(晉書載記) · 부견(苻堅)》
230. '제(齊)'는, 《남사(南史) · 제본기(齊本紀)》에는 '재(齎)'로 되어 있다.
231. 《남사(南史) · 제본기(齊本紀)》의 내용을 재구성한 것이다.
232. 정관(貞觀): 당(唐) 태종(太宗)의 연호(627-649)이다.
233. 《당서(唐書) · 오행지(五行志)》
234. 장경(長慶): 당(唐) 목종(穆宗)의 연호(821-824)이다.
235. 《당서(唐書) · 오행지(五行志)》
236. 개보(開寶): 북송(北宋) 태조(太祖)의 연호(968-976)이다.
237. 《송사(宋史) · 오행지(五行志)》
238. 소흥(紹興): 남송(南宋) 고종(高宗)의 연호(1131-1162)이다.
239. 《송사(宋史) · 오행지(五行志)》

키는 것이다. 또한 태우는 것[훼(燬)]을 말한다. 물체가 (불에) 들어가면 즉시 모두 훼손되고 파괴된다.

釋名. 火, 化物也. 亦言燬也. 物入, 卽皆毁壞也.[240]

- 《주역(周易)》의 기록이다. 만물(萬物)을 마르게 하는 것 중에, 불보다 더 건조한 것이 없다.

易. 燥萬物者, 莫熯乎火.[241]

- 《시자(尸子)》[242]의 기록이다. 수인씨(燧人氏)[243]가 위로 별들을 관찰하고 아래로 오목(五木)[244]을 살펴, 불을 만들었다.

尸子. 燧人, 上觀星辰, 下察五木, 以爲火.[245]

- 《백택도(白澤圖)》[246]의 기록이다. 불[화(火)]의 정령(精靈)이 송무기(宋無忌)[247]이다.

白澤圖. 火之精, 宋無忌.[248]

- 《산해경(山海經)》의 기록이다. 염화국(厭火國)(사람)은 짐승의 몸에 검은 색인데, 불이 입 안에서 나온다.

山海經. 厭火國, 獸身黑色, 火出其口中.[249]

- 《박물지(博物志)》의 기록이다. 기름이 쌓인 것이 만 석(石)이 되면 자연스레 불이 생긴다.

博物志. 積油萬石, 則自然生火.[250]

- 《춘추원명포(春秋元命苞)》의 기록이다. 화(火)의 말뜻은 부드럽게 따르는 것[위수(委隨)]이다. 그래서 그 글자가 이루어진 모습은, 사람 인(人)에 자식들이 나뉘어 있는 것이 화(火)가 된다.

元命苞. 火之爲言, 委隨也. 故其立字, 人散子者, 爲火.[251]

- 《춘추좌전(春秋左傳)》의 기록이다. 사람이 낸 불을 '화(火)'라 하고, 자연이 낸 불을 '재(災)'라 한다.

左傳. 人火曰火, 天火曰災.[252]

- 《춘추번로(春秋繁露)》의 기록이다. 만약 임금이 참언(讒言)과 간사(奸邪)함에 미혹된다면, 안으로는 골육(骨肉)과 정이 나고 밖으로는 충신(忠臣)들과 멀어진다. 그 허물이 불에 이르니, 크게 가뭄이 들고 반드시 화재가 나게 된다.

春秋繁露. 若人君惑于讒邪, 內離骨肉, 外疏忠臣. 咎及于火, 則大旱, 必有火災.[253]

- 《춘추잠담파(春秋潛潭巴)》의 기록이다. 불이 우물에서 나오면, 어진 선비가 사람 가운데에서 나온다.

春秋潛潭巴. 火從井出, 有賢士從人起.[254]

- 《한비자(韓非子)》의 기록이다. 노인은 불을 조심하여 그 틈을 메웠고, 백규(白圭)[255]는 둑을 순시

---

240. 《석명(釋名)·석천(釋天)》에는, "火, 化也, 消化物也. 亦言毁也. 物入中, 皆毁壞也"로 되어 있다.
241. 《주역(周易)·설괘(說卦)》
242. 《시자(尸子)》: 주대(周代)의 사상가 시교(尸佼)가 편찬한 잡가서로, 학문은 명가(名家), 법가(法家)에 가깝다. 망실된 것을 청(淸) 장종원(章宗源)이 여러 고서(古書)에서 집록한 것이 전한다.
243. 수인씨(燧人氏): 고대(古代)의 신화(神話)에 등장하는 삼황(三皇) 가운데 한 사람으로 불을 발명하였다고 한다.
244. 오목(五木): 불을 채취하는 다섯 가지 목재(木材)이다. 목재의 종류에는 여러 설이 있다.
245. 《예문유취(藝文類聚)·화부(火部)》
246. 《백택도(白澤圖)》: 황제(黃帝)가 동쪽을 순수하다가 바닷가에서 백택(白澤)이라는 신령스런 동물을 얻었는데 말을 할 줄 알았다. 황제가 천하 귀신의 일을 물었고, 그것이 말한 것을 신하에게 명하여 그리게 한 것이 《백택도(白澤圖)》이다.
247. 송무기(宋無忌): 고대(古代)의 신화(神話)나 전설(傳說)에 등장하는 '불의 신선[화선(火仙)'이다. '無'는 '毋'로도 쓴다.
248. 《고금사문유취(古今事文類聚)·등화부(燈火部)》
249. 《산해경(山海經)·해외남경(海外南經)》에는, "厭火國, 在其國南, 獸身黑色. 生火, 出其口中"로 되어 있다.
250. 《박물지(博物志)·물리(物理)》
251. 《고미서(古微書)·춘추원명포(春秋元命包)》에는, "火之爲言, 委隨也. 故其字, 人散二者, 爲火也"로 되어 있다.
252. 《춘추좌전(春秋左傳)·선공(宣公)·16년》
253. 《춘추번로(春秋繁露)·오행역순(五行逆順)》
254. 《고미서(古微書)·춘추잠담파(春秋潛潭巴)》
255. 백규(白圭): 전국시대(戰國時代) 사람인 단규(丹圭)이다. 수리(水利)의 전문가로 위(魏)나라에서 제방을 쌓아 물을 막았

하여 그 구멍을 막았다. 그래서 노인에게는 불의 재난이 없었고, 백규에게는 물의 재난이 없었다.

韓子. 丈人之愼火也, 塗其隙, 白圭之行堤也, 塞其穴. 故丈人無火難, 白圭無水患.[256]

- 《주례(周禮)》의 기록이다. 횃불[관(爟)]에 제사한다. '관(爟)'은 불이다. 거기에 제사한다는 것은 밝음을 만드는 공에 보답하는 것이다.

  周禮. 祭爟. 爟, 火也. 祭之者, 報其爲明之功也.[257]

- 《춘추좌전(春秋左傳)》의 기록이다. 자산(子産)이 사방의 성벽(城壁)에서 불에 제사를 지냈다.

  左傳. 子産, 祈火於四墉.[258]

처음으로 부싯돌 불을 일으키다[초작수화(初作燧火)] 옛날에는 털이 붙은 생고기를 먹고 피를 마셨는데, 수인씨(燧人氏)가 처음으로 부싯돌 불을 일으켜, 사람들이 비로소 고기를 구워먹게 되었다.

古者, 茹毛飮血, 燧人氏初作燧火, 人始燔炙.[259]

나무에 구멍을 뚫어 불을 얻는데, 봄에는 느릅나무와 버드나무를 쓰고 여름에는 은행나무와 대추나무를 쓰며, 늦여름에는 뽕나무와 산뽕나무를 쓰고 가을에는 떡갈나무와 땔나무를 쓰며, 겨울에는 홰나무와 박달나무를 쓴다.

鑽木取火, 春取楡柳, 夏取杏棗, 季夏取桑柘, 秋取柞楢, 冬取槐檀.[260]

불이 날면서 까마귀가 되다[화류위오(火流爲烏)] 무왕(武王)이 황하(黃河)를 건넜는데, 불이 왕이 머무는 거처의 옥상에 이르렀다가 날면서 까마귀가 되었는데 그 색이 붉었다.

武王渡河, 有火至于王屋, 流爲烏, 其色赤.[261]

장대(藏臺)의 불[장대화(藏臺火)] 진(晉) 평공(平公)의 보물창고[장대(藏臺)]에 불이 났는데, 불을 끄기를 3일 밤낮이 되어서야 (불길이) 잡혔다. 공자(公子) 안(晏)이 속백(束帛)[262]을 가지고 와 축하하며 말하기를, "신이 듣기에, 천자는 (보물을) 천하(天下)에 보관하고, 제후는 백성(百姓)에게 보관하고, 농부(農夫)는 곳집에 보관한다고 하였습니다. 지금 백성들이 밖에서 곤궁한데 세금 거두기를 그치지 않습니다. 옛날에 걸(桀)·주(紂)가 잔인하게 백성들을 해쳐 천하 사람들에게 죽음을 당하였습니다. 지금 하늘이 장대(藏臺)에 재앙을 내렸으니 이는 전하의 복입니다"라고 하였다.

晉平公, 藏寶之臺燒, 救火三日三夜, 乃勝之. 公子晏, 束帛而賀曰, 臣聞, 王者藏於天下, 諸侯藏於百姓, 農夫藏於囷庾. 今百姓乏於外, 而賦斂無已. 昔桀紂殘賊, 爲天下戮. 今皇天降災於藏臺, 此是君之福也.[263]

불을 끄지 않는 사람을 처벌하다[벌불구화(罰不救火)] 《한비자(韓非子)》의 기록이다. 노(魯)나라에서 적택(積澤)을 태우는데,[264] 날씨가 북풍이 불면서 불이 남쪽으로 향하여, 도성에 불이 붙을 것이 염려되었다. 애공(哀公)이 두려워하며 직접 무리를 이끌

다. 스스로 자부하기를, "치수(治水)에 있어서는 우(禹)임금보다 낫다(治水也愈於禹)"라고 하였다.

256. 《한비자(韓非子)·유로(喩老)》에는, "白圭之行隄也, 塞其穴, 丈人之愼火也, 塗其隙. 是以, 白圭無水難, 丈人無火患"으로 되어 있다.
257. 《주례(周禮)·하관(夏官)·사관(司爟)》
258. 《춘추좌전(春秋左傳)》에는 위의 기록이 없고, 《춘추좌전(春秋左傳)·양공(襄公)·9년》에, "대축(大祝)과 종인(宗人)이 사방의 성벽(城壁)에서 말로 제사를 지냈다(祝·宗, 用馬于四墉)"라는 기록이 있다.
259. 《고금사문유취(古今事文類聚)·등화부(燈火部)》
260. 《고금사문유취(古今事文類聚)·등화부(燈火部)》
261. 《사기(史記)·주본기(周本紀)》에, "武王渡河, 中流, 白魚躍入王舟中, 武王俯取以祭. 旣渡, 有火自上復于下, 至于王屋, 流爲烏, 其色赤"으로 되어 있는 내용을 재구성한 것이다.
262. 속백(束帛): 5필(匹)을 한 묶음으로 한 비단으로, 방문이나 증여의 예물로 사용하는 것이다.
263. 《한시외전(韓詩外傳)》의 내용을 재구성한 것이다.
264. 화전(火田)을 일구는 것이다.

고 가서 불을 끄려고 하는데 좌우에 사람이 없었다. 모두가 짐승을 쫓느라 불을 끌 수가 없었다. 이에 (애공은) 공자(孔子)를 불러 (대책을) 물으니, 공자가 대답하기를, "무릇 짐승을 쫓는 일은 즐거우면서도 벌을 받는 경우가 없지만, 불을 끄는 일은 고통스러우면서 상을 받는 경우가 없습니다. 이것이 불을 끄지 못하는 이유입니다. 사태가 위급하여 상을 줄 틈이 없거니와, (또한) 불을 끄는 사람에게 모두 상을 주게 되면 나라의 재력을 다하여도 상을 주기에 부족할 것입니다. (불을 끄지 않는 사람에게) 벌을 가하는 쪽을 따르십시오"라고 하였다. 이에 명령을 내려, "불을 끄지 않는 사람은 항복하거나 도망친 자와 같게 처벌할 것이다"라고 하였다. 명령이 내려가서 두루 퍼지기도 전에 불이 벌써 꺼졌다.

韓子. 魯[265]燒積澤, 天北風, 火南倚, 恐燒國. 哀公懼, 自將衆趨[266]救火, 左右無人, 盡逐獸不救火. 乃召問仲尼, 仲尼曰, 夫逐獸者, 樂而無罰, 救火者, 苦而無賞. 此火所以不救也. 事急, 不及以罰,[267] 救火者, 盡賞之, 則擧國不足以賞於民. 請從行罰. 乃下令曰, 不救火者, 比降北之罪. 令下未遍, 火已滅矣.[268]

불 끄는 것을 상주다[상구화(賞救火)] 월나라 왕[구천(句踐)]이 대부 문종(文種)에게 묻기를, "나는 오나라를 치고자 한다. (괜찮겠는가?)"라고 하였다. 대답하기를, "괜찮습니다만, 궁궐을 불태워 (민심을) 시험하심이 어떻겠습니까?"라고 하였다. 그리하여 궁궐에 불을 질렀는데, 백성 중에 불을 끄려는 이가 없었다. 이에 명령을 내려, "백성 중에 불을 끄다 죽은 사람은 (전쟁에서) 적과 싸우다가 죽은 사람과 같은 상을 줄 것이다"라고 하니 백성 중에 온 몸에 흙을 뒤집어쓰고 물에 옷을 적시며 불에 뛰어드는 사람이 좌우에 각각 3,000명이었다.

越王問於大夫種[269]曰, 吾欲伐吳. 對曰, 可矣, 何不試焚宮室. 於是, 遂焚宮室, 民莫能救火. 乃下令曰, 民之救火而死者, 比死敵之賞. 民之塗其體, 被濡衣, 走火者, 左右各三千人.[270]

화완포(火浣布)[271] 《포박자(抱朴子)》의 기록이다. 남해(南海)에 있는 소구(蕭丘)[272]섬 안에는 저절로 생기는 불이 있는데, 항상 봄에 일어났다가 가을에 꺼진다. 소구섬은 사방 천 리인데, 불이 일어날 때 이 섬 안에 오로지 나무 하나가 자라난다. 불이 일어나 바로 이 나무에 붙는데, 나무에 불이 붙더라도 다만 검게 약간 탈 뿐이었다. 사람들이 간혹 땔감으로 하면 보통 땔감과 같지만 숯이 되지 않는다. 불이 한창이면 물을 부어 끄고 뒤에 다시 사용하니, 이와 같이 하여 끝이 없다. 또 동이(東夷) 사람들은 이 나무의 꽃을 가져다가 길쌈을 하여 화완포(火浣布)를 만든다. 나무의 껍질도 역시 벗겨다가 잿물로 삶아 직물을 만드는데, 다만 꽃으로 만들어 섬세하고 좋은 것만은 못했다.

抱朴子. 南海之中, 蕭丘之中, 有自生之火, 常以春起, 而秋滅. 丘方千里, 當火起時, 此丘上, 純生一種木. 火起, 正著此木, 木雖爲火所著, 但小焦黑. 人或以爲

265. '魯'는, 《한비자(韓非子)·內儲說上》에는 '魯人'으로 되어 있다.
266. '趨'는, 《한비자(韓非子)·內儲說上》에는 '趣'로 되어 있다.
267. '罰'은, 《한비자(韓非子)·內儲說上》에는 '賞'으로 되어 있다.
268. 《한비자(韓非子)·내저설상(內儲說上)》의 내용을 재구성한 것이다.
269. '種'은, 《한비자(韓非子)·내저설상(內儲說上)》에는 '文種'으로 되어 있다.
270. 《한비자(韓非子)·내저설상(內儲說上)》에, ."越王問於大夫文種曰, 吾欲伐吳, 可乎? 對曰, 可矣. 吾賞厚而信, 罰嚴而必. 君欲知之, 何不試焚宮室. 於是, 遂焚宮室, 人莫救之. 乃下令曰, 人之救火者, 死, 比死敵之賞, 救火而不死者, 比勝敵之賞, 不救火者, 比北降之罪人. 塗其體, 被濡衣, 而走火者, 左三千人, 右三千人. 此知必勝之勢也"로 되어 있는 내용을 재구성한 것이다.
271. 화완포(火浣布): 석면(石綿)으로 만들어 불에 타지 않는 직물이다.
272. 소구(蕭丘): 고대(古代)의 신화(神話)에 등장하는 섬 이름이다.

薪者, 如常薪, 但不成炭. 炊熟, 則灌滅之, 後復更用, 如此無窮. 又夷人取木華, 績以爲火浣布. 木皮, 亦剝以灰煑, 爲布, 但不及華細好耳.273

다시 《포박자(抱朴子)》의 기록이다. 흰 쥐가 있는데, 큰 것은 무게가 몇 근이 되며 털의 길이는 세 치이다. 빈 나무 속에서 사는데, 그 털도 길쌈을 하여 직물을 만들 수 있다. 그래서 화완포(火浣布)에는 세 가지가 있다.

又曰. 有白鼠, 大者重數斤, 毛長三寸. 居空木中, 其毛, 亦可績爲布. 故火浣布, 有三種.274

《현중기(玄中記)》의 기록이다. 남방(南方)에 염산(炎山)이 있는데, 부남국(扶南國)의 동쪽, 가영국(加營國)의 북쪽, 제박국(諸薄國)의 서쪽에 있다. 산에는 4월부터 불이 생기고 12월에 불이 꺼진다. 정월과 2월에는 불이 타지 않고 산 위에서 단지 구름만 나오는데, 초목에서 잎과 가지가 나온다. 4월에 이르면 불이 초목을 태워 잎이 떨어지는데, 중국에서 추울 때 초목의 잎이 떨어지는 것과 비슷하다. 지나는 사람들이 정월과 2월, 3월에 이 산 아래에 가서 나무를 가져다 땔감으로 하면 태워도 없어질 때가 없다. 껍질을 가져다가 길쌈을 하여 화완포(火浣布)를 만든다.

玄中記. 南方有炎山焉, 在扶南國之東, 加營國之北, 諸薄國之西. 山從四月而火生, 十二月火滅. 正月·二月, 火不然, 山上, 但出雲氣, 而草木生葉枝條. 至四月, 火然草木, 葉落, 效中國寒時草木葉落也. 行人, 以正月·二月·三月, 行過此山下, 取柴以爲薪, 燃之無盡時. 取其皮, 績之爲火浣布.275

《십주기(十洲記)》의 기록이다. 염주(炎洲)에 화림산(火林山)이 있는데, 산 속에 화수(火獸)가 있다. 크기는 쥐만한데 털의 길이가 3, 4치 정도이다. 어떤 사람이 말하기를, "산은 백 리쯤 되는데, 그 짐승의 털을 가져다가 길쌈을 하여 직물을 만들며 이름을 '화한포(火澣布)'라 한다. 사람들이 그것을 입다가 때가 끼고 더러워져, 물로 빨면 종일토록 빨아도 깨끗해지지 않는다. 불로 그것을 태우고 양식경(兩食頃) 정도 지나 때를 털어내면 없어지는데 희기가 눈과 같다"라고 하였다.

十洲記. 炎洲有火林山, 山中有火獸. 大如鼠, 毛長三四寸. 或曰, 山可百里許. 取其獸毛, 績以爲布, 名曰火澣布. 國人衣服之, 垢污, 以水浣濯之, 終日不潔. 以火燒布, 兩食久許, 出其垢, 卽去, 白如雪.276

화주(火洲) 《광지(廣志)》의 기록이다. 화주(火洲)는 남해(南海) 가운데에 있는데, 불이 섬을 태워도, 그 곳의 나무는 죽지 않고 더욱 생생하다.

廣志. 火洲在南海中, 火燃洲, 其木不死, 更鮮.277

술을 뿜어 불을 끄다[손주구화(噀酒救火)] 곽헌(郭憲)이 남쪽 교외에서 술을 머금었다가 동북쪽으로 세 번 뿜으면서 말하기를, "제(齊)나라에 불이 나서 그것을 진압하였습니다"라고 하였다. 후에 제(齊)나라에 과연 불난 일이 있었다.

郭憲, 從南郊, 含酒東北三噀云, 齊失火, 以厭之. 後, 齊果上火事.278

난파(欒巴)의 일〈동일하다〉

欒巴事.〈同〉279

번영(樊英)이 대산(臺山)에서 은거할 때, 한 번은 검은 바람이 서쪽으로부터 일었다. 번영이 학생들에게 말하기를, "성도시(成都市)에 화재가 너무 심하

273. 《포박자(抱朴子)》에는 이와 같은 기록이 없고, 《예문유취(藝文類聚)·화부(火部)》에 전한다.
274. 《예문유취(藝文類聚)·화부(火部)》
275. 《예문유취(藝文類聚)·화부(火部)》
276. 《예문유취(藝文類聚)·화부(火部)》
277. 《예문유취(藝文類聚)·화부(火部)》
278. 《예문유취(藝文類聚)·화부(火部)》
279. 술을 뿜어 비를 만들다[손주위우(噀酒爲雨)] 참조.(63쪽)

다"라 하고는 물을 머금었다가 서쪽으로 향하여 뿜고, 그 날짜를 기록하도록 하였다. 뒤에 촉(蜀)에서 온 자가 말하기를, "이 날 큰 불이 났는데 검은 구름이 아침에 동쪽으로부터 일더니 잠시 후 큰비가 내려 불이 마침내 꺼졌습니다"라고 하였다.

樊英隱於臺山, 嘗有黑風從西方起. 英謂學者曰, 成都市, 火甚盛. 因含水西向漱之, 乃令記其日. 後有從蜀來者云, 是日, 大火, 黑雲平旦從東起, 須臾大雨, 火遂得滅.[280]

말에게 박수치는 꿈을 꾸다[몽마박수(夢馬拍手)] 황평(黃平)이 색담(索紞)에게 묻기를, "내가 어제 밤에 꿈을 꾸었는데, 마사(馬舍)의 말이 춤을 추자, 수십 명의 사람들이 박수를 쳤습니다. 어떤 징조인가요?"라고 하였다. 색담이 말하기를, "말이라는 것은 불이고, 춤추는 것은 화재가 나는 것이며, 말을 향해 박수를 친 것은 불을 끄는 사람들입니다"라고 하였다. 황평이 아직 돌아오지도 않았는데 화재가 났다.

馬興平[281]問索紞曰, 我昨夜夢, 舍馬舞, 數十人向馬拍手. 何也. 紞曰, 馬者, 火也, 舞爲火起, 向馬拍手, 救火人也. 平步[282]歸而火起.[283]

절의 있는 부인이 불에 뛰어들다[열부부화(烈婦赴火)] 양(梁)나라의 어떤 고모(姑母)의 집에 불이 났다. 오빠의 아들과 (자신의) 두 아들이 안에 있어, 오빠의 아들을 구하려고 하였는데 엉겁결에 자신의 아들을 데리고 나왔다. 불길이 세어 다시 들어갈 수 없자 부인이 말하기를, "양나라에서 어떻게 집집마다 사람들에게 알려 깨우칠 수 있겠는가. 의롭지 못하다는 평판을 입는다면 무슨 면목으로 형제들과 나라 사람들을 만나겠는가"라고 하고서 마침내 불에 뛰어들어 죽었다.

梁姑姊, 其室失火. 兄子與二子在內, 欲取兄子, 輒得其子. 火盛不得復入, 婦人曰, 梁豈可戶告人曉耶. 被不義之名, 何面見兄弟國人哉. 遂赴火而死.[284]

젊은 부인이 천천히 가다[신부완래(新婦緩來)] 《수신기(搜神記)》의 기록이다. 미축(麋竺)이 먼 길을 나갔다가 돌아오는데, 집에 도달하기 전 수십 리쯤에서 도중에 아름다운 젊은 부인을 만났다. 미축에게 태워 줄 것을 청하여 20여 리쯤 가자, 젊은 부인이 하직하고 떠나면서 미축에게 말하기를, "나는 천사(天使)입니다. 가서 동해(東海)의 당신 집을 불태워야 하는데 그대가 태워준 것에 감사하여 말해주는 것입니다"라고 하였다. 미축이 간청하자 말하기를, "안 됩니다. 불태우지 않을 수 없습니다. (방법이 있다면) 그대는 서둘러 가고 저는 천천히 가겠습니다. 정오가 되면 반드시 불이 일어날 것입니다"라고 하였다. 미축이 이에 급히 가서 집에 도착하자마자 재물을 끄집어내었다. 정오가 되자 불이 크게 일어났다.

搜神記. 糜竺, 遠出歸, 未至家數十里, 見路次有好新婦. 從竺求寄載, 行二十餘里, 新婦謝去, 謂竺曰, 我天使. 去當往燒東海糜家, 感君見載, 故以相語. 竺因請之, 曰不可. 不得不燒. 君快去, 我緩來. 日中, 必火發. 竺乃急行達家, 便出財物. 日中, 而火大發.[285]

불 켜는 도구를 찾다[멱찬화구(覓鑽火具)] 《소림

280. 《고금사문유취(古今事文類聚)·등화부(燈火部)》
281. '馬興平'은, 《진서(晉書)·색담전(索紞傳)》에는 '黃平'으로 되어 있다.
282. '步'는, 《진서(晉書)·색담전(索紞傳)》에는 '未'로 되어 있다.
283. 《진서(晉書)·색담전(索紞傳)》에, "黃平問紞曰, 我昨夜夢, 舍中馬舞, 數十人向馬拍手. 此何祥也? 紞曰, 馬者, 火也, 舞爲火起, 向馬拍手, 救火人也. 平未歸, 而火作"으로 되어 있다.
284. 한(漢) 유향(劉向), 《고열녀전(古列女傳)·절의전(節義傳)》의 내용을 재구성한 것이다.
285. 《수신기(搜神記)·권4》에, "麋竺, 字子仲, 東海朐人也. 祖世貨殖, 家貲巨萬. 常從洛歸, 未至家數十里, 見路次有一好新婦. 從竺求寄載, 行可二十餘里, 新婦謝去, 謂竺曰, 我, 天使也. 當往燒東海麋竺家, 感君見載, 故以相語. 竺因私請之, 婦曰, 不可得不燒. 如此, 君可快去, 我當緩行. 日中, 必火發. 竺乃急行歸, 達家, 便移出財物. 日中, 而火大發"로 되어 있는 내용을 재구성한 것이다.

(笑林)》의 기록이다. 어떤 사람이 밤에 갑자기 병이 나서 문객(門客)에게 불을 켜도록 하였다. 그날 밤은 어두웠는데, 재촉하기를 다급하게 하자 문객이 화를 내며 말하기를, "그대가 책망하는 것은 너무 도리에 맞지 않습니다. 지금 칠흑 같이 어두운데, 어찌 불을 나에게 비춰 주지 않습니까? 나는 불 켜는 도구를 찾아야 합니다"라고 하였다.

笑林. 有人夜暴疾, 命門人鑽火. 其夜陰瞑, 催之急, 門人忿然曰, 君責之, 亦大無道理. 今闇如漆, 何以不把火照我. 我當覓鑽火具.[286]

사선(謝仙)의 불[사선화(謝仙火)] 대중상부(大中祥符)[287] 연간에, 옥진관(玉眞觀)이 악주(岳州)에 있는데 번갯불에 불탔다. 기둥 하나만 남았는데, '사선화(謝仙火)' 세 글자가 있었다. 하선고(何仙姑)가 말하기를, "이 사람은 뇌부(雷部)에서 불을 맡고 있습니다"라고 하였다.

祥符中, 玉眞觀在岳州, 爲天火所焚. 留一柱, 有謝仙火三字. 何仙姑曰, 此, 雷部司掌火.[288]

여덟 사람이 지나가다[팔인과(八人過)] 적건요(翟乾曜)는 천사(天師)[289]이다. 기주(夔州)의 저자에서 크게 소리쳐 말하기를, "오늘 저녁에 여덟 사람[팔인(八人): 화(火)]이 지나갈 것이니, 잘 대접해야 한다"라고 하였다. 이날 밤에 불이 나서 수백 채의 가옥을 태웠다.

翟乾曜,[290] 天師. 大呼於夔州市曰, 今夕, 有八人過, 可善待之. 是夕, 遺火焚數百家.[291]

갈대에 붙은 불에 단정히 앉아 있다[단좌적화(端坐荻火)] '방사(方士)'[292]에 보인다.

見方士.

백장선사(百丈禪師)가 불을 휘저어 내다[백장발화(百丈撥火)] 백장선사(百丈禪師)[293]가 위산선사(潙山禪師)에게, "너는 화로 속에 있는 불을 휘저어 낼 수 있느냐?"라고 물었다. 위산선사가 말하기를, "불이 없습니다"라고 하였다. 백장선사가 깊이 휘저어 불을 꺼내 그에게 보이며 말하기를, "이것이 불이 아니냐"라고 하자, 위산선사가 깨달음을 일으키고 예를 갖추어 사례하였다.〈전등록(傳燈錄)〉

百丈謂潙山曰, 汝撥爐中有火否? 師云, 無火. 百丈深撥得火, 以示之曰, 此不是火? 師發悟禮謝.〈傳燈〉[294]

풍년 豐稔

• 임금이 어질고 신하가 직분을 잘 수행하면, 오곡(五穀)이 풍성해진다.[경방(京房)]

君賢臣職, 五穀豐滋.〈京氏〉[295]

• 천자(天子)가 천지(天地)와 종묘(宗廟)와 육종(六宗)[296]과 오악(五岳)[297]에 제사를 지내 기원하는

286.《예문유취(藝文類聚)·화부(火部)》

287. 대중상부(大中祥符): 북송(北宋) 진종(眞宗)의 연호(1008-1016)이다.

288.《고금사문유취(古今事文類聚)·천도부(天道部)》의 내용을 재구성한 것이다.

289. 천사(天師): 도술(道術)을 부릴 수 있는 사람을 높여 부르는 호칭이다.

290. '曜'는, 송(宋) 증조(曾慥),《유설(類說)》권42에는 '祐'로 되어 있다.

291.《유설(類說)》권42에, "翟乾祐天師, 嘗預言事. 一日大呼於夔州市曰, 今夕, 當有八人過, 可善待之. 是夕, 遺火焚數百家, 方悟八人乃火字"로 되어 있는 내용을 재구성한 것이다.

292. 방사(方士):《유원총보》권31〈인사문(人事門)〉에 '도사문(道士門)'이 있다.

293. 백장선사(百丈禪師): 당대(唐代) 승려로, 마조(馬祖) 도일(道一)의 고제(高弟)이다. 백장산(百丈山)에서 종풍(宗風)을 일으켜 백장선사(百丈禪師)로 칭해진다.

294.《고금사문유취(古今事文類聚)·등화부(燈火部)》

295. 당(唐) 우세남(虞世南),《북당서초(北堂書鈔)·세시부(歲時部)》

296. 육종(六宗): 옛날에 제사를 올리던 여섯 신으로 여러 설이 있다. (1)한(漢), 복승(伏勝)·마융(馬融): 天, 地, 春, 夏, 秋, 冬.

것이 마땅함을 얻으면 오곡이 풍년이 든다.〈예계명징(禮稽命徵)〉

天子祭祀天地·宗廟·六宗·五岳, 得其宜, 則五穀豐登.〈禮稽命徵〉298

• 《물리론(物理論)》의 기록이다. 정월 초하루에, 사방에 누런 기운이 있으면 그해에 크게 풍년이 든다. 이는 황제(黃帝)가 주관함이며, 토기(土氣)가 조화로운 것이다.

物理論. 正月朝,299 四方黃氣, 其歲大豐. 此黃帝用事, 土氣均和也.300

• 《임해이물지(臨海異物志)》의 기록이다. 독용(獨舂)301은 우는 소리가 곡식을 찧는 것과 같다. 우는 소리가 많으면 오곡이 부실하고, 우는 소리가 적으면 오곡이 잘 된다.

異物志. 獨舂, 鳴聲似舂. 鳴聲多者, 五穀薄. 鳴聲少者, 五穀熟.302

• 《남월지(南越志)》의 기록이다. 고흥현(高興縣)에는 메추라기가 많은데, 그 모양이 닭과 비슷하지만 다섯 가지 무늬가 있다. (이 새가) 나타나면 풍년이 든다.

南越志. 高興縣, 多容鶉, 其形似鷄, 而五采. 至則年穰.303

• 《남해기(南海記)》의 기록이다. 정계(程溪)의 포구(浦口)에는 부들을 따는 부인이 있는데 용을 길렀다. 그 꼬리가 잘려 있어 '용굴(龍掘)'이라 하였는데, 사람들이 때로 그것을 보면 경내(境內)가 크게 풍년이 들었다.

南海記. 程溪蒲304口有蒲母, 養龍. 斷其尾, 因名曰龍掘, 肘人305見之, 則境大豐.306

• 《안성기(安城記)》의 기록이다. 신유현(新喩縣)에 물여울이 있는데, 흰 모래를 뿜어 올리는 것이 쌀과 같으며 양쪽 언덕에 각각 수십 곡(斛)이 되었다. 이것을 '쌀 모래[미사(米砂)]'라 부르는데, 이것으로 그해의 농사를 점친다. 만약 한 쪽 언덕만 많이 쌓이면, 그 방향의 고을이 풍년이 든다.

安城記. 新喩縣有水湍, 沸涌白沙如米, 兩岸各數十斛. 呼爲米砂, 以之候歲. 若一岸偏饒, 其方之鄕豐饒.307

• 《염철론(鹽鐵論)》의 기록이다. 주공(周公) 시절에 천하가 태평하였고, 언덕의 높은 곳이나 낮은 곳이 모두 곡식이 잘 익었다.

鹽鐵論. 周公時, 天下大平, 丘陵高下, 皆熟.308

• 또한 높은 곳집이 있어, 만(萬)과 억(億)과 자(秭)가 된다.《시경(詩經)》

---

(2)한(漢), 가규(賈逵): 日, 月, 星(天宗), 河, 海, 岱(地宗). (3)진(晉), 왕숙(王肅): 四時, 寒暑, 日, 月, 星, 水旱.

297. 오악(五嶽): 중국의 오대(五大) 명산(名山)을 일컫는다.: 동악(東嶽) 태산(泰山), 남악(南嶽) 형산(衡山), 서악(西嶽) 화산(華山), 북악(北嶽) 항산(恒山), 중악(中嶽) 숭산(嵩山).

298. 《고미서(古微書)·예계명징(禮稽命徵)》

299. '朝'는《태평어람(太平御覽)·시서부(時序部)》에는, '朔'으로 되어 있다.

300. 《태평어람(太平御覽)·시서부(時序部)》

301. 독용(獨舂): 할단(鶡鴠)새의 별칭이다. 꿩과의 새로, 꿩보다 조금 크고 성질이 용감하다.

302. 삼국(三國) 오(吳) 심영(沈瑩)《임해이물지(臨海異物志)》에는, "獨舂鳥, 聲似舂聲, 聲多者, 五穀傷, 聲少者, 五穀熟"으로 되어 있다.

303. 명(明) 동사장(董斯張),《광박물지(廣博物志)·조수(鳥獸)》

304. '蒲'는,《예문유취(藝文類聚)·수부(水部)》에는 '浦'로 되어 있다.

305. '肘人'은《예문유취(藝文類聚)·수부(水部)》에는, '人時'로 되어 있다.

306. 《예문유취(藝文類聚)·수부(水部)》에는, "廣州記曰, 溪浦口有蒲母, 養龍. 裂斷其尾, 因呼龍掘. 人時見之, 則土境大豐, 而利涉也"로 되어 있다.

307. 《설부(說郛)·안성기(安城記)》의 내용을 재구성한 것이다.

308. 《염철론(鹽鐵論)·수한(水旱)》에, "周公載紀, 而天下太平, 國無夭傷, 歲無荒年. 當此之時, 雨不破塊, 風不鳴條, 旬而一雨, 雨必以夜, 無丘陵高下, 皆熟"으로 되어 있는 내용을 재구성한 것이다.

亦有高廩, 萬億及秭.〈詩〉[309]

- 내 창고가 이미 가득하며, 내 노적(露積)이 수없이 많다.

  我倉旣盈, 我庾維億.[310]

- 저기에는 남겨진 볏단이 있고, 여기에는 떨어진 이삭이 있다.

  彼有遺秉, 此有滯穗.[311]

- 큰 밭에 작물이 많다.

  大田多稼.[312]

- 풍년에 기장이 많으며 벼가 많다.

  豐年, 多黍多稌.[313]

- 이에 천 개의 창고를 구하며, 만 개의 수레 상자를 구한다.

  乃求千斯倉, 乃求萬斯箱.[314]

- 만방(萬邦)을 편안히 하니, 거듭하여 풍년이 든다.

  綏萬邦, 屢豐年.[315]

- 증손(曾孫)의 농사가 이엉과 같고 수레의 끌채와 같으며, 섬과 같고 언덕과 같은지라, 농부(農夫)의 경사로다.

  曾孫之稼, 如茨如梁, 如坻如京, 農夫之慶.[316]

- 심지 않고 거두지 않으면, 어떻게 벼 삼백 균(囷)을 취할 것인가.〈모두 같다.〉

  不稼不穡, 胡取禾三百囷.[317]〈竝同〉

크게 풍년이 들다[대유년(大有年)] 《공양전(公羊傳)》의 기록이다. 풍년이 들었다는 것은 기쁨을 쓴 것이다. 약간 풍년이 들어도 족히 기쁨에 해당한다. 크게 풍년이 든 것은 풍성하게 곡식이 익은 것이다.

公羊傳. 有年, 以喜書也. 僅有年, 亦足以當喜. 大有年, 豐稔也.[318]

곡식에 대해 물었는데 얼음으로 대답하다[문곡대빙(問穀對氷)] 제(齊) 경공(景公)이 노(魯)나라를 치고, 무택(無澤)에게 묻기를, "노(魯)나라의 농사가 어떠하였는가?"라고 하자 대답하기를, "음빙(陰氷)[319]은 얼어붙었고, 양빙(陽氷)[320]도 두께가 5촌이나 됩니다"라고 하였다. 경공이 이 말을 안자(晏子)에게 알리자 안자가 말하기를, "군자답습니다. 그해의 농사에 대해 물었는데, 얼음으로 대답하는 것은 예(禮)입니다. 음빙은 얼어붙었고, 양빙이 두께가 5촌(寸)이라는 것은 추위와 더위가 절도에 맞는 것입니다. (추위와 더위가) 절도에 맞으면 형벌과 정치가 공평하고, (형벌과 정치가) 공평하면 상하가 화목하고, (상하가) 화목하면 농사가 잘 됩니다. 이에 노(魯)나라를 치지 않았다.《안자(晏子)》

齊景公伐魯, 問無澤曰, 魯之年穀何如. 對曰, 陰氷厥,[321] 陽氷厚五寸. 公以告晏子, 晏子曰, 君子也. 問年穀, 而對氷, 禮也. 陰氷厥,[322] 陽氷厚五寸者, 寒溫

---

309. 《시경(詩經) · 송(頌) · 풍년(豐年)》
310. 《시경(詩經) · 소아(小雅) · 초자(楚茨)》
311. 《시경(詩經) · 소아(小雅) · 대전(大田)》
312. 《시경(詩經) · 소아(小雅) · 대전(大田)》, "大田多稼, 旣種旣戒, 旣備乃事."
313. 《시경(詩經) · 송(頌) · 풍년(豐年)》
314. 《시경(詩經) · 소아(小雅) · 보전(甫田)》
315. 《시경(詩經) · 송(頌) · 환(桓)》
316. 《시경(詩經) · 소아(小雅) · 보전(甫田)》의 내용을 재구성한 것이다.
317. 《시경(詩經) · 위풍(魏風) · 벌단(伐檀)》
318. 《춘추공양전(春秋公羊傳) · 환공(桓公) · 3년》에, "有年. 有年何以書? 以喜書也, 大有年何以書? 亦以喜書也, 此其曰有年何? 僅有年也. 彼其曰大有年何? 大豐年也. 僅有年, 亦足以當喜乎? 恃有年也"로 되어 있는 내용을 재구성한 것이다.
319. 음빙(陰氷): 땅 속에서 어는 얼음을 가리킨다.
320. 양빙(陽氷): 수면 위에서 어는 얼음을 가리킨다.
321. '厥'은, 《안자(晏子) · 내편잡상(內篇雜上)》에는 '凝'으로 되어 있다.
322. 상동

節. 節則刑政平, 平則上下和, 和則年穀熟. 乃不伐魯. 〈晏子〉323

온 현(縣)이 두루 풍년이 들다[일현편숙(一縣遍熟)] 《기구전(耆舊傳)》의 기록이다. 조요(趙瑤)는 자가 원규(元珪)이다. 낭내령(閬內令)이 되었는데 가뭄을 만나자, 아전들을 데리고 목욕재계한 뒤에 비를 빌었다. 영성지(靈星池)가 감응하여 온 현(縣)이 두루 풍년이 들었다.

耆舊傳. 趙瑤, 字元珪. 爲閬內令, 遭旱, 率掾吏, 齋戒請雨. 靈應, 一縣遍熟.324

곡식이 한 섬에 몇 전이 나가다[곡석수전(穀石數錢)] 한(漢) 문제(文帝)는 검약하고 도덕을 닦아, 내실을 이루고 크게 부유해져 곡식이 한 섬에 수십 전이었다.

漢文帝, 儉約修道, 充實殷富, 穀石數十錢.325

선제(宣帝)가 즉위하자 해마다 자주 풍년이 들어, 곡식이 한 섬에 5전이었다.

宣帝卽位, 歲數豐稔, 穀石五錢.326

쌀이 흘러넘쳐 문 밖까지 나갔다.[미류출문(米流出門)] 《매도서(梅陶書)》의 기록이다. 세 개 주(州)에서, 쌀이 흘러넘쳐 문 밖까지 나갔다.

梅陶書. 三州, 米流出門.327

흉년 凶荒

- 《주서(周書)》의 기록이다. 날씨에 네 가지 재앙이 있으니, 홍수, 가뭄, 기근, 흉년이다.
  周書. 天有四殃, 水·旱·饑·荒.328
- 《주례(周禮)》의 기록이다. 해가 흉년이 들면, 임금의 음식을 만들 때 폐장(肺腸)으로 제사 지내지 않고,329 식사에 맛있는 것을 두루 갖추지 않는다. 궁궐 안의 길을 닦지 않고, 백관(百官)의 직책은 설치는 하되 새로 마련하지 않는다. 귀신에게 빌기는 하되 제사 지내지 않고, 말에게 곡식을 먹이지 않으며, 제사에는 종과 경쇠를 달지 않는다. 관문이나 교량에서는 세금을 받지 않고, 산림과 택지는 들어가는 것을 제한하되 세금을 부과하지 않는다. 토목공사를 일으키지 않고, 대부는 거마(車馬)를 새로 만들 수 없다.
  周禮. 歲凶, 君膳不祭胏,330 食不兼味. 廷道不除, 百官布而不制. 鬼神禱而不祭, 馬不食粟, 祭祀不懸. 關梁不租, 山澤列而不賦. 土功不興, 大夫不得造車馬.331
- 《곡량전(穀梁傳)》의 기록이다. 한 가지 곡식이 익

---

323. 《안자(晏子)·내편잡상(內篇雜上)》의 내용을 재구성한 것이다.
324. 송(宋) 악사(樂史), 《태평환우기(太平寰宇記)·검남동도(劍南東道)·수주(遂州)》에, "靈星池, 在縣西北四里. 益都耆舊傳云, 趙瑤爲閬中令, 時西州遭旱. 瑤卒椽吏, 齋戒於靈星池. 歸咎自責, 稽首流血, 應時大雨, 即此也"로 되어 있는 내용을 재구성한 것이다.
325. 《태평어람(太平御覽)·시서부(時序部)》에, "桓子新論曰, 世俗咸曰, 漢文帝, 躬儉約, 修道德, 以先天下, 天下化之. 故致充實殷富, 澤加黎庶, 穀至石數十錢, 上下饒羨"으로 되어 있는 내용을 재구성한 것이다.
326. 《전한서(前漢書)·식화지(食貨志)》의 내용을 재구성한 것이다.
327. 《태평어람(太平御覽)·시서부(時序部)》
328. 《일주서(逸周書)·문전해(文傳解)》
329. 요리를 위해 희생(犧牲)을 잡으면 먼저 제사를 지내는데, 제사 지내지 않는다는 것은 살생(殺牲)하지 않음을 일컫는다.
330. '胏'는, 《예기(禮記)·곡례(曲禮)》에는 '肺'로 되어 있다.
331. 《곡량전(穀梁傳)·양공(襄公)·24년》의, "大侵之禮, 君食不兼味, 臺榭不塗, 弛侯, 廷道不除. 百官布而不制, 鬼神禱而不祀"라고 되어 있는 기록과 《예기(禮記)·곡례(曲禮)》의, "歲凶, 年穀不登, 君膳不祭肺, 馬不食穀, 馳道不除, 祭事不縣, 大夫不食粱, 士飮酒不樂"라고 되어 있는 기록과 《예기(禮記)·옥조(玉藻)》의, "年不順成, 君衣布, 搢本, 關梁不租, 山澤列而不賦, 土功不興, 大夫不得造車馬"라고 되어 있는 기록 등을 조합하여 재구성한 것이다.

지 않는 것을 '겸(歉)'이라 하고 두 가지 곡식이 익지 않는 것을 '기(饑)'라 하며, 세 가지 곡식이 익지 않는 것을 '근(饉)'이라 하고 네 가지 곡식이 익지 않는 것을 '황(荒)'이라 하며, 다섯 가지 곡식이 익지 않는 것을 '대침(大侵)'이라 한다. 대침(大侵)의 예는, 임금의 식사에 맛있는 것을 두루 갖추지 않고, 누대(樓臺)에 색을 칠하지 않는다.

穀梁傳. 一穀不升, 謂之歉, 二穀不升, 謂之饑, 三穀不升, 謂之饉, 四穀不升, 謂之荒, 五穀不升, 謂之大侵. 大侵之禮, 君食不兼味, 臺榭不塗.332

- 《주례(周禮)》의 기록이다. 구황(救荒) 정책 12가지로 만민(萬民)을 모은다. 첫째가 '산리(散利)'333이고 둘째가 '박정(薄征)'334이며, 셋째가 '완형(緩刑)'335이고 넷째가 '이력(弛力)'336이며, 다섯째가 '사금(舍禁)'337이고 여섯째가 '거기(去幾)'338이며, 일곱째가 '생례(省禮)'339이고 여덟째가 '쇄애(殺哀)'340이며, 아홉째가 '번악(蕃樂)'341이고 열 번째가 '다혼(多婚)'342이며, 열한 번째가 '색귀신(索鬼神)'343이고 열두 번째가 '제도적(除盜賊)'344이다.
周禮. 以荒政十二, 聚萬民. 一曰散貨利,345 二曰薄征, 三曰緩刑, 四曰弛力, 五曰舍禁, 六曰去幾, 七曰省禮, 八曰殺哀, 九曰蕃樂, 十曰多婚, 十一曰索鬼神, 十二曰除盜賊.346
- 《이아(爾雅)》의 기록이다. 곡식이 익지 않는 것을 '기(饑)'라 하고 채소가 익지 않는 것을 '근(饉)'이라 하며, 과일이 익지 않는 것을 '황(荒)'이라 하고 연이어 곡식이 익지 않는 것을 '천(薦)'이라 한다.
爾雅' 穀不熟爲饑, 蔬不熟爲饉, 果不熟爲荒, 仍饑爲薦.347
- 《춘추좌전(春秋左傳)》의 기록이다. 곳집을 열고, 나누어 줄 것을 권하다.
左傳. 振廩勸分.348
- 《당서(唐書)》의 기록이다. 떠들썩한 백성들이, 밭 가운데 모여 우는구나.
唐書. 嗷嗷蒸人, 聚泣田畝.349

'저런, 와라'라고 하면서 주는 음식을 먹지 않다[불식차래(不食嗟來)] 제(齊)나라에 크게 기근이 들자 검오(黔敖)가 길에서 음식을 만들어 굶주린 사람에게 먹였다. 어떤 굶주린 사람이 소매로 얼굴을 가리

332. 《곡량전(穀梁傳)·양공(襄公)·24년》
333. 산리(散利): 이식(利息)을 대여해 줌.
334. 박정(薄征): 세금을 경감해 줌.
335. 완형(緩刑): 형벌을 엄하게 하지 않음.
336. 이력(弛力): 요역(徭役)을 줄여 줌.
337. 사금(舍禁): 산택(山澤)의 금지를 해제함.
338. 거기(去幾): 관량(關梁)의 기찰을 제거함.
339. 생례(省禮): 길례(吉禮)를 간소하게 함.
340. 쇄애(殺哀): 상례(喪禮)를 간소하게 함.
341. 번악(蕃樂): 음악(音樂)을 금지함.
342. 다혼(多婚): 결혼을 장려함.
343. 색귀신(索鬼神): 제사 지내지 않던 귀신을 찾아 기도함.
344. 제도적(除盜賊): 도적(盜賊)을 없앰.
345. '貨利'는, 《주례(周禮)·지관(地官)·대사도(大司徒)》에는 '利'로 되어 있다.
346. 《주례(周禮)·지관(地官)·대사도(大司徒)》
347. 《이아(爾雅)·석천(釋天)》
348. 《춘추좌전(春秋左傳)·문공(文公)·16년》의, "自廬以往, 振廩同食"이라고 되어 있는 기록과 《춘추좌전(春秋左傳)·희공(僖公)·21년》의, "脩城郭, 貶食省用, 務穡勸分, 此其務也"라고 되어 있는 기록을 조합하여 재구성한 것이다.
349. 《구당서(舊唐書)·덕종본기(德宗本紀)》

고 신발을 끌면서 비틀비틀 다가왔다. 검오가 왼손으로 음식을 들고 오른손으로 마실 것을 든 채, "저런, 와서 먹어라"라고 하였다. (그가) 눈을 치켜뜨고 바라보며, "나는 '저런, 와서 먹어라'라고 하는[무례하게 대접하는] 음식을 먹지 않아서 이 지경이 되었소"라고 하였다. 이어서 사과하였지만 끝내 먹지 않고 죽었다.

齊大饑, 黔敖爲食於路, 以得[350]餓者而食之. 有餓者蒙袂輯屨, 貿貿然來. 黔敖左執[351]食, 右執飮曰, 嗟! 來食. 揚其目而視之曰, 予惟不食嗟來之食, 以至於斯也. 從而謝焉, 終不食而死.[352]

벌들이 농민들의 곡식 싹을 먹어버리다[봉식민묘(蜂食民苗)] 진(秦) 소왕(昭王) 시절, 상군(上郡)에 크게 기근이 들고 산의 나무가 다 죽자, 벌들이 농민들의 곡식 싹을 먹어버려 백성들이 먹을 것이 없었다. 응후(應侯)[353]가 오원(五苑)의 과일인 대추와 밤을 내어 백성들을 살릴 것을 청하였다.

秦昭王時, 上郡大饑, 山木盡死, 蜂食民苗, 民無所食. 應侯請發五苑果棗栗, 以活民.[354]

백성들이 부들과 고둥을 먹다.[민식포라(民食蒲蠃)] 《국어(國語)》의 기록이다. 오(吳)나라는 이미 피폐해졌고 흉년이 크게 들어 굶주리고 있습니다. 저자에는 적미(赤米)[355]도 없고 곳집은 비었습니다. 백성들은 동해의 바닷가에 가서 부들과 고둥을 먹고 있습니다.

國語. 吳旣罷, 而荒大薦饑. 市無赤米, 囷簏空虛. 民移就蒲蠃於東海之濱.[356]

큰 기근[대기(大饑)] 진시황(秦始皇) 16년, 19년.

秦始皇十六年, 十九年.[357]

한(漢) 환제(桓帝) 연희(延熹)[358] 9년, 사예(司隷), 예주(豫州).

漢桓帝延熹九年, 司隷, 豫州.[359]

진(晉) 민제(愍帝) 건흥(建興)[360] 4년, 도성.

晉愍帝建興四年, 京師.[361]

원제(元帝) 태흥(太興)[362] 2년, 오군(吳郡), 오흥(吳興), 동양(東陽).

元帝太興二年, 吳郡, 吳興, 東陽.[363]

성제(成帝) 함화(咸和)[364] 5년.

成帝咸和五年.[365]

목제(穆帝) 영화(永和)[366] 10년과 12년.

---

350. '得'은, 《예기(禮記)·단궁하(檀弓下)》에는 '待'로 되어 있다.
351. '執'은, 《예기(禮記)·단궁하(檀弓下)》에는 '奉'으로 되어 있다.
352. 《예기(禮記)·단궁하(檀弓下)》
353. 응후(應侯): 전국시대 위(魏)나라 사람인 범저(范雎)이다. 진(秦)나라에 가서 진소왕(秦昭王)에게 유세하여 객경(客卿)이 되었고 상국(相國)에까지 이르렀다. 그가 주장한 원교근공(遠交近攻) 정책은 많은 효과를 거두었다. 응(應) 지역에 봉해져 응후(應侯)라고도 칭해진다.
354. 《상서대전(尙書大傳)·홍범오행전(洪範五行傳)》의, "秦昭王三十八年, 上郡大饑, 山木盡死, 蜂食民苗, 民無所食"라고 되어 있는 기록과 《한비자(韓非子)·외저설우(外儲說右)》의, 秦大饑, 應侯請曰, 五苑之草著·蔬菜·橡果·棗·栗, 足以活民, 請發之"라고 되어 있는 기록을 조합하여 재구성한 것이다.
355. 적미(赤米): 품질이 낮은 쌀로, '도화미(桃花米)'라고도 한다.
356. 《국어(國語)·오어(吳語)》
357. 《사기(史記)·진시황본기(秦始皇本紀)》
358. 연희(延熹): 후한(後漢) 환제(桓帝)의 연호(158-166)이다.
359. 《후한서(後漢書)·환제기(桓帝紀)》
360. 건흥(建興): 진(晉) 민제(愍帝)의 연호(313-317)이다.
361. 《진서(晉書)·민제기(愍帝紀)》
362. 태흥(太興): 진(晉) 원제(元帝)의 연호(318-321)이다.
363. 《진서(晉書)·원제기(元帝紀)》
364. 함화(咸和): 진(晉) 성제(成帝)의 연호(326-334)이다.
365. 《진서(晉書)·성제기(成帝紀)》

穆帝永和十年, 及十二年.[367]

효무제(孝武帝) 태원(太元)[368] 6년.

孝武帝太元六年.[369]

안제(安帝) 원흥(元興)[370] 원년.

安帝元興元年.[371]

수(隋) 대업(大業)[372] 5년, 연(燕), 대(代), 제(齊), 노(魯).

隋大業五年, 燕, 代, 齊, 魯.[373]

당(唐) 정관(貞觀)[374] 원년, 관내(關內).

唐貞觀元年, 關內.[375]

총장(総章)[376] 2년, 여러 주(州) 40여 곳, 관중(關中)이 특히 심하였다.

総章二年, 諸州四十餘, 關中尤甚.[377]

의봉(儀鳳)[378] 4년, 동도(東都).

儀鳳四年, 東都.[379]

조로(調露)[380] 원년, 관중(關中).

調露元年, 關中.[381]

영륭(永隆)[382] 원년, 동도(東都).

永隆元年, 東都.[383]

영순(永淳)[384] 원년, 관중(關中), 및 산남(山南).

永淳元年, 關中, 及山南.[385]

수공(垂拱)[386] 3년.

垂拱三年.[387]

대족(大足)[388] 원년, 하남(河南).

大足元年, 河南.[389]

선천(先天)[390] 2년 도성, 기주(岐州), 농주(隴州), 유주(幽州).

先天二年, 京師, 岐·隴·幽州.[391]

개원(開元)[392] 16년, 하북(河北).

開元十六年, 河北.[393]

---

366. 영화(永和): 진(晉) 목제(穆帝)의 연호(345-356)이다.
367. 《진서(晉書)·목제기(穆帝紀)》
368. 태원(太元): 진(晉) 효무제(孝武帝)의 연호(376-396)이다.
369. 《진서(晉書)·효무제기(孝武帝紀)》
370. 원흥(元興): 진(晉) 안제(安帝)의 연호(402-404)이다.
371. 《진서(晉書)·안제기(安帝紀)》
372. 대업(大業): 수(隋) 양제(煬帝)의 연호(605-617)이다.
373. 《수서(隋書)·양제기(煬帝紀)》
374. 정관(貞觀): 당(唐) 태종(太宗)의 연호(627-649)이다.
375. 《신당서(新唐書)·태종본기(太宗本紀)》
376. 총장(総章): 당(唐) 고종(高宗)의 연호(668-670)이다.
377. 《신당서(新唐書)·고종본기(高宗本紀)》
378. 의봉(儀鳳): 당(唐) 고종(高宗)의 연호(676-679)이다.
379. 《신당서(新唐書)·고종본기(高宗本紀)》
380. 조로(調露): 당(唐) 고종(高宗)의 연호(679-680)이다.
381. 《신당서(新唐書)·고종본기(高宗本紀)》
382. 영륭(永隆): 당(唐) 고종(高宗)의 연호(680-681)이다.
383. 《신당서(新唐書)·고종본기(高宗本紀)》
384. 영순(永淳): 당(唐) 고종(高宗)의 연호(682-683)이다.
385. 《신당서(新唐書)·고종본기(高宗本紀)》
386. 수공(垂拱): 당(唐) 예종(睿宗)의 연호(685-688)이다.
387. 《신당서(新唐書)·예종본기(睿宗本紀)》
388. 대족(大足): 당(唐) 예종(睿宗)의 연호(701)이다.
389. 《신당서(新唐書)·예종본기(睿宗本紀)》
390. 선천(先天): 당(唐) 예종(睿宗)의 연호(712-713)이다.
391. 《신당서(新唐書)·예종본기(睿宗本紀)》

건원(乾元)[394] 3년.

乾元三年.[395]

광덕(廣德)[396] 2년, 관보(關輔).

廣德二年, 關輔.[397]

영태(永泰)[398] 원년.

永泰元年.[399]

정원(貞元)[400] 원년, 2년, 14년, 19년.

貞元元年, 二年, 十四年, 十九年.[401]

원화(元和)[402] 7년, 8년, 광주(廣州). 9년, 관내(關內). 11년, 동도(東都), 진주(陳州), 허주(許州).

元和七年·八年, 廣州. 九年, 關內. 十一年, 東都, 陳·許州.[403]

장경(長慶)[404] 2년, 강회(江淮).

長慶二年, 江淮.[405]

태화(太和)[406] 4년, 하북(河北), 태원(太原). 6년, 검남(劍南). 9년, 하북(河北).

太和四年, 河北, 太原. 六年, 劍南. 九年, 河北.[407]

개성(開成)[408] 4년, 온주(溫州), 대주(台州), 명주(明州).

開成四年, 溫·台·明州.[409]

대중(大中)[410] 5년, 호남(湖南). 6년, 회남(淮南). 9년, 회남(淮南).

大中五年, 湖南. 六年, 淮南. 九年, 淮南.[411]

함통(咸通)[412] 3년, 회남(淮南), 하남(河南). 9년, 강좌(江左), 관내(關內), 동도(東都).

咸通三年, 淮南, 河南. 九年, 江左, 關內, 東都.[413]

건부(乾符)[414] 3년, 도성.

乾符三年, 京師.[415]

중화(中和)[416] 2년, 관내(關內). 3년, 양주(楊州)에서, 쌀이 한 말에 만 전(錢)이었다.

中和二年, 關內. 三年, 楊州, 米斗萬錢.[417]

대순(大順)[418] 2년, 회남(淮南).

---

392. 개원(開元): 당(唐) 현종(玄宗)의 연호(713-741)이다.
393. 《신당서(新唐書)·현종본기(玄宗本紀)》
394. 건원(乾元): 당(唐) 숙종(肅宗)의 연호(758-760)이다.
395. 《신당서(新唐書)·숙종본기(肅宗本紀)》
396. 광덕(廣德): 당(唐) 대종(代宗)의 연호(763-764)이다.
397. 《신당서(新唐書)·대종본기(代宗本紀)》
398. 영태(永泰): 당(唐) 대종(代宗)의 연호(765-766)이다.
399. 《신당서(新唐書)·대종본기(代宗本紀)》
400. 정원(貞元): 당(唐) 덕종(德宗)의 연호(785-805)이다.
401. 《신당서(新唐書)·덕종본기(德宗本紀)》
402. 원화(元和): 당(唐) 헌종(憲宗)의 연호(806-820)이다.
403. 《신당서(新唐書)·헌종본기(憲宗本紀)》
404. 장경(長慶): 당(唐) 목종(穆宗)의 연호(821-824)이다.
405. 《신당서(新唐書)·목종본기(穆宗本紀)》
406. 태화(太和): 당(唐) 문종(文宗)의 연호(827-835)이다.
407. 《신당서(新唐書)·문종본기(文宗本紀)》
408. 개성(開成): 당(唐) 문종(文宗)의 연호(836-840)이다.
409. 《신당서(新唐書)·문종본기(文宗本紀)》
410. 대중(大中): 당(唐) 선종(宣宗)의 연호(847-859)이다.
411. 《신당서(新唐書)·선종본기(宣宗本紀)》
412. 함통(咸通): 당(唐) 의종(懿宗)의 연호(860-873)이다.
413. 《신당서(新唐書)·의종본기(懿宗本紀)
414. 건부(乾符): 당(唐) 희종(僖宗)의 연호(874-879)이다.
415. 《신당서(新唐書)·희종본기(僖宗本紀)》
416. 중화(中和): 당(唐) 희종(僖宗)의 연호(881-884)이다.

大順二年, 淮南.[419]

천우(天祐)[420] 원년, 도성.

天祐元年, 京師.[421]

송(宋) 명도(明道)[422] 2년.

宋明道二年.[423]

건염(建炎)[424] 원년.

建炎元年.[425]

소흥(紹興)[426] 원년, 2년, 3년, 5년, 호남(湖南). 6년, 절동(浙東), 강서(江西). 이 후로는 이루 다 기록할 수 없다.

紹興元年, 二年, 三年, 五年, 湖南. 六年, 浙東, 江西. 此後, 不可勝紀.[427]

사람들이 서로 잡아먹다[인상식(人相食)] 한(漢) 고조(高祖) 2년, 관중(關中).

漢高祖二年, 關中.[428]

무제(武帝) 건원(建元)[429] 3년, 평원(平原).

武帝建元三年, 平原.[430]

원정(元鼎)[431] 3년, 관동(關東).

元鼎三年, 關東.[432]

원제(元帝) 초원(初元)[433] 원년, 관동(關東). 2년, 관동(關東).

元帝初元元年, 關東. 二年, 關東.[434]

광무제(光武帝) 2년 관중(關中).

光武二年, 關中.[435]

안제(安帝) 영초(永初)[436] 3년, 도성.

安帝永初三年, 京師.[437]

헌제(獻帝) 흥평(興平)[438] 2년, 관중(關中).

獻帝興平二年, 關中.[439]

당(唐) 영순(永淳)[440] 원년, 관중(關中), 산남(山南).

唐永淳元年, 關中, 山南.[441]

건부(乾符)[442] 4년, 관내(關內).

乾符四年, 關內.[443]

---

417. 《신당서(新唐書) · 오행지(五行志)》
418. 대순(大順): 당(唐) 소종(昭宗)의 연호(890-891)이다.
419. 《신당서(新唐書) · 소종본기(昭宗本紀)》
420. 천우(天祐): 당(唐) 애제(哀帝)의 연호(904-907)이다.
421. 《신당서(新唐書) · 애제본기(哀帝本紀)》
422. 명도(明道): 북송(北宋) 인종(仁宗)의 연호(1032-1033)이다.
423. 《송사(宋史) · 인종본기(仁宗本紀)》
424. 건염(建炎): 남송(南宋) 고종(高宗)의 연호(1127-1130)이다.
425. 《송사(宋史) · 고종본기(高宗本紀)》
426. 소흥(紹興): 남송(南宋) 고종(高宗)의 연호(1131-1162)이다.
427. 《송사(宋史) · 고종본기(高宗本紀)》
428. 《전한서(前漢書) · 고제기(高帝紀)》
429. 건원(建元): 한(漢) 무제(武帝)의 연호(BC 140-BC 135)이다.
430. 《전한서(前漢書) · 무제기(武帝紀)》
431. 원정(元鼎): 한(漢) 무제(武帝)의 연호(BC 116-BC 111)이다.
432. 《전한서(前漢書) · 무제기(武帝紀)》
433. 초원(初元): 한(漢) 원제(元帝)의 연호(BC 48-BC 44)이다.
434. 《전한서(前漢書) · 원제기(元帝紀)》
435. 《후한서(後漢書) · 광무제기(光武帝紀)》
436. 영초(永初): 후한(後漢) 안제(安帝)의 연호(107-113)이다.
437. 《후한서(後漢書) · 안제기(安帝紀)》
438. 흥평(興平): 후한(後漢) 헌제(獻帝)의 연호(194-195)이다.
439. 《후한서(後漢書) · 헌제기(獻帝紀)》
440. 영순(永淳): 당(唐) 고종(高宗)의 연호(682-683)이다.
441. 《신당서(新唐書) · 고종본기(高宗本紀)》

광계(光啓)[444] 2년, 형주(荊州)의 양양(襄陽).

光啓二年, 荊襄.[445]

송(宋) 건염(建炎)[446] 3년, 산동(山東)에서, 모두 사람들이 서로 잡아먹었다.

宋建炎三年, 山東皆人相食.[447]

해가 흉년이 들자 술을 금하다[세황금주(歲荒禁酒)] 당(唐) 초엽에는 술에 대한 금지가 없었는데, 건원(乾元)[448] 원년에, 숙종(肅宗)이 창고의 양식이 다해가자 도성에서 술의 판매를 금하였다. 2년에, 기근이 들자 다시 판매를 금하였다.

唐初, 無酒禁, 乾元元年, 肅宗, 以廩食方屈, 乃禁京城酤酒. 二年, 饑復禁酤.[449]

촉(蜀)의 선주(先主) 시절에, 크게 가뭄이 들자 술을 금하였다. 술을 빚는 자가 있으면 모두 아울러 처벌하였다.

蜀先主時, 大旱, 禁酒. 有釀, 具竝坐之.[450]

연회하고 공사를 일으키다[연유흥조(宴游興造)] 오(吳) 지방에 크게 기근이 들었다. 범문정공(范文正公)[451]이 백성들을 풀어 용선(龍船) 경주를 하도록 하고 매일 나가서 호숫가에서 연회를 베풀었으며, 토목공사를 크게 일으켜 곡식 창고[오창(厫倉)[452]]와 관청을 새로 지음으로써 매일 1,000명의 인부를 일하도록 하였다. 감사(監司)가 공이 항주(杭州)에서 구황정책을 돌아보지 않는다고 탄핵을 올렸다. 공이 이에 연회하고 공사를 일으키는 까닭을 조목별로 진술하였다. 모두가 다음과 같은 의도였으니, 남는 재물을 가지고 가난한 사람들에게 혜택을 주어 먹을 것을 유통시키며, 기술로 일할 수 있는 사람들이 공적이고 사적인 토목공사에 의지하여 벌어먹은 자가 하루에도 무려 만으로 헤아릴 정도로, 구황정책을 베푸는 것이 이보다 더 큰 것이 없다는 내용이었다.《몽계필담(夢溪筆談)》

吳中大饑. 范文正公, 縱民競渡, 日出宴湖上, 大興土木之役, 新厫倉[453]·吏舍, 日役千夫. 監司奏劾公於杭州不恤荒政. 公乃自爲條敍所以宴游及興造. 皆欲以有餘之財, 以惠貧者, 貿易飮食, 工技服力之人, 仰食於公私者, 日無慮萬數, 荒政之施, 莫此爲大.〈筆談〉[454]

---

442. 건부(乾符): 당(唐) 희종(僖宗)의 연호(874-879)이다.
443. 《신당서(新唐書)·희종본기(僖宗本紀)》
444. 광계(光啓): 당(唐) 희종(僖宗)의 연호(885-887)이다.
445. 《신당서(新唐書)·희종본기(僖宗本紀)》
446. 건염(建炎): 남송(南宋) 고종(高宗)의 연호(1127-1130)이다.
447. 《송사(宋史)·고종본기(高宗本紀)》
448. 건원(乾元): 당(唐) 숙종(肅宗)의 연호(758-760)이다.
449. 《신당서(新唐書)·식화지(食貨志)》에, "唐初, 無酒禁, 乾元元年, 京師酒貴. 肅宗, 以稟食方屈, 乃禁京城酤酒. 期以麥熟如初. 二年, 飢復禁酤"로 되어 있는 내용을 재구성한 것이다.
450. 《삼국지(三國志)·촉서(蜀書)·간옹전(簡雍傳)》
451. 범문정공(范文正公): 북송(北宋)의 정치가인 범중엄(范仲淹)으로, 자가 희문(希文)이며 문정(文正)은 시호이다. 구양수(歐陽修) 등과 개혁 정책을 추진하였다.
452. 오창(厫倉): 곡식 창고를 일컫는다. 오(厫)는 하남성(河南省)에 있는 지명으로 진대(秦代)에 이곳에 곡식 창고를 지은 데서 유래되었다.
453. '厫倉'은, 《몽계필담(夢溪筆談)·관정(官政)》에는 '敖倉'으로 되어 있다.
454. 《몽계필담(夢溪筆談)·관정(官政)》에, "皇祐二年, 吳中大饑, 殍殣枕路. 是時, 范文正領浙西, 發粟, 乃募民存餉, 爲術甚備. 吳人喜競渡, 好爲佛事. 希文乃縱民競渡, 太守日出, 宴于湖上, 自春至夏, 居民空巷出遊. 又召諸佛寺主首, 諭之曰, 饑歲, 工價至賤, 可以大興土木之役. 於是, 諸寺工作鼎興. 又新敖倉·吏舍, 日役千夫. 監司奏劾, 杭州不恤荒政, 嬉遊不節, 及公私興造, 傷耗民力. 文正乃自條叙所以宴遊, 及興造, 皆欲以發有餘之財, 以惠貧者, 貿易飮食, 工技服力之人, 仰食于公私者, 日無慮數萬人. 荒政之施, 莫此爲大. 是歲, 兩浙, 唯杭州晏然, 不流徙, 皆公之惠也"로 되어 있는 내용을 재구성한 것이다.

굶주린 자들을 구휼하고 병을 치료해 주다[구기치병(救飢治病)] 항주(杭州)에 크게 가뭄이 들자, 소식(蘇軾)이 조정에 청하여 본 주에서 천자에게 바치는[상공(上供)455] 쌀의 삼분의 일을 면제해 주도록 하였다. 그리하여 쌀값이 등귀하지 않았고 다시 도첩(度牒)456 100개를 내려주어, (그 돈으로) 쌀과 바꾸어 굶주린 자들을 구휼하였다. 또 병방(病坊)457을 세워 죽과 약을 만들었고, 관리들로 하여금 의원을 데리고 가서 지역의 병방(病坊)에서 병을 치료하게 하여 살아남은 자가 매우 많았다.

杭州大旱, 蘇軾請于朝, 免本路上供米三之一. 故米不翔貴, 復得賜度牒百, 易米以救飢者. 又立病坊, 作饘粥藥劑, 遣吏挾醫, 分坊治病, 活者甚衆.458

쌀값을 올리지 못하다[부증미가(不增米價)] 조청헌(趙淸獻)459이 월주(越州)를 다스릴 때, 절동(浙東)과 절서(浙西)[양절(兩浙)460]에 가뭄과 황충의 피해로, 쌀값이 치솟고 굶어죽은 자가 열에 5·6명이었다. 여러 주(州)에서 모두가 길에 방을 붙여 상(賞)을 제시하면서 사람들에게 쌀값을 올리는 것을 금하였는데, 공만은 유독 길에 방을 붙여 쌀을 가진 자들에게 값을 마음대로 올려 팔도록 하였다. 이에 여러 주(州)의 쌀장사들이 월주(越州)로 몰려들었고, 쌀값이 더욱 싸져 백성들 가운데 굶어죽는 자가 없었다.《속수기문(涑水記聞)》

趙淸獻知越州, 兩浙旱蝗, 米價踊貴, 餓死者十五六. 諸州皆榜衢路, 立賞, 禁人增米價, 公獨榜衢路, 令有米者, 任增價糶之. 於是, 諸州米商, 輻輳詣越, 米價更賤, 民無飢死者.〈記聞〉461

구역별로 유민(流民)을 머무르게 하다[구처류민(區處流民)] 부필(富弼)462이 운주(鄆州)를 다스리다가 운주(鄆州)에서 청주(靑州)로 옮겼는데, 마침 황하의 북쪽에 홍수가 나서 백성들이 경동(京東)으로 흘러들었다. 관할 지역에서 풍년이 든 세 주(州)를 골라, 백성들에게 곡식을 내도록 권하여 15만 곡(斛)을 확보하고 관청의 곡식을 더하여, 있는 곳에 따라 저장하게 하고, 공(公)·사(私)의 가옥 천여만 간(間)을 확보하여 그 사람들을 나누어 머무르게 하였으며 나무와 물을 얻기 편하도록 하였다. 산림과 강, 나루의 이익을 취하여 살아갈 수 있는 자가 있다면, 유민(流民)들에게 취하도록 하고 그 주인은 금하지 못하도록 하였다. 모두 50만 명을 살려냈고, 모집하여 병사로 삼은 자가 또한 만여 명이었다. 천자가 이 소식을 듣고 즉시 예부시랑(禮部侍郞)에 제수하자 공이 말하기를, "재난을 구제하는 것은 지방관의 직분입니다"라고 하고는 사양하여 받지 않았다. 이전에 재난을 구제하는 자들은, 백성들을 성곽 안에 모아 놓고 죽을 끓여 먹였다. 모여 있으니 역병(疫病)을 앓거나, 혹은 여러 날을 기다리다 죽을 얻어먹지 못하

---

455. 상공(上供): 당(唐)·송(宋) 시기에 천자에게 바치는 물품이나 세금을 일컫는다.《신당서(新唐書)·식화지(食貨志)》에, "憲宗分天下之賦以爲三, 一曰上供, 二曰送使(節度使), 三曰留州"라고 하였다.

456. 도첩(度牒): 승려(僧侶)나 도사(道士) 등이 출가할 때, 관청에서 발급해 주던 증명서이다. 이때 수수료를 받아 관청의 수요나 군비에 충당하였다.

457. 병방(病坊): 가난하고 병든 백성들을 위하여 밥을 제공하고 병을 치료해 줄 목적으로 세운 기관이다.

458.《송사(宋史)·소식열전(蘇軾列傳)》의 내용을 재구성한 것이다.

459. 조청헌(趙淸獻): 북송(北宋) 시기의 정치가인 조변(趙抃)으로 자는 열도(閱道)이고, 청헌(淸獻)은 시호(諡號)이다. 월주(越州), 항주(杭州), 청주(靑州) 등의 지방관을 역임하면서 정치를 잘 하고 행실이 검소하여 이름이 높았다.

460. 양절(兩浙): 절동(浙東)과 절서(浙西)의 합칭(合稱)이다. 당(唐) 숙종(肅宗) 시절에 강남(江南)의 동쪽 지역을 절강동로(浙江東路)와 절강서로(浙江西路)로 나누었는데, 전당강(錢塘江)을 기준으로 그 이남이 절동(浙東)이고 그 이북(以北)이 절서(浙西)이다.

461. 송(宋) 사마광(司馬光),《속수기문(涑水記聞)》권14.

462. 부필(富弼): 북송(北宋) 시기의 정치가로, 자는 언국(彦國)이다. 범중엄(范仲淹) 등과 '경력신정(慶曆新政)'을 추진하였다. 중서문하평장사(中書門下平章事), 추밀사(樞密使) 등을 역임하였고, 운주(鄆州) 청주(靑州) 등을 다스렸다.

고 모두 쓰러져 죽었다. 이름은 구제한다고 하고 사실은 죽이는 것이다. 공이 본보기를 세워 간략하고 편하게 하면서부터, 천하에 전해져 본보기가 되었다. 富公弼知鄆州, 自鄆移靑, 會河朔大水, 民流京東. 擇所部豐稔者三州, 勸民出粟, 得十五萬斛, 益以官廩, 隨所在貯之, 得公私廬舍千餘萬間, 散處其人, 以便薪水. 山林·河渡之利, 有可取以爲生者, 聽流民取之, 其主不得禁. 凡活五十萬人, 募而爲兵者, 又萬餘人. 上聞之, 卽拜禮部侍郎, 公曰, 救災, 守臣職也. 辭不受. 前此救災者, 皆聚民城郭中, 煑粥食之. 聚爲疾疫, 或待次數日, 不食得粥,[463] 皆僵仆. 名爲救之, 而實殺之. 自公立法簡便, 天下傳以爲法.[464]

죽을 만들어 굶주린 자들을 구휼하다[위미진기(爲糜賑饑)] 문혜공(文惠公) 진요좌(陳堯佐)[465]가 수주(壽州)를 다스릴 때에 한 해 큰 가뭄을 만났다. 공이 스스로 쌀을 내어 죽을 만들어 굶주린 자들에게 먹이니, 관리와 백성들도 공 때문에 모두 다투어 쌀을 내어 수만 명을 살렸다. 공이 말하기를, "내가 어찌 이것을 사사로운 은혜로 삼겠는가"라고 하였다. 대저 명령으로 사람을 이끄는 것은 몸소 솔선하여 그들로 하여금 즐겁게 따르도록 하는 것만 못하다. 陳文惠公堯佐, 知壽州, 遭歲大饑. 公自出米爲糜, 以食餓者, 吏民以公故, 皆爭出米, 活數萬人. 公曰, 吾豈以是爲私惠耶. 蓋以令率人, 不若身先, 而使其從之樂[466]也.[467]

특별히 소금의 금법을 너그럽게 하다[특관염금(特寬鹽禁)] 충정공(忠定公) 장영(張詠)이 항주(杭州)를 다스리는데, 이때 해가 기근이 들었다. 백성들이 소금 판매 금지법을 어겨 잡힌 자가 수백 명이 되었는데, 공은 그 벌을 모두 용서하였다. 관리들이 안된다고 고집하자 공이 말하기를, "전당(錢塘)의 10만 가구가 이렇게 굶어죽는데, 소금의 금법을 더욱 엄하게 하면 모여서 도적이 될 터이니, 근심은 더욱 심해질 것이다. 가을에 곡식이 익은 뒤에도 감히 그렇게 한다면, 마땅히 엄격하게 법으로 다스리겠다"라고 하니, 경내(境內)에 마침내 소요가 없어졌다. 張忠定公詠, 知杭州, 是時, 歲饑, 民貧[468]禁販鹽, 捕獲者數百人, 公悉寬其罰. 官屬執言不可, 公曰, 錢塘十萬家, 餓殍如此, 若鹽禁益嚴, 則聚而爲盜, 患益甚矣. 俟秋成敢爾, 當痛以法繩之. 境內, 卒以無擾.[469]

땔나무와 쌀을 서로 바꾸다[신미호역(薪米互易)] 오준로(吳遵路)[470]의 일이다. 명도(明道)[471] 말엽, 천하에 가뭄이 들고 황충의 피해가 있었다. 오준로가 통주(通州)를 다스릴 때에, 백성들이 아직 굶주리지 않았을 때를 타서 부자들을 모아 돈 몇 만 관(貫)을 확보하였고, 아교(衙校)[472]들을 나누어 보내 바닷길로 소수(蘇秀)[473]에서 쌀을 사오도록 하여 물가가 오르지 않도록 하였다. 또 백성들로 하여금 땔나무와 꼴을 채취하도록 하고, 관청에서 수매하여 사들여온 쌀값으로 쳐주도록 하였다. 겨울이 되어 큰눈

463. '不食得粥'은, 《송사(宋史)·부필열전(富弼列傳)》에는 '不得粥'으로 되어 있다.
464. 《송사(宋史)·부필열전(富弼列傳)》의 내용을 재구성한 것이다.
465. 진요좌(陳堯佐): 북송(北宋) 시기의 정치가로, 자는 희원(希元)이다. 동평장사(同平章事)를 역임하였고 시서(詩書)에 능하였다.
466. '使其從之樂'은, 《송명신언행록전집(宋名臣言行録前集)》에는 '使其樂從'으로 되어 있다.
467. 송(宋) 주희(朱熹), 《송명신언행록전집(宋名臣言行録前集)》 권6.
468. '貧'은, 《고금사문유취(古今事文類聚)·천도부(天道部)》와 《산당사고(山堂肆考)·정사(政事)》에 모두 '冒'로 되어 있다.
469. 《고금사문유취(古今事文類聚)·천도부(天道部)》, 《산당사고(山堂肆考)·정사(政事)》
470. 오준로(吳遵路): 북송(北宋) 시기의 정치가로, 자는 안도(安道)이다. 병부랑중(兵部郎中), 권지개봉부(權知開封府)를 역임하였다. 지방관 시절에 구황(救荒)에 치적이 있었다.
471. 명도(明道): 북송(北宋) 인종(仁宗)의 연호(1032-1033)이다.
472. 아교(衙校): 직급이 낮은 무관(武官)의 칭호이다.
473. 소수(蘇秀): 지명(地名)인 듯하나 확실치 않다.

이 내리자, (쌀을) 가져다 원가로 땔나무·꼴과 바꾸어 백성들에게 주었다. 관청은 재물을 손해 보지 않고 백성들 또한 이익을 입었다.《후덕록(厚德錄)》

吳遵路. 明道末, 天下旱蝗. 遵路知通州, 乘民未飢, 募富者, 得錢幾萬貫, 分遣衙校, 航海糴米於蘇秀, 使物價不增. 又使民採薪芻, 官爲收買, 以爲直糴官米. 至冬大雪, 取以元價易薪芻與民. 官不傷財, 民且蒙利.〈厚德錄〉474

상주(上奏)를 기다리지 않다[불사주청(不俟奏請)] 요부(堯夫) 범순인(范純仁)475이 경주(慶州)를 다스릴 때, 굶어죽은 시체가 길에 가득한데 관청에는 구휼할 곡식이 없었다. 공이 상평창(常平倉)476에 봉해 둔 곡식을 풀어 구제하려 하자 주(州)와 군(郡)에서 모두 상주(上奏)하여 허락을 얻은 뒤에 풀고자 하였다. 공이 말하기를, "사람은 7일을 먹지 못하면 죽는데, 어찌 답을 기다릴 수 있겠는가. 그대들은 다만 간여하지 말지니, 내가 차라리 혼자서 죄를 감당하겠다"라고 하였다.

范公堯夫, 知慶州, 餓殍滿路, 官無穀以賑恤. 公欲發常平封樁粟麥濟之, 州郡皆欲俟奏請得旨而後散. 公曰, 人七日不食卽死, 何可待報. 諸公但勿預, 吾寧獨坐罪.477

황승사(黃承事)를 꿈꾸다[몽황승사(夢黃承事)] 충정공(忠定公) 장영(張詠)이 성도부(成都府)에 있을 때, 일찍이 밤에 꿈을 꾸었는데 자부(紫府)478의 진군(眞君)479을 뵈었다. 만나 이야기를 나눈 지 얼마 되지 않았는데 관리가 홀연 보고하기를, "서문(西門)에 사는 겸제(兼濟) 황승사(黃承事)를 청해 왔습니다"라고 하였다. 폭건(幅巾)480과 도복(道服)을 입고 잰걸음으로 들어오는데, 진군(眞君)이 계단을 내려가 맞이하면서 예절(禮節)이 상당히 극진하였다. 또 장영에게 읍하면서 황승사의 아래에 앉도록 하였으며, 묻는 말이 자상하고 은근하여 공경하고 감탄하는 마음이 있는 듯하였다. 장영이 다음날 바로 전객(典客)481을 보내, 서문(西門)에 가서 황승사라는 사람을 맞이해 오도록 하면서 신칙하기를, 평소에 입던 옷으로 갖춰 입고 오도록 일렀다. (그가) 왔는데 과연 꿈속에서 보았던 것과 같았다. 공이 바로 꿈꾼 내용을 말해 주면서, "평소에 무슨 음덕(陰德)이 있기에 진군(眞君)의 두터운 대접을 받은 것이 이와 같았으며, 또 저의 상좌에 앉았는지요?"라고 물었다. 겸제(兼濟)가 말하기를, "다른 좋은 점은 없고, 다만 매년 곡식이 익을 때에 돈 3만 꿰미로 곡식을 사들였다가, 다음해 곡식이 아직 익지 않아 백성들이 먹고 살기 어려울 때에 값을 올리지 않고 용량도 변함이 없게 합니다. 나에게 있는 것은 당초에 손해나는 바가 없고 백성들도 곤궁함을 이겨낼 수 있습니다"라고 하였다. 공이 말하기를, "이것이 황승사가 나의 상좌에 앉았던 이유이다"라 하고는 공복(公服)을 입은 두 관리를 찾아 그를 부축하게 하고 사배(四拜)의 예[장중한 예]를 받도록 하였다. 황승사의 후예가 번성하여 지금까지 벼슬길에 있는 자가 높은 지위[청자(靑紫)482]에 즐비하였다.《후덕록(厚德錄)》

474.《고금사문유취(古今事文類聚)·천도부(天道部)》

475. 범순인(范純仁): 북송(北宋)의 정치가로 범중엄(范仲淹)의 아들이다. 자가 요부(堯夫)이다. 왕안석(王安石)의 신법(新法)에 반대하여 지방관을 전전하다가 뒤에 재상에 제수되었다.

476. 상평창(常平倉): 고대에 쌀값을 조절하기 위해 설치한 창고이자, 그 일을 담당하던 국가 기관이다. 한(漢) 선제(宣帝) 시절에, 경수창(耿壽昌)이 처음으로 제안하여 설치하였다.

477.《송명신언행록후집(宋名臣言行錄後集)》 권11.

478. 자부(紫府): 천상(天上)에 있다고 하는 신선(神仙)들의 거처이다.

479. 진군(眞君): 도교(道敎)에서 말하는 우주의 주재자이다.

480. 폭건(幅巾): 한 폭의 비단으로 머리를 싸듯 쓰는 두건(頭巾)으로, 주로 은사(隱士)들이 쓴다.

481. 전객(典客): 손님 응대의 일을 담당하는 관리이다.

張忠定公詠, 在成都府, 嘗夜夢謁紫府眞君. 接語未久, 吏忽報, 請到西門黃兼濟承事. 以幅巾道服而趨, 眞君降階接之, 禮頗隆盡. 且揖張公, 坐承事之下, 詢顧詳款, 似有欽嘆之意. 公翌日, 卽遣典客, 詣西門, 請黃承事者, 戒令具常所衣服來. 比至, 果如夢中所見. 公卽以所夢告之, 問平日有何陰德, 蒙眞君厚遇如此? 且居某之上座邪? 兼濟云, 無他長. 惟每歲, 遇禾麥熟時, 以錢三萬緡收糴, 至明年禾麥未熟, 小民艱食之際, 價直不增, 升斗亦無高下. 在我者, 初無所損, 而小民得濟所急. 公曰, 此承事所以坐某之上也. 令索公裳二吏掖之, 使端受四拜. 黃公後裔蕃衍, 至今在仕路者, 比比靑紫.〈厚德錄〉483

건창군(建昌軍)의 사창(社倉)[건사창(建社倉)] 건도(乾道)484 연간에, 주문공(朱文公)이 건창군(建昌軍)에 사창(社倉)485을 짓고, 빈민들로 하여금 매년 여름에 사창에서 곡식을 받고, 겨울에 이자로 십분의 이를 더하여 상환하도록 하였다. 그해의 농사가 잘 안 되어 수확을 하지 못하면 그 이자의 반을 줄여 주고, 크게 흉년이 들면 다 줄여 주었다. 기간이 여러 해가 되어 이자로 모은 것이 본전의 10배가 되자 혜택을 넓힐 수 있어서 이자를 풀어 백성들에게 나누어 주었다. 이것을 행한 지 여러 해가 거듭되면서 사람들이 편하게 여겼다.

乾道間, 朱文公作社倉於建, 使貧民, 歲以中夏受粟於倉, 冬則加息什二, 以償. 歲小不收, 則弛其息之半, 大侵, 則盡弛之. 期以數年, 子什其母, 則惠足以廣, 而息遂捐, 以予民. 行之累年, 人以爲便.486

구휼에 대해 명을 내다[진제출령(賑濟出令)] 유안(幼安) 신기질(辛棄疾)487이 호남(湖南)을 다스릴 때에, 구휼에 대한 방문(榜文)에 단지 여덟 자만을 썼으니, "벼를 빼앗는 자는 목을 베고, 곡식의 판매를 막는 자는 유배한다"라고 하였다. 주자(朱子)가 말하기를, "이것은 바로 그가 재능이 있음을 보인 것이다"라고 하였다.

辛幼安帥湖南, 賑濟榜文, 秖用八字. 曰, 刦禾者斬, 閉糶者配. 朱子曰, 這便見他有才.488

대나무 열매를 쌀처럼 찧다[죽실춘미(竹實舂米)] 당(唐) 천복(天復)489 갑자(甲子)년에, 농서(隴西) 지역이 매우 가물었다. 백성 중에 유랑하고 흩어진 자들이 많았는데, 산 속의 대나무가 모두 꽃을 피우고 열매를 맺자, 굶주린 백성들이 따다가 쌀처럼 찧어서 먹었다.

唐天復甲子歲, 隴西亢陽. 民多流散, 山中竹皆放花結實, 飢民采之, 舂米而食.490

백성들이 올방개를 캐다[민굴부차(民掘鳧茨)] 왕망(王莽) 시절에 남쪽 지방이 마르고 가뭄이 들었다. 백성들이 올방개[부자(鳧茨)491]를 캐서 먹고, 낙양(洛陽)에서 쌀 한 섬에 이천(二千)이 나가자, 대부(大夫) 알자(謁者)492를 보내 백성들에게 나무 열매를 끓여 죽을 만들도록 하였다. 건무(建武)493 원년

482. 청자(青紫): 고관(高官)의 지위를 일컫는다. 한(漢)나라 제도에, 공후(公侯)의 인끈은 자색(紫色)이었고, 구경(九卿)의 인끈은 청색(青色)이었던 데에서 유래하였다.
483. 《고금사문유취(古今事文類聚)·천도부(天道部)》
484. 건도(乾道): 남송(南宋) 효종(孝宗)의 연호(1165-1173)이다.
485. 사창(社倉): 의창(義倉)의 다른 이름으로, 흉년에 대비하여 향사(鄕社)에 설치했던 양식 창고이다. 수(隋)나라 시기에 처음 설치하였는데, 그 체제는 시대마다 달랐다.
486. 《고금사문유취(古今事文類聚)·천도부(天道部)》
487. 신기질(辛棄疾): 남송(南宋)의 정치가이자 사인(詞人)이다. 자는 유안(幼安)이고 호는 가헌(稼軒)이다. 금(金)의 압박에 대해 격정을 읊은 시가 많다.
488. 《고금사문유취(古今事文類聚)·천도부(天道部)》
489. 천복(天復): 당(唐) 소종(昭宗)의 연호(901-903)이다.
490. 《산당사고(山堂肆考)·구황(救荒)》
491. 부자(鳧茨): '부자(鳧茈)'라고도 한다. 늪지에서 자라며 뿌리는 '오우(烏芋)'라 하여 약재로 쓰인다.

에 이르러 황금 1근(斤)과 곡식 한 말을 바꿨다.

王莽時, 南方枯旱. 民掘鳧茨而食, 洛陽米石二千, 遣大夫謁者, 敎民煮木實爲酪. 至建武元年, 黃金一斤, 易粟一斗.[494]

북송(北宋)의 의부(毅夫) 정해(鄭獬)[495]의 〈채부자(採鳧茨)〉라는 시이다. "아침에 광주리 하나 들고 나가, 저녁에 광주리 하나 들고 돌아오네. 열 손가락이 피가 나려 하지만, 우선 눈앞의 굶주림이 다급하다오. 관청의 창고에 어찌 곡식이 없으리오만, 알알이 진주 구슬처럼 보관되어 있다네. 한 알도 창고 밖으로 나오지 않고, 창고 속의 뭇 쥐들만 살찐다오."

唐[496]鄭毅夫, 採鳧茨詩. 朝携一筐出, 暮携一筐歸. 十指欲流血, 且急眼前飢. 官倉豈無粟, 粒粒藏珠璣. 一粒不出倉, 倉中群鼠肥.[497]

쥐와 제비를 잡아먹다[굴서포연(掘鼠捕燕)] 《진서(晉書)》의 기록이다. 서감(徐龕)과 석륵(石勒)이 좌우에서 교대로 침략하여 백성들이 굶주렸고 들에 살아 있는 풀이 없었다. 이때에 어떤 이들은 들쥐와 칩연(蟄燕)[498]을 잡아서 먹기도 하였다.

晉書. 徐龕·石勒, 左右交侵, 百姓饑饉, 野無生草. 時或掘野鼠, 捕蟄燕, 而食之.[499]

활을 씹어 먹고 신을 삶아먹다[감노자리(噉弩煮履)] 외효(隗囂)[500] 시절에, 백성들이 굶주려 활을 씹어 먹고 신을 삶아먹었다.

隗囂時, 民饑饉, 乃噉弩煮履.[501]

---

492. 알자(謁者): 빈객의 응대를 담당하거나 왕명을 전달하던 관직명으로, 주로 환관(宦官)이 담당한다.

493. 건무(建武): 후한(後漢) 광무제(光武帝)의 연호(25-55)이다.

494. 《후한서(後漢書)·유현전(劉玄傳)》에, "王莽末, 南方饑饉, 人庶羣入野澤, 掘鳧茈而食之. 更相侵奪"로 되어 있는 내용과, 《한서(漢書)·왕망전(王莽傳)》에, "莽又多遣大夫謁者, 分教民, 煮草木爲酪, 酪不可食, 重爲煩費"로 되어 있는 내용을 조합하여 재구성한 것이다.

495. 정해(鄭獬): 북송(北宋)의 정치가이자 사인(詞人)으로, 자가 의부(毅夫)이다. 한림학사(翰林學士), 권지개봉부(權知開封府) 등을 역임하였다.

496. '唐'은 '宋'의 오류이다.

497. 《송시기사(宋詩紀事)》 권19.

498. 칩연(蟄燕): 바위틈에서 동면하는 제비이다.

499. 《진서(晉書)·극감전(郄鑒傳)》에, "徐龕·石勒, 左右交侵, 日尋干戈, 外無救援. 百姓饑饉, 或掘野鼠, 蟄鷰而食之"라고 하였다.

500. 외효(隗囂): 서한(西漢) 말기의 사람으로, 자는 계맹(季孟)이다. 23년 녹림기의군(綠林起義軍)이 봉기할 때에 상장군(上將軍)이 되었다. 동한(東漢)이 들어서자 광무제(光武帝)에게 귀의하였지만, 두 마음을 품고 있다가 뜻을 이루지 못하고 죽었다.

501. 반고(班固) 등 칙찬, 《동관한기(東觀漢記)》 권23.

【유원총보 권 04】

천시문(天時門)

세 歲

- 《설문해자(說文解字)》의 기록이다. '세(歲)'는 목성(木星)[1]이다. 1년에 한 차례 운행하여 사시(四時)의 공(功)을 마치는 까닭에 '歲'라 한다.

  說文. 歲, 木星也. 一年行一次而四時功畢, 故曰歲.[2]

- 《이아(爾雅)》의 기록이다. 하(夏)나라는 (1년을) '세(歲)'라 하고 상(商)나라는 '사(祀)'라 하고 주(周)나라는 '년(年)'이라 하였는데 요(堯)임금과 순(舜)임금 시절에는 '재(載)'라 하였다. 곽박(郭璞)[3]의 주(注)에서, "'세'는 목성(木星)이 한 차례 운행하는 데서 취한 것이고, '사'는 사시(四時)가 한 번 끝나는 데서 취한 것이며, '년'은 벼가 한 번 여무는 데서 취한 것이고, '재'는 만물이 생장을 마쳤다가 다시 시작하는 데서 취한 것이다"라 하였다.

  爾雅. 夏曰歲, 商曰祀, 周曰年, 唐虞曰載. 郭璞注, 歲取歲星行一次, 祀取四時一終, 年取禾一熟, 載取物終更始.

- 《주역(周易)》의 기록이다. 추위와 더위가 서로 추진하여 해[歲]가 이루어진다.

  易. 寒暑相推而歲成.[4]

- 《예기(禮記)》의 기록이다. 해가 이십팔수(二十八宿)의 순서를 다하고, 달이 열두 바퀴를 다 돌고, 별이 하늘에서 한 바퀴 돌아 1년의 날수가 장차 거의 끝날 것이니 해가 또한 다시 시작하게 될 것이다.

  禮記. 日窮于次, 月窮于紀, 星回于天, 數將幾終, 歲且更始.[5]

- 《춘추원명포(春秋元命苞)》의 기록이다. 동지로부터 180일이면 봄과 여름이 이루어지고, 하지로부터 180일이면 가을과 겨울이 이루어진다. 합하면 360일이 되어 한 해의 수가 갖추어진다.['擧'는 갖춘다는 뜻이다.]

  春秋元命苞. 冬至百八十日, 春夏成, 夏至百八十日, 秋冬成. 合三百六十日, 歲數擧.[擧, 備也.]

- 《건착도(乾鑿度)》의 기록이다. 팔괘(八卦)가 일에 관여하는 바가 각기 45일이어서 한 해의 일이 갖추어진다.

  乾鑿度. 八卦用事, 各四十五日, 而備歲事.[6]

- 《회남자(淮南子)》의 기록이다. 동짓날에 천자는 백관을 거느리고 새 해를 맞이한다.

  淮南子. 冬至日, 天子率百官迎歲.[7]

- 또 《회남자(淮南子)》에서 말하기를, "(태음이) 봄을 다스리면 어질고 은혜로우며 온화하고 무던함을 행하고자 하고, 여름을 다스리면 정령(政令) 선포와 시행을 선명하게 하고자 하며, 가을을 다스리면 무비(武備)를 정리하며 수리하고 만들고자 하며, 겨울을 다스리면 불의에 굽히지 않으며 강직(剛直)하고 강인(强靭)하고자 한다. 3년 만에 예절을 고치는데 6년이면 한 번 질병이 돌며, 12년이면

---

1. 목성(木星): 태양계 행성의 하나로 공전주기가 약 12년이다. 동양에서는 세성(歲星)이라 불렀는데 이 세성의 공전궤도를 12등분하여 놓은 뒤 세성의 위치에 따라 해[年]의 이름을 바꾸어 불렀다. 이를 세성기년법(歲星紀年法)이라 한다.
2. "歲, 木星也"가 《설문해자(說文解字)》의 기록이고 그 이하는 《산당사고(山堂肆考)》에 보이는 내용을 요약한 것이다.
3. 곽박(郭璞): 진(晉)나라의 시인 겸 학자. 유곤(劉琨: 越石)과 더불어 서진(西晉) 말기부터 동진(東晉)에 걸친 시풍(詩風)을 대표하는 시인이다.
4. 《주역(周易)·계사하(繫辭下)》
5. 《예기(禮記)·월령(月令)》
6. '事'는 '成'의 오자이다.
7. 사고전서본(四庫全書本) 《회남자(淮南子)》에는 이 기록이 보이지 않는다.

한 번 황폐해진다"라고 하였다.

又云, 治春則欲行仁惠溫良, 治夏則欲布施鮮明, 治秋則欲修備繕營, 治冬則欲猛毅堅强. 三歲而改節, 六歲而一衰, 十二歲而一荒.[8]

• 사광(師曠)이 말하기를, "농사가 풍년이 들려고 하면 맛이 단 풀이 먼저 생겨나는데 (그것은 바로) 냉이이다. 농사가 흉년이 들려고 하면 맛이 쓴 풀이 먼저 생겨나는데 (그것은 바로) 두루미냉이이다"라 하였다.

師曠曰, 歲欲豊則甘草先生, 薺也. 歲欲饑則苦草先生, 葶藶也.[9]

• 《춘추번로(春秋繁露)》의 기록이다. 사시(四時)는 하늘의 네 선택이다. 봄은 소양(小陽)을 선택한 것이고, 여름은 태양(太陽)을 선택한 것이며, 가을은 소음(少陰)을 선택한 것이고, 겨울은 태음(太陰)을 선택한 것이다.

春秋繁露. 四時者, 天之四選. 春者, 小陽之選, 夏者, 太陽之選, 秋者, 少陰之選, 冬者太陰之選.[10]

• 《예기(禮記)》의 기록이다. 세 달로 시(時: 철)를 이룬다. 이 때문에 예에는 세 번 사양함이 있는 것이다. 나라를 세움에 있어 반드시 삼경(三卿)[11]과 삼빈(三賓)[12]을 세우는 것은 (그것이) 정교(政敎)의 근본이며, 예의 큰 참정(參政)이기 때문이다.

禮記. 三月則成時, 是以禮有三讓. 建國必立三卿三賓者, 政敎之本, 禮之大參也.[13]

• 《시자(尸子)》의 기록이다. 복희씨(伏羲氏)가 팔괘(八卦)를 진술하였고, 신농씨(神農氏)가 사시(四時)를 세웠다.

尸子. 伏羲列八節, 神農立四時.[14]

• 《회남자(淮南子)》의 기록이다. 사시(四時)는 하늘의 관리(官吏)이다.

淮南子. 四時者, 天之吏也.[15]

절(節)과 기(氣)와 후(候)[절기후(節氣候)] 1년 안에는 팔절(八節)[16]과 이십사기(二十四氣)[17], 칠십이후(七十二候)[18]가 있다. 5일이 1후(候)이며, 3후가 1기(氣)이다.

一歲中有八節, 二十四氣, 七十二候. 五日爲一候, 三候爲一氣.[19]

세 개의 정월(正月)[삼미월(三微月)] 《백호통의(白虎通義)》의 기록이다. 하늘에는 세 개의 정월(正月)이 있다.[20] 11월은 양기가 비로소 황천(黃泉) 아래에

8. 《회남자(淮南子)·천문훈(天文訓)》에는, "太陰治春, 則欲行柔惠溫凉, 太陰治夏, 則欲布施宣明, 太陰治秋, 則欲修備繕兵, 太陰治冬, 則欲猛毅剛彊. 三歲而改節, 六歲而易常, 故三歲而一饑, 六歲而一衰, 十二歲一荒"으로 되어 있다.
9. 《태평어람(太平御覽)》 권17.
10. 《춘추번로(春秋繁露)·관제상천(官製象天)》에는, "四時亦天之四選已. 是故春者少陽之選也, 夏者太陽之選也, 秋者少陰之選也, 冬者太陰之選也"로 되어 있다.
11. 삼경(三卿): 주(周)나라 때의 세 집정 대신인 사도(司徒), 사마(司馬), 사공(司空)을 이르는 말.
12. 삼빈(三賓): 많은 손님 가운데 세 명의 장자(長者)를 말한다. 삼빈은 손님의 대표이면서 동시에 손님을 돌보는 자이기도 하다.
13. 《예기(禮記)·향음주의(鄕飮酒義)》
14. 《북당서초(北堂書鈔)》 권153.
15. 《회남자(淮南子)·천문훈(天文訓)》
16. 팔절(八節): 한 해 동안에 있는 24절기 가운데 여덟 절기(節氣). 입춘, 춘분, 입하, 하지, 입추, 추분, 입동, 동지를 이른다.
17. 이십사기(二十四氣): 이십사절기.
18. 칠십이후(七十二候): 음력에서 자연 현상에 따라 닷새를 한 후(候)로 하여 일 년의 기후(氣候)를 72로 나눈 것이다. 각 기마다 초후(初候)와 중후(中候), 말후(末候)를 두고 그 특색을 표시하였다. 칠십이후가 역법에서 채택된 것은 6세기 초 위(魏)나라의 '정광력(正光曆)'부터이다.
19. 《산당사고(山堂肆考)》 권7의 "一歲中有八節"과 《역통변(易通變)》 권12의 "二十四氣, 七十二候", 《고금율력고(古今律歷考)》 권7의 "五日爲一候, 三候爲一氣"를 종합적으로 기술한 것이다.
20. 원문의 '삼미(三微)'는 하(夏)·은(殷)·주(周) 세 나라의 정월을 이르는 말인 '삼정(三正)'과 같은 뜻이다. 삼정이 시작될

서 길러지기 때문에 주(周)나라가 '하늘의 정월'로 삼았다. 12월은 만물이 비로소 움이 트기 시작하기 때문에 은(殷)나라가 '땅의 정월'로 삼았다. 1월은 만물이 종자(種子)의 껍질을 깨고 나오기 때문에 하(夏)나라가 '사람의 정월'로 삼았다. '微'는 미미하여 아직 드러나지 않음을 말한 것이다.

白虎通[21]. 天有三微之月. 十一月, 陽氣始養黃泉之下[22], 故周爲天正. 十二月, 萬物始牙, 故殷爲地正. 正月, 萬物孚甲而出, 故夏爲人正. 微者, 言微而未著也.[23]

정교(政敎)가 기재된 법령(法令)을 보다[관치상(觀治象)] 《주례(周禮)·천관(天官)·소재(小宰)》의 기록이다. 총재(冢宰)를 도와 한 해를 보내는 모임을 가지고, 연말이 되면 군리(軍吏)들에게 영(令)을 내려 일을 상부에 보고하게 한다. 정월이 되면 정무(政務)를 다스리는 관원들을 거느리고 정교(政敎)가 기재된 법령(法令)을 본다.

周禮天官小宰. 贊冢宰受歲會. 歲終, 則令軍吏致事. 正歲, 率治官之屬, 而觀治象之法.

국가의 경비를 제정하다[제국용(制國用)] 《예기(禮記)·왕제(王制)》의 기록이다. 총재(冢宰)[24]가 국가의 경비를 제정하되 반드시 연말에 오곡이 모두 들어온 뒤에야 국가의 경비를 제정한다. 땅의 작고 큰 것을 기초로 하며, 그해의 풍작과 흉작을 참작해 30년간의 수입을 통산하여 국가의 경비를 제정하고, 수입을 헤아려서 지출을 한다.

王制. 冢宰制國用, 必於歲之抄[25]. 五穀皆入, 然後制國用. 用地小大, 視年之豊耗. 以三十年之通制國用, 量入以爲出.

해의 노고(勞苦)는 길기도 하고 짧기도 하다[일력장단(日力長短)] 왕부(王符)가 말하기를, "일의 공(功)을 세울 수 있는 것은 해의 노고(勞苦) 때문이다. 교화가 이루어진 나라의 해는 느릿하고도 길기 때문에 그 백성들은 한가하고 역량에 여유가 있다. 어지러운 나라의 해는 촉급(促急)하고도 짧기 때문에 그 백성들은 일로 괴롭고 역량이 부족하다. (해가) 느릿하고도 긴 것은 희화(羲和)[26]가 안일하게 운행하기 때문이 아니라 임금이 영명하고 백성들이 고요하기 때문이다. (해가) 촉급하고도 짧은 것은 해가 움직이는 분도(分度)를 감하여 줄인 때문이 아니라 윗사람이 어둡고 아랫사람이 어지럽기 때문이다"라 하였다.

王符曰, 功之所以能建者, 以日力也. 化國之日舒以長, 故其民閒暇而力有餘. 亂國之日促以短, 故其民困務而力不足. 舒長者, 非羲和安行, 君明民靜也. 促短者, 非分度損減, 上暗下亂也.[27]

짝수 날에 조회를 보다[쌍일시조(雙日視朝)] 당(唐) 문종(文宗)은 굳은 의지로 정치를 하여, 매번 연영전(延英殿)에서 재상들을 대할 때면 왕왕 11각(刻)에 이르러서야 파하고는 하였다. 천자는 홀수 날

초기에 만물이 모두 미미(微微)하기 때문에 '삼미'라 칭한 것이다. 하나라에서는 월건(月建)이 인(寅)인 달을, 은나라에서는 월건이 축(丑)인 달을, 주나라에서는 월건이 자(子)인 달을 정월로 하였다.

21. 《백호통(白虎通)》의 정식 명칭은 《백호통의(白虎通義)》이며 이 대목은 권 하(下)에 보이는 내용을 요약 정리한 것이다.
22. 《산당사고(山堂肆考)》에는 "黃泉之下" 아래에 "萬物赫赫, 感陽之氣也"가 있고 《백호통의(白虎通義)》 원문에는 "萬物皆赤. 赤者, 盛陽之氣也"가 있는데 《유원총보》에서는 이 부분이 누락되었다. 아마도 편자가 "黃泉之下"를 앞 구절 "陽氣始養"과 연결시켜 이해한 듯하다. 이 부분의 번역은 편자의 의도를 따랐다.
23. 《산당사고(山堂肆考)》 권7.
24. 총재(冢宰): 중국의 주(周)나라 때 육관(六官)의 하나로 지금의 국무총리와 같은 직급이며 천하의 정무(政務)를 총괄하고 궁중의 사무도 관장하였다.
25. '抄'는 '杪'의 오자이다.
26. 희화(羲和): 중국 고대의 전설상의 인물. 태양의 마부(馬夫)라고도 하고 태양을 낳은 어머니라고도 한다.
27. 《잠부론(潛夫論)》 권4.

에 조정(朝廷)에 나가 정사를 보는데, 문종은 명령을 내려, 철조(輟朝)[28]든 방조(放朝)[29]든 모두 짝수 날을 쓸 수 있게 하였다.

唐文宗銳意爲治, 每延英對宰臣, 率漏下十一刻, 乃罷. 天子以隻日視朝, 文宗乃命, 輟朝放朝皆用雙日.[30]

조회하는 날[조일(朝日)] 옛날에는 5일마다 한 번씩 조정(朝廷)에서 정사(政事)를 들었기 때문에 (5일을) '조회하는 날'이라 한다.

古者, 五日一聽朝, 故曰朝日.[31]

영신(靈辰)과 아세(亞歲)[영신아세(靈辰亞歲)] 정월 7일이 영신(靈辰)[32]이다.

正月七日爲靈辰.[33]

동짓날에 황제는 만국(萬國)의 조하례(朝賀禮)[34]를 받는데, 그 의식(儀式)이 정월 초하루의 조회(朝會)에 버금가기 때문에 (동지를) 아세(亞歲)라 한다.

冬至日, 君受萬國之朝賀, 其儀亞於歲朝, 故曰亞歲.[35]

궂은날[질일(疾日)] 일진(日辰)이 자(子)나 묘(卯)에 있는 날을 궂은날이라 한다. 주왕(紂王)이 갑자일(甲子日)에 죽고, 걸왕(桀王)이 기묘일(己卯日)에 죽었기 때문이다.

辰在子卯, 謂之疾日. 紂以甲子日喪, 桀以己卯日亡.[36]

열 개의 '때'를 '자리'에 배당시키다[십시당위(十時當位)] 하루를 나누어 열 개의 '때'로 만들고 또 (그것을) 열 개의 '자리'에 배당시키는 것이 있는데, 한낮은 왕(王)에 배당되고, 식사할 때는 공(公)에 배당되며, 아침은 경(卿)에 배당되고, 닭이 울 때는 사(士)에 배당되며, 한밤중은 조(皁)[37]에 배당된다. 인정(人定)할 때는 여(輿)[38]이고, 황혼 무렵은 예(隷)[39]이며, 해가 질 때는 요(僚)[40]이고, 신시(申時) 무렵은 복(僕)[41]이며, 해가 서쪽으로 기울었을 때는 대(臺)[42]이다.

一日之中, 分爲十時, 亦當十位者, 謂日中當王, 食時當公, 平朝爲卿, 鷄鳴爲士, 夜半爲皁. 人定爲輿, 黃昏爲隷, 日入爲僚, 晡時爲僕, 日昳爲臺.[43]

올 때는 더디고 갈 때는 빠르다[내지거속(來遲去速)] 양웅(揚雄)의 기록이다. 날이여, 날이여! 어찌

28. 철조(輟朝): 황제가 조정에 임하여 정사(政事) 듣는 것을 중지하는 일. 폐조(廢朝).
29. 방조(放朝): 폭염이나 폭우, 폭설 등을 참작하여 군신(群臣)의 조참(朝參)을 면제해 주는 일.
30. 《산당사고(山堂肆考)》 권7.
31. 《산당사고(山堂肆考)》 권7.
32. 영신(靈辰): 인일(人日)의 이칭.
33. 《산당사고(山堂肆考)》 권7.
34. 조하례(朝賀禮): 동지일(冬至日), 정조일(正朝日), 즉위일(卽位日), 탄일(誕日) 등의 경축일에 신하나 내빈(來賓)들이 조정에 나아가 임금에게 하례하던 일. 또는 그런 의식.
35. 《산당사고(山堂肆考)》 권7.
36. 《산당사고(山堂肆考)》 권7.
37. 조(皁): 사(士)보다 등위(等位)가 아래인 사람이지만 수하에 사람을 거느릴 수 있었던 것으로 보아 일반 백성들과는 격이 달랐던 계층으로 보인다.
38. 여(輿): 고대에 아주 등위가 낮았던 벼슬아치.
39. 예(隷): 고대에 노예 가운데는 상질에 속했던 노예. 주로 정신적인 노역 등을 담당했다고 한다.
40. 요(僚): 고대에 노역(勞役)에 종사하던 관노(官奴).
41. 복(僕): 고대에 사역(使役)이나 허드렛일을 하던 하급 노예.
42. 대(臺): 고대에 지위가 가장 낮았던 노예.
43. 《산당사고(山堂肆考)》 권7에 실린 이 대목은 《좌전(左傳)·소공(昭公)·오년(五年)》의 주(注)를 약간 변형시킨 것이다. 한편 《좌전(左傳)·소공(昭公)·칠년(七年)》에서는, "왕은 공을 신하로 삼고, 공은 대부를 신하로 삼으며, 대부는 사를 신하로 삼고, 사는 조로 신하를 삼으며, 조는 여를 신하로 삼고, 여는 예를 신하로 삼으며, 예는 요를 신하로 삼고, 요는 복을 신하로 삼으며, 복은 대를 신하로 삼습니다(王臣公, 公臣大夫, 大夫臣士, 士臣皁, 皁臣輿, 輿臣隷, 隷臣僚, 僚臣僕, 僕臣臺)"라 하였다.

올 때는 더디 오고 갈 때는 빨리 가서, 군자(君子)들이 그것을 다투게 되었는가?

楊[44]子. 辰乎, 辰乎, 曷來之遲, 而去之速也, 君子競諸.[45]

얻기는 어렵고 잃기는 쉽다[득난실이(得難失易)] 《회남자(淮南子)》의 기록이다. 성인(聖人)이 지름이 한 자인 구슬을 귀하게 여기지 않고 한 치의 광음(光陰)을 소중히 여겼던 것은 시간이란 얻기는 어려우나 잃기는 쉽기 때문이다. 우(禹)임금이 시간을 다툴 적에는 신발이 벗겨져도 줍지 아니하였고, 관(冠)이 걸려도 돌아보지 않았다. 이는 앞서 가기를 다툰 것이 아니라 그'때'를 얻기를 다툰 것이다.

淮南子. 聖人不貴尺之璧, 而重寸之陰, 時難得而易失也. 禹之趨時也, 履遺而不取, 冠掛而弗顧, 非爭其先也, 而爭其得時也.[46]

군자에게는 하루에 네 '때'가 있다[군자사시(君子四時)] 자산(子産)이 말하기를, "군자에게는 하루에 네 '때'가 있는데, 아침에는 정사(政事)를 듣고, 낮에는 사람을 찾아 대책을 물으며, 저녁에는 새로 낼 정령(政令)을 다듬고, 밤에는 몸을 편안히 한다"라고 하였다.

子産曰, 君子有四時, 朝以聽政, 晝以訪問, 夕以修令, 夜以安身.[47]

초하루와 그뭄[삭회(朔晦)] '朔'의 말뜻은 소생함[蘇]이다. 감삭(減削)되었다가 다시 살아났음을 밝히는 까닭에 '朔'이라 한다.《백호통의(白虎通義)》

朔之爲言, 蘇也. 明削而更生, 故言朔.〈白虎通〉[48]

해와 달이 서로 추진하지만 해는 더디고 달은 빨라, 빠른 것으로 느린 것에 미치게 하면 빛이 다하고 천체가 숨게 된다. 이를 일러 '그믐'이라 한다.《律曆志(율력지)》

日月相推, 日舒月速, 以速及舒, 則光盡體伏, 謂之晦.〈律曆志[49]〉[50]

《서경(書經)》에서 "정월 '상일(上日)'"이라 하고, 《시경(詩經)》에서, "2월 '초길(初吉)'"이라 하고, 《논어(論語)》에서 "'길월(吉月)'에는 조복(朝服)을 입고 조회에 나가셨다"라 하였는데 모두 초하루를 가리킨다.

書曰, 正月上日[51], 詩曰, 二月初吉[52], 語曰, 吉月朝服而朝[53], 皆朔日也.

《예기(禮記)·대전(大傳)》의 기록이다. 정삭(正朔)을 고친다. 주에서, "'正'은 한 해의 시작을 이르고, '朔'은 한 달의 시작을 이른다. 주(周)나라는 자월(子月)을 첫 달로 세우고, 상(商)나라는 축월(丑月)을 첫 달로 세우고, 하(夏)나라는 인월(寅月)을 첫 달로 세웠는데 이는 '正'을 고친 것이다. 주나라는 한밤중을 하루의 시작으로 삼고, 상나라는 닭이 우는 때를 하루의 시작으로 삼고, 하나라는 동이 틀 때를 하루의 시작으로 삼았는데 이는 '朔'을 고친 것이다"라고 하였다.

禮大傳. 改正朔. 注, 正謂年之始, 朔謂月之始. 周建子, 商建丑, 夏建寅, 是改正也. 周夜半, 商鷄鳴, 夏平

---

44. '楊'은 '揚'의 오자이다.
45. 《법언(法言)》 권5.
46. 《회남자(淮南子)·원도훈(原道訓)》
47. 《좌전(左傳)·소공(昭公)·원년(元年)》
48. 《산당사고(山堂肆考)》 권7.
49. 《후한서(後漢書)·율력지(律曆志)》에서는, "日月相推, 日舒月速, 當其同所, 謂之合朔. 舒先速後, 近一遠三, 謂之弦. 相與爲衡, 分天之中, 謂之望. 以速及舒, 光盡體伏, 謂之晦"라 하였다.
50. 《산당사고(山堂肆考)》 권7.
51. 《서경(書經)·순전(舜典)》
52. 《시경(詩經)·소아(小雅)·소명(小明)》
53. 《논어(論語)·향당(鄕黨)》

旦, 是改朔也.

《주례(周禮)·춘관(春官)》 주(注)의 기록이다. 천자가 제후에게 내년의 역일(曆日)을 포고(布告)하면 제후는 그것을 선조의 사당에 보관하였다.

春官注[54]. 天子頒朔於諸侯, 諸侯藏之祖廟.

《예기(禮記)》의 기록이다. 천자는 초하루에 그달에 행해야 할 정사(政事)를 남문 밖에서 듣는다. 주에서, "'南門'은 도성의 문이다. 명당(明堂)[55]은 도성의 남쪽에 있는데 천자는 매월 초하루에 나아가 그달에 행해야 할 정사를 듣는다. 반드시 희생 소를 써서 상제(上帝) 및 신에게 고해야 한다"라고 하였다.

禮記. 天子聽朔於南門之外. 注, 南門, 國門也. 明堂在國之陽, 天子每月就而聽朔. 必以特牲, 告帝及神.[56]

제후는 피변(皮弁)[57] 차림으로 초하루에 그달에 행해야 할 정사(政事)를 태묘(太廟)에서 듣는다. 주(注)에서, "매월 초하루에 신에게 고하는 것을 일러 '고삭(告朔)'이라 하는데 또 '고월(告月)'이라고도 한다. 이달에 다스려야 할 일을 듣는 것을 일러 '청삭(聽朔)'이라 하는데 또 '시삭(視朔)'이라고도 한다"라고 하였다.

諸侯皮弁聽朔於太廟. 注, 每月以朔告神, 謂之告朔, 又謂之告月. 聽治此月之事, 謂之聽朔, 又謂之視朔.[58]

《여씨춘추(呂氏春秋)》의 기록이다. 달은 모든 음기(陰氣)의 근본이다. 달이 기울어 그믐이 되면 방합(蚌蛤)[59]은 속이 비고 모든 음기가 폐해진다.

呂氏春秋. 月者, 群陰之本. 月晦則蚌蛤虛, 而群陰廢.[60]

현(弦)과 망(望)[현망(弦望)[61]] 《한서(漢書)·이심전(李尋傳)》의 기록이다. '현(弦)'은 법도(法度)가 되며, '망(望)'은 군주의 덕을 이룬다.

漢李尋傳. 弦爲繩墨, 望成君德.

《석명(釋名)》의 기록이다. '현(弦)'은 반달의 명칭인데, (모양이) 활시위를 팽팽하게 한 것과 같다. '망(望)'은 꽉 찬 달의 명칭인데, (이때는) 해와 달이 (하늘에서) 서로 바라보는 위치에 있다.

釋名. 弦, 月半之名也, 若張弓弦也. 望, 月滿之名也, 日月相望.[62]

양웅(揚雄)이 말하기를, "달은 만월(滿月)이 되기 이전에는 광채가 서쪽으로부터 시작되어 동쪽으로 채워가며, 만월 이후에는 광채가 서쪽으로부터 이지러지면서 동쪽으로 없어져 간다"라고 하였다.[63]

楊[64]子曰, 月未望則載魄於西, 旣望則終魄於東.[65]

윤여(閏餘)[66] 〈고결(古訣)〉에서 이르기를, "다가오

---

54. 《주례(周禮)·춘관(春官)·태사(大史)》의 "頒告朔於邦國"에 대한 정현(鄭玄)의 주(注)이다.
55. 명당(明堂): 제왕(帝王)이 정교(政敎)를 분명하게 널리 밝히던 정전(正殿)으로 조회(朝會), 제사(祭祀), 경상(慶賞), 선사(選士), 양로(養老), 교학(敎學) 등의 대전(大典)을 모두 여기에서 거행하였다.
56. 《예기(禮記)·옥조(玉藻)》
57. 피변(皮弁): 제후가 평상시 조회 때 쓰던 관. 사슴 가죽으로 만들고 금량(金梁)을 달았다.
58. 《예기(禮記)·옥조(玉藻)》
59. 방합(蚌蛤): 방(蚌)과 합(蛤). 조개류 가운데 긴 것을 '蚌'이라 하고 둥근 것을 '蛤'이라 한다.
60. 《여씨춘추(呂氏春秋)·계추기(季秋紀)》에서는, "月也者, 羣陰之本也. 月望則蚌蛤實, 羣陰盈, 月晦則蚌蛤虛, 羣陰虧"라 하였다.
61. 현망(弦望): 상현(上弦)과 하현(下弦) 및 보름을 함께 칭하는 말. 통상 음력으로 7일과 8일, 22일과 23일, 그리고 15일을 가리키지만 때로 15일 대신에 16일과 17일을 넣기도 한다.
62. 《석명(釋名)·석천(釋天)》에서는, "弦, 月半之名也. 其形一旁曲, 一旁直, 若張弓施弦也. 望, 月滿之名也. 月大十六日, 小十五日, 日在東, 月在西, 遙相望也"라 하였다.
63. "載, 始也. 魄, 光也. 載魄于西者, 光始出於西而漸東滿"과 "光稍虧於西而漸東盡"이라 한 주(注)를 참작하여 번역한 것이다.
64. '楊'은 '揚'의 오자이다.
65. 《법언(法言)》 권6.
66. 윤여(閏餘): 실제의 한 해가 달력상의 한 해보다 많은 나머지 부분을 칭하는 말이다.

는 해의 윤달을 알려면, 먼저 동지(冬至) 이후에 남은 날 수를 셈하라. 다시 큰달이 다하는 건지 작은 달이 다하는 건지를 살펴, (남은 수로) 달을 결정하면 차질이 없을 것이다"라 하였다. (이는) 만일 다가오는 해에 합당하게 윤달을 두려면 금년 동지 이후에 남은 날 수를 율(率)로 삼으면 됨을 말한 것이다. 가령 (음력으로) 금년 11월 22일이 동지라면 (큰달이라 가정할 경우) 본 달이 아직 8일이 남아 있으므로 다가오는 해의 윤달은 마땅히 8월에 있을 것이라는 뜻이다. 만일 동지가 상순(上旬)에 있으면 보름날로 자른다. 12일을 채우면 다시 1의 수부터 시작한다. 간혹 맞지 않는 경우가 있는 것은 세차(歲差)[67]가 쌓여 그렇게 된 것이다.

古訣[68]云, 欲知來歲閏, 先算至之[69]餘. 更看大小盡, 決定不差殊[70]. 謂如來歲合置閏, 則以今年冬至後餘日爲率. 假如今年十一月二十二日冬至, 則本月尙餘八日, 來歲之閏, 當在八月. 如至在上旬, 則以望日爲斷. 十二日足, 則復起一數焉. 或有不合者, 歲差之積而然也.[71]

《서경(書經)》의 기록이다. 윤달을 써야 네 계절이 정해지고 한 해가 이루어진다.

書. 以閏月, 定四時, 成歲.[72]

곡량적(穀梁赤)[73]의 기록이다. 윤달이란 달에 붙은 나머지의 날로, 이것이 쌓여 달을 이룬 것이다.

穀梁子. 閏月者, 附月之餘日也, 積分而成於月者也.[74]

《예기(禮記)》의 기록이다. 윤달에는 명당(明堂)의 왼쪽 문짝을 닫는다. 왼쪽은 양(陽)이고, 양은 바른 것인데, 윤달은 바른 달이 아니기 때문에 왼쪽 문을 닫고 오른쪽 문을 경유하는 것이다.

禮記. 閏月則闔門左扉. 左爲陽, 陽爲正, 閏月非月之正, 故闔左而由右也.[75]

《공양전(公羊傳)》의 기록이다. 어찌 고삭례(告朔禮)를 행하지 않는가? 하늘에 이 달이 없기 때문이다. 어떻게 그것을 '하늘에 이 달이 없다'고 말하는가? 보통 달이 아니기 때문이다.

公羊傳. 曷爲不告朔. 天無是月也. 何以謂之天無是月, 非常月也.[76]

《율력지(律曆志)》의 기록이다. 윤달에는 중기(中氣)[77]가 없으며, 북두성(北斗星)이 두 별 사이를 비스듬하게 가리킨다.

律曆志[78]. 閏月無中氣, 而北斗斜指兩辰之間.[79]

《춘추좌씨전(春秋左氏傳)》의 기록이다. 윤달에 고삭례(告朔禮)를 행하지 않는 것은 예가 아니다. 윤달을 둠으로써 시절을 바로 잡고 시절로써 농사를 지으며 농사로써 민생을 넉넉하게 한다. 백성을 살리는 도가 여기에 있는데도, 윤달 초하루에 고삭례

67. 세차(歲差): 천체의 작용에 의하여 지구 자전축의 방향이 조금씩 변하는 현상. 이 때문에 천구(天球)의 적도와 황도가 변하고, 그에 따라 춘분점이 해마다 조금씩 달라진다.
68. 이 '古訣'은 통상 〈정윤월가(定閏月歌)〉로 불린다.
69. "至之"는 대개 "冬至"로 되어 있다.
70. "殊"는 대개 "遲"로 되어 있다.
71. 《산당사고(山堂肆考)》 권7.
72. 《서경(書經)·우서(虞書)·요전(堯典)》
73. 곡량적(穀梁赤): 전국시대(戰國時代) 노(魯)나라 사람. '춘추삼전(春秋三傳)'의 하나인 《춘추곡량전(春秋穀梁傳)》을 저술한 것으로 전해진다.
74. 《춘추곡량전(春秋穀梁傳)·문공(文公)·육년六年)》
75. 《예기(禮記)·옥조(玉藻)》. "左爲陽" 이하는 주에 보이는 내용이다.
76. 《공양전(公羊傳)·문공(文公)·육년六年)》
77. 중기(中氣): 이십사절기(二十四節氣) 가운데 양력으로 달마다 중순부터 드는 절기. 우수, 춘분, 곡우 따위를 이른다.
78. 《진서(晉書)·율력지(律曆志)》를 가리킨다.
79. 《산당사고(山堂肆考)》 권7.

를 행하지 않은 것은 때에 맞는 정치를 버리는 것이다.

左傳. 閏月不告朔, 非禮也. 閏以正時, 時以作事, 事以厚生. 生民之道於是乎在矣, 不告閏朔, 棄時政也.[80]

사철 四時

• 《석명(釋名)》의 기록이다. 사시(四時)와 사방(四方)이 각기 한 '때'이며 한 시기이니 시기를 잃어서는 안 된다. 만물의 생사는 각기 절기(節氣)에 응하여 그치는 것이다.

釋名. 四時四方各一時時期也, 不失期也. 物之生死, 各應節期而止也.[81]

• 《관자(管子)》의 기록이다. 동방은 성(星)이며, 그 때는 봄이고, 그 기운은 바람인데 바람은 나무를 살린다. 남방은 해며, 그때는 여름이고, 그 기운은 양(陽)인데 양은 불을 살린다. 서방은 진(辰)이며, 그때는 가을이고, 그 기운은 음(陰)인데 음은 쇠를 살린다. 북방은 달이며, 그때는 겨울이고, 그 기운은 한기(寒氣)인데 한기는 물을 살린다.

管子. 東方曰歲[82]星, 其時曰春, 其氣曰風, 風生木. 南方曰日, 其時曰夏, 其氣曰陽, 陽生火. 西方曰辰, 其時曰秋, 其氣曰陰, 陰生金. 北方曰月, 其時曰冬, 其氣曰寒, 寒生水.[83]

• 《회남자(淮南子)》의 기록이다. 맹춘(孟春)에는 비로소 늘어나고, 맹추(孟秋)에는 비로소 오므라들며, 중춘(仲春)에는 비로소 나오고, 중추(仲秋)에는 비로소 들어간다. 계춘(季春)에는 크게 나오고, 계추(季秋)에는 크게 들어가며, 맹하(孟夏)에는 비로소 느려지고, 맹동(孟冬)에는 비로소 빨라진다. 계하(季夏)에는 덕(德)이 끝나고, 계동(季冬)에는 형(刑)이 끝난다.

淮南子. 孟春始盈[84], 孟秋始縮, 仲春始出, 仲秋始內. 季春大出, 季秋大內, 孟夏始緩, 孟冬始急. 季夏德畢, 季冬刑畢.[85]

• 《월절서(越絶書)》의 기록이다. 천하의 임금이 호령(號令)을 내릴 때는 반드시 사시(四時)에 순응해야 한다. 사시가 바르지 못하면 음양(陰陽)이 조화를 이루지 못하고, 한서(寒暑)가 상도(常道)를 잃게 된다. 이와 같다면 농사가 흉년이 들어 오곡이 (稅收로) 올라오지 못하게 될 것이다. 성군(聖君)은 영(令)을 낼 때 반드시 사시를 살핀다.

越絶書. 天下之君, 發號施令, 必順于四時. 四時不正, 則陰陽不調, 寒暑失常. 如此, 則歲惡, 五穀不登. 聖主發令, 必審于四時.[86]

• 《육도(六韜)》의 기록이다. 하늘은 사시(四時)를 낳고 땅은 만물을 낳는다. 봄의 도(道)는 살리는 것이어서 만물이 번영하며, 여름의 도는 기르는 것이어서 만물이 성장하고, 가을의 도는 거두는 것이어서 만물이 가득 차며, 겨울의 도는 감추는 것이어서 만물이 고요해진다. 가득 차면 감추고, 감추면 다시 일어난다.

六韜. 天生四時, 地生萬物. 春道生, 萬物榮. 夏道

80. 《좌전(左傳)·문공(文公)·육년六年)》
81. 《석명(釋名)·석천(釋天)》
82. "歲"는 연자(衍字)이다.
83. 《관자(管子)·사시(四時)》의 내용을 요약하여 기술한 것이다.
84. '盈'은 '贏'의 오자이다.
85. 《회남자(淮南子)·시칙훈(時則訓)》. "孟冬始急" 다음에 "중하에는 지극히 길어지고, 중동에는 지극히 짧아진다(仲夏至修, 仲冬至短)"는 내용이 누락되었다.
86. 《월절서(越絶書)》 권13.

長, 萬物成. 秋道斂, 萬物盈. 冬道藏, 萬物靜. 盈則藏, 藏則復起.[87]

- 《월령장구(月令章句)》의 기록이다. 하늘의 도(道)를 세워 음(陰)과 양(陽)이라 하는데 음과 양에는 각기 '소(少)'와 '태(太)'가 있고 이것이 사시(四時)를 낳는다. 소양(少陽)은 봄이 되며, 태양(太陽)은 여름이 되고, 소음(少陰)은 가을이 되고, 태음(太陰)은 겨울이 된다.

月令章句. 立天之道曰陰與陽, 陰陽各有少太, 是生四時. 少陽爲春, 太陽爲夏, 少陰爲秋, 太陰爲冬.[88]

- 《석명(釋名)》의 기록이다. 봄의 말뜻은 '꿈틀거림[蠢]'이다. 만물이 꿈틀거리면서 생겨난다는 것이다. 여름은 '빌림[假]'이다. 느긋하게 만물을 빌려 자라도록 한다는 것이다. 가을은 '바짝 죔[緧]'이다. 만물을 바짝 닦달하여 익을 때를 이루게 한다는 것이다. 겨울은 '마침[終]'이다. 만물로 하여금 성장을 마치게 한다는 것이다.

釋名. 春之爲言蠢也. 萬物蠢然而生也. 夏假也. 寬假萬物使生長也. 秋緧也. 緧迫萬物使時成也. 冬終也, 物終成也.[89]

- 《순자(荀子)》의 기록이다. 해와 달은 번갈아가며 비추고, 사시(四時)는 서로 바꾸어 가며 다스린다. 봄과 여름에는 많은 새싹이 돋고 무성하게 자라며, 가을과 겨울에는 모아서 쌓고 거두어 감춘다.

荀子. 日月遞照, 四時代御. 繁啓蕃長於春夏, 畜積收藏於秋冬.[90]

- 《월절서(越絶書)》의 기록이다. 범자(范子)가 말하기를, "봄은 여름의 아버지이다. 그렇기 때문에 봄이 만물을 낳고, 여름이 이를 기르며, 가을이 이를 성숙시켰다가는 죽이고, 겨울이 이를 받아 저장하는 것이다. 봄기운이 위축되어 만물이 생겨나지 못하는 것은 왕의 덕이 다하지 못했기 때문이다. 여름이 서늘하여 만물이 제대로 자라지 못하는 것은 신하가 군주의 명을 받들지 못했기 때문이다. 가을이 순조롭다가 다시 만물이 자라는 것은 백관(百官)의 형벌이 근절되지 않았기 때문이다. 겨울이 따뜻하여 물이 새는 것은 창고를 열어 공이 없는 자에게 상을 주었기 때문이다"라고 하였다.

越絶書. 范子曰, 春者, 夏之父也. 故春生之, 夏長之, 秋成而殺之, 冬受而藏之. 春肅而不生者, 王德不究也. 夏寒而不長者, 臣下不奉主命也. 秋順而復榮者, 百官刑不斷也. 冬溫而泄者, 發府庫賞無功也.[91]

- 《관자(管子)》의 기록이다. 봄에는 양(陽)의 기운이 비로소 위로 올라가기 때문에 만물이 생겨나는 것이다. 여름에는 양의 기운이 올라가기를 마쳤기 때문에 만물이 자라나는 것이다. 가을에는 음(陰)의 기운이 비로소 아래로 내려오기 때문에 만물이 자라기를 그치는 것이다.[거두어지는 것이다.] 겨울에는 음의 기운이 내려오기를 마쳤기 때문에 만물이 감추어지는 것이다.

管子. 春者, 陽氣始上, 故萬物生. 夏者, 陽氣畢上, 故萬物長. 秋者, 陰氣始下, 故萬物收. 冬者, 陰氣畢下, 故萬物藏.[92]

- 《중론(中論)》의 기록이다. 만물을 생겨나게 하는 것은 봄이다. 꽃을 피게 하는 것은 여름이다. 잎을 널리 깔리게 하는 것은 가을이다. 성숙한 것을 거두어두는 것은 겨울이다. 이는 작위(作爲)가 없어도 저절로 이루어지는 것인데 만일 억지로 그것을 한다면 그 천성(天性)을 다치게 할 것이다.

---

87. 《육도(六韜) · 수국(守國)》
88. 《천중기(天中記)》 권4. 《월령장구(月令章句)》는 채옹(蔡邕)이 엮은 것이다.
89. 《석명(釋名) · 석천(釋天)》
90. 《순자(荀子) · 천론(天論)》. "日月遞照, 四時代御"와 그 아래 구절은 곧바로 이어지는 글이 아니다.
91. 《월절서(越絶書)》 권13.
92. 《관자(管子) · 형세해(形勢解)》

中論. 生物者, 春也. 吐華者, 夏也. 布葉者, 秋也. 收成者, 冬也. 斯無爲而自成者, 若强爲之, 則傷其性矣.[93]

- 《소문(素問)》[94]의 기록이다. 사시(四時)와 음양(陰陽)은 만물의 뿌리와 밑동입니다. 그렇기 때문에 성인이 봄여름으로 양기(陽氣)를 기르고, 가을겨울로 음기(陰氣)를 기르는 것입니다. 그 뿌리로부터 시작하는 까닭에 만물과 더불어 생장(生長)의 문 안에서 노닐 수 있습니다. 그 뿌리를 거스르면 그 밑동을 치게 되고, 그 천진(天眞)을 무너뜨리게 될 것입니다. 그러므로 음양과 사시는 만물의 시작과 끝입니다.

  素問. 四時陰陽者, 萬物之根本也. 所以聖人春夏養陽, 秋冬養陰. 以從其根, 故與萬物沈浮於生長之門. 逆其根, 則伐其本, 壞其眞矣. 故陰陽四時者, 萬物之終始也.[95]

더위 暑

- 《설문해자(說文解字)》의 기록이다. '욕(溽)'은 무더위이다.

  說文. 溽, 濕暑也.

- 하지(夏至)는 음(陰)과 양(陽)이 만나는 때인데 남방에서 (만나) 기운이 위에서 움직이는 까닭에 하짓날 이후로는 더워지게 된다.《춘추번로(春秋繁露)》

  夏至, 陰陽之會, 而北方物動於下, 南方物動於上, 故至日後爲熱.〈繁露[96]〉

- 《오경통의(五經通義)》에서 말하기를, "동지에는 양의 기운이 아래에서 움직이며 음의 기운을 밀어 그것을 위로 올라가게 하기 때문에 위에서 크게 춥다. 하지에는 음의 기운이 아래에서 움직이며 양의 기운을 밀어 그것을 위로 올라가게 하기 때문에 위에서 크게 덥다"라고 하였다.

  五經通義曰, 冬至陽動於下, 推陰而上之, 故大寒於上. 夏至陰動於下, 推陽而上之, 故大熱於上.[97]

- 쇠를 태우고 돌을 굽다.

  焦金爛石.[98]

- 모래를 지지고 돌을 녹이다.

  煎沙鑠石.[99]

- 빛나는 하늘이 땅을 태우다.

  熙天灼地.[100]

- 바다를 끓게 하고 언덕을 태우다.

  沸海焦陵.[101]

- 자갈이 굽히고 모래가 녹다.

  礫爛砂融.[102]

---

93. 《중론(中論)》 권下.
94. 《소문(素問)》의 정식 명칭은 《황제내경소문(黃帝內經素問)》이다.
95. 《황제내경소문(黃帝內經素問) · 사기조신대론(四氣調神大論)》
96. 《춘추번로(春秋繁露)》에서는, "是故陰陽之會, 冬合北方而物動於下, 夏合南方而物動於上. 上下之大動, 皆在日至之後. 爲寒則凝冰襄地, 爲熱則焦沙爛石"이라 하여 "物動於下"는 동지(冬至) 때의 일로, "物動於上"은 하지(夏至) 때의 일로 기술하고 있는데 반해 여기서는 둘 다 하지 때의 일로 적고 있어 순통하지 않는다. 그러므로 "北方物動於下"를 빼는 것이 옳다. 이 부분은 《천중기(天中記)》 권6에서 취한 것이다.
97. 《예문유취(藝文類聚)》 권5.
98. 《춘추번로(春秋繁露)》에는 '金'이 '沙'로 되어 있다.
99. 가의(賈誼)의 〈한운부(旱雲賦)〉.
100. 부함(傅咸)의 〈우선부(羽扇賦)〉에서는 "熱熙天而灼地"라 하였는데 '熱'자를 뺀 것은 4자어로 정형화하기보다는 '熙天'을 주체로 전환시키기 위한 때문으로 보인다. 전자가 목적이었다면 '熙天灼地'가 아니라 '熱天灼地'로 적었을 것이기 때문이다.
101. 부함(傅咸)의 〈감량부(感凉賦)〉.

• 몸 시름겹기가 녹을 것만 같은데, 비가 오듯 땀을 뿌리노라.〈고부(古賦)〉

體慹如鑠, 汗揮如雨.〈古賦[103]〉

• 진(秦) 목공(穆公) 시절의 삼복(三伏) 때와 같은 날을 당하여, 갈치천(葛稚川)[104]의 육갑(六甲) 부적(符籍)을 그리워하네.《연감류함(淵鑑類函)》

當秦穆公三庚之日, 思葛稚川六甲之符.〈類函〉[105]

•《석명(釋名)》의 기록이다. '暑'는 '삶음'이다. (열기가) 물건을 삶는 것과 같다는 것이다. '熱'은 '불사름'이다. 불이 물건을 태우는 것과 같다는 것이다.

釋名. 暑, 煮也. 如[106]煮物也. 熱, 爇也, 如火之燒爇也.[107]

물속에 들어가 더위를 피하다[입수피열(入水避熱)] 갈선공(葛仙公)[108]이 한창 더울 때면 깊은 물속에 들어가 종일을 있다가 나왔다. 누군가가 더위를 느끼지 않는 방법을 묻자, "현빙환(玄氷丸)[109]과 비설산(飛雪散)[110]을 먹고, 육임(六壬)[111]과 육갑(六甲)이 적힌 부적을 지니면 된다"라고 하였다.

葛仙公, 盛熱, 入深水底, 竟日乃出. 或問不熱之道, 曰, 服玄氷丸飛雪散, 帶六壬六甲符.[112]

중도(仲都)가 더위를 견디다[중도인서(仲都忍暑)] 원제(元帝)가 병을 입어 방사(方士)들을 널리 구하였다. 한중(漢中)의 일민(逸民) 왕중도(王仲都)가 이로 인해 조서(詔書)를 기다리게 되었는데, 여름철 더운 날이 되자 그로 하여금 땡볕에 앉게 하고는 또 열 개의 화롯불로 그 주위를 둘렀으나 뜨겁다는 말을 하지 않았으며, 몸에서 땀도 나지 않았다.

元帝被病, 廣求方士. 漢中逸人王仲都, 因爲待詔, 至夏暑日, 使曝坐, 又環以十爐火, 不言熱而身汗不出.[113]

배로 돌을 다리다[이복위석(以腹熨石)] 유진장(劉眞長)이 왕공(王公)을 뵈었으나 왕공이 그에게 전혀 말을 하지 않았다. 그때 날이 몹시 더워지자 배로 돌 바둑판을 다렸다.

劉眞長見王公, 公了不與語. 時大熱, 以腹熨石局.[114]

오이로 심장을 누르다[이과진심(以瓜鎭心)] 정작(鄭灼)은 자(字)가 무소(茂昭)이다. 일찍이 책을 읽고 있을 때 날이 몹시 더웠다. 오이로 심장 부위를 눌렀던 것은 심장을 서늘하게 하기 위해서였다.

鄭灼, 字茂照,[115] 嘗讀書時, 大熱, 以瓜鎭心, 欲涼之也.[116]

계빈국(罽賓國)[117][계빈(罽賓)] 《한서(漢書)·서역전(西域傳)》의 기록이다. 계빈국(罽賓國)은 도로가

102. '礫爛'[海沸礫爛]은 조식(曹植)의 〈대서부(大暑賦)〉에서 따온 말이고, '砂融'[海沸砂融]은 부현(傅玄)의 〈잡시(雜詩)〉에서 따온 말이다.
103. '古賦'는 반악(潘岳)의 〈협실부(狹室賦)〉를 가리킨다.
104. 갈치천(葛稚川): 진(晉)의 갈홍(葛洪). 치천(稚川)은 그의 자(字)이다.
105. 《연감류함(淵鑑類函)》 권21.
106. '如' 앞에 '熱'자가 누락되었다.
107. 《석명(釋名)·석천(釋天)》
108. 갈선공(葛仙公): 진(晉)의 갈홍(葛洪)을 가리킨다.
109. 현빙환(玄氷丸): '玄氷'은 두꺼운 얼음이라는 뜻이다. '丸'은 알로 된 약이다.
110. 비설산(飛雪散): '飛雪'은 눈을 날린다는 뜻이다. '散'은 가루로 된 약이다.
111. 육임(六壬): 육십갑자(六十甲子) 가운데 '壬'이 들어가는 '임신(壬申), 임오(壬午), 임진(壬辰), 임인(壬寅), 임자(壬子), 임술(壬戌)을 지칭하는 말. '壬'은 오행(五行)으로 '물'에 해당되어 열을 식힌다는 의미가 내포되어 있다.
112. 이 부분은 《예문유취(藝文類聚)》 권5와 《산당사고(山堂肆考)》 권10에 보이는 내용을 종합적으로 기술한 것이다.
113. 《고금사문유취(古今事文類聚)·전집(前集)》 권9.
114. 《고금사문유취(古今事文類聚)·전집(前集)》 권9.
115. '照'는 '昭'의 오자이다.
116. 《연감류함(淵鑑類函)》 권194.
117. 계빈국(罽賓國): 한(漢) 나라 무렵에 서역에 있었던 나라 이름. '가습미라(迦濕彌羅)'라고도 하였다.

머리를 아프게 하는 크고 작은 산과 붉은 흙이 몸을 뜨겁게 하는 언덕을 지난다.

西域傳. 罽賓國, 道歷大小頭痛之山, 赤土身熱之坂.

천독국(天毒國)[118][천독(天毒)] 천독국(天毒國)은 가장 덥고 뜨거운 여름철이면 초목이 모두 말라 죽는다. 사람들은 즐겨 물속에 들어가 더위를 피한다.

天毒國, 最大暑熱夏, 草木皆乾死. 民善沒水以避.[119]

수마국(壽麻國)[120][수마(壽麻)] 《산해경(山海經)》의 기록이다. 수마국(壽麻國)에는 큰 더위가 있어 갈 수 없다.

山海經. 壽麻之國, 爰有大暑, 不可以往.[121]

차가운 뱀[냉사(冷蛇)] 신왕(申王)[122]의 살에 병이 있어 배가 쳐져 정강이까지 이르렀다. 현종(玄宗)이 남방에 조서(詔書)를 내려 차가운 뱀 몇 마리를 구해다가 그에게 하사하였다. 뱀은 길이가 몇 자가 되었으며, 색이 희고 사람을 물지 않았다. 뱀을 만져보면 차갑기가 얼음과 같았다. 신왕의 배에 안으로 쭈그러든 몇 개의 구멍이 있었는데 여름철로 구멍 안에 뱀을 넣어 두면 다시는 번거로운 더위를 느끼지 않을 수 있었다.

申王有肉疾, 腹垂至骭. 玄宗詔南方, 取冷蛇數條賜之. 蛇長數尺, 色白, 不螫人. 執之, 冷如氷. 申王腹有數約, 夏月置于約中, 不復覺煩暑.[123]

더위를 물리치는 무소뿔[벽서서(辟暑犀)] 이훈(李訓)[124]이 《주역(周易)》을 강론한 것이 주상(主上)의 뜻을 기쁘게 하였다. 그 무렵은 바야흐로 성하(盛夏)였는데 문종(文宗)이 얼음처럼 차가운 옥으로 만든 허리띠와 더위를 물리치는 무소뿔 여의(如意)[125]를 이훈에게 하사하면서 말하기를, "여의가 경(卿)에게 '담병(談柄)[126]이 되어 줄 수 있을 것이오"라고 하였다.

李訓講周易, 頗叶上意. 時方盛夏, 文宗命取氷玉腰帶及辟暑犀如意以賜訓, 曰, 如意足以與卿爲談柄也.[127]

얼음 아래의 쥐[빙서(氷鼠)] 북방에는 층이 진 얼음이 만 리(里)에 이르고 얼음 두께가 백 장(丈)이다. 얼음 아래 흙 속에 쥐가 있는데 살 무게가 천 근(斤)이며, 포로 뜰 수 있고 그것을 먹으면 열을 멈추게 할 수 있다. 그 털은 길이가 여덟 자인데 담요로 만들 수 있으며, 거기에 누우면 추위를 물리칠 수 있다.

北方層氷萬里, 厚百丈. 有鼠在氷下土中, 肉重千斤, 可以作脯, 食之已熱. 其毛八尺, 可以爲褥, 臥之却寒.[128]

오랫동안 계속되는 더위[항욱(恒燠)[129]] 후제(後齊) 천보(天保)[130] 8년 3월에 크게 더워 사람이 간혹 더위를 먹고 죽었다. 유향(劉向)의 《오행전(五行

118. 천독국(天毒國): 인도(印度).
119. 《연감류함(淵鑑類函)》 권21.
120. 수마국(壽麻國): 한(漢)나라 무렵에 서역에 있었던 나라 이름. '수미(壽靡)'라고도 하였다.
121. 《예문유취(藝文類聚)》 권5.
122. 신왕(申王): 당(唐) 현종(玄宗)의 동생.
123. 《유양잡조(酉陽雜俎)》 권17.
124. 이훈(李訓): 당대(唐代)의 학자.
125. 여의(如意): 법회나 설법 때, 법사가 손에 드는 물건. 대, 나무, 뿔, 쇠 따위로 '심(心)' 자를 나타내는 고사리 모양의 머리가 있고, 한 자쯤의 자루가 달려 있다. 본래는 등 따위를 긁는 도구였으나 중국이나 우리나라에서는 일반적으로 법구(法具)의 하나로서 사용하였다.
126. 담병(談柄): 옛사람들이 청담(淸談)을 할 때에 손에 즐겨 들었던 먼지털이.
127. 《두양잡편(杜陽雜編)》 권中.
128. 《신이경(神異經)》에서는, "北方層冰萬里, 厚百丈. 有磎鼠在氷下土中焉, 形如鼠, 食草木, 肉重千斤, 可以作脯, 食之已熱. 其毛八尺, 可以爲褥, 臥之卻寒"이라 하였다.
129. 항욱(恒燠): 상욱(常燠)이라고도 하며, 여름 더위뿐만 아니라 겨울에 따뜻한 날씨도 포함하는 개념이다.
130. 북제(北齊) 문선제(文宣帝)의 연호(550-559)이다.

傳)》에서 말하기를, "사물을 보고서 밝게 살피지 못하고, 가까이에 두고 친하게 지내는 이를 중용(重用)하면, 어진 이가 등용되지 못하고, 어리석은 자가 퇴출되지 않으며, 온갖 직책이 피폐되고 파괴되며, 여러 사무도 제대로 처리되지 않는데, 그 과오는 정교(政敎)를 게을리 하는 데에 있다"라고 하였다.

後齊天保八年三月, 大熱, 人或暍死. 劉向五行傳曰, 視不明, 用近習, 賢者不進, 不肖不退, 百職廢壞, 庶事不從, 其過在政敎舒緩.[131]

천보(天寶)[132] 원년(元年) 겨울에 얼음이 얼지 않았다. 선유(先儒)들은 음기(陰氣)가 절도를 잃은 것으로 여겼다. 또 말하기를, "죄를 알고서도 죽이지 않으면 그 벌은 항욱(恒燠)으로 나타나는데 여름에는 더위가 사람을 죽이고, 겨울에는 식물에 꽃이 피고 열매가 열린다. 추울 때가 되었는데도 도리어 따뜻해지는 것은, 의당 형벌을 내려야 할 자에게 도리어 상을 내린 것에 대한 징험(徵驗)이다"라고 하였다.

天寶元年冬, 無氷. 先儒以爲陰失節也. 又曰, 知罪不誅, 其罰燠, 夏則暑殺人, 冬則物華實. 當寒反燠, 象宜刑而賞之也.[133]

장경(長慶)[134] 2년 겨울에 소설(小雪)에도 얼어붙지 않았으며, 정월(正月)처럼 초목에 싹이 나고 움이 텄다.

長慶二年冬, 小雪, 不氷凍, 草木萌荑如正月.[135]

광명(廣明)[136] 원년(元年) 11월에 따뜻하기가 중춘(仲春)과 같았다.

廣明元年十一月, 暖如仲春.[137]

천성(天聖)[138] 5년 여름과 가을이 크게 더워 독기(毒氣)가 사람을 병들게 하였다. 점을 친 자가 말하기를, "이것이 《홍범(洪範)》에서 이른바 항욱(恒燠)이다"라고 하였다.

天聖五年, 夏秋大暑, 毒氣中人. 占者曰, 此洪範所謂恒燠也.[139]

가우(嘉祐)[140] 6년에 얼음이 얼지 않았다.

嘉祐六年, 無氷.[141]

치평(治平)[142] 4년과 원풍(元豊)[143] 8년, 원우(元祐)[144] 원년·4년·5년 겨울에 얼음이 얼지 않고 눈도 내리지 않았다.

治平四年, 元豊八年, 元祐元年四年五年冬, 無氷雪.[145]

소흥(紹興)[146] 5년 여름에 날씨가 40여 일간 크게 더워 초목이 타고 말랐으며, 산의 돌이 사람을 구울 정도여서 죽은 자가 매우 많았다.

紹興五年, 夏大燠四十餘日, 草木焦槁, 山石可灼人,

131. 《수서(隋書)·지(志)》
132. 천보(天寶): 당(唐) 현종(玄宗)의 연호(742-756)이다.
133. 《신당서(新唐書)·지(志)》
134. 장경(長慶): 당(唐) 목종(穆宗)의 연호(821-824)이다.
135. 《신당서(新唐書)·지(志)》
136. 광명(廣明): 당(唐) 희종(僖宗)의 연호(880)이다.
137. 《신당서(新唐書)·지(志)》
138. 천성(天聖): 북송(北宋) 인종(仁宗)의 연호(1023-1031)이다.
139. 《문헌통고(文獻通考)》 권304.
140. 가우(嘉祐): 북송(北宋) 인종(仁宗)의 연호(1056-1063)이다.
141. 《송사(宋史)·지(志)》: "嘉祐六年冬, 京師無氷."
142. 치평(治平): 북송(北宋) 영종(英宗)의 연호(1064-1067)이다.
143. 원풍(元豊): 북송(北宋) 신종(神宗)의 연호(1078-1085)이다.
144. 원우(元祐): 북송(北宋) 철종(哲宗)의 연호(1086-1093)이다.
145. 《송사(宋史)·지(志)》의 내용을 종합적으로 기술한 것이다.
146. 소흥(紹興): 남송(南宋) 고종(高宗)의 연호(1131-1162)이다.

死者甚衆.[147]

건도(乾道)[148] 3년과 5년, 6년에 눈도 내리지 않고 얼음도 얼지 않았다.

乾道三年五年六年, 無雪無氷.[149]

경원(慶元)[150] 6년 겨울에 날이 따뜻하여 눈이 내리지 않았으며, 복숭아나무와 오얏나무에 꽃이 피고, 칩거해야 할 곤충들이 땅속에 숨지 않았다. 관자(管子)가 말하기를, "신하가 임금의 위세(威勢)를 타게 되면, 음기가 침식(侵蝕)되고 양기가 성하여, 겨울에 얼음이 얼지 않는다"라고 하였다.

慶元六年, 冬燠無雪, 桃李華, 蟄蟲不藏. 管子曰, 臣乘君威, 則陰侵陽盛, 冬不氷.[151]

가정(嘉定)[152] 6년 겨울에 날이 따뜻하여 얼음이 얼지 않고 우레가 있었으며, 곤충들이 칩거하지 않았다.

開禧[153]六年, 冬燠, 無冰有雷, 昆蟲不蟄.[154]

(가정) 8년 여름 5월에 날씨가 크게 더워 초목이 말랐으며 온갖 하천이 모두 말랐다. 행도(行都)[155]에서 10말들이 물이 백 전(錢)이나 하였으며, 강회(江淮)에서는 잔에 담긴 물이 수십 전이나 하였고, 더위를 먹고 죽은 자들이 매우 많았다.

八年夏五月, 大燠, 草木枯槁, 百川皆竭, 行都斛水百錢, 江淮杯水數十錢, 暍死者甚衆.[156]

(가정) 30년 겨울에 얼음이 얼지 않았으며, 섣달에 눈이 내리지 않았다. 해를 넘긴 봄에 날이 매우 더워 흙이 마르고 샘물이 고갈되었다.

十三年冬, 無氷, 臘無雪. 越歲, 春暴燠, 土燥泉竭.[157]

추위 寒

- 《태현경(太玄經)》의 기록이다. 추위가 다하면 더위가 생겨나고, 더위가 다하면 추위가 생겨난다. 도(道)에 신실(信實)하면 복종(服從)이 따르고, 도에 복종하면 신실함이 따른다.

  太玄經. 極寒生熱, 極熱生寒. 信道致詘, 詘道致信.[158]

- 《주서(周書)》의 기록이다. 청명(淸明)날에 오동나무에 꽃이 피지 않으면 그해에 큰 추위가 있다.

  周書. 淸明之日, 桐不華則歲有大寒.[159]

- 《석명(釋名)》의 기록이다. '寒'은 '사나움[세참]'이다.

  釋名. 寒, 捍也.[160]

- 《설문해자(說文解字)》의 기록이다. '점[霵: 무서리]'은 '추움'이다.

  說文. 霵, 寒也.

147. 《송사(宋史)·지(志)》
148. 건도(乾道): 남송(南宋) 효종(孝宗)의 연호(1165-1173)이다.
149. 《송사(宋史)·지(志)》의 내용을 종합적으로 기술한 것이다.
150. 경원(慶元): 남송(南宋) 영종(寧宗)의 연호(1195-1200)이다.
151. 《문헌통고(文獻通考)》 권304.
152. 가정(嘉定): 남송(南宋) 영종(寧宗)의 연호(1208-1224)이다.
153. '開禧'는 '嘉定'의 잘못이다.
154. 《송사(宋史)·지(志)》
155. 행도(行都): 임금이 나들이할 때에 임시로 정한 도읍.
156. 《송사(宋史)·지(志)》. 이 역시 가정(嘉定) 연간의 일이다.
157. 《송사(宋史)·지(志)》. 이 역시 가정(嘉定) 연간의 일이다.
158. 《태현경(太玄經)》 권7.
159. 《천중기(天中記)》 권4.
160. 《석명(釋名)·석천(釋天)》

• 화성(火星)이 보이면 바람이 차가워지니 추위를 경계해야 한다.《국어(國語)》

火見而淸風戒寒.〈國語〉161

• 《예기(禮記) · 월령(月令)》의 기록이다. 차가운 기운이 한꺼번에 닥쳐오면 백성들의 힘이 견딜 수 없으므로 그들 모두를 자기 집으로 들어가게 하라.

月令. 寒氣總至, 人162力不堪, 其皆入室.

• 《여씨춘추(呂氏春秋)》의 기록이다. 겨울의 덕행(德行)은 추위이다. 추위가 생겼으되 신의가 없다면[춥지 않다면] 그 땅은 굳세어지지 못한다. 그 땅이 굳세어지지 못하면, 땅이 얼어 닫혀 지기(地氣)와 통할 수 없게 된다. 위대한 천지(天地)와 사시(四時)의 변화로서도 오히려 신의가 없다면 만물을 이룰 수 없거늘, 하물며 사람에게 있어서랴!

呂氏春秋. 冬之德寒, 寒生不信, 其地不成剛. 其地不成剛, 則凍閉不開. 天地之大, 四時之化, 而猶不能以不信成物, 況人乎.163

• 《사주기(沙州記)》에서 이르기를, "6월 26일에 용학(龍涸)을 출발하였는데 밤낮으로 음침하니 늘 추워서 저고리와 바지를 벗을 수가 없었다. 장수와 따르는 자 일흔 두 명은 얼굴빛이 온통 검었으며, 입은 질린 듯이 새파라면서 자줏빛이 돌았다"라고 하였다.

沙州記云, 六月二十六日發龍涸, 晝夜肅肅常寒, 不得脫襦袴. 將從七十二人, 面盡黎黑, 口唇靑紫.164

• 운남군(雲南郡)에 점창산(點蒼山)이 있는데 특별히 추워, 4월과 5월에도 쌓인 눈이 하얗게 있었다.

雲南郡有點蒼山, 特寒, 四月五月, 積雪皓然.165

• 《광아(廣雅)》의 기록이다. 북방은 몹시 추운데 얼음 두께가 한 자[尺]이며, 언 기운이 땅속으로 한 길[丈]이나 들어간다.

廣雅. 北方苦寒, 氷厚一尺, 凍入地一丈.

백학의 말[백학어(白鶴語)] 태흥(太興)166 2년에 남주(南州) 사람이 두 마리의 백학(白鶴)을 보았는데 말을 하기를, "이번의 추위가 요(堯) 임금이 돌아가시던 해만 못하지 않네"라고 하였다.《이원(異苑)》

太興二年, 南州人見二白鶴, 語曰, 今玆寒不減堯崩年.〈異苑〉167

방사(方士)가 추위를 견디다[방사인한(方士忍寒)] 왕중도(王仲都)가 한창 추운 날에 곤명지(昆明池) 위에서 말 네 마리가 끄는 수레를 타고서 얼음 주위를 돌면서 달리고 있었다. 마부(馬夫)는 두꺼운 옷을 입고 여우 가죽옷을 걸쳤음에도 매우 추워하였으나, 왕중도는 안색이 변하지 않았다.

王仲都, 盛寒日, 載以駟馬車于昆明池上, 環氷168而走. 御者厚衣狐裘甚寒, 而仲都無變色.169

가오리로 추위를 물리치다[요어벽한(鰩魚辟寒)] 동남해(東南海)에 조주(祖洲)가 있다. 거기에 가오리가 있는데 길이가 여덟 자이며, 이를 먹으면 추위를 물리칠 수 있다.《신이경(神異經)》

東南海中有祖洲. 其中有鰩魚, 長八尺, 食之辟寒.〈神異經〉

계서(磎鼠)170(의 털)로 추위를 물리치다[계서각한

---

161. 《국어(國語) · 주어중(周語中)》
162. 《예기(禮記) · 월령(月令)》에는 '人'이 '民'으로 되어 있다.
163. 《여씨춘추(呂氏春秋)》 권19에서는, "冬之德寒, 寒不信, 其地不剛, 地不剛, 則凍閉不開. 天地之大, 四時之化, 而猶不能以不信成物, 又況乎人事"라고 하였다.
164. 《천중기(天中記)》 권6. 《설부(說郛)》 권61에는 '脉'가 '紫'로 되어 있다.
165. 《태평어람(太平御覽)》 권34.
166. 태흥(太興): 진(晉) 원제(元帝)의 연호(318-321)이다.
167. 《이원(異苑)》 권3.
168. 《천중기(天中記)》에는 '氷'이 '水'로 되어 있다.
169. 《천중기(天中記)》 권6.

[磎鼠却寒] 북방에 계서(磎鼠)가 있는데 얼음 아래 흙속에서 산다. 그 털은 길이가 여덟 자이며 담요로 만들 수 있고, 추위를 물리칠 수 있다.《신이경(神異經)》

北方有磎鼠, 在氷下土中焉. 其毛八尺, 可以爲褥, 却寒.〈仝〉

융이(戎夷)가 밤에 죽다[융이야사(戎夷夜死)] 융이(戎夷)가 제(齊)나라를 떠나 노(魯)나라로 가는데 날씨가 몹시 추웠으나 성문(城門)이 닫힌 뒤여서 제자 한 명과 성곽(城郭) 밖에서 자게 되었다. 제자에게 말하기를, "네가 옷을 나에게 주면 내가 살 수 있고, 내가 옷을 너에게 주면 네가 살 수 있다. 나는 국사(國士)이니 천하를 위해서도 죽는 것이 아깝지만, 너는 무능한 자이니 애석해 할 것이 없다. 네가 나에게 너의 옷을 주도록 해라"라고 하자 제자가 말하기를, "무릇 무능한 인간이 또 어찌 국사님께 옷을 드릴 수 있겠습니까?"라고 하였다. 융이가 탄식하며 말하기를, "도(道)는 구제할 수 없는 것이로구나"라 하고는 자기 옷을 벗어 제자에게 주고 한밤중이 되어 죽었다.

戎夷違齊如魯, 天大寒, 而後門, 與弟子宿於郭外. 謂弟子曰, 子與我衣, 我活, 我與子衣, 子活. 我國士也. 爲天下惜死, 子不肖人也, 不足愛也. 子與我子之衣. 弟子曰, 夫不肖人, 又惡能與國士衣哉. 戎夷歎曰, 道不濟夫. 解衣與弟子, 夜半而死.171

갈선공(葛仙公)이 불을 토하다[선공토화(仙公吐火)] 갈선공(葛仙公)이 손님들과 얘기를 나누고 있었다. 때마침 날이 크게 추워지자 갈선공이 손님들에게 말하기를, "가난한 살림이라 사람들마다 화롯불을 받게 할 수 없으니 청컨대 큰 화로를 하나 만들어 함께 온기를 쬐었으면 합니다"라고 하였다. 그러고는 기(氣)를 토하자 불이 벌겋게 입속으로부터 나오더니 잠깐 사이에 방 안에 가득 찼다. 손님들은 모두 더워서 옷을 벗었다.

葛仙公與客談語. 時天大寒, 公謂客曰, 居貧, 不能人人得爐火, 請作一大火, 共致暖. 因吐氣, 火赫然從口中出, 須臾滿屋. 客皆熱脫衣矣.172

오랫동안 계속되는 추위[항한(恒寒)173] 주(周) 고왕(考王) 6년 6월에 진(秦)나라에서 눈이 내렸다.

周考王六年六月, 秦雨雪.174

한문제(漢文帝) 4년 6월에 큰눈이 내렸다.《역전(易傳)》에서 말하기를, "여름에 눈이 내리면 신하가 반란 일으킬 것을 경계해야 한다"라고 하였다. 3년 뒤에 회남왕(淮南王) 유장(劉長)이 반란을 꾀하였다.

漢文帝四年六月, 大雨雪. 易傳曰, 夏雨雪, 戒臣爲亂, 後三年, 淮南王長謀反.175

경제(景帝) 중원년(中元年)176 6년 3월에 눈이 내렸다. 그해 6월에 흉노(匈奴)들이 상군(上郡)에 침입하였는데 전사자가 2,000여 명이었다.

景帝中六年三月, 雨雪. 其六月, 匈奴入上郡, 戰死者二千餘人.177

원정(元鼎)178 2년 3월에 눈이 내렸는데 평지에서 다섯 자 깊이로 쌓였다.

元鼎二年三月, 雪, 平地五尺.179

---

170. 계서(磎鼠): 신화(神話)에 등장하는 상상상의 동물로 쥐의 일종이다.
171.《여씨춘추(呂氏春秋)》 권20.
172.《고금사문유취(古今事文類聚)·전집(前集)》 권12.
173. 항한(恒寒): 항한 역시 항욱(恒燠)의 경우처럼 제 철이 아닌 추위 등을 포괄하는 개념이다.
174.《문헌통고(文獻通考)》 권305.
175.《한서(漢書)·지(志)》
176. 한(漢) 경제(景帝)의 중원년(中元年) 6년은 BC 144년이다.
177.《한서(漢書)·지(志)》
178. 원정(元鼎): 한(漢) 무제(武帝)의 연호(BC 116-BC 111)이다.
179.《한서(漢書)·지(志)》

(원정) 3년 3월에 물이 얼고 4월에 눈이 내렸는데 관동(關東)[180] 지역 10여 개의 군(郡)에서 사람이 서로 잡아먹었다.

三年三月, 水氷, 四月, 雨雪, 關東十餘郡人相食.[181]

원광(元光)[182] 4년 4월에 서리가 내려 초목이 죽었다. 《역전(易傳)》에서 말하기를, "군대를 일으켜 사람을 함부로 죽이는 것, 이것을 일러 법도를 잃은 것이라 한다. 그 재앙은 서리인데 여름에는 오곡을 죽이고 겨울에는 보리를 죽인다. 주벌(誅罰)이 정황(情況)에 맞지 아니하는 것, 이것을 일러 '불인(不仁)'이라 한다. (재앙으로 내리는) 그 서리는, 여름에는 큰 우레와 바람을 앞세우고, 겨울에는 비를 앞세우고서 서리가 내리게 되는데, (서리에) 까끄라기[모서리]가 있다. 어질고 성스러운 사람이 해를 당하면 그 서리는, 나무에 붙어 땅에 떨어지지 않는다. 바르지 못한 사람이 형벌을 장악하는 것, 이것을 일러 사사로운 도적질이라 하는데, 그 서리는 풀뿌리와 흙의 틈 사이에 있다. 교화(敎化)를 행하지 않고 주벌(誅罰)하는 것, 이것을 일러 포학(暴虐)이라 하는데, 그 서리는 도리어 풀 아래에 있다"라고 하였다.

元光四年四月, 隕霜殺草木. 易傳曰, 興兵妄誅, 玆謂亡法. 厥災霜, 夏殺五穀, 冬殺麥. 誅不原情, 玆謂不仁. 其霜, 夏先大雷風, 冬先雨, 乃隕霜, 有芒角. 賢聖遭害, 其霜, 附木不下地. 佞人依刑, 玆謂私賊. 其霜, 在草根土隙間. 不敎而誅, 玆謂虐, 其霜反在草下.[183]

원제(元帝) 영광(永光)[184] 원년 3월에 눈이 내리고 서리가 내려 뽕나무가 죽었다. 당시에 석현(石顯)[185]이 일을 (함부로) 하여 천하가 크게 굶주렸다.

元帝永光元年三月, 雨雪隕霜, 殺桑. 時石顯用事, 天下大饑.[186]

4년 2월에 눈이 내려 제비가 많이 죽었다.

四年[187]二月, 雨雪, 燕多死.[188]

양삭(陽朔)[189] 4년 4월에 눈이 내려 제비와 참새가 많이 죽었다.

陽朔四年四月. 雨雪, 燕雀多死.[190]

왕망(王莽) 시절에 2월에 큰눈이 내렸는데 깊은 곳은 한 길이 되었으며, 대나무와 잣나무가 모두 말랐다. 8월에 큰눈이 내려 온갖 관원(官員)들의 인마(人馬)가 얼어 죽었다.

王莽時, 二月大雪, 深者一丈, 竹栢皆枯. 八月大雪, 百官人馬凍死焉.[191]

진(晉) 혜제(惠帝) 시절에 3월에 눈이 내려 뽕나무와 보리가 죽었다. 7월에 서리가 내려 베지 않은 벼가 죽었다.

晉惠帝時, 三月雨雪, 殺桑麥. 七月隕霜, 殺稼.[192]

안제(安帝) 의희(義熙)[193] 5년 3월에 눈이 몇 치[寸] 깊이로 쌓였다.

---

180. 관동(關東): 함곡관(函谷關) 혹은 동관(潼關) 이동(以東)의 지역을 가리킨다.
181. 《한서(漢書)・지(志)》
182. 원광(元光): 한(漢) 무제(武帝)의 연호(BC 134-BC 129)이다.
183. 《한서(漢書)・지(志)》
184. 영광(永光): 한(漢) 원제(元帝)의 연호(BC 43-BC 39)이다.
185. 석현(石顯): 원제(元帝) 시절에 중서령(中書令)을 지낸 인물.
186. 《한서(漢書)・지(志)》에는, "元帝永興元年三月, 隕霜殺桑. 九月二日, 隕霜殺稼, 天下大饑. 是時, 中書令石顯用事專權"으로 되어 있다.
187. 원제(元帝) 건소(建昭) 4년(BC 35)을 가리킨다.
188. 《한서(漢書)・지(志)》
189. 양삭(陽朔): 한(漢) 성제(成帝)의 연호(BC 24-BC 21)이다.
190. 《한서(漢書)・지(志)》
191. 《문헌통고(文獻通考)》 권305.
192. 《진서(晉書)・지(志)》

安帝義熙五年三月, 雪深數尺.[194]

양(梁) 보통(普通)[195] 3년 3월에 큰눈이 내렸는데 평지에 세 자 깊이로 쌓였다.

梁普通三年三月, 大雪, 平地三尺.[196]

당(唐) 의봉(儀鳳)[197] 3년에 고종(高宗)은 구성궁(九成宮)에 있었는데, 장맛비가 내리고 크게 추워 호위하던 병사 가운데 얼어 죽은 자가 있었다.

唐儀鳳三年, 高宗在九成宮, 霖雨大寒, 兵衛有凍死者.[198]

구시(久視)[199] 원년 3월에 큰눈이 내렸다.

久視元年三月, 大雪.[200]

신룡(神龍)[201] 원년 3월에 갑자기 추워지고 또 얼음이 얼었다.

神龍元年三月, 暴寒且氷.[202]

천복(天復)[203] 3년 3월에 절서(浙西) 지방에 큰눈이 내려 평지에 세 자 가량 쌓였는데, 그 기운은 연기와 같았고 맛은 썼다.

天復三年三月, 浙西大雪, 平地三尺餘, 其氣如烟, 其味苦.[204]

송(宋) 순화(淳化)[205] 3년 3월에 꽃나무가 모두 죽었다.

宋淳化三年三月, 花木皆死.[206]

(순화) 4년 2월에 큰눈이 내려 백성들이 많이 얼어 죽었다.

四年二月, 大雪, 民多凍死.[207]

천희(天禧)[208] 원년 12월에 도성(都城)에 큰눈이 내리고 몹시 추워 사람들이 많이 얼어 죽었다. 길에 뻣뻣한 시체가 있어 중사(中使)[209]를 보내어 사방 교외에 묻었다.

天禧元年十二月, 京師大雪, 苦寒, 人多凍死. 路有僵尸, 遣中使瘗之四郊.[210]

(천희) 2년 정월에 영주(永州)에 큰눈이 내렸는데 6일 밤낮이 되어서야 비로소 그쳤다. 강과 계곡의 물고기들이 모두 얼어 죽었다.

二年正月, 永州大雪, 六晝夜方止. 江溪魚皆凍死.[211]

정강(靖康)[212] 원년 겨울에 큰눈이 내려 천지가 캄캄하였는데, 혹 눈이 내리지 않을 때면 음울한 구름 속에 있던, 길이가 몇 치나 되는 실처럼 생긴 눈

193. 의희(義熙): 진(晉) 안제(安帝)의 연호(405-418)이다.
194. 《진서(晉書)·지(志)》. '尺'은 '寸'의 오자이다.
195. 보통(普通): 양(梁) 무제(武帝)의 연호(520-526)이다.
196. 《양서(梁書)·본기(本紀)》
197. 의봉(儀鳳): 당(唐) 고종(高宗)의 연호(676-679)이다.
198. 《신당서(新唐書)·지(志)》
199. 구시(久視): 당(唐) 예종(睿宗)의 연호(700)이다.
200. 《신당서(新唐書)·지(志)》
201. 신룡(神龍): 당(唐) 예종(睿宗)의 연호(705)이다.
202. 《신당서(新唐書)·지(志)》
203. 천복(天復): 당(唐) 소종(昭宗)의 연호(901-903)이다.
204. 《신당서(新唐書)·지(志)》
205. 순화(淳化): 북송(北宋) 태종(太宗)의 연호(990-994)이다.
206. 《문헌통고(文獻通考)》 권305.
207. 《송사(宋史)·지(志)》
208. 천희(天禧): 북송(北宋) 진종(眞宗)의 연호(1017-1021)이다.
209. 중사(中使): 왕의 명령을 전하던 내시(內侍).
210. 《송사(宋史)·지(志)》
211. 《송사(宋史)·지(志)》
212. 정강(靖康): 북송(北宋) 흠종(欽宗)의 연호(1126-1127)이다.

이 땅으로 떨어졌다.

靖康元年冬, 大雪, 天地晦冥, 或雪未下時, 陰雲中有雪絲長數寸墮地.[213]

(정강) 2년 정월에 큰눈이 내리고 크게 추웠다. 땅바닥의 얼음이 거울과 같았으며, 길을 가는 자가 제대로 설 수도 없었다. 이달 을묘일(乙卯日)에 (황제의) 수레가 청성(青城)에 있었는데, 몇 자 깊이로 큰눈이 내려 사람들이 많이 죽었다.

二年正月, 大雪, 大寒. 地氷如鏡, 行者不能定立. 是月乙卯, 車駕在青城, 大雪數尺, 人多死.[214]

건염(建炎)[215] 2년 6월에 오래도록 흐리더니 장맛비가 내리고 추웠다. 경방(京房)이 이르기를, "정직한 자를 해치는데도 주벌(誅罰)하지 않는 것, 이를 일러 도적을 기르는 것이라 한다"라고 하였다. 후에 반란을 일으킨 장수들을 연이어 주벌하였다.

建炎二[216]年六月, 久陰, 霖雨而寒. 京房謂害正不誅, 玆謂養賊. 後連誅叛將.[217]

소흥(紹興)[218] 13년 3월에 눈이 내렸다. 28년 3월에 눈이 내렸다.

紹興十三年三月, 雪. 二十八年三月, 雪.[219]

순희(淳熙)[220] 16년 4월 무자일(戊子日)에 성주(成州) 천수현(天水縣)에 큰눈이 내렸다.

淳熙十六年四月戊子, 成州天水縣, 大雨雪.[221]

소희(紹熙)[222] 원년 3월에 남아 있던 추위가 입하(立夏)에 이르도록 물러가지 않았다.

紹熙元年三月, 留寒至立夏不退.[223]

(소희) 2년 정월에 행도(行都)에 큰눈이 내려 쌓여 얼어붙었으며, 강의 얼음은 두께가 한 자 남짓 되었다. 이해 봄에 우레와 눈이 서로 이어지고, 언 비가 한 달이 되어서야 그쳤다.

二年正月, 行都大雪積沍, 河氷厚尺餘. 是春, 雷雪相繼, 凍雨彌月.[224]

봄 春

- 《상서대전(尙書大傳)》의 기록이다. 봄은 '나옴'이다. 만물이 (돋아) 나오는 바를 말한 것이다.
  尙書大傳. 春, 出也. 言萬物之所出也.[225]
- 《양원제찬요(梁元帝纂要)》의 기록이다. 봄을 청양(靑陽)이라 하며 또 방춘(芳春), 청춘(靑春), 양춘(陽春), 삼춘(三春), 구춘(九春)이라 한다. (봄의) 경치를 미경(媚景), 소경(韶景)이라 하며, 때를 가시(嘉時), 방시(芳時), 가신(嘉辰), 방신(芳辰)이라 하고, 시절을 화절(華節), 소절(韶節), 숙절(淑節)이라 한다.

---

213. 《송사(宋史)·지(志)》
214. 《송사(宋史)·지(志)》
215. 건염(建炎): 남송(南宋) 고종(高宗)의 연호(1127-1130)이다.
216. '二'은 '三'의 잘못이다.
217. 《문헌통고(文獻通考)》 권305.
218. 소흥(紹興): 남송(南宋) 고종(高宗)의 연호(1131-1162)이다.
219. 《송사(宋史)·지(志)》
220. 순희(淳熙): 남송(南宋) 효종(孝宗)의 연호(1174-1189)이다.
221. 《송사(宋史)·지(志)》
222. 소희(紹熙): 남송(南宋) 광종(光宗)의 연호(1190-1194)이다.
223. 《송사(宋史)·지(志)》
224. 《송사(宋史)·지(志)》
225. 《산당사고(山堂肆考)》 권8. "春, 出也"가 《상서대전(尙書大傳)》의 기록이다.

纂要[226]. 春曰青陽, 亦曰芳春青春陽春三春九春. 景曰媚景韶景, 時曰嘉時芳時嘉辰芳辰. 節曰華節韶節淑節.[227]

- 《설문해자(說文解字)》의 기록이다. 봄의 말뜻은 '꿈틀거림'이다. 만물이 꿈틀거리면서 생겨난다는 것이다.

  說文[228]. 春之爲言蠢也. 物蠢而生.

- 《시경(詩經)》의 기록이다. 봄날의 햇볕은 따스하고, 봄날은 길고도 길지.

  詩. 春日載陽, 春日遲遲.[229]

- 《서경(書經)》의 기록이다. 낮과 밤의 길이가 같은 것과 조성(鳥星)[230]으로 한창 봄날을 바로잡는다.

  書. 日中星鳥, 以殷仲春.[231]

- 《상서대전(尙書大傳)》의 기록이다. 동방(東方)은 움직이는 방향이며, 만물의 움직임이다. 만물이 나오는 까닭에 동방의 봄이라 하는 것이다.

  大傳. 東方者, 動方也, 物之動也[232]. 物之出, 故謂東方春也.[233]

- 《시자(尸子)》의 기록이다. 봄은 충성스러움이며, 동방(東方)은 봄이다. 봄은 움직임이다. 이 때문에 조수(鳥獸)가 새끼를 배어서 편안할 수 있으며, 초목이 꽃피우며 살 수 있고, 만물이 모두 생장할 수 있으니 충성스러움의 극치인 것이다.

  尸子. 春爲忠, 東方爲春. 春, 動也. 是故鳥獸孕寧, 草木華生, 萬物咸遂, 忠之至也.[234]

- 《회남자(淮南子)》의 기록이다. 봄이면 여자들이 비애에 젖고, 가을이면 남자들이 애상에 젖는다.

  淮南子. 春女悲, 秋士哀.[235]

봄이 화창하여 진대(賑貸)를 의론하다[춘화의대(春和議貸)] 한(漢) 문제(文帝)가 조서를 내려 말하기를, "바야흐로 봄이 화창한 때이라 초목이며 온 생물들이 모두 스스로 즐거워할 수 있는데, 나의 백성은 혹 죽음으로 떨어지기도 한다. 그 의론(議論)은 그들에게 진대(賑貸)[236]할 바이다"라고 하였다.

漢文帝詔曰, 方春和時, 草木群生之物, 皆有以自樂, 而吾百姓或阽於死亡, 其議所以賑貸之.[237]

견관(繭館)[238] 한(漢) 원제(元帝)의 황후가 사시(四時)로 사방 교외에 행차하였는데 봄에는 견관(繭館)으로 행차하였다. 견관은 상림(上林)에 있는 누에치는 곳이다. 안수(晏殊)[239]의 시에서, "견관의 누에는 막 일어났는데, 요상(瑤箱)[240]으로 제비는 아직 돌아오지 않았네"라고 하였다.

漢元帝王[241]后, 四時巡四郊, 春幸繭館. 繭館, 上林蠶

---

226. 《찬요(纂要)》의 정식 명칭은 《양원제찬요(梁元帝纂要)》이다. 이하 같다.
227. 《산당사고(山堂肆考)》 권8.
228. '설문(說文)'은 '석명(釋名)'의 잘못이다. 《석명》에서 "春, 蠢也. 動而生也"라 하였는데 《예문유취(藝文類聚)》에서 《석명》을 인용하여 "春之爲言蠢也. 物蠢而生"이라 하였다.
229. 《시경(詩經)·빈풍(豳風)·칠월(七月)》. 두 구절은 연속된 시구가 아니다.
230. 조성(鳥星): '鳥'는 남방 칠수(七宿)의 총칭. 춘분 때는 '조'의 일곱별이 다 나타난다고 한다.
231. 《서경(書經)·요전(堯典)》
232. "物之動也" 다음에 "何以謂之春. 春, 出也"가 누락되었다.
233. 《예문유취(藝文類聚)》 권3.
234. 《예문유취(藝文類聚)》 권3.
235. 《회남자(淮南子)·무칭훈(繆稱訓)》에는, "春女思, 秋士悲"로 되어 있다.
236. 진대(賑貸): 재난이나 흉년 든 해에 어려운 백성에게 나라의 곡식을 꾸어 주던 일.
237. 《한서(漢書)·문제기(文帝紀)》
238. 견관(繭館): (황실이 주도적으로) 누에를 키우는 곳. '잠궁(蠶宮)'이라고도 한다.
239. 안수(晏殊): 북송(北宋)의 정치가이자 문인으로 자는 동숙(同叔)이다.
240. 요상(瑤箱): '옥으로 만든 상자'라는 뜻이지만 여기서는 제비집에 대한 비유어로 쓰였다.
241. '王'자가 없는 판본도 있다.

所也. 晏殊詩, 繭館蠶初起, 瑤箱燕未歸.[242]

조서를 공포하니 꽃이 피어나다[선조화발(宣詔花發)] 천수(天授)[243] 2년 섣달에 칙천무후(則天武后)가 조서를 공포하여 말하기를, "내일 아침에 상원(上苑)으로 나들이 가려는데, 화급히 봄이 왔음을 알게 하라. 꽃은 모름지기 밤을 이어 피어나되, 새벽바람이 불기를 기다리지 말지어다"라고 하였다. 이른 아침에 이름난 꽃들이 모두 피었다.《탁이기(卓異記)》

天授二年臘, 則天宣詔曰, 明朝遊上苑, 火急報春知. 花須連夜發, 莫待曉風吹. 凌晨名花皆發.〈卓異記〉[244]

갈고(羯鼓)[245]로 꽃을 재촉하다[갈고최화(羯鼓催花)] 명황(明皇) 시절에 봄경치가 산뜻하고 아름다웠다. 황제가 말하기를, "이 풍경을 대하고 어찌 그와 더불어 감상하지 않을 수 있겠는가?"라 하고 명을 내려 갈고(羯鼓)를 (가져오게 하여) 잡고는 직접 곡(曲)을 만들었는데 제목이 '춘광호(春光好: 봄빛이 좋아라)'였다. 버드나무와 살구나무를 돌아보았더니 모두 (꽃이) 피어났다. 웃으면서 말하기를, "이 일로 나를 하느님이라고 부르지 않는 것이 가당하겠는가?"라고 하였다.《갈고록(羯鼓錄)》

明皇時, 春景明媚. 帝曰, 對此, 豈可不與他判斷. 命取羯鼓, 自製曲, 名春光好. 回顧柳杏, 皆發. 笑曰, 此事不喚我作天公可乎.〈羯鼓錄[246]〉[247]

봄나들이 즐길 때 꽃이 피다[탐춘개화(探春開花)] 장안(長安)의 젊은 남녀들이 봄철이면 꽃을 다투는 놀이를 하였는데 기이한 꽃을 (머리에) 많이 꽂은 자를 승자(勝者)로 삼았다. (그리하여) 모두들 천금의 돈으로 이름난 꽃을 사다가 뜰 안에 심었다. 정월 대보름 무렵에 수레를 타거나 말을 타고 교야(郊野)로 가서 탐춘(探春)[248]의 연회(宴會)를 가졌다.《천보유사(天寶遺事)》

長安士女, 春時鬪花, 以奇多者爲勝. 皆以千金市名花, 植於庭中. 正月半, 乘車跨馬, 適郊野中, 爲探春之宴.〈天寶遺事[249]〉[250]

괄향사(括香使)[251] 목종(穆宗)은 궁중에 옥잠화(玉簪花)가 피면 쌍 층의 꼭대기가 있는 휘장으로 덮어 가리고, 석춘어사(惜春御史)[252]를 두어 관장하게 하였는데 호를 붙이기를, '괄향사(括香使)'라 하였다.

穆宗宮中玉簪花開, 以重頂帳蒙蔽, 置惜花[253]御史掌之, 號曰括香使.[254]

이춘함(移春檻)[255] 양국충(楊國忠)의 자제(子弟)들이 봄철이면 이름난 꽃을 옮겨다가, 나무로 만든 우리 안에 심었는데 그 아래에 수레바퀴를 달아 비단 끈으로 당기면 가는 곳까지 저절로 따라왔다. 호를 붙이기를, '이춘함(移春檻)'이라 하였다.《개원유사(開元遺事)》

242.《산당사고(山堂肆考)》 권8. 안수(晏殊)의 시(詩)는 제목이 확인되지 않는다.
243. 천수(天授): 당(唐) 예종(睿宗)의 연호(690-692)이다.
244.《고금사문유취(古今事文類聚)·전집(前集)》 권6.
245. 갈고(羯鼓): 타악기의 하나. 크기와 모양이 장고와 비슷하나, 양면을 흑양(黑羊: 羯)의 가죽으로 메워 대(臺) 위에 올려놓고 두 개의 채로 친다.
246.《갈고록(羯鼓錄)》: 당(唐)의 남탁(南卓)이 엮은 책 이름.
247.《고금사문유취(古今事文類聚)·전집(前集)》 권6.
248. 탐춘(探春): 당송(唐宋) 시기에 이른 봄의 교외 나들이를 칭하던 말로, 봄의 경치를 찾아다니며 구경한다는 뜻이다.
249.《천보유사(天寶遺事)》: 정식 명칭은 《개원천보유사(開元天寶遺事)》이다.
250.《고금사문유취(古今事文類聚)·전집(前集)》 권6.
251. 괄향사(括香使): '향기를 감독하는 관리'라는 뜻이다.
252. 석춘어사(惜春御史): 당대(唐代)의 관명(官名)으로 궁중의 꽃나무를 관장하였다.
253. '花'는 '春'의 잘못이다.
254.《산당사고(山堂肆考)》 권8.
255. 이춘함(移春檻): '봄을 옮기는 우리'라는 뜻이다.

楊國忠子弟, 春時, 移名花, 植木檻中, 下設輪脚, 挽以綵絙, 所至自隨, 號移春檻.〈開元遺事256〉257

기름 바른 장막을 곁들인 봄나들이[유막춘유(油幕春遊)] 장안(長安)의 부귀한 집 놀기 좋아하는 젊은이들은 매년 봄철로 나들이하며 연회를 할 때가 되면, 동산 안에 천막을 설치하고 기름 바른 장막(帳幕)을 싣고 따라오게 하였다. 혹 음산하게 내리는 비를 만나면 기름 바른 장막으로 천막을 덮어 원 없이 즐기다가 돌아갔다.《천보유사(天寶遺事)》

長安貴遊子弟, 每至春時遊宴, 供帳於園圃中, 隨行載以油幕. 或遇陰雨, 以幕覆之, 盡歡而歸.〈天寶遺事〉258

1월 正月

• 《예기(禮記) · 월령(月令)》의 기록이다. 정월에 진(辰)259은 영실성(營室星)260의 성좌(星座)에 있으며, 저녁에는 삼성(參星)261이 남방의 중앙에 있고, 아침에는 미성(尾星)262이 남방의 중앙에 있다. 봄날의 천간(天干)은 갑(甲)과 을(乙)이고, 그 상제(上帝)는 태호(太皥)263이며, 그 (아래의) 신(神)264은 구망(句芒)265이다. 그 음률은 12율 가운데 태주(大蔟)266에 해당한다. 천자(天子)는 설날에 상제에게 오곡의 풍양(豊穰)을 빈다. 왕이 명하여 농사를 선포하며, 땅의 의당한 바, 오곡을 심을 만한 곳을 잘 살펴 백성들에게 농사일을 교도(敎導)한다. 악정(樂正)267에게 명하여 국학(國學)에 들어가 문무(文武)의 춤을 가르쳐 익히게 한다. 벌목을 금지하며, 둥지를 뒤집어 새를 잡지 못하게 하고, 애벌레 및 새끼를 밴 조수(鳥獸)를 잡지 못하게 하며, 갓난 짐승이나 처음으로 나는 새를 죽이지 못하게 한다. 이달에는 전쟁을 일으켜서는 안 되는데 전쟁을 일으키면 반드시 하늘의 재앙을 받는다. 전쟁을 일으키지 말도록 하되, 나로부터 먼저 전쟁을 시작해서는 안 된다. 하늘의 도(道)를 변역(變易)하지 말아야 하며, 땅의 이치를 끊지 말아야 하고, 사람이 지켜야 할 기강(紀綱)을 어지럽히지 말아야 한다.

月令. 孟春之月, 日在營室, 昏參中, 旦尾中. 其日甲乙, 其帝太皥, 其神句芒. 律中大蔟. 天子乃以元日祈穀于上帝. 命布農事, 善相土地所宜, 五穀所殖, 以敎道民. 命樂正入學習舞. 禁止伐木, 毋覆巢, 毋殺孩蟲胎夭飛鳥, 毋麛, 毋卵. 是月也, 不可以稱兵, 稱兵必天殃. 兵戎不起, 不可從我始. 毋變天之道, 毋絶地之理, 毋亂人之紀.268

• 백성들을 모아서도 안 되고, 백성들을 성곽에 두어서도[두고 일을 시켜서도] 안 되며, 행려자(行旅

256. 《개원유사(開元遺事)》: 정식 명칭은 《개원천보유사(開元天寶遺事)》이다.
257. 《고금사문유취(古今事文類聚) · 전집(前集)》 권6.
258. 《고금사문유취(古今事文類聚) · 전집(前集)》 권6.
259. 진(辰): 해와 달. 혹은 해와 달이 만나는 곳을 가리키는 말이다.
260. 영실성(營室星): 이십팔수(二十八宿) 가운데 열셋째 별자리인 실수(室宿)를 가리킨다.
261. 삼성(參星): 이십팔수 가운데 스물한 번째 별자리의 별들.
262. 미성(尾星): 이십팔수 가운데 여섯째 별자리에 있는 별들.
263. 태호(太皥): 복희씨(伏羲氏)를 가리킨다. 복희씨는 목덕(木德)으로 왕 노릇을 했기 때문에 봄을 맡은 상제가 되었다.
264. 신(神): 상제를 보좌하는 신.
265. 구망(句芒): 소호씨(少皥氏)의 아들로 목(木)을 맡은 목관(木官)이 되었다. 그리하여 봄의 신이 되었다.
266. 태주(大蔟/太簇): 동양 음악에서 12율의 셋째 음. 육률(六律)의 하나로 방위는 인(寅), 절후는 음력 1월에 해당한다.
267. 악정(樂正): 음악(音樂)을 관장하는 장관(長官).
268. 이 부분은 《예기(禮記) · 월령(月令)》의 내용을 발췌하여 기술한 것이다. 이하 12월까지 모두 같다.

者)의 시체는 가리고 묻어 주게 한다.

毋聚大衆, 毋置城郭, 掩骼埋髊.[269]

- 《대대례기(大戴禮記)·하소정(夏小正)》의 기록이다. 정월이면 겨울잠을 자던 벌레들이 깨어나며, 꿩이 날개를 치며[('震'은) 날개를 치는 것이다.] 울고, 이따금 대풍['浚'은 대풍(大風), 남풍(南風)이다.]이 분다.

夏小正. 正月, 啓蟄, 雉震[鼓翼]呴, 時有浚風.[浚者, 大風, 南風.][270]

- 《양원제찬요(梁元帝纂要)》의 기록이다. (정월은) 월건(月建)[271]이 '인(寅)'인데 '寅'은 '나루[津]'이다. 생물의 나루이자 길임을 말한 것이다.

纂要. 斗建寅, 寅, 津也. 謂生物之津途也.[272]

- 《수서(隋書)》의 기록이다. 〈청제가(青帝歌)〉에서, "(동쪽) 궁정(宮廷)에 우레가 처음으로 울렸으니, 목덕(木德)[273]이 오직 어진 것. 신령스러운 용이 아침이니 깨어나라 경계시키니, 조력(鳥曆)[274]은 본디 봄의 일을 관장하는 관리"라고 하였다.

隋. 青帝歌, 震宮初動, 木德惟仁. 龍精戒旦, 鳥曆司春.[275]

- 《관자(管子)》의 기록이다. 정월 초하루 아침에 임금은 조정(朝廷)의 의론(議論)을 듣고 벼슬과 상을 내린다.

管子. 孟春之朝, 君聽朝論, 爵賞.[276]

- 북두칠성의 자루가 동쪽을 가리키면 천하는 모두 봄이다.《갈관자(鶡冠子)》

斗柄東指, 天下皆春.〈鶡冠子〉[277]

- 정월은 한 해의 시작. 온화한 바람이 처음으로 통하고, 그 펼쳐짐엔 화목함이 있네.《문선(文選)》

孟春之月, 惟歲權輿. 和風初暢, 有穆其舒〈選[278]〉[279]

- 《대대례기(大戴禮記)》의 기록이다. 천자는 정월에 관리들의 덕행과 공능(功能)을 논한다.

大戴禮. 天子, 孟春之月, 論吏之德行功能.[280]

- 세 개의 정월이 양기(陽氣)를 비로소 퍼지게 하여 만물이 비로소 움직인다.《백호통의(白虎通義)》

三微月, 令陽氣始施, 萬物始動.〈白虎通〉[281]

- 《한서(漢書)》에서 말하기를, "정월에는 무리지어 살던 자들이 장차 흩어지게 되는데, 행인 가운데 어떤 이는 나무로 만든 큰 방울을 흔들며 길을 따라가면서 노래를 채집하여 천자에게 알린다.

漢書曰, 孟春之月, 群居者將散, 行人振木鐸徇於路, 以采詩, 聞於天子.[282]

- 이달을 맹춘(孟春), 맹양(孟陽), 맹추(孟陬), 상춘(上春), 발춘(發春), 헌춘(獻春), 헌세(獻歲), 조세(肇歲), 방세(芳歲), 화세(華歲), 단월(端月), 추월(陬月)이라 한다.

---

269. 《여씨춘추(呂氏春秋)》 권1.
270. 《초학기(初學記)》 권3.
271. 월건(月建): 해당 달에 배당되는 지지(地支). 지(支)를 월명(月名)에 고정시키는 이유는 1년이 12개월이고 지(支)의 수도 12개이며 윤달에는 월건을 배당하지 않았기 때문이다.
272. 《산당사고(山堂肆考)》 권8.
273. 목덕(木德): 수(隋)나라는 국성(國姓)이 '양씨(楊氏)'여서 목덕으로 흥한 나라가 된다.
274. 조력(鳥曆): 시후(時候) 등의 일을 맡아보는 관리라는 뜻으로 쓰인 말임.
275. 《수서(隋書)·음악지(音樂志)》
276. 《관자(管子)·입정(立政)》
277. 《갈관자(鶡冠子)》 권上.
278. 이 부분은 위문제(魏文帝)의 〈등성부(登城賦)〉의 한 대목인데 《문선(文選)》에는 수록되지 않았다.
279. 《예문유취(藝文類聚)》 권63.
280. 《산당사고(山堂肆考)》 권8.
281. 《고금사문유취(古今事文類聚)·전집(前集)》 권6.
282. 《한서(漢書)·식화지(食貨志)》. "以采詩" 다음에 "獻之大師, 比其音律"이 생략되었다.

是月, 曰孟春孟陽孟陬上春發春獻春獻歲肇歲芳歲華歲端月陬月.[283]

하늘을 기워 꿰매다[보천천(補天穿)] 강동(江東)의 민간에서는 정월 20일을 하늘을 꿰매는 날이라 하여, 붉은 실로 전병(煎餠)과 같은 음식을 묶어 옥상에 두는 것을 일러 하늘을 기워 꿰맨다고 한다.《습유기(拾遺記)》

江東俗號正月二十日爲天穿, 以紅縷繫煎餠餌置屋上, 謂之補天穿.〈拾遺記〉[284]

가난한 귀신이 없도록[제빈귀(除貧鬼)] 고양씨(高陽氏)[285]의 아들이 헤진 옷을 입고 죽을 먹기를 좋아하였는데 정월 그믐날에 거리에서 죽었다. 세상에서는 이날에 죽과 찢어진 옷을 마련하여 거리에 버리면서 기원하기를, "가난한 귀신이 없도록"이라고 한다.

高陽氏子, 好衣弊食糜, 正月晦日巷死. 世於是日, 作糜粥破衣棄於巷, 祝曰除貧鬼.[286]

입춘 立春

• 《예기(禮記)·월령(月令)》의 기록이다. 입춘(立春) 날에는 천자가 반드시 친히 삼공(三公)과 구경(九卿) 및 제후(諸侯)와 대부(大夫)들을 거느리고 나가 동쪽들에서 봄을 맞이한다.

月令. 立春, 天子必親帥三公九卿諸侯大夫以迎春於東郊.

• 수레며 깃발, 복식(服飾)이 모두 푸른색이며, 청양(靑陽)[287]의 노래를 부르고, 운교(雲翹)[288]의 춤을 춘다.

車旗服飾皆靑, 歌靑陽, 舞雲翹之舞.[289]

갈대청 재[가비회(葭飛灰)] 입춘 날에 갈대청의 재로 율관(律管)[290]의 끝을 채우는데 절기(節氣)가 이르면 재가 날아간다.《속한서(續漢書)》

立春之日, 以葭莩灰實律之端, 氣至則灰飛.〈續漢書〉[291]

토우(土牛)를 만들다[출토우(出土牛)] 《예기(禮記)·월령(月令)》의 기록이다. 섣달에 토우(土牛)를 만들어 찬 기운을 끝내게 하여['出'은 만드는 것이다. '送'은 끝내는 것이다.] 농사의 빠르고 늦음을 보인다.

月令. 季冬之月, 出土牛以送寒氣[出, 猶作也. 送, 猶畢也.], 以示農耕之早晩.[292]

입춘 5일 전에 대문 밖에서 토우(土牛)와 밭을 가는 장정, 쟁기와 같은 도구를 만든다. 이날 여명(黎明)에 유사(有司)는 단(壇)을 만들고 제(祭)를 올리게 되는데, 선농관(先農官)들이 각기 비단으로 만든

283. 《산당사고(山堂肆考)》 권8.
284. 《고금사문유취(古今事文類聚)·전집(前集)》 권6.
285. 고양씨(高陽氏): 중국(中國) 고대(古代) 전설상의 제왕(帝王). 황제(黃帝)의 손자로, 그에 이어 20세에 임금 자리에 올라 처음 고양(高陽)에 나라를 일으켰으므로 고양씨(高陽氏)라 부르게 되었다.
286. 《산당사고(山堂肆考)》 권8.
287. 청양(靑陽): 옛날에 봄으로 교사(郊祀)를 지낼 때 불렀다는 악부(樂府)의 제목이다. '靑陽'은 봄날을 가리키는 말이다.
288. 운교(雲翹): 제사를 올릴 때 추었다는 악무(樂舞) 이름.
289. 《후한서(後漢書)·제사지(祭祀志)》
290. 율관(律管): 음악에 쓰는 율(律), 즉 기본이 되는 음을 불어서 낼 수 있는 원통형의 대나무 관. 예전에, 동양에서 음의 높낮이를 정하기 위하여 썼다. 12율의 각 음에 해당하는 열두 개의 가는 대통을 한 벌로 사용하였다.
291. 《고금사문유취(古今事文類聚)·전집(前集)》 권6.
292. "出土牛以送寒氣"가 《예기(禮記)·월령(月令)》의 본문이며 나머지는 보충한 것이다.

의장(儀仗)을 갖추고 빙 두르며 소를 세 번 때리는 것은, 농경(農耕)을 권장하는 뜻을 보이기 위함이다.

立春前五日, 竝造土牛耕夫犂具於大門之外. 是日黎明, 有司爲壇以祭, 先農官吏各具綵仗, 環擊牛者三, 所以示勸耕之意.[293]

춘번(春幡)[294]과 채승(綵勝)[295][춘번채승(春幡綵勝)] 《후한서(後漢書)·예의지(禮儀志)》의 기록이다. 입춘 날에 큰 글씨를 내리면 춘번(春幡)으로 만들어 세웠다.《후한서(後漢書)·예의지(禮儀志)》

後漢. 立春之日, 下寬大之書, 立春幡.〈禮儀志〉[296]

당(唐)나라 제도에 입춘이면 삼성(三省)[297]의 관리들에게 채승(綵勝)을 하사하였는데 각기 차등이 있었다.《문창잡록(文昌雜錄)》

唐制, 立春, 賜三省官綵勝, 各有差.〈文昌雜錄〉[298]

날 야채를 먹다[식생채(食生菜)] 동진(東晉)의 이악(李鄂)은 입춘 날에 무와 미나리 싹으로 나물(반찬)을 만들라고 명하고는 춘반(春盤)[299]으로 먹게 보내주었다.《당척언(唐摭言)》

東晉李鄂, 立春日命以蘆菔芹芽爲菜, 盤相饋貺.〈摭言〉[300]

당(唐)나라는 입춘 날에 봄 떡과 날 야채를 (공물로) 바쳤는데 이름 붙이기를, 춘반(春盤)이라 하였다.《사시실경(四時實鏡)》

唐, 立春日, 薦春餠生菜, 號春盤.〈四時實鏡〉[301]

제(齊)나라 사람들은 입춘 날에 날 야채를 먹었는데, 새로운 것을 맞이한다는 뜻을 취한 것이다. 소동파(蘇東坡)의 시에, "점점 동풍이 느껴지지만 아직은 조금 찬데, 제비쑥[302]과 노란 부추가 춘반(春盤)으로 버무려지네"라고 하였다.

齊人, 立春日, 食生菜, 取迎新之意. 坡詩, 漸覺東風料峭寒, 靑蒿黃韭簇春盤.[303]

봄꽃을 하사하다[사춘화(賜春花)] 당(唐) 경룡(景龍)[304] 4년 입춘에 주상이 시신(侍臣)들과 함께 봄맞이를 하고서 (궁) 안에서 채색된 명주로 만든 꽃나무를 꺼내어 사람들에게 한 가지씩 (잘라) 하사하고는 학사(學士)들에게 시를 짓게 하였다. 송지문(宋之問)[305]이 이르기를, "금년의 봄빛이 좋으리라는 것은, 응당 가위로 봄을 재촉한 때문이리"라고 하였다.

唐景龍四年立春, 上令侍臣迎春, 內出綵花樹, 人賜一枝, 令學士賦詩. 宋之問云, 今年春色好[306], 應爲剪刀

---

293. 《고금사문유취(古今事文類聚)·전집(前集)》 권6.
294. 춘번(春幡): 봄에 걸거나 세우는 깃발. 입춘 날에 주로 나무 끝에 걸었는데 아주 작게 만든 것은 채승(綵勝)과 마찬가지로 머리에 꽂기도 하였다. 봄을 맞이한다는 뜻을 담고 있다.
295. 채승(綵勝): 일종의 장식물로 입춘 날에 오색의 종이나 명주를 잘라 작은 깃발이나 제비, 나비, 금전(金錢)의 형상을 만들어 상투 위에 꽂던 것이다. 이 역시 봄을 맞이한다는 뜻을 담고 있다.
296. 《고금사문유취(古今事文類聚)·전집(前集)》 권6. 《후한서(後漢書)·예의지(禮儀志)》에는 이와 관련된 내용이 확인되지 않는다.
297. 삼성(三省): 당나라 때에 최고의 의정(議政) 기관이었던 중서성(中書省)과 문하성(門下省), 상서성(尙書省)을 함께 이르는 말.
298. 《고금사문유취(古今事文類聚)·전집(前集)》 권6.
299. 춘반(春盤): 입춘 날에 누른빛이 도는 부추, 즙이 나는 과일과 마른 과일, 떡 등을 버무려 만든 음식. 간혹 친구들에게 보내주기도 하였다.
300. 《고금사문유취(古今事文類聚)·전집(前集)》 권6.
301. 《고금사문유취(古今事文類聚)·전집(前集)》 권6.
302. 제비쑥: 국화과의 여러해살이풀. 높이는 30-90cm이며 잎은 어긋나고 쐐기 모양이다. 7-9월에 연노랑 꽃이 원추(圓錐) 꽃차례로 피고 애순은 식용한다.
303. 《고금사문유취(古今事文類聚)·전집(前集)》 권6. 소식(蘇軾)의 시 제목은 〈송범덕유(送范德孺)〉이다.
304. 경룡(景龍): 당(唐) 중종(中宗)의 연호(707-710)이다.
305. 송지문(宋之問): 초당(初唐)의 시인으로 자는 연청(延淸)이다. 율시(律詩)의 격률 정비에 진력해 심전기(沈佺期), 두심언(杜審言) 등과 더불어 초당 후반의 문단에서 율시 유행의 선구로 공이 컸다.

催.[307]

봄 제비를 머리에 꽂다[대춘연(戴春燕)] 입춘 날에 모두들 채색된 명주를 잘라 제비를 만들어 머리에 꽂는다. 왕기공(王沂公)[308]의 춘첩자(春帖子)[309]에서 이르기를, "채색 명주 제비로 봄을 맞으니 제비가 살쩍에 들어와 나는데, 가벼운 한기가 있어 금실로 만든 옷 아직 놓지 못하네"라고 하였다. 구양수(歐陽修)가 이르기를, "비녀 찌른 머리에 제비가 이미 왔음을 함께 기뻐하노라"라고 하였다. 정의부(鄭毅夫)가 이르기를, "한(漢)[310]의 궁전에서 비녀를 다투던 한 쌍의 채색 명주 제비가, 봄빛이 비녀 찌른 머리에 올랐음을 함께 아네"라고 하였다.《형초세시기(荊楚歲時記)》

立春日, 悉剪綵爲燕以戴之. 王沂公春帖子云, 綵燕迎春入鬓飛, 輕寒未放縷金衣. 歐陽公云, 共喜釵頭燕已來. 鄭毅夫[311]云, 漢殿鬪簪雙綵燕, 併知春色上釵頭.〈荊楚歲時記〉[312]

집무실을 비운 상태에서 올린 첩자(帖子)[313][허각첩자(虛閣帖子)] 온성황후(溫成皇后)가 막 세상을 떠났는데 때마침 입춘이어서 춘첩자를 올리게 되었다. 이 무렵에 구양수(歐陽修)와 왕우(王瑀)는 함께 빈소(殯所)에 있느라 그 집무실을 비워 두었기 때문에 (춘첩자를) 올리지 않았다. 조금 후에 교지(敎旨)가 있어 (춘첩자를) 올리게 하였다. 왕우가 재빠르게 입에서 나오는 대로 한 수 지어 이르기를, "옛날에 듣기로 바다 위에 신선이 사는 산이 있어, 안개에 누대(樓臺)가 잠기고 해와 달도 한가하다 하였는데, 꽃 아래서 옥과 같은 얼굴 길이 늙지 않으리니, 응당 봄빛은 인간 세상보다 나을 것이리"라고 하였다. 구양수가 그의 민첩하고 아름다운 재능에 감탄하였다.《은거시화(隱居詩話)》

溫成皇后初薨, 會立春, 進帖子. 是時, 歐陽修王瑀同在輪苑以其虛閣, 故不進. 俄有旨, 令進. 王瑀遽口占一首云, 昔聞海上有仙山, 烟鎖樓臺日月閑. 花下玉容長不老, 只應春色勝人間. 歐公嘆其敏麗.〈隱居詩話[314]〉[315]

첩자(帖子)로 간언(諫言)을 하다 [첩자규간(帖子規諫)] 한림원(翰林院)[316]의 춘사(春詞)[317]로 황제의 처소로 가는 것이 여섯 편이었는데 그 가운데 한 편에서 이르기를, "아득한 천지의 조화가 시절과 더불어 새로워, 뿌리를 붙인 것이든 떠서 흐르는 것이든 한가지로 기운이 고르네. 만물이 조각한 것처럼 정교할 필요가 없는 것은, (황제께서) 일신을 공근(恭謹)히 하시어 깊은 인정(仁政)을 펴신 듯하기 때문"이라고 하였다. 황후의 처소로 가는 것은 다섯 편이었는데 그 가운데 한 편에서 이르기를, "봄옷에 혜초(蕙草)나 난초(蘭草)와 같은 향 풀을 쓸 필요가 없는

306. '好'가 '早'로 된 판본도 있다.

307. 《고금사문유취(古今事文類聚)·전집(前集)》 권6. 송지문(宋之問)의 시 제목은 〈입춘일시연내출전채화응제(立春日侍宴內出剪綵花應制)〉이다.

308. 왕기공(王沂公): 송(宋)의 왕증(王曾). '沂公'은 그의 봉호(封號)이다.

309. 춘첩자(春帖子): 입춘 날 대궐 안 기둥에 써 붙이던 주련(柱聯). 연잎과 연꽃의 무늬가 있는 종이에 제술관(製述官)이 지은 축하시를 써서 붙였다. 간단히 춘첩(春帖)이라고도 하는데 정식 명칭은 '춘단첩자(春端帖子)'이다.

310. 한(漢): 당(唐)을 비유적으로 표현한 말.

311. 정의부(鄭毅夫): 송(宋)의 정해(鄭獬). '毅夫'는 그의 자이다.

312. 《고금사문유취(古今事文類聚)·전집(前集)》 권6. "立春日, 悉剪綵爲燕以戴之"가 《형초세시기(荊楚歲時記)》의 기록이다.

313. 첩자(帖子): 앞서 설명한 춘첩자(春帖子) 등을 모두 포괄하는 개념으로 주요 명절이나 궁중의 연회 등에 주로 한림원 학사들이 바치던 시로 문이나 벽, 기둥 등에 붙였다. 형식은 절구(絶句)가 많았지만 율시(律詩)도 적지 않았다.

314. 정식 명칭은 《임한은거시화(臨漢隱居詩話)》이다.

315. 《고금사문유취(古今事文類聚)·전집(前集)》 권6.

316. 한림원(翰林院): 당(唐)나라 중기 이후로 주로 조서(詔書)를 기초하는 일을 맡아보던 관아.

317. 춘사(春詞): 보통은 남녀 사이의 연정(戀情)을 담은 서신(書信)이나 문사(文辭)를 가리키지만 여기서는 입춘에 진헌(進獻)하는 시, 곧 춘첩자를 의미하는 말로 쓰였다.

것은, 옷깃에 자수(刺繡)로 수놓은 무늬가 싫지 않기 때문. 때마침 잠궁(蠶宮)에 계시며 친히 비단을 짜시니, 비로소 한 올 한 올이 모두 애쓰며 부지런히 일하신 것임을 알게 되었네"라고 하였다. 부인(夫人)[318]들의 처소로 가는 것은 네 편이었는데 그 가운데 한 편에서 이르기를, "성스러운 군주께서 진종일 친히 만 가지 정무(政務)를 처리하시고, 한가하게 지내실 적이면 오로지 청정무위(淸靜無爲)를 일삼으심에, 천 개의 문이 영원히 낮이라 봄 산은 적막하기만 할 터이니, 수레 앞에 대나무 가지 꽂을 필요가 없겠네"라고 하였다.《온공일록(溫公日錄)》

翰林春詞, 皇帝閤, 六篇, 其一曰, 漠然天造與時新, 根着浮流一氣均. 萬物不須雕刻巧, 正如恭己布深仁. 皇后閤, 五篇. 其一曰, 春衣不用蕙蘭薰, 領緣無煩刺繡紋. 會在蠶宮親織就, 方知縷縷盡辛勤. 夫人閤, 四篇. 其一曰, 聖主終朝親萬幾, 燕居專事養希夷. 千門永晝春岑寂, 不用車前插竹枝.〈溫公日錄〉[319]

'의춘(宜春)[320]'이라는 글자를 문에 붙이다[첩의춘자(貼宜春字)] 입춘 날에 '의춘(宜春)'이라는 글자를 문에 붙였다. 왕기공(王沂公)이 황제의 처소로 보낸 입춘 첩자에서 이르기를, "북쪽 땅의 음기가 다하여, 문이란 문마다 화창하고 맑은 기운이 새롭네. 해마다 궁전 안에도, 황제께서 친히 쓰신 '의춘(宜春)'이라는 글자를 붙였으면!"이라고 하였다.《형초세시기(荊楚歲時記)》

立春日, 貼宜春字于門. 王沂公皇帝閤立春帖字云, 北陸陰氣盡, 千門淑氣新. 年年金殿裏, 寶字貼宜春.〈荊楚歲時記〉[321]

금박과 은박을 한 채승(彩勝)[322][금은번승(金銀幡勝)] 입춘 날에 낭관(郎官)[323], 어사(御史), 시감(寺監)[324]에 소속된 정관(正官)과 부관(副官) 이상의 관원들에게 모두 봄 채승(彩勝)을 내리는데, 비단으로 만든 것이다. 재상(宰相)과 친왕(親王)[325], 근신(近臣)[326]들에게는 금박과 은박을 한 채승을 내리는데, 입궐(入闕)하여 하례(賀禮)가 끝나면 머리에 꽂고 사저(私邸)로 돌아간다. 주미성(周美成)[327]의 춘첩자에서 이르기를, "난새가 끄는 수레와 푸른 깃발이 있는 전각(殿閣)은 넓기만 한데, 제사 담당 관리들이 제사에 사용한 옥기(玉器)가 봄 제단(祭壇)을 내려오네. 새벽에 물고기 모양의 자물쇠를 열어 조회(朝會)할 사람들이 모이니, 채승이 백관(百官)의 관모(冠帽)에서 나부끼누나"라고 하였다.《동경몽화록(東京夢華錄)》

立春日, 自郎官御史寺監長貳以上, 皆賜春幡勝, 以羅爲之. 宰執親王近臣, 皆賜金銀幡勝, 入賀訖, 戴歸私第. 周美成春帖子云, 鸞輅靑旂殿閣寬, 祠官奠璧下春壇. 曉開魚鑰朝衣集, 綵勝飄揚百辟冠.〈夢華錄〉[328]

매운맛을 내는 다섯 가지 양념으로 만든 요리[오신

---

318. 부인(夫人): 황제의 첩(妾)을 일컫는 말.
319. 《고금사문유취(古今事文類聚)·전집(前集)》 권6.
320. 의춘(宜春): 봄에 적당하다, 혹은 봄날에 잘 적응한다는 뜻이다.
321. 《고금사문유취(古今事文類聚)·전집(前集)》 권6. "立春日, 貼宜春字于門"이 《형초세시기(荊楚歲時記)》의 기록이다.
322. 채승(彩勝): 금박과 은박을 한 실이나 오색 비단실로 가늘게 꼰 실로 봄이 왔음을 경축할 목적으로 쓰는 장식물이다. '번승(幡勝)'은 '채승'과 뜻이 같다.
323. 낭관(郎官): 시랑(侍郎), 낭중(郎中) 등의 관료를 함께 일컫는 말이다. 당(唐)나라는 육부(六部)에 낭관, 낭중 외에 별도로 원외랑(員外郎)을 두었다.
324. 시감(寺監): 태상시(太常寺), 광록시(光祿寺), 장작감(將作監), 도수감(都水監) 등 시(寺)와 감(監)급 관서를 아울러 이르는 말.
325. 친왕(親王): 황제의 아들이나 형제.
326. 근신(近臣): 임금을 가까이에서 모시는 신하.
327. 주미성(周美成): 송(宋)의 주방언(周邦彦). '美成'은 그의 자이다.
328. 《고금사문유취(古今事文類聚)·전집(前集)》 권6.

반(五辛盤)329] 안정군왕(安定郡王)은 입춘 날이 되면 매운맛을 내는 다섯 가지 양념으로 된 요리를 만들었으며, 황감(黃柑)330으로 술을 빚고는 '동정호(洞庭湖)의 봄빛'이라 하였다. 소동파(蘇東坡)의 시에서 이르기를, "매운 요리에는 파란 부추가 들었고, 섣달 술은 황감으로 빚은 것"이라고 하였다.《당척언(唐摭言)》

安定郡王, 立春日, 作五辛盤, 以黃柑釀酒, 謂之洞庭春色. 坡詩云, 辛盤得靑韭, 臘酒是黃柑.〈摭言〉331

설날 元日

- 첫째 달 첫날.《서경(書經)》

  正月上日〈書〉

- 하(夏)나라는 동이 틀 때를 하루의 시작으로 삼고, 은(殷)나라는 닭이 우는 때를 하루의 시작으로 삼고, 주(周)나라는 한밤중을 하루의 시작으로 삼았기 때문에 삼삭(三朔)332이라 한다.《상서대전(尙書大傳)》

  夏以平明爲朔, 殷以鷄鳴爲朔, 周以夜半爲朔, 故云三朔.〈書大傳〉333

- 정월은 '단월(端月)'이고 '맹양(孟陽)'이다. 그 초하루는 '상일(上日)'로 또 '삼원(三元)'이라고도 하는데, 한 해의 으뜸이자 사시(四時)의 으뜸이고, (열두) 달의 으뜸이기 때문이다. 또 '사시(四始)'라고도 하는데, 한 해의 시작이자 사시의 시작이고, 열두 달의 시작이자 날[日]의 시작이기 때문이다. '삼조(三朝)'는 한 해의 아침과 달의 아침, 날의 아침이다.

  正月爲端月, 爲孟陽. 其一日爲上日, 亦云三元, 歲之元時之元月之元. 亦云四始, 歲之始時之始月之始日之始. 三朝, 歲之朝月之朝日之朝.334

- 정월 초하루는 천랍절(天臘節)335이다.

  正月一日, 爲天臘節.336

폭죽이 귀물(鬼物)을 놀라게 하다[폭죽경귀(爆竹驚鬼)] 서쪽 지방 깊은 산속에 사람이 있어 키가 여덟 자 가량이 되는데 사람을 건드리면 한증(寒症)과 열증(熱症)이 뒤섞여 나타나는 병을 앓게 하며, 그 이름이 산조(山膘)이다. 사람들이 대나무로 (폭탄을 만들어) 그 안에 불을 붙이면 불이 타다가 터지면서 소리를 내게 되는데 산조가 이 소리에 놀라 두려워 한다.《신이경(神異經)》

西方深山中有人, 長尺餘, 犯人則病寒熱, 名曰山膘. 人以竹著火中, 熚烞有聲, 而山膘驚憚.〈神異經〉337

초백주(椒柏酒)338를 마시다[음초백주(飮椒柏酒)]

329. 오신반(五辛盤): '오신채(五辛菜)'라고도 한다. 매운맛을 내는 다섯 가지 양념은 파[蔥], 마늘[蒜], 부추[韭], 요호[蓼蒿: 무엇을 지칭하는지 확실하지 않음.], 겨자[芥]를 가리킨다.

330. 황감(黃柑): 잘 익어서 황금빛이 나는 홍귤.

331. 《고금사문유취(古今事文類聚)·전집(前集)》 권6. 소식(蘇軾)의 시 제목은 〈입춘일소집정이단숙(立春日小集呈李端叔)〉이다.

332. 삼삭(三朔): 세 가지의 초하루라는 뜻이지만 통상 정월 초하루라는 의미로 쓰인다.

333. 《산당사고(山堂肆考)》 권8.

334. 《고금사문유취(古今事文類聚)·전집(前集)》 권6의 내용을 요약하여 기술한 것인데 '四始'에 관한 언급은 여기에 보이지 않는다. 《사기(史記)·천관서(天官書)》에서 "立春日, 四時之始也. 四始者, 候之日"이라 한데 대해 장수절(張守節)의 《사기정의(史記正義)》에서 "謂正月旦, 歲之始, 時之始, 日之始, 月之始, 故云四始"라 한 기록이 있다.

335. 천랍절(天臘節): 도가(道家)에서 하력(夏曆)의 정월 초하루를 칭하는 말이다. 《운급칠첨(雲笈七籤)》 권 37에서, "正月一日名天臘"이라 하였다.

336. 《산당사고(山堂肆考)》 권8.

337. 《고금사문유취(古今事文類聚)·전집(前集)》 권6.

정월 초하루를 일러 '정일(正日)'이라고 하는데 몸을 깨끗이 하고 조상의 사당에 제를 올릴 때에 술을 바쳐 조상신을 내리게 한다. (제사를) 마치면 집안의 높고 낮은 사람과 어른, 아이들이 차례대로 선조(의 혼령) 앞에 열을 지어 앉게 되는데, 며느리들과 증손(曾孫)들이 (먼저) 초백주가 담긴 술잔을 가장(家長)에게 각기 올린다.《최식월령(崔寔月令)》

正月一日, 是謂正日, 潔祀祖禰, 進酒降神. 畢, 乃室家尊卑大小, 以次列于先祖之前, 子婦曾孫, 各上椒酒子家長.〈崔寔月令339〉340

설날에 초백주(椒柏酒)를 드리는데, '산초(山椒)'는 옥형성(玉衡星)341의 정기(精氣)로 이를 먹으면 사람의 몸을 가볍게 하여 달릴 수 있게 한다. '잣'은 신선의 약이다. 술을 드리는 차례는 나이가 어린 자가 우선이 된다.《최식월령(崔寔月令)》

元日進椒柏酒, 椒是玉衡星精, 服之, 令人身輕能走. 栢是仙藥. 進酒次第, 以年少者爲先.〈同上〉342

도소주(屠蘇酒)를 마시다[음도소주(飮屠蘇酒)] 설날에는 도탕(桃湯)343을 마시고 부어산(敷於散)344을 드린다. 대개 복숭아는 오행(五行)의 정기(精氣)로 사악한 기운을 누르고 온갖 귀신을 제압할 수 있다. 요즘 사람들은 또 도소주(屠蘇酒)345와 교아당(膠牙餳)346을 드린다.《형초세시기(荊楚歲時記)》

元日, 服桃湯, 進敷于347散. 蓋桃者, 五行之精, 厭邪氣, 制百鬼. 今人又進屠蘇酒膠牙餳.〈歲時記〉348

도판(桃板) 부적(符籍)에 신(神)을 그리다[도부화신(桃符畫神)349] 동해 도삭산(度朔山)에 큰 복숭아나무가 있어, 서려 엉클어진 것이 3,000리가 되었다. 그 낮은 가지는 동북쪽을 향하고 있었는데 귀문(鬼門)이라 하였으며, 온갖 귀신들이 그곳으로 드나들었다. 두 신(神)이 있어 하나는 신다(神茶)라 하고 하나는 울루(鬱壘)라 하였다. 주로 여러 귀신들이 출입하는 것을 살피고 다스렸는데 (흉악한 귀신은) 잡아다가 호랑이에게 먹였다. 이에 황제(黃帝)가 이를 본 떠 복숭아나무 판자를 문 위에 세우고 신다와 울루를 그려 흉악한 귀신을 막았다.《산해경(山海經)》

東海度朔山有大桃樹, 蟠屈三千里. 其卑枝向東北, 曰鬼門, 萬鬼出入也. 有二神, 一曰神茶, 一曰鬱壘. 主閱領衆鬼之出入者, 執以飼虎. 於是黃帝法而象之, 因立桃板於門戶上, 畫神茶鬱壘, 以禦凶鬼.〈山海經〉350

닭을 그린 것을 문에 붙이다[화계첩호(畫鷄帖戶)] 정월 초하루에 닭을 그린 것을 문 위에 붙인 뒤, 갈

---

338. 초백주(椒柏酒): 산초나무 열매와 잣을 넣어 빚은 술. 섣달 그믐날 밤에 담가서 정초에 마신다.
339. '崔寔月令'은 최식(崔寔)의 《월령(月令)》을 가리킨다. 《월령》의 정식 명칭은 《사민월령(四民月令)》이다. 인용한 글과 관련되는 내용은 그 책의 〈정월(正月)〉 부분에 보인다.
340. 《고금사문유취(古今事文類聚) · 전집(前集)》 권6.
341. 옥형성(玉衡星): 북두칠성의 다섯째 별.
342. 《고금사문유취(古今事文類聚) · 전집(前集)》 권6.
343. 도탕(桃湯): 복숭아 나뭇가지를 삶아서 만든 액즙으로 옛사람들은 이 '도탕'으로 귀신을 몰아낼 수 있다고 여겼다.
344. 부어산(敷於散): 위진시기(魏晉時期)의 약 이름으로 전하는 바에 의하면 백자인(柏子仁)과 마인(麻仁), 세신(細辛), 건강(乾薑), 부자(附子)등을 써서 만드는 것이라고 한다.
345. 도소주(屠蘇酒): 도라지, 방풍, 산초, 육계를 넣어서 빚은 술. 설날 아침에 차례를 마치고 세찬(歲饌)과 함께 마시는 찬술로, 나쁜 기운을 물리친다고 한다.
346. 교아당(膠牙餳): 보리 싹으로 만든 엿으로 먹은 이에 달라붙기 때문에 붙여진 이름이다. 속설에 의하면 부엌 귀신을 전송할 때 제공하던 것이라 한다.
347. '于'는 '於'로 적는 것이 옳다.
348. 《고금사문유취(古今事文類聚) · 전집(前集)》 권6.
349. 도부화신(桃符畫神): 중국에는 설날 아침 같은 때에, 악귀를 쫓기 위하여 문짝에 복숭아나무로 만든 작은 나뭇조각을 붙이는 풍습이 있었는데 이 전통은 바로 이 신화에서 비롯된 것이다. 이때 사용하는 나뭇조각을 일컬어 도부(桃符)라 하였다. '桃符'는 복숭아나무 부적이라는 뜻이다.
350. 《고금사문유취(古今事文類聚) · 전집(前集)》 권6.

대로 엮은 새끼줄을 그 위에 매달고 도부(桃符)를 곁에 꽂아두면 온갖 귀신들이 두려워하게 된다.《형초세시기(荊楚歲時記)》

正月一日, 帖畫鷄戶上, 懸葦索於其上, 揷符于旁, 百鬼畏之.〈歲時記〉[351]

바친 비둘기를 방생하다[헌구방생(獻鳩放生)] 한단(邯鄲)의 백성들이 정월 초하루에 비둘기를 조간자(趙簡子)에게 바쳤다. 조간자가 크게 기뻐하여 그들에게 후한 상을 내렸다. 객(客)이 그 까닭을 물으니 조간자가 말하기를, "정월 초하루에 방생(放生)하는 것은 은혜가 있음을 보이는 것이기 때문이오"라고 하였다. 객이 말하기를, "백성들은 주군(主君)께서 비둘기를 방생하고자 한다는 것을 알았기 때문에 다투어 잡았습니다. (그리하여) 죽은 비둘기가 많습니다. 주군께서 만일 비둘기를 살리고자 하신다면, 백성들에게 포획을 금지시키는 것만 못합니다. 잡았다가 다시 그것을 놓아주시는 것은, 은혜와 과오가 서로 도움이 되지 못하는 경우입니다"라고 하였다.《열자(列子)》

邯鄲之民, 以正月旦獻鳩於簡子, 簡子大悅, 厚賞之. 客問其故, 簡子曰, 正旦放生, 示有恩也. 客曰, 民知君之欲放之, 故競捕之, 死者衆矣. 君如欲生之, 不若禁民勿捕. 捕而放之, 恩過不相補矣.〈列子〉[352]

종규(鍾馗)의 꿈을 꾸다[몽종규(夢鍾馗)] 당(唐) 명황(明皇)이 개원(開元)[353] 연간에 여산(驪山)에서 무예를 강습한 뒤에 취화(翠華)[354] 수레를 타고 환궁하였다. 주상이 기쁘지 않은데다 학질(瘧疾)로 인하여 낮잠을 자게 되었다. (꿈속에서) 한 조그마한 귀신이 신홍색 옷을 입고 송아지 코를 하고서는 발 하나는 맨발이고 발 하나는 신을 신었는데, 허리에는 신발 한 짝이 매달려 있었다. 대나무 부채 하나를 흔들며 양귀비(楊貴妃)의 수놓은 향주머니와 주상의 옥피리를 훔쳐, 주상 앞에서 대전(大殿)을 돌며 버릇없이 장난질을 하고 있었다. 주상이 꾸짖으며 물으니, 조그마한 귀신이 아뢰기를, "신(臣)은 허모(虛耗)입니다"라고 하였다. 주상이 말하기를, "여태 허모라는 이름을 들어본 적이 없다"라고 하자, 조그마한 귀신이 아뢰기를, "'虛'는 허공 중에서 남의 물건을 놀이처럼 훔치기를 바란 것이고, '耗'는 남들 집에 기쁜 일을 없애 근심스럽게 만든다는 것이지요"라고 하였다. 주상이 노하여 무사(武士)를 부르려고 하였더니 잠깐 사이에 큰 귀신 하나가 현신(現身)하였다. 머리에는 찢어진 모자를 쓰고 남색 도포를 걸쳤으며, 뿔로 만든 허리띠로 묶고 조화(朝鞾)[355]를 신고 있었다. 곧바로 조그마한 귀신을 잡더니 먼저 그 눈을 도려내고 그런 연후에 몸을 찢어 먹어버렸다. 주상이 큰 귀신에게 "그대는 누구인가?"라고 물었다. 아뢰기를, "신은 종남산(終南山)의 진사(進士) 종규(鍾馗)입니다. 무덕(武德)[356] 연간에 과거에 응시하였으나 합격하지 못하였는데 고향으로 돌아가는 것이 부끄러워 대궐에 머리를 부딪쳐 죽었습니다. 이 당시에 교지(敎旨)를 받들어 녹색의 도포를 하사하여 저의 장례를 치르게 하였습니다. 은혜에 감격하여 맹서하기를, 우리의 왕에게 천하에 '허모(虛耗)'하는 이변(異變)의 일이 없게 하겠노라고 하였습니다"라 하였다. 말이 끝나자 꿈에서 깨어났는데 학질이 문득 나았다. 이에 화공(畫工) 오도자(吳道子)[357]에게 조서를 내려 말하기를, "시험 삼아 꿈

---

351. 《고금사문유취(古今事文類聚)·전집(前集)》 권6.
352. 《열자(列子)·설부(說符)》
353. 개원(開元): 당(唐) 현종(玄宗)의 연호(713-741)이다.
354. 취화(翠華): 물총새의 깃털로 장식한 천자(天子)의 기(旗)나 수레 뚜껑을 뜻하는데 여기서는 수레라는 뜻으로 쓰였다.
355. 조화(朝鞾): 조회(朝會)에 갈 때 신는 가죽신.
356. 무덕(武德): 당(唐) 고조(高祖)의 연호(618-626)이다.
357. 오도자(吳道子): 오도현(吳道玄, 700?-760?). 당나라 때의 화가로 현종에게 그림재주를 인정받아 궁정화가가 되었다. 날

과 같은 것을 짐(朕)에게 그려 주시오"라고 하였다. 오도자가 교지를 받들고는 보기라도 한 것처럼 곧바로 붓으로 그림을 완성하여 진헌(進獻)하였다. 주상이 그림을 오랫동안 보더니 안석(案席)을 어루만지며 말하기를, "경(卿)도 짐과 더불어 같은 꿈을 꾼 것이구려"라 하고는 그에게 백금(百金)을 하사하였다.《당일사(唐逸史)》

明皇開元, 講武驪山, 翠華還宮. 上不悅, 因店疾, 作晝夢. 一小鬼, 衣絳犢鼻, 跣一足, 履一足, 腰懸一履. 搢一笏[358]扇, 盜太眞繡香囊及上玉笛, 繞殿奔戲上前. 上叱問之, 小鬼奏曰, 臣乃虛耗也. 上曰, 未聞虛耗之名. 小鬼奏曰, 虛者, 望空虛中盜人物如戲, 耗卽耗人家喜事成憂. 上怒, 欲呼武士. 俄見一大鬼. 頂破帽, 衣藍袍, 繫角帶, 靸朝靴. 徑捉小鬼, 先刳其目, 然後擘而啖之. 上問大者, 爾何人也. 奏曰, 臣終南山進士鍾馗也. 因武德中, 應擧不捷, 羞歸故里, 觸殿而死. 是時, 奉旨賜綠袍以葬之. 感恩發誓, 與我王除天下虛耗妖孽之事. 言訖夢覺, 店疾頓瘳. 乃詔畫工吳道子曰, 試與朕如夢圖之. 道子奉旨, 恍若有睹, 立筆成圖進呈. 上視久之, 撫几曰, 是卿與朕同夢耳. 賜與百金. 〈唐逸史〉[359]

종규(鍾馗)를 그리다[화종규(畫鍾馗)] 오도자(吳道子)가 그린 종규(鍾馗)의 그림 한 점을 얻은 자가 있어 바쳤더니 위촉주(僞蜀主)[360]가 매우 애지중지하며 늘 내실에 걸어두었다. 하루는 황전(黃筌)[361]을 불러 보게 하였더니 황전이 한 번 보고는 그 정묘(精妙)함을 칭찬하였다. 황전이 은혜에 감사해 하는 말을 마치자 (위촉주가) 말하기를, "여기 종규가 만일 엄지손가락으로 귀신의 눈알을 파낸다면 더욱 힘이 있을 것 같소. 시험 삼아 나를 위해 고쳐주시오"라고 하였다. 황전이 말하기를, "오도자가 그린 그림에서 종규는 일신(一身)의 힘과 기색, 눈의 모습이 모두 집게손가락에 있지 엄지손가락에 있는 것이 아닙니다. 그래서 감히 쉽게 고칠 수가 없습니다. 제가 지금 별도로 그림을 그린다 하더라도 옛사람이 일신의 힘과 정신을 아울러 집게손가락에 둔 것에는 미칠 수가 없습니다"라고 하였다. 맹창(孟昶)이 황전의 재능을 높이 평가하고 비단과 은그릇을 하사하였다. 《야인한화(野人閑話)》

吳道子所畫一鍾馗, 有得之者以獻, 僞蜀主甚愛重之, 常懸內寢. 一日召黃筌令看, 筌一見, 稱其精妙. 謝恩訖, 謂[362]曰, 此鍾馗若拇指搯鬼眼睛, 則更有力, 試爲我改之. 筌曰, 吳道子所畫鍾馗, 一身之力, 氣色眼貌, 俱在第二指, 不在拇指, 所以不敢輒改. 筌今別畫, 雖不及古人, 一身之力意思, 倂在拇指. 昶賞筌之能, 賜以綵段銀器.〈野人閑話〉[363]

생명을 전하다[전생(傳生)] 《법원주림(法苑珠林)》의 기록이다. 당(唐)나라 장안(長安)의 풍속에, 설날 이후로 (집을) 번갈아가며 술을 마시고 서로 초대하는 것이 있었는데 이름 붙이기를, "생명을 전하는 것"이라 하였다.

法苑珠林. 唐長安風俗, 元日以後, 遞飮酒相邀, 號傳生.[364]

사계면(絲鷄麪)[365]과 납연(蠟燕)[366][사계납연(絲鷄

카롭고 속도감 있으며 억양이 심한 필치로 그렸는데 백묘(白描)의 벽화 등이 이 경향을 대표한다.

358. '笏'은 '笏'의 오자이다.
359. 《고금사문유취(古今事文類聚) · 전집(前集)》 권6.
360. 위촉주(僞蜀主): 오대(五代) 후촉(後蜀)의 왕(王) 맹창(孟昶)을 가리킨다.
361. 황전(黃筌): 오대(五代) 때의 화가로 인물, 산수, 특히 화조에 뛰어났다. 명료한 윤곽선과 풍부한 색채를 사용한 구륵전채(鉤勒塡彩)의 장식적인 그림으로 황씨체(黃氏體)를 이룩했다.
362. '謂' 앞에 '昶'이 있는 판본도 있다.
363. 《고금사문유취(古今事文類聚) · 전집(前集)》 권6.
364. 《산당사고(山堂肆考)》 권8.
365. 사계면(絲鷄麪): 닭고기를 실처럼 가늘게 썰어 꾸미로 쓴 면(麪) 음식.

蠟燕)]　낙양(洛陽)의 민가에서 정월 초하루에 사계면(絲鷄麪)과 납연(蠟燕)을 만들고, 밀가루로 여지(荔枝) 모양의 음식[367]을 만든다.

洛陽人家, 正旦造絲鷄蠟燕, 粉荔枝.[368]

소원과 같게 해 주기를[영여원(令如願)]　어떤 상인이 청호(淸湖)[369]를 지나다가 청호군(淸湖君)[370]을 만났다. 청호군이 바라는 것을 물었을 때 누군가가 가르쳐 주며 말하기를, "그저 소원과 같은 것을 비시오"라고 하였다. 청호군이 이를 허락하여 (상인이) 마침내 여자 종 하나를 얻었는데 '여원(如願)[371]'은 바로 그녀의 이름이었다. (그녀는) 상인이 요구하는 것이 있으면 모든 것을 바칠 수 있었다. 그 후 정월 초하룻날에 여원이 늦게 일어난 일 때문에 상인이 그녀에게 매질을 하였는데 달아나 측간 안으로 들어가더니 보이지 않았다. 오늘날 정월 초하루에 가는 새끼줄에 (흙이나 나무, 도자기 등으로 만든) 인형을 묶어 측간 안으로 던지는 것을 "소원과 같게 해주기를"이라고 한다.《형초세시기(荊楚歲時記)》

有商人過淸湖, 見淸湖君. 君問所須, 有人敎云, "但乞如願". 君許之, 果得一婢, 如願卽其名也. 商有所求, 悉能致之. 後因正旦, 如願晩起, 商人撻之, 走入糞壤中不見. 今人正旦以細繩繫偶人, 投糞壤中, 云令如願.〈歲時記〉[372]

한(漢)나라가 설날 조회를 시작하다[한시원회(漢始元會)]　한(漢) 고조(高祖) 7년에 장락궁(長樂宮)[373]이 완성되자 여러 신하들이 조정에 나가 경하(慶賀)의 의례를 행하였다. 무제(武帝)가 하력(夏曆)을 고쳐 사용하기는 하였으나 또한 (정월 초하루가) 월건(月建)이 인(寅)인 달[374] 초하루에 있었던 즉, 설날에 경하를 드린 것은 한 고조에게서 비롯된 것이다.

漢高帝七年, 長樂宮成制, 群臣朝賀儀. 武帝改用夏正, 亦在建寅之朔, 則元日慶賀, 始於高[375]祖.[376]

백수준(白獸樽)[377]에 술을 따르다[작백수준(酌白獸尊)]　위(魏) 무제(武帝)가 한(漢)나라의 의례(儀禮)를 사용하여 설날에 백관(百官)들이 헌수(獻壽)[378]를 하였다. 백수준(白獸樽)을 대궐 뜰에다 마련해 두었는데, 직언(直言)을 드릴 수 있는 자만이 이 술잔을 빼 술을 마실 수 있었다. 예(禮)를 살펴보건대 '백수준'은 북제(北齊)의 유식(遺式)이다. 주상이 백호(白虎) 술잔 뚜껑을 베풀어 두었던 것은 후대(後代)에 한 일로 함부로 하지 말라는 뜻을 보인 것이다.

魏武帝用漢儀, 元日百官上壽. 設白獸尊於殿庭, 能獻

---

366. 납연(蠟燕): 이 역시 음식의 일종이나 자세한 것은 알 수 없다. 짐작컨대 음식의 모양이나 빛깔이 제비와 관련 있었을 것으로 여겨진다.
367. 원문의 "粉荔枝"는 여지에 가루를 입힌다는 말이지만 여지 모양의 음식을 뜻하는 것이므로 이처럼 옮겼다. '粉荔枝'는 줄여 '粉荔'라고도 한다.
368. 《운선잡기(雲仙雜記)·낙양세절(洛陽歲節)》
369. 청호(淸湖): 절강성(浙江省) 강산현(江山縣) 남쪽에 있었던 진(鎭) 이름.
370. 청호군(淸湖君): 청호(淸湖)에서 살고 있던 신선의 이름으로 여겨진다.
371. 여원(如願): '소원과 같은 것'이라는 뜻이다.
372. 《고금사문유취(古今事文類聚)·전집(前集)》 권6.
373. 장락궁(長樂宮): 한(漢) 고조(高祖)가 진(秦)나라의 흥락궁(興樂宮)을 고쳐 지은 궁전. 그 안에 태후의 거처였던 장신궁(長信宮)이 있었다.
374. 월건(月建)이 인(寅)인 달: 오늘날 음력 1월에 해당됨.
375. '高' 앞에 '漢'이 있는 판본도 있다.
376. 《고금사문유취(古今事文類聚)·전집(前集)》 권6.
377. 백수준(白獸樽): 곧 백호준(白虎樽)이다. 전해지는 얘기에 의하면 직언을 권장하기 위하여 만든 술잔으로 술잔 뚜껑에 백호(白虎)의 도상(圖像)이 있었다고 한다. 당(唐)나라 때에 '虎'자를 피휘(避諱)하여 '獸'로 고쳤다.
378. 헌수(獻壽): 경축일에 주인공에게 장수를 비는 뜻으로 술잔을 올리는 일. 본문에 쓰인 상수(上壽)나 칭굉(稱觥), 칭상(稱觴)은 그 이칭이다.

直言者則發此尊飮酒. 按禮, 白獸尊, 乃北齊之遺式也. 上施白獸蓋, 後代所爲, 示忌憚也.[379]

정월 초하루에 술을 마시다[세단음주(歲旦飮酒)] 요즈음 사람들은 설날에 도소주(屠蘇酒)를 마시는데, 젊은이부터 (마시기) 시작하는 것은 전해진 지가 이미 오래되었다. 속(俗)에서는, 젊은이들은 나이를 버는 것이기 때문에 먼저 마시고 이날을 경하하며, 늙은이들은 시간을 잃는 것이기 때문에 뒤에 술을 마시는 것으로 여긴다. 당(唐)나라 유몽득(劉夢得)[380]과 백낙천(白樂天)[381]이 설날에 시를 지었는데, 유몽득이 이르기를, "그대와는 동갑이지만, 설날 술은 먼저 마시는 걸 양보하게나"라고 하였다. 백거이가 이르기를, "그대와는 동갑이니, 설날 술을 누가 먼저 마셔야 합당할 꺼나?"라고 하였다. 고황(顧況)[382]이 이르기를, "늙음과 봄이 함께 이른 것을 알지 못하였는데, 손잡은 이 몇 사람이 온전할지 더욱이 슬퍼지노라. 돌아가는 배 적막한데 거울보기가 부끄러워, 손에 잡은 도소주를 소년에게 양보하였네"라고 하였다. 배이직(裴夷直)[383]이 이르기를, "나이가 치우쳐 응당 젊다는 것을 스스로 아는 까닭에, 먼저 도소주를 잡고 봄을 양보하지 않지만, 만일 다시 수년이 흘러 이날을 만나면, 도리어 응당 서글피 다른 사람을 부러워하고 있으리"라고 하였다. 성문간(成文幹)[384]이 이르기를, "머리에 별을 이고 먼저 요(堯)임금의 나이를 비는 술잔을 받들자니, 거울 속의 서리 내린 양 살쩍이 놀랄 만도 하여라. 좋기는 등불 앞에서 가볍게 실소(失笑)해도 되는 것이로되, 도소주는 응당 먼저 맛볼 수가 없다는 것"이라고 하였다. 방간(方干)[385]이 이르기를, "나이를 정하고 겨우 도소주를 따랐는데, 살쩍이 희끗희끗한 것을 좌중이 모두 웃누나"라고 하였다. 그런즉 오래된 것이다.
今人飮屠蘇酒, 自小者起, 相傳已久. 俗以小者得歲, 故先飮酒賀之, 老者失時, 故後飮酒. 唐劉夢得白樂天元日賦詩, 劉云, 與君同甲子, 歲酒讓先杯. 白云, 與君同甲子, 歲酒合誰先. 顧況云, 不覺老將春共至, 更悲携手幾人全. 還舟寂寞差[386]明鏡, 手把屠蘇讓少年.[387] 裴夷直云, 自知年紀偏應少, 先把屠蘇不讓春. 倘更數年逢此日, 還應惆悵羨他人.[388] 成文幹云, 戴星先捧祝堯觴, 鏡裏堪驚兩鬢霜. 好是燈前偸失笑, 屠蘇應不得先嘗.[389] 方干云, 纔酌屠蘇定年齒, 坐中皆笑鬢毛斑. 然則尙矣.[390]

인날 人日

• 정월 초이레가 인날인데 또 영신(靈辰)[391]이라고

379. 《고금사문유취(古今事文類聚)·전집(前集)》 권6.
380. 유몽득(劉夢得): 중당(中唐)의 시인 유우석(劉禹錫, 772-842). '夢得'은 그의 자이다.
381. 백낙천(白樂天): 중당(中唐)의 시인 백거이(白居易, 772-846). '樂天'은 그의 자이다.
382. 고황(顧況): 성당(盛唐)의 시인으로 자는 포옹(逋翁)이다.
383. 배이직(裴夷直): 중당(中唐)의 시인으로 자는 예경(禮卿)이다.
384. 성문간(成文幹): 만당(晩唐)의 시인 성언웅(成彦雄). '文幹'은 그의 자이다.
385. 방간(方干): 만당(晩唐)의 시인으로 자는 웅비(雄飛)이다.
386. '差'는 '羞'의 오자이다.
387. 시의 제목은 〈세일작(歲日作)〉이다.
388. 시의 제목은 〈희당인렬(戲唐仁烈)〉이며 또 〈세일선파도소주희수당인렬(歲日先把屠蘇酒戲酬唐仁烈)〉이라 하기도 한다.
389. 시의 제목은 〈원일(元日)〉이다.
390. 《용재수필(容齋隨筆)》 권2.
391. 영신(靈辰): 길한 날 혹은 길한 때라는 의미를 갖는 말이다.

도 한다.

正月七日爲人日, 又謂之靈辰.392

• 동방삭(東方朔)이 지은 《점서(占書)》의 기록이다. 설날 이후 8일은, 첫째 날이 닭이고, 둘째 날이 개이며, 셋째 날이 돼지이고, 넷째 날이 양이며, 다섯째 날이 소이고, 여섯째 날이 말이며, 일곱째 날이 사람이고, 여덟째 날이 곡식이다. 그 (해당) 날이 맑으면 주(主)가 되는 소생(所生)이 잘 자라지만 흐리면 재앙이 있다.

東方朔占書. 歲後八日, 一日爲鷄, 二日爲犬, 三日爲豕, 四日爲羊, 五日爲牛, 六日爲馬, 七日爲人, 八日爲穀. 其日晴, 主所生之物育, 陰則災.393

• 천지가 처음 개벽되었을 때 첫째 날에는 닭을 만들고 일곱째 날에는 사람을 만들었기 때문에 첫째 날에는 닭을 죽이지 않고, 일곱째 날에는 사람을 형벌에 처하지 않는다. 각 날의 새벽이 되면 문[우리] 앞에 이르러 소와 양 등의 가축을 불러 나오게 한다. 또 조와 콩을 재에 넣어 집[우리] 안으로 뿌리면서 손짓으로 오라고 한다.

天地初開, 以一日作鷄, 七日作人, 故一日不殺鷄, 七日不刑人. 於各日晨, 至門前, 呼牛羊雜畜, 令來. 乃置粟豆於灰, 撒之宅內, 以招之.394

서덜395을 밟다[답적(踏磧)] 기주(夔州)396 사람들은 제갈무후(諸葛武侯)397를 중시하여 인날에 온 성 사람들이 나와 서덜 위에서 팔진(八陣)398을 펼치는데, 이를 일러 '답적(踏磧)'이라 한다. 부(府)의 수반(首班)이 서덜 위에서 연회를 베푼다.

夔州人重諸葛武侯, 以人日傾城出, 八陣磧上, 謂之踏磧. 府帥宴於磧上.399

채승(綵勝)을 만들다[조채승(造綵勝)] 유진(劉臻)의 처 진씨(陳氏)가, 인날에 윗자리에 있는 사람이 (보통) 사람보다 낫다고 하여 혹 비단을 자르거나 혹 금박을 입혀 사람(의 형상)을 만들었다.《형초세시기(荊楚歲時記)》

劉臻妻陳氏, 人日上人勝於人, 或剪綵或鏤金薄爲之.400〈歲時記〉

일곱 가지 채소로 만든 국[칠채갱(七菜羹)] 인날에 일곱 가지 채소를 캐서 국을 끓인다.《형초세시기(荊楚歲時記)》

人日, 採七種菜作羹.〈歲記時〉

인날에 조정에서 황제를 알현하다[인일조알(人日朝謁)] 정공(鄭公)이 일찍이 밖으로 나가 다니다가 정월 초이렛날에 태종(太宗)을 알현하였다. (태종이) 노고를 치하하며 말하기를, "오늘 경(卿)이 왔으니 '사람의 날'이라 말한 만하구려"라고 하였다.《유속전(劉餗傳)》

鄭公嘗出行, 以正月七日, 謁見太宗. 勞之曰, 今日卿至, 可謂人日.〈劉餗401傳〉402

돌아갈 것을 생각하며 시를 짓다[사귀부시(思歸賦

392. 《산당사고(山堂肆考)》 권8.
393. 《고금사문유취(古今事文類聚)·전집(前集)》 권6.
394. 《천중기(天中記)》 권4.
395. 서덜: 냇가나 강가 따위의 돌이 많은 곳.
396. 기주(夔州): 지금의 사천성(四川省) 봉절현(奉節縣) 일대.
397. 제갈무후(諸葛武侯): 제갈량(諸葛亮). '武侯'는 그의 시호 충무(忠武)를 높여 부르는 말이다.
398. 팔진(八陣): 제갈량이 개발한 진법(陣法)으로 알려져 있지만 실은 그 이전부터 활용되었던 진법이다. 팔진법이란 64개의 소대를 일정한 간격으로 배치하고, 사령관이 군대의 정 중앙에서 중군(中軍)으로 전체 병력을 지휘하는 것으로, 동서남북의 네 방향과 북동, 북서, 남동, 남서의 사유(四維)에 여덟 개의 예하 부대를 두는 병력 배치법이다.
399. 《천중기(天中記)》 권4.
400. 《형초세시기(荊楚歲時記)》에는, "劉臻妻陳氏進見儀曰, 七日上人勝於人. 董勳曰, 人勝者, 或剪彩或鏤金箔爲之"로 되어 있다.
401. 유속(劉餗): 당(唐)나라 사람으로 《수당가화(隋唐嘉話)》 등을 지은 것으로 전해진다.

詩)] 수(隋)나라 설도형(薛道衡)[403]이 일찍이 진(陳)나라에 (강제로) 초빙되었는데, 〈인날에 고향에 돌아갈 것을 생각하며(人日思歸)〉라는 시를 지어 말하기를, "봄이 된 지 겨우 7일인데, 집을 떠난 지는 이미 2년"이라고 하였다. 남방(南方) 인사가 그를 비웃으며 말하기를, "누가 이 포로를 두고 시를 지을 줄 안다고 하는가?"라고 하였다. "기러기 내린 뒤로 사람들은 돌아갔는데, 꽃이 있기[피기] 전에 고향 그리움이 피누나"라고 하는 대목에 이르자 기뻐하며 말하기를, "명성(名聲) 아래에는 정말 허튼 선비가 없구나"라고 하였다.

隋薛道衡嘗聘陳, 人日思歸詩曰, 入春纔七日, 離家已二年. 南人嗤之曰, 誰謂此虜解作詩. 及云人歸落雁後, 思發在花前, 乃喜曰, 名下固無虛士.[404]

기름으로 점을 쳐 농사를 징험(徵驗)하다[유복험세(油卜驗歲)] 사천(四川) 가정주(嘉定州)에 금등산(金燈山)이 있는데 산발치에 연못이 있다. 해마다 인날이 되면 태수(太守)가 여기에 기름을 풀어 점을 쳤다는 고사(故事)가 있는데, 기름을 수면에 뿌린 뒤 그 무늬를 보고 한 해 농사의 풍흉(豊凶)을 징험(徵驗)하였다고 한다.

四川嘉定州有金燈山, 山趾有淵. 每歲人日, 太守於此修油卜故事, 謂以油灑水面, 觀其紋, 驗一歲豊歉.[405]

대보름날 上元

• 《사기(史記) · 악서(樂書)》의 기록이다. 한(漢)나라 황실(皇室)은 (이날에) 태을(太乙)[406]에게 제를 올리는데, 저물녘에 제사를 지내기 시작하여 새벽까지 간다.《사기(史記)》

樂書. 漢家祀太乙, 以昏時祠, 到明[407].〈史記〉

• 정월 15일에는 고죽(膏粥)[408]을 만들어 문(門)에 제사를 지낸다.《옥촉보전(玉燭寶典)》

正月十五日, 作膏粥, 以祠門戶.〈寶典[409]〉[410]

• 요즈음 주리(州里)[411]의 풍속에는 (대)보름날에 문에 제사를 지낸다. 먼저 버드나무 가지를 문에 꽂는데, 버드나무 가지가 가리키는 곳을 따라가 거기에 술과 포, 음식 및 콩죽을 차리고 수저를 꽂고서는 제사를 지낸다.《형초세시기(荊楚歲時記)》

今州里風俗, 望日祭門. 先以楊柳枝插門, 隨楊柳枝所指, 仍以酒脯飮食及豆粥插箸以祭之.[412]〈歲時記〉

집금오(執金吾)[413]가 통행금지를 느슨히 하다[금오이금(金吾弛禁)] 서도(西都)[414] 도성(都城)의 거리에는 집금오(執金吾)가 있어 어둠을 밝히는 새벽이

402. 《고금사문유취(古今事文類聚) · 전집(前集)》 권6.
403. 설도형(薛道衡): 중국 수(隋) 나라 때의 문신(文臣). 문제(文帝)의 신임을 받았으며, 글을 잘 짓기로 세상에 널리 알려졌음. 그러나 양제(煬帝)에게 미움을 받아 불우한 삶을 살다 죽음.
404. 《천중기(天中記)》 권4.
405. 《산당사고(山堂肆考)》 권8.
406. 태을(太乙): 보통 태일(太一)로 불리는 천신(天神) 이름이다. 천신(天神) 가운데 위대한 존재로 호천상제(昊天上帝), 천황대제(天皇大帝)라고도 한다.
407. 《사기(史記) · 악서(樂書)》에는, '漢家常以正月上辛祠太一甘泉, 以昏時夜祠, 到明而終'으로 되어 있다.
408. 고죽(膏粥): 통상 고미(膏糜)로 부르는, 위에 기름기가 뜨도록 만든 흰 죽.
409. 《보전(寶典)》의 정식 명칭은 《옥촉보전(玉燭寶典)》이다.
410. 《기찬연해(記纂淵海》 권2.
411. 주리(州里): 옛날에는 2,500가구를 '州'로, 25가구를 '里'로 삼았다.
412. 《형초세시기(荊楚歲時記)》에는, "今州裏風俗, 是一作望日祠門戶. 其法先以楊枝插於左右門上, 隨楊枝所指, 乃以酒脯飮食及豆粥糕糜插箸而祭之"로 되어 있다.
413. 집금오(執金吾): 한(漢)나라 이후로 대궐 문을 지켜 비상사(非常事)를 막는 일을 맡아보던 벼슬로 도성(都城) 안에서 야간의 통행을 금지시키는 업무도 수행하였다. 줄여서 금오(金吾)라고도 한다.

올 때까지 소리를 전하고 고함을 치면서 밤에 나다니는 것을 금한다. 오직 정월 대보름날 밤에만 집금오가 통행금지를 느슨히 할 수 있도록 칙령(勅令)으로 허락하는데 (대보름) 전후로 각 하루씩이다. 이를 일러 '방야(放夜)[415]'라 한다.《서도잡기(西都雜記)》

西都京城街衢, 有金吾曉瞑傳呼, 以禁夜行. 惟正月十五夜, 勅許金吾弛禁, 前後各一日, 謂之放夜.〈西都雜記〉[416]

광릉(廣陵)[417]에서의 관등(觀燈)[광릉관등(廣陵觀燈)] 개원(開元)[418] 18년 정월 대보름에 황제가 섭선사(葉仙師)[419]에게 말하기를, "사방의 성대함 가운데 이날 저녁에 어느 곳이 가장 아름답겠는가?"라고 하였더니 대답하기를, "천하에서 광릉(廣陵)을 뛰어넘을 곳이 없습니다"라고 하였다. 황제가 말하기를, "무슨 도술(道術)로 그곳을 볼 수 있겠는가?"라고 하였더니 선사가 말하기를, "그렇습니다"라고 하였다. 잠시 후에 무지개다리가 어전(御殿) 앞에 일어났는데 선사가 주문을 외자 다리가 완성되었다. (선사가 말하기를) "다만 돌아보시는 일이 있어서는 안 됩니다"라고 하였다. 이에 황제가 걸어 올라가고, 양귀비(楊貴妃)와 고력사(高力士)[420], 황번작(黃幡綽)[421]과 악관(樂官) 몇 명이 뒤를 따라갔다. 얼마 지나지 않아 이미 광릉에 도착하였다. 사찰의 진설(陳設)은 성대하였는데 등불 빛이 그 불전(佛殿)을 환하게 비추고 있었다. 화려한 복식의 젊은 남녀들이 모두 얼굴을 들어 우러르며 말하기를, "신선들께서 오색구름 속에 출현하셨다"라고 하였다. 황제가 크게 기뻐하자 선사가 말하기를, "청컨대 영관(伶官)[422]에게 칙령(勅令)을 내려 〈예상우의(霓裳羽衣)[423]〉 한 곡을 연주하게 하십시오"라고 하였다. 수일 후에 광릉에서 과연 그 곡을 연주하였다 한다.《유괴록(幽怪錄)》

開元十八年正月望日, 帝謂葉仙師曰, 四方之盛, 此夕何處極麗. 對曰, 天下無踰於廣陵. 帝曰, 何術以觀之. 師曰, 可. 俄而虹橋起於殿前, 師奏, 橋成. 但無回顧. 於是帝步而上, 太眞及高力士黃幡綽樂官數人從行. 俄頃, 已到廣陵. 寺觀陳設之盛, 燈火之光, 照灼其殿. 士女華麗, 皆仰面曰, 仙人現于五色雲中. 帝大悅, 師曰, 請勅伶官奏霓裳羽衣一曲. 後數日廣陵果奏云.〈幽怪錄〉[424]

등불 누각을 세우다[건등루(建燈樓)] 주상이 동도(東都)에 있으면서 정월 대보름 밤을 맞게 되자 상양궁(上陽宮)으로 행차하였다. 등불 빛을 크게 펼치고, 뜰에 횃불을 세웠으며, 제왕의 처소로부터 대궐 마당까지는 모두 밀랍 횃불을 설치하였는데 이어진 것이 끊이지 않았다. 당시에 그 지방의 도장(都匠)[425] 모순(毛順)이 있어 기발한 생각으로 채색한 비단을

414. 서도(西都): 당의 수도인 장안(長安)을 가리키는 말. 동도(東都)는 낙양(洛陽)을 가리킨다.
415. 방야(放夜): 막지 않고 놓아두는 밤이라는 뜻이다.
416. 《산당사고(山堂肆考)》 권8.
417. 광릉(廣陵): 지금의 강소성(江蘇省)에 있었던 군(郡) 이름.
418. 개원(開元): 당(唐) 현종(玄宗)의 연호(713-741)이다.
419. 섭선사(葉仙師): '仙師'는 도사(道士)에 대한 경칭이다.
420. 고력사(高力士): 당나라 현종(玄宗) 때의 환관. 현종을 제거하려 한 태평공주의 제거에 참여하여 현종의 총애를 받았다. 또 간신 이림보(李林甫)와 결탁하여 국정을 어지럽히고, 안록산을 조정에 추천하여 후에 안사의 난을 유발하게 된다. 당대 환관의 전횡은 고력사에서 비롯되었다.
421. 황번작(黃幡綽): 당나라 현종(玄宗) 때의 악공(樂工)으로 이원제자(梨園弟子)의 일인이었다.
422. 영관(伶官): 음악을 맡아보던 벼슬아치.
423. 예상우의(霓裳羽衣): 당대(唐代)의 저명한 법곡(法曲)으로 개원(開元) 연간에 하서절도사(河西節度使) 양경충(楊敬忠)이 바친 것이다. 애초에 곡명은 〈바라문곡(婆羅門曲)〉이었지만 현종(玄宗)이 윤색을 하고 가사를 붙이면서 고쳤다.
424. 《고금사문유취(古今事文類聚)·전집(前集)》 권7.
425. 도장(都匠): 수리(水利)나 토목(土木) 등의 공정(工程) 기술을 총괄하는 관리.

묶어 등불 누각 열두 칸을 만들었는데 높이가 150자였다. 주옥(珠玉)과 금은(金銀)을 매달아 두어 가벼운 바람이 한 번 불어도 짤랑짤랑 소리를 내었다.《개원유사(開元遺事)》

上在東都, 遇正月望夜, 移仗上陽宮. 大陳燈影, 設庭燎, 自禁至於殿庭, 皆設蠟炬, 連續不絶. 時有方都匠毛順, 巧思結創繒綵, 爲燈樓十二間, 高一百五十尺. 懸珠玉金銀, 微風一至, 鏘然成韻.〈開元遺事〉[426]

부인이 술잔을 훔치다[부인절배(婦人竊杯)] 송(宋)나라 선화(宣和)[427] 6년 대보름날에 휘종(徽宗)이 오산(鰲山)[428]을 감상하며 백성들과 더불어 즐거움을 함께 하면서 금전(金錢)을 뿌리고 어주(御酒)를 하사하였다. 어떤 부부가 손을 잡고 구경하러 왔다가 빽빽한 사람들 속에서 알지 못하는 사이에 손을 놓치게 되었다. 아내만 이에 홀로 걸어가다가 단문(端門)[429]에 이르러 술을 마시고는 금 술잔을 가슴속에 감추었다. 위사(衛士)[430]가 알아차리고 부인을 잡아 황제 앞으로 데려가니 부인이 〈자고천(鷓鴣天)[431]〉을 지어 주상께 아뢰기를, "달빛 가득한 봉래산(蓬萊山)에 찬란한 등이 있어, 낭군과 더불어 손잡고 단문에 이르렀네. 학이 내려와 생황(笙簧)과 퉁소부는 모습 보기를 탐하다가, 원앙이 무리를 잃어버린 것도 알지 못하였네. 시간이 점점 늦어져, 황제의 은혜에 감사드리고자, 포고(布告)로 전달된 하사주(下賜酒)를 몇 잔 마셨네. 귀가하면 오직 시부모의 질책이 두려워, 금 술잔을 몰래 훔쳐 증빙할 근거로 삼고자 하였네"라고 하였다. 주상이 기뻐하며 금 술잔을 그녀에게 하사하려 하자 황문(黃門)이 이르기를, "이 사(詞)가 어쩌면 저 부인이 미리 구상해서 폐하를 기망(欺罔)하려 한 것이 아닌지 모르겠습니다"라고 하였다. 주상이 마침내 부인에게 명령을 내려 금 술잔을 주제로 〈염노교(念奴嬌)[432]〉를 짓게 하자 부인이 뜻을 받들어 입에서 나오는 대로 사(詞) 한 수를 지었다. 주상이 크게 기뻐하며 금 술잔을 하사하고는 황문에게 명하여 부인을 모시고 귀가시키게 하였다.

宋宣和六年上元, 徽宗鰲山賞翫, 與民同樂, 撒金錢賜御酒. 有夫妻携手遊觀, 稠人中, 不覺失手. 妻乃獨行, 至端門飮酒, 竊金杯於懷中. 衛士察知押婦, 至御前, 婦人作鷓鴣天, 奏上云, "月滿蓬壺燦爛燈, 與郞携手至端門. 貪觀鶴降笙簫擧, 不覺鴛鴦失却群. 天漸晩, 感皇恩, 傳宣賜酒飮杯巡. 歸家惟恐公姑責, 竊取金杯當照憑." 上喜, 欲以金杯賜之, 黃門云, 此詞恐伊夫宿構以欺陛下否. 上遂命婦人, 以金杯撰念奴嬌, 婦承旨口占一詞. 上大悅, 賜以金杯, 命黃門引婦歸家.[433]

면견(麵璽)[434] 《천보유사(天寶遺事)》의 기록이다. 도하(都下)에서는 대보름날에 면견(麪璽)을 빚는데, 안에 관품(官品)을 적은 지첨(紙簽)[435] 혹은 깎은 나무를 넣는다. 사람들이 스스로 골라 취하여 훗날 관품의 고하를 점친다.

天寶遺事. 都下上元日, 造麵[436]䭅, 中置紙簽[437]或削木書官品. 人自探取, 以卜異日官品高下.[438]

426.《고금사문유취(古今事文類聚)·전집(前集)》 권7.

427. 선화(宣和): 북송(北宋) 휘종(徽宗)의 연호(1119-1125)이다.

428. 오산(鰲山): 채색 등(燈)을 쌓아 실제의 산처럼 만든 것으로 송대(宋代)에 대보름날이 되면 궁궐 안에 마련하고 백성들과 함께 즐겼다고 한다. '채산(綵山)'이라고도 한다.

429. 단문(端門): 궁전의 정전(正殿) 앞에 있는 정문.

430. 위사(衛士): 대궐, 능, 관아, 군영 따위를 지키던 장교.

431. 자고천(鷓鴣天): 사패(詞牌) 이름. '詞牌'는 사의 곡조를 의미한다.

432. 염노교(念奴嬌): 사패(詞牌) 이름.

433.《산당사고(山堂肆考)》 권8.

434. 면견(麵璽): 소가 있는 만두의 일종.

435. 지첨(紙簽): 종이로 만든 제비[심지]로 '지첨(紙籤)'이라고도 한다.

우랑군(芋郞君)[439] 《영등기(影燈記)》의 기록이다. 낙양(洛陽)의 민가에서 대보름날에 각기 우랑군(芋郞君)을 빚는데 이를 먹으면 남녀 후손을 많이 둔다(고 한다).

影燈記. 洛陽人家, 上元各造芋郞君, 食之宜男女.[440]

천 개의 횃불로 주위를 두르다[천거촉위(千炬燭圍)] 한국부인(韓國夫人)[441]이 다섯 가지[枝]로 된 등(燈)나무를 만들어 두었는데 양국충(楊國忠) 집안의 젊은이들이 대보름날 밤에 각기 천 개의 횃불로 (그) 주위를 둘렀다.

韓國夫人置五[442]枝燈樹, 楊家子弟, 上元夜, 各有千炬燭圍.〈幷同[443]〉

답가(踏歌)[444] 선천(先天)[445] 초엽에 주상이 안복문(安福門)에 거둥하여 등불을 감상할 적에, 조정의 선비 가운데 문장에 능한 자들에게 답가(踏歌)를 지으라고 명했는데 그 가락이 구름 속으로 들 정도였다.

先天初, 上御安福門觀燈, 令朝士能文者, 爲踏歌, 聲調入雲.[446]

젊은 남녀의 밤놀이[사녀야유(士女夜遊)] 당대(唐代)에는 정월 대보름날 밤을 전후해 사흘 밤 동안 야간 통행을 허용하였다. 이에 사관(寺觀)[447]이나 거리에는 등불이 대낮처럼 밝았다. 산붕(山棚)[448]의 높이가 100여 자에 달했는데 신룡(神龍)[449] 이후로 (여기에) 다시 엄정한 장식이 가해지자, 젊은 남녀들 가운데 밤놀이를 하지 않는 이가 없었다. 수레와 말이 길을 매웠으며, 발이 땅에 닿지 않고 떠서 수십 보를 갈 정도였다.

唐朝正月十五夜, 許三夜夜行. 其寺觀街巷, 燈明若晝. 山棚高百餘尺, 神龍以後, 復加嚴飾, 士女無不夜遊. 車馬塞路, 有足不躡地浮行數十步者.[450]

전감(傳柑) 대보름날 밤에 누각에 올라 제왕의 친족들이 관례로 황감(黃柑)을 서로 전해주는 일이 있었는데 이를 일러 '전감(傳柑)'이라 한다.

上元夜, 登樓, 貴戚例有黃柑相遺, 謂之傳柑.[451]

어린아이가 모자를 품에 감추다[소아회모(小兒懷帽)] 신종(神宗) 시절에 양민(襄敏) 왕소(王韶)[452]가 도성(都城)에 있었는데 때마침 대보름이라 등불을 켜 놓았다. 집안사람들이 모두 걸어 나간 터라 장

436. '麫' 뒤에 '蠒'이 누락되었다.
437. '簽'은 '簽'의 오자이다.
438. 《산당사고(山堂肆考)》 권8.
439. 우랑군(芋郞君): 토란과 연유(煉乳)를 버물려 사람 모양으로 만든 음식. 간단히 '芋郞'이라고도 한다.
440. 《산당사고(山堂肆考)》 권8.
441. 한국부인(韓國夫人): 당(唐)나라 대종(代宗)의 장모이자 양귀비(楊貴妃)의 언니인 양씨(楊氏) 부인에 대한 칭호.
442. '五'를 《개원천보유사(開元天寶遺事)》에서는 '百'으로 적고 있다.
443. 《고금사문유취(古今事文類聚)·전집(前集)》 권7에서 '開元遺事'로 명시하고 있듯 '幷同'은 '開元遺事'의 잘못이다. 《개원천보유사(開元天寶遺事)》〈百枝燈樹〉조에서 "韓國夫人置百枝燈樹, 高八十尺, 豎之高山. 上元夜點之, 百里皆見光明, 奪月色也"라 하였으며, 〈千炬燭圍〉조에서는 "楊國忠子弟, 每至上元夜, 各有千炬紅燭, 圍於左右"라 하였다.
444. 답가(踏歌): 보통은 발로 땅바닥을 구르며 장단에 맞추어 노래한다는 뜻이나 여기서는 노래(가사)를 짓는 것까지 포함하는 개념으로 쓰였다.
445. 선천(先天): 당(唐) 예종(睿宗)의 연호(712-713)이다.
446. 《고금사문유취(古今事文類聚)·전집(前集)》 권7.
447. 사관(寺觀): 사찰(寺刹)과 도관(道觀)을 아울러 이르는 말.
448. 산붕(山棚): 절일(節日)을 경축하기 위하여 세운 구조물로 그 모양이 산처럼 높고 우뚝하였다. 여기에 형형색색의 등을 달았다 한다.
449. 신룡(神龍): 당(唐) 예종(睿宗)의 연호(705)이다.
450. 《고금사문유취(古今事文類聚)·전집(前集)》 권7.
451. 《고금사문유취(古今事文類聚)·전집(前集)》 권7.
452. 왕소(王韶): 북송(北宋) 신종(神宗) 연간에 황문시랑(黃門侍郞)을 지낸 명신. '양민(襄敏)'은 그의 자이다.

차 가서 구경하고자 하였다. 어린 아들 왕채(王寀)는 배항(排行)이 열셋째였는데 막 말을 할 수 있었다. 구슬이 달린 모자를 씌우고 채색 꽃무늬가 있는 비단 옷을 입혀서는 어깨에 손을 얹어 따라갔다. 선덕문(宣德門)에 이르렀을 때 주상이 막 누각에 거둥하시어, 젊은 남녀들이 우러러보느라 시끌벅적하게 에워싼 곳에 막혔는데 눈 깜짝할 사이에 이미 (아이의) 행방을 알 수가 없었다. 수레꾼들 모두가 두려워하며 허둥대느라 어찌할 바를 몰랐다. 양민이 말하기를, "다른 아이라면 마땅히 샅샅이 찾아보아야 할 것이나 우리 열셋째라면 필히 스스로 돌아올 수 있을 것이다"라 하고는 느긋해 하며 다시 찾지 않았다. 열흘이 지나자 궁궐에서 소가 끄는 수레가 나와 양민의 집에 이르렀는데 어느 환관(宦官)이 조서(詔書)를 선포하고는 남해(南陔)[453]를 안고 나왔다. 간 곳을 물어 다음과 같은 사실을 알게 되었다. 그날 저녁에 나쁜 놈이 남해의 복장(服裝)을 탐내서 그를 업고 달아나자 남해가 자기를 업은 사람이 다르다는 것을 알고는 재빨리 구슬이 달린 모자를 품에 집어넣었으며, 때마침 황궁(皇宮)의 수레 몇 대가 막 동화문(東華門)을 들어가려고 할 때 남해가 수레 포장에 매달려 소리를 치자 환관이 그 기특함을 기뻐하며 안아다가 무릎에 놓았다. 이튿날 이른 시간에 상각(上閣)[454]에 갔더니 황궁에서 남자 아이가 많이 태어날 조짐으로 여겼다. 주상이 누구의 아이인지를 묻기에 공경스럽게 대답하기를, "아이는 왕소의 어린 아들입니다"라 하고는 연유를 자세히 말씀드렸다. 대답이 예사롭지 않음을 주상이 돌아보고 또 그가 조숙(早熟)한 것에 감탄하며 말하기를, "이런 아들이 있구먼"이라 하였다. 영을 내려 잠시 머물며 성상(聖上)의 보살핌을 받을 수 있게 하였다. 그리고 은밀히 개봉부(開封府)에 조서를 내려 도적들을 잡되 이미 잡았거든 모두 죽이라고 하였다. 마침내 (수레에) 태워 돌려보내라고 명하였다. 또 죄를 확정한 공안(公案)을 양민에게 보여 주고는 놀라 까무러질 정도의 황금과 서각(犀角)[455], 돈을 하사하였는데 과연 만금(萬金)에 달할 정도로 큰 액수였다. 그 빼어난 재치를 어려서 보인 것이 이미 이와 같았다.〈악가(岳珂)의 《정사(桯史)》〉

神宗朝, 王襄敏韶在京師, 會元夕, 張燈. 家人皆步出, 將往觀焉. 幼子寀年十三[456], 方能言. 珠帽襐服, 馮肩以從. 至宣德門, 上方御樓, 士女仰視, 喧擁闐咽, 轉盼已失所在. 騶御皆恇擾, 不知所爲. 襄敏曰, 他子當遂訪, 若吾十三必能自歸. 怡然不復求. 居旬日, 內出犢車, 至第, 有中大人下宣旨, 抱南陔以出. 問所之, 乃知是夕, 姦人利其服裝負而趨, 南陔覺負己者之異, 亟納珠帽于懷, 適內家車數乘將入東華, 南陔攀幰呼焉, 中大人悅其娟秀, 抱置之膝. 翌早, 擁至上閣, 以爲宜男之祥. 上問以誰氏, 竦然對曰, 兒乃韶之幼子也. 具道所以. 上顧以占對不凡, 且歎其早惠[457], 曰, 是有子矣. 令暫留欽聖鞠視. 密詔開封, 捕賊, 旣獲, 盡戮之. 乃命載以歸. 且以具獄示襄敏, 賜壓驚金犀錢, 果直鉅萬. 其機警見於幼年者, 已如此.〈岳珂[458]程史[459]〉

대보름날 밤에 도적을 격파하다[원소파적(元宵破

453. 남해(南陔): 왕채(王寀)의 아명(兒名).
454. 상각(上閣): 상부 관청이란 뜻으로 쓰인 말임.
455. 서각(犀角): 무소뿔로 만든 허리띠, 곧 서각대(犀角帶)를 가리킨다. 이 서각대는 품계를 가진 벼슬아치가 아니면 사용할 수가 없었다.
456. 《정사(程史)》에는 '年'이 '第'로 되어 있는데 내용으로 살펴보자면 형제간의 배항을 뜻하는 '第'가 타당하다. '年十三'이 '小字南陔'로 된 판본도 있다.
457. '惠'는 '慧'의 오자이다.
458. '程'은 '桯'의 오자이다.
459. '악가(嶽珂)는 송(宋)나라 사람이며 이 대목은 《정사(桯史) · 남해탈모(南陔脫帽)》에 보인다.

賊)] 적청(狄靑)[460]이 광서(廣西) 지방을 선무(宣撫)[461]하고 있을 때, 농지고(儂智高)[462]가 곤륜관(崐崘關)을 지키고[거점으로 삼고] 있었다. 적청이 빈주(賓州)에 이르러 대보름이 되자 등촉(燈燭)을 크게 밝히고는 밤에 북을 한 차례 울렸다.[463] 적청이 병을 칭하며 문득 자리에서 일어섰는데 새벽이 되자 홀연 급보(急報)가 있었다. 이날 밤에 북을 세 번 울려 적청이 이미 곤륜관을 탈환하였다는 것이다.《몽계필담(夢溪筆談)》

狄靑宣撫廣西時, 儂智高守崐崘關. 靑至賓州, 上元, 大張燈燭, 夜一鼓. 靑稱疾輒起, 至曉, 忽有馳報. 是夜三鼓, 靑已奪崐崘.〈筆談[464]〉[465]

예형(禰衡)이 북을 치다[예형격고(禰衡擊鼓)] 후한(後漢)의 예형(禰衡)은 북을 잘 쳤다. 정월 대보름날에 빈객(賓客)을 크게 모으고는 가락을 시험하여 살피자 예형이 이에 북채를 휘날려 〈어양조(漁陽操)[466]〉를 작곡하였는데 깊고도 넓었으며 (아름다운) 금석(金石)의 소리가 있었다. 노래하기를, "변방의 성 저물녘에 〈어양조〉를 연주하려니, 누런 먼지 쓸쓸하고 흰 해가 어둡구나"라고 하였다.

後漢禰衡善擊鼓. 正月望日, 因大會賓客, 閱試音節, 衡乃揚枹, 作漁陽操, 淵淵有金石聲. 歌曰, 邊城晏開漁陽操, 黃塵蕭蕭白日暗.[467]

대보름날 밤의 응제시(應制詩)[468][원석응제(元夕應制)] 하송(夏竦)[469]의 시(詩)이다. 어룡(魚龍)[470]이 질펀히 육가(六街)[471]에서 바쳐지는 날, 황금 자물쇠가 밤새도록 옥경(玉京)을 열어두었네. 떠도는 먼지가 궁중(宮中)의 길에서 부드럽게 피어나고, 봄날 물시계의 화살이 더디더디 노랫소리에 드네. 보방(寶坊)[472]에는 달이 밝은데 용이 그려진 등(燈)은 맑고, 자줏빛 전각(殿閣)에 바람 가늘어 촛불은 고요하여라. 연회가 파하자 남쪽 끝 하늘에서 새벽이 오려 하는데, 고개 돌려 바라보니 은하수는 아직도 넘실거리는구나.

夏竦詩. 魚龍曼衍六街呈, 金鎖通宵啓玉京. 冉冉遊塵生輦道, 遲遲春箭入歌聲. 寶坊月皎龍燈淡, 紫館風微鶴燄平. 宴罷南端天欲曉, 回瞻河漢尙盈盈.[473]

원풍(元豊)[474] 연간의 대보름에 (주상이) 누각에 거둥하여 등불을 감상할 적에 주상이 지은 시가 있었다. 당시에 왕우옥(王禹玉)[475]과 채지정(蔡持正)[476]

460. 적청(狄靑): 북송(北宋)의 명장(名將)으로 병법에 탁월하였다. 여기 이 대목은 적청이 광서선무사(廣西宣撫使)로 있을 때의 일이다.
461. 선무(宣撫): 지방이나 점령지의 주민에게 정부 또는 본국의 본의(本意)를 권하여 민심을 안정시키는 일.
462. 농지고(儂智高): 당시 광원주(廣源州)의 오랑캐 추장 이름.
463. '북을 울린다'는 것은 일전(一戰)을 치른다는 의미를 내포하고 있다.
464. '筆談'의 정식 명칭은 '夢溪筆談'이다.《몽계필담》은 송(宋)나라의 학자이자 정치가인 심괄(沈括)의 저서(著書)이다.
465.《몽계필담(夢溪筆談)》 권13에서는, "狄靑爲樞密副使, 宣撫廣西. 時儂智高昆侖關. 靑至賓州, 値上元節, 令大張燈燭, 首夜燕將佐, 次夜燕從軍官, 三夜饗軍校. 首夜樂飮徹曉. 次夜二鼓時, 靑忽稱疾, 暫起如內. 久之, 使人諭孫元規, 令暫主席行酒, 少服藥乃出, 數使人勤勞座客, 至曉, 各未敢退. 忽有馳報者云, 是夜三鼓, 靑已奪昆侖矣"라 하였다.
466. 어양조(漁陽操): 고곡(鼓曲) 이름. '어양참과(漁陽參撾)', 혹은 '어양섬과(漁陽摻撾)'라고도 하였다.
467.《고금사문유취(古今事文類聚)·전집(前集)》 권7.
468. 응제시(應制詩): 제왕(帝王)의 명령에 따라 지은 시(詩).
469. 하송(夏竦): 북송(北宋)의 문신(文臣)으로 자는 자교(子喬)이다.
470. 어룡(魚龍): 옛날 백희(百戲)에서 쓰던 소품인데 물고기나 용으로 변화시킬 수 있는 일종의 짐승 모형을 가리키는 말.
471. 육가(六街): 당(唐) 수도 장안(長安)과 북송(北宋)의 수도 변경(汴京) 중심 지역에 있었던 여섯 개의 큰 거리.
472. 보방(寶坊): 보통은 사원(寺院)을 미칭하는 말로 쓰이지만 여기서는 '육가(六街)' 일대를 가리키는 말로 쓰였다.
473.《산당사고(山堂肆考)》 권8. 시의 제목은 〈상원응제(上元應制)〉이다.
474. 원풍(元豊): 북송(北宋) 신종(神宗)의 연호(1078-1085)이다.
475. 왕우옥(王禹玉): 북송(北宋) 신종(神宗) 연간에 재상을 지낸 왕규(王珪). '禹玉'은 그의 자이다.
476. 채지정(蔡持正): 북송(北宋) 신종(神宗) 연간에 재상을 지낸 채확(蔡確). '持正'은 그의 자이다.

이 좌상(左相)과 우상(右相)이었는데 채지정이 왕우옥에게 묻기를, "대보름날 응제시에는 어떻게 고사(故事)를 써야 합니까?"라고 하였다. 왕우옥이 말하기를, "오산(鰲山)과 봉련(鳳輦)[477] 외에는 쓸 수가 없습니다"라고 하였다. 장자후(章子厚)[478]가 황문시랑(黃門侍郎)[479]이었는데 웃으면서 말하기를, "이 가운데 어느 분이 이틀 후에 입조(入朝)하여 주상을 대하고 홀로 상을 받을지 모르겠군요"라고 하였다. 왕우옥의 시에서, "눈 녹은 뒤로 희고 깨끗한 달빛이 신선의 누대에 가득한데, 만 개의 촛불이 누대 마주한 곳에서 의장(儀仗) 부채가 펴지노라. 두 마리의 봉황은 구름 속에서 수레를 붙들고서 내려오고, 여섯 마리의 자라는 바다 위에서 산을 몰아 왔네.[480] 호경(鎬京)[481]의 봄 술이 주(周)나라의 연회석을 적시고, 분수(汾水)[482]의 가을 물이 한(漢)나라의 재사(才士)들을 비루하게 하였지.[483] 한 가락 태평곡(泰平曲)[484]에 사람들이 즐거움을 다하니 군왕(君王)께서는 또 신선의 술잔을 내시는구나"라고 하였다.

元豊中, 元夕御樓觀燈, 有御製詩. 時王禹玉蔡持正爲左右相, 持正叩禹玉云, 應制上元詩, 如何使故事. 禹玉曰, 鰲山鳳輦外, 不可使. 章子厚爲黃門侍郎, 笑曰, 此誰不知後兩日登對上獨賞. 禹玉詩云, 雪消華月滿仙臺, 萬燭當樓寶扇開. 雙鳳雲中扶輦下, 六鰲海上駕山來. 鎬京春酒霑周宴, 汾水秋風陋漢才. 一曲昇平人盡樂, 君王又進紫霞杯.[485]

시를 하사하다[사시(賜詩)] 지도(至道)[486] 원년 대보름에 태종(太宗)이 누각에 거둥하였는데 당시에 문정공(文正公) 이방(李昉)[487]은 사공(司空)[488]으로 있다가 치사(致仕)하고 집에 있었다. 주상이 재빨리 안거(安車)[489]로 오게 하고는 앉게 하였다. 주대(奏對)[490]가 명백하고 상쾌하였으며 정신과 힘이 온화하면서도 굳세었다. 주상이 친히 황제의 술잔에 술을 따라 그에게 마시게 하고, 술안주와 과일 가운데 좋은 것을 골라 하사하고는 가까운 시종(侍從)들에게 말하기를, "이방은 선인군자(善人君子)라 이를 만하오. 짐을 섬기면서 두 차례나 중서성(中書省)에 들어왔는데 일찍이 사람을 해치거나 기물(器物)을 손상시키는 일이 없었으니 그가 오늘에 (은혜를) 누리는 것은 당연하오"라고 하였다. 그러고는 그에게 시를 하사하였다.

至道元年燈夕, 太宗御樓, 時李文正昉以司空致仕於家, 上亟以安輿召至, 賜坐. 敷對明爽, 精力康勁. 上

---

477. 봉련(鳳輦): 봉황이 끄는 수레라는 뜻으로 황제의 어가(御駕)를 가리킨다.
478. 장자후(章子厚): 북송(北宋) 신종(神宗) 연간의 문신 장재(張載). '子厚'는 그의 자이다.
479. 황문시랑(黃門侍郎): 황제를 시종(侍從)하고 조서(詔書)나 명(命)를 전달하는 일을 하였다. '급사황문시랑(給事黃門侍郎)'이라고도 한다.
480. 이 구절은, 오산(鰲山)이 자라가 산을 지고 있는 듯한 모습으로 만든 데서 착안한 것이다.
481. 호경(鎬京): 서주(西周)의 도읍지. 오늘날 서안(西安) 서남쪽에 있었다.
482. 분수(汾水): 산서성(山西省)에서 발원하여 태원(太原)을 거쳐 황하(黃河)에 흘러드는 강.
483. 이 구절은, 한(漢) 무제(武帝)가 일찍이 하동군(河東郡)을 순행할 때에 분수(汾水)의 누선(樓船) 위에서 신하들과 연회를 가지면서 즉흥으로 〈추풍사(秋風辭)〉를 지었으나 신하들이 제대로 응대하지 못한 일을 두고 한 말인 듯하다.
484. 태평곡(泰平曲): 악곡 이름.
485. 《고금사문유취(古今事文類聚)·전집(前集)》 권7.
486. 지도(至道): 북송(北宋) 태종(太宗)의 연호(995-997)이다.
487. 이방(李昉): 북송(北宋) 초기의 대신(大臣)으로 자는 명원(明遠)이며 태종(太宗)의 칙명으로 《태평광기(太平廣記)》의 편집을 주도하였다.
488. 사공(司空): 송(宋)나라 최고의 관직으로 천자를 보좌하던 삼공(三公) 가운데 하나. 나머지 둘은 태위(太尉)와 사도(司徒)이다.
489. 안거(安車): 노약자나 부녀자가 앉아서 타고 갈 수 있게 만든 수레.
490. 주대(奏對): 임금의 물음에 대답하여 아룀.

親酌御尊飮之, 選殽核之精者賜焉, 謂近侍曰, 昉可謂善人君子也. 事朕兩入中書, 未嘗有傷人害物之事, 宜其今日所享. 因賜詩焉.[491]

백성들과 함께 즐기다[여민동락(與民同樂)] 인종(仁宗)이 정월 14일에 누각에 거둥하여 중사(中使)[492]를 보내어 시종하는 관원들에게 전달하여 선포하기를, "짐이 나다니며 구경하는 것을 좋아하지 않는 것은 백성들과 함께 즐기고 싶기 때문일 뿐이다"라고 하였다. 이튿날에 채군모(蔡君謨)[493]가 시를 바쳐 이르기를, "높이 열을 지은 천 개의 봉우리에 보배로운 횃불이 숲을 이루었는데, 단문(端門)에서 바야흐로 취화(翠華)[494] 수레가 임하심을 기뻐하노라. 순유(巡遊)[495]를 하지 않으시는 대보름날 밤에, 즐거운 일로 다시 만백성과 마음을 함께하시네. 하늘 위의 맑은 빛이 이 밤에 머무니, 인간 세상의 화기(和氣)로 봄날의 음울한 기운 물리칠 수 있으리. 응당 알아야 하리, 경사(慶事)는 다 누리되 화(華)지방의 봉인(封人)[496]이 요(堯)임금 축복하듯 해야 하는 것은,[497] 40여 년 간 은혜와 사랑이 깊었기 때문이라는 것을!"이라 하였다.《동재록(東齋錄)》

仁宗正月十四日, 御樓, 遣中使傳宣從官, 曰, 朕非好遊觀, 與民同樂耳. 翌日, 蔡君謨獻詩云, 高列千峯寶炬森, 端門方喜翠華臨. 宸遊不爲三元夜, 樂事還同萬衆心. 天上淸光留此夕, 人間和氣閣春陰. 要知盡慶華封祝, 四十餘年惠愛深.〈東齋錄〉[498]

2월 二月

- 2월에는 진(辰)이 규성(奎星)[499]의 성좌에 있으며, 저녁에는 호성(弧星)[500]이 남방의 중앙에 있고, 아침에는 건성(建星)[501]이 남방의 중앙에 있다.
  仲春之月, 日在奎, 昏弧中, 旦建星中.[502]
- 길일(吉日)을 택해 백성들에게 명하여 신사(神社)에 제사지내게 한다. 유사에게 명하여 감옥에 갇혀 있는 사람의 수를 덜게 한다. (죄가 경한 자는) 수갑과 족쇄를 벗기며, 함부로 고문하지 않고, (백성을 깨우쳐) 옥송(獄訟)을 그치게 한다. 이달에는 제비가 돌아온다. 제비가 온 날에는 태뢰(太牢)[503]로 고매(高禖)[504]에게 제사한다. 이달에는 낮과 밤

491.《고금사문유취(古今事文類聚)·전집(前集)》권7.
492. 중사(中使): 왕의 명령을 전하던 내시(內侍).
493. 채군모(蔡君謨): 북송(北宋) 인종(仁宗) 연간의 문신(文臣) 채양(蔡襄). '君謨'는 그의 자이다.
494. 취화(翠華): 물총새의 깃털로 장식한 천자(天子)의 기(旗)나 수레 뚜껑을 뜻하는데 여기서는 수레라는 뜻으로 쓰였다.
495. 순유(巡遊): 제왕(帝王)이 이곳저곳으로 돌아다니며 노는 일.
496. 봉인(封人): 국경(國境)을 수비하는 사람.
497. 이 구절은,《장자(莊子)·천지(天地)》의,『(堯)임금이 화(華)지방을 순행할 때, 화지방의 봉인(封人)이 말하였다. "아아, 성인이시여. 바라건대 성인께 축복이 내려 장수하시기를 기원합니다." 요임금이 말했다. "사양하오." "성인은 부자가 되십시오." 요임금이 말했다. "사양하오." "성인은 아들을 많이 낳으십시오." 요임금이 말했다. "사양하오."』라 한 대목에서 그 뜻을 취한 것으로 황제의 '다복(多福)'과 '다수(多壽)', '다남자(多男子)'를 축원해야 하는 것은 아래 구절에 보이는 이유 때문이라는 것이다.
498.《고금사문유취(古今事文類聚)·전집(前集)》권7. 시의 제목은〈상원응제(上元應制)〉이다.
499. 규성(奎星): 이십팔수(二十八宿) 가운데 열다섯째 별자리에 있는 별들.
500. 호성(弧星): 이십팔수(二十八宿)의 정성(井星) 가까이에 있는 별이름.
501. 건성(建星): 이십팔수(二十八宿)의 두성(斗星) 가까이에 있는 별이름.
502.《예기(禮記)·월령(月令)》
503. 태뢰(太牢): 나라에서 제사를 지낼 때에, 제물로 소를 통째로 바치던 일. 원래는 소, 양, 돼지를 모두 바치는 것이었으나, 뒤에는 소만 바쳤다.

의 시간이 평균하게 나누어진다. 천둥이 비로소 소리를 내고 번개가 치기 시작하여, 칩복(蟄伏)하던 벌레들이 땅속에서 모두 움직여 구멍을 뚫고 비로소 나온다. 큰 역사(役事)를 일으켜 농사를 방해하는 일이 없도록 해야 한다. 천택(川澤)의 물고기를 다 잡아 없애지 못하게 하고, 저수지의 물을 빼고 준설하지 못하게 하며, 산림을 불태우며 사냥하지 못하게 한다. 천자는 어린 양을 신에게 드리고 빙고(氷庫)를 열어 얼음을 꺼내 먼저 종묘에 천신(薦新)한다. 상순(上旬)의 정일(丁日)에 악정(樂正)에게 명하여 춤을 교습하게 하고, 석채(釋菜)505의 예를 거행한다.

擇元日命民社. 命有司省囹圄, 去桎梏, 毋肆掠, 止獄訟. 是月也, 玄鳥至. 至之日, 以太牢祠高媒506. 是月也, 日夜分. 雷乃發聲, 始電, 蟄蟲咸動, 啓戶始出. 毋作大事以妨農之事. 毋竭川澤, 毋漉陂池, 毋焚山林. 天子乃羊507羔開氷, 先薦寢廟. 上丁, 命樂正習舞, 釋菜.508

• 《회남자(淮南子)》에서 말하기를, "2월의 저녁에 이르면 여이(女夷)가 북을 치고 노래함으로써 하늘의 조화를 맡아, 온갖 곡식과 새들과 초목을 자라게 한다"라고 하였다.[여이는 봄여름으로 길러주는 일을 주관하는 신이다.]

淮南子曰, 二月之夕, 女夷鼓歌以司天和, 以長百穀禽鳥草木.[女夷, 主春夏長養之神.]509

• 《하소정대씨전(夏小正戴氏傳)》에서 말하기를, "내려오는[('降')은 내려옴이다.] 제비[('燕')은 새이다.]가 이에 힐끗 본다.[('睇'는) 집을 지을 만한지를 보는 것이다.]"라고 하였다.

夏小正曰, 降[下]燕[乙]乃睇.[視可爲室也].510

• 2월은 월건(月建)이 '묘(卯)'인데 '卯'는 무성함이다. 양기가 생겨서 (식물이) 자라나 무성해짐을 말한 것이다.

二月斗建卯, 卯, 茂也. 謂陽氣生而滋茂也.511

중화절(中和節) 당(唐) 덕종(德宗)이 한식(寒食)이 자주 상사일(上巳日)과 같은 때가 되어 2월 명절을 만들려고 하였으니512 우리로부터는 오래된 것이다. 이필(李泌)513이 정월 회절(晦節)514을 폐지하기를 청하자, (주상이) 2월 1일을 중화절(中和節)로 삼고 대신(大臣)들과 친척들에게 가위와 자를 하사하였는데 이를 일러 '재탁(裁度)'515이라 한다. 민간에서는 푸른 주머니에 온갖 곡식과 과일을 담아 서로 방문하여 주었는데 이름 붙이기를, '헌생자(獻生子)'516라고 하였다. (또) 의춘주(宜春酒)517를 빚어 구망신(句芒神)518에게 제사하며 농사를 기원하였다. 요즘

504. 고매(高禖): 자녀의 생산을 담당하는 신(神).
505. 석채(釋菜): 석전제(釋奠祭). 음력 2월과 8월의 상정일(上丁日)에 문묘(文廟)에서 공자에게 지내는 제사. 희생을 쓰지 않고 다만 채소 따위로 간소하게 올리는 제례이기 때문에 '석채'라는 말이 생겨났다.
506. '媒'는 '禖'의 오자이다.
507. '羊'은 '獻'의 오자이다.
508. 《예기(禮記)·월령(月令)》
509. 《회남자(淮南子)·천문훈(天文訓)》. 본문의 "二月之夕" 다음에 "乃收其藏, 而閉其寒"이 생략되었다.
510. 《하소정대씨전(夏小正戴氏傳)》 권1.
511. 《산당사고(山堂肆考)》 권9.
512. 이 부분은, "(한식을) 2월 명절로 삼고자 하였으니"로 번역하는 것이 타당하나 문맥에 맞게 번역하였다.
513. 이필(李泌): 당(唐) 덕종(德宗) 연간의 대신으로 자는 장원(長源)이다.
514. 회절(晦節): 당대(唐代)의 절일(節日) 이름으로 '회일(晦日)'이라고도 하였다.
515. 재탁(裁度): 마름하고 잰다는 뜻이다.
516. 헌생자(獻生子): 생명을 드리는 씨, 혹은 살아 있는 종자를 드린다는 뜻이다.
517. 의춘주(宜春酒): 봄에 어울리는 술이라는 뜻으로 당대(唐代)에 중화절 때 제사에 쓸 목적으로 만들었던 술 이름이다.

에는 백관(百官)들이 농서(農書)를 진헌하는데 근본에 힘쓰겠다는 뜻을 보이는 것이다. 황제가 기뻐하며 마침내 조서를 내려 세 가절(佳節)의 때와 수를 갖추었으니 (이는) 2월 초하루와 상사일과 중양절(重陽節)을 말한다.

唐德宗以寒食多與上巳同時, 欲以二月名節, 自我爲古. 李泌請廢正月晦節, 以二月一日爲中和節, 賜大臣戚里以刀尺, 謂之裁度. 民間以靑囊盛百穀瓜果相問遺, 號獻生子. 釀宜春酒, 祭句芒神, 以祈農事. 今百官進農書, 以示務本. 帝悅遂詔, 備三令節時數, 謂二月朔與上巳重陽也.519

비둘기를 헌상하다[헌구(獻鳩)] 《주례(周禮)·하관(夏官)·나씨(羅氏)》의 기록이다. 2월에는 비둘기를 헌상하여 국가의 원로들을 봉양하게 한다.

周禮羅氏. 仲春獻鳩以養國老.520

다랑어로 제사를 지내다[제유(祭鮪)] 《대대례기(大戴禮記)》의 기록이다. 2월에는 다랑어로 제사를 지낸다. 다랑어는 물고기 가운데 가장 먼저 오는 것이다.

大戴禮. 二月祭鮪魚. 鮪魚, 乃魚先至者也.521

금전회(金錢會)522 당(唐) 정원(貞元)523 연간에 중화절이 되면 백관(百官)과 재신(宰臣)524에게 금전(金錢)을 뿌리는[下] 놀이를 하사하고, 곡강(曲江)525에서 연회를 열었는데 이를 일러 금전회(金錢會)라 한다.

唐貞元間, 遇中和節, 賜百官宰臣以下金錢, 宴於曲江, 謂之金錢會.526

잠시(蠶市)527 2월은 죽추(竹秋)528이며 2월 보름날은 화조절(花朝節)529이자 박접회(撲蝶會)530이다. 촉(蜀) 지역 사람들은 또 이날에 저자에서 누에를 매매하고 이로 인하여 즐겁게 지내며 마음껏 놀았는데 이를 일러 잠시(蠶市)라 하였다.

二月爲竹秋, 十五日爲花朝, 爲撲蝶會. 蜀人又以是日, 鬻蠶於市, 因作樂縱觀, 謂之蠶市.531

---

518. 구망신(句芒神): 고대(古代) 전설(傳說)에 나타나는 수목(樹木)을 주관한다는 신.
519. 《산당사고(山堂肆考)》 권9.
520. 《주례(周禮)·하관(夏官)·나씨(羅氏)》에는, "中春羅春鳥獻鳩以養國老"로 되어 있다.
521. 《산당사고(山堂肆考)》 권9. 《대대례기(大戴禮記)·하소정(夏小正)》에는, "祭不必鮪, 記鮪何也? 鮪之至有時, 美物也. 鮪者, 魚之先至者也, 而其至有時, 謹記其時"로 되어 있다.
522. 금전회(金錢會): 당대(唐代)에 궁중에서 금전을 뿌리던 놀이. 《구당서(舊唐書)·본기(本紀)》에서, "宴王公百僚於承天門, 令左右於樓下撒金錢, 許中書門下五品已上官及諸司三品已上官爭拾之"라 하였다.
523. 정원(貞元): 당(唐) 덕종(德宗)의 연호(785-805)이다.
524. 재신(宰臣): 제왕의 중신(重臣), 곧 (宰相).
525. 곡강(曲江): 정식 명칭은 '곡강지(曲江池)'로 장안(長安)의 동남쪽에 위치한 당나라 때의 유명한 명승지였다.
526. 《산당사고(山堂肆考)》 권9.
527. 잠시(蠶市): '누에 시장'이라는 뜻으로, 옛날 촉(蜀)지방에서 누에와 누에 키우는 도구 등을 매매하면서 겸하여 꽃나무와 과일, 약재 등의 것도 함께 파는 큰 시장이 열리자 사람들이 나들이를 즐기게 되었는데 '잠시'는 바로 이 나들이를 가리키는 말이 되었다.
528. 죽추(竹秋): '대나무의 가을'이라는 뜻으로 음력 2월의 이칭이다. 대나무의 열매가 익는 시기가 이 무렵이기 때문에 얻어진 명칭이라고도 하고 대나무 잎이 누렇게 변색되는 때라서 붙여진 명칭이라고도 한다.
529. 화조절(花朝節): 옛날에 민간에서 2월 보름을 '꽃들의 생일(百花生日)'로 여겼기 때문에 이날을 '화조절'로 칭하게 되었다고 한다.
530. 박접회(撲蝶會): 화조절(花朝節)에 젊은 남녀들이 모여 나비를 잡는 놀이를 하였기 때문에 '화조절'의 이칭이 되었다.
531. 《산당사고(山堂肆考)》 권9.

사일 社

• "길일(吉日)을 택해 백성들에게 명하여 신사(神社)에 제사지내게 한다"는 구절의 주(注)는, "봄의 일을 일으키는 까닭에 신사에 제사하여 농사를 기원하는 것이다. (길일은) 춘분을 가까이 한 앞이나 뒤의 무일(戊日)이다. '元'은 '길함'이다"로 되어 있다.《예기(禮記)·월령(月令)》

擇元日命民社注, 爲春事興, 故祭之, 以祈農事. 謂近春分前後戊日. 元, 吉也.〈月令〉532

• '양사(良耜)'533는 추수에 대한 보답으로 사직에 제사지내는 것이다.《시경(詩經)》

良耜, 秋報社稷也.〈詩〉534

• '재삼(載芟)'535은 봄에 임금이 몸소 밭을 갈며 농사를 권하고, 사직(社稷)에 풍년을 비는 것이다.《시경(詩經)》

載芟, 春籍田而祈社稷也.〈詩〉536

• 마을(어귀)에 사당을 세워 그 마을 사람들의 기쁨을 넉넉하게 해 준다.《당고조기(唐高祖記)》

里閈立社, 用洽鄕黨之歡.〈唐高祖記〉537

• 사일(社日)에는 정해진 날이 없다. 춘사(春社)는 늘 2월에 있고, 추사(秋社)는 늘 8월에 있다. 입춘 후로 다섯 번째 무일(戊日)이 춘사이며, 입추 후로 다섯 번째 무일이 추사이다. (첫 번째) 무일이 입춘이거나 입추면 계산을 하지 않는다.

社無定日. 春社常在二月, 秋社常在八月. 自立春後五戊爲春社, 立秋後五戊爲秋社. 如戊日立春立秋, 卽不算.538

• 담방생(湛方生)539이 말하기를, "선왕(先王)이 사당을 세우는 법제(法制)를 마련하여 마침내 나무를 심고 단(壇)을 세웠다"라고 하였다.

湛方生曰, 先王建社之制, 遂蓺樹立壇.540

난공사(欒公社)541 난포(欒布)542가 오(吳)나라 군대에 있을 때 공(功)으로 유후(兪侯)에 봉해지자 연(燕)과 제(齊) 지방 일대에서 모두 그를 위하여 사당을 세우고 이름 붙이기를, '난공사(欒公社)'라 하였다.

欒布吳軍時, 以功封兪侯, 燕齊之間, 皆爲立社, 號曰欒公社.543

신묘한 빛이 사당에 비치다[신광조사(神光照社)] 《수신기(搜神記)》의 기록이다. 중흥(中興)544 초엽에 응추(應樞)라는 자가 있어 아들을 넷 낳았는데 (그 아들들이) 모두 신묘한 빛이 사당에 비치는 것을

532. 《고금사문유취(古今事文類聚)·전집(前集)》 권7. 이 대목은 《예기(禮記)·월령(月令)》의 주(注) "爲祀社稷也. 春事興, 故祭之, 祈農祥. 元日, 謂近春分前後戊日. 元, 吉也"를 약간 변형시킨 것이다.
533. 양사(良耜): '좋은 보습'이라는 뜻이다.
534. 《시경(詩經)·주송(周頌)·양사(良耜)》의 〈모시서(毛詩序)〉.
535. 재삼(載芟): '풀 뽑기'라는 뜻이다.
536. 《시경(詩經)·주송(周頌)·재삼(載芟)》의 〈모시서(毛詩序)〉.
537. 《고금사문유취(古今事文類聚)·전집(前集)》 권7. 《구당서(舊唐書)》나 《신당서(新唐書)》의 〈고조본기(高祖本紀)〉 조에는 이와 관련된 기록이 보이지 않는다.
538. 《산당사고(山堂肆考)》 권9.
539. 담방생(湛方生): 진(晉)나라 사람으로 《담방생집(湛方生集)》 10권을 엮었다.
540. 《산당사고(山堂肆考)》 권9.
541. 난공사(欒公社): 난공(欒公), 곧 난포(欒布)를 위한 사당이라는 뜻이다.
542. 난포(欒布): 한(漢)나라의 장수로 한 고조(高祖)의 패업 달성에 기여하였다.
543. 《어정연감류함(御定淵鑑類函)》 권167. "吳軍時"는 《유원총보》에서 임의로 보태진 글자이다.
544. 중흥(中興): 남제(南齊) 화제(和帝)의 연호(501-502)이다.

보았다. 애초에 그곳을 더듬어 살펴보다가 황금을 얻었다. 이로부터 여러 자식들이 벼슬 공부를 하였으며 함께 꽃다운 이름이 있었다. 응창(應瑒)[545]에 이르도록 7대(代)가 현귀(顯貴)하였다.

搜神記. 中興初, 有應嫗[546]者, 生四子, 而書[547]見神光照社. 初探試之, 乃得黃金. 自是諸子宦學, 並有芳名. 至瑒, 七世顯.[548]

차수(次睢)[549]에서의 제사에 사람을 희생으로 쓰다[차수용인(次睢用人)] 송공(宋公)이 주(邾)나라의 문공(文公)에게 증(鄫)나라의 군주를 차수(次睢)에서의 제사에 희생으로 쓰게 한 것은 동이(東夷)를 복속(服屬)시키려고 했기 때문이다. (이에 대해) 사마(司馬) 자어(子魚)가 말하기를, "옛날에는 육축(六畜)[550]도 신과 관계가 있으면 희생으로 쓰지 않았고, 작은 제사에는 큰 희생을 쓰지 않았습니다. 하물며 감히 사람을 쓰겠습니까? 제사는 사람을 위해 지내는 것이고, 백성은 신의 주인[신에게 제사를 지내는 주인]입니다. 사람을 희생으로 쓴다면 그 어느 신이 그것을 받겠습니까?"라고 하였다.

宋[551]使邾文公, 用鄫子於次睢之社, 欲以屬東夷. 司馬子魚曰, 古者六畜, 不相爲用, 小事不用大牲, 況敢用人乎. 祭祀以爲人, 民, 神之主. 用人, 其誰饗之.[552]

오직 사공(社公)[553]만을 다룰 수 있다[유사사공(唯使社公)] 회계(會稽)의 하우(賀瑀)가 일찍이 병을 얻어 사람을 알아보지 못하다가 죽은 지 사흘 만에 소생하여 말하기를, "저승사자가 장차 하늘에 오르려다가 관부(官府)를 보고는 사람을 시켜 나를 굽은 방에 들어가게 하였는데 방 안에는 층으로 된 시렁이 있었다. 그 위에는 도장[印]이 있고 그 중간에는 검(劍)이 있었는데 나더러 그저 뜻대로 취하라고 하였다. 나는 키가 작아 위층까지 미치지 못해 검을 취하여 문을 나왔다. 하문(下問)하기를, '무엇을 얻었는고?'라 하기에, '검을 얻었습니다'라 하였더니, 저승사자가 말하기를, '도장을 얻었으면 온갖 신들을 몰아내고 막을 수 있을 터인데, 이제 검을 얻었으니 그대의 병을 낫게 하고 오직 사공(社公)만을 다룰 수 있을 뿐이오'라 하였다"라고 하였다. 후에 병이 나았으며 과연 어떤 귀신이 와서 '사공'이라 칭하였다 한다.

會稽賀瑀曾得疾, 不知人, 死三日, 蘇云, 吏將上天, 見官府, 使人將瑀入曲房, 中有層架. 其上有印, 其中有劍, 使瑀唯意取之. 瑀短不及上層, 取劍以出門. 下問, 何得. 云, 得劍. 吏曰, 得印可以驅禁百神, 今得劍, 使君疾愈, 唯使社公耳. 後疾愈, 果有鬼來稱社公云.[554]

길가의 나무가 사당을 만들다[노수성사(路樹成社)] 병원(邴原)[555]이 요동(遼東)에 도착하였다. 요동에는 호랑이가 많았으나 병원이 다스리는 읍에만 유독 호랑이가 없었다. 병원이 일찍이 길을 가다가 누가 흘린 돈을 얻어 주워서 나뭇가지에 묶어 두었는데 이 돈이 기왕에 누군가의 손에 들려 가지 않았을 뿐

---

545. 응창(應瑒): 후한(後漢) 말기의 문인으로 건안 칠자(建安七子)의 한 사람이다.
546. '嫗'는 '樞'의 오자이다.
547. '書'는 '盡'의 오자이다.
548. 《예문유취(藝文類聚)》 권39. 《수신기(搜神記)》 권9에는, "後漢中興初, 汝南有應樞者, 生四子, 而盡見神光照社. 樞見光, 以問卜人. 卜人曰, 此天祥也. 子孫其興乎. 乃探得黃金. 自是子孫宦學, 並有才名. 至瑒, 七世通顯"으로 되어 있다.
549. 차수(次睢): '次'는 물가라는 뜻이고 '睢'는 강 이름이니 수수(睢水)의 물가라는 의미가 된다. 이 물가에 요신(妖神)이 있어 동이(東夷)들이 모두 제사를 지냈다고 한다.
550. 육축(六畜): 집에서 기르는 대표적인 여섯 가지 가축. 소, 말, 양, 돼지, 개, 닭을 이른다.
551. '宋'자 다음에 '公'이 누락되었다.
552. 《좌전(左傳)·희공십구년(僖公十九年)》
553. 사공(社公): 토지 신.
554. 《수신기(搜神記)》 권15.
555. 병원(邴原): 위(魏)나라의 사람으로 자는 근구(根矩)이며 황건적(黃巾賊) 토벌에 공이 있었다.

만 아니라 돈을 묶어둔 것이 더욱 많아졌다. 그 까닭을 물어보았더니 대답하는 자가 신령스러운 나무라고 하였다. 병원은 그 나무가 자기로 말미암아 음사(淫祀)556가 되는 것을 싫어하여 그 나무를 처리하였다[베어 버렸다]. 이에 마을 안 사람들이 마침내 그 돈을 거두어 사당에 이바지할 돈으로 삼았다. 마을 안에서 이 때문에 말을 하기를, "병군(邴君)이 인정(仁政)을 행하자 읍의 길에 호랑이가 없어지고, 병군이 청렴을 행하자 길가의 나무가 사당을 만들었다"라고 하였다.

邴原到遼東. 遼東多虎, 原之邑, 獨無虎患. 原嘗行而得遺錢, 拾以繫樹枝, 此錢旣不見取, 而繫錢者愈多. 問其故, 答者謂之神樹. 原惡其由己以成淫祀, 乃辨之. 於是里中遂斂其錢, 以爲社供. 里中爲之語曰, 邴君行仁, 邑路無虎, 邴君行廉, 路樹成社.557

사당 안에서 책을 얻다[사중득서(社中得書)] 《열이전(列異傳)》의 기록이다. 대사마(大司馬)였던 하내(河內)의 탕유(湯蕤)는 자가 성경(聖卿)인데 어려서 학질을 앓았다. 사당 안에 들렀더니 어떤 사람이 책을 한 권 가지고는 탕유를 불러 말하기를, "이 책을 가지고 가서 《소서(素書)》 한 권을 얻으면 온갖 귀신을 쫓도록 하는 데에 신통한 효험이 있을 것이다"라고 하였다.

列異傳. 大司馬河內湯蕤558, 字聖卿, 少時病瘧. 過社中, 有人持書一卷呼蕤, 曰, 取此書去得素書一卷, 遣祛百鬼, 無不靈效.559

사직(社稷)560에게 질책을 받다[위사소책(爲社所責)] 《술이기(述異記)》에서 이르기를, "유막(庾邈)이 여자 곽응(郭凝)과 사통하였는데 사당에 나아가, 장가들어 아내로 삼을 것이며 두 마음을 가지는 자는 죽기로 약속하였다. 유막은 끝내 (중매) 결혼을 하려 들지 않았지만 2년이 지나 곽응이 갑자기 죽었다. 유막이 우연히 외출하였다가 곽응을 만났더니 곽응이 손을 거두고 탄식하며 고백하기를, '전에 북촌(北村)으로부터 돌아가다가 길에서 강도를 만났는데, 칼을 뽑아 들고 핍박을 하기에 제가 죽는 것이 두려워 그놈의 뜻을 따랐습니다. 절개를 지킬 수가 없었던지라 사직(社稷)에게 질책을 받아 갑자기 심장병을 얻어 하룻밤이 지나 죽게 되었지요. 사람과 귀신의 길이 다르니 당신의 마음을 괴롭히지 마십시오'라 하였다. 그러고는 눈물을 떨어뜨려 옷깃을 적셨다"라고 하였다.

述異記云, 庾邈與女子郭凝私通, 詣社約取爲妾, 二心者死. 邈遂不肯婚聘, 經二載, 凝忽暴亡. 邈偶出遇凝, 凝斂手歎息告云, 前從北村還, 道遇强人, 抽刀見逼, 凝懼死從之, 不能守節, 爲社稷所責, 暴得心痛, 一宿而絶. 人鬼異路, 毋勞爾念. 因泣下霑襟.561

현사(縣社)에 배향하다[배식현사(配食縣社)] 육운(陸雲)562이 준의현(浚儀縣)563의 현령을 지내다가 관직을 떠나자 백성들이 그를 돌이켜 그리워하며 현사(縣社)에 배향하였다.

陸雲爲浚儀令, 去官, 百姓追思之, 配食縣社.564

송등(宋登)565은 자가 숙양(叔陽)으로 여음현(汝陰縣)566의 현령이 되었는데 호가 '신부(神父)567'였

556. 음사(淫祀): 부정한 귀신에게 지내는 제사나 예제(禮制)에 합당하지 않은 제사.
557. 《천중기(天中記)》 권42.
558. '湯蕤'이 《태평어람(太平御覽)》에는 '陽蕤'로, 《광박물지(廣博物志)》와 《태평광기(太平廣記)》에는 '陽起'로 되어 있다.
559. 《태평어람(太平御覽)》 권743.
560. 사직(社稷): 사당에 모셔진 땅 귀신과 곡식 귀신을 가리키는 말로 쓰였음.
561. 《북당서초(北堂書鈔)》 권87.
562. 육운(陸雲): 진(晉) 문인으로 자는 사룡(士龍)이며 당대에 저명한 학자였던 육기(陸機)의 동생이다.
563. 준의현(浚儀縣): 지금의 하남성(河南省) 개봉시(開封市) 서북쪽에 있었던 현 이름.
564. 《산당사고(山堂肆考)》 권76.
565. 송등(宋登): 후한(後漢)의 유학자(儒學者).

으며 현사(縣社)에 배향되었다.

宋登, 字叔陽, 爲汝陰令, 號神父, 配食於社.[568]

석씨(石氏) 재상 사당[석상사(石相社)] 석경(石慶)[569]이 (제후국) 제(齊)나라의 재상이 되자 온 나라 사람들이 모두 집에서의 그의 품행을 앙모(仰慕)하였으며, 말을 하지 않아도 나라가 크게 다스려지자 그를 위하여 석씨(石氏) 재상 사당을 세웠다.

石慶爲齊相, 擧國皆慕其家行, 不言而大治, 爲立石相社.[570]

분유(枌榆)[571]의 사당[분유사(枌榆社)] 한(漢) 고조(高祖) 10년 봄에 유사(有司)가, 현(縣)에 영(令)을 내려 늘 봄 2월과 섣달에 양과 돼지로 사직(社稷)에 제사하도록 하기를 주청(奏請)하였다.

漢高祖十年春, 有司奏令州[572]縣, 常以春二月及臘, 祀社稷以羊彘.[573]

(한) 고조(高祖)가 분유(枌榆)의 사당에서 풍년을 기원하였다. 《한서(漢書)·교사지(郊祀志)》에, '분유'는 고을 이름이라고 하였다.

高祖禱豊枌榆社, 郊祀志, 枌榆, 鄕名.[574]

위(魏)나라가 미사(未社)[575]를 사용하다[위용미사(魏用未社)] 위(魏)나라 황제가 묻기를, "어째서 미사(未社)와 축랍(丑臘)[576]을 사용하는가?"라고 하였더니 왕숙(王肅)[577]이 대답하기를, "위나라는 (오행상) '토(土)'이며. '토'는 '목(木)'을 두려워합니다. '축일(丑日)' 다음날은 곧 '인일(寅日)'인데 '인'은 '목'입니다. 위나라는 '축랍'의 '토'를 '미(未)'에서 이루어지게 하기 때문에 한 해가 시작되는 무렵에 미사(未社)를 사용하는 것입니다"라고 하였다.《위대방의(魏臺訪議)》

魏帝問, 何用未社丑臘. 王肅對曰. 魏, 土也. 土畏木, 丑之明日便寅, 寅, 木也. 魏以丑臘土成於未, 故於歲始未社也.[578]〈魏臺訪議〉

이웃 마을에서 사일(社日)의 행사를 그만두다[인리파사(隣里罷社)] 위(魏)나라 왕수(王修)가 일곱 살 때 어머니가 사일(社日)에 세상을 떠났다. 다음 해에 왕수가 곡(哭)하는 것이 너무도 애절하여 이웃 마을에서 이 때문에 사일의 행사를 그만두었다.

魏王修七歲, 母以社日亡. 來歲修哭哀甚, 隣里爲之罷社.[579]

사일(社日) 제사에 쓸 돼지를 죽이다[살사저(殺社

566. 여음현(汝陰縣): 지금의 안휘성(安徽省) 부양현(阜陽縣) 일대에 있었던 현 이름.
567. 신부(神父): 신과 같은 아버지라는 뜻이다.
568. 《산당사고(山堂肆考)》 권157.
569. 석경(石慶): 한(漢) 무제(武帝) 연간의 사람으로 덕행이 높아 중국 역사상 살아서 사당에 배향된 최초의 인물이 되었다.
570. 《산당사고(山堂肆考)》 권157.
571. 분유(枌榆): 한(漢) 고조(高祖)의 고향에 있는 사당 이름이라고도 하고 고향 이름이라고도 하는데, 여기서는 후자를 따랐다.
572. 《한서(漢書)·교사지(郊祀志)》에는 '州'자가 없다.
573. 《한서(漢書)·교사지(郊祀志)》에는, "高祖十年春, 有司請令縣, 常以春二月及腊, 祠稷以羊彘"로 되어 있다.
574. 《고금사문유취(古今事文類聚)·전집(前集)》 권7. "高祖禱豊枌榆社"가 《한서(漢書)·교사지(郊祀志)》에 보이는 내용이며, "枌榆, 鄕名"은 《고금사문유취》에서 임의로 주를 붙인 것이다.
575. 미사(未社): 통상적으로 입춘 후 다섯 번째 무일(戊日)을 춘사(春社)로, 입추 후 다섯 번째 무일을 추사(秋社)로 삼는데 반해 '未社'는 미일(未日)을 사일(社日)로 삼는 것이다.
576. 축랍(丑臘): 납일(臘日)은 옛날에 조정이나 민간에서 조상이나 종묘 또는 사직에 제사 지내던 날로 한 때는 동지 뒤의 셋째 술일(戌日)에 지내다가 상당 기간 동안 음력 12월 초파일로 고정되었는데, 위(魏)나라는 납일이 고정되기 전에 축일(丑日)에 납제(臘祭)를 지냈기 때문에 '丑臘'으로 칭한 것이다.
577. 왕숙(王肅): 삼국시대(三國時代)의 위(魏)나라 학자이자 정치가. 많은 경서를 주석하고 신비적인 색채를 실용적인 해석으로 대체하였으며 정현의 예학(禮學) 체계에 반대하여 《성증론(聖證論)》을 지었다.
578. 《예문유취(藝文類聚)》 권5.
579. 《고금사문유취(古今事文類聚)·전집(前集)》 권7.

猪)] 장단(張端)이 하남(河南)의 사록(司錄)580이 되었을 때, 부(府)가 사일(社日) 제사를 당하여 돼지를 사서 이미 부윤(府尹)에게 드렸는데, 돼지가 장단의 관청(官廳)에 돌입하자 곧바로 죽여버렸다. 관리(官吏)가 이 사실을 부윤에게 아뢰니 부윤이 물었다[문책하였다]. 장단이 말하기를, "율(律)을 살펴보면, 까닭 없이 밤중에 인가로 들어오는 모든 것을 주인이 곧바로 죽여도 (죄를) 따지지 않습니다"라고 하였다. 부윤이 크게 웃고는 제사를 위해 별도로 돼지를 샀다.《공보시화(貢父詩話)》

張端爲河南司錄, 府當祭社, 買猪已呈尹, 猪突入端廳, 卽殺之. 吏以白尹, 尹問. 端對曰, 按律, 諸無故夜入人家, 主人登時殺之, 勿論. 尹大笑, 爲別市猪.〈貢父詩話〉581

사일(社日)의 밥[사반(社飯)] 도성(都城)에서는 8월 추사(秋社)에 각기 사일(社日) 떡과 사일 술을 귀한 인척들에게 선물로 보낸다. 궁중에서는 대체로 여러 가지 고기와 잡다한 먹거리를 조화시켜 밥(상) 위에 늘어놓는데 이를 일러 사일의 밥이라고 한다. 민가에서는 부녀자들이 모두 친정으로 돌아가며, 이미 돌아올 때가 되면 친정아버지와 오라버니나 남동생이 모두 새 호리병박을 준다. 속(俗)에서는 이를 '훌륭한 생질(甥姪)582들에게 어울리는 것'이라 한다.《동경몽화록(東京夢華錄)》

京師八月秋社, 各以社餻社酒相饋送貴戚. 宮院多以諸肉雜物調和, 鋪於飯上, 謂之社飯. 人家婦女皆歸外家, 旣歸, 卽外舅姨舅皆以新葫蘆兒爲遺, 俗云宜良外甥.〈夢華錄583〉584

고기를 나눈 것이 매우 고르다585[분육심균(分肉甚均)] 진평(陳平)586이 말하기를, "천하를 맡아 다스리게 된다면 또한 이 고기처럼 할 것입니다"라고 하였다.

陳平曰, 得宰天下, 亦如此肉.587

사일 제사에 차출되다[차제사(差祭社)] 태사(太社)588에서의 두 제사에 가까이서 모시는 신하들이 많이 차출되었는데 왕우옥(王禹玉)은 한림원(翰林院)에 20년을 있었다. 희령(熙寧)589 연간에 한림학사(翰林學士)가 되어 다시 차출되자 재궁(齋宮)590에 시를 적어 말하기를, "이웃의 닭도 아직 울지 않는 새벽에 말을 재촉하여, 또 젯술 마시고자 신령스런 제단(祭壇)으로 향했네. 치롱주(治聾酒)591가 부족함을 알아 스스로 웃지만, 명년에도 강건하여 다시 올 수 있기를!"이라고 하였다.

太社二祭多差近臣, 王禹玉在兩禁二十年. 熙寧間, 爲

---

580. 사록(司錄): 벼슬 이름. 여러 조(曺)의 문서를 총괄하여 기록하는 일을 맡았음.
581. 《고금사문유취(古今事文類聚)·전집(前集)》 권7.
582. 생질(甥姪): 본문의 '외생(外甥)'은 지역에 따라 외손(外孫)의 의미로도 쓰는데 여기서는 두 가지를 다 포괄하는 개념으로 보는 것이 무난하다.
583. 《몽화록(夢華錄)》의 정식 명칭은 《동경몽화록(東京夢華錄)》이다.
584. 《고금사문유취(古今事文類聚)·전집(前集)》 권7.
585. 한(漢)의 진평(陳平)이 한미(寒微)한 시절에 사일(社日) 제사를 주관하는 재(宰)가 된 적이 있었는데 당시에 그는 제사 지낸 고기를 골고루 잘 나누어 주었다고 한다.
586. 진평(陳平): 처음에는 항우(項羽)를 따랐으나 후에 유방(劉邦)을 섬겨 한(漢)나라 통일에 공을 세우고 훗날 좌승상(左丞相)이 되었다.
587. 《사기(史記)·진승상세가(陳丞相世家)》
588. 태사(太社): 임금이 여러 성씨(姓氏)들의 복을 빌고 그 공에 보답하고자 토지신과 곡식 신에게 제사를 지낼 목적으로 설립한 사당. 봄가을로 사일(社日)에 제를 올렸다.
589. 희령(熙寧): 북송(北宋) 신종(神宗)의 연호(1068-1077)이다.
590. 재궁(齋宮): 무덤이나 사당 옆에 제사를 지내기 위하여 지은 집. 재실(齋室).
591. 치롱주(治聾酒): 우리나라에서는 귀밝이술이라 하여 음력 정월 대보름날 아침에 마시는 술을 가리키지만 중국에서는 사일(社日)에 마시는 술을 가리킨다. 그 말에 담긴 뜻은 같다.

翰林學士, 復被差, 題詩於齋宮曰, 隣鷄未唱曉驂催, 又向靈壇飮酒杯. 自笑治聾知不足, 明年强健更重來.[592]

치롱주(治聾酒) 이문공(李文公)[593]의 《담록(談錄)》에 실린 기록이다. 나는 한림학사가 되었을 적에 달마다 어주(御酒)를 제공받았다. 병부시랑(兵部侍郞) 이상도(李相濤)가 익살을 좋아하였는데 일찍이 춘사(春社)로 인해 7언시를 보내서 이르기를, "사옹(社翁)은 오늘 심정이 안 좋다네, 치롱주 한 병을 못 받았기 때문에. 괴롭고 시름겨워 옥당(玉堂)[594]이나 장차 죽 돌고자 하여, 몰래 돌아보다가 제삼청(第三廳)까지 이르렀네"라고 하였다. 그 글 솜씨가 씩씩하고 아름다워 일가(一家)의 묘(妙)를 이루었다. 속(俗)에서 전하기를, '사일주(社日酒)를 마시면 귀가 머는 것을 다스릴[막을] 수 있다'고 하였기 때문에 병부시랑의 이 시구가 있게 된 것이다. 병부시랑의 어릴 적 이름이 '사옹(社翁)'이었다. 매번 조정(朝廷)에서도 그 이름을 불렀는데 그 성품이 너그럽고 대범하기가 이와 같았다.

李文公談錄. 吾爲翰林學士, 月給內醞. 兵部李相濤好滑稽, 嘗因春社寄七言詩云, 社翁今日沒心情, 爲乏治聾酒一瓶. 惱亂玉堂將欲徧, 依稀巡到第三廳. 其筆札遒麗, 成一家之妙. 俗傳, 社日酒喫治耳聾, 故兵部有是句. 兵部小字, 社翁. 每於班行, 呼其名字, 其坦率如此.[595]

바느질을 멈추다[정침선(停針線)] 장적(張籍)[596]의 〈오초가(吳楚歌)〉 가사(歌詞)에서 이르기를, "뜰 앞에 있던 봄새가 숲을 쪼며 우는데, 붉은 뺨 아가씨는 비단 저고리 바느질을 아직 완성하지 못하였네. 오늘 아침이 사일(社日)이라 바느질을 멈추고, 일어나 붉은 앵두나무 아래로 가는구나"라고 하였던 즉, 사일에 부녀자들이 바늘과 실을 쓰지 않았던 것은 당(唐)나라 때부터 이미 그러하였음을 알 수 있다.

張籍吳楚歌詞云, 庭前春鳥啄林鳴[597], 紅夾羅襦縫未成. 今朝社日停針線, 起向朱櫻樹下行, 則知社日婦女不用針線, 自唐已然矣.[598]

사옹우(社翁雨)[599] 토지 신 내외께서 오래된 물을 먹지 않는 까닭에 사일(社日)에 반드시 비가 오는데 이를 일러 '사옹우(社翁雨)'라 한다. 육구몽(陸龜蒙)[600]의 시에서, "몇 점의 사옹우가 뿌리고, 한 차례 꽃 소식 바람이 부누나"라고 하였다.《제요록(提要錄)》

社公社母不食舊水, 故社日必有雨, 謂之社翁雨. 陸龜蒙詩, 幾點社翁雨, 一番花信風.〈提要錄〉[601]

풍림(楓林)의 사일(社日)[풍림사(楓林社)] 형공(荊公)[602]이 유몽득(劉夢得)[603]의 "풍림(楓林)[604]에는 사일(社日)이라 북을 치는데, 모옥(茅屋)에는 정오라 닭이 운다"라 한 시구를 좋아하여 유초공(劉楚公)의 집에 적었다.

荊公喜劉夢得楓林社日鼓茅屋午時鷄之句, 書於劉楚

592. 《고금사문유취(古今事文類聚)·전집(前集)》 권7.
593. 이문공(李文公): 북송(北宋)의 이방(李昉)을 가리킨다.
594. 옥당(玉堂): 한림원(翰林院)의 이칭.
595. 《고금사문유취(古今事文類聚)·전집(前集)》 권7.
596. 장적(張籍): 중당(中唐)의 시인으로 전쟁의 비정함과 전란 속에 겪는 백성들의 고난을 사실적으로 잘 묘사하였다.
597. 《전당시(全唐詩)》에는 '鳴'이 '聲'으로 되어 있다.
598. 《고금사문유취(古今事文類聚)·전집(前集)》 권7.
599. 사옹우(社翁雨): 사일(社日)에 내리는 비라는 뜻이다.
600. 육구몽(陸龜蒙): 만당(晩唐)의 시인으로 자는 노망(魯望)이다.
601. 《고금사문유취(古今事文類聚)·전집(前集)》 권7.
602. 형공(荊公): 북송(北宋) 왕안석(王安石)의 봉호(封號)에서 취한 존칭. 그는 일찍이 형국공(荊國公)에 봉해졌다.
603. 유몽득(劉夢得): 중당(中唐)의 시인 유우석(劉禹錫). '夢得'은 그의 자이다.
604. 풍림(楓林): 지명이나 사당 이름처럼 오해될 수 있으나 문자 그대로 단풍 숲이라는 뜻이다.

公第.[605]

3월 三月

- 3월에는 진(辰)이 위성(胃星)[606]의 성좌에 있다. 저녁에는 칠성(七星)[607]이 남방의 중앙에 있고, 아침에는 견우성(牽牛星)[608]이 남방의 중앙에 있다. 음률은 12율 가운데 고선(姑洗)[609]에 해당한다. 천자는 보리가 실하게 영글기를 기도드리며, 덕정(德政)을 펴고 은혜를 베푼다. 유사에게 명하여 창고의 곡식을 풀어 빈궁한 자에게 하사하며, 명사를 초빙하고 현자를 예우케 한다.

  季春之月, 日在胃, 昏七星中, 旦牽牛中. 律中姑洗. 天子乃爲麥祈實, 布德行惠. 命有司發倉廩, 賜貧窮, 聘名士, 禮賢者.[610]

- 이달에는 천자가 사공(司空)에게 명하여 이르기를, "시우(時雨)가 장차 내려 아래로 흘러야 할 물이 위로 역류하는 경우가 있을 것이다. 제방을 수리하고, 큰 개천과 작은 개천을 잘 통하게 하며, 도로를 개통하여 막히는 일이 있지 않도록 해야 할 것이다"라 한다. 야우(野虞)[611]에게 명하여 뽕나무를 베지 못하도록 한다. 후비(后妃)는 몸소 뽕잎을 따며 양잠의 일을 권장한다.

  是月也, 命司空曰, 時雨將降, 下水上騰. 脩利隄防, 道達溝瀆, 開通道路, 毋有障塞. 命野虞, 無伐桑柘. 后妃躬桑以勸蠶事.[612]

- 이달에는 매어두었던 황소와 발정하여 분등(奔騰)하는 수말을 모아 목장에서 암컷과 놀게 한다. 국도(國都)의 관리에게 명하여 구문(九門)[613]에서 역귀(疫鬼)를 쫓아내는 의식을 행하고, 희생을 찢어 사방의 신에게 제사지내어 재앙의 기운을 털어내며, 이로써 봄의 사기(邪氣)를 그치게 한다.

  是月也, 乃合累牛騰馬遊牝于牧. 命國, 儺九門, 磔攘, 以畢春氣.[614]

- (3월은) 월건(月建)이 '진(辰)'인데 '辰'은 떪이다. 만물이 떨면서 자란다는 것이다.

  斗建辰, 辰, 震也. 萬物震動而長也.[615]

삼짇날 上巳

- 월건(月建)이 진(辰)이면 사(巳)가 길일(吉日)[616]이 되니 이로써 상서롭지 못한 것을 없앤다는 것이

---

605. 《고금사문유취(古今事文類聚)·전집(前集)》 권7. 시의 제목은 〈추일송객지잠수역(秋日送客至潛水驛)〉이다.
606. 위성(胃星): 이십팔수(二十八宿) 가운데 열일곱째 별자리에 있는 별들.
607. 칠성(七星): 북두칠성(北斗七星).
608. 견우성(牽牛星): 독수리자리에 있는 15개의 별들 가운데 가장 밝은 별로 은하수를 사이에 두고 직녀성과 마주하고 있다. 하고성(河鼓星), 우랑성(牛郎星)이라고도 한다.
609. 고선(姑洗): 동양 음악에서, 십이율(十二律)의 다섯째 음 이름. 양률(陽律)의 하나로, 방위로는 진(辰), 절후로는 음력 삼월에 해당한다.
610. 《예기(禮記)·월령(月令)》
611. 야우(野虞): 전답과 산림을 관장하는 벼슬아치.
612. 《예기(禮記)·월령(月令)》
613. 구문(九門): 아홉 개 또는 아홉 겹의 대문. 흔히 대궐 둘레에 있는 문을 이른다.
614. 《예기(禮記)·월령(月令)》
615. 《산당사고(山堂肆考)》 권9.
616. 길일(吉日): 원문의 '除日'은 황도(黃道) 길일(吉日) 가운데 하루를 가리키는 말이다.

다. (상사는) '상제(上除)'라고도 하며 '원사(元巳)'라고도 한다.

月建辰, 則巳爲除日, 以除不祥也. 一曰上除, 一曰元巳.[617]

• 《주례(周禮)》에서, "여자 무당은 해마다 때가 되면 푸닥거리로 질병을 없앤다"고 하였다. '계(禊)[618]'는 깨끗이 함이다. 그리하여 물 위에서 씻어 깨끗이 하는 것이다. '사(巳)'는 복을 빎이다. 나쁜 병이 이미 제거되어 큰 복을 빈다는 것이다.《풍속통의(風俗通義)》

周禮. 女巫掌歲時, 以祓除疾病.[619] 禊者, 潔也, 故於水上盥潔之也. 巳者, 祉也. 邪疾已去, 祈介祉也.〈風俗通[620]〉[621]

• 위(魏)나라 이후로는 다만 초사흘을 (상사의 날로) 사용했을 뿐 다시는 사일(巳日)을 사용하지 않았다.《송서(宋書)》

魏已後, 但用三日, 不復用巳也.〈宋書〉[622]

진유(溱洧)[623]에서의 불제(祓除)[624][진유불제(溱洧祓除)] 정(鄭)나라의 풍속에 상사일(上巳日)이 되면 진수(溱水)와 유수(洧水) 위에서 초혼(招魂)의 의식을 행하였으며,[625] 난초를 잡고 상서롭지 못한 것들을 물리쳤다.《한시외전(韓詩外傳)》

鄭國之俗, 上巳, 於溱洧之上, 招魂續魄, 秉蘭草, 祓除不祥.〈韓詩〉[626]

《한의(漢儀)》의 기록이다. 3월 상사일에 관원과 백성들 모두가 동쪽으로 흐르는 물 위에서 계(禊)를 행하였다.

漢儀. 季春上巳, 官及百姓皆禊於東流水上.[627]

낙유원(樂遊園)[628] (낙유원)은 (한나라) 선제(宣帝)가 건립한 것으로 그곳이 넓게 트여 사방으로 조망할 수 있었다. 매년 3월 상사일과 9월 중양일(重陽日)에 젊은 남녀들이 놀다가 이곳으로 나아가 (상사일에는) 불제(祓除)를 하고, (중양일에는) 등고(登高)[629]를 하였다.

宣帝所立, 其地四望寬敞. 每三月上巳九月重陽, 士女遊戱, 就此祓禊登高.[630]

굽이도는 물에 술잔을 띄우다[곡수류상(曲水流觴)] 진(晉)나라 무제(武帝)가 상서랑(尙書郞) 지우(摯虞)에게 묻기를, "삼짇날에 굽이도는 물에 술잔을 띄우는데 그 뜻은 무엇을 가리키는가?"라고 하였다. (지우가) 대답하기를, "한(漢)나라 장제(章帝) 시절

---

617. 《산당사고(山堂肆考)》 권10.
618. 계(禊): 부정(不淨)을 씻기 위한 목욕재계의 행사를 가리킨다.
619. 《주례(周禮)》에는, "女巫掌歲時, 祓除釁浴"으로 되어 있다.
620. 《풍속통(風俗通)》: 한(漢)의 응소(應劭)가 지은 책 이름.
621. 《예문유취(藝文類聚)》 권4.
622. 《고금사문유취(古今事文類聚)·전집(前集)》 권8. 《송서(宋書)·예지(禮志)》에는, "自魏以後, 但用三日, 不以巳也"로 되어 있다.
623. 진유(溱洧): 진수(溱水)와 유수(洧水). 모두 지금의 하남성(河南省)에 있다.
624. 불제(祓除): 본디는 푸닥거리로 상서롭지 못한 것을 없앤다는 뜻이었지만 여기의 경우처럼 '재앙 따위를 물리치는 일종의 의식' 정도의 의미로 쓰일 때가 많다.
625. 원문의 '속백(續魄)'은 초혼(招魂)과 같은 의미이다.
626. 《고금사문유취(古今事文類聚)·전집(前集)》 권8.
627. 《진서(晉書)·예지(禮志)》
628. 낙유원(樂遊園): 옛날 동산 이름. 지금의 섬서성(陝西省) 서안시(西安市) 남쪽 교외에 있었다. 본래 진(秦)의 의춘원(宜春苑)을 한(漢) 선제(宣帝)가 개건(改建)하면서 이름을 바꾼 것이다. 당(唐)나라 때는 장안(長安)의 젊은 남녀들이 즐겨 나들이를 하던 명승지였다.
629. 등고(登高): 중양일에 행하는 풍습의 하나로 높은 곳에 오르는 일을 가리킨다.
630. 《산당사고(山堂肆考)》 권10.

에 평원(平原)의 서조(徐肇)가 3월 초(하루)에 딸 셋을 낳았는데 초사흘이 되자 모두 죽었습니다. 온 마을 사람들이 괴이하게 여기고는 서로 그들을 데리고 물가로 가서 씻겨 주었습니다. 마침내 이로 인하여 물에 술잔을 띄우게 되었습니다. 굽이도는 물에 술잔을 띄우는 뜻은 여기에서 비롯된 것입니다"라고 하였다. 무제가 말하기를, "만일 얘기한 바와 같다면 좋지 않은 일이구먼"이라고 하였다. 상서랑 속석(束晳)이 말하기를, "중치(仲治)[631]는 막 공부한 후진(後進)이라 이를 알 수 없습니다. 신이 청컨대 그 시작을 말씀드리겠습니다. 옛날에 주공(周公)이 낙읍(洛邑)에 성을 쌓고 이로 인하여 흐르는 물에 술잔을 띄웠기 때문에 일시(逸詩)[632]에서 '우상(羽觴)이 물결을 따르네'라고 하였습니다. 또 진(秦)의 소왕(昭王)이 삼짇날에 황하(黃河)의 굽이도는 물에 술잔을 띄웠습니다"라고 하였다. 무제가 크게 기뻐하며 황금 50근을 하사하고, 지우는 양성(陽城)의 현령(縣令)으로 좌천시켰다.

晉武帝問尙書郞摯虞曰, 三日曲水, 其義何指. 答曰, 漢章帝時, 平原徐肇, 以三月初生三女, 至三日俱亡. 一村以爲怪, 乃相携之水濱盥洗. 遂因水以汎觴. 曲水之義, 起於此. 帝曰, 若如所談, 便非好事. 尙書郞束晳曰, 仲治小生, 不足以知此. 臣請說其始. 昔周公城洛邑, 因流水以汎酒, 故逸詩云, 羽觴隨波. 又秦昭王以三日置酒河曲水. 帝大悅, 賜金五十斤, 遷虞陽城令.[633]

난정(蘭亭)[634]에서의 수계(修禊)[635][난정수계(蘭亭修禊)] 영화(永和)[636] 9년 삼짇날에 왕희지(王羲之)가 태원(太原)의 손통(孫通) 등 41명과 더불어 회계산(會稽山)[637] 북쪽에 있는 난정(蘭亭)에서 회합하여 계제사(禊祭祀)의 일을 행하였다. 술이 무르익자 시(詩)를 짓고 서(序)를 엮고는 누에고치 껍질로 만든 종이와 쥐의 수염으로 만든 붓을 사용하여 총 28행, 324자를 적었는데 글자가 중복되는 것이 있었지만 모두 별체(別體)로 구성하였으며, 그 안에서 살펴보자면 '之'자가 가장 많았다.《법서요록(法書要錄)》

永和九年三月三日, 王羲之與太原孫通等四十有一人會于會稽山陰之蘭亭, 脩禊事. 酒酣, 賦詩製序, 用蠶繭紙鼠鬚筆, 書凡二十八行三百二十四字, 字有重者, 皆構別体, 就中之字最多.〈法書要錄〉[638]

꽃에 기름을 묻혀 점을 치다[유화복(油花卜)] 《도경(圖經)》의 기록이다. 지양(池陽)[639]에서는 삼짇날에 부녀자들이 냉이의 꽃에 기름을 묻혀 물속에 뿌리는데 (그것이) 용(龍)이나 봉황(鳳凰)의 형상을 이루면 길한 것으로 여긴다. 이를 일러 '꽃에 기름을 묻혀 점을 치는 것'이라 한다.

圖經. 池陽上巳日, 婦女以薺花點油, 灑之水中, 成龍鳳之狀, 則吉, 謂之油花卜.[640]

전룡연(錢龍宴)[641] 《장루기(粧樓記)》의 기록이다. 장안(長安)에 음악과 춤을 할 줄 아는 기녀(妓女)들을 데리고 있는 자가 있었는데 삼짇날이면 돈을 꿰

---

631. 중치(仲治): 지우(摯虞)의 자(字).
632. 일시(逸詩): 시의 대부분이 없어져서 《시경(詩經)》에 실리지 못한 옛 시.
633.《예문유취(藝文類聚)》 권4.
634. 난정(蘭亭): 지금의 절강성(浙江省) 소흥현(紹興縣) 남서쪽에 있었던 정자 이름.
635. 수계(修禊): 삼짇날에 물가에 가서 몸을 깨끗이 씻고 신께 빌어 재앙을 없애고 복을 기원하는 계제사(禊祭祀)를 행하는 것을 가리킨다.
636. 영화(永和): 진(晉) 목제(穆帝)의 연호(345-356)이다.
637. 지금의 절강성(浙江省) 소흥현(紹興縣) 남동쪽에 있는 산 이름.
638.《고금사문유취(古今事文類聚)·전집(前集)》 권8.
639. 지양(池陽): 지금의 하남성(河南省)에 있었던 현(縣) 이름.
640.《산당사고(山堂肆考)》 권10.
641. 전룡연(錢龍宴): 연회(宴會) 이름. 돈으로 용을 만들어 두고 베푸는 연회라는 뜻이다.

어 용 형상을 만들고는 전룡연(錢龍宴)을 열었다.

粧樓記[642]. 長安有妓樂者, 三月三日, 結錢爲龍,[643] 作錢龍宴.[644]

나무로 된 창자에 돌로 된 심장[목장석심(木腸石心)] 하통(夏統)[645]은 자(字)가 중어(仲御)인데 일찍이 낙양(洛陽)으로 갔더니 삼짇날이라 공주(公主) 이하의 사람들이 함께 남쪽 부교(浮橋)에 이르러 불제(祓除)를 행하고 있었다. 하통이 배 안에서 사온 약을 말리고 있으려니 가충(賈充)[646]이 멀리서 보고 사람을 시켜, 배 안에 편안히 앉아 있는 사람이 누구인지를 물었다. 하통이 천천히 대답하기를, "회계(會稽)의 백성 하중어(夏仲御)입니다"라고 하였다. 가충이 배를 끌어 더불어 말을 나누었는데 그 응답이 (음향이) 울리는 것과 같았다. 그에게 벼슬을 권했더니 고개를 숙이고는 대답하지 않았다. 가충이 말하기를, "그대는 민간의 노래를 지을[부를] 수가 있는가?"라고 하였더니 말하기를, "옛날에 조아(曹娥)[647]가 물에 몸을 던지자 나라 사람들이 그녀를 불쌍히 여기며 '하녀(河女)'라는 노래를 지었고, 오자서(伍子胥)[648]가 충의(忠義)로 바다에 몸을 던지자 나라 사람들이 그를 불쌍히 여기며 '소해창(小海唱)[649]'을 지었습니다. 지금 그것들을 노래하고자 합니다"라고 하였다. 이에 발로 뱃전을 두드리며 뽑아내는 소리가 맑고 높게 울려 큰 바람이 응당 불어올 듯하였고, 구름과 비가 번갈아가며 모일 듯하였다. 가충이 기녀들에게 명령을 내려 옷을 잘 차려 입고 세 겹으로 배를 에워싸게 하였으나 하통은 여전히 꼿꼿하게 앉아 있었는데 마치 (아무런 말도) 들은 바가 없는 것처럼 하였다. 가충이 서운해 하면서 말하기를, "이 오(吳) 땅의 아이는 나무로 된 창자에 돌로 된 심장을 가졌다"라고 하였다.

夏統, 字仲御, 嘗詣洛中, 三月三日, 公主已下竝至南浮橋祓禊. 統在船中, 暴所市藥[650], 賈充望見, 使問, 船中安坐者爲誰. 統徐答曰, 會稽民間夏仲御也. 充引船與語, 其應如響. 勸之仕, 俛而不答. 充曰, 卿能作鄕土間曲乎. 曰, 昔曹娥投水, 國人哀之, 爲作河女之章. 伍子胥以忠投海, 國人哀之, 爲作小海唱. 今欲歌之. 乃以足扣舷, 引聲淸激, 大風應至, 雲雨交集. 充令妓女盛服繞船三匝, 統危坐如故, 若無所聞. 充悵然曰, 此吳兒木腸石心也.[651]

한식 寒食

• 동지로부터 105일 떨어진 날이 되면 바람이 세차게 불고 비가 심하게 내리는데 이를 일러 한식이라

642. 《장루기(粧樓記)》: 남당(南唐)의 장필(張泌)이 엮은 책 이름.
643. "結錢爲龍" 아래에 "爲簾" 두 글자가 누락되었다.
644. 《산당사고(山堂肆考)》 권10.
645. 하통(夏統): 진(晉)나라의 은자(隱者)로 효성이 지극하였다 한다.
646. 가충(賈充): 진(晉)나라 무제(武帝) 때의 권신(權臣). 거기장군상서복야(車騎將軍尙書僕射)가 되어 《진율령(晉律令)》을 편찬하였다. 오(吳)나라 토벌 시에는 토벌군 총사령관을 지냈다.
647. 조아(曹娥): 동한(東漢)의 효녀. 아버지가 물에 빠져 죽었을 때 시신을 찾을 수가 없자 여러 날을 울다가 강에 몸을 던져 죽었다고 한다.
648. 오자서(伍子胥): 춘추시대(春秋時代)의 초(楚)나라 사람으로 이름은 원(員)이다. 아버지와 형이 초나라 평왕(平王)에게 피살되자 오(吳)나라를 도와 초나라를 쳐서 원수를 갚았다.
649. 소해창(小海唱): 오(吳)나라 사람들이 오자서(伍子胥)를 애도하기 위해 지은 가곡(歌曲)이라 전해지는데 줄여 '小海'라고도 한다.
650. "暴所市藥" 다음에 "穩坐不搖"가 생략되었다.
651. 《산당사고(山堂肆考)》 권10.

한다. 책력(冊曆)에 근거하자면 마땅히 청명 이틀 전에 있어야 하며, 또 동지로부터는 106일이 떨어져 있게 된다. 3일 동안 불을 피우지 않는다.《형초세시기(荊楚歲時記)》

去冬至一百五日, 卽有疾風甚雨, 謂之寒食. 據曆, 合在淸明前二日, 亦有去冬至一百六日. 斷火三日.〈歲時記〉652

• 강회(江淮)653 일대에서는 한식날에 집집마다 버들을 꺾어 문에 꽂는다.《형초세시기(荊楚歲時記)》

江淮間, 寒食日, 家家折柳揷門.〈同〉654

• 제(齊)나라 사람들은 한식을 냉절(冷節)로 부르며 또 숙식(熟食), 금연(禁烟)이라고도 한다. 한식날에 들에서 제사를 지내고 지전(紙錢)을 태운다.

齊人呼寒食爲冷節, 又曰熟食, 又曰禁烟. 寒食, 野祭而焚紙錢.655

위(魏)나라가 찬 음식 먹는 것을 금하다[위금한식(魏禁寒食)] 위(魏) 무제(武帝)가 영을 내려 말하기를, "태원(太原)656과 상당(上黨)657, 서하(西河)658와 안문(雁門)659에서 동지 후로 105일이 되면 모두 화식(火食)을 끊는다고 한다. 북방은 차가운 지역이라 늙은이와 아이들, 여위고 약한 자들에게 장차 견디지 못할 걱정이 있을 것인 즉, 오늘 이후로 사람들은 찬 음식을 먹을 수 없다. 만일 이를 범하면 가장(家長)은 반년(半年) 형(刑)에 처하고, 담당 관리는 100일 형에 처할 것이며, 현령(縣令)660은 한 달 치의 봉록을 삭탈할 것이다"라고 하였다.

魏武帝令曰, 聞太原上黨西河雁門, 冬至後百有五日, 皆絶火食. 北方沍寒之地, 老少羸弱將有不堪之患, 今後人不得寒食. 若犯者, 家長半歲刑, 主吏百日刑, 令長奪一月俸.661

주거(周擧)가 따뜻한 음식을 먹게 하다[주거온식(周擧溫食)] 주거(周擧)662가 병주자사(幷州刺史)663로 좌천되었다. 애초에 태원(太原) 일군(一郡)의 옛 풍속에는, 개자추(介子推)664가 몸을 불태웠다는 것 때문에 그 달에 이르기까지 모두들 신령(神靈)스러움을 말하며 불 지피기를 달가워하지 않았으며, 한 달 동안 찬 음식을 먹으면서도 아궁이에 감히 불을 지피지 못해 한 해에 죽는 자가 많았다. 주거는 주(州)에 도착하여 조서(弔書)를 지어 개자추의 사

---

652. 《고금사문유취(古今事文類聚)·전집(前集)》 권8. 《형초세시기(荊楚歲時記)》에는, "去冬節一百五日, 卽有疾風甚雨, 謂之寒食. 禁火三日"로 되어 있다.
653. 강회(江淮): 강강(長江)과 (淮河)가 만나는 그 일대의 지역을 일컫는 말이다.
654. 《산당사고(山堂肆考)》 권9. 《형초세시기(荊楚歲時記)》에는 이와 관련된 기록이 없다.
655. 《산당사고(山堂肆考)》 권8.
656. 태원(太原): 지금의 산서성(山西省) 분하(汾河) 상류 지역에 있었던 군(郡) 이름.
657. 상당(上黨): 지금의 산서성(山西省) 동남쪽에 있었던 군(郡) 이름.
658. 서하(西河): 지금의 산서성(山西省) 서북쪽에 있었던 군(郡) 이름.
659. 안문(雁門): 지금의 산서성(山西省) 대현(代縣) 일대에 있었던 군(郡) 이름.
660. 현령(縣令): 본문의 '영장(令長)'은 진한(秦漢) 시기에 만호(萬戶) 이상의 현(縣)을 다스리는 자는 '영(令)'이라 하고, 만호 미만의 현을 다스리는 자를 '장(長)'이라 한 데서 유래한 것으로 후에는 현령(縣令)을 범칭하는 말로 사용되었다.
661. 《고금사문유취(古今事文類聚)·전집(前集)》 권8.
662. 주거(周擧): 후한(後漢)의 대신(大臣)으로 자는 선광(宣光)이다.
663. 병주자사(幷州刺史): '병주'는 지금의 하북성(河北省) 중부 지역에 있었던 주(州) 이름이며, '자사'는 한(漢)나라 때에 군(郡)이나 국(國)을 감독하기 위하여 각 주(州)에 둔 감찰관이다.
664. 개자추(介子推): 개지추(介之推)라고도 한다. 진(晉)나라 문공(文公)이 왕위에 오르기 전에 아버지 헌공(獻公)에게 추방되었을 때, 19년 동안 그를 모시며 망명생활을 함께하였다. 뒤에 문공이 왕위에 올라 많은 현신(賢臣)을 등용하였으나 정작 개자추에게는 봉록을 주지 않았다. 실망한 그는 면산(緜山)에 들어가 숨어 살았다. 문공이 그를 나오게 하기 위해 산에다 불을 질렀으나 끝내 나오지 않고 어머니와 함께 그대로 타 죽었다. 한식(寒食)은 바로 그를 기리기 위해 화식(火食)은 물론 화기(火氣)를 금하였던 풍속이다.

당에 두었는데, (조서에서) 말하기를, "한창 심한 추위에 화기(火氣)를 없애 백성의 목숨을 해롭게 하는 일은 현자(賢者)의 뜻이 아닐 것입니다"라고 하였다. 지금인 즉 (화기를 금하는 것이) 사흘뿐이다. 어리석은 백성들에게 선포(宣布)하여 따뜻한 음식을 먹는 것으로 환원시키니 풍속이 갑자기 혁신되었다. 《업중기(鄴中記)》

周擧遷幷州刺史. 初, 太原一郡舊俗, 以介子推焚骸, 至其月, 咸言神靈, 不樂擧火, 一月寒食, 莫敢烟爨, 歲多死者. 擧到州, 作弔書, 置子推之廟, 言盛寒去火, 殘損民命, 非賢者意. 今則三日而已. 宣示愚民, 使還溫食, 風俗頓革.〈鄴中記〉665

묘제(墓祭)의 시작[묘제지시(墓祭之始)] 당(唐)의 시어사(侍御史)666 정정칙(鄭正則)이 지은 《사향의(祠享儀)》에서 이르기를, "옛날에는 묘제(墓祭)에 관한 글이 없었으며, 공자(孔子)는 묘를 (멀리서) 바라보며 때에 맞추어 제사하는 것을 허락하였다." 《춘추좌씨전(春秋左氏傳)》에서, "신유(辛有)가 이수(伊水)에 갔다가 머리를 풀고 들판에서 제사 지내는 사람을 보고는, '앞으로 백년이 못되어 여기는 정말 융족(戎族) 땅이 되겠구나'라 하였다."라고 하였는데 마침내 (이수는) 육혼씨(陸渾氏)667의 땅이 되었다. 한(漢)나라 광무(光武) 초엽에 대업(大業)을 계승할 적에 여러 장수들이 출정(出征)하였는데 고향을 지나는 자가 있으면 유사(有司)에게 조서를 내려 양과 돼지를 제공하고 성묘(省墓)하게 하자 (장수들이) 이를 은전(恩典)으로 여겼다. 조공(曹公)668이 교현(橋玄)669의 묘에 들러 제를 올렸는데 그 제문(祭文)이 몹시 구슬펐다. 한식날 묘제(墓祭)는 대개 여기에서 비롯된 것이다"라고 하였다.

唐侍御鄭正則祠享儀云, 古者無墓祭之文, 孔子許望墓, 以時祭祀. 春秋左氏傳, 辛有適伊川, 見被髮於野而祭者, 曰, 不及百年, 此其戎乎. 竟爲陸渾氏焉. 漢光武初, 纂大業, 諸將出征, 有徑鄉里者, 詔有司, 給少牢令拜掃以爲榮. 曹公過橋玄墓致祭, 其文悽愴. 寒食墓祭, 蓋出於此.670

당(唐) 개원(開元)671 연간의 조칙(詔勅)에, "한식날에 상묘(上墓)의 예를 행하는 것은 경전(經典)에 글[근거]이 없는 것이지만 요즘에 서로 전하여 점차 풍속이 되었으니, 배소(拜掃)의 예와 같게 하기를 의당 허락하노라"라고 하였다.672

唐開元勅, 寒食上墓禮, 經無文, 近代相傳, 寖以成俗, 宜許上墓同拜掃禮.673

은행 씨를 빻아 끓인 죽[행죽(杏粥)] 찬 음식을 먹는 사흘을 위해 단술과 진한 유즙을 만든다. 또 멥쌀과 보리를 끓여 단 죽[糖粥]을 만들고, 은행 씨를 빻아 끓여 죽을 만든다.《업중기(鄴中記)》

寒食二674日, 爲醴酪. 又煮粳米及麥爲酪, 擣杏仁煮作粥.〈鄴中記〉675

대추 떡[조고(棗糕)] 한식날에 밀가루를 떡 모양이

---

665. 《고금사문유취(古今事文類聚)·전집(前集)》 권8.
666. 시어사(侍御史): 불법(不法)과 탈법(脫法) 등을 감찰(監察)하던 관직 이름.
667. 육혼씨(陸渾氏): 지금의 감숙성(甘肅省) 돈황(敦煌) 일대에 살았던 융족(戎族)의 한 갈래.
668. 조공(曹公): 조조(曹操)를 가리킴.
669. 교현(橋玄): 후한(後漢)의 무신(武臣)으로 자는 공조(公祖)이며 탁월한 지략이 있었다 한다.
670. 《고금사문유취(古今事文類聚)·전집(前集)》 권8. 《춘추좌씨전(春秋左氏傳)》의 기록은 희공(僖公) 22년 4월의 일이다.
671. 개원(開元): 당(唐) 현종(玄宗)의 연호(713-741)이다.
672. 번역문에 나오는 상묘(上墓)나 배소(拜掃)는 모두 조상의 묘를 깨끗이 하고 돌보는 일인 '소분(掃墳)'을 가리킨다. 그러나 '배소(拜掃)'는 가을철에 행해지던 것이었다.
673. 《고금사문유취(古今事文類聚)·전집(前集)》 권8.
674. '二'는 '三'의 오자이다.
675. 《고금사문유취(古今事文類聚)·전집(前集)》 권8.

되도록 쪄서 둥근 대추를 거기에 붙였는데 명칭을 대추 떡이라 하였다.

寒食, 以麵爲蒸餅樣, 團棗附之, 名曰棗餻.676

그네[추천(鞦韆)] 북방의 융적(戎狄)들은 한식이 되도록 그네타기를 하며 재미삼아 경쾌함과 날렵함을 익혔는데 후에 중원(中原)의 여자들이 이를 배웠다. 이에 비단 노끈을 나무에 매달고 시렁을 세우고는[설치하고는] 젊은 남녀들이 그 위에 앉거나 서서, (앞으로) 밀기도 하고 (뒤로) 당기기도 하였는데 이를 일러 '그네'라 한다. 혹자가 말하기를, "본디 산융(山戎)677의 놀이로, 제(齊) 나라 위공(威公)이 산융을 북벌하고서부터 이 놀이가 비로소 중원에 전해진 것이다"라고 하였다. 일설에 ('鞦韆'을) '千秋'자로 적기도 하는 것은 본래 한(漢)의 궁실에서 축수(祝壽)하던 말에서 온 것인데 후세에 잘못하여 거꾸로 읽어 '추천(秋千)'이 된 것일 뿐이라 한다.《고금예술도(古今藝術圖)》

北方戎狄, 至寒食, 爲鞦韆, 戲以習輕趫, 後, 中國女子學之. 乃以綵繩懸木立架, 士女坐立其上, 推引之, 謂之鞦韆. 或曰, 本山戎之戲, 自齊威公北伐山戎, 此戲始傳中國. 一云作千秋字, 本出漢宮祝壽詞, 後世誤倒讀爲秋千耳.〈藝術圖678〉679

《열반경(涅槃經)》에서는 이를 '견삭(罥索)'이라 하였다.《형초세시기(荊楚歲時記)》

涅槃經謂之骨680索.〈歲時記〉681

천보(天寶)682 연간에 궁중에서 한식절(寒食節)이 될 때까지 다투어 그네를 가설하고는 제왕의 시첩(侍妾)들로 하여금 웃으면서 즐기게 하였는데, 황제는 늘 '반(半) 신선 놀이[신선과 짝하는 놀이]'로 불렀다.《천보개원유사(天寶開元遺事)》

天寶宮中, 至寒食節, 競築鞦韆, 令宮嬪輩嬉笑以爲樂, 帝常呼半仙之戲.〈遺事683〉684

푸른 정기(精氣)의 밥[청정반(青精飯)] 양동(楊桐)의 잎은 가늘지만 겨울에 푸르러 살고 있는 사람들이 한식날이 되면 그 잎을 따다가 밥에 물을 들인다. 색깔이 푸르고 광택이 있으며 이를 먹으면 양기(陽氣)에 도움이 된다. 도가(道家)에서 이를 일러 '청정건석반(青精乾石飯)'이라고 한다.《음신(音信)》

楊桐葉細, 冬青, 居人遇寒食, 採其葉, 染飯. 色青而有光, 食之資陽氣. 道家謂之青精乾石飯〈音信〉685

또 이르기를, "남촉(南燭)686이라는 초목을 취하여 그 즙에 쌀을 담가 밥이 되도록 익힌 것을 '흑반(黑飯)'이라고 한다"라고 하였다.《영릉통기(零陵統紀)》

又云, 取南燭草木, 煮汁漬米炊, 又名黑飯.〈零陵統紀〉687

배꽃 아래에서 술을 마시다[음이화하(飮梨花下)] 후목(侯穆)688은 시명(詩名)이 있었다. 한식이라 교외를 걷다가 몇몇 젊은이들이 배꽃 아래에서 함께

676.《고금사문유취(古今事文類聚)·전집(前集)》 권8.
677. 산융(山戎): 춘추시대(春秋時代)에 하북성(河北省) 지역에 살던 종족으로 연(燕)나라와 제(齊)나라 등 여러 나라를 괴롭혔다.
678.《예술도(藝術圖)》정식 명칭은《고금예술도(古今藝術圖)》이다.
679.《고금사문유취(古今事文類聚)·전집(前集)》 권8.
680. '骨'은 '罥'의 오자이다.
681.《고금사문유취(古今事文類聚)·전집(前集)》 권8.
682. 천보(天寶): 천보(天寶): 당(唐) 현종(玄宗)의 연호(742-756)이다.
683. 이 '유사(遺事)'의 정식 명칭은《천보개원유사(天寶開元遺事)》이다.
684.《고금사문유취(古今事文類聚)·전집(前集)》 권8.
685.《고금사문유취(古今事文類聚)·전집(前集)》 권8.
686. 남촉(南燭): 나무 이름. '우근(牛筋)'이라고도 함.
687.《고금사문유취(古今事文類聚)·전집(前集)》 권8.
688. 후목(侯穆): 송대(宋代)의 사람으로 자는 청숙(淸叔)이다.

술을 마시고 있는 것을 보았다. 후목이 장읍(長揖)[689]을 하고 나아가 앉았더니 사람들 모두가 그를 비웃었다. 누군가 말하기를, "시를 지을 수 있는 자만이 술을 마실 수 있습니다"라고 하였다. 이에 '이화(梨花)'를 제목으로 하여 후목이 이르기를, "배꽃 아래에서 함께 술을 마시노라니, 배꽃이 머리 가득 꽂히누나. 맑은 향기는 옥과 같은 나무에서 오는데, 흰 개미는 금으로 만든 사발에 떴구나. 단장한 모습에 청아(靑娥)[690]가 시샘을 하겠고, 엉긴 광택에 분(粉)을 두른 나비가 부끄러워하겠지. 해마다 한식날 밤에, 에워싸고 시 읊조리노라면 시름 이기지 못하리"라고 하자 여러 사람들이 붓을 놓았다.

侯穆有詩名. 因寒食郊行, 見數少年共飮於梨花下. 穆長揖就坐, 衆皆哂之. 或曰, 能詩者飮. 乃以梨花爲題, 穆吟云, 共飮梨花下, 梨花揷滿頭. 淸香來玉樹, 白蟻泛金甌. 粧靚靑娥妬, 光凝粉蝶羞. 年年寒食夜, 吟遶不勝愁. 衆客閣筆.[691]

백낙천(白樂天)의 시를 고치다[개낙천시(改樂天詩)] 내가 곽생(郭生)과 더불어 한계(寒溪)에서 노닐 적에 곽생이 백낙천(白樂天)[692]의 〈한식(寒食)〉시를 대충 고쳐 그것을 노래하였다. 앉아 있는 손님 가운데 우는 사람이 있었는데 그 가사는 다음과 같았다. "저물녘 높다란 나무에서 까마귀 울고 까치 지저귀는데, 청명·한식 시절에 누구네 집에서 곡(哭)을 하는가? 넓은 들에 바람 불자 지전(紙錢)이 나는데, 오래된 묘엔 켜켜이 봄풀이 푸르구나. 산 앵두와 배나무 꽃이 백양나무에 비치나니, 모두가 삶과 죽음으로 이별하는 곳. 까마득하게 먼 황천에는 곡소리도 들리지 않을 터, 쓸쓸히 저물녘 비 내리는데 사람들 돌아가누나."《동파지림(東坡志林)》

余與郭生遊寒溪, 郭生略改樂天寒食詩, 歌之. 坐客有泣者, 其詞曰, 烏[693]啼鵲噪昏喬木, 淸明寒食誰家哭. 風吹曠野紙錢飛, 古墓纍纍春草綠. 棠梨花映白楊樹, 盡是死生離別處. 冥漠重泉哭不聞, 蕭蕭暮雨人歸去. 〈志林[694]〉[695]

연기를 금하다[금연(禁烟)] 개자추(介子推)가 숲을 태워 죽게 되었기 때문에 연기를 금하는 것이라는 설이 있다. 노상(盧象)[696]이 이른바, "개자추는 세상을 피하겠다고 말했는데, 산불이 마침내 그의 몸을 불태우게 되었지. 세상이 하나같이 찬 음식을 먹는 것은, 천고토록 그 한 사람 때문이라네"라 한 것이 바로 그것이다. 누군가가 이르기를, "용성(龍星)[697]은 '나무'의 자리이다. 봄이 동방에 속하니 마음은 큰불이 된다. 화기(火氣)가 성할 것을 두려워하기 때문에 불을 금하는 것이다. 이 때문에 한식에는 용(龍)을 꺼리는 금기(禁忌)가 있다"라고 하였다. 그렇다면 이른바 '불을 금하는 것'은 또 반드시 개자추 때문만은 아닌 것이다.《단양집(丹陽集)》

子推, 焚林而死, 故有禁烟之說. 盧象所謂子推言避世, 山火遂焚身. 四海同寒食, 千秋爲一人, 是也. 或云, 龍星, 木之位也. 春屬東方, 心爲大火. 懼火盛, 故禁火. 是以寒食有龍忌之禁, 則所謂禁火, 又未必爲子推也.〈丹陽集〉[698]

강정을 팔다[매당(賣餳)] 유몽득(劉夢得)의《가화

---

689. 장읍(長揖): 두 손을 마주 잡아 눈높이만큼 들어서 허리를 굽히는 예.

690. 청아(靑娥): 서리와 눈을 주관하는 여신(女神). 청녀(靑女)라고도 한다.

691.《고금사문유취(古今事文類聚)·전집(前集)》권8. 시의 제목은〈한식음리화하(寒食飮梨花下)〉이다.

692. 백락천(白樂天): 중당(中唐)의 시인 백거이(白居易). '樂天'은 그의 자이다. 그는 유려평이(流麗平易)한 문학의 폭을 넓혀 당(唐) 일대(一代)를 통해 두드러진 개성을 형성하였다.

693. '鳥'는 '烏'의 오자이다.

694.《志林》의 정식 명칭은《동파지림(東坡志林)》이다.

695.《고금사문유취(古今事文類聚)·전집(前集)》권8.

696. 노상(盧象): 당(唐) 현종(玄宗) 연간의 시인으로 자는 위경(緯卿)이다.

697. 용성(龍星): 별 이름. 동방(東方)에 있는 창룡칠수(蒼龍七宿)의 통칭이다.

(嘉話)》699에서 이르기를, "시를 지을 때 벽자(僻字)를 사용하려면 모름지기 그 유래가 있어야 한다. 송고공(宋考功)의 시에서 이르기를, '말 위에서 한식을 만났나니, 봄이 왔는데도 강정이 보이지 않네'라고 하였는데 일찍이 이 글자[餳]를 의심하였다. 이로 인하여 《모시정전(毛詩鄭箋)》에서 '취소(吹簫)'를 설명하는 곳을 읽어보았더니 (주에서) 이르기를, '곧 오늘날 강정을 파는 사람의 물건'이라고 하였다"고 하였다. 그리하여 송조(宋朝)의 송자경(宋子京)700이 〈한식(寒食)〉시에서, "풀빛이 말 치달리는 길을 당겨서 열고, 피리 소리가 강정 파는 날을 불어서 따뜻하게 하누나"라고 하였던 것이다. 그러나 말[詞]의 운치와 시재(詩才)는 송고공보다 훨씬 낫다. 《청상잡기(青箱雜記)》

劉夢得嘉話云, 爲詩用僻字, 須有來處. 宋考功詩云, 馬上逢寒食, 春來不見餳. 嘗疑此字. 因讀毛詩鄭箋說吹簫處, 云卽今賣餳人家物. 故宋朝宋子京寒食詩云, 草色引開盤馬路, 簫聲吹暖賣餳天. 然詞致騷雅勝考功遠矣.〈青箱雜記〉701

답축(蹋蹴)702 한식날의 답축(蹋蹴)은 황제(黃帝)가 만든 것이다. 혹자가 이르기를, "전국(戰國) 시기에 시작되었으며, 병사들의 기세(를 훈련시키기 위한 것)이다"라고 하였다. 일명 '백타(白打)'이다.

寒食蹋蹴, 黃帝所造. 或云, 起於戰國之時, 乃兵勢也. 一名, 白打.703

청명 淸明

- 절후(節候)가 연기를 감추는 한식을 지났으니 이 때는 마땅히 불을 고쳐야[새로 피워야] 한다.《백씨장경집(白氏長慶集)》

  節過藏烟, 時當改火.〈白集704〉

- 관씨(爟氏)705가 늦봄에 불씨를 만들어 낸다.《주례(周禮)·주관(周官)》

  爟氏季春出火〈周官〉706

- (나무를) 파고 마찰시켜 불을 고친다[새 불씨를 피운다].《논어(論語)》

  鑽燧改火.〈語〉707

- 사철로 나라의 불을 변화시킨다. (이는) 봄에는 느릅나무와 버드나무의 불을 취하고, 여름에는 대추나무와 은행나무의 불을 취하며, 늦여름에는 뽕나무와 산뽕나무의 불을 취하고, 가을에는 떡갈나무와 맬나무의 불을 취하며, 겨울에는 홰나무와 박달나무의 불을 취하는 것을 말한다.《주례(周禮)》

  四時變國火. 謂春取楡柳之火, 夏取棗杏之火, 季夏取桑柘之火, 秋取柞楢之火, 冬取槐檀之火.〈周禮〉708

새 불씨를 하사하다[사신화(賜新火)] 당조(唐朝)에서 청명절에 느릅나무와 버드나무의 불을 취하여 가까운 신하들에게 하사한 것은 양의 기운에 순응한

698. 《고금사문유취(古今事文類聚)·전집(前集)》 권8. 노상(盧象)의 시 제목은 〈한식(寒食)〉이다.
699. 유몽득(劉夢得)의 《가화(嘉話)》는 당(唐) 유우석(劉禹錫)의 《가화록(嘉話錄)》을 가리킨다.
700. 송자경(宋子京): 북송(北宋)의 송기(宋祁). '子京'은 그의 자이다.
701. 《고금사문유취(古今事文類聚)·전집(前集)》 권8.
702. 답축(蹋蹴): 고대에 장정들이 공을 땅에 떨어뜨리지 않고 차던 놀이.
703. 《고금사문유취(古今事文類聚)·전집(前集)》 권8.
704. 《백집(白集)》의 정식 명칭은 《백씨장경집(白氏長慶集)》이다. 이 대목은 《백씨장경집》 권 59에 보인다.
705. 관씨(爟氏): 불을 사용하는 행정을 관장하는 사관(司爟)을 지칭하는 말.
706. 《주례(周禮)·하관(夏官)·사관(司爟)》
707. 《논어(論語)·양화(陽貨)》
708. "四時變國火"가 《주례(周禮)·하관(夏官)·사관(司爟)》의 본문이고 그 이하는 주(注)에 보이는 내용이다.

것이다.《연하세시기(輦下歲時記)》

唐朝, 淸明, 取楡柳之火, 以賜近臣, 順陽氣也.〈歲時記709〉710

불을 금하는 것은 주(周)나라의 옛 제도이다. 당조(唐朝)와 송조(宋朝)에서 청명일에 새 불씨를 하사한 것은 또한 주나라 사람들이 불씨를 만들어 낸 일과 같다.

禁火, 乃周之舊制. 唐及宋朝, 淸明日賜新火, 亦周人出火之事.711

계방(鷄坊)712을 마련하다[치계방(治鷄坊)] 명황(明皇)이 민간에서 청명절에 하던 투계(鬪鷄) 놀이를 즐기더니 즉위하자 계방(鷄坊)을 마련하고는 장안(長安)의 수탉 가운데 황금빛 꼬리를 하고 쇠와 같은 발꿈치에 높은 볏과 높게 쳐드는 꼬리를 가진 닭 천 여 마리를 찾아 계방에서 길렀다. 육군(六軍)713에서 어린 군인 500명을 선발하여 닭을 훈련시키고 기르게 하였다. 당시에 가창(賈昌)이 500명의 어린 군인 가운데 우두머리가 되었는데 천자가 그를 몹시 총애하였다. 황금과 비단을 하사받던 날에 자기 집에 가서 또 말하기를, "명황께서 을유년(乙酉年) 태생이라 투계를 좋아하시는데 이는 난리를 예시(豫示)하는 징조이다"라고 하였다.《동성부로전(東城父老傳)》

明皇樂民間淸明節鬪鷄戱, 及卽位, 治鷄坊, 索長安雄鷄金尾鐵距高冠昂尾千數, 養于鷄坊. 選六軍小兒五百, 使敎飼之. 時賈昌爲五百小兒長, 天子甚愛幸之. 金帛之賜日, 至其家又云, 明皇以乙酉生而喜鬪鷄, 是兆亂之象也.〈東城父老傳〉714

우물을 치다[도정(淘井)] 소동파(蘇東坡)가 황주(黃州)715에 있을 때 잠참(岑參)716이 새로 지은 시를 읊조리는 것을 꿈꾸었다. 깨어나서 두 구절을 기억하였는데, "한식도 청명도 모두 지나가, 돌우물이며 홰나무 불씨가 일시에 새롭구나"는 것이었다. 꿈속에서 말하기를, "불씨는 정녕 새로운 것이지만 샘은 어째서 새로운 것입니까?"라고 하였더니 대답하기를, "속(俗)에서는 청명일에 우물을 친다오"라고 하였다.《동파지림(東坡志林)》

東坡在黃州, 夢參寥誦所作新詩. 覺而記兩句云, 寒食淸明都過了, 石泉槐火一時新. 夢中曰, 火固新矣, 泉何故新. 答曰, 俗以淸明日淘井.〈志林〉717

꽃 소식을 전하는 바람[화신풍(花信風)] 강남(江南)에는 초봄부터 초여름까지 닷새에 한 번 꼴로 바람이 부는 날씨가 되는데 이를 일러 '꽃 소식을 전하는 바람'이라고 한다. 매화 바람이 가장 먼저 불고, 멀구슬나무 바람이 가장 늦게 부는데 총 스물네 번의 바람이 불면 한기가 (완전히) 꼬리를 자른 것[끝난 것]으로 여긴다. 당인(唐人)의 시에서 이르기를, "멀구슬나무 꽃이 핀 뒤로 풍광(風光)이 좋은데, 매실 누렇게 익어갈 무렵에 비 내릴 듯이 짙구나"라고 하였다. 서사천(徐師川)718의 시에서 이르기를, "(동지로부터) 105일째인 한식날의 비, 스물네 차례 부는 꽃 소식을 전하는 바람"이라고 하였다. 또 고시

---

709. 이 대목의 《세시기(歲時記)》는 《연하세시기(輦下歲時記)》를 가리킨다.
710. 《고금사문유취(古今事文類聚)·전집(前集)》 권8.
711. 《고금사문유취(古今事文類聚)·전집(前集)》 권8.
712. 계방(鷄坊): 싸움닭을 키우고 훈련시키기 위하여 당(唐)의 현종(玄宗)이 만든 일종의 양계장.
713. 육군(六軍): 천자가 통솔하던 여섯 개의 군(軍). 기본적으로 1군에 1만 2,500명씩 모두 7만 5,000명으로 이루어진다.
714. 《고금사문유취(古今事文類聚)·전집(前集)》 권8.
715. 황주(黃州): 지금의 호북성(湖北省) 황강현(黃崗縣) 서북쪽에 있었던 주(州) 이름.
716. 잠참(岑參): 성당(盛唐)의 시인. 북서변경 요새의 사막지대에 종군한 경험을 살려서 쓴 대량의 변새시(邊塞詩)는 풍부한 상상력과 이국적 정서를 생생하게 그려낸 걸작들이다.
717. 《고금사문유취(古今事文類聚)·전집(前集)》 권8.
718. 서사천(徐師川): 송(宋)의 시인 서부(徐俯). '師川'은 그의 자이다.

(古詩)에서 이르기를, "올벼 이앙할 적에 내리던 비가 막 개인 뒤로, 멀구슬나무 꽃 피울 바람 부느라 해가 길구나"라고 하였다.《동고잡록(東皐雜錄)》

江南自初春至初夏, 五日一番風候, 謂之花信風. 梅花風最先, 楝[719]花風最後, 凡二十四番, 以爲寒絶後. 唐人詩云, 楝花開後風光好, 梅子黃時雨意濃. 徐師川詩云, 一百五日寒食雨, 二十四番花信風. 又古詩云, 早禾秧雨初晴後, 苦楝花風吹日長.〈東皐雜錄〉[720]

여름 夏

- 여름은 '빌림[假]'이다. 만물이 커감을 빌어 이에 평정(平整)을 내보이는 것이다.《한서(漢書)·율력지(律歷志)》

  夏, 假也. 物假大, 乃宣平.〈律歷志〉[721]
- 여름을 '주명(朱明)'이라 하며, 또 '장영(長嬴)'이라고도 한다.《찬요(纂要)》

  夏曰, 朱明, 亦曰, 長嬴.〈纂要〉[722]
- (여름) 시절(時節)을 '염절(炎節)'이라 하며 또 '수경(修景)'이라고도 한다.

  節曰, 炎節, 又曰, 修景.[723]
- 염제(炎帝)는 이괘(離卦)[724]를 타고 저울대를 잡고서 여름을 다스린다.《한서(漢書)·위상전(魏相傳)》

  炎帝, 秉[725]離執衡司夏.〈魏相傳〉[726]
- 양(陽)은 늘 한여름에 머물며 만물을 낳아 기르고, 길러 양성하는 것을 일로 삼는다.〈동중서(董仲舒)의 책문(策問)〉

  陽常居大夏, 以生育長養爲事.〈董策[727]〉[728]
- 해가 남방의 대지(大地)로 가는 것을 일러 여름이라 한다.《후천문지(後天文志)》

  日行南陸, 謂之夏.〈天文志[729]〉
- 빙실(氷室)[730]을 가리켜도, 더위 먹은 이는 열병에서 일어날 수 없다.《포박자(抱朴子)》

  指氷室, 不能起暍子之熱.〈抱朴〉[731]
- 입하에는 맑은 바람이 불어오며, 여름 까치가 우는 소리가 들리고, 넓은 골짝에 번개가 날며, 용성(龍星)이 보인다.['龍'은 별 이름이다.]

  立夏, 淸風至, 暑鵲鳴聲, 博谷飛電, 見龍[732].[龍, 星名.][733]
- 하지에는 마파람이 불어오며, 매미가 비로소 울고 사마귀가 생겨난다.

---

719. '楝'은 '楝'의 오자이다. 이 대목 안에서 모두 같음.
720. 《고금사문유취(古今事文類聚)·전집(前集)》 권8.
721. 《한서(漢書)·율력지(律歷志)》
722. 《고금사문유취(古今事文類聚)·전집(前集)》 권9.
723. 《산당사고(山堂肆考)》 권10.
724. 이괘(離卦·离卦): 팔괘(八卦)의 하나로 불을 상징한다.
725. '秉'은 '乘'의 오자이다.
726. 《한서(漢書)·위상전(魏相傳)》
727. '董策'은 동중서(董仲舒)의 책문(策問)을 의미는 말이다.
728. 《한서(漢書)·동중서전(董仲舒傳)》
729. 여기서의 《천문지(天文志)》는 《후천문지(後天文志)》를 가리킨다.
730. 빙실(氷室): 얼음을 저장하여 두는 곳. '능실(凌室)' 혹은 '능음(凌陰)'이라고도 한다.
731. 《고금사문유취(古今事文類聚)·전집(前集)》 권9. 출처를 《포박자(抱朴子)》라고 표기하였으나 사고전서본(四庫全書本)에는 이와 유사한 대목이 보이지 않는다.
732. 이본(異本)에는 "見龍" 아래에 "升天" 두 글자가 있다.
733. 《고금사문유취(古今事文類聚)·전집(前集)》 권9.

夏至, 景風至, 蟬始鳴, 螳螂生.[734]

4월 四月

- 4월에는 진(辰)이 필성(畢星)[735]의 성좌에 있다. 저녁에는 익성(翼星)[736]이 남방의 중앙에 있고, 아침에는 무녀성(婺女星)[737]이 남방의 중앙에 있다. 여름날의 천간(天干)은 병(丙)과 정(丁)이고, 그 상제(上帝)는 염제(炎帝)[738]이며, 그 (아래의) 신(神)[739]은 축융(祝融)[740]이다. 그 음률은 12율 가운데 치(徵)[741]에 해당한다. 이달에는 악사(樂師)에게 명하여 예악을 합주하는 것을 연습시키고, 태위(太尉)[742]에게 명하여 재능이 뛰어난 자를 등용케 하고, 어진 자를 천거하게 하고서, 작록(爵祿)을 내리되 반드시 그 자리에 맞도록 한다. 토목공사를 일으키지 못하게 하고, 대중(大衆)을 징발(徵發)하지 못하게 하며, 큰 나무를 베지 못하게 한다. 천자는 비로소 치의(絺衣)[743]를 입는다. 야우(野虞)에게 명하여 전원(田園)으로 돌아다니며 천자를 대신해서 농민을 위로하고 백성들에게 농사를 권면하게 한다. 짐승을 구제(驅除)하여 오곡을 해치지 못하게 하고, 큰 사냥을 하지 못하게 한다. 농사하여 드디어 보리가 바쳐지면 천자는 이에 돼지고기와 함께 보리밥을 맛보는데 먼저 종묘에 천신(薦新)한다. 형(刑)이 가벼운 자를 재판하며, 작은 죄를 지은 자를 판결하고, 경한 죄로 감옥에 갇혀 있는 자를 내보낸다.

  孟夏之月, 日在畢, 昏翼中, 旦婺女中. 其日丙丁, 其帝炎帝, 其神祝融, 律中中呂. 是月也, 乃命樂師, 習合禮樂, 命太尉, 贊桀俊, 遂賢良, 行爵出祿, 必當其位. 毋起土功, 毋發大衆, 毋伐大樹. 天子始絺. 命野虞, 出行田原, 爲天子勞農勸民. 驅獸, 毋害五穀, 毋大田獵. 農乃登麥, 天子乃以彘嘗麥, 先薦寢廟. 斷薄刑, 決小罪, 出輕繫.[744]
- (4월은) 월건(月建)이 '사(巳)'인데 '巳'는 일어남이다. 만물이 이 무렵에 이르러 모두 일어난다는 것이다.

  斗建巳, 巳, 起也. 萬物至此時而畢起也.[745]
- 사월이라 초여름. 사월에는 애기 풀 이삭이 나네.《시경(詩經)》

  四月維夏[746] 四月秀葽[747]〈詩〉
- 냉이보리가 비로소 생겨난다.《유요(類要)》

  薺麥始生.〈類要[748]〉[749]

734.《고금사문유취(古今事文類聚)·전집(前集)》권9.
735. 필성(畢星): 이십팔수(二十八宿) 가운데 열아홉째 별자리에 있는 별들.
736. 익성(翼星): 이십팔수(二十八宿) 가운데 스물일곱째 별자리에 있는 별들.
737. 무녀성(婺女星): 이십팔수(二十八宿) 가운데 열째 별자리인 여수(女宿)의 이칭. 여성(女星)이라고도 한다.
738. 염제(炎帝): 신농씨(神農氏)를 가리킨다. 신농씨는 화덕(火德)으로 왕 노릇을 했기 때문에 여름을 맡은 상제가 되었다.
739. 신(神): 상제를 보좌하는 신.
740. 축융(祝融): 전욱(顓頊)의 아들로 불을 맡은 관리여서 여름을 맡은 신이 되었다. 화재의 뜻으로 쓰이기도 한다.
741. 치(徵): 동양 음악에서, 오음계 가운데서는 궁에서 넷째 음이며, 칠음계 가운데서는 궁에서 다섯째 음이다.
742. 태위(太尉): 주(周)나라의 사마(司馬)를 가리키는 말.
743. 치의(絺衣): 세갈포(細葛布). 가늘고 고운 갈포.
744.《예기(禮記)·월령(月令)》
745.《산당사고(山堂肆考)》권11.
746.《시경(詩經)·소아(小雅)·사월(四月)》
747.《시경(詩經)·빈풍(豳風)·칠월(七月)》
748.《유요(類要)》: 송(宋)의 안수(晏殊)가 엮은 책 이름.

- 온갖 곡식들은 각기 생겨나는 때를 봄으로 삼고, 익어가는 때를 가을로 삼기 때문에 보리는 초여름을 가을로 삼는다.〈채옹(蔡邕)의 《월령장구(月令章句)》〉

  百穀, 各以生爲春, 熟爲秋, 故麥以孟夏爲秋.〈蔡邕〉[750]

- 장강(長江)과 상강(湘江) 일대, 절강(浙江)의 동쪽과 서쪽 일대에서는 4,5월간에 매실이 누렇게 익어 떨어지려고 하면 물기에 젖어 땅이 습해지며, 기둥과 주춧돌이 모두 땀을 흘리는데, 증기가 자욱하게 올라가 비를 이룬다.《비아(埤雅)》

  江湘二淅[751], 四五月間, 梅欲黃落, 則水潤土溽, 柱礎皆汗, 蒸鬱成雨.〈埤雅〉[752]

- 보리 익어가는 시절에 새벽 기운이 촉촉하고, 홰나무 푸른 날에 하오(下午)의 그늘이 맑구나.〈조사민(趙師民)〉

  麥天晨氣潤, 槐日午陰淸.〈趙師民[753]〉[754]

욕불(浴佛)[755]　4월 초파일은 부처가 태어난 날이다. 도성(都城)의 10대 선원(禪院)에서는 각기 불상(佛像)을 목욕시키는 집회를 가지면서 엿을 끓인 물을 서로 주는데 명칭을 '부처를 목욕시킨 물'이라고 하였다.《동경몽화록(東京夢華錄)》

四月八日佛生日. 京師十大禪院, 各有浴佛齋會, 煎糖水相遺, 名曰浴佛水.〈夢華錄〉[756]

초여름[초하(初夏)]　만물을 기르는 훈풍(薰風)이 새벽을 떨고 불어오니, 점차 연꽃과 마름꽃은 피어나고 장미는 지겠지. 푸른 애벌레가 장주(莊周)의 꿈[757]을 익혀, 우화(羽化)하여 남쪽 동산에서 나비되어 나는구나.〈서인(徐寅)〉

長養薰風拂曉吹, 漸開荷芰落薔薇. 靑蟲也學莊周夢, 化作南園蛺蝶飛.〈徐寅[758]〉[759]

보리밭 고개에 바람 불어와 비취빛 물결이 뜨는데, 부슬부슬 내리는 가랑비에 깊은 가을만 같아라. 들녘 정자에서 종일토록 주렴을 걷고 앉아 있자니, 맑은 나무 그늘 마주하여 우는 노란 꾀꼬리!〈담지유(譚知柔)〉

麥隴風來翠浪浮, 霏微小雨似深秋. 野亭終日捲簾坐, 淸樾對啼黃栗留.〈譚知柔[760]〉[761]

5월 五月

- 5월에는 진(辰)이 동정성(東井星)[762]의 성좌에 있다. 저녁에는 항성(亢星)[763]이 남방의 중앙에 있고,

749.《고금사문유취(古今事文類聚)·전집(前集)》 권9.
750.《월령장구(月令章句)》
751. '淅'은 '浙'의 오자이다.
752.《산당사고(山堂肆考)》 권4.
753. 조사민(趙師民): 송대(宋代)의 시인으로 자는 주한(周翰)이다.
754.《고금사문유취(古今事文類聚)·전집(前集)》 권9.
755. 욕불(浴佛): 불상(佛像)을 목욕시키는 일. 관불(灌佛).
756.《고금사문유취(古今事文類聚)·전집(前集)》 권9.
757. 장주(莊周)의 꿈: 장주지몽(莊周之夢). 장주가 꿈에 나비가 되었다가 깬 뒤에 자기가 꿈속에서 나비가 되었는지 원래 나비였던 자기가 꿈속에서 장주가 되었는지 알 수 없게 되었다는 고사에서 나온 것으로, 나와 외물(外物)은 본디 하나이던 것이 현실에서 갈라진 것에 불과하다는 이치를 비유적으로 설명하는 말이다.
758. 서인(徐寅): 당대(唐代)의 시인.
759. 시제(詩題)는 〈초하희작(初夏戱作)〉이다.
760. 담지유(譚知柔): 송대(宋代)의 시인.
761. 시제(詩題)는 〈초하(初夏)〉이다.

아침에는 위성(危星)[764]이 남방의 중앙에 있다. 그 음률은 12율 가운데 유빈(蕤賓)[765]에 해당한다. 대문과 거리의 이문(里門)을 닫지 못하게 하고, 관문을 통과하는 자나 시장에서 장사하는 자들에게서 탈세품(脫稅品)을 수색하지 못하게 하며, 중죄수(重罪囚)를 뽑아내어 그 급식을 늘리게 한다. 이달에는 악사(樂師)에게 명하여 거문고와 비파의 음을 고르게 하고, 우(竽)와 생(笙)의 음을 조절한다. 유사에게 명하여 천제(天帝)에게 기우제를 지낸다. 모든 고을에 명하여 제후와 육경(六卿)[766]으로서 (살아서) 백성들에게 유익하였던 자에게 기우제를 지내고, 곡식이 잘 결실하기를 기원하게 한다. 농사하여 드디어 기장이 바쳐지면 천자는 이에 닭고기와 함께 기장밥을 맛보며, 앵두를 올리면 먼저 종묘에 천신(薦新)한다. 목장에서 방목하던 암말을 무리에서 따로 떼어내면 분등(奔騰)하는 망아지를 잡아매며, 말을 기르는 것에 대한 정령(政令)을 널리 공포한다.

仲夏之月, 日在東井, 昏亢中, 旦危中, 律中蕤賓. 門閭毋閉, 關市無索, 挺重囚, 益其食. 挺, 拔出之義[767]. 是月也. 命樂師, 均琴瑟, 調竽笙. 命有司, 大雩帝. 命百縣雩祀百辟卿士有益於民者, 以祈穀實. 農乃登黍, 天子乃以雛嘗黍, 羞以含桃, 先薦寢廟. 游牝別群, 則縶騰駒, 班馬政.[768]

- 《비아(埤雅)》의 기록이다. 5월(에 내리는 비)을 일러 분룡우(分龍雨)라 하며 (또) 격철우(隔轍雨)라고도 한다. 여름비가 자주 갑작스럽게 오는데 용(龍)들은 각기 나눈 영역이 있어, 비가 내리거나 해가 비치는 것이 종종 수레바퀴 자국 하나를 사이에 두고 달라지기도 함을 말한 것이다.

  埤雅. 五月謂之分龍雨, 曰隔轍, 言夏雨多暴至, 龍各有分域, 雨暘往往隔一轍而異也.[769]

- (5월은) 월건(月建)이 '오(午)'인데 '午'는 자람이다. 만물이 모두 자라 커진다는 것이다. (5월을) 또 '서월(暑月)', '고월(皐月)'이라고도 한다.

  斗建午, 午, 長也. 萬物皆長大也. 亦曰, 暑月皐月.[770]

단오 端午

- 5월 5일 오시(午時)가 천중절(天中節)이다.

  五月五日午時, 爲天中節.[771]

- 도가(道家)의 책에서는 '지랍(地臘)'이라 한다.

  道書爲地臘.[772]

- '端'은 시작함이다.《풍토기(風土記)》

  端, 始也.〈風土記[773]〉[774]

---

762. 동정성(東井星): 이십팔수(二十八宿) 가운데 스물두째 별자리인 정수(井宿)의 다른 이름.
763. 항성(亢星): 이십팔수(二十八宿) 가운데 둘째 별자리에 있는 별들.
764. 위성(危星): 이십팔수(二十八宿) 가운데 열두째 별자리에 있는 별들.
765. 유빈(蕤賓): 동양 음악에서, 십이율의 다섯째 음. 육률의 하나이다.
766. 육경(六卿): (周)나라 때에 둔, 육관(六官)의 우두머리. 대총재(大冢宰), 대사도(大司徒), 대종백(大宗伯), 대사마(大司馬), 대사구(大司寇), 대사공(大司空)을 이른다.
767. "挺, 拔出之義"는 주(注)로 들어갈 내용인데 본문으로 잘못 처리되었다. 그 의미는 "'挺'은 뽑아낸다는 뜻"이다.
768. 《예기(禮記)·월령(月令)》
769. 《비아(埤雅)》 권19.
770. 《산당사고(山堂肆考)》 권11.
771. 《고금사문유취(古今事文類聚)·전집(前集)》 권9.
772. 여기서의 '도서(道書)'는 《운급칠첨(雲笈七籤)》을 가리킨다. 권 37에서, "正月一日名天臘, 五月五日名地臘"이라 하였다.
773. 《풍토기(風土記)》: 진(晉)의 주처(周處)가 엮은 책 이름.
774. 《고금사문유취(古今事文類聚)·전집(前集)》 권9.

단오날에 태어나다[생어단오(生於端午)] 전문(田文)[775]의 어머니가 5월 5일에 전문을 낳았다. 아버지가 (생일을) 거론하지 말라고 영을 내렸으나[어머니에게 거론하지 못하게 하였으나] 어머니가 은밀히 거론하고자 하여 전문이 자라자 사실대로 그에게 알렸다. (전문이) 마침내 아버지에게 품고(稟告)하기를, "5월 5일에 태어난 자식(의 생일)을 거론하지 않는 것은 어째서입니까?"라고 하였다. 아버지가 말하기를, "자라서 (키가) 문에 닿을 정도가 되면 애비를 해치기 때문이다"라고 하자 전문이 말하기를, "명(命)이란 하늘로부터 받는 것이지 어찌 문으로부터 명을 받는 것이겠습니까? 어찌 그 문을 높이지 않으십니까? (문을 높인다면) 누가 그 문에 닿을 수 있겠습니까?"라고 하였다. 아버지가 그 현명함을 알았는데 훗날 (전문은) 맹상군(孟嘗君)에 봉해졌다. 속(俗)에서 5월을 '오월(惡月)[776]'로 여기기 때문에 금기시한다.《이원(異苑)》

田文母五月五日生文. 父令勿擧, 母私擧, 文長, 以實告之[777]. 遂啓父曰, 不擧五月子何也. 父曰, 生及戶損父. 文曰, 受命於天, 豈受命於戶. 若受命於戶. 何不高其戶. 誰能至其戶耶. 父知其賢, 後封孟嘗君. 俗以五月爲惡月, 故忌.〈異苑〉

왕진오(王鎭惡)[778]가 5월 5일에 태어나자 집안사람들이 그를 버리려고 하였다. 그의 조부 왕맹(王孟)이 말하기를, "이 아이는 필히 우리 가문을 흥하게 할 것이다"라 하고는 '鎭惡'로 이름을 삼았다.[779]《송략(宋略)》

王鎭惡以五五生, 家人欲棄之. 其祖猛曰, 此兒必興吾宗, 以鎭惡名之.〈宋略〉[780]

왕봉(王鳳)[781]이 5월 5일에 태어났다. 그의 아버지가 (생일을) 거론하지 않으려고 하자 그의 숙부가 말하기를, "전문(田文)이 이날에 태어났으니 상서롭지 못한 것이 아닙니다"라고 하였다. 마침내 생일을 말해 주었다.《서경잡기(西京雜記)》

王鳳以五五生. 其父欲不擧, 其叔父曰, 田文以此日生, 非不祥也. 遂擧之.〈西京雜記〉[782]

호광(胡廣)[783]은 본래의 성씨가 '황(黃)'이다. 5월 5일에 태어나자 부모가 그를 미워하여 호리병박에 숨겨 강물이 흐르는 언덕 곁에 버렸다. 근처에 살고 있던 사람이 거두어 길렀는데 자라서 성명(盛名)이 있었다. (친)부모가 그를 취하려고 하자 광(廣)이 생각하기에, 그 낳아준 부모를 배신하면 의(義)를 해치게 되고, 그 길러준 부모를 배신하면 은혜를 저버리는 것이 되는지라 양쪽에 귀의(歸依)할 바가 없었다. 호리병박에 의탁하여 살아났기에 성을 '호(胡)'로 하고 이름을 '광(廣)'이라 하였다. 후에 삼사(三司)[784](의 반열)에 올랐는데 '치우침이 없는 사람'이라는 호(號)가 있었다.《소설(小說)》

胡廣本姓黃. 以五五生, 父母惡之, 藏之葫蘆, 棄之河流岸側. 居人收養, 及長, 有盛名. 父母欲取之, 廣以

775. 전문(田文): 맹상군(孟嘗君)의 성명(姓名).
776. 오월(惡月): 미운 달, 나쁜 달이라는 뜻이다.
777. "私擧, 文長, 以實告之"는 원문이 "私擧, 文長成童, 以實告之"로 되어 있다.
778. 왕진오(王鎭惡): 남조(南朝) 송(宋)의 명장(名將). 그의 조부 왕맹(王孟) 역시 이름난 장수였으며 장수로 재상까지 지냈던 인물이다.
779. '鎭惡'는 미워하는 마음을 누른다는 뜻을 담은 이름이지만 '惡'와 '五'는 또 해음(諧音)이다. 그러므로 그 이름에는 5월 5일 생이라서 부정적으로 보는 편견을 누른다는 뜻도 담겨 있다고 할 수 있다.
780. 《고금사문유취(古今事文類聚)·전집(前集)》 권9.
781. 왕봉(王鳳): 한(漢)나라 성제(成帝)·선제(宣帝) 시절에 대사마(大司馬)로 대장군(大將軍)을 지낸 인물.
782. 《서경잡기(西京雜記)》 권2.
783. 호광(胡廣): 후한(後漢)의 '호광(胡廣)'과는 무관한 것으로 보이며 실재 인물인지도 확인하기 어려움.
784. 삼사(三司): 당(唐) 이전의 문헌에서 거론하는 '三司'는 대개 삼공(三公)을 가리킨다. 삼공은 태위(太尉)와 사공(司空), 사도(司徒)를 합칭하는 말이다.

爲背其所生則害義, 背其所養則忘恩, 兩無所歸. 託葫蘆而生也, 乃姓胡, 名廣. 後登三司, 有中庸之號.〈小說〉785

기매(紀邁)는 5월 5일에 태어났다. 그의 어머니가 그를 버리자 마을 사람 기순(紀淳)의 처가 그를 길렀다. 나이가 여섯 살이 되었을 때 본래 부모가 이르기를, "너는 우리의 아이이다"라고 하자 기매가 눈물을 흘리며 울었다. 일을 하여 소득이 있으면 그때마다 (친)어머니에게 바쳤다.

紀邁五月五日生. 其母棄之, 村人紀淳妻養之. 年六歲, 本父母云, 汝是我兒, 邁涕泣. 傭所得, 輒上母.786

최신명(崔信明)787이 5월 5일 오시(午時)에 태어났을 때, 특이한 참새가 있어 몸집이 매우 작았으나 오색(五色)을 모두 갖추고 있었다. 수(隋)나라 태사령(太史令) 사량(史良)이 사신으로 청주(靑州)788에 왔다가 (최신명을) 만나고서 그를 점쳐 보고는, "이 아이는 필히 문장(文章)이 찬란하여 이름을 천하에 떨칠 것이다. 참새의 형상이 기왕에 작았으니 벼슬은 그다지 높지 못하겠지만"이라고 하였다.

崔信明以五月五日正中時生, 有異雀, 身形甚小, 五色畢備. 隋太史令史良使至淸789州, 遇而占之曰, "此兒必文藻煥爛, 名播天下. 雀形旣小, 祿位殆不高矣."790

당(唐) 숙종(肅宗) 시절에 장가(張嘉)가 5월 5일에 태어나서 아명을 '오랑(五郎)'이라 하였는데, 어려서부터 유술(儒術)을 좋아하여 절개와 의리를 자부하였다. 나이 열다섯에 장안(長安)을 유람하다가 이필(李泌)과 친구가 되었다. 안록산(安祿山)이 반란을 일으키자 대궐로 나아가 글을 올려 참군(參軍)791에 보임(補任)되었다. 도적들 평정에 공이 있어 운거(雲居)792의 수령(守令)이 되었으나 세상을 마칠 때 나이가 스물셋이었다. 고을 사람들이 사당을 세우고 그를 제사하자 영험(靈驗)한 일이 크게 나타났다.

唐肅宗時, 張嘉以五月五日生, 名五郎, 少好儒術, 以節義自負. 年十五, 游長安, 與李泌友. 祿山叛, 詣闕上書, 補參軍. 平賊有功, 爲雲居宰, 卒年二十三. 邑人立祠, 祀之, 大著靈應.793

송(宋) 휘종(徽宗)이 5월 5일에 태어났는데 속(俗)에서 금기시하는 것으로 인하여 10월 10일로 고치고 그날을 천녕절(天寧節)794로 삼았다.

宋徽宗以五五生, 以俗忌, 因改作十月十日爲天寧節.795

전특수(田特秀)는 역현(易縣)796 사람이다. 살고 있는 마을 이름이 반십리(半十里)였는데, 5월 5일에 태어났으며 배항(排行)이 다섯 번째로, 아명이 오아(五兒)였다. 나이 스물다섯에 향시(鄕試), 부시(府

785. 《천중기(天中記)》 권5.
786. 《천중기(天中記)》 권5.
787. 최신명(崔信明): 수(隋)나라 말엽과 당(唐)나라 초엽에 활동한 문장가.
788. 청주(靑州): 지금의 강소성(江蘇省)에 있었던 주(州) 이름.
789. '淸'은 '靑'의 오자이다.
790. 《산당사고(山堂肆考)》 권11. 《구당서(舊唐書) · 최신명열전(崔信明列傳)》에는, "信明以五月五日日正中時生, 有異雀數頭, 身形甚小, 五色畢備, 集於庭樹, 鼓翼齊鳴, 聲淸宛亮. 隋太史令史良使至靑州, 遇而占之曰, … 此兒必文藻煥爛, 聲名播於天下. 雀形旣小, 祿位殆不高"로 되어 있다.
791. 참군(參軍): 후한(後漢) 이후로 군무(軍務)를 참모하던 벼슬.
792. 운거(雲居): '雲居'가 현(縣) 이름처럼 여겨지지만 정사(正史)에서는 확인되지 않는다. 산 이름으로는 하북성(河北省)과 강서성(江西省), 복건성(福建省)에 있다.
793. 《천중기(天中記)》 권5.
794. 천녕절(天寧節): 휘종(徽宗)이 자신이 태어난 날을 칭한 말.
795. 《천중기(天中記)》 권5.
796. 역현(易縣): 지금의 하북성(河北省)에 있었던 현 이름. '易'의 우리식 독음이 확실하지 않음.

試), 성시(省試), 전시(殿試) 등 네 단계의 과거(科擧)에 응하여 모두 5등으로 합격하였다. 나이가 쉰다섯이 되던 해 8월 15일에 세상을 떠났다.《금사(金史)》

田特秀, 易縣人. 所居里名半十, 以五五生, 行第五, 小名五兒. 年二十五, 應鄕府省殿四試, 俱第五名. 年五十五, 以八月十五日卒.〈金史797〉798

조아(曹娥)가 빠져죽은 강(江)[조아강(曹娥江)] 효녀(孝女) 조아(曹娥)는 회계군(會稽郡) 상우현(上虞縣) 사람이었다. 아버지 조우(曹盱)가 5월 5일에 파도를 거슬러 올라가 파사신(婆娑神)799을 맞이하려다 익사하였으나 시신을 찾을 수가 없었다. 조아는 나이가 열넷이었는데 강을 따라 내려가며 호곡(號哭)하느라 밤낮으로 우는 소리를 그치지 아니하더니, 열이레가 되어 마침내 강에 몸을 던져 죽었다. 사흘 후에 아버지의 시신과 함께 (물 밖으로) 나왔다.《열녀전(烈女傳)》

孝女曹娥會稽上虞人. 父盱五月五日, 泝濤迎婆娑神, 溺死, 不得屍骸. 娥年十四, 乃沿江號哭, 晝夜不絶聲, 旬有七日, 遂投江而死. 三日後, 與父屍俱出.〈烈女傳〉800

멱라수(汨羅水)801[멱라연(汨羅淵)] 굴원(屈原)이 5월 5일에 멱라수(汨羅水)에 몸을 던져 죽자 초(楚)나라 사람들이 그를 애도하였다. 매년 이날이 되면 대나무 대롱에 쌀을 넣어 강물에 던지고는 그를 제사한다.《제해기(齊諧記)》

屈原以五月五日投汨羅而死, 楚人哀之. 每至此日, 以竹筒貯米, 投水祭之.〈齊諧記802〉803

한(漢)나라 건무(建武)804 연간에 장사(長沙)805의 구회(歐回)가 대낮에 홀연 사람 하나를 보았는데 삼려대부(三閭大夫)806라 스스로 칭하면서 말하기를, "그대가 늘 제사를 지내 주어서 매우 기쁩니다. 다만 늘 괴로워하는 바라면 교룡(蛟龍)이 (젯밥을) 훔쳐 먹는다는 것이지요. 지금 만일 은혜를 베풀겠다면 멀구슬나무 잎으로 그 위를 막고 다시 다섯 가지 비단실로 그것을 동여매시면 됩니다. 이 두 가지는 교룡이 꺼려하는 것이니까요"라고 하였다. 구회가 그 말에 따랐다. 세상 사람들이 종자(粽子)807를 만들고 오색실과 멀구슬나무 잎으로 함께 두르는 것은 모두 멱라(汨羅)의 유풍(遺風)이다.

漢建武中, 長沙歐回, 白日忽見一人, 自稱三閭大夫, 謂曰, 君常見祭, 甚喜. 但常所遺苦, 蛟龍所竊. 今若有惠, 可以楝樹葉塞其上, 仍以五綵絲縛之. 此二物, 蛟龍所憚也. 回依其言. 世人作粽, 幷帶五色絲及楝葉, 皆汨羅之遺文808也.809

굴원(屈原)이 멱라수(汨羅水)에서 죽자 사람들이 그의 죽음을 아파하며 함께 배와 노를 이용해 그 시

---

797. '金史'는 '困學雜錄'의 잘못이다.
798. 《천중기(天中記)》 권5.
799. 파사신(婆娑神): '婆娑'는 여신(女神)의 이름으로 '반사(媻娑)'라고도 한다.
800. 《고금사문유취(古今事文類聚) · 전집(前集)》 권9.
801. 멱라수(汨羅水): 중국 호남성(湖南省) 북동부에 있는 강. 막부산맥(幕阜山脈)에서 남서쪽으로 흘러 상강(湘江)으로 흘러들어간다. 초(楚)나라의 굴원(屈原)이 투신한 강으로 널리 알려져 있다.
802. 여기서의 《제해기(齊諧記)》는 《속제해기(續齊諧記)》이다.
803. 《고금사문유취(古今事文類聚) · 전집(前集)》 권9.
804. 건무(建武): 후한(後漢) 광무제(光武帝)의 연호(25-55)이다.
805. 장사(長沙): 군(郡) 이름. 지금의 호남성(湖南省) 성도(省都)인 장사시(長沙市) 일원에 있었다.
806. 삼려대부(三閭大夫): 춘추시대(春秋時代)에 초(楚)나라의 소(昭) · 굴(屈) · 경(景)의 세 귀족 집안을 다스리던 벼슬인데 굴원(屈原)이 이 벼슬을 지냈기 때문에 굴원의 대명사로도 사용된다.
807. 종자(粽子): 찹쌀에 대추 등을 넣어 대나무 잎 혹은 갈대 잎으로 싸서 쪄서 먹는 음식.
808. '文'은 '風'의 오자이다. '文'이 '風'으로 된 판본도 있다.
809. 《고금사문유취(古今事文類聚) · 전집(前集)》 권9.

신을 건졌다. 오늘에 이르도록 강 건너기를 경쟁하는 것은 그 남아 있는 옛날 풍속이다.《형초세시기(荊楚歲時記)》

屈原死於汨羅, 人傷其死, 幷以舟楫拯之. 至今競渡, 是其遺俗.〈荊楚記[810]〉[811]

태원성에서 성대한 연회를 열다[고회태원(高會太原)]　태종(太宗)이 태원(太原)[812]을 정벌하고자 단연(澶淵)[813]으로 행차하였다. 태복시(太僕寺)[814]의 승(丞)[815]인 송첩(宋捷)이라는 자가 있어 행재소(行在所)의 군수물자 출입을 담당하고 있었는데 도로가에서 (태종 일행을) 마중하고 배알(拜謁)하였다. 태종이 그 성명(姓名)을 알고서는 자기 군대가 반드시 이길 조짐이 있는 것으로 여겼다. 어가(御駕)가 막 (단연에) 도착하자 성을 공략할 여러 장수들에게 영을 내려 말하기를, "나는 단옷날에 태원성 안에서 술을 두고 성대한 연회를 열 것이다"라고 하였다. 계미일(癸未日)이 되자 유계원(劉繼元)이 항복하였는데 그날이 5월 5일이었다.

太宗征太原[816], 行次澶淵. 有太僕寺丞宋捷者, 掌出納行在軍儲, 迎謁道左. 太宗見其姓名喜, 以爲我師有必捷之兆. 車駕將至, 令語攻城諸將曰, 我端午日, 當置酒高會於太原城中. 至癸未, 繼元降, 乃五月五日也.[817]

첩자(帖子)로 간언(諫言)을 하다[첩자규간(帖子規諫)]　학사원(學士院)[818]에서 단오에 첩자(帖子)를 엮었는데 비단으로 만든 것이었다. 황후의 처소로 가는 왕기공(王岐公)의 첩자에서 이르기를, "대궐의 휘장에 바람 없고 해는 막 정오가 되었는데, 모시는 신하가 처음으로 옥호빙(玉壺氷)[819]을 하사받았네. 비취빛 어가가 어디에서 노닐고 있는지 알 수는 없지만, 응당 요대(瑤臺)의 제일 꼭대기에 계시겠지"라고 하였는데 그저 궁사(宮詞)[820]일 따름이다. 구양수(歐陽修) 학사(學士)에 이르러 비로소 간언(諫言)의 뜻을 펴기 시작하였는데, 황제의 처소로 가는 첩자에서 말하기를, "좋은 날에 난탕(蘭湯)[821]에서 목욕하는 것을 함께 기뻐하거늘, 독기(毒氣)와 냉기(冷氣)에 어찌 쑥대궁을 캐야 하는 것이겠습니까? 다만 고요(皐陶)[822]와 같은 신하를 얻어 가마솥의 음식 맛을 조절하게 하면,[823] 자연히 재앙이 변하여 길상(吉祥)이 되겠지요"라고 하였다. 또 말하기를, "초(楚)나라에서 참언(讒言)으로 굴원(屈原)이 추방되어, 죽을 때까지 다시는 궁문(宮門)에 들어가지 못하

---

810. '荊楚記'의 정식 명칭은 '荊楚歲時記'이다.
811. 《고금사문유취(古今事文類聚)·전집(前集)》 권9.
812. 태원(太原): 당대(唐代)에 설치한 부(府) 이름. 지금의 산서성(山西省)에 있었다.
813. 단연(澶淵): 현(縣) 이름. 지금의 하북성(河北省)에 있었다.
814. 태복시(太僕寺): 궁중의 수레와 말 등을 관리하는 일을 맡아보던 관아.
815. 승(丞): 한(漢) 이후로 중앙이나 지방의 여러 관아에 둔 벼슬로 주관(主官)을 보좌하는 부관(副官) 역할을 맡았다.
816. '太原'이 《송사(宋史)》에는 '繼元'으로 되어 있다. 유계원(劉繼元)이 태원(太原) 사람이므로 오자로 간주할 수는 없다. 이는 애초에 《유원총보》를 엮으면서 《송사(宋史)·유계원열전(劉繼元列傳)》을 직접 살피지 않고 《고금사문유취(古今事文類聚)》만 참고했기 때문에 빚어진 현상이다. 이러한 현상은 도처에서 목도된다.
817. 《고금사문유취(古今事文類聚)·전집(前集)》 권9.
818. 학사원(學士院): 한림원(翰林院)의 이칭.
819. 옥호빙(玉壺氷): 옥 항아리에 담긴 얼음으로 보는 견해도 있고 술 이름으로 보는 견해도 있다.
820. 궁사(宮詞): 궁중의 일들이나 풍경을 칠언 절구의 형식으로 읊은 시.
821. 난탕(蘭湯): 난초 등의 향초를 넣은 물을 채운 욕탕.
822. 고요(皐陶): 중국 고대의 전설상의 인물. 순(舜)임금의 신하로, 구관(九官)의 한 사람이다. 법을 세우고 형벌을 제정하였으며, 옥(獄)을 만들었다고 한다.
823. 이 구절은, 재상(宰相) 등과 같은 집정(執政) 대신들이 음식 맛을 조절하는 것처럼 국정을 잘 운영하는 것을 비유적으로 표현한 말이다. 이를 성어로는 '정내조화(鼎鼐調和)', '조화정내(調和鼎鼐)'라 한다.

였습니다. 원컨대 각서(角黍)[824]로 인하여 후세에 전하는 풍속을 물으신다면, 전 시대의 왕이 교언(巧言)에 미혹된 것을 거울삼으실 수 있을 것입니다"라고 하였다. 후인들이 대체로 모두 이를 본받았으며, 입춘(立春)에도 또한 그러하였다.

學士院端午撰帖子, 羅帛製造. 王岐公皇后閤帖云, 禁幕無風日正亭, 侍臣初賜玉壺氷. 不知翠輦遊何處, 應在瑤臺第一層, 但宮詞而已. 及歐陽修學士, 始伸規諫, 皇帝閤曰, 佳辰共喜沐蘭湯, 毒冷何須採艾穰. 但得皐陶調鼎鼐, 自然災沴變休祥. 又曰, 楚國因讒逐屈原, 終身無復入君門. 願因角黍詢遺俗, 可鑑前王惑巧言. 後人率皆倣之, 春日亦然.[825]

도마뱀을 기르다[사수궁(飼守宮[826])] 한(漢) 무제(武帝) 시절에 단옷날에 도마뱀을 잡아다가 용기(容器)에 넣어 두고 주사(朱沙)를 먹여 길렀다. 이듬해 단오 날에 이를 빻아 궁녀들의 팔에 발랐는데 부정(不貞)을 범한 적이 있으면 (붉은 빛이) 사라지고, 그렇지 않으면 붉은 사마귀와 같았다. 그리하여 (도마뱀이) 수궁(守宮)[827]이라는 이름을 얻게 되었다. 이하(李賀)[828]의 시에, "옥 절구가 밤에 붉은 도마뱀을 빻누나"라고 하였다. 이상은(李商隱)[829]이 이르기를, "파서(巴西)[830]에서는 밤에 붉은 도마뱀을 파는데, 첩실(妾室)이 팔에 찍은 점은 선명하게 붉어라.[첩실이 선명하게 붉도록 팔에 점을 찍누나]"라고 하였다. 옛 궁사(宮詞)에서 이르기를, "애석하게도 통바지를 걸치고, 문을 닫고 도마뱀 (주사)에 의지하누나"라고 하였다.

漢武帝時以端午日, 取蜥蜴置之器, 飼以丹硃. 至明年端午擣之, 以塗宮人臂, 有所犯則消沒, 不爾則如赤痣, 故得守宮之名. 李賀詩, 玉臼夜擣紅守宮. 李商隱云, 巴西夜市紅守宮, 後房點臂斑斑紅. 古宮詞云, 愛惜加窮袴, 防閑托守宮.[831]

깡충거미를 잡다[쇄승호(碎蝇虎[832])] 세상에서 전하기를, 회남왕(淮南王)[833]이 5월 5일에 깡충거미[834]를 잡아 절구 공이로 즙을 내서 콩과 뒤섞으면 콩이 저절로 튀어 파리를 맞힐 수 있게 하였다고 한다. 후산(後山)[835]의 〈승호(蝇虎)〉시에, "뒤로 가며 팔뚝 불룩이고 나는 몹시 세다고 하지만, 내일이면 회남왕의 단오가 되리"라고 하였다.

世傳, 淮南王以五月五日, 取蝇虎杵碎[836]拌豆, 豆自踴躍, 可以擊蝇. 後山蝇虎詩, 却行奮臂吾甚武, 明日淮南作端午.[837]

---

824. 각서(角黍): 굴원(屈原)을 애도하기 위하여 후인들이 만들었던 음식인 '종자(粽子)'를 가리킨다.
825. 《고금사문유취(古今事文類聚)·전집(前集)》 권9.
826. 《고금사문유취(古今事文類聚)》에는 '飼守宮'이 '捕守宮'으로 되어 있다.
827. 수궁(守宮): 본래적 의미는 궁궐을 지킨다는 것이지만 도마뱀이 궁녀들의 정조(貞操)를 지키게 하는 것이라는 데서 착안하여 도마뱀붙이라는 뜻으로도 사용하였다.
828. 이하(李賀): 중당(中唐)의 시인으로 자는 장길(長吉)이다. 특출한 재능과 초자연적 제재(題材)를 애용하는 데 대해 '귀재(鬼才)'라는 별명이 있었다.
829. 이상은(李商隱): 만당(晩唐)의 시인으로 자는 (義山)이다. 전고(典故)를 자주 인용하고 풍려(豊麗)한 자구(字句)를 구사하여 당대(唐代) 수사주의문학(修辭主義文學)의 극치를 보여주었다.
830. 파서(巴西): 군(郡) 이름. 지금의 사천성(四川省)에 있었다.
831. 《고금사문유취(古今事文類聚)·전집(前集)》 권9.
832. 《고금사문유취(古今事文類聚)》에는 '碎蝇虎'가 '捕蝇虎'로 되어 있다. 이 소제목을 따른다.
833. 회남왕(淮南王): 한초(漢初)의 유안(劉安)을 가리킨다.
834. 깡충거미: 본문의 '승호(蠅虎)'에 대한 우리말이다. 깡충거미는, 몸빛이 거무스름한 잿빛이며 한가운데에 흰 줄이 있고, 은빛 털과 비늘이 많으며 등은 납작하다. 파리를 잘 잡아먹기 때문에 파리잡이거미라고도 한다.
835. 후산(後山): 북송(北宋)의 시인 진사도(陳師道). '後山'은 그의 호이다.
836. 《후산시주(后山詩注)》 권5의 주에는, '碎'가 '汁'으로 되어 있다. '碎'보다는 '汁'이 더 타당할 것으로 보인다.
837. 《고금사문유취(古今事文類聚)·전집(前集)》 권9.

(말린) 두꺼비를 몸에 지니다[대섬서(帶蟾蜍)] 육지(肉芝)[838]는 만년을 사는 두꺼비를 말한다. 머리 위에는 뿔이 있으며 눈은 붉고 턱 아래에 붉은 글씨로 '八'자가 있다. 5월 5일 중에 이를 잡아 응달에 말려 몸에 지니면 오병(五兵)[839]을 물리칠 수 있다. (5월) 6일만 되어도 쓰임에 맞지 않는다. 간재(簡齋)[840]의 시에, "6일이면 두꺼비는 세상 쓰임에 어그러진다네"라고 하였다.

肉芝者, 謂萬歲蟾蜍. 頭上有角, 目赤, 頷下有丹書八字. 以五月五日中取之, 陰乾, 帶於身, 辟五兵, 六日, 則不中用. 簡齋詩, 六日蟾蜍乖世用.[841]

올빼미를 국으로 끓이다[갱효조(羹梟鳥)] 한(漢)나라 역사의 기록이다. 5월 5일에 올빼미 국을 백관들에게 하사하였다. 그것이 악조(惡鳥)이기 때문에 그 족속을 박멸하고자 하였던 것이다. 영빈(潁濱)[842]의 첩자(帖子)에서 이르기를, "백관들이 올빼미 국 하사에 문득 절을 하게 되었음에, 흉악한 이를 제거하는 데는 순(舜)임금이 공이 있었음을 비로소 알게 되었네[843]"라고 하였다.

漢史[844]. 五月五日作梟羹賜百官, 以其惡鳥, 故欲滅其族. 潁濱帖子云, 百官却拜梟羹賜, 凶去方知舜有功.[845]

구관조(九官鳥)를 기르다[양구욕(養鸜鵒)] 《영릉기(零陵記)》에서 이르기를, "구관조(九官鳥)를 사람들이 많이들 기르는데 5월 5일에 그 혀끝을 제거하면 말을 할 수 있다. 소리가 더욱이 맑고 (가락이) 높아 비록 앵무새라 하더라도 능가할 수가 없다. 진(晉)의 사공(司空) 환계(桓溪)가 형주(荊州)에 있을 적에 어떤 참군(參軍)이 5월 5일에 구관조의 혀를 가위로 자르고 말을 가르쳤더니 하지 못하는 말이 없었는데 후일 큰 모임에서 사람의 말을 모두 흉내 내었으며, 소리가 서로 비슷하지 않은 것이 없었다. 당시에 어떤 참좌(參佐)[846]가 코맹맹이 소리를 내자 머리를 독 안에 박고 그 소리를 흉내 내었다. 고기 도둑질을 주로 맡아 다스리는 이가 있었는데 이에 참군에게 말하기를, '새 연잎으로 싸서 병풍 뒤에 두었어요'라고 하였다. 찾아낸 끝에 도둑질한 자를 벌하였다. 승려 허중(虛中)의 〈단오(端午)〉시에서 이르기를, '창포(菖蒲)의 꽃은 농염하지 않지만, 구관조의 성정은 많이 신령스럽다네"라고 하였다.

零陵記云, 鸜鵒, 人多養之, 五月五日, 去其舌尖, 則能語. 聲尤淸越, 雖鸚鵡不能過也. 晉司空桓溪在荊州, 有參軍五月五日剪鸜鵒舌, 敎語無所不能, 後於大會, 悉效人語, 聲無不相類. 時有參佐齆鼻, 因內頭甕中效之. 有主典盜肉, 乃白參軍, 以新荷裹置屛風後. 搜得, 罰盜者. 僧虛中端午詩云, 菖蒲花不艶, 鸜鵒性多靈.[847]

구자종(九子粽)[848] 단오 종자(粽子)에는 명품이 매우 많은데 모양과 만드는 법이 한 가지가 아니다. 각

---

838. 육지(肉芝): 도가(道家)에서 천년을 산다는 두꺼비와 박쥐, 거북, 제비를 칭하는 말로 고기로 된 영지(靈芝)라는 의미이다. 이를 먹으면 장수할 수 있다고 여겼다.
839. 오병(五兵): 예전에 쓰던 다섯 가지의 무기인 창, 갈라진 창, 큰 도끼, 방패, 활과 살 또는 창, 갈라진 창, 활, 검, 칼날 창을 이르는 말이지만 무기나 전쟁 등을 제유(提喩)하는 말로도 쓰인다.
840. 간재(簡齋): 북송(北宋)의 시인 진여의(陳與義). '簡齋'는 그의 호이다.
841. 《고금사문유취(古今事文類聚)·전집(前集)》 권9.
842. 영빈(潁濱): 북송(北宋)의 소철(蘇轍). 그는 만년에 스스로를 '영빈유로(潁濱遺老)'라 호(號)하였다.
843. 이 구절은, 순(舜)임금이 요(堯)임금을 돕던 시절에 당시의 악인(惡人)들인 공공(共工)과 환두(驩兜), 삼묘(三苗), 곤(鯀)을 제거한 일을 염두에 두고 말한 것이다.
844. 《천중기(天中記)》에서는 이 '漢史'를 '漢郊祀志'로 적어 《한서(漢書)·교사지(郊祀志)》를 가리키는 것으로 파악했지만 《한서(漢書)》에는 이와 관련된 기록이 보이지 않는다.
845. 《고금사문유취(古今事文類聚)·전집(前集)》 권9.
846. 참좌(參佐): 부하(部下)나 요속(僚屬)으로 보좌(輔佐)의 업무를 수행하는 사람.
847. 《고금사문유취(古今事文類聚)·전집(前集)》 권9.

종(角粽), 추종(錐粽), 교종(茭粽), 통종(筒粽), 칭추종(秤鎚粽)이 있으며 또 구자종(九子粽)이 있다. 왕기공(王沂公)의 첩자(帖子)에서 이르기를, "다투어 구자종을 전하나니, 황제의 복은 천년을 이어가리"라고 하였다. 장간공(章簡公)[849]의 첩자에서 이르기를, "구자(九子)가 붙은 대통에 옥과 같은 종자가 향기롭고, 오색실이 둘러진 팔에는 보배로운 부적(符籙)이 빛나누나"라고 하였다.《세시잡기(歲時雜記)》

端午粽子名品甚多, 形製不一. 有角粽錐粽茭粽筒粽秤鎚粽, 又有九子粽. 王沂公帖云, 爭 傳九子粽, 皇祚續千春. 章簡公帖云, 九子黏筩玉粽香, 五絲縈臂寶符光.〈歲時雜記〉[850]

단오에는 집오리를 삶는데 향 풀잎으로 찰밥을 싼 것을 일러 각서(角黍)[851]라고 한다.《풍토기(風土記)》

端午烹鶩, 以菰葉裹粘米, 謂之角黍.〈風土記〉[852]

분단(粉團)[853]을 쏘다[사분단(射粉團)] 당(唐)나라 궁중에서는 매년 단오가 되면 분단(粉團)과 각서(角黍)를 만들어 금 쟁반 안에다 두고 못질을 하였는데 기묘하게 섬세하여 무척 사랑스러웠다. 조그마한 뿔활에 화살을 걸어 분단을 쏘아 명중시키는 자는 (그것을) 먹을 수 있었다. 대체로 분단이 미끄러워 쏘기 어려웠으며, 도성(都城) 안에서 이 놀이가 성행하였다.《천보유사(天寶遺事)》

唐宮中每端午, 造粉團角黍, 釘金盤中, 纖妙可愛. 以小小角弓架箭, 射中粉團者, 得食. 蓋粉團滑膩而難射也, 都中盛行此戲.〈天寶遺事〉[854]

단오에 수단(水團)[855]을 만드는데 또 백단(白團)이라고도 한다. 간혹 오색으로 된 사람, 꽃, 과일의 형상을 섞기도 하는데 가장 훌륭한 것은 적분단(滴粉團)으로 이름 붙인 것이다. 혹자는 사향(麝香)을 더하기도 하며, 또 건단(乾團)이 있는데 (이것은) 물에 들어가지 않은 것이다.

端午作水團, 又名白團. 或雜五色人獸花果之狀, 最精者名滴粉團. 或加麝香, 又有乾團, 不入水者.[856]

창포(菖蒲)를 띄운 술[창포주(菖蒲酒)] 단오에는 창포(菖蒲)나 실 혹은 가루를 술에 띄운다. 장간공(章簡公)의 단오첩자(端午帖子)에, "창포 꽃을 술에 띄우니 요(堯)임금의 술잔인 듯 푸르고, 향 풀잎에 실 묶어두니 초(楚)나라의 종자(粽子)가 향기롭구나"라고 하였다.《세시잡기(歲時雜記)》

端午以菖蒲或縷或屑汎酒. 章簡公端午帖子, 菖華汎酒堯樽綠, 菰葉縈絲楚粽香.〈歲時雜記〉[857]

오색실[오채사(五彩絲)] 5월 5일에 오색실로 팔을 묶으면 귀신과 병화(兵禍)를 물리칠 수 있다. 일명 장명루(長命縷),[858] 속명루(續命縷),[859] 벽병증(辟兵繒)[860]이다.《풍속통의(風俗通義)》

五月五日, 以五彩絲繫臂者, 辟鬼及兵. 一名長命縷, 一名續命縷, 一名辟兵繒.〈風俗通〉[861]

---

848. 구자종(九子粽): 중국의 단오철 음식인 종자(粽子)의 일종. 아홉 가지 곡식 혹은 열매로 만들었기 때문에 붙여진 이름이라고 한다.
849. 장간공(章簡公): 송(宋)의 원강(元絳). '章簡'은 그의 시호이다.
850. 《고금사문유취(古今事文類聚)·전집(前集)》 권9.
851. 각서(角黍): 종자(粽子). 종자의 일종으로 보는 견해도 있다.
852. 《고금사문유취(古今事文類聚)·전집(前集)》 권9.
853. 분단(粉團): 찰벼로 떡을 만들어 바깥을 깨로 싼 뒤에 기름 속에 넣어 튀겨 익힌 것으로 지금의 마단(麻團)과 같다.
854. 《고금사문유취(古今事文類聚)·전집(前集)》 권9.
855. 수단(水團): 찰진 수수나 찰벼 가루로 만든 둥글게 생긴 음식.
856. 《고금사문유취(古今事文類聚)·전집(前集)》 권9.
857. 《고금사문유취(古今事文類聚)·전집(前集)》 권9.
858. 장명루(長命縷): 목숨을 길게 해 주는 실이라는 뜻이다.
859. 속명루(續命縷): 목숨을 이어지게 해 주는 실이라는 뜻이다.
860. 벽병증(辟兵繒): 병화(兵禍)를 물리치는 비단이라는 뜻이다.

북쪽의 사람들은 단오에 잡다한 실을 합쳐서 묶어 팔에 얽어두기를 좋아한다.《제요록(提要錄)》

北人端午, 以雜絲結合歡縈纏手臂.〈提要錄〉862

구양수(歐陽修)의 시에, "오색실 두 타래로 여인의 공(功)을 바치는 것은, 대개 형초(荊楚)의 유풍(遺風)을 적어두었기 때문"이라고 하였다. 또 이르기를, "고치[비단]로 수를 놓아 새 기교를 자랑하고, 실을 묶어 수명 이어지는 것을 기뻐하네"라고 하였다. 장간공(章簡公)의 첩자에서 이르기를, "맑은 새벽에 피향궁(披香宮)863에 모여, 붉은 실로 수명 길어지도록 이어가노라. 실 한 올이 1년의 세월 더할 수 있다면, 만 가닥의 실을 군왕(君王)께 드리리"라고 하였다. 또 이르기를, "견관(繭館)에서 목숨을 길게 해줄 실을 막 이루었음에, 붉은 주머니에 여전히 벽병증(辟兵繒)을 두를 수 있게 되었네"라고 하였다. 난성(欒城)864의 첩자에서 이르기를, "음식으로 군왕의 천세(千世)·만세(萬歲)를 기원하고, 좋은 날에 다시 벽병증(辟兵繒)을 바치노라"라고 하였다.

歐詩, 五色雙絲獻女功, 多因荊楚記遺風.865 又云, 綉繭誇新巧, 縈絲喜續年.866 章簡公帖云, 淸曉會披香, 朱絲續命長. 一絲增一歲, 萬縷獻君王. 又云, 繭館初成長命縷, 珠囊仍帶辟兵繒. 欒城帖子云, 飮食祈君千萬壽, 良辰更上辟兵繒.867

도인(桃印)868 부적(符籍)[도인부(桃印符)] 도인(桃印)은 본래 한(漢)나라의 제도였으며 이것으로 사악한 기운을 막았다. 요즘 세상에서는 단오에 채색 비단에 쓴 전서(篆書) 부적으로 서로를 위로하고 선물로 주는데, 또한 병풍과 휘장 사이에 둔다. 위수(魏收)869의 시에, "병화(兵禍)를 물리치고자 '귀(鬼)'자를 쓰고, 도인(桃印)에 신령(神靈) 담고자 영묘(靈妙)한 글을 적네"라고 하였다.

桃印本漢制, 以止惡氣. 今世端午, 以綵繒篆符以相問遺, 亦以置屛帳之間. 魏收詩, 辟兵書鬼字, 神印題靈文.870

적령부(赤靈符)871 누군가가 병화(兵禍)를 물리치는 방법을 묻자 (포박자가) 대답하기를, "5월 5일에 적령부(赤靈符)를 만들어 가슴 앞에 붙이면 된다"라고 하였다.《포박자(抱朴子)》

或問辟兵之道, 答曰, 以五月五日, 作赤靈符, 着心前.〈抱朴子〉872

왕기공(王沂公)의 단오첩자(端午帖子)에서 이르기를, "군왕의 은혜에 감사드리려 하였더니 문득 말을 잊어, 가슴 앞의 적령부(赤靈符)를 웃으며 가리켰네"라고 하였다. 장간공(章簡公)의 첩자에서 이르기를, "저절로 온갖 신이 있어 길이 모시고 호위할 터이니, 적령부를 차는 일이 응당 꼭 필요한 것은 아니리"라고 하였다. 구양수(歐陽修)가 이르기를, "오병(五兵)은 덕 때문에 사라질 터인데, 어찌 적령부를 쓰랴!"라고 하였다. 오늘날에는 그것을 차두부(釵頭符)873라 한다.

---

861. 《고금사문유취(古今事文類聚)·전집(前集)》 권9.
862. 《고금사문유취(古今事文類聚)·전집(前集)》 권9.
863. 피향궁(披香宮): 한대(漢代)의 궁전이름이지만 궁전을 제유하는 말로 쓰였다.
864. 난성(欒城): 북송(北宋)의 소철(蘇轍). '欒城'은 그가 벼슬을 살았던 현(縣)이름이다.
865. 〈황후합오수(皇后閤五首)〉 가운데 다섯 번째 시에 보이는 시구이다.
866. 〈부인합오수(夫人閤五首)〉 가운데 첫 번째 시에 보이는 시구이다.
867. 《고금사문유취(古今事文類聚)·전집(前集)》 권9.
868. 도인(桃印): 복숭아나무로 만드는 일종의 부적(符籍).
869. 위수(魏收): 북제(北齊)의 고관(高官)으로 자는 백기(伯起)이다.
870. 《고금사문유취(古今事文類聚)·전집(前集)》 권9.
871. 적령부(赤靈符): 예전에 가슴 앞에 차거나 걸어 재앙과 사기(邪氣)를 피하고자 하였던 부적의 일종.
872. 《고금사문유취(古今事文類聚)·전집(前集)》 권9.

王沂公端午帖云, 欲謝君恩却無語, 心前笑指赤靈符. 章簡公帖子云, 自有百神長侍衛, 不應須佩赤靈符. 歐陽公云, 五兵消以德, 何用赤靈符. 今謂之釵頭符.[874]

장천사(張天師)[875]를 그리다[화천사(畫天師)] 단오에 도성(都城) 사람들은 장천사(張天師)의 상(像)을 그려 판다. 또 진흙 인형을 빚는데 장천사 인형은 쑥으로 수염을 만들고 마늘로 주먹을 만들어 문 위에 둔다.

端午都人, 畫張天師像以賣. 又作泥塑, 張天師以艾爲鬚, 以蒜爲拳, 置于門上.[876]

창포(菖蒲)를 두른 사람[대포인(帶蒲人)] 단오에 창포(菖蒲)에 새겨서 작은 아이나 호리병박의 형상을 만드는데, 두르고 다니면 사기(邪氣)를 물리친다(고 한다). 왕기공(王沂公)의 첩자에서 이르기를, "내일이 천중절(天中節)임을 아나니, 창포에다 두루 새기는 것은 사기를 물리치고자 함이리"라고 하였다.

端午刻菖艾[877]爲小人子或葫蘆形, 帶之辟邪. 王沂公帖云, 明朝知是天中節, 旋刻菖蒲要辟邪.[878]

쑥을 묶어 만든 사람[결애인(結艾人)] 초(楚)나라 사람들은 단오에 쑥을 캐서 묶어다가 사람의 형상을 만들어 문 위에 매다는데 독기(毒氣)를 물리치기 위해서였다. 장간공(章簡公)의 첩자에서 이르기를, "쑥 잎이 사람이 된 뒤는, 석류꽃이 열매를 맺기 시작하는 첫 무렵"이라고 하였다.

荊楚人端午, 採艾結爲人, 懸門戶上, 以禳毒氣. 章簡公帖子云, 艾葉成人後, 榴花結子初.[879]

쑥으로 만든 호랑이를 머리에 꽂다[대애호(戴艾虎)] 단오에 쑥으로 호랑이 형상을 만드는데 심지어 검은콩 크기만 한 것도 있다. 간혹 비단을 오려 작은 호랑이를 만들고 (거기에) 쑥 잎을 붙여 머리에 꽂기도 한다.

端午以艾爲虎形, 至有如黑豆大者. 或剪綵爲小虎, 粘艾葉以戴.[880]

풀을 다투는 놀이[투초희(鬪草戲)] 5월 5일에 온갖 풀을 밟는데 요즘 사람들에게는 또 온갖 풀을 다투는 놀이가 있다. 장간공(章簡公)의 첩자에서 이르기를, "다섯 번째 달력 풀잎이 상서로운 세월을 열자,[881] 온갖 풀이 향기로운 꽃을 다투네"[882]라고 하였다.

五月五日踏百草, 今人又有鬪百草之戲. 章簡公帖云, 五蓂開瑞莢, 百草鬪香苕.[883]

욕난탕(浴蘭湯) 《대대례기(大戴禮記)》의 기록이다. 5월 5일에 난초를 쌓는 것은 목욕을 하기 위함이다. 장간공(章簡公)의 첩자에서 이르기를, "창포 술이 아침 술잔에 가득하고, 난초 탕(湯)이 새벽 목욕에 따뜻하네"라고 하였다.

---

873. 차두부(釵頭符): 단오절(端午節)에 사기(邪氣)를 피하기 위해 머리에 꽂는 일종의 부적.
874. 《고금사문유취(古今事文類聚)·전집(前集)》 권9.
875. 장천사(張天師): 보통은 장릉(張陵) 혹은 장도릉(張道陵)으로 불리는, 후한(後漢)말에 사천(泗川)에서 오두미도(五斗米道)를 창시한 인물을 가리키는 말로 쓰이지만, 경우에 따라서는 장릉과 그 후예들 및 문도(門徒)들을 통칭하는 개념으로도 쓰인다. '天師'는 애초에 장릉의 후예에게 내린 봉호(封號)였다.
876. 《고금사문유취(古今事文類聚)·전집(前集)》 권9.
877. 《산당사고(山堂肆考)》에는 '艾'가 '蒲'로 되어 있다.
878. 《고금사문유취(古今事文類聚)·전집(前集)》 권9.
879. 《고금사문유취(古今事文類聚)·전집(前集)》 권9.
880. 《고금사문유취(古今事文類聚)·전집(前集)》 권9.
881. 이 구절은, 달력 풀 또는 책력 풀이라고도 하는 '명협(蓂莢)'을 풀어서 사용하되 그 뜻을 달리한 것이다. 원문의 '오명(五蓂)'은 이날이 단오라는 사실을 말한 것이고, '서협(瑞莢)'의 '莢'은 세월 정도의 의미로 쓰인 것이다.
882. 원문에 쓰인 '초(苕)'는 능소화(凌霄花)를 의미하는 글자지만, '초영(苕穎)'이 풀꽃과 벼이삭을 가리키는 말이라는 데서 뜻을 취하여 '꽃'으로 풀었다.
883. 《고금사문유취(古今事文類聚)·전집(前集)》 권9.

大戴禮.[884] 五月五日蓄蘭爲沐浴. 章簡公帖云, 菖酒朝觴滿, 蘭湯曉浴溫.[885]

오리 배를 수리하다[치부차(治鳧車)] 남방에서 강 건너기를 경쟁하는 자들은 그 배가 경쾌해지도록 수리하고는 비부(飛鳧)[886]라 이르는데 또 수차(水車)라고도 하고 수마(水馬)라고도 한다. (시합이 시작되면) 주(州)의 장수들과 나이가 많은 어른들 및 지역 사람들이 모두 물가에 임하여 이를 구경한다. 대개 월(越) 지역 사람들은 배를 수레로 삼고 노를 말로 삼는다. 장간공(章簡公)의 첩자에서 이르기를, "음악 소리 점점 높아지고 상앗대 소리가 급해짐은, 선계(仙界)의 정자 아래에서 오리 배가 경쟁하고 있다는 것"이라고 하였다.《형초세시기(荊楚歲時記)》

南方競渡者, 治其舟使輕利, 謂之飛鳧, 又曰水車, 又曰水馬. 州將父老士人悉臨水而視之. 蓋越人以舟爲車, 以楫爲馬. 章簡公帖云, 絲竹漸高橈鼓急, 瑤津亭下競鳧車.〈歲時記〉[887]

비백선(飛白扇)[888]을 하사하다[사비백선(賜飛白扇)] (당) 태종(太宗)이 비백서(飛白書)[889]를 하여 난(鸞), 봉(鳳), 접(蝶), 용(龍) 등의 글자를 만들었는데 필세(筆勢)가 놀라 까무러질 정도였다. 사도(司徒) 장손무기(長孫無忌)[890]와 이부상서(吏部尙書) 양사도(楊師道)[891]에게 말하기를, "단오는 옛 풍속에 필히 복식(服飾)과 관계되는 노리개로 서로 축하하였소. 오늘 짐(朕)이 군(君)들에게 비백선(飛白扇) 2매를 각기 하사하니, 맑은 바람을 일으켜 아름다운 덕을 늘리기 바라오"라고 하였다.

太宗爲飛白書作鸞鳳蝶龍等字, 筆勢驚絶. 謂司徒長孫無忌吏部尙書楊師道曰, 五日舊俗, 必用服玩相賀, 今朕各賜君飛白扇一[892]枚, 庶動淸風以增美德.[893]

6월 六月

• 6월에는 진(辰)이 유성(柳星)[894]의 성좌에 있다. 저녁에는 화성(火星)이 남방의 중앙에 있고, 아침에는 규성(奎星)[895]이 남방의 중앙에 있다. 그 음률은 12율 가운데 임종(林鐘)[896]에 해당한다. 어부에게 명하여 이무기를 치고 악어를 잡으며, 거북을 끌어올리고 큰 자라를 잡게 한다. 택인(澤人)[897]에게 명하여 그릇 등을 만들 재료로 쓸 갈대를 바치게 한다. 부관(婦官)[898]에게 명하여 (누에를 쳐서 얻은 비단을) 오색(五色)으로 물들이게 한다. 우인(虞人)[899]에게 명하여 나무를 참벌(斬伐)하는 일이

884. 《대대례기(大戴禮記) · 하소정(夏小正)》에서 "蓄蘭, 爲沐浴也"라고 하였다.
885. 《고금사문유취(古今事文類聚) · 전집(前集)》 권9.
886. 비부(飛鳧): '비상하는 오리'라는 뜻이다.
887. 《고금사문유취(古今事文類聚) · 전집(前集)》 권9.
888. 비백선(飛白扇): 비백서(飛白書)로 쓴 글씨가 있는 부채.
889. 비백서(飛白書): 후한(後漢)의 채옹(蔡邕)이 만든 서체(書體)로 획을 나는 듯이 그어 그림처럼 쓴 글씨체이다.
890. 장손무기(長孫無忌): 당(唐)의 대신(大臣)으로 자는 기보(機輔)이다.
891. 양사도(楊師道): 당(唐)의 대신(大臣)으로 자는 경유(景猷)이다.
892. '一'은 '二'의 오자이다.
893. 《천중기(天中記)》 권5.
894. 유성(柳星): 이십팔수(二十八宿) 가운데 스물넷째 별자리에 있는 별들.
895. 규성(奎星): 이십팔수(二十八宿) 가운데 열다섯째 별자리에 있는 별들.
896. 임종(林鐘): 동양음악에서, 십이율의 여덟째 음. 육려(六呂)의 하나로 방위는 미(未), 절후는 음력 6월에 해당한다.
897. 택인(澤人): 천택(川澤)을 다스리는 벼슬아치.
898. 부관(婦官): 염직(染織)을 관장하는 벼슬아치. 벼슬아치는 남자지만 부인의 일과 관계가 있기 때문에 부관이라 칭하였다.

없도록 한다. 토목공사를 일으켜서도 안 되고, 군대를 일으키거나 대중을 동원하여도 안 되며, 큰일을 거행하여 생물을 장양(長養)하는 기운을 흔들어 흩어지게 해서는 안 된다. (잡초를 태운 물과 흙으로) 밭을 살찌울 수 있고, 땅의 성질을 아름답게 할 수 있다.

季夏之月, 日在柳, 昏火中, 旦奎中. 律中林鐘, 命魚師, 伐蛟取鼉, 登龜取黿. 命澤人納林[900]葦. 命婦官染采. 命虞人毋有斬伐. 不可以興土功, 不可以起兵動衆, 毋擧大事以搖養氣. 可以糞田疇, 可以美土疆.[901]

- (6월은) 월건(月建)이 '미(未)'인데 '未'는 맛이다. 만물이 성숙(成熟)을 향하여 아름다운 맛이 있음을 말한 것이다.

斗建未, 未, 味也. 言萬物向成而有滋味也.[902]

복 伏

- '복(伏)'이란 무엇인가? 쇠[金]의 기운이 엎드려 숨는 날이다. 사시(四時)의 대사(代謝)는 모두 상생(相生)으로 이루어진다. 입춘은 나무로 물을 대신하며, 물은 나무를 살린다. 입하는 불로 나무를 대신하며, 나무는 불을 살린다. 입동은 물로 쇠를 대신하며, 쇠는 물을 살린다. 입추에 이르러 쇠가 불을 대신하게 되는데 쇠가 불을 두려워하는 까닭에 경일(庚日)에 이르러 반드시 엎드려 숨는다. 경(庚)은 쇠이기 때문이다.《역기석(曆忌釋)》

伏者何也. 金氣伏藏之日也. 四時代謝, 皆以相生. 立春木代水, 水生木. 立夏火代木, 木生火. 立冬水代金, 金生水. 至於立秋, 以金代火, 金畏於火, 故至庚日必伏. 庚者, 金故也.〈曆忌[903]〉[904]

- 초복에는 보리와 오이를 조상의 사당에 천신(薦新)한다.《최식월령(崔寔月令)》

初伏, 薦麥瓜于祖禰.〈崔寔月令[905]〉[906]

진(秦)나라가 복사(伏祠)[907]를 세우다[진작복사(秦作伏祠)] 진(秦)나라 덕공(德公) 2년 초에 복사(伏祠)를 세웠다. 개의 사지(四肢)를 찢어 읍성(邑城)의 사방 문에 달아 충재(蟲災)[908]를 막았던 즉 사당의 제사에 복날을 사용한 것이다.《제후년표(諸侯年表)》

秦德公二年初, 作伏祠. 社[909]磔狗四門, 以禦蟲災, 則祠社用伏日.〈諸侯年表[910]〉[911]

6월 복날이 주(周)나라 시절에는 없었는데 이즈음에 이르러 있게 되었다. 안사고(顔師古)[912]가 말하기를, "'복(伏)'이란 음기(陰氣)가 장차 일어나려고 하

899. 우인(虞人): 산택(山澤)과 원유(苑囿)를 관장하는 벼슬아치.
900. '林'은 '材'의 오자이다.
901. 《예기(禮記)·월령(月令)》
902. 《산당사고(山堂肆考)》 권11.
903. 《역기(曆忌)》의 정식 명칭은 《역기석(曆忌釋)》이다.
904. 《예문유취(藝文類聚)》 권5.
905. 최식(崔寔)의 《월령(月令)》은 정식 명칭이 《사민월령(四民月令)》이다.
906. 《태평어람(太平御覽)》 권31.
907. 복사(伏祠): 진(秦)나라에서 복날에 지내던 제사 이름을 가리키기도 하고 제사를 지내던 사당을 가리키기도 한다. 여기서는 후자의 의미이다.
908. 충재(蟲災): 해충으로 농작물이 입는 재해.
909. '社'는 불필요하게 덧붙여진 글자이다. 이 오류는 '책구(磔狗)'와 '읍(邑)'을 연독하여 '책구읍(磔狗邑)'이라는 읍명(邑名)으로 오해한 데서 비롯된 것이다. '책구읍'은 중국 역사에서 존재하지 않았다.
910. '諸侯年表'는 '封禪書'의 잘못이다.

여 스러져가는 양기(陽氣)에 접근하였으나 아직 올라갈 수는 없기 때문에 숨어서 엎드려 있게 되는 것이다. 이로 인하여 '복일(伏日)'이라 이름하였다"라고 하였다.《한서(漢書)·교사지(郊祀志)》

六月伏日周時無, 至此乃有之. 師古曰, 伏者, 謂陰氣將起, 迫於殘陽, 而未得升, 故爲伏藏, 因名伏日.〈漢郊祀志913〉914

동방삭(東方朔)915이 고기를 자르다[방삭할육(方朔割肉)] 복날에 동방삭(東方朔)이 고기를 잘라 갔는데 주상이 웃으면서 말하기를, "선생(先生)으로 하여금 스스로 책망하게 하렸더니 도리어 스스로를 칭찬하고 있구려"라 하고는 다시 술 한 섬과 고기 100근을 하사하였다.916《한서(漢書)·동방삭전(東方朔傳)》

伏日方朔割肉, 上笑曰, 使先生自責, 乃反自譽. 復賜酒一石肉百斤.〈本917〉918

복날에 하루 종일 문을 닫고 엎드리다[복폐진일(伏閉盡日)] 후한(後漢)의 화제(和帝) 영원(永元)919 6년 초에 하루 종일 문을 닫고 엎드려 있으라는 영(令)을 내렸다. 주(注)920에서, "《한관구의(漢官舊儀)》에서 말하기를, '복날에 온갖 귀신들이 돌아다니기 때문에 종일 문을 닫고 다른 일을 하지 않는 것이다'라 하였다"라고 하였다.

後漢和帝永元六年初, 令伏閉盡日. 注, 漢官舊儀曰, 伏日萬鬼行, 故盡日閉不干他事.921

몸이 땀에 젖지 않다[체불점한(體不霑汗)] 치가빈(郗嘉賓)이 삼복이 든 달에 사공(謝公)을 찾아갔는데, 더위가 대단한 기세여서 비록 거듭 바람을 맞으며 부채를 부쳐대도 오히려 몸을 적시도록 땀이 흘러내렸다. (그러나) 사공은 오래된 명주옷을 입고 뜨거운 흰죽을 먹으면서도 태연함이 평상시와 다름없었다.

郄922嘉賓三伏之月詣謝公, 炎署重923赫, 雖復當風交扇, 猶沾汗流漓. 謝着故絹衣, 食熱白粥, 晏然無異.924

---

911. 《고금사문유취(古今事文類聚)·전집(前集)》 권10. 《사기(史記)·봉선서(封禪書)》에는, "作伏祠. 磔狗邑四門, 以禦蠱菑"로 되어 있다.
912. 안사고(顔師古): 당(唐)나라 초기의 대학자인 안주(顔籒). '師古'는 그의 자이다. 《한서(漢書)》에 주석을 가함으로써 전대(前代)의 여러 주석을 집대성하였다.
913. 《한서(漢書)·교사지(郊祀志)》에는 복날과 관계되는 기록이 보이지 않는다. 오류가 있는 듯하다.
914. 《고금사문유취(古今事文類聚)·전집(前集)》 권10.
915. 동방삭(東方朔): '익살의 재사'로 많은 일화가 전해지는 중국 전한(前漢)의 문인. 부국강병책(富國强兵策)을 상주하였으나 받아들여지지 않자 이를 자조(自嘲)한 문장 〈객난(客難)〉과 〈비유선생지론(非有先生之論)〉을 비롯하여 약간의 시문을 남겼다.
916. 이 대목은 부연 설명이 필요하다. 복날에 한(漢) 무제(武帝)가 신하에게 고기를 하사하였는데 이를 나누어 줄 관리가 오지 않자 동방삭(東方朔)이 기다리다 못해 칼로 고기를 베어 가지고 간 일이 있었다. 이에 무제가 동방삭을 불러 무례함을 꾸짖고 직접 자신을 비판하도록 하였더니 동방삭이 말하기를, "삭(朔)이여, 삭이여, 어명을 기다리지 않고 하사품을 받아 갔으니 아주 무례하구나! 칼을 빼어 고기를 자르다니 정말 용감하구나! 고기를 자르되 많이 가지지 않았으니 정말로 깨끗하구나! 집에 가지고 가서 세군(細君: 부인)에게 주었으니 인정이 넘치는구나!"라고 한 뒤에 무제가 본문에서와 같은 말을 한 것이다.
917. '本' 아래에 '傳'이 빠졌다. 《고금사문유취(古今事文類聚)》에서 '本傳'이라 칭한 것은 《한서(漢書)·동방삭전(東方朔傳)》의 뜻으로 쓴 것이다.
918. 《고금사문유취(古今事文類聚)·전집(前集)》 권10.
919. 영원(永元): 후한(後漢) 화제(和帝)의 연호(89-104)이다.
920. 주(注): 《후한서(後漢書)》 이현(李賢) 주(注)를 가리킨다.
921. 《산당사고(山堂肆考)》 권11.
922. '郄'은 '郗'의 오자이다.
923. '重'은 '熏'의 오자이다.
924. 《고금사문유취(古今事文類聚)·전집(前集)》 권10.

벽용주(碧筩酒)[925] 위(魏)나라 정공(鄭公) 각(慤)이 삼복 여가에 빈객(賓客)과 막료(幕僚)를 거느리고 피서를 갔다. 연잎을 취하여 술을 채우고, 비녀로 잎을 찔러 큰 잎 꼭지와 통하게 하고는, 대궁을 마치 코끼리 코처럼 구부려서, 돌려가며 그것을 들이마셨는데 벽용주(碧筩酒)라 이름하였다.

魏鄭公慤三伏之隙, 率賓僚避暑. 取荷葉盛酒, 以簪刺葉, 令與大柄通, 屈莖輪囷如象鼻, 傳噏之, 名碧筩[926]酒.[927]

가을 秋

• 가을은 '모음[聚集]'이다. 만물이 모여 성숙한다는 것이다.《율력지(律曆志)》

秋, 揫也. 物揫斂乃成熟.〈律曆志〉[928]

• 가을은 백장(白藏)[929]이다.《이아(爾雅)》

秋爲白藏.〈爾雅〉[930]

• 가을을 소상(素商)[931]이라 한다.《찬요(纂要)》

秋曰素商.〈纂要〉[932]

• 서방(西方)에서 (오행의) '쇠[金]'가 운행하는 기운.《후한서(後漢書)·서강전(西羌傳)》

西方金行之氣.〈西羌傳[933]〉[934]

• 소호(少昊)[935]가 태괘(兌卦)[936]를 타고 곱자를 잡고서 가을을 다스린다.《한서(漢書)·위상전(魏相傳)》

少昊乘兌, 執矩司秋.〈前魏相傳[937]〉

• 하나의 잎이 떨어져도 천하에 가을이 왔음을 안다.《회남자(淮南子)》

一葉落, 天下知秋.〈淮南子[938]〉[939]

• 가을에는 서호(西皞)[940]를 노래한다.《예악지(禮樂志)》

秋歌西顥.〈禮樂志[941]〉

• 화성(火星)이 보이면 찬바람이 불어오니 추위를 대비하도록 경계해야 한다.《국어(國語)》

火流[942]而淸風戒寒.〈國語[943]〉

---

925. 벽용주(碧筩酒): 푸른 대롱을 통해 마시는 술이라는 뜻이다.
926. 《산당사고(山堂肆考)》에는 '筩'이 '筒'으로 되어 있다.
927. 《고금사문유취(古今事文類聚)·전집(前集)》 권10.
928. 《고금사문유취(古今事文類聚)·전집(前集)》 권10.
929. 백장(白藏): 가을은 오색 가운데 백색에 해당되고 순환의 순서로는 귀장(歸藏: 숨을 곳으로 돌아감, 혹은 돌아가서 숨음)에 속하기 때문에 생겨난말이다.
930. 《이아(爾雅)·석천(釋天)》
931. 소상(素商): 가을이 오색 가운데 백색에 해당되므로 '素'를 쓰고, 오음(五音) 가운데 '商'에 해당되기 때문에 '商'을 써서 만든 말이다.
932. 《고금사문유취(古今事文類聚)·전집(前集)》 권10.
933. '西羌傳'은 《후한서(後漢書)·서강전(西羌傳)》을 가리킨다.
934. 《후한서(後漢書)·서강전(西羌傳)》에서 "性堅剛勇猛, 得西方金行之氣焉"이라 하였다.
935. 소호(少昊): 소호(少皞)나 소호(少顥)로 적기도 하며, 중국 태고 때에 있었다는 전설상의 임금이자 황제(黃帝)의 아들이다. 금덕(金德)으로 왕 노릇을 했기 때문에 가을을 맡은 상제가 되었다. 호를 금천씨(金天氏)라 하였다.
936. 태괘(兌卦): 팔괘(八卦)의 하나로 못을 상징한다.
937. '前魏相傳'은 《한서(漢書)·위상전(魏相傳)》을 가리킨다.
938. 《회남자(淮南子)·설산훈(說山訓)》
939. 《고금사문유취(古今事文類聚)·전집(前集)》 권10. 《회남자》에는, "見一葉落而知歲之將暮"로 되어 있다.
940. 서호(西皞): 전설상의 임금인 소호(少昊)를 가리키기도 하고, 서방(西方) 혹은 서방의 신(神)을 가리키기도 한다.
941. '禮樂志'는 《사기(史記)·악서(樂書)》의 잘못이다.
942. '流'는 '見'의 오자이다.
943. 《국어(國語)·주어중(周語中)》

• 장사(壯士)는 가을을 서글퍼하며 음(陰)의 기운을 느낀다.《한시외전(韓詩外傳)》

壯士悲秋, 感陰氣也.〈韓詩〉944

• (가을의) 경치를 낭경(朗景), 징경(澄景), 청경(淸景)이라 하고, 때를 처신(凄辰)이라 하며, 시절을 삭절(索節), 상절(商節)이라 한다.

景曰朗景澄景淸景, 時曰凄辰, 節曰索節商節.945

회풍곡(廻風曲)　한(漢)의 궁녀 여연(麗娟)946은 노래를 잘 하였는데 회풍곡(廻風曲)을 부를 때면 뜰의 나뭇잎이 가을날처럼 날아 떨어졌다.《동명기(洞冥記)》

唐947宮人麗娟善歌, 常唱廻風曲, 庭葉翻落如秋.〈洞冥記〉948

추풍곡(秋風曲)　명황(明皇)이 〈추풍곡(秋風曲)〉을 작곡하였는데 매번 이를 연주할 때면 맑은 바람이 천천히 불어오고 밤중에 나뭇잎이 번갈아가며 떨어졌다.《갈고록(羯鼓録)》

明皇製秋風高曲, 每奏之, 則淸風徐來, 夜葉交墜.949〈羯鼓録〉

순채국과 농어회를 그리워하다[사순로(思蓴鱸)]

장한(張翰)의 일이다.

張翰事.

보충: 진(晉)나라 장한(張翰)은 오(吳)지역 사람이다. 낙양(洛陽)에 들어갔다가 가을바람이 이는 것을 보고는 오지역의 향나물과 순채국, 농어회를 그리워하였다(晉張翰吳人. 入洛, 見秋風起, 思吳菰菜蓴羹鱸魚膾).950

감정추(感庭秋)951　촉(蜀)에 도사(道士)가 있었는데 자극궁(紫極宮)952에 가서 두광정(杜光庭)953을 알현하고는 아침저녁으로 취하도록 마시며 오로지 〈감정추(感庭秋)〉라는 가사(歌詞)만 노래하였다. 어느 날 저녁에 술자리를 벌여놓고 있으려니 푸른 옷을 입은 두 아이가 서서 시중을 들었다. 두광정이 문을 두드리고는 두 아이더러 술자리 도구들을 정돈하게 하였는데 그것을 접어서 쌓자 손을 따라 작아졌다. 또 두 아이를 합하여 한 치 남짓한 나무(토막) 하나로 만들더니 모두 관(冠) 속에 집어넣었다. 문을 열어보니 이미 아무 것도 보이지 않았다.《탁이기(卓異記)》

蜀有道士, 詣紫極宮, 謁杜光庭, 朝夕飮醉, 惟唱感庭秋詞. 一夕列筵, 二靑衣童立侍. 及光庭款戶, 乃令二童收拾筵具, 摺疊之, 隨手而小. 又將二童合爲一木, 可寸許, 悉納冠中. 啓戶, 已無見矣.〈卓異記〉954

---

944. 《고금사문유취(古今事文類聚)·전집(前集)》 권10.
945. 《천중기(天中記)》 권5.
946. 여연(麗娟): 한(漢) 무제(武帝)의 총애를 받았던 궁녀 이름. 후에는 미녀를 범칭(泛稱)하는 말로 자주 사용되었다.
947. '唐'은 '漢'의 오자이다.
948. 《고금사문유취(古今事文類聚)·전집(前集)》 권10.
949. 《고금사문유취(古今事文類聚)·전집(前集)》 권10.
950. 《고금사문유취(古今事文類聚)·전집(前集)》 권10.
951. 감정추(感庭秋): 뜰의 가을을 느낀다는 뜻이다.
952. 자극궁(紫極宮): 도교(道敎)의 사원 이름.
953. 두광정(杜光庭): 당말(唐末) 오대(五代)의 도사(道士)로 자는 빈성(賓聖)이다. 진사시험에 낙방한 뒤 천태산(天太山)에 들어가 도교(道敎)를 공부하였으며, 후에 도교의 우두머리로서 존경을 받았다.
954. 《산당사고(山堂肆考)》 권148.

7월 七月

• 7월에는 진(辰)이 익성(翼星)955의 성좌에 있다. 저녁에는 건성(建星)956이 남방의 중앙에 있고, 아침에는 필성(畢星)957이 남방의 중앙에 있다. 가을날의 천간(天干)은 경(庚)과 신(辛)이고, 그 상제(上帝)는 소호(少皞)이며, 그 (아래의) 신(神)은 욕수(蓐收)958이다. 그 음률은 12율 가운데 이칙(夷則)959에 해당한다. 이달에는 천자가 장수에게 명하여 무사를 뽑고 병정들을 격려하며, 호걸스럽고 준수한 자를 가려서 훈련시키고, 공이 있는 장수에게 전적으로 맡겨 의롭지 못한 자를 정벌하게 한다. 유사에게 명하여 법령과 제도를 수습하고, 감옥을 수선하며, 족쇄와 수갑 등의 형구(刑具)를 갖추어 간사한 짓을 금지시키고, 죄를 범한 자를 포박하는 데 힘쓰게 한다. 죄가 있는 자를 주륙(誅戮)하여 형벌의 처단을 엄중하게 한다. 농사는 드디어 곡식이 바쳐져서, 천자가 햇곡식을 맛보는데 먼저 종묘에 천신(薦新)한다.

孟秋之月, 日在翼, 昏建星中, 旦畢中. 其日庚辛, 其帝少皞, 其神蓐收. 律中夷則. 是月也, 天子乃命將帥, 選士厲兵, 簡練桀俊, 專任有功, 以征不義. 命有司修法制, 繕囹圄, 具桎梏, 禁止姦, 務搏執. 戮有罪, 斷嚴960刑. 農乃登穀, 天子嘗新, 先薦寢廟.961

• 7월이면 화성(火星)이 (서쪽으로) 기운다.《시경(詩經)》

七月流火.〈詩962〉

• 맹추(孟秋)를 조추(肇秋), 난추(蘭秋)라 한다.

孟秋曰肇秋蘭秋.

• (7월은) 월건(月建)이 '신(申)'인데 '申'은 몸이다. 만물의 신체가 모두 성숙(成熟)함을 말한 것이다.

斗建申, 申, 身也. 言萬物身體皆成也.963

입추 立秋

• 《후한서(後漢書)·지(志)》의 기록이다. 입추(立秋) 날에 전진(戰陣)964의 의례(儀禮)를 익히는데 명칭을 추류(貙劉)965라 한다.

漢志966. 立秋日, 習戰陣之儀, 名曰貙劉.

• 《예기(禮記)·월령(月令)》의 기록이다. 입추 날에는 천자가 반드시 친히 삼공(三公)과 구경(九卿) 및 제후(諸侯)와 대부(大夫)들을 거느리고 서쪽들에서 가을을 맞이한다.

月令. 立秋, 天子親帥三公九卿諸侯大夫以迎秋於西郊.

---

955. 익성(翼星): 이십팔수(二十八宿) 가운데 스물일곱째 별자리에 있는 별들.
956. 건성(建星): 이십팔수(二十八宿)의 두성(斗星) 가까이에 있는 별이름.
957. 필성(畢星): 이십팔수(二十八宿) 가운데 열아홉째 별자리에 있는 별들.
958. 욕수(蓐收): 소호씨(少皞氏)의 아들인 해(該)를 가리킨다.
959. 이칙(夷則): 동양 음악에서, 십이율의 아홉째 음. 육률(六律)의 하나로 방위는 신(申), 절후는 음력 7월에 해당한다.
960. '斷嚴'은 '嚴斷'의 잘못이다.
961. 《예기(禮記)·월령(月令)》
962. 《시경(詩經)·빈풍(豳風)·칠월(七月)》
963. 《산당사고(山堂肆考)》 권12.
964. 전진(戰陣): 전투를 하려고 벌여 친 진. 혹은 진을 치고 싸우는 곳.
965. 추류(貙劉): 일반적으로는 천자(天子)가 입추 날에 희생을 쏘아 종묘(宗廟)에 제사를 올리는 예(禮)를 가리킨다. 전진(戰陣)의 의례(儀禮)는 그날에 있는 행사의 하나이다.
966. 여기서의 '漢志'는 《후한서(後漢書)·지(志)》이다.

• 백제(白帝)[967]인 욕수(蓐收)에게 제사를 지낼 때는 수레와 깃발, 복식(服飾)을 모두 흰 것으로 한다. 《교사지(郊祀志)》

祭白帝蓐收, 車旗服飾皆白.〈郊祀志[968]〉

간악(姦惡)한 자를 잡다[취간악(取姦惡)] 한(漢)의 손보(孫寶)[969]가 경조윤(京兆尹)[970]이 되었을 때 (주상이) 후문(侯文)을 동도독우(東都督郵)[971]로 삼는 것에 서명하였다. 입궐하여 뵙자 칙령(勅令)을 내려 말하기를, "오늘은 새매가 비로소 날개를 떨치며 비상하는 때이다. 마땅히 하늘의 기운을 따라 간악(姦惡)한 자를 잡아서 된서리와 같은 다스림을 이루도록 하라"고 하였다.

漢孫寶爲京兆尹, 以立秋日署侯文爲東都督郵. 入見, 勅曰, 今日鷹隼始擊. 當從天氣, 取姦惡, 以成嚴霜之誅.[972]

한(漢) 황실(皇室)에서 어사(御史)의 직책을 입추날에 줄 때가 많았던 것은, 대개 바람과 서리가 이미 짙어진 데다 새매가 비로소 날개를 떨치며 비상하였기 때문이다.

漢家授御史, 多於立秋日, 蓋以風霜已嚴, 鷹隼初擊.[973]

개오동나무 잎을 머리에 꽂다[대추엽(戴楸葉)] 도성(都城)에서는 입추에 거리 가득 개오동나무 잎을 판매한다. 부녀자들과 아이들이 모두 가위로 잘라 꽃모양을 만들어서 머리에 꽂는데 모양과 만드는 법이 한 가지가 아니다.《동경몽화록(東京夢華錄)》

京師立秋, 滿街賣楸葉. 婦女兒童皆剪成花樣, 戴之, 形製不一.〈夢華錄〉[974]

엷은 햇살과 맑은 바람[담일청풍(淡日淸風)] 절기(節氣)가 변하여 새 가을이 왔음에, 고요하고 쓸쓸한 기운이 이로부터 시작된다네. 꽃이 한창 무르익은 연(蓮)도 하직을 고할 것이고, 잎이 달린 버들도 성근 모습 드러내리. 엷은 햇살은 구름이 가린 때문이 아니고, 맑은 바람은 비온 뒤와 같으리. 휘장을 말면 서늘함이 가만히 헤아려지고, 부채를 맞이하면 더위가 먼저 사라지리. 풀 고요한 곳엔 번드치는 제비가 많을 것이고, 물결 맑은 곳엔 드러난 물고기가 아래에 있으리. 오늘 아침에 산기성(散騎省)[975]에서, 부(賦)를 짓는 흥취는 어떠할꼬?〈사공서(司空曙)〉

律變新秋至, 蕭條自此初. 花酣蓮報謝, 葉在柳呈疏. 淡日非雲映, 淸風似雨餘. 卷帷凉暗度, 迎扇暑先除. 草靜多翻燕, 波澄下露魚. 今朝散騎省, 作賦興何如.〈司空曙〉[976]

칠석 七夕

• 은하수(銀河水) 서쪽에 환한 별이 있는데, 삼성(參星)[977]과 함께 나타나는 것을 일러 견우성(牽牛星)이라 한다. 은하수 동쪽에 희미한 별이 있는데, 저

967. 백제(白帝): 가을을 맡은 서방의 신인 욕수(蓐收)에 대한 칭호.
968. '郊祀志'는 《후한서(後漢書)·지(志)·제사(祭祀)》를 가리킨다.
969. 손보(孫寶): 한대(漢代)의 고관(高官)으로 자는 자엄(子嚴)이다.
970. 경조윤(京兆尹): '京兆'는 천자(天子)가 계시는 땅이라는 뜻이며, 이곳을 다스리는 관리가 경조윤이다.
971. 동도독우(東都督郵): '東都'는 낙양(洛陽)이며, '督郵'는 태수(太守)를 대표하여 현향(縣鄕)을 감독하던 한대(漢代)의 관직 이름이다.
972. 《고금사문유취(古今事文類聚)·전집(前集)》 권10.
973. 《고금사문유취(古今事文類聚)·전집(前集)》 권10.
974. 《고금사문유취(古今事文類聚)·전집(前集)》 권10.
975. 산기성(散騎省): 문하성(門下省)의 이칭. 문하성은 왕명의 출납과 조칙(詔勅)의 심의를 맡아보던 관서(官署)이다.
976. 시의 제목은 〈입추일(立秋日)〉이다.

성(氐星)[978] 아래에 있는 것을 일러 직녀성(織女星)이라 한다.

天河之西, 有星煌煌, 與參俱出, 謂之牽牛. 天河之東, 有星微微, 在氐之下, 謂之織女.[979]

- 직녀(織女)는 천제(天帝)의 손녀이다.

織女, 天女孫也.[980]

- 하고(河鼓)를 일러 견우라 한다. 하고는 다리[梁]를 주관하고, 직녀는 오이와 과일을 주관한다. 일찍이 도가(道家)의 책을 보았더니, "견우가 직녀에게 장가를 들고서 천제(天帝)에게 돈 2만 전(錢)을 빌려 달라고 하기에 (천제가) 예를 베풀었으나 오래도록 상환하지 않아 내몰려서 영실성(營室星)[981]에 있게 되었다"고 하였다.《형초세시기(荊楚歲時記)》

河鼓謂之牽牛. 河鼓主關梁, 織女主瓜果. 嘗見道書云, 牽牛娶織女, 取[982]天帝二萬錢, 下禮, 久不還, 被驅在營室.〈歲時記〉[983]

- 7월 6일에 비가 오면 이를 '수레를 씻는 비'라 하고, 7일에 비가 오면 '눈물을 뿌리는 비'라고 한다.《형초세시기(荊楚歲時記)》

七月六日有雨, 謂之洗車雨. 七日雨則曰灑淚雨.〈仝〉

- 까마귀와 까치가 은하를 메워 (견우가) 직녀에게로 건너간다.《회남자(淮南子)》

烏鵲塡河而渡織女.〈淮南子[984]〉[985]

잠방이를 말리다[폭곤(曝褌)] 완함(阮咸)[986]은 술을 좋아하였지만 가난하였다. 옛 풍속으로 7월 7일이면 응당 옷을 말려야 했다. 여러 완씨(阮氏)들의 뜰 안은 찬란하게도 깁 비단이 아닌 것이 없었다. 완함은 당시에 총각이었는데, 기다란 장대를 세우면서 쭉 펼친 쇠코잠방이를 높이 들리게 하여 뜰 안에서 말리며 말하기를, "세속(世俗)을 벗어날 수가 없어 에멜무지로 또 그렇게 한 것일 뿐"이라고 하였다.

阮咸好酒而貧. 舊俗七月七日, 法當曬衣. 諸阮庭中爛然, 莫非綈錦. 咸時總角, 乃竪長竿, 標[987]大布犢鼻, 曝於庭中, 曰, 未能免俗, 聊復爾耳.[988]

책을 말리다[쇄서(曬書)] 학륭(郝隆)이 7월 7일에 이웃 사람들 모두가 옷가지를 볕에 말리는 것을 보았다. 학륭은 이에 뜰에 반듯이 누워 배에 볕을 쪼이면서 말하기를, "나는 뱃속의 책을 말리는 중이오"라고 하였다.

郝隆七月七日見隣人皆曝曬衣物. 隆乃仰臥曬腹於庭, 曰, 我曝腹中書.[989]

바늘에 실을 꿰며 재주를 빌다[천침걸교(穿針乞巧)[990]] 당(唐)나라 천보(天寶)[991] 연간에 궁중에서 칠석에 비단을 묶어 높고 큰 집을 만들었는데 높이가 백 자나 되었으며, 수십 명을 수용할 수 있었다. 꽃과 과일, 술과 구운 고기를 늘어놓고 앉을 도구를 마련해두고서는 견우와 직녀 두 별에게 제사를 지냈

977. 삼성(參星): 이십팔수(二十八宿) 가운데 스물한 번째 별자리의 별들.
978. 저성(氐星): 이십팔수(二十八宿) 가운데 셋째 별자리에 있는 별들.
979. 《고금사문유취(古今事文類聚)·전집(前集)》 권10.
980. 《사기(史記)·천관서(天官書)》
981. 영실성(營室星): 이십팔수(二十八宿) 가운데 열셋째 별자리. 실수(室宿), 실성(室星)이라고도 한다.
982. '取'는 '借'의 오자이다.
983. 《고금사문유취(古今事文類聚)·전집(前集)》 권10. 《형초세시기(荊楚歲時記)》에는, "牽牛星荊州呼爲河鼓, 主關梁. 織女則主瓜果. 嘗見道書云, 牽牛娶織女, 借天帝二萬錢下禮, 久不還, 被驅在營室中"으로 되어 있다.
984. 사고전서본(四庫全書本)《회남자(淮南子)》에는 이 대목과 관련된 내용이 보이지 않는다.
985. 《고금사문유취(古今事文類聚)·전집(前集)》 권10.
986. 완함(阮咸): 죽림칠현(竹林七賢)의 한 사람으로 비파(琵琶)에 능했다고 한다.
987. '標'는 '摽'의 오자이다.
988. 《고금사문유취(古今事文類聚)·전집(前集)》 권10.
989. 《고금사문유취(古今事文類聚)·전집(前集)》 권10.

다. 비빈(妃嬪)들이 바늘에 실을 꿰며 재주를 빌면 청상곡(淸商曲)[992]이 울렸으며, 연회의 음악은 새벽까지 이르렀는데, 백성들 모두가 이를 따라하였다.

唐天寶宮中, 七夕, 以錦綵結成樓殿, 高百丈[993], 可容數十人. 陳花果酒炙, 設坐具, 以祀牛女二星. 嬪妃穿針乞巧, 動淸商之曲, 宴樂達旦, 士民皆效之.[994]

《형초세시기(荊楚歲時記)》의 기록이다. 칠석에 부인들이 비단실을 묶어 구멍 일곱 개짜리 바늘에 꿰는데, 간혹 금이나 은, 놋쇠, 돌로도 바늘을 만들었다. 오이와 과일을 뜰 안에 늘어놓고 재주를 비는데, 갈거미가 오이 위에 거미줄을 치면 (오이의 주인을) '득교(得巧)'[995]한 것으로 여겼다.

歲時記. 七夕, 婦人結綵縷, 穿七孔針, 或以金銀鍮石爲針. 陳瓜果於庭中, 以乞巧, 有蟢子網於瓜上, 則以爲得巧.[996]

《형초세시기(荊楚歲時記)》의 기록이다. 칠석에 부인들이 비단실을 묶어 구멍 일곱 개짜리 바늘에 꿰는데, 간혹 금이나 은, 놋쇠, 돌로도 바늘을 만들었다. 사조(謝朓)[997]의 〈칠석부(七夕賦)〉에서 이르기를, "실 가닥이 굳게 얽혀 가운데를 꿰고, 바늘 코가 미세해도 구멍을 꿰누나"라고 하였다.

歲時記. 七夕, 婦人以綵縷穿七孔針, 或以金銀鍮石爲針. 謝朓七夕賦云, 縷條緊而貫中, 針鼻細而穿孔.[998]

《서경잡기(西京雜記)》의 기록이다. 한(漢)나라의 채녀(綵女)[999]들은 7월 7일에 개금루(開襟樓)에서 구멍 일곱 개짜리 바늘에 실을 꿰었다. 간재(簡齋)의 시에, "구멍이 일곱 개라도 바늘에 실을 꿴 것이 (다) 지나갈 수 있으리"라고 하였다.

西京雜記. 漢綵女常以七月七日, 穿七孔針於開襟樓. 簡齋詩, 七孔穿針可得過.[1000]

《개원천보유사(開元天寶遺事)》의 기록이다. 궁중에서는 칠석에 비빈(妃嬪)들이 각기 구멍 아홉 개짜리 바늘과 오색실을 잡고 달을 향하여 그것을 꿰는데 꿰면 득교(得巧)한 것으로 여겼다. 고시(古詩)에, "옥과 같은 실로 구멍 아홉 개짜리 바늘에 꿰기를 다투누나"라고 하였다.

天寶遺事. 宮中七夕, 嬪妃各執九孔針五色線向月穿之, 過者爲得巧. 古詩, 玉線爭穿九孔針.[1001]

달빛 휘장과 구름 장막[월장운막(月帳雲幕)] 구름 장막에 파도 일지 않는데 북두칠성 자루는 자리를 옮겼고, 까치 게으르고 까마귀 태만하여 다리를 얻는 것이 더디구나. 만일 정위(精衛)[1002]를 시켜 은하수를 메우게 한다면, 한 줄기 물이라 도리어 다하는 때가 응당 있으리.〈안숙원(晏叔原)〉

---

990. 천침걸교(穿針乞巧): 금침도인(金針度人)이라고도 부른다. 칠석날 밤에 달 아래에서 바늘에 실을 꿰는 시합[穿針]을 하는데, 가장 먼저 꿴 사람을 '득교(得巧)'라 하고, 그 다음을 '수교(輸巧)'라 한다.
991. 천보(天寶): 당(唐) 현종(玄宗)의 연호(742-756)이다.
992. 청상곡(淸商曲): 악부가곡(樂府歌曲) 이름이다. 성조(聲調)가 비교적 맑고 높아 얻어진 이름인데 가을의 특성에 부합하는 것이어서 가을 연회에서 이 계통의 노래를 많이 연주하고 불렀다고 한다.
993. '丈'이 '尺'으로 된 판본도 있다. 번역에서는 '尺'을 취하였다.
994. 《고금사문유취(古今事文類聚)·전집(前集)》 권10.
995. 득교(得巧): (손)재주를 얻었다는 본래의 뜻 외에 놀이에서 1등을 하였다는 뜻도 내포되어 있다.
996. 《고금사문유취(古今事文類聚)·전집(前集)》 권10.
997. 사조(謝朓): 중국 남조(南朝) 제(齊)의 시인으로 자는 현휘(玄暉)이다.
998. 《고금사문유취(古今事文類聚)·전집(前集)》 권10.
999. 채녀(綵女): 한대(漢代) 궁녀의 일종. 후에는 궁녀를 범칭하는 말이 되었다.
1000. 《고금사문유취(古今事文類聚)·전집(前集)》 권10. 시의 제목은 〈차운가제벽선천(次韻家弟碧線泉)〉이다.
1001. 《고금사문유취(古今事文類聚)·전집(前集)》 권10.
1002. 정위(精衛): 중국의 신화에 나오는 상상의 새. 염제(炎帝)의 딸이 동해에 빠져 죽어 변한 것이라 하며, 늘 서산(西山)의 나무와 돌을 입으로 물어다가 동해를 메우려 하였으나 이루지 못하였다고 한다.

雲幙無波斗柄移, 鵲慵烏慢得橋遲. 若教精衛塡河漢, 一水還應有盡時.〈晏叔原[1003]〉[1004]

밀랍으로 만든 아이[납아(蠟兒)] 《당세시기(唐歲時記)》의 기록이다. 칠석에 밀랍으로 어린아이의 형상을 만들어 물속에 띄우는 것을, 부인들이 자식[아들]을 많이 낳을 길조(吉兆)로 여겼는데 이를 '화생(化生)'[1005]이라 한다.

歲時記[1006]. 七夕, 以蠟爲嬰兒形, 浮於水中, 以爲婦人宜子之祥, 謂之化生.[1007]

직녀에게 장수(長壽)를 기원하다[기수직녀(祈壽織女)] 《신선감우집(神仙感遇集)》의 기록이다. 곽자의(郭子儀)[1008]가 종군(從軍)하며 은주(銀州)[1009]에 이르렀을 때, 밤에 네 마리 말이 끄는 수레의 비단 휘장 안에 한 미녀가 있어 하늘로부터 내려오는 것을 보았다. 곽자의가 절을 하고 축수(祝壽)하며 이르기를, "오늘이 7월 칠석이니 필시 직녀의 강림(降臨)이겠지요. 원컨대 장수(長壽)와 부귀(富貴)를 내려 주시기 바랍니다"라고 하자 여인이 웃으면서 말하기를, "크게 부귀하고 또한 장수하게 될 것입니다"라고 하였다. 말이 끝나자 너울너울 하늘로 올라갔다. 곽자의는 후에 공을 세워 고귀(高貴)해져 현달(顯達)하였으며 나이 아흔 가량에 세상을 떠났다.

感遇集[1010]. 郭子儀從軍至銀州, 夜見駢車繡幄中, 有一美女, 自天而下. 子儀拜祝云, 今七月七夕, 必是織女降臨, 願賜長壽富貴. 女笑謂曰, 大富貴亦壽考. 言訖, 冉冉升天. 子儀後立功貴盛, 年九十餘薨.[1011]

칠보(七寶)[1012] 베개를 주다[증칠보침(贈七寶枕)] 《묵장용록(墨莊宂錄)》의 기록이다. 태원(太原)의 곽한(郭翰)이 달빛을 좇다가[감상하다가] 뜰 안에 누웠더니 어떤 사람이 너울거리며 (하늘로부터) 내려와서 말하기를, "저는 하늘의 직녀입니다. 상제(上帝)께서 인간 세상을 유람하라고 명하셨습니다"라고 하였다. 이에 대청에 올라 베개를 함께 하고는 새벽이 되어 하직 인사를 하고 떠났다. 다음날 밤에 다시 오기에 곽한이 그녀를 놀리며 말하기를, "견우는 어디에 계시오? 어찌 감히 홀로 다니는 것이오?"라고 하였더니 대답하기를, "음양의 변화에 무슨 일이 관계할 수 있겠어요?"라고 하였다. 칠석이 되자 갑자기 오지 않았다. 며칠 밤이 지나서야 비로소 오기에 곽한이, 여기 오는 것이 어째서 늦어졌느냐고 물었더니 말하기를, "인간 세상의 5일이 거기서는 하룻저녁일 뿐입니다"라고 하였다. 홀연 어느 날 밤에 눈물을 흘리며 말하기를, "상제의 명(命)에 기한(期限)이 있어 곧 영이별을 해야만 합니다"라고 하였다. 칠보(七寶) 베개를 이별의 징표로 남겨두고는[1013] 가 버렸다.

墨莊宂錄. 太原郭翰乘月臥庭中, 有人冉冉而下, 曰, 吾天之織女也, 上帝命遊人間. 乃升堂同枕, 至曉辭去. 後夜復來, 翰戱之曰, 牽牛何在. 乃敢獨行. 對曰, 陰陽變化, 關渠何事. 至七夕, 忽不來. 數夜方至, 翰

1003. 안숙원(晏叔原): 북송(北宋)의 시인 안기도(晏幾道). '叔原'은 그의 자이다.
1004. 시제(詩題)는 〈칠석(七夕)〉이다.
1005. 화생(化生): 밀랍으로 만든 아이가 '화(化)하여' 인간으로 '태어난다'는 의미를 담은 말이다.
1006. 《당세시기(唐歲時記)》를 가리킨다.
1007. 《산당사고(山堂肆考)》 권12.
1008. 곽자의(郭子儀): 당(唐)나라의 무장(武將)이자 고관(高官). 안록산(安祿山)의 난이 일어나자 중원(中原)의 반란군을 토벌했고 위구르의 원군을 얻어 장안(長安)과 낙양(洛陽)을 수복하는 데 큰 공을 세웠다.
1009. 은주(銀州): 지금의 섬서성(陝西省)에 있었던 주(州) 이름.
1010. 《감우집(感遇集)》의 정식 명칭은 《신선감우집(神仙感遇集)》이다.
1011. 《산당사고(山堂肆考)》 권12.
1012. 칠보(七寶): 불교에서 말하는 일곱 가지 보배. 《무량수경(無量數經)》에서는 금·은·유리·파리·마노·거거·산호를, 《법화경(法華經)》에서는 금·은·마노·유리·거거·진주·매괴를 일컫는다고 하였다.
1013. 원문의 '留別'은 떠나는 사람이 남아 있는 사람에게 작별하는 것을 의미하는 말이다.

問, 此來何遲. 曰, 人中五日, 彼一夕耳. 忽一夜流涕曰, 帝命有期, 便當永訣. 以七寶枕留別而去.[1014]

붉은 용으로 맞이하다[영이적룡(迎以赤龍)] 《열선전(列仙傳)》의 기록이다. 도안공(陶安公)은 육안(六安)[1015]의 대장장이였다. 어느 날 아침에 불길이 흩어지며 위로 올라갔는데 자줏빛이 하늘을 찌를 듯이 높이 솟았다. 도안공이 풀무 아래에 엎드려 있었더니 잠깐 사이에 주작(朱雀)[1016]이 풀무 위에 내려서 말하기를, "안공! 안공! 풀무가 하늘과 통하니 7월 7일에 붉은 용으로 그대를 맞이하겠습니다"라고 하였다. 후에 붉은 용이 오자 도안공이 그를 타고 하늘로 올라갔다.

列仙傳. 陶安公, 六安冶師也. 一朝火散上, 紫色衝天. 安公伏冶下, 須臾朱雀止冶上, 曰, 安公, 安公, 冶與天通, 七月七日, 迎汝以赤龍. 後赤龍至, 安公騎之而上.[1017]

의란전(猗蘭殿)에서 (무제를) 낳다[생의란전(生猗蘭殿)] 한(漢)의 경제(景帝)가 고조(高祖) 꿈을 꾸었는데 자기에 말하기를, "왕미인(王美人)[1018]이 아들을 낳으면 이름을 '체(彘)'라 해야 한다"라고 하였다 (한다). 후에 미인이 을유년(乙酉年) 7월 7일에 의란전(猗蘭殿)[1019]에서 무제(武帝)를 낳았다.《한무고사(漢武故事)》

漢景帝夢高祖, 謂己曰, 王美人生子, 可名爲彘. 後, 美人以乙酉年七月七日生武帝於猗蘭殿.〈漢武故事〉[1020]

백중 中元[1021]

- 7월 15일에 비구와 비구니들이 도속(道俗)[1022]에 따라 모두 우란분(盂蘭盆)을 꾸리고, 그것을 사원(寺院)에 제공한다.《형초세시기(荊楚歲時記)》

  七月十五日, 僧尼道俗, 悉營盆, 供諸寺院.〈歲時記〉
- 7월은 백중이 있어 크게 경사스러운 달이다.《수행기(修行記)》

  七月中元, 乃大慶之月.〈修行記〉[1023]
- 지관(地官)[1024]이 문서를 살펴 고치는 날을 맞았으니, 이는 백제(白帝)가 때를 타고 운행(運行)할 시기.《유요(類要)》

  當地官校籍之辰, 是白帝乘時之運.〈類要〉[1025]

1014. 《산당사고(山堂肆考)》 권12.
1015. 육안(六安): 지금의 안휘성(安徽省)에 있었던 현(縣) 이름.
1016. 주작(朱雀): 주조(朱鳥)라고도 한다. 중국 설화 등에서는 청룡(青龍)·백호(白虎)·현무(玄武) 등과 함께 하늘의 사신(四神)을 이룬다. 사신은 하늘의 사방(四方)을 지키는 신으로 알려져 있는데, 주작은 남쪽의 수호신(守護神)이다. 옛 사람들은 대개 붉은 봉황으로 형상화하였다.
1017. 《산당사고(山堂肆考)》 권12.
1018. 왕미인(王美人): 무제(武帝)의 생모(生母). '美人'은 비빈(妃嬪)에 대한 칭호이다.
1019. 의란전(猗蘭殿): 한(漢)나라의 전각(殿閣) 이름이다. 경제(景帝)의 꿈에 돼지가 구름 속으로부터 내려와 숭란각(崇蘭閣)으로 들어가기에 전각의 이름을 바꾸고 왕미인(王美人)에게 그곳에서 해산(解産)하라고 했다 한다.
1020. 《산당사고(山堂肆考)》 권12.
1021. 중원(中元): 도가(道家)에서 백중(百中) 날을 일컫는 말. 도교에서는 천상(天上)의 선관(仙官)이 1 년에 세 번 인간의 선악을 살핀다고 하는데 그때를 '元'이라고 한다. 1월 15일을 상원(上元), 10월 15일을 하원(下元)이라고 하며, 7월 15일의 중원과 함께 삼원(三元)이라 하여 초제(醮祭)를 지내는 세시 풍속이 있었다.
1022. 도속(道俗): 도인(道人)들의 풍속이라는 의미로 쓰인 말임.
1023. 《고금사문유취(古今事文類聚)·전집(前集)》 권10.
1024. 지관(地官): 신(神) 이름. 도가(道家)에서는 천관(天官)과 지관(地官), 수관(水官)을 삼관(三官)이라고 하는데 삼원일(三元日) 가운데 상원(上元)에는 천관이, 중원(中元)에는 지관이, 하원(下元)에는 수관이 각기 사람의 선악(善惡)을 기록한다고 한다.
1025. 《고금사문유취(古今事文類聚)·전집(前集)》 권10.

• 7월 15일은 태상노군(太上老君)[1026]이 원시천존(元始天尊)[1027]과 만나 인간세상에 복을 내리는 날이다.《도장경(道藏經)》

七月十五, 乃太上老君同元始天尊會集, 福世界.〈道藏經〉[1028]

우란분(盂蘭盆)[1029] 비구(比丘) 목련(目連)[1030]이 자기의 돌아가신 어머니가 아귀(餓鬼)들 틈바구니에서 살고 계신 것을 보고, 곧바로 바리에 밥을 담아 가서 그 어머니에게 먹여드리려고 하였는데, 음식이 입에 채 들어가지도 않아 화(化)하여 불타는 숯이 되어 버려 마침내 먹여드릴 수가 없었다. 목련이 크게 울부짖으며 달려가 석가모니에게 아뢰었다. 각종 맛을 내는 음식과 오과(五果)[1031]를 갖추어, 동이[盆]에 담아 여러 부처들에게 공양을 한 연후에야 (목련의 어머니가) 음식을 받을 수 있었다.

目連比丘見其亡母生餓鬼中, 卽以鉢盛飯, 往餉其母, 食未入口, 化成火炭, 遂不得食. 目連大叫, 馳還白佛[1032]. 具百味五果以著盆中, 供養諸佛,[1033] 然後受食.[1034]

8월 八月

• 8월에는 진(辰)이 각성(角星)[1035]의 성좌(星座)에 있다. 저녁에는 견우성(牽牛星)이 남방의 중앙에 있고, 아침에는 자휴성(觜觿星)[1036]이 남방의 중앙에 있다. 그 음률은 12율 가운데 남려(南呂)[1037]에 해당한다. 유사에게 명하여 사형을 반드시 적정하게 하도록 한다. 천자는 역귀(疫鬼)를 쫓아내는 의식을 거행하여 (더운 기운을 물리치고) 서늘한 가을 기운을 통달(通達)하게 한다. 개고기와 함께 삼씨를 맛보는데 먼저 종묘에 천신(薦新)한다. 백성들을 독촉해서 조세를 수납하고, 야채를 저장하는 데에 힘쓰도록 하며, 또 보리 파종을 권장한다. 이 달은 낮과 밤의 시간이 평균하게 나누어진다. 천둥이 비로소 소리를 거두며, 칩복(蟄伏)하는 벌레들이 구멍의 입구를 틀어막는다. 쌀쌀한 기운이 차츰 성해지고, 양기는 날로 쇠약해져서 물이 비로소 마른다. 이달에는 관문이나 저자의 출입을 간편하게 해서 장사꾼들을 오게 하고, 재화(財貨)를 들이게

1026. 태상노군(太上老君): 도교(道敎)에서 노자(老子)를 신성시하며 높여 부르는 이름. 간단히 노군(老君)이라고도 한다.
1027. 원시천존(元始天尊): 도교에서 받드는 최고의 천신(天神). 태원(太元)보다 앞서 태어났기 때문에 '元始'라는 말을 쓰게 된 것이다.
1028.《고금사문유취(古今事文類聚)·전집(前集)》권10.
1029. 우란분(盂蘭盆): 아귀도에 떨어진 망령을 위하여 여는 불사(佛事). 목련 존자가 아귀도에 떨어진 어머니를 구하기 위해 석가모니의 가르침을 받아 여러 수행승에게 올린 공양에서 비롯된 것이다.
1030. 목련(目連): 우란분(盂蘭盆)으로 어머니를 지옥에서 구한 효자이자 석가모니의 십대(十代) 제자 가운데 한 사람. 마가다의 브라만 출신으로 부처의 교화를 펼치고 신통(神通) 제일의 성예(聲譽)를 얻었다. 목련(目蓮), 나복(羅卜)이라고도 하며 정식 이름은 마가목건련(摩訶目犍連, Maudgalyayana)이다.
1031. 오과(五果): 범서(梵書)에서 다섯 가지로 나누어 이르는 과실의 총칭. 복숭아·대추·살구 따위를 핵과(核果), 배·사과 따위를 부과(膚果), 콩·팥 따위를 각과(殼果), 솔방울·잣 따위를 회과(檜果), 야자·호두 따위를 견과(堅果)라고 한다.
1032. "白佛" 다음에, "佛言, 汝母罪重, 非汝一人所奈何, 當須十方衆僧威神之力. 至七月十五日, 當爲七代父母厄難中者"가 생략되었다.
1033.《형초세시기(荊楚歲時記)》에는 "供養諸佛"이 "供養十方大德, 佛敕衆僧, 皆爲施主, 祝願七代父母, 行禪定意"로 되어 있다.
1034.《형초세시기(荊楚歲時記)》
1035. 각성(角星): 이십팔수(二十八宿) 가운데 첫째 별자리에 있는 별들.
1036. 자휴성(觜觿星): 이십팔수(二十八宿) 가운데 스무째 별자리의 별인 자수(觜宿)의 다른 이름.
1037. 남려(南呂): 동양 음악에서 12율의 열째 음. 육려(六呂)의 하나로 방위는 유(酉), 절후는 음력 8월에 해당한다.

하여 백성들의 생활을 편하게 해 준다.

仲秋之月, 日在角, 昏牽牛中, 旦觜觿中. 律中南呂. 乃命有司, 斬殺必當. 天子乃儺, 以達秋氣. 以犬嘗麻, 先薦寢廟. 趣民收斂, 務畜菜, 乃勸種麥. 是月也, 日夜分. 雷始收聲, 蟄蟲坯戶. 殺氣浸盛, 陽氣日衰, 水始涸. 是月也, 易關市, 來商旅, 納貨賄, 以便民事.1038

- (8월은) 월건(月建)이 '유(酉)'인데 '酉'는 껑거리끈1039이다. 만물이 모두 줄어 오그라듬을 말한 것이다.

斗建酉, 酉, 緧也. 言萬物皆緧縮也.1040

- 《시경(詩經)》의 기록이다. 8월에는 박을 타네.

詩. 八月斷壺.1041

- 8월에는 대추를 터네.《시경(詩經)》

八月剝棗.〈仝〉1042

떳목을 타고 (가서) 북두칠성을 범하다[승사범두(乘槎犯斗)] "성문(星門)"에 보인다.

見星門.

떳목을 타고 (가서) 북두칠성을 범하다[우(又)] 한(漢) 무제(武帝)가 장건(張騫)1043에게 명령을 내려 한여름에 은하(銀河)의 근원(根源)을 찾도록 하였다. 떳목을 탄 지 한 달이 지나 어느 곳에 이르렀다가 관부(官府)와 같은 성곽을 보았다. 실내에서 한 여자가 베를 짜고 있었으며, 또 한 사내가 소를 끌고 강에서 물을 먹이는 것이 보였다. 장건이 묻기를, "여기가 어딥니까?"라고 하였더니 대답하기를, "엄군평(嚴君平)1044에게 물어보면 될 겁니다"라고 하였다.《형초세시기(荊楚歲時記)》

漢武帝, 令張騫使大夏尋河源. 乘槎經月而至一處, 見城郭如官府. 室內有一女織, 又見一丈夫牽牛飮河. 君問云, 此是何處. 答曰, 可問嚴君平.〈歲時記〉1045

장화(張華)의 《박물지(博物志)》를 살펴보면 장건(張騫)이라는 이름이 없다. 그리고 《한서(漢書) · 장건전(張騫傳)》에는 또 떳목을 탔다는 이야기가 없다. 종름(宗懍)이 《형초세시기(荊楚歲時記)》를 지을 때 무엇을 근거로 하여 말한 것인지 알 수가 없다.

按張華博物志, 卽無張騫之名. 而張騫傳, 又無乘槎之說. 宗懍作荊楚歲時記, 未知何所據而云.1046

추석 中秋

광한궁(廣寒宮)에서 노닐다[유광한궁(遊廣寒宮)] 개원(開元)1047 연간에 명황(明皇)이 신천사(申天師)1048와 도사(道士) 홍도객(洪都客)과 함께 추석

1038. 《예기(禮記) · 월령(月令)》
1039. 껑거리끈: 껑거리막대의 양 끝에 매어 길마의 뒷가지와 연결하는 줄.
1040. 《산당사고(山堂肆考)》 권12.
1041. 《시경(詩經) · 빈풍(豳風) · 칠월(七月)》
1042. 《시경(詩經) · 빈풍(豳風) · 칠월(七月)》
1043. 장건(張騫): 한대(漢代)에 중국 사상 최초로 서역 교통을 개척한 사람이다. 오손(烏孫)에서 그가 파견한 사람들이 서역 제국의 사절(使節)과 대상(隊商)들을 데리고 돌아왔다. 그의 여행으로 서역의 지리 · 민족 · 산물 등에 관한 지식이 중국으로 유입되어 동서 간의 교역과 문화가 발전하게 되었다.
1044. 엄군평(嚴君平): 한대(漢代)의 은자(隱者). 생활의 방편으로 돈을 받고 점을 쳐 줄[賣卜] 때에 그는 미래를 내다보는 것에 그치지 않고, 점의 내용에 따라 도덕적인 교훈의 말을 일러주었다고 한다.
1045. 《고금사문유취(古今事文類聚) · 전집(前集)》 권11.
1046. 《고금사문유취(古今事文類聚) · 전집(前集)》 권11.
1047. 개원(開元): 당(唐) 현종(玄宗)의 연호(713-741)이다.
1048. 신천사(申天師): '天師'는 도사(道士)를 높여 부르거나 도교의 주장(主長)을 일컬을 때 쓰는 말인데, 성씨(姓氏) 없이 단

날 밤에 달[月] 속을 노닐었다. 한 대문을 지나자 옥빛 가운데서 큰 궁부(宮府)[1049] 하나가 보였는데 '광한청허지부(廣寒淸虛之府)'라는 방(榜)이 붙어 있었다. 문을 지키는 경비병(警備兵)들이 매우 엄중하여 세 사람은 그 아래서 제지당해 들어갈 수가 없었다. 신천사가 명황을 끌고 몸을 도약시켜 연무(煙霧) 속으로 들어가 아래를 내려다보았더니 옥으로 만든 성은 높고 우뚝하였는데 유리로 만든 만 이랑의 밭과 같았으며, 신선과 도사들이 구름을 타거나 학에게 수레를 끌게 하며 그 사이를 오가고 있었다. 잠시 후에 몇 걸음 앞으로 나갔더니 비취색의 찬 빛이 쏘여져 눈이 아찔하였으며 너무 차서 나아갈 수가 없었다. 아래를 보니 월궁(月宮)[1050]의 선녀 10여 명이 흰 옷을 입고 흰색 난(鸞)새를 타고 (오더니) 넓은 뜰의 큰 계수나무 아래에서 웃으며 춤을 추었는데 음악이 시끄러웠지만 맑고 아름다웠다. 명황이 돌아와 음률(音律)을 편곡하여 〈예상우의무곡(霓裳羽衣舞曲)〉을 만들었다.《이문록(異聞錄)》

開元中, 明皇與申天師道士遊[1051]都客, 中秋夜遊月中. 過一大門, 在玉光中見一大宮府, 榜曰廣寒淸虛之府. 守門兵衛甚嚴, 三人止其下, 不得入. 天師引明皇躍身起烟霧中, 下視玉城嵯峨若萬頃琉璃之田, 仙人道士乘雲駕鶴往來其間. 尋步向前, 覺翠色冷光, 相射目眩, 極寒而不可進. 下見素娥十餘人, 皓衣乘白鸞, 笑舞於廣庭大桂樹下, 音樂嘈雜淸麗. 明皇歸, 編律音, 製霓裳羽衣舞曲.〈異聞錄〉[1052]

은빛 다리로 달에 오르다[은교승월(銀橋升月)] 나공원(羅公遠)은 악주(鄂州)[1053] 사람이다. 개원(開元) 연간 추석날 밤에 궁중에서 현종(玄宗)을 모시고서 달을 감상하였다. 나공원이 아뢰기를, "폐하께서는 달 안을 보지 않으시렵니까?"라고 하였다. 이에 지팡이를 취하여 공중을 향해 던졌더니 화(化)하여 큰 다리가 되었는데 그 색은 은과 같았다. 현종에게 함께 오르기를 청하여 대략 수십 리를 갔더니, 정묘(精妙)한 빛이 눈길을 빼앗고, 차가운 기운이 사람에게 엄습하였는데 마침내 큰 성궐(城闕)에 이르렀다. 나공원이 말하기를, "여기가 월궁(月宮)입니다"라고 하였다. 선녀 수백 명이 눈에 띄었는데 모두가 품이 넉넉한 흰 비단 옷을 입고 넓은 뜰에서 춤을 추고 있었다. 현종이 묻기를, "이것은 무슨 곡(曲)인가?"라 하였더니 (나공원이) 말하기를, "〈예상우의곡(霓裳羽衣曲)〉입니다"라고 하였다. 현종이 몰래 그 가락을 기억해 두었다. 마침내 돌아오며 문득 그 다리를 돌아보았더니 걸음에 따라 줄어들고 있었다. 아침에 영관(伶官)[1054]을 불러 그 가락에 의거하여 〈예상우의곡〉을 짓게 하였다.《당일사(唐逸史)》

羅公遠, 鄂州人. 開元中, 中秋夜侍玄宗於宮中翫月. 公遠奏曰, 陛下莫要至月中看否. 乃取柱杖, 向空擲之, 化爲大橋, 其色如銀. 請玄宗同登, 約行數十里, 精光奪目, 寒氣侵人, 遂至大城闕. 公遠曰, 此月宮也. 見仙女數百, 皆素練寬衣, 舞於廣庭. 玄宗問曰, 此何曲也. 曰, 霓裳羽衣曲也. 玄宗密記其聲調. 遂回, 却顧其橋, 隨步而滅. 旦召伶官, 依其聲作霓裳羽衣曲.〈唐逸史〉[1055]

월궁(月宮)에서 음악을 연주하다[월궁주악(月宮奏樂)] 현종(玄宗)이 일찍이 8월 보름날 밤에 섭법희

독으로 쓰일 때는 대개 후한(後漢)의 장릉(張陵)을 가리킨다.

1049. 궁부(宮府): 제왕(帝王)의 궁정(宮廷)과 관서(官署)를 합칭하는 말.

1050. 월궁(月宮): 전설에서 얘기하는 달 속에 있다는 궁전.

1051. '遊'는 '洪'의 오자이다.

1052. 《고금사문유취(古今事文類聚)·전집(前集)》 권11.

1053. 악주(鄂州): 지금의 호북성(湖北省)에 있었던 주(州) 이름.

1054. 영관(伶官): 음악을 맡아보던 벼슬아치.

1055. 《고금사문유취(古今事文類聚)·전집(前集)》 권11.

(葉法喜)와 함께 월궁(月宮)에서 노닐며 월궁 안에서 연주하는 음악을 들었는데, 주상이 곡명(曲名)을 묻자, (섭법희가) 자운곡(紫雲曲)이라고 하였다. 현종이 평소에 음률(音律)에 밝아 그 가락을 머릿속에 기억해두었다가 돌아와 그 가락을 전하였는데 이름을 붙이기를 〈예상우의곡(霓裳羽衣曲)〉이라고 하였다. 황제가 돌아오는 길에 노주성(潞州城) 위를 지나면서 굽어보았더니 성곽은 쓸쓸하였지만 달빛이 그림과 같았다. 섭법희가 이로 인해 주상에게 옥피리로 곡을 연주할 것을 청하였는데 당시에 옥피리가 침전(寢殿) 안에 있어 섭법희가 사람에게 명하여 그것을 가져오게 하였더니 잠깐 사이에 도착하였다. 곡 연주를 이미 끝내고서 다시 금전(金錢)을 성 안에 뿌리고는 돌아왔다. 열흘 정도가 되자 노주에서, 8월 보름날 밤에 하늘의 음악이 성에 들리고, 겸하여 금전(金錢)을 얻었기에 올려 바친다고 하였다.《집이기(集異記)》[세 가지의 설이 같지 않아 지금 함께 싣는다.]

玄宗嘗八月望夜, 與葉法喜同遊月宮, 聆月中奏樂, 上問曲名, 曰, 紫雲曲也. 玄宗素曉音律, 默記其聲, 歸傳其音, 名之曰霓裳羽衣曲. 帝[1056]還, 過潞州城上, 俯視城郭悄然, 而月色如晝. 法喜因請上以玉笛奏曲, 時玉笛在寢殿中, 法喜命人取之, 旋頃而至. 曲奏旣竟, 復以金錢投城中而還. 旬餘, 潞州上八月望夜, 有天樂臨城, 兼獲金錢以進.〈集異記〉[三說不同, 今竝載云.][1057]

천주봉(天柱峯)에서 달을 바라보다[천주망월(天柱望月)] 조지미(趙知微)에게 도술(道術)이 있었다. 추석인데도 모여 쌓인 음기(陰氣)가 풀리지 않아 사람들이 좋은 날을 안타까워하였다. 조지미가 말하기를, "술과 안주를 빌린다면 천주봉(天柱峯)[1058]에 올라 달을 감상할 수 있을 것이오"라고 하였다. 이미 문을 나섰더니 하늘빛이 말쑥하게 개여 있었으며, 천주봉에 오르니 달빛이 그림과 같았다. 산을 내려 돌아올 때가 되자 바람이 처연히 불고 비가 몹시 내려, 음울하고 어둡기가 전과 같았다.《삼수소독(三水小牘)》

趙知微有道術. 中秋積陰不解, 衆惜良辰. 知微曰, 可借酒殽[1059], 登天柱峯翫月. 旣出門, 天色開霽, 及登峯, 月色如晝. 及下山歸, 則凄風苦雨, 陰晦如故.〈三水小牘〉[1060]

옥당(玉堂)에서 달을 감상하다[옥당완월(玉堂翫月)] 소정(蘇頲)[1061]과 이예(李乂)[1062]가 윤고(綸誥)[1063]를 공동으로 관장하였는데, 8월 15일 밤에 궐 안에서 숙직을 서고 있을 때, 여러 학사들이 달을 감상하려고 술자리를 마련하였다. 당시에 넓은 하늘에는 구름이 없었으며, 달빛은 그림과 같았다. 소정이 말하기를, "맑은 빛이 사랑스러운데 어찌 등촉(燈燭)을 쓰겠소?"라 하고는 마침내 등촉을 거두어 버렸다.

蘇頲與李乂對掌綸誥, 八月十五夜, 於禁中直宿, 諸學士翫月, 備巵酒之宴. 時長天無雲, 月色如晝. 蘇曰, 淸光可愛, 何用燈燭. 遂撤去.[1064]

항아(姮娥)의 원망[상아원(孀娥怨)] 옛 악부(樂府)에 '상아원(孀娥怨)'이라는 곡이 있는데 주(注)에서 이르기를, "한(漢)나라 사람이 추석에 달이 없자 이 곡을 지었다"고 하였다. 이른바 상아(孀娥)는 대개 달 속의 항아(姮娥)[1065]를 가리켜 말하는 것이다. 나

1056. '帝'가 '月宮'으로 된 판본도 있다.
1057. 《고금사문유취(古今事文類聚)·전집(前集)》 권11.
1058. 천주봉(天柱峯): 산동성(山東省) 평도현(平度縣) 북쪽에 있는 산을 지칭하는 듯하다.
1059. '殽'는 '肴'의 오자이다.
1060. 《고금사문유취(古今事文類聚)·전집(前集)》 권11.
1061. 소정(蘇頲): 당(唐) 현종(玄宗) 연간의 고관(高官)으로 예부상서(禮部尙書)를 역임하였다.
1062. 이예(李乂): 본명은 상진(尙眞)이며 현종(玄宗) 연간의 문신(文臣)이다.
1063. 윤고(綸誥): 윤고(綸告)라고도 하며 황제의 조령문(詔令文)을 통고하는 일을 가리킨다.
1064. 《고금사문유취(古今事文類聚)·전집(前集)》 권11.
1065. 항아(姮娥): 달 속에 있다는 전설 속의 선녀. 상아(嫦娥)라고도 한다.

은(羅隱)[1066]의 〈추석에 달이 보이지 않아[중추불견월(中秋不見月)]〉라는 시에서, "하늘이 항아(姮娥) 상(孀)이 슬퍼하고 괴로워한다는 것 때문에, 고의로 서북쪽에서 뜬 구름을 일으킨 것"이라고 하였다.

古樂府有孀娥怨之曲, 注云, 漢人因中秋無月而度此曲. 所謂孀娥者, 蓋指言月中姮娥也. 羅隱中秋不見月詩, 天爲素娥孀怨苦, 故[1067]敎西北起浮雲.[1068]

등이 금으로 된 두꺼비[금배하마(金背蝦蟆)] 장경(長慶)[1069] 연간에 어떤 사람이 추석날 밤에 달빛이 숲속으로 흘러드는 것을 보았는데 흰 명주와 같았다. 가서 보았더니 등이 금으로 된 두꺼비 한 마리였는데 달 속의 두꺼비가 아닌가 하였다.

長慶中, 有人中秋夜見月光, 屬於林間, 如匹練. 就視之, 一金背蝦蟆, 疑月中者.[1070]

수조가(水調歌) 동파(東坡)가 병진년(丙辰年) 추석에 기분 좋게 술을 마시고 크게 취하여 수조가(水調歌)를 지었는데, 도성(都城)의 사람들이 이 사(詞)를 전해가며 노래하였다. 신종(神宗)이 내시(內侍)에게 밖에서 새로 유행하는 소사(小詞)를 물었더니 내시가 이것을 적어 바쳤다. "또 경루(瓊樓)와 옥우(玉宇)[1071] 높은 곳에서 추위를 이기지 못할까 두려워하네"라고 한 대목까지 읽었을 때 주상이 말하기를, "소식(蘇軾)이 결국 애군(愛君)하는 것이군"이라 하고는 여주(汝州)[1072]로 양이(量移)[1073]하라고 명을 내렸다.

東坡丙辰中秋歡飮大醉, 作水調歌, 都下傳唱此詞. 神宗問內侍外面新行小詞, 內侍錄此呈進. 讀至"又恐瓊樓玉宇, 高處不勝寒", 上曰, 蘇軾終是愛君, 乃命量移汝州.[1074]

흐린 것과 맑은 것은 모두 같다[음청개동(陰晴皆同)] 추석날 하늘빛이 흐린 것과 맑은 것은 (중원이) 오랑캐와 같다. 또 동파(東坡)가 이르기를, 『친구 사생(史生)이 나를 위하여 말해주었다. "일찍이 해상(海商)[1075]을 만났더니 말하기를, '추석의 달은 비록 서로 만 리가 떨어져 있더라도 훗날 만나 서로 물어보면 흐린 것과 맑은 것이 같지 않은 데가 없다'"라 하였다.』라고 하였다. 공(公)의 문집 안에 〈중추(中秋)〉라는 시가 있는데 (여기에서) 이르기를, "일찍이 이 밤의 달에 대해 들었나니, 흐린 것과 맑은 것이 만 리가 떨어져 있더라도 같다"라고 하였다.

中秋天色陰晴, 與夷狄同. 又東坡云, 故人史生爲余言, 嘗見海賈云, 中秋之月, 雖相去萬里, 他日會合相問, 陰晴無不同者. 公集中有中秋詩云, 嘗聞此宵月, 萬里同陰晴.[1076]

추석의 달[단정월(端正月)[1077]] 선배들이 추석의 달을 단정월(端正月)로 이름을 붙였다. 창려(昌黎)[1078]의 〈달[月]〉이라는 시에서 이르기를, "석 달 가을의 가장 둥근 달이, 오늘밤에 동쪽 바다에서 솟

1066. 나은(羅隱): 만당(晩唐)의 시인으로 자는 소간(昭諫)이다.
1067. 《전당시(全唐詩)》에는 '故'가 '幷'으로 되어 있다.
1068. 《고금사문유취(古今事文類聚)·전집(前集)》 권11.
1069. 장경(長慶): 당(唐) 목종(穆宗)의 연호(821-824)이다.
1070. 《고금사문유취(古今事文類聚)·전집(前集)》 권11.
1071. 경루(瓊樓)와 옥우(玉宇): 둘 다 신화 속에서 신선이 산다는 궁전.
1072. 여주(汝州): 지금의 하남성(河南省)에 있었던 주(州) 이름.
1073. 양이(量移): 멀리 유배된 사람의 죄를 감등하여 가까운 곳으로 옮기던 일.
1074. 《고금사문유취(古今事文類聚)·전집(前集)》 권11.
1075. 해상(海商): 배로 물건을 싣고 돌아다니면서 하는 장사. 또는 그렇게 하는 장사꾼.
1076. 《고금사문유취(古今事文類聚)·전집(前集)》 권11.
1077. 단정월(端正月): 추석날의 달을 가리킨다. 이날 밤의 달이 가장 둥글다고 여겼기 때문에 생겨난 말이다.
1078. 창려(昌黎): 한유(韓愈). '昌黎'는 그의 호이다.

아올랐네"라고 하였다.

前輩名中秋月爲端正月. 昌黎月詩云, 三秋端正月, 今夜出東溟.[1079]

광릉(廣陵)에서 파도를 보다[광릉관도(廣陵觀濤)] 〈칠발(七發)〉에서 이르기를, "장차 8월 보름에 제후들과 함께 가서, 광릉(廣陵)의 곡강(曲江)[1080]에서 파도를 구경하게 되리"라고 하였다.

七發曰, 將以八月之望, 與諸侯竝往, 觀濤於廣陵之曲江.[1081]

사다리로 구름까지 올라가 달을 취하다[제운취월(梯雲取月)] "월문(月門)에 보인다.

見月門

다리가 부러진 솥[절족당(折足鐺)] 주관(周貫)은 도술(道術)이 있었는데 스스로 호를 붙이기를 목안자(木雁子)라고 하였다. 원주(袁州)에 갔다가 이생(李生)이 수려하고 운치가 있는 것을 알고는 데리고 숲 아래[1082]로 돌아가고 싶어졌다. 이생이 술과 여색(女色)을 좋아하여 그 걸음에 난색을 표하자 주관이 약을 달이는 솥을 지목하여 게구(偈句)[1083]를 지어 이르기를, "완고하고 둔하여 하늘의 가르침으로 솥이 되기에 합당하였으나, 애초부터 세 발이니 어찌 다닐 수 있으랴! 비록 귀가 있어도 들을 수가 없으니, 그저 인간 세상을 사모하여 불구덩이를 그리워할 뿐"이라고 하였다. 후에 이생에게 편지를 보내 이르기를, "내년 추석날 밤이, 마땅히 올라와 뵈러 올 때이리"라고 하였다. 이생이 일로 나가자 주관이 이에 흰 흙으로 그 문에 적기를, "올해 추석날 밤에는, 와서 작년의 약속을 지키라. 다리가 부러진 솥이 보이지 않으면, 잠깐 사이[1084]에 공연히 문을 두드리겠지"라고 하였다.

周貫有道術, 自號木雁子. 至袁州, 見李生秀韻, 欲携歸林下. 李嗜酒色, 難其行, 周指煮藥鐺作偈曰, 頑鈍天敎合作鐺, 從初三足豈能行. 雖然有耳不能聽, 只愛人間戀火坑. 後附書於李生云, 明年中秋夕, 當上謁至時. 生以事出, 貫乃以白土書其門曰, 今年中秋夕, 來赴去年約. 不見折足鐺, 彈指空剝剝.[1085]

9월 九月

• 9월에는 진(辰)이 방성(房星)[1086]의 성좌에 있다. 저녁에는 허성(虛星)[1087]이 남방의 중앙에 있고, 아침에는 유성(柳星)[1088]이 남방의 중앙에 있다. 그 음률은 12율 가운데 무역(無射)[1089]에 해당한

1079. 《고금사문유취(古今事文類聚)·전집(前集)》 권11. 시의 정식 제목은 〈화최사인영월(和崔舍人詠月)〉이다.

1080. 곡강(曲江): 양자강(揚子江)이 지나는 광릉(廣陵) 부근의 지명.

1081. 《고금사문유취(古今事文類聚)·전집(前集)》 권11. 《문선(文選)》에는, "將以八月之望, 與諸侯遠方交游兄弟, 并往觀濤乎廣陵之曲江"으로 되어 있다.

1082. 원문의 "임하(林下)"는 지명처럼 보이지만 확인되지 않는다.

1083. 게구(偈句): 원래는 부처의 공덕이나 가르침을 찬탄하는 노래인 가타(伽陀)의 글귀를 가리키는 말이지만 네 구(句)를 한 게(偈)로, 다섯 자나 일곱 자를 한 구로 하여 한시(漢詩)처럼 지었기 때문에 그러한 형식의 한시를 가리키는 말로도 사용되었다.

1084. 원문의 "탄지(彈指)"는 손톱이나 손가락 따위를 튕긴다는 뜻으로 불교에서 말하는 탄지경(彈指頃)을 가리키는 말이다. '彈指頃'은 손가락을 튕길 동안의 아주 짧은 시간으로 순식(瞬息)의 10분의 1이 되는 수이다.

1085. 《산당사고(山堂肆考)》 권12. 《냉재야화(冷齋夜話)》의 기록을 토대로 재구성한 것이다.

1086. 방성(房星): 이십팔수(二十八宿) 가운데 넷째 별자리에 있는 별들.

1087. 허성(虛星): 이십팔수(二十八宿) 가운데 열한째 별자리에 있는 별들.

1088. 유성(柳星): 이십팔수(二十八宿) 가운데 스물넷째 별자리에 있는 별들

1089. 무역(無射): 동양 음악에서, 12율의 열한째 음. 육려(六呂)의 하나로, 방위는 술(戌), 절후(節候)로는 음력 9월에 해당한다.

다. 총재(冢宰)에게 명하여 농사지은 것을 모두 거두어들이게 하고, 오곡 조세수입의 수량을 합산하도록 하며, 임금의 적전(籍田)[1090]에서 수확한 것을 신창(神倉)[1091]에 저장하도록 한다. 이달에 서리가 비로소 내리기 시작하면 백공(百工)들은 휴업에 들어간다. 이에 유사에게 명하여 말하기를, "차가운 기운이 한꺼번에 닥쳐오면 백성들의 힘이 견딜 수 없으므로 그들 모두를 자기 집으로 들어가게 하라"고 한다. 상순(上旬)의 정일(丁日)에 악정(樂正)에게 명하여 (배우는 사람들로 하여금) 국학(國學)에 들어가 취악(吹樂)을 익히게 한다. 천자는 또 사냥하는 일에서 오융(五戎)[1092]의 사용법을 가르쳐 익히게 하고, 말을 다루는 것에 대한 정령(政令)을 널리 공포한다. 또 형옥(刑獄)의 처리를 재촉하여 죄가 있는 자가 미결로 머물러 있는 일이 없도록 한다. 천자는 개고기와 함께 햇벼를 맛보는데, 먼저 종묘에 천신(薦新)한다.

季秋之月, 日在房, 昏虛中, 旦柳中. 律中無射. 乃命冢宰, 農事備收, 擧五穀之要, 藏帝籍之收於神倉. 是月也, 霜始降, 則百工休. 乃命有司, 曰, 寒氣總至, 民力不堪, 其皆入室. 上丁, 命樂正, 入學習吹. 天子乃敎於田獵, 以習五戎, 班馬政. 乃趣獄刑, 毋留有罪. 天子乃以犬嘗稻, 先薦寢廟.[1093]

- 9월에는 된서리가 내린다.《시경(詩經)》
  九月肅霜.〈詩〉[1094]
- 9월에는 텃밭에 마당을 닦는다.
  九月築場圃.[1095]
- 9월에는 겨울옷[겹옷]을 준비한다.《시경(詩經)》
  九月授衣.〈竝同〉[1096]
- 늦가을에는 공구(功裘)[1097]를 헌상한다.《주례(周禮)·천관(天官)》
  季秋獻功裘.〈天官〉[1098]
- 9월을 모상(暮商)[1099]이라 하며, 또한 초추(抄秋)[1100]라고도 한다.
  九月曰暮商, 亦曰抄秋.[1101]
- (9월은) 월건(月建)이 '술(戌)'인데 '戌'은 없어짐이다. 만물이 모두 변하여 없어짐을 말한 것이다.
  斗建戌, 戌, 滅也. 言萬物皆變滅也.[1102]

등왕각(滕王閣)[1103] 기문(記文)을 짓다[작등왕각기(作滕王閣記)] 왕발(王勃)[1104]이 부친을 모시고 강동(江東) 지역을 환유(宦遊)[1105]할 적에 배가 마당(馬當)에 정박하였다. 언덕에 올라 한가하게 산보하다가 큰 문이 길가에 임해 있는 것을 보았는데, '중

1090. 적전(籍田·耤田): 임금이 몸소 농민을 두고 농사를 짓던 논밭. 그 곡식으로 신에게 제사를 지냈다.
1091. 신창(神倉): 신에게 바칠 제물(祭物)을 간직하는 창고.
1092. 오융(五戎): 궁시(弓矢), 수(殳), 모(矛), 과(戈), 극(戟) 등 다섯 가지 병기를 통칭하는 말.
1093. 《예기(禮記)·월령(月令)》
1094. 《시경(詩經)·빈풍(豳風)·칠월(七月)》
1095. 《시경(詩經)·빈풍(豳風)·칠월(七月)》
1096. 《시경(詩經)·빈풍(豳風)·칠월(七月)》
1097. 공구(功裘): 고대에 천자가 경대부(卿大夫)가 입도록 하사하는 일종의 가죽옷으로, 왕제후(王諸侯)가 입는 양구(良裘)보다는 거칠고 소략하였다.
1098. 《주례(周禮)·천관(天官)·사구(司裘)》
1099. 모상(暮商): 상음(商音)이 가을에 속하는 것이기 때문에 모추(暮秋)와 같은 뜻으로 쓰이게 되었다.
1100. 초추(抄秋): '抄'는 귀납(歸納), 수렴(收斂)한다는 뜻이다.
1101. 《고금사문유취(古今事文類聚)·전집(前集)》 권11. "九月曰暮商"은 《고금사문유취》에서 확인되지만 "亦曰抄秋"는 어디서 취한 말인지 확인되지 않는다.
1102. 《산당사고(山堂肆考)》 권13.
1103. 등왕각(滕王閣): 당(唐) 태종(太宗)의 아우 등왕(滕王) 이원영(李元嬰)이 강서성(江西省) 남창(南昌) 서남쪽에 세운 누각 이름.

원수부지전(中元水府之殿)[1106]'이라는 방(榜)이 붙어있었다. 왕발이 전각(殿閣)의 섬돌 앞으로 나아가 쳐다보며 우러르고는 머리를 조아렸다. 돌아오는 길에 노인을 만나 서덜 위에 앉았더니 노인이 왕발에게 길게 읍(揖)하며 말하기를, "그대는 왕발이 아니시오?"라고 하였다. 왕발이 마음속으로 놀라워하며 신기하게 여기고 있으려니, 노인이 말하기를, "내일이 중양절(重陽節)이라 남창(南昌)[1107]의 도독(都督)[1108]이 빈객들에게 〈등왕각서(滕王閣序)〉를 짓게 할 터인데 어찌하여 가서 짓지 않는 것이오?"라고 하였다. 왕발이 말하기를, "여기는 남창과 700여 리가 떨어져 있는데 오늘이 벌써 9월 8일이니 다시 무슨 말을 하겠습니까?"라고 하였다. 노인이 말하기를, "그대가 정말 가겠다면 내가 맑은 바람 한 자리를 도우리다"라고 하였다. 왕발이 흔연히 절을 하고 사례하면서 묻기를, "어르신께서는 신선이십니까? 아니면 귀신이십니까?"라 하였더니 웃으면서 말하기를, "나는 중원수부(中元水府)의 군(君)이오. 돌아오는 배에서는 당연히 붓을 적셔 감고(甘苦)를 함께 할 수 있을 것이오"라고 하였다. 왕발이 곧바로 배에 올랐는데 이튿날 여명(黎明)에 이미 남창에 도착하였다. 부(府)의 수장(首長)인 염공(閻公)이 등왕각에서 휘하 관리들에게 연회를 베풀었다. 당시에 수장에게는 오자장(吳子章)이라는 사위가 있었는데 문사(文詞)를 잘하였으나 이미 〈등왕각서〉를 오래전부터 구상해두고 빈객들이 모일 때를 기다렸다가 내어 쓰되, 즉석에서 지은 것처럼 하려고 하였다. 염공이 과연 종이를 주며 객들에게 청하자 여러 객들이 차례대로 사양하였다. 왕발에게 이르자 왕발이 문득 받았다. 염공이 매우 달갑잖게 여기는 안색을 띄더니 일어나 누각 안으로 들어가면서 몇몇 관리에게, 왕발이 글 쓰는 것을 엿보았다가 마땅히 구두로 보고하도록 은밀히 부탁하였다. 한 관리가 곧바로 보고하기를, "옛날에 남창군(南昌郡)이었던 이곳은, 지금은 홍도부(洪都府).[南昌故郡, 洪都新府.]"라고 하자 염공이 말하기를, "이 또한 유생들이 늘 하는 얘기일 뿐"이라고 하였다. 한 관리가 다시 보고하기를, "별자리로는 익성(翼星)[1109]과 진성(軫星)[1110]에 해당되며, 땅은 형산(衡山)[1111]과 여산(廬山)[1112]에 접해 있다.[星分翼軫, 地接衡廬.]"라고 하자 염공이 말하기를, "고사(故事)로군"이라고 하였다. 또 보고하기를, "세 강을 옷깃처럼 두르고 다섯 호수를 띠처럼 둘렀으며, 만형(蠻荊)[1113]을 억누르고[연해 있고] 구월(甌越)[1114]을 끌어당긴다.[襟三江而帶五湖, 控蠻荊

1104. 왕발(王勃): 초당(初唐)의 시인으로 자는 자안(子安)이다. 초당(初唐) 사걸(四傑)의 일원으로 성당시(盛唐詩)의 선구자가 되었다.

1105. 환유(宦遊): 벼슬을 하거나 벼슬을 구하기 위하여 외지(外地)를 돌아다니는 일.

1106. 중원수부지전(中元水府之殿): '中元'은 실제 지명이 아니라 관념상 존재하였던 지명으로 여겨지며, '水府'는 물을 맡아 다스리는 신(神) 혹은 그의 궁전을 가리키는 말이다. 송(宋)의 정강중(鄭剛中)이 엮은 《북산집(北山集)》에 〈제중원수부문(祭中元水府文)〉이 있으며, 송(宋)의 진덕수(眞德秀)가 엮은 《서산문집(西山文集)》에는 〈중원수부묘축문(中元水府廟祝文)〉이 있다.

1107. 남창(南昌): 강서성(江西省)의 성도(省都)로 지금의 파양호(鄱陽湖) 남쪽 일대에 위치하였다.

1108. 도독(都督): 부(府)의 군정(軍政)을 총괄하는 장관(長官).

1109. 익성(翼星): 이십팔수(二十八宿) 가운데 스물일곱째 별자리에 있는 별들.

1110. 진성(軫星): 이십팔수(二十八宿) 가운데 스물여덟째 별자리에 있는 별들.

1111. 형산(衡山): 중국 오악(五嶽) 가운데 남쪽에 있는 산. 호남성(湖南省) 가운데에 있으며, 상강(湘江)과 자수강(資水江)을 갈라놓는다.

1112. 여산(廬山): 강서성(江西省) 북부, 파양호(鄱陽湖) 북서쪽 기슭에 있는 산. 경치가 아름답고 불교에 관한 고적(古蹟)이 많다.

1113. 만형(蠻荊): 야만족이었던 초(楚) 민족이 살던 땅을 지칭하는 말.

1114. 구월(甌越): 지명(地名). 광동성(廣東省) 경산현(瓊山縣)에 있었다.

而引甌越.]"라 하자 염공이 곧바로 말하지 않았다. 잠시 후에 몇몇 관리가 답지(遝至)하여 보고하자 염공은 그저 턱을 끄덕이고 있을 뿐이었다. "저녁놀은 짝 잃은 해오라기와 나란히 날고, 가을 강물은 넓은 하늘과 한 가지 빛이다.[落霞與孤鶩齊飛, 秋水共長天一色.]"에 이르자 염공이 놀라며 말하기를, "이 아이는 천재(天才)다"라고 하였다. 잠시 후에 글이 완성되자 염공은 크게 기뻐하였으나 오자장은 이 얘기를 듣고 부끄러워하며 물러갔다. 염공이 사적(私的)으로 연회를 열어주었는데 왕발이 벌써 갈 때가 되자 합사비단 500자로 사례하였다. 왕발이 배를 타고 전에 노닐던 곳으로 갔더니 노인이 이미 돌서덜에 먼저 앉아 있었다. 왕발이 절을 하고 감사드리며 말하기를, "마땅히 보잘것없는 예물이나마 갖추어서 신명(神明)께서 내려주신 복에 보답하고자 합니다"라고 하자 노인이 웃으면서 말하기를, "그저 장로(長蘆)[1115]에 들를 일이 있다면 지전(紙錢) 10만 전이나 불살라 주시오. 내게 아직 갚지 못한 빚이 있다오"라고 하였다. 왕발이 장로에 들러 액수만큼 지전을 불사르고는 떠났다.《당척언(唐摭言)》

王勃侍父宦遊江左, 舟次馬當. 登岸閑步, 見大門, 當道榜曰, 中元水府之殿. 勃詣殿砌瞻仰稽首. 返路遇老叟, 坐于磯上, 與勃長揖曰, 子非王勃乎. 勃心驚異, 叟曰, 來日重九, 南昌都督命客作滕王閣序, 盍往賦之. 勃曰, 此去南昌七百餘里, 今日已九月八矣, 夫復何言. 叟曰, 子誠往, 吾助清風一席. 勃欣然拜謝, 問, 叟仙耶神耶. 笑曰, 吾中元水府君也. 歸帆當以濡毫均甘. 勃卽登舟, 翌日昧爽, 已抵南昌. 府帥閻公, 宴僚屬於滕王閣. 時帥有壻吳子章, 善爲文詞, 乃宿搆滕王閣序, 俟賓合而出爲之, 若卽席而就者. 公果授簡請客, 諸客辭次. 至勃, 勃輒受. 公色甚不怡, 起歸內閣, 密屬數吏, 伺勃下筆, 當以口報. 一吏卽報曰, 南昌故郡, 洪都新府, 公曰, 此亦儒生常談耳. 一吏復報曰, 星分翼軫, 地接衡廬, 公曰, 故事也. 又報曰, 襟三江而帶五湖, 控蠻荊而引甌越, 公卽不語. 俄而數吏沓至以報, 公但頷頤而已. 至落霞與孤鶩齊飛, 秋水共長天一色, 公矍然曰, 此天才也. 頃而文成, 公大悅, 子章聞之, 慚而退. 公私燕, 勃旣行, 謝以五百縑. 勃舟行故地, 而叟已先坐石磯矣. 勃拜謝曰, 當具菲禮以答神休. 叟笑曰, 但過長蘆, 焚陰錢十萬, 吾有未償薄債也. 勃過長蘆如數焚之而去.〈摭言〉[1116]

중양절 重陽

• 9월 9일에 산수유 열매를 꺾어 머리에 꽂는데 사악한 기운을 물리치고 첫 추위를 막아준다고 한다.《풍토기(風土記)》

九月九日, 折茱萸房以插頭, 言辟除惡氣而禦初寒.〈風土記〉[1117]

• 정원(貞元)[1118] 4년에 조서(詔書)를 내려 정월 그믐날과 3월 3일, 9월 9일을 삼대(三大) 명절(名節)로 삼고서, 백관(百官)을 임명하고 상(賞)을 추증(追贈)하는 것을 즐거움으로 삼았기 때문에 한유(韓愈)의 산문에서 이르기를, "비로소 세 개의 아름다운 명절을 두시고, 여러 유사들에게 조서를 내려 술을 마시게 하셨네"라고 하였다.

貞元四年, 詔正月晦日三月三日九月九日三節, 任百僚追賞爲樂, 故韓文[1119]云, 肇置三令節, 詔群有司飮酒.[1120]

1115. 장로(長蘆): 하북성(河北省)에 있었던 현(縣) 이름.
1116.《고금사문유취(古今事文類聚)·전집(前集)》권11.
1117.《예문유취(藝文類聚)》권4.
1118. 정원(貞元): 당(唐) 덕종(德宗)의 연호(785-805)이다.

높은 곳에 올라 액을 피하다[등고피액(登高避厄)] 여남(汝南)[1121]의 환경(桓景)이 비장방(費長房)[1122]을 따르며 몇 년 동안 유학(遊學)을 하였는데 비장방이 환경에게 이르기를, "9월 9월에 자네네 집에 응당 재액(災厄)이 있을 것이니, 의당 급히 가서 집안사람들에게 붉은 주머니를 많이 만들게 하고, 산수유를 담아 팔에 매고 높은 곳에 올라 국화주(菊花酒)를 마시면 이 화(禍)를 없앨 수 있을 것이네"라고 하였다. 환경이 말한 것처럼 집안사람들을 거느리고 산에 올라갔다가 저녁에 돌아왔더니, 닭이며 개, 소와 양이 일시에 갑자기 죽어버린 것이 보였다. 비장방이 이를 듣고 말하기를, "(가축들이) 재앙을 대신한 것이다"라고 하였다. 요즘 세상의 사람들은 매년 중양절이 되면 산에 올라 국화주를 마시고, 여자들은 산수유 주머니를 허리에 두른다.

汝南桓景隨費長房游學累年, 長房謂景, 九月九日, 汝家當有災厄, 急宜去, 令家多作絳囊, 盛茱萸以繫臂, 登高, 飲菊花酒, 此禍可消. 景如言, 擧家登山, 夕還, 見鷄狗牛羊一時暴死. 長房聞之曰, 代之矣. 今世人每至九日登山飲菊酒, 婦人帶茱萸囊.[1123]

산수유를 (허리에) 차고 떡을 먹다[패유식이(佩萸食餌)] 한(漢) 무제(武帝) 시절의 궁녀 가패란(賈佩蘭)이 9월 9일에 산수유를 (허리에) 차고서 떡을 먹고 국화주를 마시며 사람을 오래 살게 하는 것이라 하였다. 대체로 예로부터 대대로 전해왔으나 그 유래는 알 수 없다. 《주례(周禮)·천관(天官)》 변인(籩人)[1124]의 직무(職務)에서 말하기를, "변(籩)에 채우는 것은, 구이(糗餌)[1125]와 인절미이다"라고 하였다. 주(注)에서 말하기를, "'구이(糗餌)'는 콩가루를 찐 것에 대추를 곁들인 것이다. 방언(方言)에서 '이(餌)'를 떡이라 하며 혹자는 이를 일러 인절미라 한다"라고 하였다.《서경잡기(西京雜記)》

漢武帝宮人賈佩蘭, 九月九日佩茱萸, 食餌飲菊花酒, 云令人長壽. 蓋相傳自古, 莫知其由. 周[1126]官籩人職曰, 羞籩之實, 糗餌粉餈. 注曰, 糗餌者, 豆末屑蒸之以棗. 方言餌謂之餻, 或謂之餈.〈西京雜記〉[1127]

떡을 먹는다는 것은 그 당시에 기장과 찰벼를 아울러 수확하였고 이로 인해 찰진 쌀에 맛을 더하여 햇곡식을 맛본다는 것이다.《옥촉보전(玉燭寶典)》

食餌者, 其時黍稌竝收, 因以黏米加味, 嘗新.〈玉燭寶典〉[1128]

용산(龍山)[1129]에서 모자를 떨어뜨리다[용산낙모(龍山落帽)] 맹가(孟嘉)[1130]가 환온(桓溫)[1131]의 참군(參軍)이 되었는데 안색이 온화하고 반듯하여 환

1119. '韓文'은 한유(韓愈)의 〈상사일연태학청탄금시서(上巳日燕太學聽彈琴詩序)〉를 가리킨다.
1120. 《고금사문유취(古今事文類聚)·전집(前集)》 권11.
1121. 여남(汝南): 하남성(河南省)에 있었던 군(郡) 이름.
1122. 비장방(費長房): 동한(東漢)의 방사(方士)로 도술(道術)에 능하였다 한다.
1123. 《고금사문유취(古今事文類聚)·전집(前集)》 권11. 남조(南朝) 양(梁)의 오균(吳均)이 엮은 《속제해기(續齊諧記)》의 내용을 재구성한 것이다.
1124. 변인(籩人): 대나무 조각을 결어서 굽을 높게 만든 제기(祭器)인 '변(籩)'에 과일이나 음식 등을 담고 관리하는 사람을 가리키는 말이다.
1125. 구이(糗餌): 마른 밥의 일종으로 제사 때 변(籩)에 담는 제물(祭物)이다.
1126. '周'는 '天'의 오자이다.
1127. 《고금사문유취(古今事文類聚)·전집(前集)》 권11. 《주례(周禮)·천관(天官)·변인(籩人)》의 "羞籩之實, 糗餌粉餈"에 대한 정현(鄭玄)의 주(注)에서는, "此二物(糗餌粉餈), 皆粉稻米黍米所爲也, 合蒸曰餌, 餅之曰餈"이라고 하였다.
1128. 《고금사문유취(古今事文類聚)·전집(前集)》 권11.
1129. 용산(龍山): 지금의 안휘성(安徽省) 당도현(當塗縣) 동남쪽에 있는 산 이름.
1130. 맹가(孟嘉): 동진(東晉)의 문인으로 자는 만년(萬年)이다.
1131. 환온(桓溫): 동진(東晉)의 고관(高官)으로 정서대장군(征西大將軍)을 역임하였으며 후일 왕위를 찬탈하려다 옛 부하이자 당시의 재상(宰相)이었던 사안(謝安)에게 패하였다.

온이 그를 매우 아꼈다. 9월 9일에 환온이 용산(龍山)에서 놀 적에 휘하의 속관(屬官)들이 죄다 모였다. 당시에 보좌관이나 서리(胥吏)들이 모두 군복(軍服)을 입고 있었는데 바람이 불어 와 맹가의 모자를 떨어뜨렸는데도 맹가는 그것을 알지 못하였다. 환온이 좌우의 부하와 빈객들에게 경계시켜 말을 하지 못하게 하고는 그의 행동거지를 살폈다. 맹가가 한참 있다가 화장실을 가자 환온이 모자를 취하여 그곳[모자가 떨어진 곳]에 갖다놓게 하고는 손성(孫盛)[1132]에게 명하여 맹가를 놀리는 글을 지어 맹가가 앉아 있던 자리에 두라고 하였다. 맹가가 돌아와서 글을 보고 곧바로 거기에 화답하였는데 그 문장이 매우 아름다웠다.

孟嘉爲桓溫參軍, 色和而正, 溫甚重之. 九月九日, 溫遊龍山, 參僚畢集. 時佐史竝著戎服, 有風至, 吹嘉帽墮落, 嘉不之覺. 溫勅左右及賓客勿言, 以觀其擧止. 嘉良久如厠, 溫令取還之, 命孫盛作文嘲嘉, 置嘉坐處. 嘉還見, 卽答之, 其文甚美.[1133]

희마대(戱馬臺)[1134]에 오르다[등희마대(登戱馬臺)]

송(宋) 무제(武帝)가 송공(宋公)으로 팽성(彭城)[1135]에 있을 때 중양절에 항우(項羽)의 희마대(戱馬臺)로 나들이하였는데 (이것을) 지금까지 대대로 전해오며 고사(故事)로 삼는다.《남제서(南齊書)》

宋武帝爲宋公, 在彭城, 九日出項羽戱馬臺, 至今相承, 以爲故事.〈南齊書〉[1136]

제(齊) 고조(高祖)가 중양절에 상표관(商飇館)[1137]에 오르자 세상에서 (상표관을) '구일대(九日臺)'로 불렀다.

齊高祖以九日, 登商[1138]飇館, 世子[1139]呼爲九日臺.[1140]

국화를 따서 손에 가득 쥐다[적국영파(摘菊盈把)]

도잠(陶潛)이 일찍이 중양절에 술이 없어 집 주변의 국화 떨기를 따다가 손에 가득 쥐고 그 곁에 앉아 쓸쓸히 오랫동안 있으려니 흰옷을 입은 이가 오는 것이 보였는데 바로 강주(江州)[1141]의 왕홍(王弘)[1142]이 술을 보낸 것이었다. 곧바로 마시기 시작하여 취한 이후에야 돌아갔다.《속진양추(續晉陽秋)》

陶潛嘗九月九日無酒, 宅邊菊叢摘盈把, 坐其側, 悵望久之, 見白衣至, 乃江州王弘送酒也. 卽便就酌, 醉而後歸.〈續晉陽秋〉[1143]

학림사(鶴林寺)에 꽃이 피다[학림개화(鶴林開花)]

윤주(潤州)[1144]의 학림사(鶴林寺)에 진달래가 있었다. 간혹 두 여인이 붉은 치마를 입고 곱게 단장하고서 꽃 아래서 노는 모습이 보였는데 속(俗)에서는 '꽃의 신'으로 전하여왔다. 주보(周寶)[1145]가 절서

1132. 손성(孫盛): 동진(東晉)의 문인으로 자는 안국(安國)이다.
1133. 《진서(晉書)·환온전(桓溫傳)》. "色和而正"은 《고금사문유취(古今事文類聚)》에서 보충한 내용이다.
1134. 희마대(戱馬臺): 지금의 강소성(江蘇省) 서주(徐州) 남쪽에 있는 명승지. 옛날에 항우(項羽)가 이곳에서 말이 노는 곳을 보았다 하여 붙여진 이름이라 한다.
1135. 팽성(彭城): 지금의 강소성(江蘇省) 서주(徐州). 전설적인 인물 팽조(彭祖) 이래로 수천 년의 역사를 자랑하는 고도(古都)이다.
1136. 《남제서(南齊書)·예지(禮志)》
1137. 상표관(商飇館): 궁관(宮觀) 이름. 남조(南朝) 제(齊) 무제(武帝) 시절에 건립한 것으로 금릉(金陵: 지금의 南京)에 있었다.
1138. '商'은 '商'의 오자이다.
1139. '子'는 불필요하게 덧붙여진 글자이다.
1140. 《남사(南史)·제본기(齊本紀)》
1141. 강주(江州): 지금의 강서성(江西省) 구강시(九江市) 일대.
1142. 왕홍(王弘): 동진(東晉)과 유송(劉宋)에 걸쳐 고관을 지낸 인물로 자는 휴원(休元)이다. 일찍이 강주자사(江州刺史)로 재직하고 있을 때 도연명(陶淵明)과 친구가 되고자 하여 여러 차례 술을 보내주었다고 한다.
1143. 《고금사문유취(古今事文類聚)·전집(前集)》 권11.
1144. 윤주(潤州): 지금의 강소성(江蘇省) 진강현(鎭江縣) 일대.
1145. 주보(周寶): 당대(唐代)의 무관(武官)으로 자는 상규(上珪)이다.

(浙西) 지역을 진무(鎭撫)할 적에 도사(道士) 은칠칠(殷七七)[1146]에게 말하기를, "학림사(鶴林寺)에 꽃이 핀다는데 중양절에 다시 피게 할 수 있겠소?"라 하였더니 대답하기를, "앞 시기[봄]와 같게 할 수 있습니다"라 하고는 물러갔다. 두 여인이 와서 말하기를, "지금 말씀하신 분이 꽃을 피운다고 하셨지만 그 꽃들은 오래지 않아 낭원(閬苑)[1147]으로 돌아가게 될 것입니다"라고 하였다. 중양절이 되어 꽃이 흐드러지게 피었으나 후에 병화(兵火)로 절이 불에 타더니 꽃나무가 뿌리와 밑동을 잃고 말았다.《당송시화(唐宋詩話)》

潤州鶴林寺有杜鵑花. 或見二女子, 紅裳艷粧, 遊於花下, 俗傳花神. 周寶鎭浙西, 謂道人殷七七曰, 鶴林寺花開, 可復重九乎. 曰, 可乃前期, 往. 二女子來謂曰, 今爲道者開花, 然此花不久歸閬苑矣. 至九日爛熳, 後兵火焚寺, 樹失根株.〈唐宋詩話〉[1148]

대추 떡을 만들다[조조고(造棗糕)] 춘사(春社)와 추사(秋社), 중양절이면 예전에 떡을 해 먹었는데 중양절에 (특히) 성하였으며, 대개 대추로 떡을 만들었다. 간혹 밤을 더하기도 하였으며 또 고기를 쓴 것도 있었다.《세시잡기(歲時雜記)》

立[1149]社重陽尙食糕, 而重陽爲盛, 大率以棗爲之. 或加以栗, 亦有用肉者.〈歲時雜記〉[1150]

도성(都城) 사람들은 중양절이 되면 각기 밀가루로 떡을 쪄 서로 선물로 주었다. 떡 위에 비단을 잘라 만든 작은 깃발을 꽂고 반듯하게 과일을 쌓았는데 석류와 밤, 은행, 잣과 같은 유(類)였다.《동경몽화록(東京夢華錄)》

都人重九, 各以粉麵蒸糕相遺. 上揷剪綵小旗, 糝[1151]飣果實, 如石榴子栗黃銀杏崧[1152]子肉之類.〈夢華錄〉[1153]

중양절에 떡을 먹다[구일식고(九日食糕)] 유몽득(劉夢得)이 중양절 시를 지을 적에 '고(糕)'자를 쓰고 싶었지만 오경(五經) 안에 이 글자가 없었기 때문에 그만두고 다시는 쓰지 않았다. 송자경(宋子京)은 그렇지 않다고 여겼던 탓에 〈중양절에 떡을 먹고[九日食糕]〉라는 시가 있어 이르기를, "상표관(商飇館)[1154] 가벼운 서리에 새벽 도포를 떨고는, 나뉜 부서(府署)마다 떡 먹고 꽃 감상하며 술 마시길 다투누나. 유랑(劉郞)이 '糕'자로 감히 시를 짓지 못하였으니, 시인 가운데 한 시대 호걸을 부질없이 저버리게 되었구나"라고 하였는데 마침내 고금의 절창(絶唱)이 되었다.

劉夢得作九日詩, 欲用糕字, 以五經中無之, 輟不復爲. 宋子京以爲不然, 故子京九日食糕有詩云, "颸館輕霜[1155]拂曙袍, 糗餈花飮鬪分曺. 劉郞不敢題糕字, 空負詩中一世豪", 遂爲古今絶唱.[1156]

포의(布衣)로서 연회에 참여하다[포의여연(布衣與宴)] 한충헌(韓忠獻)[1157]이 일찍이 중양절을 만나

1146. 은칠칠(殷七七): 당대(唐代)의 도사(道士)로 이름은 천상(天祥) 혹은 도전(道筌)인데 '七七'로 자칭하였으며 환술(幻術)로 이름이 높았다.

1147. 낭원(閬苑): 신선이 산다는 곳으로 낭풍요지(閬風瑤地)라고도 한다.

1148. 《고금사문유취(古今事文類聚)·전집(前集)》 권11. 말미의 "後兵火焚寺, 樹失根株"는 《산당사고(山堂肆考)》 권13에 보이는 내용을 보충한 것이다.

1149. '立'은 '二'의 오자이다.

1150. 《고금사문유취(古今事文類聚)·전집(前集)》 권11.

1151. '糝'은 '摻'의 오자이다.

1152. '崧'은 '松'의 오자이다.

1153. 《고금사문유취(古今事文類聚)·전집(前集)》 권11.

1154. 상표관(商飇館): 남조(南朝) 제(齊) 무제(武帝) 시절에 건립한 궁관(宮觀)을 가리키는 말이지만 여기서는 조정(朝廷)의 의미로 사용되었다.

1155. '霜'이 '寒'으로 된 판본도 있다.

1156. 《고금사문유취(古今事文類聚)·전집(前集)》 권11.

사가(私家)에 술을 마련하고 오직 구문충(歐文忠)[1158] 및 한두 명의 집정(執政) 대신(大臣)들과 함께하였는데 소명윤(蘇明允)[1159]이 포의(布衣)로서 그 사이에 끼자 도성(都城) 사람들이 특별한 예우로 여겼다. 자리하고 있는 동안에 시를 지었는데 소명윤의 시에, "아름다운 명절이 거듭 근심 속으로부터 지나가니, 씩씩한 마음이 도리어 취중(醉中)에 기대어 오는구나"라는 구절이 있었다. 그 의지와 기개는 조금도 쇠하지 않았던 것이다.

韓忠獻嘗遇重陽, 置酒私第, 惟歐文忠與一二執政, 而蘇明允乃以布衣參其間, 都人以爲異禮. 席間賦詩, 明允有佳節屢從愁裏過, 壯心還倚醉中來之句. 其志氣不少衰.[1160]

성(城) 가득 바람 불고 비가 내리다[만성풍우(滿城風雨)] 사무일(謝無逸)[1161]의 《계당집(溪堂集)》에서 이르기를, "세상을 떠난 벗 반빈로(潘邠老)[1162]에게 '성(城) 가득 바람 불고 비 내리는데 중양절이 가깝다'는 시구가 있었다. 지금 중양절이 나흘 남았는데 바람과 비가 크게 일어나 마침내 반빈로의 시구를 사용하되 확장하여 절구(絶句) 세 수(首)로 만들었다. — 성 가득 바람 불고 비 내리는데 중양절이 가깝나니, 생각 괴롭히는 국화의 향기는 어쩔 수가 없어라. 눈[雪]과 같은 물결이 하늘을 뒤집으며 적벽(赤壁)도 삼켜, 사람으로 하여금 서쪽 바라보며 반빈로를 생각하게 하는구나. 〈제1수〉 성 가득 바람 불고 비 내리는데 중양절이 가깝나니, 지하(地下)의 수문랑(修文郎)[1163]은 보이지 않는구나. 생각나거니와 무창(武昌)[1164]의 성문 밖 버들은, 드리워진 늙은 잎사귀가 반쯤은 푸르고 반쯤은 누른빛이었지. 〈제2수〉 성 가득 바람 불고 비 내리는데 중양절이 가깝나니, 어찌 이 사람과 한 잔 술 함께할 수 있으려나? 소풍군(小馮君)[1165]에게 지금의 안부 물어보고 싶건만, 구름 속 외로운 기러기가 대오(隊伍)를 이루지 못하는구나. 〈제3수〉"라고 하였다.

謝無逸溪堂集云, 亡友潘邠老有風雨[1166]近重陽之句. 今去重陽四日, 而風雨大作, 遂用邠老之句, 廣爲三絶. 滿城風雨近重陽, 無奈黃花惱意香. 雪浪翻天迷赤壁, 令人西望憶潘郎. 滿城風雨近重陽, 不見修文地下郎. 想得武昌門外柳, 垂垂老葉半靑黃. 滿城風雨近重陽, 安得斯人共一觴. 欲問小馮今健否, 雲中孤雁不成行.[1167]

중양절에 내리는 비[중양우(重陽雨)] 중양절에는

1157. 한충헌(韓忠獻): 한기(韓琦). 북송(北宋)의 정치가로 사천(四川)의 기민(飢民) 190만 명을 구제하고, 서하(西夏)의 침입을 격퇴하여 변경방비에도 역량을 과시함으로써, 30살에 이미 명성을 떨쳐 추밀부사(樞密副使)가 되었다. 이후 재상에 올랐으나 왕안석(王安石)과 정면 대립함으로써 관직에서 물러났다. '忠獻'은 그의 시호이다.

1158. 구문충(歐文忠): 당송팔대가(唐宋八大家)의 한 사람인 구양수(歐陽修). '文忠'은 그의 시호이다.

1159. 소명윤(蘇明允): 당송팔대가(唐宋八大家)의 한 사람인 소순(蘇洵). '明允'은 그의 자이다.

1160. 《고금사문유취(古今事文類聚)·전집(前集)》 권11. 《석림시화(石林詩話)》에 보이는 기록을 재구성한 것이다.

1161. 사무일(謝無逸): 북송(北宋)의 시인 사일(謝逸). '無逸'은 그의 자이다.

1162. 반빈로(潘邠老): 북송(北宋)의 시인 반대관(潘大觀). '邠老'는 그의 호이다.

1163. 지하(地下)의 수문랑(修文郎): 진(晉)나라 사람 소소(蘇韶)가 죽은 뒤에 그의 당형제(堂兄弟)가 꿈에서 그를 보았는데, 안연(顔淵)과 복상(卜商)이 지하에서 수문랑(修文郎)을 지내고 있다고 하였다. 이후로 이 말은 고인의 문재(文才)를 칭송하는 말로 자주 쓰였다. 줄여 '지하랑(地下郎)'이라고도 한다. 여기서는 반빈로(潘邠老)를 가리키는 말로 쓰였다.

1164. 무창(武昌): 지금의 호북성(湖北省) 무창현(武昌縣) 일대.

1165. 소풍(小馮): 한(漢)의 풍립(馮立)이다. 풍봉세(馮奉世)의 아들 풍야왕(馮野王)과 풍립(馮立) 형제가 앞뒤로 상군(上郡)의 태수(太守)가 되었는데 모두 관직에 있으면서 공평하고 청렴하여 당시 사람들이 대풍군(大馮君)과 소풍군(小馮君)으로 부르며 칭송하였다고 한다. 이 시에서 '小馮'은 반빈로를 일컫는 말로 쓰였다. 반빈로에게 형이 있었는데 형제가 살아생전에 명성(名聲)을 떨쳤기 때문에 아우인 반빈로를 '小馮'으로 칭한 것이다.

1166. '風雨' 앞에 '滿城' 두 글자가 빠졌다.

1167. 《고금사문유취(古今事文類聚)·전집(前集)》 권11.

늘 성근 바람이 불거나 써늘한 비가 내린다. 강백가(康伯可)[1168]가 한림원(翰林苑)에 있을 때 일찍이 중양절에 비를 만났는데 사(詞)를 지으라는 칙명을 받들게 되었다. 강백가가 입에서 나오는 대로 〈망강남(望江南)[1169]〉한 수를 지어 바친 데서 이르기를, "중양절에, 음울한 비가 사방 들녘에 드리웠음에, 희마대(戱馬臺) 앞에는 진흙이 배까지 차오르고, 용산(龍山)의 회합(會合) 자리 위에는 빗물이 배꼽과 평평하여, 곧바로 동쪽 울타리까지 적시게 되리. 산수유 열매는 부풀고, 국화 꽃술은 젖어 축축할 터인데, 모자를 떨어뜨린 맹가(孟嘉)는 대삿갓을 찾을 것이고, 벼슬을 관둔 도연명(陶淵明)은 도롱이 옷을 찾을 터이니, 두 분은 온 몸이 진흙처럼 젖었으리"라고 하였다.《형초세시기(荊楚歲時記)》

重陽日, 常有疏風冷雨. 康伯可在翰苑日, 嘗重九遇雨, 奉勅撰詞. 伯可口占望江南一闋, 進云, 重陽日, 陰雨四垂[1170]垂, 戱馬臺前泥拍肚, 龍山會上水平臍. 直浸到東籬. 茱萸膀[1171], 菊蕊濕滋滋, 落帽孟嘉尋蒻[1172]笠, 休官陶令覓蓑衣, 兩個一身泥.〈歲時記[1173]〉[1174]

겨울 冬

• 겨울은 마침이다. 만물이 감추기[저장]를 마치면 겨울로 부를 수 있다.《집력(集歷)》
冬, 終也. 物終藏乃可稱.〈集歷[1175]〉

• 겨울을 현영(玄英)이라 한다.《이아(爾雅)》
冬曰玄英.〈爾雅[1176]〉

• 하늘과 땅의 기운이 서로 통하지 않아 폐색(閉塞)하여 겨울을 이루었다.《예기(禮記)·월령(月令)》
天地不通, 閉塞而成冬.〈月令〉[1177]

• (하늘이) 음(陰)을 (늘) 한겨울에 살게 하고, 공허하여 쓸모가 없는 곳에 쌓아둔다면〈동중서(董仲舒)의 책문(策問)〉
陰居大冬, 積於空虛不用之地.〈董策〉[1178]

• 양(陽)의 기운이 아래에 엎드리는데 이에 겨울이 된다.《한서(漢書)·율력지(律曆志)》
陽氣伏於下, 於是爲冬.〈律曆志〉[1179]

• (겨울의) 경치를 한경(寒景)이라 하며, 때를 한신(寒辰)이라 하고, 시절을 엄절(嚴節)이라 한다.
景曰寒景, 時曰寒辰, 節曰嚴節.[1180]

병사들이 많이 추워하다[사인다한(師人多寒)] 초

1168. 강백가(康伯可): 송(宋) 고종(高宗) 연간의 문인(文人) 강여지(康與之). '伯可'는 그의 자이다.
1169. 망강남(望江南): 사패(詞牌) 이름.
1170. '垂'는 '郊'의 오자이다.
1171. '膀'은 '胖'의 오자이다.
1172. '蒻'은 '篛'의 오자이다.
1173. 이 글 가운데 《세시기(歲時記)》에서 취한 내용은 "常有疏風冷雨"뿐이다.
1174. 《고금사문유취(古今事文類聚)·전집(前集)》 권11.
1175. '集歷'은 '前律歷志'의 오류이다. '前律歷志'는 《한서(漢書)·율력지(律歷志)》를 가리킨다.
1176. 《이아(爾雅)·석천(釋天)》에는, "冬爲玄英"로 되어 있다.
1177. 《예기(禮記)·월령(月令)》
1178. 《한서(漢書)·예악지(禮樂志)》에는, "陰常居大冬, 而積於空虛不用之處"로 되어 있다.
1179. 《한서(漢書)·율력지(律曆志)》
1180. 《산당사고(山堂肆考)》 권13.

(楚)나라 장왕(莊王)이 소(蕭)나라를 포위하였을 때 신(申) 땅의 영유자(領有者)인 무신(巫臣)이 말하기를, "병사들이 많이 추워합니다"라고 하였다. (그리하여) 왕이 삼군(三軍)을 순시(巡視)하면서 어깨를 두드려 위로하고 격려하니, (삼군의) 병사들 모두가 솜옷을 입은 듯이 여겼다.《좌전(左傳)》

楚莊王圍蕭, 申公巫臣曰, 師人多寒. 王巡三軍, 撫而勉之, 士皆如挾纊.〈左〉1181

눈이 내리자 추위에 떠는 자를 구휼(救恤)하다[우설진한(雨雪賑寒)] 눈이 내리자 초(楚) 장왕(莊王)이 모피(毛皮) 상의를 걸치고 문 앞에 당도하여 말하기를, "(모피 상의를 걸친) 나도 오히려 추운데 저 백성들과 빈객(賓客)들은 (더) 심할 것이다" 하고는 이에 나라 안을 순찰하게 하여 백성들과 빈객들 가운데 묵을 곳이 없는 자들과 양식이 떨어진 자들을 구휼(救恤)하니 나라 사람들이 크게 기뻐하였다.《시자(尸子)》

雨雪, 楚莊王披裘當戶曰, 我猶寒, 彼百姓賓客甚矣. 乃使巡國中, 求百姓賓客之無居宿絕糧者, 賑之, 國人大悅.〈尸子〉1182

세한(歲寒)1183에 돈대(墩臺)를 쌓다[세한축대(歲寒築臺)] 제(齊) 경공(景公)이 큰 돈대(墩臺) 공사를 시작하였는데 세한(歲寒)이어서 이 일을 하다가 얼어 죽거나 굶어 죽은 자가 있었다. 경공이 안자(晏子)1184를 초청하여 앉아서 술을 마시며 노래를 즐길 때에 안자가 노래하기를, "백성들이 얼어 죽나니, 내가 그들을 어찌해야 할까? 주상을 받드느라 피폐(疲弊)하였나니, 내가 그들을 어찌해야 할까?"라 하였는데 노래가 끝나자 서글프게 눈물을 흘렸다. 경공이 그를 말리며 말하기를, "그대가 거의 큰 돈대의 역부(役夫)가 된 듯하니 과인이 장차 그만두겠소이다"라고 하였다.

景公起大臺, 歲寒, 役之凍餒者有焉. 公延晏子坐飮酒樂, 晏子歌曰, 庶民之凍, 我若之何. 奉上靡弊, 我若之何. 歌終, 喟然流涕. 公止之曰, 子殆爲大臺之役夫, 寡人將罷.1185

자신의 따뜻함을 통하여 남의 추위를 알다[온지인한(溫知人寒)] 제(齊) 경공(景公) 시절에 눈이 연사흘을 내렸다. 경공이 호백구(狐白裘)1186를 입고 안자(晏子)에게 말하기를, "(눈이 연사흘을 내렸는데도) 천하가 춥지 않은 것은 어째서인가?"라고 하였다. 안자가 말하기를, "어진 임금은 자신의 배부름을 통하여 남의 배고픔을 알았고, 자신의 따뜻함을 통하여 남의 추위를 알았습니다"라고 하였다. 경공이 말하기를, "좋소이다"라 하고는 마침내 의복과 곡식을 풀어 굶주리고 헐벗은 자들에게 주도록 하였다.

齊景公時, 雨雪三日. 公衣狐白之裘, 謂晏子曰, 天下不寒, 何也. 晏子曰, 賢君飽知人飢, 溫知人寒. 公曰, 善. 遂出衣發粟, 以與飢貧者.1187

날이 추운데 연못을 파려 하다[천한착지(天寒鑿池)] 위(衛) 영공(靈公)이 날이 추울 적에 연못을 파려고 하자 완춘(宛春)이 말하기를, "날씨가 추워 백성들을 상하게 할까 두렵습니다"라고 하였다. 영공이 말하기를, "날씨가 춥소?"라 하자 완춘이 말하기를,

---

1181. 《좌전(左傳)·선공십이년(宣公十二年)》

1182. 《고금사문유취(古今事文類聚)·전집(前集)》 권12.

1183. 세한(歲寒): 설 전후의 추위라는 뜻으로 매우 심한 한겨울의 추위를 이르는 말이다.

1184. 안자(晏子): 전국시대(戰國時代) 제(齊)나라의 재상(宰相) 안영(晏嬰). 제나라의 영공(靈公)·장공(莊公)·경공(景公)을 섬기면서 근면한 정치가로 국민의 신망이 두터워 관중(管仲)에 비견되는 훌륭한 재상으로 평가받았다. 《안자춘추(晏子春秋)》는 그의 저서로 전해지나 후세에 편찬된 것이다.

1185. 《고금사문유취(古今事文類聚)·전집(前集)》 권12.

1186. 호백구(狐白裘): 여우 겨드랑이의 흰 털이 있는 부분의 가죽으로 만든 갖옷.

1187. 《고금사문유취(古今事文類聚)·전집(前集)》 권12.

"주군(主君)께서는 여우 갖옷을 입으시고, 곰 가죽으로 된 자리에 앉으셨으며, 사방에 불 아궁이가 있어 이 때문에 춥지 않으신 것입니다. 백성들은 옷이 헤져도 기우지 못하고, 신발이 떨어져도 다시 삼지 못하고 있습니다. 주군께서 춥지 않으셔도 백성들은 춥습니다"라고 하였다. 영공이 말하기를, "좋소이다"라 하고는 명령을 내려 부역을 그만두게 하였다. 《여씨춘추(呂氏春秋)》

衛靈公天寒鑿池, 苑[1188]春曰, 天寒, 恐傷民. 公曰, 寒哉. 春曰, 君衣狐裘, 坐熊席, 四陣有火, 是以不寒. 民衣敝不補, 履决不苴. 君則不寒, 民則寒矣. 公曰, 善. 命罷役.〈呂氏春秋〉[1189]

갈선옹(葛仙翁)[1190]이 불을 토하다[선옹토화(仙翁吐火)[1191]] 갈선공(葛仙公)이 손님들과 얘기를 나누고 있었다. 때마침 날이 크게 추워지자 갈선공이 손님들에게 말하기를, "가난한 살림이라 사람들마다 화롯불을 받게 할 수 없으니 청컨대 큰 화로를 하나 만들어 함께 온기를 쬐었으면 합니다"라고 하였다. 갈선공이 인하여 기(氣)를 토하자 불이 벌겋게 입속으로부터 나오더니 잠깐 사이에 불이 방안에 가득 찼다. 손님들은 모두 더워서 옷을 벗었다.《본전(本傳)》

葛仙公與客談語. 時天大寒, 仙翁謂客曰, 居貧, 不能人人得爐火, 請作一大火, 共致煖者. 仙公因吐氣, 火赫然從口中出, 須臾火滿屋. 客皆熱脫衣矣.〈本傳[1192]〉[1193]

추위를 물리치는 발[각한렴(却寒簾)] 동창공주(同昌公主)[1194]가 대청 안에 추위를 물리치는 발을 설치하고는, 추위를 물리치는 새의 뼈로 만든 것이라고 하였다.《두양잡편(杜陽雜編)》

同昌公主, 堂中設却寒簾, 云, 却寒鳥骨爲之.〈杜陽編[1195]〉[1196]

솜(의 온기)을 꺾고 술을 얼게 하다[절면빙주(折綿氷酒)] 《반자진시화(潘子眞詩話)》의 기록이다. 내가 "서리의 위세가 솜(의 온기)을 꺾을 만하고, 바람의 힘이 술을 얼게 할 듯"이라는 시구로 산곡(山谷)[1197]에게 나오게 된 바[유래]를 여쭈었더니 산곡이 말하기를, "'굳센 기운이 바야흐로 술에 엉기고, 맑은 위세가 정히 솜을 꺾을 듯'이라 한 것은 유견오(庾肩吾)[1198]의 시(구)이다"라고 하였다. 내가 진(晉)나라 완적(阮籍)[1199]의 〈대인선생가(大人先生歌)〉를 읽어보았더니 대략 말하기를, "양기(陽氣)가 미약한 때에 음기(陰氣)를 다하여, 바다가 얼어 흐르지 않고 솜도 꺾일 듯한데, 호흡 순통하지 못하도록 한기가 오싹하기만!"이라고 하였다. 이에 솜을 꺾는다는 고사가 완적에게서 시작된 것을 알게 되었나니 어찌 산곡이 그것을 우연히 잊었겠는가?《초계어은총화(苕溪漁隱叢話)》

1188. '苑'은 '宛'의 오자이다.
1189. 《고금사문유취(古今事文類聚)·전집(前集)》 권12.
1190. 갈선옹(葛仙翁): 갈선공(葛仙公)과 같은 말로 진(晉)의 갈홍(葛洪)을 가리킨다.
1191. "仙公吐火"조 참조.
1192. '本傳'은 '갈선공본전(葛仙公本傳)' 혹은 '갈선옹본전(葛仙翁本傳)'을 가리키는 말로 여겨지지만 구체적으로 확인되지 않는다.
1193. 《고금사문유취(古今事文類聚)·전집(前集)》 권12.
1194. 동창공주(同昌公主): 당(唐) 의종(懿宗)의 딸.
1195. 《두양편(杜陽編)》의 정식 명칭은 《두양잡편(杜陽雜編)》이다.
1196. 《고금사문유취(古今事文類聚)·전집(前集)》 권12.
1197. 산곡(山谷): 북송(北宋)의 시인이자 화가인 황정견(黃庭堅). '山谷'은 그의 호이다. 스승인 소식(蘇軾)과 나란히 송대(宋代)를 대표하는 시인으로 꼽힌다.
1198. 유견오(庾肩吾): 궁체시(宮體詩)의 대표작가로 꼽히는 남조(南朝) 양(梁)나라의 시인으로 자는 자신(子愼) 또는 신지(愼之)이다.
1199. 완적(阮籍): 위진(魏晉) 시기의 사상가이자 시인으로 혜강(嵇康)과 함께 죽림칠현(竹林七賢)의 중심인물이었다.

潘子眞詩話. 余以霜威能折綿風力欲氷酒句, 問山谷所從出, 山谷曰, 勁氣方凝酒, 淸威正折綿, 庾肩吾詩也. 余讀晉阮籍大人先生歌, 略曰, 陽和微弱陰氣竭, 海凍不流綿絮折, 呼吸不通寒冽冽. 乃知折綿之事, 始於阮籍, 豈山谷偶忘之耶.〈漁隱〉[1200]

상춘목(常春木)에 조각을 하다[각상춘목(刻常春木)]

《술이기(述異記)》의 기록이다. 이보국(李輔國)[1201]이 엄동설한 시절을 만나 봉수목(鳳首木)을 높고 큰 집 안에 두었다. 그 나무는 높이가 한 자였으며 난(鸞)새와 봉황과 같은 형상을 조각하였는데, 온난한 기운이 2, 3월과 같았다. 또 별명을 상춘목(常春木)이라 하였다.

述異記. 李輔國遇嚴寒之時, 置鳳首木於高堂大廈中. 其木高一尺, 而雕刻如鸞鳳之形, 和煦之氣如三二月. 又別名曰常春木.[1202]

10월 十月

• 10월에는 진(辰)이 미성(尾星)[1203]의 성좌에 있다. 저녁에는 위성(危星)[1204]이 남방의 중앙에 있고, 아침에는 칠성(七星)[1205]이 남방의 중앙에 있다. 겨울날의 천간(天干)은 임(任)과 계(癸)이고, 그 상제(上帝)는 전욱(顓頊)[1206]이며, 그 (아래의) 신(神)[1207]은 현명(玄冥)[1208]이다. 그 음률은 12율 가운데 응종(應鍾)[1209]에 해당한다. 이달에 천자는 비로소 모피(毛皮) 상의를 입는다. 백관(百官)에게 명하여 (갈무리하여 둔 것을) 주의하여 덮고 가리게 하며, 유사(有司)에게 명하여 (겨울에 대비하여) 모아 쌓아둔 것을 돌아다니며 살피게 한다. (도읍의) 성곽을 순시하여 파손된 곳을 수리하고, 제후의 토지 경계를 명확하게 하며, 변방의 경계를 철저히 한다. 장수들에게 명하여 무예를 강론하게 하며, 활 쏘고 말 달리는 일을 익히게 하고, 힘을 서로 겨루게 한다. (천자는) 이에 다가오는 해에도 모든 일이 뜻대로 이루어지기를 해와 달, 별들에게 기원하고, 농부들을 위로하여 휴식을 취하게 한다.['天宗'은 해와 달, 별들이다.]

孟冬之月, 日在尾, 昏危中, 旦七星中, 其日壬癸, 其帝顓頊, 其神玄冥, 律中應鍾. 是月也, 天子始裘. 命百官謹蓋藏, 命司從循行積聚. 于[1210]城郭, 固封疆, 備邊境. 乃命將帥講武, 習射御, 角力. 乃祈來年于天宗, 勞農以休息之.[天宗, 日月星辰也.][1211]

• (10월은) 월건(月建)이 '해(亥)'인데 '亥'는 캐물

1200. 《고금사문유취(古今事文類聚)·전집(前集)》 권12.
1201. 이보국(李輔國): 당대(唐代)의 환관(宦官). 그의 도움으로 제위(帝位)에 오른 숙종(肅宗)이 금군(禁軍)의 지휘권과 정무를 맡기자 전횡이 극심하였다.
1202. 《산당사고(山堂肆考)》 권13.
1203. 미성(尾星): 이십팔수(二十八宿) 가운데 여섯째 별자리에 있는 별들.
1204. 위성(危星): 이십팔수(二十八宿) 가운데 열두째 별자리에 있는 별들.
1205. 칠성(七星): 북두칠성(北斗七星).
1206. 전욱(顓頊): 중국 고대 전설에 나오는 오제(五帝)의 하나. 황제(黃帝)의 손자로, 20세에 임금의 자리에 올라 처음 고양(高陽)에서 나라를 일으켰으므로 고양씨(高陽氏)라 불렀다. 수덕(水德)으로 왕 노릇을 했기 때문에 사신(司神)으로 삼는다.
1207. 신(神): 상제를 보좌하는 신.
1208. 현명(玄冥): 수관(水官)의 신하였는데 소호씨(少皞氏)의 두 이들인 수(修)와 희(熙)가 서로 교대하여 수관이 되었다고 한다.
1209. 응종(應鍾): 동양 음악에서 12율의 열두째 음. 육려(六呂)의 하나로 방위는 해(亥), 절후는 음력 10월에 해당한다.
1210. '于'는 '坏'의 오자이다.
1211. 《예기(禮記)·월령(月令)》

음이다. 음기(陰氣)가 만물을 캐물어 죽임을 말한 것이다.

斗建亥, 亥, 刻也. 言陰氣刻殺萬物也.[1212]

• 10월을 상동(上冬), 양월(陽月), 양월(良月), 소춘(小春)이라 한다.

十月曰上冬陽月良月小春.[1213]

• 10월에 (日辰으로) 을(乙)을 얻으면 귤양(橘陽)이라 하고, 정(丁)을 얻으면 어양(圉陽)이라 하며, 사(巳)를 얻으면 칙양(則陽)이라 하고, 계(癸)를 얻으면 극양(極陽)이라 하는데 (이는) 해월(亥月)을 양(陽)의 기운이 끊어지는 달로 삼기 때문이다. (10월을) 또 창월(暢月)이라고도 한다.《찬요(纂要)》

十月得乙曰橘陽, 丁曰圉陽, 巳曰則陽, 辛曰塞陽, 癸曰極陽, 以亥月爲陽絶之故也. 亦曰暢月.〈纂要[1214]〉[1215]

• (鄭伯이) 공보정숙(公父定叔)을 10월에 나라로 들어오게 하고는 말하기를, "좋은 달이다. 열의 수에 꽉 찼구나"라고 하였다.

公父公[1216]叔以十月入, 曰, 良月也. 就盈數也.[1217]

• 10월에는 곡식을 거두어들인다.《시경(詩經)》

十月納禾稼.〈詩〉[1218]

• 10월에는 타작마당을 치운다.《시경(詩經)》

十月滌場.〈詩〉[1219]

• 겨울날에 그 따뜻하기가 봄과 같기 때문에 (10월을) 소춘(小春)이라 한다.

冬日其暖如春, 故謂之小春.[1220]

• 10월 15일은 하원(下元)이다.

十月十五日爲下元.[1221]

수관(水官)이 문서를 교정(校定)하다[수관교적(水官校籍)] 하원(下元)날에 구강수제(九江水帝)와 십이하원계곡대신(十二河源溪谷大神), 양곡신주(暘谷神主), 수부영관(水府靈官)이 함께 인간 세상으로 내려와 살아 있는 사람의 죄(罪)와 복(福)을 검토하여 바르게 정한다. 또 하원날에 세 등급으로 액난(厄難)을 풀어 주는데, 수관(水官)은 기록을 주관하며, 담당 관리들은 인간의 선악을 점검하고 살펴 천상(天上)의 궁궐로 올라가 (天帝에게) 바친다.

下元日, 九江水帝十二河源溪谷大神與暘谷神主水府靈官, 同下人間, 校定生人罪福. 又下元三品解厄, 水官主祿[1222], 百司檢察人間善惡, 上詣天闕進呈.[1223]

묘소(墓所)에 제사하다[향분(饗墳)] 10월 초하루에 도성(都城)의 사람들이 모두 성을 나가 묘소(墓所)에 제사한다. 대궐에서는 거마(車馬)를 타고 나가 선대의 능묘(陵墓)에 제사하는데 한식절(寒食節)과 같다.《동경몽화록(東京夢華錄)》

十月朔, 都城士庶皆出城, 饗墳. 禁中車馬朝陵, 如寒食節.〈夢華錄〉[1224]

1212. 《산당사고(山堂肆考)》 권13.
1213. 《산당사고(山堂肆考)》 권13.
1214. "亦曰暢月" 역시 《찬요(纂要)》에서 인용한 것이지만 앞부분과 이어지는 내용은 아니다.
1215. 《산당사고(山堂肆考)》 권13.
1216. '公'은 '定'의 오자이다. '公'이 '定'으로 된 판본도 있다.
1217. 《고금사문유취(古今事文類聚)·전집(前集)》 권12. 《좌전(左傳)·장공십육년(莊公十六年)》조의 기록을 재구성한 것이다.
1218. 《시경(詩經)·빈풍(豳風)·칠월(七月)》
1219. 《시경(詩經)·빈풍(豳風)·칠월(七月)》
1220. 《고금사문유취(古今事文類聚)·전집(前集)》 권12. 《고금사문유취》에서 출처를 《초학기(初學記)》라고 하였으나 《초학기》에는 이와 관련되는 내용이 보이지 않는다.
1221. 《고금사문유취(古今事文類聚)·전집(前集)》 권12.
1222. '祿'은 '錄'의 오자이다.
1223. 《고금사문유취(古今事文類聚)·전집(前集)》 권12.
1224. 《고금사문유취(古今事文類聚)·전집(前集)》 권12.

난로회(煖爐會) 10월 초하루에 유사(有司)가 난로에 쓸 숯을 올린다. 민간에서는 모두 술을 마련해 두고 난로회(煖爐會)를 즐긴다.《동경몽화록(東京夢華錄)》

十月朔, 有司進煖爐炭. 民間皆置酒, 作煖爐會.〈夢華錄〉1225

초조(燋糟)1226를 먹다[식초조(食燋糟)] 섬(陝)1227 지역 사람들은 10월 초하루에 증과(蒸裹)1228를 절물(節物)1229로 삼으며, 초(楚) 지역 사람들은 초조(燋糟)를 많이들 먹는다.[('糟'는) 간혹 '糖'으로 적기도 한다.]

陝人十月一日, 多以蒸裹爲節物, 荊楚人多食燋糟.[或作糖.]1230

두보(杜甫)의 시에서 이르기를, "증과(蒸裹)는 모든 집이 같은데, 다행히도 초조(燋糟) 한 쟁반을 얻었네. 이 날을 남쪽 지방에서는 중요하게 여겨, 옛 풍속에 따라 서로 즐거워한다네"라고 하였다.

杜子美詩云, 蒸裹如千室, 燋糟1231萃一柈. 玆辰南國重, 舊俗自相歡.1232

11월 十一月

- 11월에는 진(辰)이 두성(斗星)1233의 성좌에 있다. 저녁에는 동벽성(東壁星)1234이 남방의 중앙에 있고, 아침에는 진성(軫星)1235이 남방의 중앙에 있다. 그 음률은 12율 가운데 황종(黃鍾)1236에 해당한다. 엄윤(奄尹)1237에게 명하여 궁중의 정령(政令)을 거듭 알리게 하며, 여러 방(房)의 출입을 삼가고 (문을) 반드시 엄중하게 닫도록 한다. 이달에는 낮이 가장 짧은 날이 있고, 음과 양이 다툰다. 대궐과 마을의 문을 보수하고, 감옥을 축조한다. 이는 하늘과 땅의 폐장(閉藏)을 돕는 것이기 때문이다.

  仲冬之月, 日在斗, 昏東壁中, 旦軫中, 律中黃鍾. 命奄尹申宮令, 謹房室, 必重閉. 是月也, 日短至, 陰陽爭. 塗闕庭1238門閭, 築囹圄, 此以助天地之閉藏也.1239
- (11월은) 월건(月建)이 '자(子)'인데 '子'는 새끼를 침이다. 양기(陽氣)가 이달에 이르러 다시 새끼를 쳐서 생겨남을 말한 것이다.

  斗建子, 子, 孳也. 言陽氣至此, 更孳生也.1240
- 11월은 또 창월(暢月), 고월(辜月)이라고도 한다.

1225.《고금사문유취(古今事文類聚)·전집(前集)》 권12.
1226. 초조(燋糟): 엿기름 등을 고거나 볶아서 빽빽한 액체나 가루 등의 형태로 만드는 음식의 일종. '燋'는 '焦'로 적는 것이 일반적이다.
1227. 섬(陝): 지금의 하남성(河南省) 섬현(陝縣) 일대를 지칭하던 말.
1228. 증과(蒸裹): 과증(裹蒸)이라고도 하며 찰벼나 쌀, 엿 등을 대나무 껍질로 싼 뒤에 쪄서 먹는 음식의 일종.
1229. 절물(節物) 철에 따라 나오는 산물(産物)이나 그 철에 맞추어 만들어 먹는 음식.
1230.《고금사문유취(古今事文類聚)·전집(前集)》 권12.
1231. '糟'가 '糖'으로 된 판본도 있다.
1232. 시제(詩題)는 〈시월일일(十月一日)〉이다.
1233. 두성(斗星): 이십팔수(二十八宿) 가운데 여덟째 별자리에 있는 별들. 두수(斗宿)라고도 한다.
1234. 동벽성(東壁星): 이십팔수(二十八宿) 가운데 열넷째 별자리에 있는 별들. 벽수(壁宿)라고도 한다.
1235. 진성(軫星): 이십팔수(二十八宿) 가운데 스물여덟째 별자리의 별들.
1236. 황종(黃鍾): 동양 음악에서 십이율 가운데 첫째 음. 육률(六律)의 하나로 방위는 자(子), 절후는 음력 11월에 해당한다.
1237. 엄윤(奄尹): 환관(宦官)의 우두머리.
1238. '庭'은 '廷'의 오자이다.
1239.《예기(禮記)·월령(月令)》
1240.《산당사고(山堂肆考)》 권14.

十一月亦曰暢月辜月.[1241]

동지 冬至

• 동지에는 해가 남쪽 끝까지 가서 그림자가 가장 길다. (동지는) 음양(陰陽)과 일월(日月), 만물(萬物)의 시작으로 음률은 황종(黃鍾)에 해당하며, 그 율관(律管)이 가장 길기 때문에 동짓날[1242]의 경하(慶賀)가 있는 것이다.《옥촉보전(玉燭寶典)》

冬至, 日南至, 景極長. 陰陽日月萬物之始, 律當黃鍾, 其管最長, 故有履長之賀.〈玉燭寶典〉[1243]

• 북두성(北斗星)이 자방(子方)[1244]을 가리키면 동지이다. '至'에는 세 가지 뜻이 있는데 첫째는 음기(陰氣)가 극(極)에 '이름'이고, 둘째는 양기(陽氣)가 비로소 '이름'이며, 셋째는 (해가) 남쪽으로 가서 극(極)에 '이름'이다. 그리하여 '至'라고 하는 것이다.《효경설(孝經說)》

斗指子, 爲冬至. 至有三義, 一者陰之至, 二者陽氣始至, 三者日行南至, 故謂之至.〈孝經[1245]〉[1246]

• 위진(魏晉) 시기에는 동지에 만국(萬國)과 백관(百官)으로부터 경하(慶賀)의 말을 받았으며, 이로 인하여 작은 모임을 가졌는데, 그 의례(儀禮)는 설날 아침에 버금갔다.《송서(宋書)》

魏晉冬至, 受萬國及百僚稱賀, 因小會, 二[1247]儀亞於歲朝也.〈宋書〉[1248]

• 동지에는 양기(陽氣)가 일어나고 군자의 도(道)가 자라기 시작한다. 그리하여 경하하는 것이다.《한서(漢書)》

冬至, 陽氣起, 君子道長, 故賀.〈漢書[1249]〉[1250]

• 절기(節氣)의 변화를 살피는 법. 밀실(密室)을 삼중(三重)으로 만들고 문을 닫으며, 피를 (사방의 벽에) 꼼꼼하게 바르고, 붉은 비단 휘장을 친다. 방 안에서 나무로 책상을 삼는데, 매 율(律)마다 각기 이처럼 하며, 안은 낮게 밖은 높게 하여, 그 방위에 따라 율관(律管)을 그[책상] 위에 둔다. 갈대청의 재를 율관(律管) 안에 채우고, 역법(曆法)을 살펴 절기가 올 때를 기다린다. 절기가 이르면 재가 날아간다.《후한서(後漢書)·율력지(律曆志)》

候氣法. 爲室三重, 戶閉, 塗釁周密, 布緹幔. 室中以木爲琯[1251], 每律各如之, 內卑外高, 從其方位, 加律其上. 以葭莩灰抑其內端, 案曆而候之. 氣至者灰去.〈律曆志[1252]〉

1241.《산당사고(山堂肆考)》 권14.
1242. 원문의 '이장(履長)'은 '긴 것에 임하다' 혹은 '긴 것을 복록으로 여기다'의 의미로 쓰인 말로 동지(冬至)를 가리킨다.
1243.《고금사문유취(古今事文類聚)·전집(前集)》 권12.
1244. 자방(子方): 이십사방위(二十四方位)의 하나. 정북(正北)을 중심으로 한 15도 각도 안의 방향이다.
1245. '孝經'은 '孝經說'의 잘못이다.《효경설(孝經說)》은《효경》의 위서(緯書)이다.
1246.《고금사문유취(古今事文類聚)·전집(前集)》 권12.
1247. '二'는 '其'의 오자이다.
1248.《송서(宋書)·예지(禮志)》에는, "魏晉則冬至日, 受萬國及百僚稱賀, 因小會, 其儀亞於歲旦"으로 되어 있다.
1249. "陽氣起"와 "君子道長"이《한서(漢書)》에 보이기는 하나 서로 상관된 내용이 아니며, 더욱이 후자는 동지와 전혀 관계없이 쓰인 것이다.
1250.《고금사문유취(古今事文類聚)·전집(前集)》 권12.《고금사문유취》에는 '君子'가 "君"으로 되어 있다.
1251. '琯'은 '案'의 오자이다. '琯'이 '案'으로 된 판본도 있다.
1252. '律曆志'는《후한서(後漢書)·율력지(律曆志)》를 가리킨다.《후한서·율력지》에는, "候氣之法, 爲室三重, 戶閉, 塗釁必周, 密布緹縵. 室中以木爲案, 每律各一, 內卑外高, 從其方位, 加律其上, 以葭莩灰抑其內端, 案历而候之. 氣至者灰動"으로 되어 있다.

일월(日月)의 삭망(朔望)을 추산(推算)하다[영일추책(迎日推策)[1253]**]** (鬼臾區가 대답하기를) "황제(黃帝)께서 보정(寶鼎)[1254]과 신책(神策)[1255]을 얻으셨는데 이 해는 기유년(己酉年)으로 (정월) 초하루가 동지여서 천도(天道) 운행의 규율(規律)을 얻었으며, 끝마쳤다가[한 바퀴 돌고] 다시 시작하게 되었습니다"라고 하였다. 이에 황제가 일월(日月)의 삭망(朔望)을 추산(推算)하였는데 후로는 대체적으로 12년마다 다시 (정월) 초하루가 동지가 되었다. 《사기(史記)·봉선서(封禪書)》

黃帝[1256]得寶鼎神策, 是歲己酉朔旦冬至, 得天之紀, 終而復始. 於是黃帝迎日推策, 後率二十歲, 復朔旦冬至.〈史封禪書[1257]〉

관대(觀臺)[1258]**에서 구름을 기록하다[관대서운(觀臺書雲)]** 희공(僖公) 5년 신해일(辛亥日) (정월) 초하루에 해가 남쪽 끝에 이르렀다. 공이 이미 시삭(視朔)[1259]을 하고서 마침내 관대(觀臺)에 올라 하늘을 바라보고 (음양의 기운을 살펴) 기록하였던 것은 예에 합당한 것이었다. 무릇 춘분(春分)과 추분(秋分), 하지(夏至)와 동지(冬至), 입춘(立春)과 입하(立夏), 입추(立秋)와 입동(立冬)에는 반드시 구름의 기운과 색채를 기록하는데 (天道의 운행에) 대비하기 위한 까닭이다.《좌전(左傳)》

僖公五年辛亥朔, 日南至. 公旣視朔, 遂登觀臺以望, 而書, 禮也. 凡分, 至, 啓, 閉, 必書雲物, 爲備故也.〈左傳〉

붉은 붓을 잡고 마주하다[단필상대(丹筆相對)] 후한(後漢)의 성길(盛吉)이 정위(廷尉)[1260]가 되었는데 매년 동짓날이 되면 감옥의 죄수들을 처단해야만 하였다. 부인이 밤에 촛대를 잡고, 성길이 붉은 붓을 잡고는 부부가 서로 마주하여 눈물을 흘렸다.

後漢盛吉爲廷尉, 每至冬節, 獄囚當斷. 妻夜秉燭, 吉持丹筆, 夫妻相對垂泣.[1261]

궁중의 실을 더하다[첨궁선(添宮線)] 위진(魏晉) 연간에 궁중에서 붉은 실로 해의 그림자[낮의 길이]를 쟀는데 동지 이후로는 날마다 실 하나의 길이만큼을 더하였다.[1262]《형초세시기(荊楚歲時記)》

晉魏間, 宮中以紅線量日影, 冬至後, 日添長一線.〈歲時記〉[1263]

당(唐)나라 궁중에서는 여공(女功)[1264]으로 해[낮]의 길이를 헤아렸는데 동지 이후로는 보통 날에 비해 실 하나 길이의 공정(工程)을 더하였다.《잡록(雜錄)》

唐宮中, 以女功揆日長短, 冬至後, 比常日增一線之功.〈雜錄〉[1265]

1253. 영일추책(迎日推策): 추산(推算)을 통하여 미래의 절기(節氣)와 역수(曆數)를 미리 아는 것을 가리키는 말이다. '迎日'에 대하여 《사기집해(史記集解)》에서는, "日月朔望未來而推之, 故曰迎日"이라 하였다.
1254. 보정(寶鼎): 황제(黃帝)가 얻었다고 전해지는 솥. 원래는 취사(炊事)를 위한 것이었으나 후대에 정권(政權)의 상징이 되었다.
1255. 신책(神策): 신협(神筴)이라고도 하며 점을 칠 때 사용하였던 시초(蓍草)를 가리킨다.
1256. "黃帝"의 '黃'은 이해를 돕기 위하여 보탠 글자인데 이 앞에 "鬼臾區對曰"이 있어야 문맥이 순통하게 된다.
1257. '史封禪書'는 《사기(史記)·봉선서(封禪書)》를 가리킨다.
1258. 관대(觀臺): 천상(天象)을 살피기 위하여 만들었던 돈대(墩臺), 곧 관상대(觀象臺).
1259. 시삭(視朔): 임금이나 제후가 음력 초하루에 조묘(祖廟)에 제를 올리고 태묘(太廟)에서 그달의 정사(政事)를 듣던 일. 청삭(聽朔), 고삭(告朔)이라고도 하였음.
1260. 정위(廷尉): 진(秦)나라 때부터 형벌을 맡아보던 벼슬. 구경(九卿)의 하나였는데 나중에는 대리(大理)로 바뀌었다.
1261. 《고금사문유취(古今事文類聚)·전집(前集)》 권12.
1262. 여기에서 유래한 '첨선(添線)'은 동지 이후로 낮이 점점 길어진다는 뜻으로 쓰인다.
1263. 《고금사문유취(古今事文類聚)·전집(前集)》 권12.
1264. 여공(女功): 옛날에 부녀자들이 종사하였던 방직(紡織)이나 자수(刺繡), 바느질 등을 포괄적으로 칭하는 말로 제한적으로는 길쌈의 의미로 쓰였다. 여기서는 길쌈의 의미로 쓴 듯하다.
1265. 《고금사문유취(古今事文類聚)·전집(前集)》 권12.

버선을 바치다[헌리말(獻履襪)] 후위(後魏)의 최호(崔浩)가 엮은 《여의(女儀)》에서 말하기를, "그리 오래지 않은 옛날에 부인들이 늘 동짓날이면 시부모에게 버선을 바쳤던 것은, 하지(夏至)[1266]까지 신으시라는 뜻이었다"라고 하였다.

後魏崔浩女儀曰, 近古婦人, 常以冬至日上履襪於舅姑, 踐長至之義也.[1267]

죄수를 놓아주다[방수(放囚)] 양(梁)의 석천문(席闡文)[1268]이 외직으로 나가 동양태수(東陽太守)[1269]가 되었을 때 군(郡)에서 일을 잘 처리한다는 명성이 있었다. 동짓날에 감옥 안의 죄수들을 모두 놓아주었는데 (죄수들이) 기일(期日)에 맞추어 돌아왔다.

梁席闡出爲東陽太守, 在郡有能名. 冬至悉放獄中囚, 依期而至.[1270]

팥죽[두죽(豆粥)] 공공씨(共工氏)[1271]에게 못난 아들이 있었는데 동짓날에 죽더니 역귀(疫鬼)가 되었다. 붉은팥을 두려워하였기 때문에 동짓날에 팥죽을 쑤어 그를 물리치는 것이다.《형초세시기(荊楚歲時記)》

共工氏有不才之子, 以冬至死, 爲疫鬼. 畏赤小豆, 故冬至日, 作赤豆粥以禳之.〈歲時記〉

12월 十二月

• 12월에는 진(辰)이 무녀성(婺女星)[1272]의 성좌에 있다. 저녁에는 누성(婁星)[1273]이 남방의 중앙에 있고, 아침에는 저성(氐星)[1274]이 남방의 중앙에 있다. 그 음률은 12율 가운데 대려(大呂)[1275]에 해당한다. 유사(有司)에게 명하여 역귀(疫鬼)를 쫓아내는 의식을 성대하게 거행하고, 사방의 문에서 희생을 찢어 음기(陰氣)를 없애며, 흙으로 만든 소를 내어 놓아 찬 기운을 (다) 보내게 한다. 이달에는 어사(漁師)[1276]에게 명하여 비로소 물고기를 잡게 하는데, 천자가 물고기를 맛보되 먼저 종묘에 천신(薦新)한다. 얼음이 바야흐로 한창이어서 강과 못의 얼음이 두껍게 얼면, 명을 내려 얼음을 떠다가 빙고(氷庫)에 들이게 한다. 이달에는 천자가 공경대부(公卿大夫)들과 함께 나라의 의식(儀式)과 전례(典禮)를 정비하고, 사시(四時)의 정령(政令)을 논하여, 오는 새해에 차질이 없도록 대비한다.

季冬之月, 日在婺女, 昏婁中, 旦氐中, 律中大呂. 命有司大儺, 旁磔, 出土牛以送寒氣. 是月也, 命漁師始漁. 天子乃嘗魚, 先薦寢廟. 氷方盛, 水澤腹堅, 命取氷, 以入. 是月也, 天子乃與公卿大夫, 共飭國典,

---

1266. 원문의 "長至"는 하지(夏至)를 가리키는데 하지의 낮이 가장 길기 때문에 생겨난 말이다.
1267. 《고금사문유취(古今事文類聚)·전집(前集)》 권12.
1268. 석천문(席闡文): 제량(齊梁)에 걸쳐 출사(出仕)하였던 인물이며 청백리(淸白吏)로 명성이 높았다.
1269. 동양태수(東陽太守): '東陽'은 지금의 절강성(浙江省)에 있었던 군(郡) 이름이다.
1270. 《남사(南史)·석천문열전(席闡文列傳)》. 《유원총보》에서 '席闡' 뒤에 '文'자를 빠뜨린 것은 《고금사문유취(古今事文類聚)》를 그대로 따른 때문이다.
1271. 공공씨(共工氏): 전설상의 인물. 요(堯)임금 시절에 형벌을 담당했던 관리였으나 악행을 일삼자 순(舜)임금이 제위(帝位)에 오르기 전에 그를 처단하였다 한다.
1272. 무녀성(婺女星): 이십팔수(二十八宿) 가운데 열째 별자리의 별들로 여성(女星), 여수(女宿), 수녀성(須女星)이라고도 한다.
1273. 누성(婁星): 이십팔수(二十八宿) 가운데 열여섯째 별자리에 있는 별들.
1274. 저성(氐星): 이십팔수(二十八宿) 가운데 셋째 별자리에 있는 별들.
1275. 대려(大呂): 동양 음악에서 12율의 둘째 음. 육려(六呂)의 하나로 방위는 축(丑), 절후는 음력 12월에 해당한다.
1276. 어사(漁師): 어업(漁業)을 관장하는 벼슬아치들의 우두머리.

論時令, 以待來歲之宜.[1277]

• (12월은) 월건(月建)이 '축(丑)'인데 '丑'은 묶음이다. 끝나고 시작이 되는 즈음에 묶는 것으로써 이름을 삼은 것임을 말한 것이다.

斗建丑, 丑, 紐也. 言終始之際以紐結名也.[1278]

• 12월을 초동(杪冬), 제월(除月), 도월(涂月), 여월(餘月), 모절(暮節), 궁임(窮稔), 궁기(窮紀)라 한다.

十二月曰杪冬除月涂月餘月暮節窮稔窮紀.[1279]

• 새해가 되기 하루 전날에 북을 치며 역귀(疫鬼)를 몰아내는데 이를 일러 축제(逐除)라 하며, 또 나(儺)[1280]라고도 한다.《여씨춘추(呂氏春秋)》

前歲一日, 擊鼓驅疫癘之鬼, 謂之害[1281]除, 亦曰儺.〈呂氏春秋〉[1282]

• 옛날에 전욱씨(顓頊氏)에게 아들 셋이 있었는데 죽어서 역귀(疫鬼)가 되었다. 하나는 장강(長江) 물속에 살며 학귀(瘧鬼)[1283]가 되었고, 하나는 약수(若水)[1284]에서 살며 망량귀(魍魎鬼)[1285]가 되었고, 하나는 사람이 거처하는 방 모퉁이에 살며 어린 아이를 잘 놀라게 하더니 소귀(小鬼)[1286]가 되었다. 이에 해마다 섣달이면 제사를 담당하는 관리에게 명하여 수시로 나례(儺禮)로써 방안에서 찾아내어 역귀를 몰아내었다.《산해경(山海經)》

昔顓頊氏有三子, 亡而爲疫鬼. 一居水[1287]中, 爲瘧鬼, 一居若水, 爲罔兩蜮[1288]鬼, 一居人宮室區隅中, 善驚小兒, 爲小鬼. 於是以歲十二月, 命祀官時儺以索室中, 而驅疫鬼焉.〈山海經[1289]〉[1290]

납일 臘

• 《예기(禮記)》의 전(傳)에서 말하기를, "하(夏)나라는 (납일을) 가평(嘉平)이라 하고, 은(殷)나라는 청사(淸祀)라 하고, 주(周)나라는 대사(大蜡)라 하였는데, 한(漢)나라가 고쳐 '납(臘)'이라 하였다"라고 하였다. '臘'은 사냥함이다. 사냥을 계기로 짐승을 잡아 선조에게 제사한다는 것이다. 혹자가 말하기를, "(납일에는) 신구(新舊)가 서로 닿아 접촉하므로 큰 제사로써 공에 보답하는 것"이라고 하였다.《풍속통의(風俗通義)》

禮傳曰, 夏曰嘉平, 殷曰淸祀, 周曰大蜡, 漢改曰臘.

1277. 《예기(禮記)·월령(月令)》

1278. 《산당사고(山堂肆考)》 권14.

1279. 《산당사고(山堂肆考)》 권14.

1280. 나(儺): 나례(儺禮). 민가와 궁중에서 역귀(疫鬼)와 사신(邪神)을 쫓아내고자 베풀었던 의식. 본래는 새해의 악귀를 쫓을 목적으로 행하다가 차츰 왕의 행행(行幸), 인산(因山) 때 따위에도 행하였다. 섣달그믐에 행하는 나례는 그 규모가 월등히 크고 민관(民官)이 모두 참여하였으므로 다른 나례와 구분하여 대나(大儺)라 하였다.

1281. '害'는 '逐'의 오자이다.

1282. 《여씨춘추(呂氏春秋)·계동기주(季冬紀注)》

1283. 학귀(瘧鬼): 학질(瘧疾)을 일으킨다는 귀신. 옛날에는 학질을 귀신의 소행으로 여겼다.

1284. 약수(若水): 아룡강(鴉龍江)의 다른 이름.

1285. 망량귀(魍魎鬼): 도깨비.

1286. 소귀(小鬼): 그 지위가 보잘것없는 귀신이라는 뜻이지만 어린아이 귀신이나 어린아이를 괴롭히는 귀신으로 풀어도 무방하다.

1287. '水' 앞에 '江'이 누락되었다.

1288. '罔兩蜮'은 '魍魎'의 오자이다.

1289. 《산해경(山海經)》은 《수신기(搜神記)》의 잘못이다. 《수신기》에는, "昔顓頊氏有三子, 死而爲疫鬼. 一居江水, 爲瘧鬼, 一居若水, 爲魍魎鬼, 一居人宮室, 善驚人小兒, 爲小鬼. 於是正歲, 命方相氏帥肆儺以驅疫鬼"로 되어 있다.

1290. 《고금사문유취(古今事文類聚)·전집(前集)》 권12.

臘者, 獵也. 因獵取獸以祭先祖. 或曰, 新故交接, 大祭以報功也.〈風俗通[1291]〉[1292]

- 납(臘)이란 여러 귀신들에게 보답하는 것인데, (그 귀신은) 옛 성현으로 백성들에게 공이 있었던 자들이다.《한관구의(漢官舊儀)》

臘者, 報諸鬼神, 古聖賢有功於民者也.〈漢舊儀[1293]〉[1294]

- 납(臘)은 선조에게 제사하는 것이고, 사(蜡)는 온갖 신들에게 (제사로) 보답하는 것으로 같은 날에 지내는 다른 제사이다.《옥촉보전(玉燭寶典)》

臘者, 祭先祖, 蜡者, 報百神, 同日異祭也.〈玉燭寶典〉[1295]

- 납(臘)은 한 해의 끝에 올리는 큰 제사로 비록 민관(民官)이 (함께) 잔치를 열고 술을 마시기는 하지만 (새로운) 기운을 맞이하는 것이 아니기 때문에, 그저 묵은해를 보내기만 하고 새해를 맞이하는 의식은 하지 않는다.〈채옹(蔡邕)의 〈독단(獨斷)〉〉

臘者, 歲終大祭, 縱吏民宴飮, 非迎氣, 故但送不迎也.〈蔡邕獨斷〉[1296]

- 왕 노릇을 하는 자들은 각기 그 오행(五行)이 성하는 날을 조일(朝日)[1297]로 삼고, 쇠하는 날을 납일(臘日)로 삼았다. 한(漢)나라는 화덕(火德)으로 흥하였는데 화기(火氣)는 술일(戌日)에 쇠하기 때문에 술일을 납일로 삼았다. 위(魏)나라는 토덕(土德)으로 흥하였는데 토기(土氣)는 진일(辰日)에 쇠하기 때문에 진일을 납일로 삼았다. 진(晉)나라는 금덕(金德)으로 흥하였는데 금기(金氣)는 축일(丑日)에 쇠하기 때문에 축일을 납일로 삼았다.《위대방의(魏臺訪議)》

王者各以其行盛日爲祖, 衰日爲臘. 漢火德, 火衰於戌, 故以戌日爲臘. 魏土德, 土衰於辰, 故以辰日爲臘. 晉金德, 金衰於丑, 故以丑日爲臘.〈魏臺訪議〉[1298]

- 나라에서 사제(蜡祭)[1299]를 올릴 때에는 빈송(豳頌)[1300]을 피리로 불고, 토고(土鼓)[1301]를 두드려 노물(老物)[1302]을 쉬게 한다.《주례(周禮)》

國祭蜡, 則吹豳頌, 擊土鼓, 以息老物.〈周禮〉[1303]

- '臘'은 접촉함이다. 납제(臘祭)는 의당 신구(新舊)가 서로 닿아 접촉하는 때에 있어야 한다. 속(俗)에서는 이를[이날을] 납일(臘日)이라 하며 납일 다음 날이 설날이다. 진한(秦漢) 이래로 이를 경하(慶賀)하는 말이 있었는데 모두 옛날부터 전해지던 말이다.〈진(晉) 장량(張亮)의 의론(議論)〉

臘, 接也. 祭宜在新故交接也. 俗謂之臘. 臘明日爲初歲. 秦漢以來有賀此, 皆古之遺語也.〈晉張亮議[1304]〉[1305]

- 섣달 그믐날 밤에 산초나무(가지)를 가지고 우물 옆에 누웠다가 다른 사람과 말을 하지 않고 산초나무(가지)를 우물 안에 넣으면 온병(溫病)[1306]을 없

1291. 《풍속통(風俗通)》의 정식 명칭은 《풍속통의(風俗通義)》이다.
1292. 《풍속통의(風俗通義)》 권8.
1293. 《한구의(漢舊儀)》의 정식 명칭은 《한관구의(漢官舊儀)》이다.
1294. 《한관구의(漢官舊儀)·보유(補遺)》
1295. 《고금사문유취(古今事文類聚)·전집(前集)》 권12.
1296. 《태평어람(太平御覽)》 권33.
1297. 조일(朝日): (특정한 날) 아침에 해에게 제사하던 일. 경우에 따라 설날의 의미로도 쓰인다.
1298. 《고금사문유취(古今事文類聚)·전집(前集)》 권12.
1299. 사제(蜡祭): 섣달 그믐날에 한 해의 농사를 감사하기 위하여 온갖 신들에게 올리던 제사.
1300. 빈송(豳頌): 《시경(詩經)·빈풍(豳風)·칠월(七月)》편을 가리킨다. 빈아(豳雅), 빈시(豳詩)라고도 한다.
1301. 토고(土鼓): 주(周)나라 시절에 쓰던 타악기. 흙을 구워 만든 틀에 가죽을 대었으며, 풀을 묶어 만든 북채로 쳤다.
1302. 노물(老物): 사제(蜡祭)의 대상(對象)이 되었던 농부들과 만물(萬物)을 지칭하는 말이다.
1303. 《주례(周禮)·춘관(春官)·약장(籥章)》
1304. '晉張亮議'는 '진인(晉人) 장량(張亮)의 의론(議論)'이라는 뜻이다. 장량은 진대(晉代)의 박사(博士)였다.
1305. 《고금사문유취(古今事文類聚)·전집(前集)》 권12.

앨 수 있다.《양생요론(養生要論)》

十二月臘夜, 令人持椒臥井旁, 無與人言, 內椒井中, 除溫病.〈養生要論〉1307

• 고당륭(高堂隆)1308이 말하기를, "왕 노릇을 하는 자들은 각기 그 오행(五行)이 성하는 날을 조일(朝日)로 삼고, 그것이 끝나는 날을 납일(臘日)로 삼습니다. 수기(水氣)는 신일(申日)에 시작되어 자일(子日)에 성하며, 진일(辰日)에 끝나기 때문에 수덕(水德)으로 왕 노릇을 하는 임금은 자일을 조일로 삼고 진일을 납일로 삼습니다. 화기(火氣)는 인일(寅日)에 시작되어 오일(午日)에 성하며, 술일(戌日)에 끝나기 때문에 화덕(火德)으로 왕 노릇을 하는 임금은 오일을 조일로 삼고 술일을 납일로 삼습니다. 목기(木氣)는 해일(亥日)에 시작되어 묘일(卯日)에 성하며, 미일(未日)에 끝나기 때문에 목덕(木德)으로 왕 노릇을 하는 임금은 묘일을 조일로 삼고 미일을 납일로 삼습니다. 금기(金氣)는 사일(巳日)에 시작되어 유일(酉日)에 성하며, 축일(丑日)에 끝나기 때문에 금덕(金德)으로 왕 노릇을 하는 임금은 유일을 조일로 삼고 축일을 납일로 삼습니다. 토기(土氣)는 미일(未日)에 시작되어 술일(戌日)에 성하며, 진일(辰日)에 끝나기 때문에 토덕(土德)으로 왕 노릇을 하는 임금은 술일을 조일로 삼고 진일을 납일로 삼습니다. 위(魏)나라는 토덕으로 흥하였으니 의당 술일을 조일을 삼고 진일을 납일로 삼아야 합니다"라고 하였다.《후한서(後漢書)·예의지(禮儀志)》

高堂隆曰, 王者各以其行之盛祖, 以其終臘. 水始於申, 盛於子, 終於辰, 故水行之君, 以子祖辰臘. 火始於寅, 盛於午, 終於戌, 故火行之君, 以午祖戌臘. 木始於亥, 盛於卯, 終於未, 故木行之君, 以卯祖未臘. 金始於巳, 盛於酉, 終於丑, 故金行之君, 以酉祖丑臘. 土始於未, 盛於戌, 終於辰, 故土行之君, 以戌祖辰臘. 魏, 土德也, 宜以戌祖辰臘.〈後漢禮儀志1309〉1310

사제(蜡祭)의 대상 여덟 가지[팔사(八蜡)] 천자가 베푸는 큰 사제(蜡祭)의 대상은 여덟 가지이다. 이기씨(伊耆氏)1311가 처음으로 사제를 지냈는데, '蜡'란 찾는다는 뜻이다. 해마다 12월에 만물의 혼령을 찾아 모아 그들에게 향응을 베푸는 것이다. 주(注)1312에서, "사제(蜡祭)의 대상 여덟 가지는, 첫째가 선색(先嗇),1313 둘째가 사색(司嗇),1314 셋째가 농(農), 넷째가 우표철(郵表畷),1315 다섯째가 묘호(猫虎),1316 여섯째가 방(防),1317 일곱째가 수용(水庸),1318 여덟

1306. 온병(溫病): 몸에 생기는 여러 가지 열병.

1307.《고금사문유취(古今事文類聚)·전집(前集)》 권12.

1308. 고당륭(高堂隆): 삼국시대(三國時代) 위(魏)나라의 대학자(大學者)이자 고관(高官)으로 자는 승평(升平)이다. 일찍이 위나라 경제(景帝)의 사부(師父)가 되었다.

1309.《후한서(後漢書)·예의지(禮儀志)》에는 '고당륭(高堂隆)'의 언급과 관련된 기록이 보이지 않는다.

1310.《고금사문유취(古今事文類聚)·전집(前集)》 권12.

1311. 이기씨(伊耆氏): 신농씨(神農氏)의 다른 이름. 신농씨는 옛 전설 속의 제왕으로 삼황(三皇)의 한 사람이다. 농업·의료·악사(樂師)의 신, 주조(鑄造)와 양조(釀造)의 신이며, 또 역(易)의 신, 상업의 신이라고도 한다.

1312. '주(注)'는 정현(鄭玄)의 주를 가리킨다.

1313. 선색(先嗇): 처음으로 농사를 가르친 신이라는 뜻으로 신농씨(神農氏)를 달리 이르는 말이다. 선농(先農)이라고도 한다.

1314. 사색(司嗇): 후직(后稷)을 가리키는 말. 후직은 주(周)나라의 시조로 성은 희(姬), 이름은 기(棄)이다. 순(舜)임금을 섬기면서 사람들에게 농사를 가르쳐 그 공으로 후직(后稷)이라는 벼슬에 올랐다.

1315. 우표철(郵表畷): 밭고랑이 서로 이어진 곳을 표시하여 우사(郵舍)를 짓고 전준(田畯)이 거처하던 곳. 전준이 그곳에서 기거하면서 농경을 독려하였다.

1316. 묘호(猫虎): 고양이 신과 범의 신.

1317. 방(防): 제방(堤防)을 맡은 신.

1318. 수용(水庸): 도랑을 맡은 신. '水庸'은 구거(溝渠)라는 뜻이다.

째가 곤충(昆蟲)이다"라고 하였다.《예기(禮記)》

天子大蜡八. 伊耆氏始爲蜡. 蜡也者, 索也. 歲十二月, 合聚萬物而索享之也. 注, 八蜡者, 一先嗇, 二司嗇, 三農, 四郵表畷, 五禮虎, 六防, 七水庸, 八昆蟲.〈禮記〉[1319]

사제(蜡祭)에서 미친 듯이 술을 마시다[사음약광(蜡飮若狂)] 자공(子貢)[1320]이 사제(蜡祭)를 구경하였다. 공자(孔子)가 묻기를, "사(賜)야! 즐거웠느냐?"라 하였더니 대답하기를, "온 나라 사람들이 모두 미친 것 같았지만 저는 아직 그 즐거움을 알지 못하겠습니다"라고 하였다. 공자가 말하기를, "(사람들이) 100일 동안 일을 하고 하루 동안 누리는 은택이니 네가 그것을 알 리가 없다"라고 하였다. 사제(蜡祭)는 농사꾼을 위로하고 그들을 쉬게 하는 것이다. 말하자면 백성들이 부지런히 농사를 짓느라 100일 동안의 수고가 있었고, 오늘 술을 마시고 즐겁게 놀 수 있게 된 것은 임금이 내린 은택이라는 것이다. '네가 그것을 알 리가 없다'고 한 것은 그 뜻이 크다.

子貢觀於蜡. 孔子曰, 賜也, 樂乎. 對曰, 一國之人皆若狂, 賜未知其樂也. 子曰, 百日之蜡, 一日之澤, 非爾所知也. 蜡之祭, 勞農以休息之. 言民勤稼穡, 有一[1321]日之勞, 今日飮酒燕樂之, 君恩澤也. 非爾所知, 其義大也.[1322]

가평(嘉平) 진(秦) 혜문공(惠文公) 12년에 처음으로 납제(臘祭)를 지냈는데, 진시황(秦始皇) 31년에 납제의 이름을 고쳐 가평(嘉平)이라 하였다.《사기(史記)》

秦惠文公十二年, 初[1323], 始皇三十一年, 更名臘曰嘉平.〈史記〉[1324]

모몽(茅濛)[1325]이 (도술로) 하늘에 올라가자 동요(童謠)에서 말하기를, "천제(天帝)의 도성(都城)에서 '납(臘)'이 '가평(嘉平)'임을 배웠으리"라고 하였다.

茅濛上昇, 童謠曰, 帝居學之臘嘉平.[1326]

마른 양(羊) 박사(博士)[수양박사(瘦羊博士)] 견우(甄宇)는 북해(北海)[1327] 사람이다. 건무(建武)[1328] 연간에 청주종사(青州從事)[1329]에서 박사(博士)로 징배(徵拜)[1330]되었다. 해마다 납일(臘日)이면 조서를 내려 박사들에게 양(羊)을 하사하였는데 한 사람당 한 마리씩이었으나 양은 크기도 하고 작기도 하고 살이 찌기도 하고 마르기도 한 것이 있었다. 당시에 박사좨주(博士祭酒)[1331]가 발의(發議)하여 양을 죽여 그 고기를 고르게 나누려고 하자 견우가 말하기를, "안됩니다"라고 하였다. 또 제비뽑기를 하려

1319. 《예기(禮記) · 교특생(郊特生)》
1320. 자공(子貢): 춘추시대(春秋時代) 위(衛)나라의 유학자로 성은 단목(端木)이며 이름이 사(賜)이다. 공문십철(孔門十哲)의 한 사람으로 재아(宰我)와 더불어 언어에 뛰어났다고 한다.
1321. '一'은 '百'의 오자이다.
1322. 《예기(禮記) · 잡기하(雜記下)》. "蜡之祭" 이하는 주(注)에 보이는 내용인데《예문유취(藝文類聚)》권5에 수록된 것을 그대로 취한 것이다.
1323. '初' 다음에 '臘'자가 누락되었다. '臘'이 있는 판본도 있다.
1324. 《고금사문유취(古今事文類聚) · 전집(前集)》 권12. 《사기(史記)》의 〈진본기(秦本紀)〉(권5)와 〈진시황본기(秦始皇本紀)〉(권6)에 보이는 기록을 재구성한 것이다.
1325. 모몽(茅濛): 자는 초성(初成)으로 진시황(秦始皇) 시절에 화산(華山)에서 수도(修道)하였던 도사. 진시황 31년에 대낮에 하늘로 올라갔다고 한다.
1326. 《고금사문유취(古今事文類聚) · 전집(前集)》 권12.
1327. 북해(北海): 지금의 산동성(山東省)에 있었던 군(郡) 이름.
1328. 건무(建武): 후한(後漢) 광무제(光武帝)의 연호(25-55)이다.
1329. 청주종사(青州從事): 벼슬 이름. 청주는 지금의 산동성(山東省) 청주시(青州市)에 있었던 주(州)이름이다. 성어(成語)로 굳어진 "청주종사"가 미주(美酒)의 대칭으로 쓰이게 된 것은 위진(魏晉) 이후의 일이다.
1330. 징배(徵拜): 외직(外職)에 있거나 벼슬을 하지 않던 사람을 불러들여 벼슬을 주는 일.
1331. 박사좨주(博士祭酒): 학관(學官) 이름으로 후한(後漢) 시기에 오경박사(五經博士) 가운데 으뜸가는 벼슬이었다.

고 하자 견우가 다시 그것을 부끄러워하였다. 견우가 이로 인하여 먼저 스스로가 그 가운데 가장 마른 놈을 취하였다. 후에 마른 양 박사(博士)가 어디에 있는지 불러서 묻자 도성(都城)에서는 이로 인해 (그의) 호(號)로 삼았다.

甄宇, 北海人. 建武中, 青州從事徵拜博士. 每臘, 詔賜博士羊, 人一頭, 羊有大小肥瘦. 時博士祭酒議, 欲殺羊, 稱分其肉, 宇曰, 不可. 又欲投鉤, 宇復恥之. 宇因先自取其最瘦者. 後召問瘦羊博士所在, 京師因以爲號.[1332]

음식을 훔쳐 선조에게 제사지내다[절식제선(竊食祭先)] 한탁(韓卓)은 자가 자조(子助)이며 진류(陳留)[1333] 사람이다. 납일(臘日)에 종이 음식을 훔쳐 그 선조에게 제사를 올리자 한탁이 그 마음을 의롭게 여겨 곧바로 그를 놓아주라고 하였다.《후한서(後漢書)》

韓卓, 字子助, 陳留人. 臘日, 奴竊食, 祭其先人, 卓義其心, 卽白免之.〈後漢書[1334]〉[1335]

죄수들을 석방하여 잠시 집에 돌아가게 하다[견수잠귀(遣囚暫歸)] 후한(後漢)의 우연(虞延)이 세양령(細陽令)[1336]이 되었을 때, 해마다 세시(歲時)가 삼복(三伏)과 납일(臘日)에 이르면, 그때마다 죄수들을 잠시 석방하여 각기 집으로 돌아가게 하였는데, 모두들 그 은혜에 감격하여 기일(期日)에 맞추어 돌아왔다.

後漢虞延爲細陽令, 每至歲時伏臘, 輒休遣囚徒, 各使歸家, 竝感其恩, 應期而還.[1337]

복렵시랑(伏獵侍郞)[1338] 《신당서(新唐書)·엄준전(嚴浚傳)》의 기록이다. 호부시랑(戶部侍郞) 소경(蕭炅)이 일찍이 엄준과 말을 나누다가 '증상복랍(蒸嘗伏臘)[1339]'을 '[증상]복렵([蒸嘗]伏獵)'으로 (말)하자 엄준이 말하기를, "성(省) 안에 (어찌) 복렵시랑(伏獵侍郞)이 있습니까?"라고 하였다. 이에 소경은 쫓겨나 기주자사(岐州刺史)[1340]가 되었다.

唐嚴浚傳[1341]. 戶部郞蕭炅, 嘗與浚言, 蒸嘗伏臘, 乃爲伏獵. 浚曰, 省中而有伏獵侍郞乎. 乃出炅, 爲岐州刺史.[1342]

제야 除夕

• 제야(除夜)에 대나(大儺)를 행할 때면 중황문(中黃門)[1343]의 아이들 가운데 10세 이상 12세 이하의 120명을 진자(侲子)[1344]로 삼는데 모두 붉은 두건에 검은 옷을 입고 신발을 잡고서 다닌다.《동한후기

1332.《고금사문유취(古今事文類聚)·전집(前集)》권12.

1333. 진류(陳留): 지금의 하남성(河南省)에 있었던 군(郡) 이름.

1334. 이 '後漢書'는 원산송(袁山松)의《후한서(後漢書)》를 가리킨다.

1335.《고금사문유취(古今事文類聚)·전집(前集)》권12.

1336. 세양령(細陽令): 벼슬 이름. 세양은 지금의 안휘성(安徽省)에 있었던 현(縣) 이름.

1337.《고금사문유취(古今事文類聚)·전집(前集)》권12.

1338. '伏獵侍郞'이《고금사문유취(古今事文類聚)》에는 '不識臘字'로 되어 있다.

1339. 증상복랍(蒸嘗伏臘): 복일(伏日)과 납일(臘日)에 제사를 지낸다는 뜻이다.

1340. 기주자사(岐州刺史): 벼슬 이름. 기주는 지금의 섬서성(陝西省)에 있었던 주(州) 이름.

1341.《신당서(新唐書)·엄준전(嚴浚傳)》

1342.《고금사문유취(古今事文類聚)·전집(前集)》권12.《신당서(新唐書)·엄준전(嚴浚傳)》에는, "戶部侍郞蕭炅, 林甫所引, 不知書, 嘗與挺之言, 稱蒸嘗伏臘, 乃爲伏獵. 挺之白九齡, 省中而有伏獵侍郞乎. 乃出炅岐州刺史"로 되어 있다. '정지(挺之)'는 엄준(嚴浚)의 자이다.

1343. 중황문(中黃門): 궁정(宮廷)에서 복무하는 내시들을 관리하는 일종의 관청을 가리키기도 하고 그 관청 소속의 내시들을 가리키기도 한다. 여기서는 전자의 의미로 쓰였다.

〈東漢後記〉》

歲除大儺, 選中黃門子弟十歲以上十二歲以下百二十人爲侲子, 皆赤幘皂衣, 執靴[1345]以行.〈東漢後記〉[1346]

갈고리를 감추는 놀이[장구지희(藏鉤之戱)] 새해 하루 전에 갈고리를 감추는 놀이를 하는데 구익부인(鉤弋夫人)[1347]에게서 유래한 것이다. 《한무고사(漢武故事)》를 살펴보았더니 이르기를, "주상께서 하간(河間)[1348]을 순수(巡狩)하시다가 맑은 빛이 땅으로부터 하늘로 뻗히는 것을 보았다. 운기(雲氣)를 살펴 점을 치는 자가 이르기를, '아래에 귀한 아이가 있을 것입니다'라고 하였다. 주상이 그를 찾게 하여 빈 집 안에서 한 여자 아이를 찾아냈다. (아이의) 자색(姿色)이 더없이 빼어났으며 양 손 모두가 주먹을 쥐고 있었는데 수백 명이 주먹을 펴려고 하였으나 펼 수가 없었다. 주상이 직접 폈더니 곧바로 펴졌다. 호를 '주먹부인[拳夫人]'이라 하였는데 곧 구익부인이다"라고 하였다. 후세의 사람들이 그 손이 주먹을 쥐고 있는 것을 보면 국색(國色)이 있다고 하였기 때문에 이로 인해 갈고리를 감추는 놀이를 하게 된 것이다.[1349] 이상은(李商隱)의 시에서 이르기를, "초(楚)나라 미녀들이 번갈아 잠자리를 시중들고, 한(漢)나라 미녀들이 함께 제비를 감추네."[1350]라고 하였다.

歲前爲藏鉤之戱, 始於鉤弋夫人. 按漢[1351]故事云, 上巡守河間, 見淸光自地屬天. 望氣者云, 下有貴子. 上求之, 見一女子在空室中. 姿色殊絶, 兩手皆拳, 數百人擘之莫舒. 上自披卽舒. 號拳夫人, 卽鉤弋也. 後人見其手拳而有國色, 故因之而爲藏鉤之戱. 李商隱詩[1352]云, 楚妃交薦枕, 漢后共藏鬮.[1353]

《풍토기(風土記)》의 기록이다. 납일(臘日) (제사) 이후로 늙은 할머니들이 각기 그 무리들을 따르면서 갈고리 감추는 놀이를 하는데 두 조(組)로 나누어 승부(勝負)를 비교한다. 사마온공(司馬溫公)[1354]의 시에서 이르기를, "갈고리를 감추니 막 납제(臘祭)가 지나간 것, 춤 익히려고 옷 마름질을 다투네"라고 하였다. 또 〈장구(藏彄)[1355]〉시에서, "어느 누구의 손에 감추어졌는지를 알지 못해, 도리어 술동이 앞으로 가 주먹 장난을 치는구나"라고 하였다.

風土記. 臘月[1356]以後, 叟嫗各隨其儕, 爲藏彄, 分爲二曺以較勝負. 司馬溫公詩[1357]云, 藏鬮新度臘, 習舞競裁衣. 又藏彄詩, 不知藏在何人手, 却向樽前鬪弄拳.[1358]

불산[火山]을 만들다[설화산(設火山)] 당(唐)나라

1344. 진자(侲子): 나례(儺禮)를 거행하는 사람 가운데 아이 나자(儺者)를 일컫는 말. 우리말로는 '아이 초라니'라고 한다.
1345. 《후한서(後漢書)·예의지(禮儀志)》에는 '靴'를 '大鞀'로 적고 있다. 대도는 북의 일종이다.
1346. 《고금사문유취(古今事文類聚)·전집(前集)》 권12.
1347. 구익부인(鉤弋夫人): 한(漢) 무제(武帝)의 비(妃)이자 소제(昭帝)의 어머니.
1348. 하간(河間): 지금의 하북성(河北省) 하간시(河間市) 일대.
1349. 전하는 얘기에 의하면 애초에 구익부인이 손에 갈고리를 감추고 있었다고 한다.
1350. 원문의 '妃'와 '后'는 모두 미녀의 뜻으로 쓰였다.
1351. '漢' 다음에 '武'자가 누락되었다.
1352. 시제(詩題)는 〈의의(擬意)〉이다.
1353. 《고금사문유취(古今事文類聚)·전집(前集)》 권12. 《형초세시기(荊楚歲時記)》를 참고하여 기술한 것이다. "後人見" 이하는 《형초세시기》의 기록이 아니다.
1354. 사마온공(司馬溫公): 북송(北宋)의 사마광(司馬光). 사후에 온국공(溫國公)에 봉해졌기 때문에 사마온공으로도 칭하게 된 것이다.
1355. 장구(藏彄): '장구(藏鉤)'와 같은 말이다.
1356. '月'은 '日'의 오자이다.
1357. 시제(詩題)는 〈부인합(夫人閤)〉이다.

정관(貞觀)1359 초엽에 천하가 태평하였다. 때마침 제야(除夜)인지라 태종(太宗)이 궁궐을 굉장하게 치장하고, 등촉(燈燭)을 밝게 가설하며, 음악(音樂)을 성대하게 연주토록 하고는 이에 소후(蕭后)를 이끌고서 그것을 구경하였다. 소후가 말하기를, "수(隋)의 군주가 지나치게 사치스러워 매년 제야가 되면 어전(御殿) 앞 여러 궁실(宮室)에 불산[火山] 수십 개를 만들고, 죄다 침향(沈香)나무1360 뿌리로 하나의 산마다 모두 수레 200여 대 분량의 침향나무를 태웠는데 상품(上品) 기름이 200섬을 넘었다고 합니다"라고 하였다. 구양수(歐陽修)의 시에서, "수나라 궁중처럼 밤을 지키며 침향나무가 불타고, 초(楚)나라 풍속으로 귀신을 몰아내는 폭죽(爆竹) 소리가 들리네"라고 하였다.《기문(紀聞)》

唐貞觀初天下乂安. 時屬除夜, 太宗盛飾宮掖, 明設燈燭, 盛奏樂歌, 乃延蕭后觀之. 后曰, 隋主淫侈, 每除夜, 殿前諸院, 設火山數十, 盡沈香木根, 每一山皆焚沈香1361二百餘乘, 甲煎過二百石. 歐公詩, 隋宮守夜沈香火, 楚俗驅神爆竹聞.〈紀聞〉

음양가들의 금기 陰陽避忌

• 저선생(褚先生)1362이 말하였다. "신(臣)이 낭관(郎官)이 되었을 때에 태복관(太卜官)으로 조서를 기다려 낭관이 된 자와 더불어 관서(官署)에 같이 있었는데 말하기를, '무제(武帝) 시절에 점치는 자들을 모아 놓고 묻기를, 모일(某日)에 장가들 수 있겠느냐고 하였더니, 오행가(五行家)는 가(可)하다고 하고, 감여가(堪輿家)1363는 불가(不可)하다고 하고, 건제가(建除家)1364는 대길(大吉)이라 하고, 총진가(叢辰家)1365는 대흉(大凶)이라 하고, 역가(曆家)1366는 소흉(小凶)이라 하고, 천인가(天人家)1367는 소길(小吉)이라 하고, 태일가(太一家)1368는 대길(大吉)이라 하여 쟁론이 결판나지 않아 상황을 보고하였더니 주상이 명령하기를, 여러 기휘(忌諱)는 제쳐두고 오행가를 위주로 하라고 했소'라고 하였습니다."

褚先生曰, 臣爲郞時, 與太卜待詔爲郞者同署, 言曰, 武帝時, 聚會占家問之, 某日可娶婦乎. 五行家曰可, 堪輿家曰不可, 建除家曰大吉, 叢辰家曰大凶, 曆家

1358. 《고금사문유취(古今事文類聚)·전집(前集)》 권12. 《풍토기(風土記)》에서 인용한 내용은 《형초세시기(荊楚歲時記)》에 보이는데 "司馬溫公" 이하는 《형초세시기》의 기록이 아니다.
1359. 정관(貞觀): 당(唐) 태종(太宗)의 연호(627-649)이다.
1360. 침향(沈香)나무: 팥꽃나뭇과의 상록 교목으로 20미터 정도까지 자라며, 잎은 어긋나고 긴 타원형인데 두껍고 윤이 난다. 나무진은 향료로 쓰며 나무를 태우면 향이 난다.
1361. "沈香" 다음에 "數車. 火光暗, 則以甲煎沃之, 焰起數丈, 香聞數十里. 一夜之間, 用沈香"이 생략되었다. 하나의 '불산'마다 모두 수레 200여 대 분량의 침향나무를 태웠다는 것은 지나친 과장이다.
1362. 저선생(褚先生): 한무제(漢武帝) 시절의 책사(策士) 저대(褚大)를 가리킨다.
1363. 감여가(堪輿家): 풍수지리를 공부하여 묘지나 집터의 길흉을 점치는 사람.
1364. 건제가(建除家): 천상(天象)을 살펴 길흉화복(吉凶禍福)을 점치는 사람.
1365. 총진가(叢辰家): 별자리를 살펴 점을 치는 사람.
1366. 역가(曆家): 역법(曆法)으로 점을 치는 사람.
1367. 천인가(天人家): 도가(道家) 계열의 점술가.
1368. 태일가(太一家): 도가(道家) 계열의 점술가.

曰小凶, 天人家曰小吉, 太一家曰大吉, 辨訟不決, 以狀聞. 制曰, 避諸死忌, 以五行爲主.1369

육갑(六甲)이 다하는 것을 피하지 않다[불피갑궁(不避甲窮)] 왕정(王正)1370으로 (따질 때) 육갑(六甲)이 다하여 꺼리는 날[癸亥日]이기 때문에 출병(出兵)하지 않는데, 등우(鄧禹)가 이로 인하여[이를 계기로 삼아] 군대를 매복시키고 사병들에게 재갈을 물렸다가 유균(劉均)을 사로잡았다.

王正以六甲窮忌日, 不出兵, 鄧禹因得埋兵勒衆, 以獲劉均.1371

금기일(禁忌日)을 피하지 않다[불피반지(不避反支)] 한(漢)나라 명제(明帝) 시절에 공거(公車)1372에서 금기일(禁忌日)이라는 이유로 상주문(上奏文)을 받지 않자 황제가 이를 듣고 괴이하게 여기면서 말하기를, "백성들이 농사일을 제쳐두고 멀리서 와 대궐에 이르렀는데 다시 금기로 걸리게 하는 것이 어찌 정치를 하는 뜻이겠는가?"라 하고는 마침내 그 규정을 없앴다.

漢明帝時, 公車以反支日不受章奏, 帝聞而怪曰, 民廢農業, 遠來詣闕, 復拘以禁忌, 豈爲政之意乎. 遂蠲其制.1373

금기시할 필요가 없다[불필피기(不必避忌)] 《후한서(後漢書)·곽진전(郭鎭傳)》의 기록이다. 하남(河南)의 오웅(吳雄)은 어려서 집이 가난하였는데 어머니를 여의고서 사람이 봉분(封墳)을 하지 않은 무덤을 살펴 적당한 것을 골라 그 안에다 장사 치렀다. 상례(喪禮)의 일은 금방 처리되었으며 날짜나 시간도 묻지 않자 무당들이 모두 말하길 당연히 가족이 멸망할 것이라고 하였다. 오웅은 후에 벼슬이 사도(司徒)에 이르렀으며, 자손들은 3대에 걸쳐 정위(廷尉)가 되었다.

後漢郭鎭傳. 河南吳雄少家貧, 喪母, 營人所不封土, 擇葬其中. 喪事趣辦, 不問時日, 醫1374巫皆言當族滅. 雄後致位司徒, 子孫三世廷尉.1375

환제(桓帝) 시절에 여남(汝南)의 진백경(陳伯敬)이 다닐 때면 반드시 잰걸음으로 걷고, 앉을 때면 반드시 무릎을 단정하게 하였으며, 개나 말을 꾸짖을 때도 끝내 '죽을'이라는 말을 하지 않았다. 짐승을 눈으로 본 적이 있으면 그 고기를 먹지 않았으며, 길을 가다가 흉한 소식을 들으면 곧바로 멍에를 풀고 머물렀다. 집으로 돌아갈 적에, 돌아갈 때의 금기일(禁忌日)에 저촉되면 향정(鄕亭)에서 기숙(寄宿)하였다. 나이가 많아서도 효렴(孝廉)에 천거되었을 뿐이었다. 후에 사위가 아전을 도망치게 한 일에 연좌되자 태수(太守)가 노하여 그를 죽였다.

桓帝時, 汝南陳伯敬, 行必矩步, 坐必端膝, 呵叱狗馬, 終不言死. 目有所見, 不食其肉, 行路聞凶, 便解駕留止, 還觸歸忌, 則寄宿鄕亭. 年老,1376 不過擧孝廉. 後坐女壻亡吏, 太守1377怒而殺之.1378

숙종(肅宗) 시절에 사예교위(司隷校尉) 조흥(趙興)은 매번 (새) 관사(官舍)에 들어갈 때마다 관사의 건물을 다시 수리하고, 본래의 건축물을 이동시키거나 고쳐 고의로 요사스런 금기를 범하였는데 자손들

1369. 《사기(史記)》 권127.
1370. 왕정(王正): 왕조(王朝)에서 반포한 역법(曆法)이란 뜻으로 쓰인 말이다.
1371. 《고금사문유취(古今事文類聚)·전집(前集)》 권12.
1372. 공거(公車): 한대(漢代)의 관서(官署) 이름.
1373. 《후한서(後漢書)》 권49.
1374. '醫'는 임의로 보태진 글자이다.
1375. 《후한서(後漢書)》 권46에 수록된 내용을 재구성한 것이다.
1376. '年老' 다음에 '寢滯'가 생략되었다.
1377. '太守' 다음에 '邵夔'가 생략되었다.
1378. 《후한서(後漢書)》 권46.

이 3대에 걸쳐 사예(司隷)가 되었다.

肅宗時, 司隷校尉趙興, 每入官舍, 輒更繕修館宇, 移穿改築, 故犯妖禁, 子孫三世爲司隷.[1379]

태세(太歲)[1380]의 방위(方位)[태세방위(太歲方位)] 《진서(晉書)·서막전(徐邈傳)》의 기록이다. 태세(太歲)의 별[목성(木星)]이 묘수(卯宿)[1381] 방위에 있다면, 이 집의 왼쪽[동쪽]은 저 집의 오른쪽[서쪽]이 되는데 어찌 동쪽을 함께 꺼려할 수가 있는가? 서막은, 태세(太歲)와 같은 유(類)는 본래 마음을 놀게 하는 것으로, 비유하자면 해가 뜰 때에 동쪽을 향하면 모두 (복을 받는 방위와는) 역방향(逆方向)이 되는 것과 같으니, 몸을 땅 속에 숨겨둘 수 있는 것은 아니라고 여겼다.《진서(晉書)·서막전(徐邈傳)》

晉孫[1382]邈傳. 舊疑歲辰在卯, 此宅之左則彼宅之右, 何得俱忌於東. 邈以爲太歲之屬, 自是游神, 譬如日出之時, 向東皆逆, 非爲藏體地中也.[1383]〈本傳〉

세성(歲星)[1384]을 피하지 않다[불피세성(不避歲星)] 진(晉)나라 부견(苻堅)이 여러 신하들을 인견(引見)하여 말하기를, "내가 장차 남방(南方)을 정벌하려는데 어떻소?"라 하자 태자좌위솔(太子左衛率) 석월(石越)이 말하기를, "금년에 진성(鎭星)[1385]이 두우(斗牛)[1386]를 지키고 있으니 복덕(福德)이 오(吳)나라에 있습니다. 범할 수가 없습니다"라고 하였다. 부견이 말하기를, "무왕(武王)이 주왕(紂王)을 칠 때 세성(歲星)을 거슬러 범하였소. 천도(天道)는 심원하여 알 수가 없는 것이오. 나의 군대로써 강에 말채찍을 던지게 하면 그 흐름을 끊을 수 있을 것이오"라고 하였다.《진서(晉書)·재기(載記)》

晉苻堅引群臣曰, 吾將薄伐南裔, 如何. 左衛率[1387]石越曰, 今歲鎭星守斗牛, 福德在吳. 不可犯也. 堅曰, 武王伐紂, 逆歲犯星. 天道幽遠, 未可知也. 以吾之衆旅, 投鞭於江, 足斷其流.[1388]〈載記〉

왕망일(往亡日)[1389]을 피하지 않다[불피왕망(不避往亡)] 송(宋)나라 무제(武帝)가 모용초(慕容超)를 치려고 하자 여러 장수들이 말하기를, "왕망일(往亡日)은 병가(兵家)에서 꺼리는 바입니다"라고 하자 무제가 말하기를, "내가 가면[往] 저들이 망하는데[亡] 길함이 누가 더 크겠소?"라고 하였다. 마침내 광고(廣固) 지역을 평정하였다.

宋武帝攻慕容超, 諸將曰, 往亡之日, 兵家所忌. 帝曰, 我往彼亡, 吉孰大焉. 遂平廣固.[1390]

당(唐)나라 이소(李愬)가 채주(蔡州)의 오방(吳房)을 공격하려 하자 관리가 말하기를, "왕망일(往亡日)이라 이치상 응당 (출병을) 피해야 할 것입니다"라고 하였다. 이소가 말하기를, "저들이 내가 오지 않을 것으로 여긴다면 이야말로 칠 수 있는 것이

1379. 《후한서(後漢書)》 권46에 수록된 내용을 요약하여 기술한 것이다.
1380. 태세(太歲): 음양가(陰陽家)들이 모시는 팔장신(八將神)의 하나. 목성(木星)에 붙인 이름으로 해마다 간지(干支)의 방향으로 운행하는데, 그 방향으로 길사(吉事)를 행하면 복을 받는다고 한다.
1381. 묘수(卯宿): 이십팔수(二十八宿)의 열여덟째 별자리의 별들.
1382. '孫'은 '徐'의 오자이다.
1383. 《진서(晉書)》 권91.
1384. 세성(歲星): 목성(木星)으로, 12년에 주천(周天)을 한 바퀴 돈다. 목성이 도는 길을 12등분하여 한 해를 표시하였기 때문에 세성(歲星)이라고 한다.
1385. 진성(鎭星): 토성(土星)으로, 고대 천문학에서 28년에 주천(周天)을 한 바퀴 돈다고 여겼다. 따라서 매년 28수(宿) 가운데 하나를 지나면서 관장한다고 하여 붙여진 이름이다.
1386. 두우(斗牛): 이십팔수(二十八宿) 가운데 두성(斗星)과 우성(牛星)을 아울러 이르는 말.
1387. '左衛率' 앞에 '太子'가 생략되었다.
1388. 《진서(晉書)·재기(載記)》에 수록된 내용을 요약하여 기술한 것이다.
1389. 왕망일(往亡日): 음양가(陰陽家)들이 사용하는 흉일(凶日) 이름. 달마다 이날이 있었으며 금기 사항이 많았다.
1390. 《고금사문유취(古今事文類聚)·전집(前集)》 권12.

오"라고 하였다.

唐李愬攻蔡吳房, 吏曰, 往亡日, 法當避. 愬曰, 彼謂吾不來, 此可擊也.[1391]

예(禮)는 꺼리는 달이 없다[예무기월(禮無忌月)]

진(晉)나라 목제(穆帝)가 황후(皇后)를 9월에 맞아들이고자 하였으나 꺼리는 달이었다. 범왕(范汪)이 왕표지(王彪之)에게 묻자 답하기를, "예(禮)는 꺼리는 달이 없습니다. 감히 본 적이 없기 때문에 곧바로 그것이 없다고 말하는 것은 아닙니다"라고 하였다. 박사(博士) 조탐(曺耽)과 순눌(荀訥) 등이 함께 말하기를, "꺼리는 달에 관한 글이 없으므로 응당 거리낌이 있지는 않을 것입니다"라고 하였다. 왕흡(王洽)이 말하기를, "만일 꺼리는 달이 있다면 당연히 다시 꺼리는 해도 있을 것입니다"라고 하였다.《진서(晉書)·예의지(禮儀志)》

晉穆帝納后欲用九月, 是忌月.[1392] 范汪問王彪之, 答云, 禮無忌月, 不敢以所不見, 便謂無之. 博士曺耽荀訥等竝謂無忌月之文, 不應有妨. 王洽曰, 若有忌月, 當復有忌歲.[1393]〈晉禮儀志〉

흉조(凶兆)를 피하지 않다[불피흉조(不避凶兆)]

유유(劉裕)가 노순(盧循)을 공격하였을 때 노순이 크게 패하자 도주하여 심양(尋陽)으로 돌아가, 좌리(左里)에 목책(木柵)을 가설하여 방어벽을 구축하였다. 유유의 군대가 이르렀으나 (이 때문에) 전진할 수가 없었다. 유유가 군사들을 지휘하여 장차 일전을 치르려 할 적에, 잡고서 지휘하는 깃대가 꺾어지더니 꺾어진 깃발이 물속에 가라앉았다. 병사들이 아울러 두려워하자 유유가 웃으면서 말하기를, "왕년에 복주산(覆舟山) 전투에서도 깃대가 꺾어진 적이 있었다. 오늘 다시 그러하니 도적들이 반드시 깨질 것이다"라 하고는 곧바로 목책을 공략하여 진군(進軍)하였다. 노순은 큰 배를 버리고 도주하였으며 죽임을 당한 자 및 물에 던져져 죽은 자가 만 명을 헤아렸다.

劉裕擊盧循, 循大敗, 走還潯[1394]陽, 柵斷左里. 裕軍至, 不得進. 裕麾兵將戰, 所執麾竿,[1395] 折幡沈于水. 衆竝懼, 裕笑曰, 往年覆舟之戰, 幡竿亦折. 今日復然, 賊必破矣. 卽攻柵而進. 循棄舸走, 所殺及投水死者萬人.[1396]

갑자일(甲子日)을 피하지 않다[불피갑자(不避甲子)]

후위(後魏)의 무제(武帝)가 하린(賀驎)을 토벌하려 하자 태사령(太史令) 요숭(姚崇)이 말하기를, "주왕(紂王)이 갑자일(甲子日)에 망했기 때문에 병가(兵家)에서는 이날을 꺼려합니다"라고 하였다. 무제가 말하기를, "주왕이 갑자일에 망했다면 주(周)나라 무왕(武王)은 갑자일에 승리한 것이 아니겠소?"라 하자 요숭은 대답할 수 없었다. 진군하여 대파하였다.

後魏武帝討賀驎, 太史令姚崇曰, 紂以甲子亡, 兵家忌之. 帝曰, 紂以甲子亡, 周武王不以甲子勝乎. 崇無以對. 進軍大破之.[1397]

곡(哭)하는 데 날을 피하지 않다[곡불피진(哭不避辰)] 장공근(張公謹)이 죽자 태종(太宗)이 장차 출궁(出宮)하여 교외에서 그를 곡(哭)하려고 하자 유사(有司)가 아뢰기를, "해가 진시(辰時)에 있으니 안됩니다"라고 하였다. 태종이 말하기를, "군신(君臣)은 부자(父子)와 같다. 감정이 내심(內心)에서 솟구치는데 어찌 피할 바가 있겠느냐?"라 하고는 마침내 곡을 하였다.

1391. 《신당서(新唐書)》 권154.
1392. '是忌月' 앞에 '九月'이 생략되었다.
1393. 《진서(晉書)·지(志)》
1394. '潯'은 '尋'의 오자이다.
1395. "所執麾竿" 다음에 '折'이 누락되었다.
1396. 《송서(宋書)·본기(本紀)》에 수록된 내용을 재구성한 것이다.
1397. 《위서(魏書)·제기(帝紀)》에 수록된 내용을 재구성한 것이다.

張公謹卒, 太宗將出次哭之, 有司奏, 曰[1398]在辰, 不可. 帝曰, 君臣猶父子也, 情感於內, 安有所避. 遂哭之.[1399]

스스로 택일(擇日)하게 하다[자령택일(自令擇日)]

당(唐)나라 유전(劉瑑)이 하동(河東)으로부터 부름을 받고 환궁하였다. 선종(宣宗)이 책상 위의 달력을 보다가, "짐(朕)을 위하여 좋은 날을 하나 골라보시오"라고 하였다. 유전이 꿇어앉아 말하기를, "모일(某日)이 좋겠습니다"라고 하였더니 황제가 웃으면서 말하기를, "이 날이 경(卿)이 마침내 재상이 될 수 있는 날이라오"라고 하였다.

唐劉瑑自河東召還. 宣宗視案上曆, 爲朕擇一令日[1400], 瑑跪曰, 某日良. 帝笑曰, 是日卿可遂相.[1401]

피해도 또한 면하지 못하다[피역불면(避亦不免)]

당(唐)나라 위집의(韋執誼)가 낭관(郎官)이 된 뒤에 일찍이 직방사(職方司)로 가서 지도를 보았는데 영남(嶺南)에 이르러 문득 눈을 감고는 좌우의 사람들에게 명하여 지도를 치우게 하였다. 재상이 되어서는 앉아서 집무(執務)를 보는 대청에 지도가 있었으나 가서 살피지를 않았다. 이미 10년이 지나 시험 삼아 그것을 보았더니 애주(崖州)의 지도였다. 과연 (그곳으로) 폄적(貶謫)되어 죽었다.

唐韋執誼爲郞, 掌諸[1402]職方觀圖, 至嶺南輒瞑目, 命左右令[1403]撤去. 及爲相, 所坐堂有圖, 不就省. 旣易旬, 試觀之, 崖州圖也. 果貶死.[1404]

태세(太歲)를 피하지 않다[불피태세(不避太歲)]

가우(嘉祐)[1405] 연간에 장차 동화문(東華門)을 수리하려고 하자 태사(太史)가 말하기를, "태세(太歲)가 동쪽에 있어 범할 수가 없습니다"라고 하였다. 인종황제(仁宗皇帝)가 그 상주문(上奏文)에 비답(批答)을 하여 말하기를, "동쪽 집의 서쪽은 서쪽 집의 동쪽이고, 서쪽 집의 동쪽은 동쪽 집의 서쪽인데 태세가 과연 어디에 있다는 것이오? 공사(工事) 일으키는 것을 꺼려하지 마시오"라고 하였다.

嘉祐中, 將修東華門, 太史言太歲在東, 不可犯. 仁宗皇帝批其奏曰, 東家之西, 乃西家之東, 西家之東, 乃東家之西, 太歲果何在. 其興工勿忌.[1406]

먼 길을 떠날 적에 날을 가리지 않다[행불택일(行不擇日)] 강절선생(康節先生)[1407]이 먼 길을 떠날 적에 날을 가리지 않았다. 혹자(或者)가 이롭지 못하다는 뜻으로 고하자 제지하면서 말하기를, "사람이 아직 말을 하지 않았다면 알 수가 없고, 이미 말을 하였다면 아는 것이 있으며, 아는 것이 있으면 반드시 행하는 까닭에 귀신과 적(敵)이 되는 것이오"라고 하였다.

康節先生出行不擇日. 或告之以不利, 則止曰, 人未言則不知, 旣言則有知, 有知而必行, 故[1408]鬼神敵也.[1409]

1398. '曰'은 '日'의 오자이다.
1399. 《신당서(新唐書)》 권89에 수록된 내용을 재구성한 것이다.
1400. "爲朕擇一令日" 앞에 "謂瑑"이 생략되었다.
1401. 《신당서(新唐書)》 권182에 수록된 내용을 재구성한 것이다.
1402. "掌諸"는 "嘗詣"의 오자이다.
1403. '令'은 임의로 보태진 글자이다.
1404. 《신당서(新唐書)》 권168에 수록된 내용을 재구성한 것이다.
1405. 가우(嘉祐): 북송(北宋) 인종(仁宗)의 연호(1056-1063)이다.
1406. 《고금사문유취(古今事文類聚) · 전집(前集)》 권12.
1407. 강절선생(康節先生): 북송(北宋)의 도학자이자 시인인 소옹(邵雍). 강절(康節)은 그의 시호이다.
1408. '故'가 '則與'로 된 판본도 있다.
1409. 《고금사문유취(古今事文類聚) · 전집(前集)》 권12.

문헌목록

* 이 목록은 ≪유원총보≫에 인용된 문헌에다 간략히 서지사항을 곁들인 것이다. 그러나 널리 알려진 경서류(經書類)와 사서류(史書類), 제자백가류(諸子百家類)의 서적은 여기에 포함시키지 않았다.

≪역(易)≫＝≪주역(周易)≫
≪중(中)≫＝≪중용(中庸)≫
≪시(詩)≫＝≪시경(詩經)≫
≪논(論)≫＝≪논어(論語)≫
≪노(老)≫＝≪노자(老子)≫
≪장(莊)≫＝≪장자(莊子)≫
≪사(史)≫＝≪사기(史記)≫

- ≪가화(嘉話)≫＝≪가화록(嘉話錄)≫ : 당(唐)의 유우석(劉禹錫)이 지은 필기소설집(筆記小說集).
- ≪감우전(感遇傳≫＝≪신선감우전(神仙感遇傳)≫ : 당(唐)의 두광정(杜光庭)이 지은 소설집(小說集).
- ≪개원천보유사(開元天寶遺事)≫ : 촉(蜀)의 왕인유(王仁裕)가 민간에 전해져 오던 고사(故事)를 모아 만든 책이라 하나 사실(史實)을 전한 것이 아니라 현종(玄宗) 시대[곧 開元, 天寶 연간]에 대한 동경에서 나온 풍문과 설화 모음집이라 할 수 있다.
- ≪건강실록(建康實錄)≫ : 당(唐)의 허숭(許嵩)이 엮은 건강(建康) 일대의 지방지(地方志).
- ≪건착도(乾鑿度)≫ : 정식 명칭은 ≪주역건착도(周易乾鑿度)≫이며 ≪주역(周易)≫의 위서(緯書)이다.
- ≪격치경원(格致鏡原)≫ : 청(淸)의 진원룡(陳元龍)이 지은 필기류(筆記類)의 책이다.
- ≪고금사문류취(古今事文類聚)≫ : 본집(本集)은 송(宋)의 축목(祝穆)이, 외집(外集)은 원(元)의 부대용(富大用)이 엮은 유서(類書)이다.
- ≪고금주(古今注)≫ : 진(晉)의 최표(崔豹)가 지은 책으로 그 당시와 그 이전 시기의 각종 사물(事物)에 대하여 해설하고 전석(詮釋)한 것이다.
- ≪고령요(考靈曜)≫ : ≪상서(尙書)≫ 위서(緯書) 가운데 하나로 지금은 일실되었고, 집본이 ≪고미서(古微書)≫에 전한다.
- ≪고미서(古微書)≫ : 명(明)의 손곡(孫穀)이 엮은 책으로 주로 위서류(緯書類)를 집록(輯錄)한 것이다.

- ≪고사전(高士傳)≫ : 진(晉)의 황보밀(皇甫謐)이 지은, 요순(堯舜) 이래로 한위(漢魏)에 이르는 은사(隱士)들의 전기(傳記)를 다룬 책이다.
- ≪곤학잡록(困學雜錄)≫ : 원(元)의 선우추(鮮于樞)가 지은 필기류(筆記類)의 책이다.
- ≪공총자(孔叢子)≫ : 공자(孔子) 이하 자사(子思)·자고(子高)·자순(子順) 등 공씨(孔氏) 집안의 언행을 모아놓은 것으로 공자(孔子)의 8세손인 공부(孔鮒)가 지은 것이라 하나 후인의 위작(僞作)이다.
- ≪관령내전(關令內傳)≫ : ≪수서(隋書)·경적지(經籍志)≫에, "귀곡선생찬(鬼谷先生撰)"으로 되어 있지만 내력이 자세하지 않다.
- ≪괄지지(括地志)≫ : 당대(唐代)의 위왕(魏王) 이태주(李泰主)가 엮은 대형 지리서(地理書)이다.
- ≪광아(廣雅)≫ : 위(魏)의 장읍(張揖)이 엮은 소학류(小學類)의 책이다.
- ≪금수만화곡(錦繡萬花谷)≫ : 편자를 알 수 없는 송대(宋代)의 유서(類書)이다.
- ≪기찬연해(記纂淵海≫ : 송(宋)의 반자목(潘自牧)이 엮은 유서(類書)이다.
- ≪남강기(南康記)≫ : 진(晉)의 등덕명(鄧德明)이 지은 남강군(南康郡)과 우도(雩都) 일대의 지방지(地方志).
- ≪남부신서(南部新書)≫ : 송(宋)의 전이(錢易)가 지은 책인데 당(唐)과 오대(五代)의 고사(故事)를 기록한 것이다.
- ≪냉재야화(冷齋夜話)≫ : 송(宋)의 혜홍(惠洪)이 지은, 필기(筆記)와 시화(詩話)가 섞인 책인데 논시(論詩)를 위주로 하고 있다.
- ≪담원(談苑)≫ : 송(宋)의 공평중(孔平仲)이 지은 필기류(筆記類)의 책이다.
- ≪담원제호(譚苑醍醐)≫ : 명(明)의 양신(楊愼)이 지은 훈고서(訓詁書).
- ≪당문수(唐文粹)≫ : 송(宋)의 요현(姚鉉)이 지은 당나라 문장 선집이다.
- ≪동명기(洞冥記)≫ : 한(漢)의 곽헌(郭憲)이 지은 것으로 전해지는 소설로 ≪한무제별국동명기(漢武帝別國洞冥記)≫라고도 한다.
- ≪동성부로전(东城父老传)≫ : 당(唐)의 진홍(陳鴻)이 지은 전기소설집(傳奇小說集)이다.
- ≪동파전집(東坡全集)≫ : 북송(北宋) 소식(蘇軾)의 저작 총집으로 명말(明末)에 간행되었다.
- ≪두양잡편(杜陽雜編)≫ : 당(唐)의 소악(蘇鶚)이 지은 필기소설집(筆記小說集)이다.
- ≪두위의(斗威儀)≫=≪예두위의(禮斗威儀)≫ : 한대(漢代)에 엮어진 ≪예기(禮記)≫의 위서(緯書).
- ≪명황잡록보유(明皇雜錄補遺)≫ : ≪명황잡록(明皇雜錄)≫과 함께 당(唐)의 정처회(鄭處晦)가 지은 필기류의 책이다.
- ≪몽계필담(夢溪筆談)≫ : 송(宋)의 심괄(沈括)이 지은 필기류(筆記類)의 책으로 송(宋)나라 과학사(科學史) 연구의 중요한 자료로서 후세에 공헌한 바가 크다.
- ≪몽화록(夢華錄)≫=≪동경몽화록(東京夢華錄)≫ : 송(宋)의 맹원로(孟元老)가 엮은 책 으로 북송(北宋)의 수도였던 개봉부(開封府)의 풍모(風貌)를 추억하여 기술한 것인데 풍속과 상업 등 귀족과 서민의 생활상 전반을 두루 다루고 있어 사료적인 가치가 매우 크다.
- ≪문견후록(聞見後錄)≫ : 송(宋)의 소박(邵博)이 지은 필기류의 책이다.
- ≪문자(文子)≫ : 노자(老子)의 제자인 문자(文子)가 지은 것으로 전해지는 책으로 ≪통현진경(通玄眞經)≫으로 불리기도 한다. ≪노자(老子)≫, ≪장자(莊子)≫, ≪열자(列子)≫와 더불어 도가(道家) 사대경전(四大

經典)의 하나이다.

- ≪문창잡록(文昌雜錄)≫ : 송(宋)의 방원영(龐元英)이 엮은 역사(歷史) 필기류(筆記類)의 책이다.
- ≪박물지(博物志)≫ : 서진(西晉)의 장화(張華)가 엮은 책으로 선인(仙人)과 괴수(怪獸)에 대한 이야기가 대부분이나 자연(自然)에 관한 사항도 있다.
- ≪박오경이의보유(駁五經異義補遺)≫ : ≪박오경이의(駁五經異義)≫와 함께 한(漢)의 정현(鄭玄)이 지은 경학(經學) 관련 도서인데 주로 허신(許愼)의 견해를 비판한 것이다.
- ≪반자진시화(潘子眞詩話)≫ : 황정견(黃庭堅)의 제자였던 북송(北宋)의 반순(潘淳 : 潘惇이라고도 함)이 엮은 시화집(詩話集). '子眞'은 그의 자이다.
- ≪백공육첩(白孔六帖)≫ : 당(唐)의 백거이(白居易)가 지은 일종의 유서(類書)인 ≪육첩(六帖)≫에 송(宋)의 공전(孔傳)이 ≪후육첩後六帖)≫을 더하여 엮은 책이다.
- ≪백집(白集)≫ = ≪백씨장경집(白氏長慶集)≫ : 당대(唐代) 백거이(白居易)의 시문집인데 '長慶'은 당(唐)나라 목종(穆宗) 장경(長慶) 연간에 간행되었기 때문에 붙여진 것이다.
- ≪백호통(白虎通)≫ = ≪백호통의(白虎通義)≫ = ≪백호통덕론(白虎通德論)≫ : 동한(東漢)의 반고(班固)가 편찬한 책이다. 장제(章帝) 시절에 군유(群儒)가 백호관(白虎觀)에 모여 오경(五經)의 이동(異同)을 담론한 것을 편집한 것이다.
- ≪법서요록(法書要錄)≫ : 당(唐) 장언원(張彦遠)이 엮은, 서법(書法)에 관계되는 논저(論著)의 총집(總集)이다.
- ≪별록(別錄)≫ : 유향(劉向)이 비서성(秘書省)에서 경전(經傳)을 교감한 뒤에 편목(篇目)을 나누어 대의(大意)를 기술한 책으로 중국 목록학(目錄學)의 비조로 일컬어진다.
- ≪별아(別雅)≫ : 청(淸)의 오옥진(吳玉搢)이 지은 ≪이아(爾雅)≫ 계통의 사서류(辭書類)이다.
- ≪보전(寶典)≫ = ≪옥촉보전(玉燭寶典)≫ : 수(隋)의 두태경(杜台卿)이 엮은 필기류(筆記類)의 책이다.
- ≪북당서초(北堂書鈔)≫ : 당(唐)의 우세남(虞世南)이 엮고 명(明)의 진우모(陳禹謨)가 보주(補註)한, 현존하는 중국 최고(最古)의 유서(類書)이다.
- ≪비아(埤雅)≫ : 송(宋)의 육전(陸佃)이 지은 책으로, 여러 사물의 명의(名義)를 밝혔는데 특히 이름을 얻게 된 연유를 캔 것이 많다. 책명은 ≪이아(爾雅)≫를 보충한다는 뜻이다.
- ≪사물기원(事物紀原)≫ : 송(宋)의 고승(高承)이 엮은 책으로 사물의 기원(起源)을 논한 것이다.
- ≪산당사고(山堂肆考)≫ : 명(明)의 팽대익(彭大翼)이 엮은 유서(類書)이다.
- ≪산서(山書)≫ : 청(淸)의 손승택(孫承澤) 이 엮은 지리서(地理書)이다.
- ≪산해경(山海經)≫ : 하(夏)나라 우왕(禹王) 또는 백익(伯益)이 지었다고 하나 전국시대 이후에 지어진 것으로 보이는 중국 최고(最古)의 지리서(地理書)이다. 원래는 23권이었다고 하나 전한(前漢) 말기에 유흠(劉歆)이 교정(校定)한 18편만 전해지고 있다.
- ≪삼략직해(三略直解)≫ : 명(明)의 유인(劉寅)이 엮은 ≪삼략(三略)≫의 주해서(注解書)이다.
- ≪삼수소독(三水小牘)≫ : 당(唐)의 황보매(皇甫枚)가 지은 전기소설집(傳奇小說集)이다.
- ≪상서중후(尙書中候)≫ : 한대(漢代)에 엮어진 ≪상서(尙書)≫의 위서(緯書).
- ≪서경잡기(西京雜記)≫ : 진(晉)의 갈홍(葛洪)이 전한(前漢) 시대의 잡사(雜事)를 기록한 책이다.

- ≪서응도(瑞應圖)≫ : 한대(漢代)의 손씨(孫氏)가 지은 것으로 전해지는 위서(緯書).
- ≪석명(釋名)≫ : 후한(後漢)의 유희(劉熙)가 지은 책으로 같은 음을 가진 말로 어원을 설명한 것이다. 분류 방법은 ≪이아(爾雅)≫와 같으나 소리가 비슷한 말은 의미에도 많은 관련이 있다고 여기는 성훈(聲訓)의 입장에서 해설한 것이다.
- ≪석씨요람(釋氏要覽)≫ : 북송(北宋)의 석도성(釋道誠)이 엮은, 승려들과 수도(修道)에 관한 생활 지침 등을 다룬 책이다.
- ≪선실지(宣室志)≫ : 당(唐) 장독(張讀)이 편찬한 책으로, 귀신(鬼神)의 일을 기록한 것이다.
- ≪설문(說文)≫ = ≪설문해자(說文解字)≫ : 동한(東漢)의 허신(許愼)이 지은 자서(字書)로, 총 9,353자가 수록되어 있다. 처음으로 한자(漢字)를 부수(部首)에 따라 배열하고, 육서(六書)에 입각하여 자형(字形)과 자원(字源)을 분석하였다.
- ≪세시광기(歲時廣記)≫ : 송(宋)의 진원정(陳元靚)이 지은 세시류(歲時類)의 책이다.
- ≪소서(素書)≫ : 한(漢)의 황석공(黃石公)이 엮은 것으로 전해지는 병서(兵書)이다.
- ≪소설(小說)≫ : 남조(南朝) 양(梁)의 은운(殷芸)이 지은 소설집으로 육조(六朝)의 문헌학(文獻學) 방면에 중요한 가치를 지니고 있는 책이다.
- ≪속제해기(續齊諧記)≫ : 양(梁)의 오균(吳均)이 지은 지괴소설집(志怪小說集)이다. ≪제해기(齊諧記)≫는 유송(劉宋)의 동양무의(東陽無疑)가 지은 것이다.
- ≪송고승전(宋高僧傳)≫ : ≪대송고승전(大宋高僧傳)≫이라고도 하며 송(宋)의 찬녕(贊寧)이 칙명에 따라 편찬한 책으로 당태종(唐太宗)으로부터 송태종(宋太宗)에 이르는 시기의 고승들에 대한 전기(傳記)를 다루었다.
- ≪송략(宋略)≫ : 남조(南朝) 양(梁)의 배자야(裴子野)가 엮은, 유송(劉宋)의 역사서로 전서(全書)는 산일되고 그 일부가 ≪통전(通典)≫과 ≪문원영화(文苑英華)≫ 등에 보인다.
- ≪수신기(搜神記)≫ : 위진(魏晉)의 간보(干寶)가 엮은, 괴이전설(怪異傳說)을 집대성한 책이다.
- ≪습유기(拾遺記)≫ : 진(晉)의 왕가(王嘉)가 지은 지괴서(志怪書)이다.
- ≪시자(尸子)≫ : 전국시대(戰國時代) 초(楚)나라 시교(尸佼)가 엮은, 도가(道家)와 법가(法家) 사상이 뒤섞여 있는 책이다.
- ≪시화총구(詩話總龜)≫ : 송(宋)의 완열(阮閱)이 엮은 시화총집(詩話總集)이다.
- ≪신안지(新安志)≫ : 송(宋)의 나원(羅願)이 지은 신안(新安) 일대의 지방지(地方志).
- ≪신이경(神異經)≫ : 한(漢)의 동방삭(東方朔)이 지은 소설이라 하나 진(晉)나라 이후의 위작(僞作)이다.
- ≪양자법언(揚子法言)≫ : 전한말(前漢末)의 양웅(揚雄)이 ≪논어(論語)≫의 체재를 모방하여 문답체로 구성한 사상서(思想書)이다.
- ≪양한박문(兩漢博聞)≫ : 송(宋)의 양간(楊侃)이 엮은 양한(兩漢) 시기의 잡사(雜史).
- ≪어선당송시순(禦選唐宋詩醇)≫ : 청(淸)의 건륭제(乾隆帝)가 엮은 당송(唐宋) 시기의 시선집(詩選集).
- ≪어은총화(漁隱叢話)≫ : 송(宋)의 호자(胡仔)가 엮은 시화총집(詩話總集)이다.
- ≪어은총화후집(漁隱叢話後集)≫ : ≪어은총화전집(漁隱叢話前集)≫과 함께 송(宋)의 호자(胡仔)가 엮은 시화총집(詩話總集)이다.

- ≪어정연감유함(禦定淵鑑類函)≫ : 청(淸) 강희제(康熙帝)의 칙령에 따라 장영(張英)과 왕사정(王士禎) 등이 편찬한 유서(類書)이다.
- ≪업중기(鄴中記)≫ : 진(晉)의 육홰(陸翽)가 엮은 재기류(載記類)의 역사서(歷史書).
- ≪여산기(廬山記)≫ : 송(宋)의 진순유(陳舜兪)가 여산의 지리환경과 명승고적 및 옛사람들의 제시(題詩) 등을 모아 엮은 책이다.
- ≪역림(易林)≫ : 한(漢)의 초연수(焦延壽)가 지은 ≪주역(周易)≫에 관한 책이다.
- ≪역비후(易飛候)≫ : 한대(漢代)의 경방(京房)이 지은 ≪주역(周易)≫의 위서(緯書)로 정식 명칭은 ≪주역비후(周易飛候)≫이다.
- ≪역아(易雅)≫ : 송(宋)의 조여매(趙汝楳)가 지은 ≪주역(周易)≫에 관한 책이다.
- ≪역위(易緯)≫ : ≪주역(周易)≫ 위서(緯書)의 하나.
- ≪역전(易傳)≫ : 한대(漢代)의 경방(京房)이 지은 ≪주역(周易)≫의 위서(緯書)로 정식 명칭은 ≪경씨역전(京氏易傳)≫이다.
- ≪연번로(演繁露)≫ : 송(宋)의 정대창(程大昌)이 지은 책으로 ≪정씨연번록(程氏演繁錄)≫이라고도 하는데 격물치지(格物致知)를 종지(宗旨)로 삼아 삼대(三代)에서 송대(宋代)에 이르는 시기의 잡다한 일을을 기록한 것이다.
- ≪열녀전(列女傳)≫ : 한(漢)의 유향(劉向)이 지은, 현모(賢母) · 양처(良妻) · 열녀(烈女) · 투부(妬婦)의 전기(傳記)를 다룬 책이다.
- ≪열이전(列異傳)≫ : 진(晉)의 장화(張華)가 엮은 것으로 전해지는 신괴류(神怪類)에 관한 책이다.
- ≪영릉기(零陵記)≫ : 송(宋)의 도악(陶岳)이 엮은 영주(永州) 일대의 지리지(地理志)이다.
- ≪영외록이(嶺外錄異)≫ : 유송(劉宋)의 유창(劉昶)이 이문(異聞)과 잡사(雜事)를 수집하여 엮은 책이다.
- ≪예문유취(藝文類聚)≫ : 당(唐) 구양순(歐陽詢)이 엮은 유서(類書)이다.
- ≪오경통의(五經通義)≫ : 한(漢)의 유향(劉向)이 지은, 오경(五經)에 대한 주석서이다.
- ≪옥지당담회(玉芝堂談薈)≫ : 명(明)의 서응추(徐應秋)가 엮은 책으로 기존의 필기(筆記類)와 소설(小說)을 채록하여 여러 가지 일을 고증(考證)한 책이다.
- ≪운급칠첨(雲笈七籤)≫ : 송(宋)의 장군방(張君房)이 지은, 도교(道敎) 교리를 종합한 책으로 ≪소도장(小道藏)≫이라고도 한다.
- ≪월절서(越絶書)≫ : 오월(吳越)의 역사와 지리를 기록한 엮은이를 알 수 없는 한대(漢代)의 책인데 ≪월절(越絶)≫, ≪월록(越錄)≫, ≪월기(越記)≫ 등으로도 불린다.
- ≪유괴록(幽怪錄)≫ : 당(唐)의 우승유(牛僧孺)가 지은 소설집인데 애초의 제목은 ≪현괴록(玄怪錄)≫이었으나 송인(宋人)들이 ≪유괴록≫으로 고쳐 불렀다.
- ≪유명록(幽明錄)≫ : 남조(南朝) 송(宋) 유의경(劉義慶)이 편찬했다고 전해지는 지괴소설집이다. 원서는 이미 없어졌고 노신(魯迅)의 ≪고소설구침(古小說鉤沈)≫에 일문(逸文) 260 항목이 집록되어 있다.
- ≪유설(類說)≫ : 송(宋)의 증조(曾慥)가 고래(古來)의 문언소설(文言小說)을 모아 엮은 총집이다.
- ≪유양잡조(酉陽雜俎≫ : 당(唐)의 단성식(段成式)이 지은 필기류의 책으로 당대(唐代) 사회를 연구하는 데 있어 귀중한 사료가 되고 있다.

- ≪육도(六韜)≫ : 중국 고대 병학(兵學)의 최고봉인 '무경칠서(武經七書)' 가운데 하나. '도(韜)'는 화살을 넣는 주머니, 싸는 것, 수장(收藏)하는 것을 말하며, 변하여 깊이 감추고 나타내지 않는다는 뜻에서 병법의 비결을 의미한다.
- ≪육첩(六帖)≫ : 당(唐)의 백거이(白居易)가 지은 일종의 유서(類書)로 오늘날의 고사성어집(故事成語集)과 유사하다.
- ≪익부기구전(益部耆舊傳)≫ : 삼국(三國) 촉(蜀)의 진수(陳壽)가 지은 촉(蜀)나라 인물들에 대한 전기(傳記)이다.
- ≪장력(長曆)≫ : 삼국시대(三國時代)의 오서정(吳徐整)이 엮은 역서(曆書)이다.
- ≪장루기(粧樓記)≫ : 남당(南唐)의 장필(張泌)이 엮은 책 이름.
- ≪전략(典略)≫ = ≪회계전략(會稽典略)≫ : 위(魏)의 어환(魚豢)이 지은 것으로 전해지는 회계(會稽) 일대의 지방지(地方志).
- ≪제동야어(齊東野語)≫ : 송(宋)의 주밀(周密)이 지은 필기류의 책으로 송원(宋元) 교체기의 조정(朝廷) 대사(大事)를 주로 다룬 것이다.
- ≪제왕세기(帝王世紀)≫ : 진(晉)의 황보밀(皇甫謐)이 지은 책으로 역대 제왕의 세계(世系)와 연대(年代) 및 사적(事跡)을 적은 일종의 역사서이다.
- ≪제지기(齊地記)≫ : 진(晉)의 안모(安模)가 지은 제(齊)나라 일대의 역사와 지리, 풍속들을 정리하여 엮은 책이다.
- ≪조야첨재(朝野僉載)≫ : 당(唐)의 장작(張鷟)이 당대(唐代) 조야(朝野)의 유사(遺事)와 일문(軼聞)을 엮은 책이다.
- ≪주비산경(周髀算經))≫ : '산경십서(算經十書)'의 하나로 중국 최고(最高)의 산서(算書)이자 역서(曆書)이다. 주대(周代)에 그 원형(原形)이 이루어졌다고 하나 지은이는 알 수 없다.
- ≪주사(麈史)≫ : 송(宋)의 왕득신(王得臣)이 지은 필기류(筆記類)의 책인데 시화(詩話)와 함께 문장을 논한 것이 많다.
- ≪주역괘서론(周易卦序論)≫ : 진(晉)의 양예(楊乂)가 ≪주역(周易)≫의 괘(卦)와 그 순서에 관하여 논한 책이다.
- ≪지림(志林)≫ = ≪동파지림(東坡志林)≫ : 송(宋)의 소식(蘇軾)이 원풍(元豊)에서 원부(元符) 연간에 이르는 20여 년 사이에 지은 잡설(雜說) 및 사론(史論) 등을 모아 놓은 책이다.
- ≪지정집(至正集)≫ : 원(元)의 허유임(許有壬)이 지은 별집류(別集類)의 책이다.
- ≪진고(眞誥)≫ : 양(梁)의 도홍경(陶弘景)이 지은 책으로, 신선(神仙)들이 비결(秘訣)을 전수한 일을 기록하였다.
- ≪집이기(集異記)≫ : 당(唐)의 설용약(薛用弱)이 지은 전기소설집(傳奇小說集)이다. 일명 고이기(古異記)라고도 한다.
- ≪찬요(纂要)≫ = ≪양원제찬요(梁元帝纂要)≫ : 남조(南朝)의 양원제(梁元帝)가 엮은 잡서류(雜書類)의 책이다.
- ≪척언(摭言)≫ = ≪당척언(唐摭言)≫ : 오대(五代)의 왕정보(王定保)가 엮은 필기소설집(筆記小說集)으로

당대(唐代) 시인(詩人)과 문사(文士)들의 유문일사(遺聞逸事)를 수록한 것이다.

- ≪천중기(天中記)≫ : 명(明)의 진요문(陳耀文)이 엮은 유서(類書)이다.
- ≪청이록(淸異錄)≫ : 송(宋)의 도곡(陶穀)이 수당(隋唐)과 오대(五代) 시기의 책에서 천문(天文), 지리(地理), 초목(草木) 등과 관련한 사항들을 채록(採錄)한 것이다.
- ≪초학기(初學記)≫ : 당(唐)의 서견(徐堅) 등이 편찬한 유서(類書)로 고금(古今)의 시문(詩文)을 전거(典據)로 하고 있다는 점이 특기할 만하다.
- ≪춘추감정부(春秋感精符)≫ : ≪춘추(春秋)≫의 위서(緯書) 가운데 하나이다. 지금은 없어졌고 집본(輯本)이 ≪고미서(古微書)≫에 전한다.
- ≪춘추고요(春秋考曜)≫ : 정식 명칭은 ≪춘추고령요(春秋考靈曜)≫이며 ≪춘추(春秋)≫의 위서(緯書)이다.
- ≪춘추번로(春秋繁露)≫ : 한(漢)의 동중서(董仲舒)가 ≪춘추공양전(春秋公羊傳)≫을 근거로 하여 ≪춘추(春秋)≫의 뜻을 밝힌 책이다.
- ≪춘추설제사(春秋說題辭)≫ : ≪춘추(春秋)≫의 위서(緯書) 가운데 하나이다.
- ≪춘추연공(春秋演孔)≫ : 송균(宋均)이 지은 것으로 전해지는, ≪춘추(春秋)≫의 위서(緯書)로 정식 명칭은 ≪춘추연공도(春秋演孔圖)≫이다.
- ≪춘추원명포(春秋元命苞)≫ : ≪춘추(春秋)≫의 위서(緯書) 가운데 하나이다. 지금은 없어졌고 집본(輯本)이 ≪고미서(古微書)≫와 ≪옥함산방집일서(玉函山房輯逸書)≫에 전한다.
- ≪침구갑을경(鍼灸甲乙經)≫ : 진(晉)의 황보밀(皇甫謐)이 지은 의서(醫書)이다. 줄여서 ≪갑을경(甲乙經)≫으로 칭하기도 한다.
- ≪태평광기(太平廣記)≫ : 북송(北宋)의 이방(李昉) 등이 칙찬(勅撰)한 소설(小說) 총집이다.
- ≪태평어람(太平禦覽)≫ : 애초의 이름은 ≪태평총류(太平總類)≫이며 줄여 ≪어람(御覽)≫이라고도 한다. 송(宋) 태종(太宗)의 명에 따라 이방(李昉) 등이 편찬한 유서(類書)로 977년에 착수하여 983년에 완성시킨 1,000권에 달하는 방대한 책이다.
- ≪태현경(太玄經)≫ : 서한(西漢)의 양웅(揚雄)이 ≪주역(周易)≫을 모방하여 지은 것으로, 천지 만물의 기원과 그 공덕을 논하였다.
- ≪통전(通典)≫ : 당대(唐代)의 두우(杜佑)가 엮은 책으로 태고에서부터 당대까지의 전장제도(典章制度)의 변천 등을 다룬 것이다.
- ≪풍속통(風俗通)≫ = ≪풍속통의(風俗通義)≫ : 후한(後漢)의 응소(應劭)가 지은 책으로 당시 사람들의 풍속에 대한 잘못된 인식을 바로잡으려고 사물을 고증하고 논술한 것이다.
- ≪하도(河圖)≫ = ≪하도괄지상도(河圖括地象圖)≫ : 옛날에 우(禹)임금이 치수를 할 때 얻었다고 하는 지리서(地理書)이다. 오늘날 전해지는 것은 명(明)의 손곡(孫穀)이 잔결(殘缺)을 ≪고미서(古微書)≫에 집록(輯錄)한 것이다.
- ≪한부명담(翰府名談)≫ : ≪송사(宋史)·예문지(藝文志)≫에 의하면 유부(劉斧)의 저서로 되어 있으나 원서는 전하지 않고 각종 시화류에 그 잔문(殘文)이 보인다.
- ≪한의(漢儀)≫ : 한(漢)의 채질(蔡質)이 엮은 한(漢)나라 의례(儀禮)에 관한 책이다.
- ≪함문가(含文嘉)≫ : 한대(漢代)에 엮어진 ≪예기(禮記)≫의 위서(緯書)로 정식 명칭은 ≪예함문가(禮含

文嘉)≫이다.

- ≪해내십주기(海內十洲記)≫ : 한(漢)의 동방삭(東方朔)이 지었다고 하나 육조(六朝) 사람의 위작(僞作)이다. 십주(十洲)의 소재지와 산물 등을 기술한 책이다.
- ≪혁상신서(革象新書)≫ : 원(元)의 조우흠(趙友欽)이 지은 천문산술서(天文算術書)이다.
- ≪협제유고(夾漈遺稿)≫ : 송(宋)의 정초(鄭樵)가 지은 별집류(別集類)의 책이다.
- ≪형초세시기(荊楚歲時記)≫ : 양(梁)의 종름(宗懍)이 지은 세시기인데 현존하는 중국 세시기 중에서 가장 오래된 것으로 초나라 특유의 세시뿐만 아니라 일반적인 풍습도 기술되어 있다.
- ≪환범(桓範)≫=≪환범세요론(桓範世要論)≫ : 위(魏)의 환범(桓範)이 지은 책으로 ≪군서치요(群書治要)≫에 그 일부인 〈정요론政要論)〉 14편(篇)이 실려 있다.
- ≪황제내경소문(黃帝內經素問)≫ : 진한대(秦漢代)에 지어진 의서(醫書)이다. 황제(黃帝)가 그의 신하이자 명의(名醫)인 기백(岐伯)과 문답하는 형식으로 내용을 기술하였다.
- ≪회계전록(會稽典錄)≫ : 진(晉)의 우예(虞預)가 지은 회계(會稽) 일대의 지방지(地方志)로 명(明)의 도종의(陶宗儀)가 편찬한 ≪설부(說郛)≫에 집록되어 있다.
- ≪후산시화(後山詩話)≫ : 송(宋)의 진사도(陳師道)가 지은 시화집(詩話集)이다.
- ≪후청록(侯鯖錄)≫ : 송(宋)의 조령치(趙令畤)가 엮은 책으로 당(唐)·오대(五代)의 시사(詩詞)와 문장(文章) 및 이와 유관한 일사(軼事)를 기록한 것이다.

Abstract

Yuwonchongbo (類苑叢寶)

Translated and Annotated by
Seoug-Do Heo, Chang-Hwan Kim, Sung-Wee Kang

Yuwonchongbo, edited by Kim Yuk (金堉), a scholar during the reign of King Injo (仁祖) of the Joseon (朝鮮) dynasty, is a set of encyclopedias composed of 47 volumes. It contains the essence of hundreds of major Chinese books. *Yuwonchongbo* is divided into 25 sections: The Way of Heaven, the Time of Providence, the Way of the Earth, Kings, Government Post, Yibu (吏部), Hobu (戶部), Yebu (禮部), Byungbu (兵部), Hyungbu (刑部), Human Duties, Humanity, Personnel, Literature, Brush and Chinese Ink, Royal Seal, Precious Treasures, Cloth and Silk, Instruments, Food, Official Outfits, Grain, Trees and Plants, Birds and Beasts, and Insects and Fish. It is actually 27sections when one includes Sai (四夷: barbarians) and Shingwi (神鬼: Sprits) that are attached to the Appendix. Thus we can say *Yuwonchongbo* contains all the human affairs and the world of Nature.

The most distinct characteristic of *Yuwonchongbo* is that its items and references were chosen from a Korean viewpoint by a Korean. In addition, though *Yuwonchongbo* was modeled after a Chinese encyclopedia, *Shiwenleiju* (事文類聚), it omitted messy parts and supplemented some necessary parts and corrected mistakes on the basis of some famous books such as *Yiwenleiju* (藝文類聚), *Tangleihan* (唐類函), *Tianzhongji* (天中記), *Santangsikao* (山堂肆考), and *Yunfuqunyu* (韻府群玉). Also, it was convenient to read since it functionedas both a dictionary and an encyclopedia. Thus the completeness of the book was much improved.

The reason that we translated *Yuwonchongbo* into Korean is not because it has any historical value as one of the first encyclopedias, but because it is representative from the aspectsof the form and content. As the book has already been recognized as a treasure for a long time, it is believed that the book will function as a necessary tool for present-day scholars.

발간사

'한국학'에 대한 관심과 요구가 국내외에서 높아지고 있다. 한국학을 전공으로 하는 학과도 생겨나고 한국학 연구자들의 국제학술대회도 종종 접하게 된다. 한국사회가 짧은 시기에 보여 준 역동적인 변화에 대한 학문적 관심이 나라 안팎으로 증대된 결과일 것이다. 한국의 역사와 문화, 사회적 경험이 점점 더 많은 연구자들의 관심대상으로 되고 있다는 사실은 매우 반가운 일이다.

한국학이란 고정된 분과학문 체계 내의 한 부분영역이 아니라 다양한 분과학문들이 함께 참여하는 학제적 연구의 성격을 지닌다. 한국학은 과거의 전통에 깊은 관심을 갖지만 현재의 문제들에도 주목하며 미래의 전망을 모색하는 작업도 포함한다. 인문학적 논의와 사회과학적 관심은 물론이고 자연과학적 문제의식과 예술적 시각이 함께 어우러지는 곳이다. 당연히 한국학은 국내의 연구자들이 자신의 특수성만을 부각시키는 폐쇄적인 장이 아니라 전 세계의 학자들이 자유롭게 참여하는 지적 토론의 공간이다. 한국을 대상으로 한 다양한 연구를 지원하며 진지한 논의와 지적 실험을 뒷받침하는 것이야말로 한국학의 가장 중요한 역할이라 할 것이다.

이런 의미에서 한국학은 한국의 문화와 역사적 경험을 전 인류의 문화유산과 역사적 경험의 한 부분으로 바라보는 전 지구적 시각을 요구받고 있다. 한국학은 한국사회의 경험을 연구하되, 그것을 21세기 세계사적 과제들과 더불어 사고함으로써 새로운 문명적 대안을 모색하는 전 지구적 논의에 적극적으로 동참하는 작업이 되어야 한다. 이런 종합적이고 개방적인 연구의 집적을 통해서만 한국의 특수성만을 절대화하는 오류에서 벗어나면서 동시에 서구의 눈으로 한국을 대상화, 타자화하는 오리엔탈리즘적 지역학의 한계도 극복할 수 있는 길이 열릴 것이다.

한국의 학문 발전에 큰 책임을 지고 있는 서울대학교는 한국학의 바람직한 발전을 위해 적극적인 역할을 하고자 한다. 이를 위해 별도의 연구기금을 마련하여 '한국학 장기기초연구 지원사업'을 추진하고 이 사업의 결과물들을 모아 연구총서, 자료총서, 모노그래프를 출간하기로 했다. 서울대학교 교수진의 연구역량과 진지한 문제의식들이 결집됨으로써 한국학의 연구수준이 더욱 높아지고 내용이 보다 풍부해질 것을 믿고 있다. 이 연구사업이 해를 거듭할수록 한국사회에 대한 이해가 깊어짐은 물론이고 한국의 경험을 통해 세계 학계의 시각과 논의도 더욱 풍성해질 것을 기대해 마지않는다.

2003년 8월

서울대학교 규장각한국학연구원 한국학연구사업위원회

저자 약력

김육(金堉)
조선 인조(仁祖)·효종(孝宗) 때의 문신이자 학자로 본관이 청풍(淸風)이며 자는 백후(伯厚), 호는 잠곡(潛谷), 시호는 문정(文貞)이다. 효종이 즉위(1649)하자 대사헌(大司憲)을 거쳐 우의정(右議政)이 되어 실록청(實錄廳) 총재관(總裁官)으로 ≪인조실록(仁祖實錄)≫의 편찬을 주재하였다. 저서로는 그의 시문을 모은 ≪잠곡유고(潛谷遺稿)≫와 ≪잠곡별고(潛谷別稿)≫, ≪잠곡유고보유(潛谷遺稿補遺)≫, ≪잠곡속고(潛谷續稿)≫가 전한다. 일반 저술로는 ≪유원총보(類苑叢寶)≫ 외에도 ≪황명기략(皇明紀略)≫, ≪종덕신편(種德新編)≫, ≪송도지(松都誌)≫, ≪천성일록(天聖日錄)≫, ≪청풍세고(淸風世稿)≫, ≪조천일기(朝天日記)≫, ≪기묘록(己卯錄)≫, ≪잠곡필담(潛谷筆談)≫, ≪당삼대가시집(唐三大家詩集)≫ 등이 있다.

역주자 약력

허성도(許成道)
서울대학교 중어중문학과를 졸업하고 동대학원에서 석사학위와 박사학위를 받았다. 현재 서울대학교 중어중문학과 교수로 재직하고 있다. 저서로는 ≪쉽게 배우는 중국어 입문≫, ≪현대 중국어 어법의 이해≫, ≪현대 중국어학 개론≫, ≪현대 중국어 어법론≫, ≪중국어 작문과 어법≫, ≪공자도 모르는 게 있고 장자도 후회할 때 있다 1·2≫ 등이 있으며 역서로 ≪현대 중국어학 개론≫(原書名 ≪現代漢語≫, 胡裕樹 원저), ≪현대 중국어 어법론≫(原書名 ≪語法≫, 胡裕樹 원저) 등이 있다.

김창환(金昌煥)
서울대학교 사범대학 불어교육과를 졸업하였다. 민족문화추진회(현 고전번역원) 국역연수원에서 기본 한문을 공부한 뒤에 서울대학교 대학원 중어중문학과에서 중국고전문학 전공으로 석사학위와 박사학위를 받았다. 서울대학교 사범대학 중국어교사특별양성과정에서 초빙교수와 서울대학교 인문대학 중국어문학연구소에서 책임연구원을 역임하였으며 서울대학교 중어중문학과에서 강의하고 있다. 저서로는 ≪도연명의 사상과 문학≫, ≪중국의 역대 명문 24선≫, ≪중국어 유래어휘 사전≫ 등이 있고 역서로는 ≪장자(내편)≫ 등이 있다.

강성위(姜聲尉)

서울대학교 중어중문학과를 졸업하고 동대학원에서 석사학위와 박사학위를 받았다. 현재 서울대학교 인문학연구원 중국어문학연구소 책임연구원으로 있으면서 해동문집연구소 부소장을 맡고 있다. 저서로는 ≪감비약(減肥藥) 처방전≫, ≪중국시(中國詩)와 시인(詩人)≫, ≪고적·잠참시선(高適·岑參詩選)≫, ≪한문사서(漢文辭書) 한글음순색인(音順索引)≫, ≪사조시선(謝朓詩選)≫, ≪강서시파(江西詩派)≫, ≪두보율시(杜甫律詩)≫(공저), ≪산성마을 농사꾼 이야기≫(공저) 등이 있고 역서로는 ≪두보 지덕연간시 역해≫(공역), ≪난세≫(전3권, 原題: 官場現形記)(공역), ≪양진당실기(養眞堂實記)≫(국역본), ≪내산유고(內山遺稿)≫(국역본) 등이 있다.

서울대학교 규장각한국학연구원 한국학자료총서

1 古代國語 語彙標記 漢字의 字別 用例 研究 | 송기중

2 한국철학자료집: 불교편1 – 삼국과 통일신라의 불교사상 | 허남진 외 편역

3 한국철학자료집: 불교편2 – 고려시대의 불교사상 | 심재룡 외 편역

5 서울대학교 중앙도서관 고문헌자료실 소장 『경제문고』 해제집 | 권태억 외

6 한글본 이언 연구 | 민현식

7상 원문 교주 구운몽 | 원작 김만중, 교주 김병국

7하 현대역 구운몽 | 원작 김만중, 옮김 김병국

8 해방 이후 한국기업의 진화Ⅰ: 1976～2005년간의 통계의 구축과 기초분석 | 이근 외

9 해방 이후 한국기업의 진화Ⅱ: 1956～1977년간의 통계의 구축과 기초분석 | 이근 외

10 서울대학교박물관소장 식민지시기 유리건판 | 이문웅 · 강정원 · 신일 편

11 풍자 우화 그리고 계몽담론 | 권영민

12 한국근현대문학의 프랑스문학수용 | 이건우 외

서울대학교 규장각한국학연구원 한국학연구총서

1 지방문학사: 연구의 방향과 과제 | 조동일

2 한국 근대과학 형성과정 자료 | 문만용 · 김영식

3 목석의 울음: 손창섭 문학의 정신분석 | 조두영

4 통일한국의 농업: 통일 이후 남 · 북한 농산물의 통합생산 방안 | 김완배 · 김한호 · 이정재 · 이태호 · 정하우

5 현대 한국사회의 철학적 문제: 사회운영원리 | 백종현

6 한국유교의 과제 | 금장태

7 韓國 古代 · 中世初期 土地制度史: 古朝鮮～新羅 · 渤海 | 이경식

8 『무과총요』 연구 | 나영일

9 북한 주요 산업지역의 토지이용 변화와 개방지역에 관한 연구 | 황만익 · 이기석

10 재벌체제와 다국적기업: 경제개발의 두 가지 유형 | 이승훈

11 붉은악마와 월드컵 | 이순형

12 『조선왕조실록』 보존을 위한 기초 조사연구(1) | 송기중 · 신병주 · 박지선 · 이인성

13 한국 근대의 사회복지 | 안상훈 · 조성은 · 길현종

14 한국어 체언의 음변화 연구 | 이상억

15 조선 중기 무예서 연구 | 나영일 · 노영구 · 양정호 · 최복규

16 1950년대 사회주의 건설기의 북한 보건의료 | 황상익

17 후발 산업화와 국가의 동학: 탈관료화와 강성국가의 공동화 | 하용출

18 조선 후기의 기술도: 서양 과학의 도입과 미술의 변화 | 정형민 · 김영식

19 韓國 中世 土地制度史: 朝鮮前期 | 이경식

20 남북 언어의 문법 표준화 | 권재일

21 50권본 『화엄경』 연구 | 이승재

22 한 · 중 소화의 비교 | 서대석

23 高麗前期의 田柴科 | 이경식

24 개항기 전후 경상도의 육상교통 | 허우긍 · 도도로키 히로시

25 한국어의 주제와 통사 분석: 주제 개념의 새로운 전개 | 임홍빈

26 한국적 패션 디자인의 제다움 찾기: 전통미와 현대적 활용을 중심으로 | 김민자

27 한국 근대문학교육사 연구 | 우한용

28 조선왕조실록의 여진족 족명과 인명 | 김주원

30 삼국통일전쟁사 | 노태돈

31 한국의 사회운동과 진보정당 | 임현진

32 한국 행락문화의 변천과정 | 황기원